월드커뮤니케이션

나남
nanam

나남신서 1825

월드커뮤니케이션

2016년 4월 5일 발행
2016년 4월 5일 1쇄

엮은이_황상재 · 유세경 · 심 훈 · 김성해
발행자_趙相浩
발행처_(주) 나남
주소_413-120 경기도 파주시 회동길 193
전화_(031) 955-4601 (代)
FAX_(031) 955-4555
등록_제 1-71호 (1979. 5. 12)
홈페이지_http://www.nanam.net
전자우편_post@nanam.net

ISBN 978-89-300-8825-1
ISBN 978-89-300-8001-9 (세트)

책값은 뒤표지에 있습니다.

나남신서 1825

월드커뮤니케이션

황상재 · 유세경 · 심 훈 · 김성해 엮음

나남
nanam

World Communication

Edited by

Sang–Chai Whang, Sae–Kyung Yu,
Hoon Shim, Sunghae Kim

nanam

머리말

이번에 발간되는 《월드커뮤니케이션》은 1998년 《정보사회와 국제커뮤니케이션》이라는 제목으로 처음 출판된 이후, 2008년에 나온 《국제커뮤니케이션》에 이은 3번째 책이다. 이번에는 앞서 출간된 책 제목에서 사용했던 '국제커뮤니케이션'이라는 용어를 '월드커뮤니케이션'으로 변경하였다.

사회과학 용어는 시대와 사회 맥락의 산물이다. 시대와 사회가 바뀌면 같은 용어라도 그 의미가 달라질 수밖에 없는데 국경을 가로질러 이루어지는 커뮤니케이션 현상을 연구하는 '국제커뮤니케이션'이라는 용어가 지구촌 시대에 적합한가에 대한 의문이 들었으므로 '국제커뮤니케이션'이라는 용어 대신 '월드커뮤니케이션'을 책 제목으로 사용한 것이다.

1960년 대 초 마셜 맥루언(Marshall Mcluhan)은 지구촌(*global village*)이라는 은유를 사용해 국제사회의 변화를 예견했다. 하지만 진정한 의미에서 지구촌 시대의 도래는 쟁반만 한 접시 안테나, 안방에 연결된 인터넷망, 손에 들고 다니는 스마트폰을 통해 전 세계 구석구석에서 발산되는 온갖 종류의 정보와 콘텐츠를 실시간으로 접할 수 있는 21세기에 들어와서부터다. 따라서 유·무선의 커뮤니케이션망으로 전 세계가 하나로 연결되어 있는 시대에는 국경의 의미가 강조되는 '국제커뮤니케이션' 대신 '월드커뮤니케이션'이라는 용어가 지구촌에서 발생하는 커뮤니케이션 현상을 조망하는 데 더 적합한 용어라는 생각이 들었다.

이 책은 기본적으로 '미디어커뮤니케이션'학을 전공하는 3~4학년을 대상으로 관련 논문들을 중심으로 편집하였다. 총 17편의 논문 중 이번에 새롭게 편집된 논문은 13편으로 최근 월드커뮤니케이션 현상을 다룬 논문들을 대폭 추가하였다. 이 자리를 통해 자신들의 옥고를 책에 실을 수 있도록 허락해 주신 선생님들께 감사의 말씀을 드린다.

각 장의 구성을 좀더 자세히 살펴보면 다음과 같다.

제1, 2장은 국제커뮤니케이션 역사와 국제공론장 논의에 이르는 월드커뮤니케이션 연구의 입문에 해당되는 내용을 다룬 논문들이다. 제1장의 국제커뮤니케이션 역사에 관한 내용은 1994년도에 로버트 교수가 발표한 국제커뮤니케이션에 관한 논문에서 아이디어를 빌려와 새롭게 작성한 내용이며, 제2장은 국제사회에서 이념에 따른 갈등과 대립이 국제커뮤니케이션으로 중요한 변수로 작용하지 않는 21세기에서 점차 중요성이 부각되고 있는 국제공론장의 대한 논의들을 담았다.

제3장에서 6장은 월드커뮤니케이션학의 가장 중요한 연구 과제 중 하나인 국제 간 뉴스보도와 전쟁보도에 관한 내용을 담았다. 그리고 제7장에서 12장은 한류와 이와 관련된 문화적 쟁점들 그리고 문화 간 커뮤니케이션(intercultural communication)에 관한 최근의 논문들을 실었다. 제13장에서 17장은 인터넷, 위성방송 그리고 SNS와 같은 뉴미디어들이 국제커뮤니케이션의 주요한 관심영역인 INGO(International Non Governmental Organization)와 국제정치 및 국제사회에 미치는 영향을

다루었다.

이 책의 편집은 크게 4가지에 초점을 맞추었다.

첫째, 커뮤니케이션 기술혁명과 국제질서 혼돈의 시대로 접어들고 있는 21세기 월드커뮤니케이션 변화를 조망하고자 했다.

둘째, 국제커뮤니케이션의 전통적인 연구 주제들에 관한 논문들과 함께 미국 주도의 국제 간 영상물 유통질서에 가장 예외적 현상으로 주목받는 한류를 연구 대상으로 하지만 접근 방법에서 차이가 나는 논문들을 다루었다.

셋째, 세계화 시대에 국경의 장벽이 사라지고 인터넷과 직접위성방송, 스마트폰과 같은 뉴미디어의 발달과 확산에 따라 사람과 사람 간, 문화와 문화 간 교류가 과거와 비교할 수 없을 정도로 활발해짐에 따라 다른 문화권 간의 커뮤니케이션, 즉 문화 간 커뮤니케이션 중요성이 더욱 부각됨으로 인해 이에 관한 논문 비중을 늘렸다.

마지막으로는 최근 국제커뮤니케이션 영역에 가장 많은 영향을 미치는 인터넷이나 위성방송, SNS과 관련되어 제기되는 다양한 쟁점들을 다루고자 하였다.

월드커뮤니케이션 지형의 변화는 커뮤니케이션 기술과 국제사회라는 양대 축이 씨줄과 날줄로 묶어 만들어 내는 현상을 반영한다. 손안에서 전 세계 모든 정보와 콘텐츠를 실시간으로 접할 수 있도록 하는 인터넷과 스마트폰이 연계되어 만들어 내는 기술, 그리고 미국 헤게모니의 약화와 중국의 부상, 문명 간 갈등과 충돌이 빚어내는 월드커뮤니케이션 현상은 그동안 경험하지 못한 미답의 세계로, 월드커뮤니케이션 연구자들에게는 많은 도전적 과제를 던져주고 있다. 이 책이 앞으로 후학들에게 월드커뮤니케이션에 대한 관심을 불러일으키는 데 조그만 도움이 되었으면

하는 바람을 가져 본다.

　다시 한 번 좋은 논문을 보내 주신 필자 선생님들과, 같이 책 작업을 해 주신 심 훈 교수님께 특히 감사의 말씀을 드린다. 끝으로 성실하게 원고 교정을 해준 김지혜 양에게도 감사의 인사를 전한다.

2016년 3월

대표저자 황상재

나남신서 1825

월드커뮤니케이션

차
례

1

국제커뮤니케이션의 정의와 역사

황상재

1. 국제커뮤니케이션이란

1) 국제커뮤니케이션 연구의 필요성

21세기 세계화로의 진행이 가속화됨에 따라 국경을 가로질러 지구촌을 하나로 묶는 국제커뮤니케이션이 과거에 비해 주목받고 있다. 커뮤니케이션 현상이 우리 사회의 정치, 경제, 사회, 문화 등 다방면에 영향을 주고받는 것처럼 국제커뮤니케이션 역시 국제 정치, 세계 문화, 지구촌 사회 등 복잡한 문제와 연관을 맺는다. 그리고 국제커뮤니케이션은 인권, 기술에서 지적 사고의 결과를 소유할 수 있는 권리, 즉 지적재산권에 이르기까지 다양한 분야에 대한 관심을 필요로 한다.

국제사회에서 국가 간 조화, 평화, 갈등과 분쟁이 빈번하게 발생하듯 국제커뮤니케이션 역시 국제사회에서 긍정적 기능과 함께 부정적 영향을 끼친다. 다음은 국제커뮤니케이션 활동의 몇몇 간단한 예들이다.

- 제 1차 세계대전에서 연합군이 승리한 이유에는 여러 가지가 있지만 다섯 개 대륙에 깔린 영국의 해저전선과 로이터의 활약에 힘입은 바도 크다. 당시 독일에서는 "독일을 패배시킨 것은 영국 군함이 아니라 플리트 가(Fleet Street: 로이터 건물이 있는 곳)"라고 이야기했다. 제 1차 세계대전 중 독일 잠수함이 로이터의 해저케이블 절단 작전을 수행하면 영국 해군은 즉각 복구 작전에 나섰다. 한 번은 영국의 케이블 수리선이 케이블이 절단된 부분을 발견했는데 그곳에 빈 병이 하나 매달려 있었고 그 안에는 "악질적 반독 선전의 거짓말쟁이 로이터에게 천벌을"이라는 글귀가 쓰인 전단이 있었다. 이는 가장 중요한 국제커뮤니케이션 기관인 국제 통신사들이 전쟁 시 수행한 역할을 가장 잘 보여주는 사례이다.

- 북경 톈안먼(天安門: 천안문) 광장에서 학생시위가 있던 1989년 5월 중국 정부는 VOA와 BBC의 중국 내 송신을 방해하기 시작했다. 학생들이 자신들의 활동에 대한 일반 공중의 지지도를 알아보기 위한 수단으로 VOA와 BBC를 듣기 때문에 이들 방송이 학생시위와 사회적 불안을 계속 조장시킬 것이라고 여겼기 때문이다. 6월 베이징에서 학생·노동자에 대한 일제단속과 진압이 있은 후 미국의 중국 유학생들은 팩시밀리를 이용해 미국 언론이 전하는 새로운 소식들을 중국에 있는 동료들에게 보내기 시작했다.

- 1988년 처음으로 미국을 방문한 H군은 해가 떨어지면 기숙사 밖으로 나가지 못했다. 미국을 방문하기 전 H군이 미국에 대해 가진 인상은 범죄, 폭력, 섹스가 난무하는 나라였다. 하지만 얼마 지나지 않아 미국은 걱정했던 것보다 안전한 나라인 것을 알고 H군은 안심

했다. 미국에 오기 전 미국에 대해 H군이 가진 이미지는 한국에서 접한 미국 영화와 TV 프로그램을 통해서 형성되었는데 미국 영화와 TV 프로그램에서 접한 미국은 범죄와 폭력이 난무하는 사회였다. 이러한 예는 국제커뮤니케이션을 통해 전달되는 내용들이 타국에 대한 이미지를 형성하는 데 결정적 영향을 미친다는 사실을 보여주는 것이다.

- 미국의 이라크 공격이 본격적인 지상전으로 이어지면서 이라크군은 물론 현지 민간인과 미군의 사상자들이 늘어가는 가운데 네티즌 개개인이 자율적으로 운영하는 인터넷 '블로그'(blogs)가 전쟁의 물결에 휩쓸린 개개인의 삶과 의식을 전 세계에 보여주는 새로운 매체로 크게 주목받고 있다. 블로그를 통해 참전군인의 가족들은 혈육을 잃을지도 모른다는 어두운 공포를, 이라크인들은 융단폭격을 맞는 바그다드에서의 절박한 삶의 모습을, 반전운동가들은 시민들을 거리의 시위로 이끌어내기 위해 강렬한 메시지들을 디지털카메라로 찍은 생생한 사진과 함께 전례 없이 빠른 속도로 전 세계 네티즌들에게 곧장 전달하는 것이다.

- 프랑스는 2006년 미국의 CNN인터내셔널, 영국의 BBC월드, 카타르의 알 자지라 등을 경쟁상대로 삼는 국제방송의 탄생을 선포했다. 이것은 향후 지구촌 뉴스를 둘러싸고 국제적 담론 형성의 경쟁이 더욱 치열해질 것임을 예고한다. 프랑스24로 명명된 국제방송은 2003년 2월 '2차 걸프전' 직전에 출범 계기를 맞았다. 도미니크 드 빌팽 프랑스 국방장관은 UN에서 미국의 이라크전에 반대하는 명연설로 우레와 같은 박수를 받았다. 그러나 드 빌팽 장관은 호텔

방에서 미국의 방송들이 자신의 연설을 작게 취급하는 데 크게 분노했다. 자크 시라크 대통령 등 당시 프랑스 지도부는 이때 '프랑스적 시각'을 담는 24시간 방송의 필요성을 절감했다.

- 일본의 중년 여성들이 무리지어 한국 드라마 〈겨울연가〉의 촬영지를 보기 위해 한국을 방문하고, 한국 드라마를 한국 원어로 시청하기 위해 한국말을 배웠다. 또한 〈대장금〉이 홍콩에서 최고의 시청률을 기록하며 음식의 천국이라는 홍콩에서조차 한국 음식의 인기를 높였다. 이러한 사례는 국제커뮤니케이션이 문화에 미치는 영향을 잘 말해준다.

- 2013년 미국을 대표하는 비판적 지식인인 노암 촘스키도 온라인 동영상 사이트인 유튜브(YouTube)를 통해 발표된 노래 한 곡으로 인해 월드스타로 발돋움한 싸이의 인기를 비껴가지 못했다. 촘스키는 2013년 뮤직비디오로 유튜브 조회 수 세계 1위를 차지함과 동시에 *TIME*이 발표한 '올해의 노래' 12위에 선정된 바 있는 싸이의 〈강남스타일〉 패러디 뮤직비디오에 등장해 큰 화제를 불러일으켰다.

이러한 사례들은 국제커뮤니케이션 체계로 이루어진 몇몇 활동의 예들이다. 이런 체계를 통해 우리는 세계 곳곳에서 발생하는 뉴스를 접하거나 드라마를 보면서 우리들이 직접 경험하지 못한 국제적 사건에 대한 정보를 얻고 의견을 말하며, 다른 나라와 문화에 대한 이미지와 태도를 형성하기도 한다.

2) 국제커뮤니케이션의 정의

국제커뮤니케이션을 간단히 정의하자면 국가 간 경계를 가로질러, 즉 민족국가의 국경을 넘어 이루어지는 커뮤니케이션을 말한다. 종종 국경 간 (*transborder*) 또는 국가 간(*transnational*) 커뮤니케이션이라 하기도 한다. 하지만 이와 같은 정의는 국경의 경계를 자유로이 넘나들면서 정보와 메시지를 유통시키는 인터넷과 같은 미디어의 출현으로 무의미해지고 있다.

국제커뮤니케이션은 민족 간·국가 간 커뮤니케이션을 의미한다. 따라서 국제커뮤니케이션에서는 국가의 정보주권, 문화주권, 국제사회에서의 정보자원 통제 등이 중요시되는 쟁점이었다. 하지만 세계화로의 국제 패러다임 변화와 인터넷, 위성과 같은 초국적 미디어의 급속한 발전과 보편적 확산으로 인해 국경을 기반으로 하는 민족국가의 목소리가 줄어드는 반면, 점차 국제사회에서 세계적인 비정부기구나 초국적기업과 같은 비국가적 기구의 발언권이 강화되고 있다. 이러한 변화에 따라 국제커뮤니케이션이라는 용어 대신에 글로벌커뮤니케이션이라는 용어가 선호되는 경향이 있다.

이 장에서는 국제커뮤니케이션에 대한 명확한 정의를 내리기보다는 국제커뮤니케이션의 역사를 통해 국제커뮤니케이션이 연구대상으로 다루는 분야를 살펴봄으로써 국제커뮤니케이션에 대한 정의를 대신할 것이다.

2. 국제커뮤니케이션의 역사

1) 국제커뮤니케이션의 시대 구분

국제커뮤니케이션에 대한 정확한 기원은 없다. 학자들에 따라 의견이 다르지만 11세기에 형성되기 시작한 민족국가들 사이에 커뮤니케이션이 이루어지면서 국제커뮤니케이션이 시작되었다는 사실만은 분명하다. 로마, 그리스, 이집트, 바빌론과 같은 고대의 대제국들이 정치적으로, 언어상으로, 문화적으로 독특한 많은 국가들로 이루어진 거대한 영토를 가로질러 커뮤니케이션할 수 있는 방법을 확립했기 때문에 11세기 이전에도 역시 국제커뮤니케이션은 존재했다.

하지만 19세기 이전까지 국제커뮤니케이션은 전적으로 인간과 말이나 비둘기 같은 동물 등에 의존했기 때문에 이 장에서 19세기 이전은 국제커뮤니케이션 역사의 영역으로 다루지 않는다. 대신 커뮤니케이션 기술을 중심으로, 즉 전신 기술이 국제 간 커뮤니케이션의 중요 수단으로 이용되기 시작한 1830년대로 거슬러 올라가 국제커뮤니케이션 역사를 살펴볼 것이다.

국제커뮤니케이션학 현상은 국제 정세의 씨줄과 국경을 가로질러 정보와 메시지를 전달하는 커뮤니케이션 기술의 날줄이 만드는 산물이다. 위에서 언급한 대로 인간과 말이나 비둘기 같은 동물 등에 의존하지 않고 국경을 가로질러 커뮤니케이션을 가능케 한 전신의 발명이 그 출발점이다. 국제커뮤니케이션 역사는 총 4단계로 분류할 수 있다.

(1) 식민지 확대와 해저 전신케이블 시대(1835~1932)

유럽에서는 19세기 이후 점증하는 국가의식과 더불어 국제무대에서 주요한 파워집단으로 자국의 합법성을 획득하기 위한 강대국 간 경쟁이 군사적 면에서나 경제적 면에서 치열해졌다. 19세기 중엽 국제전신이 가능해졌을 때 유럽의 열강들은 전 세계를 무대로 자국 영토를 확장하는 데 열과 성을 다했다.

1870년대에 유럽의 열강은 아시아, 아프리카를 식민지로 분할하고 해저 전신케이블을 이용하여 자신들의 영향력을 확대해 나갔다. 1877년 대영제국은 해저 케이블이야말로 제국의 방어를 위한 가장 적합한 수단이라 천명했다. 당시 5대양 6대주에 걸쳐 식민지를 확보한 대영제국에겐 해저 케이블이야말로 국경을 가로질러 실시간으로 제국을 관리하고 통제하기 위해 가장 중요한 수단이었다. 이는 결국 해저 전신케이블, 무선, 궁극적으로는 라디오에 대한 통제권을 둘러싼 국제 간 갈등을 불러 일으켰다.

이 시대에는 전기·전신(1837년), 해저 케이블(1866년), 전화(1876년), 무선(1897년), 라디오(1907년)와 같은 초기의 국제커뮤니케이션 기술들이 발전했다. 또한 국제 뉴스만을 전문적으로 취급하는 최초의 국제통신사들이 생겨났다. 1835년 프랑스에서는 AFP의 전신인 아바스 통신사(Havas Agency), 1849년에는 독일의 볼프(Wolf) 통신사, 1848년에는 미국의 AP(Associated Press), 1851년에는 영국의 로이터(Reuters)가 출발했다. 1920년대에는 전파를 사용하는 국제전화와 국제 라디오 방송 분야에서 주요한 발전이 있었다.

커뮤니케이션에 전기가 응용되자 처음으로 커뮤니케이션과 관련된 국제협정 기구인 ITU(International Telegraph Union)가 1865년 구성되었다. 이 기구는 근대 최초의 국제기관이자 기술적 네트워크의 국제적 규제를 위한 최초의 조직이었다. 1912년 타이타닉 호 참사의 여파로 여러 나라들은 선박이 적절한 무선장비를 갖추고 훈련된 통신사 인원을 승선시킬 것을 요구하는 국제협정에 서명했다. 각국의 무선국 운영사들은 1903년 베를린에서 첫 회의를 가진 이래 비록 공식적 국제기구는 아니었지만 IRU (International Radiotelegraph Union) 로 알려진 조직이 결성되었다. 1932년에는 TU (Telegraph Union) 와 RU (Radiotelegraph Union) 가 통합되어 ITU (International Telecommunication Union) 가 결성되었다.

이러한 노력들은 중요한 공통 목표를 가졌다. 즉, 지배국 간 또는 지배국과 식민지 국가 간에 국제커뮤니케이션을 편리하게 하자는 것이다. 예를 들면 1865년 ITU를 설립하고 파리에서 조인된 전신협정은 국제적 법인체를 만들어 그것으로 하여금 전신 요금표를 관리하고 국제전보의 수입 분배, 암호를 사용해 메시지 비밀을 보장하는 데 필요한 장치를 정할 뿐만 아니라 전신 서비스에 대한 기술적 상호연결 기준을 정하는 등의 일을 하도록 했다. 이 시대에서 가장 중요한 국제커뮤니케이션 미디어는 신문과 전신이었으며, 그 뒤에는 AP, 로이터와 같은 통신사가 있었다.

(2) 정치화와 선전의 시대(1933~1969)

제2차 세계대전은 국제 간 커뮤니케이션이 발달할 수 있는 좋은 토양을 제공했다. 참전국들은 국제커뮤니케이션을 선전전의 중요한 도구로 인식하고 이에 대해 많은 투자와 연구를 했다. 국제커뮤니케이션의 대표적 미디어인 국제방송들이 대부분 이 시점에 탄생했다. 1933년 독일의 히틀러는 '허위선전의 주창자'인 요제프 괴벨스를 선전상으로 임명했다. 1932년 국제방송을 처음 시작했던 영국의 BBC는 1935년 외국어 방송의 가능성을 고려하기 시작했다. 미국은 제2차 세계대전에 참전하면서 VOA를 만들어 제3제국 국민들에게 방송을 시작했다.

라디오의 정치화는 제 2차 세계대전 동안 뚜렷하게 진행되었다. BBC와 VOA 같은 방송국들이 표면적으로는 비선전적 태도를 유지하려 노력했지만 실제로는 외국어로 적대국에 보내는 프로그램을 편성했다는 사실 자체만으로도 방송의 내용과 관계없이 방송의 정치적 역할을 잘 나타내는 것이었다.

전쟁 동안 해저 케이블 역시 군사적 목표가 되었으며 국가 통신사들은 외국의 여론에 영향을 주기 위한 수단이 되었다. 나치는 그들의 국내·국제 뉴스 운영국의 내용물을 지도하기 위한 정교한 시스템을 가동했으며 연합국 역시 자국의 통신사들을 보조 및 지원했다. 이러한 활동들은 나치가 영국이 후원하는 비밀 라디오방송에 가했던 전파방해처럼 전쟁 내내 계속되었다.

냉전이 시작되면서 국제커뮤니케이션 선전전의 양상은 자본주의 국가 대 공산주의 국가로 바뀌었다. 미국은 '철의 장막' 너머로 갈 수 있는 3개의 독립 서비스를 만들었다. 그것은 동유럽으로 보내지는 RFE(Radio Free Europe), 구소련으로 보내지는 RL(Radio Liberty), 당시 동독에 둘러싸인 서베를린에 위치한 RIAS(Radio in the American Sector)였다. 이에 대해 구소련은 1943년 북미방송을 시작으로 서방으로 라디오 모스크바(Radio Moscow)를 내보냈으며 서방 세계의 국제방송국인 RFE/RL, VOA, BBC 그리고 라디오 이스라엘(Radio Israel)의 전파를 방해하기 시작했다.

이 시대 국내의 미디어 운영을 엄격히 관리하거나 그 내용을 구체적으로 지시하는 권위주의국가에게 국제커뮤니케이션은 자국의 안정을 위협하는 잠재적 요인이었다. 그 예로 동유럽에서 구소련의 헤게모니에 대항해 일어났던 1965년 헝가리 폭동을 들 수 있다. 이 시기 RFE는 구소련군과 싸우는 헝가리 시민들에 대한 서방의 원조가 있을 것이라는 메시지를 허위로 방송했다. 구소련군이 헝가리의 도시에 들어가 처음 한 일이 바로 시민들이 점령했던 라디오 방송국을 되찾는 것이었다. 이 시대 가장 중요한 국제커뮤니케이션 미디어는 라디오였으며 그 배후에는 VOA와 같은 국제방송국들이 있었다.

(3) 복잡성의 증가와 도전의 시대(1970~1989)

이 시대에서도 정치화와 선전의 시대가 계속되었지만, 위성과 같은 새로운 커뮤니케이션 기술이 등장하고 국제무대에서 비동맹국들이 연합해 지배국들의 헤게모니에 대항함으로써 국제커뮤니케이션에서 복잡한 환경이 조성되었다. 또한 이 시대 국제커뮤니케이션의 특징으로는 커뮤니케이션 활동과 내용을 결정하는 데 경제적 요인이 정치적 요인과 동등하게 작용했으며, 국제커뮤니케이션의 문화적 영향력에 주목하기 시작했다는 점이다.

1970년대 중반 이후로는 미디어 소비에서 주류였던 포터블 라디오가 쇠퇴했다. 선진국과 개발도상국 모두에서 차량용 라디오, 오디오카세트(포터블·차량용 모두), 하이파이 컴포넌트, TV 그리고 비디오카세트가 포터블 라디오를 추월했다. 위성의 능력을 보면 1965년 발사된 얼리버드(Early Bird)는 240개의 음성채널과 한 개의 흑백TV 채널을 송신했으나 1980년에 발사된 'INTELSAT V'는 1만 2천 개의 음성회로와 두 개의 컬러TV 채널로 채널의 전송용량이 빠른 속도로 증가했다. 다양한 새로운 미디어들이 국제사회에서 빠른 속도로 보급이 늘어났지만 소수의 열강과 다수의 개발도상국 간 미디어 보급의 격차는 점차 벌어졌다.

국제사회에서 미디어의 확산으로 인해 국제커뮤니케이션이 국제사회에 미치는 정치적 영향력과 더불어 그 문화적 함의가 주목받기 시작했다. 또한 영상 서비스를 제공하는 TV와 더불어 국가 간 통신과 정보를 제공하는 텔레커뮤니케이션이 중요한 미디어로 부각되기 시작했다. 선진국들은 자신들의 다양한 국제방송 및 텔레커뮤니케이션 서비스를 위해 더 많은 새로운 주파수의 할당을 주장했으며, 이에 대응해 개발도상국들은 국제사회에서 자신들의 미래를 위해서 주파수를 보존하려 함에 따라 주파수 할당 자체가 국제무대에서 중요한 논쟁거리가 되었다.

또한 이 시기는 국제무대에서 국제커뮤니케이션에 관한 개발도상국들의 목소리가 드높았던 시절이었다. 이들 국가들은 소수 선진국이 지배하는 국제커뮤니케이션 흐름을 변화시키기 위해 많은 쟁점을 제기하고, 유네스코(UNESCO)를 중심으로 한 국제무대에서 신정보커뮤니케이션질서(New World Information and Communication Order)를 주창했다.

(4) 신국제질서와 지구촌 시대(1990~2002)

신국제질서의 변화는 1945년 제 2차 세계대전 종식 이후 국제질서를 움직이는 양대 축의 하나였던 구소련 붕괴로 인한 이데올로기 종언이 출발점이 되었다. 구소련과 동구권의 몰락으로 공산주의가 붕괴하고 공산주의 국가들이 자본주의 경제 체제로 편입됨에 따라 국제질서를 움직이는 중심축으로 이데올로기 대신에 경제가 그 중심에 서게 된다.

WTO(World Trade Organization) 체제라는 상징어가 의미하듯이 이제 경제는 더 이상 국민국가가 아닌 자본 그 자체를 단위로 하는, 국경 없는 경제의 논리에 의해 운영되기에 이르렀다. 정치, 문화 역시 더 이상 지역적 또는 국가 내부의 사회적 활동으로서 이해될 수 없는 세계정치, 지구촌 문화가 그 실체를 이룬다. 신국제질서에 따른 국제커뮤니케이션 변화가 다방면에서 발생한 시기였다.

또한 국제사회적으로는 '신국제질서'라는 용어로 대변되는 대변혁의 시기이며 문명사적으로는 정보화사회로의 변화기다. 따라서 21세기 국

제사회에서 커뮤니케이션의 문제는 과거와 비교되지 않을 정도로 그 중
요성이 더욱 부각되고 있다.

그리고 국가 간 상호 의존도가 점차 심화됨에 따라 국제커뮤니케이션
의 쟁점은 국외는 물론이고 국내에도 많은 분야 — 정치, 문화, 경제 등
— 에 영향을 미치고 있다. 전 세계를 하나로 묶는 인터넷의 급속한 발전
과 보급, 위성방송의 보편적 확산으로 1960년대 맥루언이 예언한 지구
촌 시대가 전개되었다. 인터넷이 만드는 공간은 기계어만 유통되는 세계
가 아니라 우리의 모든 인간사 — 정치, 교육, 대화, 상거래, 사랑 등 —
가 가능한 가상현실의 세계로 발전했다. 글로벌 네트워크가 만든 지구촌
사회의 전개는 국제커뮤니케이션 분야에서 지금까지 접하지 못한 수많
은 도전적 과제를 제기했다. 위성방송 역시 더 이상 소수 선진국의 독점
물이 아니다. 국경을 넘어 자유롭게 프로그램을 전파함으로써 그 자체가
국제커뮤니케이션의 핵심적 미디어로 자리 잡은 위성방송은 전 세계를
하나의 문화권으로 묶는다.

인터넷과 위성방송의 보편적 확산은 문화의 동질화를 가속화시키고
국제무대에서 갈등을 촉발했다. 새뮤얼 헌팅턴(Samuel Huntington)이
지적한 것처럼 이데올로기 대신에 서로 다른 문명이 국제사회에서 갈등
의 중요한 원천으로 등장하고 있다. 이러한 갈등이 결국 2002년 9·11
테러로 이어졌고 9·11 테러는 21세기 초 미국을 중심으로 한 서방 국가
와 이라크와 아프가니스탄으로 대표되는 이슬람 국가 간의 전쟁으로 이
어졌다.

급속한 정보화사회로의 발전과 뉴미디어의 발달로 인해 국제 간 커뮤
니케이션 유통량은 급속도로 증가했지만 그 양상을 보면 미국을 중심으
로 한 소수의 초국적 미디어기업들이 커뮤니케이션 생산물을 독과점적
으로 생산하는 반면 대부분 국가들은 소비국에 머물고 있다. 그리고 이

러한 현상은 가까운 시일 내에 개선될 가능성이 희박해 보인다. 따라서 정치적 관심에서 시작된 국제커뮤니케이션의 쟁점의 시야가 문화적 쟁점에서 점차 경제적 쟁점으로 확대되고 있다.

세계화는 또한 시장 기능의 공간적 확대와 심화를 가속화하여 국가 간·지역 간 상호 의존을 심화시켰다. 과거에는 한 국가의 고유주권의 영역으로 간주되었던 경제 관행, 환경, 문화 등 모든 영역의 문제가 국제적 과제로 되었다. 상호 의존의 심화로 특징되는 국제질서 속에서 그 상호 의존의 결과를 규제하고 국가 간 협조를 강화하기 위한 국제기구의 중요성이 강조되는데 국제커뮤니케이션 분야도 그 예외는 아니다. 이데올로기의 붕괴, 초국적기업들의 급격한 확장, 전 지구적 통신망과 네트워크의 보편적 이용, 국민국가의 상위에 있는 국제기구나 국제공동체 (NGO)의 위상 강화 등의 요인들이 복합적으로 작용해 영토에 기반을 둔 국가주권이 약화된다.

(5) 세계화에 대한 반작용과 중국의 부상(2002~)

베를린 장벽의 붕괴와 동유럽 공산주의 국가들의 민주화, 구소련 해체 등은 곧 자유민주주의와 시장경제의 승리로 받아들여졌다. 미국의 정치학자인 프란시스 후쿠야마(Francis Fukuyama)는 《역사의 종언》이라는 책을 통해 이데올로기적 진보의 최종 단계는 사회주의 및 공산주의의 실패와 자유민주주의적 이념과 질서의 범세계적 확산이라고 보았다. 이러한 낙관론적 견해에는 미국의 군사적·경제적 헤게모니 질서에 근거한 세계화가 전 세계에 자연스럽게 받아들여질 것이라는 믿음이 있었다.

하지만 이러한 믿음이 깨지기까지는 그리 오랜 시간이 걸리지 않았다. 2002년 9월 11일 미국의 심장인 뉴욕에서 발생해 수천 명의 무고한 시민이 살상당한 테러 사건은 미국 주도의 세계질서에 대한 이슬람 세력의 도전이었다. 이후 미국은 이라크나 아프가니스탄 등의 이슬람 국가와 길고 긴 전쟁에 시달리게 된다.

자본주의와 공산주의 이데올로기 갈등이 사라진 국제무대에서 다수의 국가가 미국식 자본주의와 민주주의 가치, 문화를 보편적으로 받아들일 것이라는 믿음이 사그라지면서 지역 간·문화 간에 새로운 형태의 분열과 갈등이 증폭되고 있다.

미국에서 시작된 글로벌 금융위기는 국제무대에 대한 미국의 헤게모니 장악력을 약화시켰고, 미국의 약화는 국제무대에서 중국의 영향력 확대로 나타났다. 미디어 분석기관인 GLM(Global Language Monitor)의 분석에 따르면 2001년 1월부터 2008년 2011년 5월까지 인터넷, 블로그, 사회 매체 사이트와 종이신문, 전자미디어 등의 7만 5천 곳의 미디어에서 가장 많이 보도된 기사가 '국제무대에서의 중국의 부상'이라는 결과를 보도했다. 하버드대의 한 경제학 교수가 2018년 중국의 경제 규모가 2018년이면 미국을 넘어설 것이라고 예측하는 등 국제무대에서 중국은 빠른 속도로 미국에 대항하는 새로운 G2국가로 성장하고 있다.

국제무대에서의 중국의 영향력 확대는 경제나 군사력과 같은 분야에만 한정되지 않는다. 중국 인터넷정보센터가 밝힌 2013년 중국 인터넷 인구는 6억 명으로 이미 세계 최고다. 2023년이면 최소 10억 명이 넘을 것으로 예상돼 트위터 등을 이용한 이들의 매체력이 국제무대의 여론을 형성하는 파워로 부상하리라 예상된다.

전통적으로 국제적인 경쟁력을 지닌 미국의 엔터테인먼트 회사들은 세계화에 힘입어 빠른 속도로 시장을 확대하는데 이들이 가장 높은 성장률을 보이는 곳이 바로 중국이다. 중국은 미국을 포함한 세계적인 엔터테인먼트 회사들의 각축장들이 되고 있는데 이들은 제작 단계에서부터 중국의 영향력을 의식하는 사례가 늘어나고 있다.

21세기에 들어서면서 국제무대에서 문화나 예술과 같은 소프트파워의 영향력이 확대됨에 따라 중국도 세계 속으로 자국의 소프트파워를 확대시키기 위한 다각적 노력을 경주하고 있다. 소프트파워 연구의 대가라고 할 수 있는 조지프 나이(Nye) 교수가 〈월스트리트저널〉 기고문에서 지적하듯이 중국의 소프트파워가 전 세계적으로 확산되고 미국은 이에 전략적으로 대응해야 한다고 경고하는 것까지 감안하면 중국의 경제적 성장과 확대되는 소프트파워가 현 국제질서에 가져올 수 있는 파장이 적지 않음을 알 수 있다.

또한 이 시기는 페이스북, 트위터와 같은 SNS(*Social Network Service*), 스마트폰과 같은 개인 미디어의 확산으로 인해 개인이 국경을 가로질러 모든 정보와 메시지를 공유할 수 있는 시대다. 비민주적 국가의 지배자들에게 국제커뮤니케이션은 항상 경계의 대상이자 통제의 영역이었다. 그러나 SNS와 스마트폰과 같은 뉴미디어의 결합은 정부의 정보 및 뉴스 통제를 무력화시키고 있다. 2010년 12월 튀니지에서 가난한 한 청년의 분신자살로 시작된 시민혁명이 알제리, 이집트, 리비아 등으로 확산됨에 따라 철옹성 같은 독재정권의 붕괴는 실시간으로 정보를 공유하고 국제사회에 정보를 실어 나르는 SNS, 스마트폰이 있었기에 가능했다.

SNS, 스마트폰과 같은 뉴미디어의 세계적 확산으로 인해 그동안 국제커뮤니케이션 영역에서 자신들의 목소리를 내지 못했던 시민들이 참여와 연대와 통해 국제통신사, 국제방송사같이 국제커뮤니케이션 영역에서 오랫동안 막강한 영향력을 행사했던 강자들 헤게모니에 도전하는 것이다.

국제 공론장과 민주적 정보 질서

미국 헤게모니 관점에서 본 '신국제정보질서운동'의
이론적 한계와 대안 모색[1]

김성해

2007년 시점에서 북한과 이란의 핵 프로그램에 대한 국제사회의 반응은
미국의 전략적 동맹국인 이스라엘이나 파키스탄과는 그 강도와 비판의
초점에서 뚜렷이 구분된다. 물론 이들 국가의 과거 전력이 국제사회의
신뢰를 얻지 못했기 때문일 수 있다. 하지만 국제사회의 이러한 반응은
미국 패권하에서 이들 국가가 비록 '표현할 자유'는 가졌지만 '경청되고
반영될' 권리가 부정된 데서 비롯된 것이라는 해석도 가능하다. 이 장에
서는 이에 이들 국가가 당면한 모순이 과거 '신국제정보질서'를 통해 제
기된 논쟁들과 연결되며, 냉전의 종식과 정보혁명에도 불구하고 당시의
문제점이 개선되지 않는다는 점에서 출발한다.

이를 위해 먼저 신국제정보질서운동(이하 NIIO) 논쟁이 탄생한 역사
적·정치적 배경을 되짚어보고 당시 논쟁의 이론적 배경으로 작용했던
자유/다원주의, 자본주의 헤게모니와 미국 헤게모니라는 상반된 세계관

---

[1] 여기서 '국제 공론장'은 미국과 영국 주도의 글로벌 미디어에 의해 구축되고 운영되는 '국제적 상징
광장'을 의미한다.

을 살펴본다. 그 다음엔 당시에 주목받지 못했지만 유효했던, 미국 헤게모니 시각을 통해 NIIO의 실천 과제로 제시된 〈맥브라이드 보고서〉를 비판적으로 분석한다. 필자는 이를 통해 당시의 주요 제안들이 미국 주도의 지배블록(historic bloc)에 의해 운영되는 국제 정치라는 현실을 간과했고, 그 결과 국제 여론의 교육을 통해 패권 질서가 관철되는 문제점을 충분히 논의하지 못했다고 주장한다. 또한 이를 통해 국제기구와 초국적 기업을 국제사회의 감시하에 두는 방안을 모색하는 한편 다양한 정치적 의견이 자유로이 소통되어 이를 통해 국제사회의 '집단적 혜안'과 '자발적 합의'가 도출되기 위한 전략을 제안한다.

1. '말할 수 있는 자유'와 '경청되고 반영될 권리'

〈뉴욕타임스〉에서 20년 이상 국제 보도를 담당하고 백악관 출입기자로 활동 중인 데이비스 생거(David Sanger)는 명문대 출신의 엘리트로 미국에서 가장 영향력 있는 싱크탱크의 하나인 대외관계위원회(Council on Foreign Relations)와 아스펜 전략그룹(Aspen Strategy Group)의 정회원이다. 그가 지난 2004년 늦가을에 북한의 핵 문제, 그리고 2005년 초 이란의 핵 프로그램과 관련해 다음과 같은 기사를 보도했다.

이곳 현지 시각으로 토요일 아침, 부시 대통령은 중국, 일본, 한국의 수뇌부와 각각 만난 자리에서 북한이 6자 회담에 조속히 복귀할 수 있도록 이들 국가가 적극 협조해줄 것을 요청했다. 회담 직후 부시 대통령은 지난 1987년 레이건 대통령이 베를린 장벽을 허물 것을 직접적으로 요구한 것처럼 북한의 김정일 당 총서기를 겨냥해 다음과 같은 요지의 성명을 발표했다. "우리의 의지는 단호하며, 우리의 노력은 단일화되어 있으며, 김정일을 향한 메시지는 분명하다. 즉각 핵무기 프로그램을 포기하라"(2004. 11. 21).

제 2기 부시 행정부가 출범하기 몇 시간 전 부통령 딕 체니는 이란의 핵무기 획득을 막기 위해 이스라엘이 '선제공격을 취할' 가능성이 있음을 공개적으로 표명했다. (…) 체니 부통령은 또한 미국의 이라크 침공 결정이 옳았다고 강조하는 한편으로 "이란인들이 실제 믿을 만한 핵 프로그램을 가졌다"고 말했다. (…) 그는 나아가 이란은 특히 헤즈볼라를 지원하는 등 "대표적인 테러 지원국이며 이들의 핵기술과 테러리즘이 결합될 경우 심각한 위협이 될 것이다"고 경고했다(2005. 1. 21).

조지 부시 대통령과 딕 체니 부통령이 이란과 북한에 의해 불거진 핵무기 이슈를 어떻게 받아들이는가를 다룬 이 기사가 외견상 미국 정부의 정책 담당자들과 의회 및 〈뉴욕타임스〉 독자를 위한 것임은 분명하다. 이는 〈뉴욕타임스〉의 운영 수입이 미국 내 독자와 광고주에게서 비롯될 뿐만 아니라 이 회사가 미국 법의 적용을 받고, 미국 정부에 세금을 내며, 소속 기자들 역시 대부분 미국 시민권자라는 것을 통해서도 잘 확인된다. 따라서 자유/다원주의적 입장을 취하는 언론학자는 이 기사가 정책 담당자들이 합리적 결정에 도달하고 또 일반 국민의 '건전한 판단'을 이끌어 내기 위한 '정확하고 공정하고 균형 잡힌 정보'인지에 관심을 둘 것으로 기대할 수 있다(Page, 1996; Schudson, 2003). 그렇지만 언론 기업이 국민의 신뢰 획득과 이윤을 동시에 추구해야 한다는 시각에서 볼 때 이들 기사는 지배 질서를 강화시키는 동시에 안보 위기의 조장을 통해 상업적 이윤을 취하려는 것으로 비칠 수 있다(Hallin, 1994; McChesney, 1999; Schiller, 2000).

따라서 왜 이러한 기사가 〈뉴욕타임스〉라는 엘리트 언론에 실렸으며, 생거 기자가 어떤 의도에서 부시 대통령과 체니 부통령의 '북한과 이란'

에 대한 '정의'를 '직접' 인용했으며, 이 기사의 궁극적인 '독자'가 누구이 며, 그에 따른 '정치적 목적'이 무엇인가에 대한 명확한 판단은 쉽지 않 다. 그러나 대외 정책 전문기자의 이름으로 작성된 앞의 기사가 단순히 미국 국내용으로만 생산되지 않았다는 것은 명확해 보인다. 다시 말해 비록 이 기사가 북한과 이란의 핵 문제에 대한 미국 정부의 입장을 다룬 것이지만 한국, 중국, 일본, 이란, 이라크, 사우디아라비아, 이스라엘, 베네수엘라, 브라질, 인도와 파키스탄을 포함한 국제사회는 이 기사에 주목하지 않을 수 없다. 그 이유는 무엇보다 먼저 이 기사가 미국 내 파 워엘리트, 전문가와 지식인 사회에서 '충분하고 안정적인 대중 시선' (sufficient and stable public attention) 을 확보하는 신문에 의해, 그것도 미 국 내 파워엘리트와 친밀한 유대관계를 맺을 것으로 예상되는 선임 기자 에 의해 작성되었다는 점에 주목할 필요가 있다.

즉, 이 기사는 미국 내 의사결정 담당자 간의 '정책적 합의'를 이끌기 위 한 정책 의제(policy agenda) 의 한 부분으로써 이들과 의회 및 주목하는 소 수 독자(attentive minorities) 간의 '공적 숙의'(public deliberation) 를 위한 기 초자료로 기능한다. 따라서 미국의 대외 정책에 영향을 받는 국가들에게 이 기사는 외부 환경의 변화, 즉 사회에서 일어나는 중요한 이슈와 그것 의 정치적 함의 및 실제 그것이 자신의 삶에 미칠 수 있는 영향에 대한 심 층적이고 분석적인 해석과 정보에 해당한다(Rosak, in Philo, 1999: 12).

또한 이 기사는 믿을 만한 공공 지식(public knowledge) 의 형태로 궁극 적으로는 미국 내 일반 대중에게로 전달될 것이고, 미국 국민은 이를 토 대로 핵 문제를 이해하고 이를 토대로 집단적 의견(즉, 여론) 을 형성할 것으로 기대할 수 있다(Page, 1996). 다시 말해, 미국 국민은 이러한 기 사를 통해 국제사회에 대한 지식 체계를 구축하는 한편 미국 정부에 의해 추진되는 대외 정책의 잠재적인 지지자로 교육된다.

마지막으로 이 기사는 국제원자력에너지기구(IAEA)의 실무진은 물론 국제사회의 여론 형성에도 상당한 영향력을 행사할 것으로 기대할 수 있는데 이는 북한과 이란의 목소리가 영미 언론에 의해 중재될 수밖에 없을 뿐만 아니라 이들 국가의 언론에 대한 국제적 불신이 있다는 데서 불가피하다. 이들의 이러한 딜레마는 곧 지난 1970년대 말 제3세계 국가가 제기했던 신국제정보질서의 쟁점들이 지속됨을 의미한다. 당시 이들은 서방 언론이 제3세계에 대한 '탈맥락화'(context-free)된 부정적 뉴스를 국제사회로 일방적으로 전달함에 따라 국제 여론이 불리하게 작용하는 것은 물론 자국 내 정치적 불안정이 가속화되고 궁극적으로 서방에 대한 문화적 종속이 강화된다고 주장했다(김승현, 2000; 박천일, 1994; 양승목, 1992; 전규찬, 1994; Altschull, 1984; Schiller, 2000).

당시 비동맹 세력(G-77)의 주도로 제기된 이러한 문제의식은 실제 미국 학자에 의해서도 확인되었는데, 일례로 바렛(Barrett, 1992)은 AP, 로이터, AFP와 UPI와 같은 글로벌 미디어가 특히 자국의 이해관계가 걸린 문제를 보도하는 데 개도국의 입장보다는 미국과 서방 국가의 입장을 주로 옹호했으며, 자국의 대외 정책에 대해서는 적절히 비판하지 않는다고 지적했다. 스티븐슨과 쇼(Stevenson & Shaw, 1994) 역시 이들 서방 미디어가 경제 철학, 정치 체제, 문화 및 언어 등에서 '자국과 친근한 국가들'(more like us)과 '자국과 비우호적인 국가들'(least like us)을 차별적으로 다룸을 밝혔다. 모라나는 이에 언론기업은 주권국가의 틀 안에 있다는 점을 지적하는 한편 서방 언론이 애국주의와 국가에 대한 충성심으로부터 언론의 독립성을 온전히 유지할 것을 기대하는 것은 무리라고 말한다(Mowlana, in Malek Abbas, 1997). 더욱이 미국과 영국 주도의 이들 글로벌 미디어는 여론 조성을 통해 특정 정책을 현실화시키기도 하는데 모라나는 이에 언론인이 파괴가 아닌 인류의 가능성과 존엄을 위한 보편적 윤리 원칙을 제정할 것을 제안한다(Mowlana, 1997). 알철 또한 이에 '구경꾼'이 아닌 '활동가'로서의 언론인의 역할을 강조하면서 "언론은 국제사회의 이해와 평화의 증진, 인권의 개선, 인종차별의 종식 및 전쟁에 대한 부추김을 억제해야 할 의무가 있다"고 주장했다(Altchell, 1984: 319).

물론 지난 30년간 국제사회는 많은 변화를 겪었다. 그간 미국과 소련 간 냉전이 끝나고, 인터넷으로 인해 정보채널은 극적으로 증가했으며, 많은 제3세계 국가들도 이제는 자국의 미디어를 통해 그들의 입장과 의견을 직접 국제사회로 내보낸다. 또한 '공정하고 균형 있는 정보의 흐름'(fair and balanced information flow)을 목표로 〈맥브라이드 보고서〉 (MacBride Commission Report)에서 제안된 것처럼 지역 간 협력이라든가 국가 간 언론 교류도 활발히 진행된다. 이스마일(Ismail, 1989)은 이에 NIIO 논쟁의 영향으로 인해 서구 언론의 아시아 지역에 대한 '부정적' 보도는 1980년대 들어 지속적으로 감소한다고 발표했다.

그럼에도 불구하고 2007년 현 시점에서 '의견을 표현할 수 있는 자유'를 획득한 이들 제3세계 국가들이 국제 정치의 무대에서 '경청되고 반영될 권리'(rights to be listened to and addressed)를 누린다는 증거는 많지 않다. 실제 천문학적인 외채, 국제난민, AIDS 및 내전과 마약의 확산과 같은 제3세계의 현안들은 여전히 국제사회의 공공 의제로 등장하지 못하며, 그 결과 국제사회의 집단적 노력은 현실화되지 못한다. 다시 말해 현 시점에서 국제사회의 현안(agenda)에 대한 결정은 물론 국제사회의 합의가 '힘의 논리'에 의해서가 아닌 '논증과 증거'에 의해, 주어진 '특권'에 의해서가 아닌 '비판적이고 합리적 의사소통'을 통해 이루어질 수 있는 가능성(즉, 국제 공론장의 구축)은 요원해 보인다(Carey, in Munsun & Warren, 1997). 물론 헤게모니 안정론(hegemony stability theory)을 지지하는 입장에서는 무정부적인 국제 정치의 속성상 이러한 '공론장'이 특정 국가 또는 소수 국가에 의해 구축되고 유지되는 것이 더 바람직하다고 주장할 수 있다(Keohane, 1984; Nye, 2002). 하지만 패권국가에 의한 국제 여론의 장악이 패권국가의 이익에 우선적으로 봉사할 뿐만 아니라 국제사회의 '집단적 혜안'(collective wisdom) 도출은 물론 국제사회의 진정한 협력 관계를 방해한다는 주장 또한 무시할 수 없다(Strange, 1989; Kim, 2005).

그러나 비동맹회의국을 중심으로 제기되었던 당시의 NIIO 논쟁은 1980년대 이후 급속하게 학계의 이론적 관심사에서 멀어졌다. 이는 물론 1984년 미국 국무장관이었던 조지 슐츠(George Shultz)가 당시 논의를 '자유시장과 자유언론'에 대한 거부라고 비판하면서 미국이 UNESCO를 공식 탈퇴하고 곧이어 영국과 싱가포르가 여기에 가담한 덕분일 수 있다(Altschull, 1984; Nordenstreng & Schiller, 1993). 아니면 1990년대 들어 냉전이 '자유민주주의' 체제의 승리로 귀결되고(Fukuyama, 1991), 그간 NIIO 논쟁의 이론적 배경이었던 맑시즘이 '지배이데올로기, 미디어의 영향력, 미디어 조직, 텍스트 해석, 수용자 개념, 언론인의 자율성, 문화적 가치의 문제'에서 이론적 정당성을 잃고 '수정주의'로 전환한 때문인지도 모른다(양승목, 1992: 250). 김승현(2000)은 이에 국내 비판 커뮤니케이션의 위기를 논하면서 글로벌 시대의 개막으로 인해 이제는 신패러다임을 받아들여야 할 시점이라고 주장했다. 전규찬(1994)은 나아가 이를 당시의 논의가 서구 지식인의 '선민의식'에서 비롯되었으며, 제3세계의 서구 미디어에 대한 '수동성'은 과장되었으며, 실제 서구에 의한 '문화적 지배'는 현실화 되지 않았기 때문으로 파악한다.

하지만 이 장은 당시의 논쟁과 그 결과 제안된 〈맥브라이드 보고서〉의 이론적 토대가 되었던 '세계관'(world-view)에 오류가 있었다는 입장을 취한다. 이를 위해 필자는 먼저 당시의 NIIO 논쟁의 주요 쟁점을 되짚어 본 다음 이론적 바탕이 되었던 상반된 세계관을 살펴본다. 그 다음 당시에는 주목받지 못했지만 실제로는 유효했던 미국 헤게모니 관점을 제시하고 이를 〈맥브라이드 보고서〉에 대한 비판적 해독에 적용한다. 마지막으로, 이를 토대로 현존하는 국제 공론장의 구조적 불평등을 지적하고, 이를 극복하기 위한 방법으로 '민주적 국제정보질서'라는 개념과 구체적인 실천 전략을 제안한다.

2. NIIO 논쟁 되짚어 보기

NIIO의 역사적 배경을 이해하기 위해서는 먼저 제 2차 세계대전 이후 등장한 신흥 독립국과 복잡하게 얽혔던 제국주의의 유산에 대해 여전히 상반된 평가가 존재한다는 것에 주목할 필요가 있다. 즉, 대부분의 제 3세계 엘리트는 그들의 경제적 후진성과 정치적 불안정이 문화적 낙후성과 정치적 부패와 같은 '내부적 요소'보다도 식민 종주국에 의한 경제적 착취와 정치적 간섭과 같은 '외부적 요인'에서 비롯되었다고 믿는다. 파농은 이런 맥락에서 "유럽인의 경제적 번영과 진보는 흑인, 아랍, 인디언, 그리고 동양인의 시신과 땀에 의해 이루어진 것이며, 말 그대로 유럽은 제 3세계에 대한 착취의 결정물"이라고 주장한다(Fanon, in Said, 1994: 103). 키어난과 케이 역시 "비록 제 3세계가 제국주의적 지배에 의해 이왕의 성취를 모두 착취당했다고 할 수는 없지만 식민주의자의 착취는 최소한 이들 사회의 미래를 짓밟았다"고 강변한다(Kiernan & Kaye, 1995: 64).

하지만 다른 한편으로 유럽과 미국의 정치 지도자는 제 3세계가 겪는

38

문제의 원인으로 외부적인 면을 부인할 수 없지만 본질적으로는 내부적인 것이며 특히 제 3세계 정치지도자의 부패와 무능력으로 인해 악화된다고 주장한다(Lerner, 1958; Pye, 1963; Schramm, 1964; Lerner & Schramm, 1967). 나이는 "주로 아프리카와 중동에 있는 대부분의 극빈국의 뿌리에는 그들 지배 계급의 부패, 무능력과 잘못된 정책이 있다"고 강변한다(Nye, 2002: 101). 이러한 시각은 식민지에 대한 직접적 착취를 통해 경제성장을 이룬 유럽과 달리 미국에서 더욱 강하게 나타났는데 이는 곧바로 이들에 대한 미국 정부의 '현대화 및 개발 전략'(modernization and development strategy)의 채택 요구로 이어진다. 당시 국무부 차관보였던 윌리엄 벤톤(William Benton)은 따라서 "미국 정부는 제 3세계의 근대화를 추진하기 위해 언론의 자유 및 정보의 자유로운 흐름을 대외 정책으로 추진했다"고 밝혔다(Benton, in Schiller, 2000: 52).

하지만 미국이 제안한 산업화와 언론자유 및 민주주의를 통한 제 3세계 현대화 정책은 기대한 효과를 낳지 못했고 1970년대 이후 개도국은 더 깊은 경제 위기로 내몰린다. 이들은 이에 비동맹국 회의인 G-77을 결성해 다음과 같은 문제점들을 제기했다. 먼저 이들은 특히 미국, 영국, 프랑스의 국제 통신사가 이들에 대한 '부정적이고 왜곡되고 부정확한' 정보를 일방적으로 국제사회에 전달함으로써 국제사회의 여론이 악화되고 그 결과 이들 사회에 대한 국제적 관심과 지원이 줄어들었다고 비판했다. 이들은 또한 대부분의 서방 기자가 역사적·정치적 이해가 부족한 상태에서 제 3세계를 보도함에 따라 정치적 불안정을 부추기고 나아가 이들 정치 지도자의 정통성을 훼손하는 점을 지적했다.

마지막으로 이들은 국제정보의 흐름이 일방적으로 서구 선진국으로부터 이들에게 흘러감에 따라 전통적인 문화와 가치체계가 무너지고 급격한 서구화 또는 문화 종속이 가속화된다고 우려했다. 이들은 이를 시정하기 위해 UN 산하 UNESCO를 통한 정치적 해결을 모색하지만, NIIO를 둘러싼 논의는 미국의 반발과 1980년대 초반 라틴아메리카를 덮친 외채 위기 등으로 인해 1980년대 중반 이후 국제적 정치 의제에서 소외된다.

  그렇지만 당시 NIIO 논쟁의 후퇴는 소련을 중심으로 한 공산주의 진영과 미국과 영국을 중심으로 한 자본주의 진영 사이의 이념 갈등에 의해서도 일정 부분 영향을 받았는데, 이는 1945년부터 1980년대에 대한 역사적 평가를 통해 확인할 수 있다. 먼저 맑시즘적 시각을 받아들여 종속이론을 옹호하는 학자들은 이 시기를 선진국과 개도국 간의 빈부격차, 특히 핵심 선진국에 의한 주변부 국가들에 대한 착취가 가속화된 시점으로 이해했다(Cockcroft, Andre & Dale, 1972). 이들은 따라서 국제 무역의 불균형에 주목하면서 선진국과 개도국의 기술 차이로 인해 선진국은 고부가가치 상품을 수출할 수 있는 반면 개도국은 1차 상품의 수출국가로 전락해 결과적으로 선진국 경제의 볼모가 되었다 주장했다(Wallerstein, 2004).

  하지만 자유주의적 입장을 선호한 서방 학자들은 제 3세계의 빈곤이 구조적이라는 점을 부인하면서 이들이 자본 자유화, 탈규제 및 공기업 민영화 등을 통해 경제성장을 달성할 수 있다고 주장했다. 특히 이들은 1980년대 초반 이후 아시아 국가의 급속한 경제성장을 예로 들면서 핵심 그룹과 주변 그룹 간 구조적 불평등이라는 종속이론을 효과적으로 비판했다(Johnson, 1982). 더욱이 일군의 미국 학자들은 1970년대의 국제적 경기 후퇴와, 1차 원재료의 가격 급등 그리고 선진국의 보호주의 강화 등이 미국 국력의 약화에서 비롯된 것으로 보고, 국제사회의 안정을 위해서는 미국 헤게모니의 회복이 절실하다는 입장을 표명했다(Keohane, 1984; Gilpin & Gilpin, 2001). 그러나 스트레인지를 포함한 일군의 유럽 정치학자들은 1970년대의 혼란은 베트남 전쟁과 '닉슨 독트린'과 같은 미국의 근시안적인 대외 정책으로 인해 국제 체제의 질서가 무너진 결과라고 주장했다(Strange, 1998: 102). 미국 헤게모니 이론을 주창한 이들은 이에 미국 패권을 견제하기 위해 유럽 국가 간의 금융 및 군사 협력을 통해 국제적 '견제와 균형' 체제를 마련할 것을 요구한다. 1967년 프랑스의 드골 대통령과 서독의 빌리브란트 총리 등에 의해 시작된 이러한 움직임은 실제 1999년 '유로'의 탄생으로 현실화되었다.

물론 뒤이은 현실주의(realism) 정치에 기반을 둔 미국과 영국의 신보수주의, 1980년대 중반 이후 표면화된 국가 간 무역 마찰과 1990년대 초 냉전시대의 갑작스런 종식 등은 국제사회를 특정 세계관으로 이해하는 것을 점점 더 어렵게 했다. 그러나 미국 클린턴 행정부에 의해 추진된 자본 자유화와 세계화(globalization)로 인한 지역경제 기반의 붕괴와 뒤따른 국제 금융위기 등은 한때 이론적 고사 위기에 처했던 종속이론이 더욱 정교화된 계기였다. 길(Gill, 2003)과 월러스타인(Wallerstein, 2004)은 이에 기존의 종속이론을 발전시켜 '자본주의 헤게모니'와 '세계체제론'과 같은 이론을 제시하고, 주변부 국가가 불균등 교환과 국제적 노동 분화를 통해 핵심 선진 경제에 더욱 깊이 종속된다고 주장한다.

1990년대 이후 세계화 과정의 진전과 더불어 급팽창한 글로벌 미디어 기업에 주목하면서 쉴러(Schiller, 2000)와 맥체스니(McChesney, 1999) 또한 이를 다국적기업에 의한 새로운 형태의 '문화제국주의'로 규정짓는다. 하지만 맑시즘적 시각에 기초한 세계체제론은 결정적으로 국가가 아닌 계급을 분석 단위로 설정함으로써 국제 정치 및 경제에서 미국이라는 패권국가가 행사하는 '게임의 규칙을 정하고 이를 유지하기 위해 행사하는 거부권'을 인식하는 데는 실패했다. 그 결과 이들은 정치적 영향력을 가지지 못한 IMF와 같은 국제기구나 다국적기업에 비판을 집중하고, 이들에 대한 실질적 통제력을 행사하는 미국 정부에게 주목하지 못하는 오류를 범한다(Bettig & Hall, 2003).

다시 말해, 여기서 미국이 18%대의 투표권과 주요 요직의 독점을 통해 IMF의 주요 의사결정을 실질적으로 관리하고 대부분의 다국적기업이 미국에 기반을 둔 기업이라는 점은 간과되었다(Richard, 1986). 하지만 NIIO 논쟁 당시에 미국 헤게모니 시각은 거의 주목을 받지 못했는데 이는 부분적으로 당시 사상의 흐름을 주도했던 미국 학자들이 대체로 자유/다원주의적 세계관을 견지했고 이를 비판한 학자들 역시 자본주의 헤게모니에 경도되었기 때문으로 파악된다(Altschull, 1984: 326).

그렇다면 서로 다른 세계관이 실제 어떤 차이를 가지는 것일까? 또 다른 세계관을 채택한다는 것이 실제 NIIO의 이론적 전개에 어떤 영향을 미친 것일까? 이를 위해 이 장에서는 NIIO 논쟁 당시의 세계관을 살펴보고, 특히 미국 헤게모니 시각이 어떤 가정과 함의를 가지는가를 분석하고자 한다.

3. 세계관으로서의 미국 패권

물론 국제사회를 어떻게 바라볼 것인가에 대한 '명확하고 유일한' 입장은 존재하지 않는다. 따라서 국제사회를 바라보는 세계관은 '국제사회 내 권력 관계에 대한 이해', '언론과 국가(정부)와의 관계', '발전모델과 같은 이데올로기'(또는 담론)에 대한 이해[2] 및 '제3세계 정부와 엘리트에 대한 이해'에 따라 크게 자유/다원주의, 자본주의 헤게모니와 미국 헤게모

---

2 엄격한 의미에서 담론과 이데올로기는 구분되어야 한다. 하지만 세계관에 따라 이들 다르게 해석하기 때문에 여기서 이들 개념은 서로 혼재되어 사용되었다.

니로 구분해 살펴볼 필요가 있다. 먼저 자유/다원적 관점은 국제사회에는 최대 군사 강국인 미국과 소련만이 아니라 경제력 등에 따른 다양한 권력의 정점이 존재하며, 이들 국가 간 권력 관계는 기본적으로 자유민주주의 체제 내의 개인과 마찬가지로 '자국의 이익'과 '자유의지'에 따른 일종의 계약 관계로 이해한다.

따라서 IMF, UN과 WTO 같은 국제기구는 국제사회의 '합의'에 따라 단일 국가에 의한 독단을 막기 위한 조치로 이해된다(Huntington, 1997). 반면에 맑시즘적 전통을 바탕으로 선진 강대국과 후발 개도국 간의 점증하는 빈부격차에 주목하는 자본주의 헤게모니 시각은 국제사회의 권력이 궁극적으로 세계적 자본가 계급(global capitalists)의 영향권 내에 있으며, 미국을 포함한 서방 선진국과 국제기구 및 초국적 기업들이 이들의 지배하에 있다고 이해한다. 이 관점은 이에 비록 미국 정부가 자유로운 의사를 바탕으로 한 국민들의 자발적 선거를 통해 형성되지만 실제 정부의 핵심 권력은 자본가 계급과 이들의 통제를 받는 파워엘리트의 영향권에 있으며, 국제기구 또한 궁극적으로 자본주의 체제의 유지에 봉사한다고 본다(Gill, 2003).[3]

그러나 미국 헤게모니 시각은 미국이 비록 1970년대 이후 일본과 서독 등에 밀려 세계 시장에서의 경쟁력을 상실했지만 여전히 국제통화 질서와 군사력은 물론 지식 분야에서 경쟁적 우위를 지킨다는 점에 주목한다. 스트레인지는 미국을 '구조적 권력'(structural power)으로 정의하면서 "국제 정치 및 경제의 틀은 결국 미국 정부에 의해 결정되며, 다른 국

---

3 스테판 길은 그 근거로 1973년 데이비드 록펠러와 즈비그뉴 브레진스키가 주도한 Trilateral Commission을 제시하지만 대외경제위(Council on Foreign Relations)와 더불어 이 기구 또한 미국에 의해 주도되었고, 그 구성원의 인선은 물론 의제설정에 있어 미국의 영향력이 절대적이라는 점은 주목할 만한 부분이다.

가나 정치 기구, 각급 경제 주체 및 심지어 전문 지식인 또한 궁극적으로 그 체제가 규정한 게임의 규칙을 따라야 한다"고 주장한다(Strange, 1998: 132). 나아가 이 관점은 역사적으로 형성된 '지배블록'이라는 개념을 통해 게임의 규칙을 정할 수 있는 미국은 '안보, 금융, 무역 및 지식'으로 대변되는 자국의 이익을 실현하기 위해 다른 국가, 국제기구 또는 기업을 '선택적이고 전략적으로' 활용하는 것으로 이해한다.

다시 말해 미국 패권 질서하에서 G7, IMF, 세계은행과 같은 지배블록은 비록 겉으로는 집단적 리더십의 통제를 받는 것으로 이해되지만 실제로는 미국 정부에 의해 주도되며, 미국 정부만이 거부권(veto)을 행사할 수 있고, 이들의 주된 역할 또한 정통성(legitimacy)을 바탕으로 한 국제사회의 합의를 이끌어 내는 것으로 간주된다(Gilpin & Gilpin, 2001; Keohane, 1984; Strange, 1989). 미국 패권에 대한 시각은 또한 비록 초국적기업이나 비정부기구의 영향력이 증대한다는 것을 부정할 수는 없지만 이들이 여전히 모국 정부에 세금을 내고, 이들 기업의 최고경영진과 가족 대부분이 자국의 여권을 소지함에 따라 궁극적으로 자국법의 통제를 받는다는 점을 지적한다(Richard, 1986; Strange, 1992).

현재 국제사회에서 개별 국가에 기반을 둔 언론을 어떻게 이해할 것인가에 따라 이들 세계관은 또한 차이를 보인다. 먼저 언론의 제4부이론과 사회책임이론을 수용한 자유/다원주의적 입장은 언론의 주된 역할을 근본적으로 개별 국가 내부에 권력 남용을 견제하고, 올바른 여론이 형성될 수 있도록 '공정하고 객관적'인 정보의 제공을 통해 사회적 공론장(public sphere)을 구축하는 것으로 본다. 따라서 이 관점의 지지자는 미국에 근거를 둔 언론의 대외 정책에 대한 비판 정도는 근본적으로 국내 엘리트 간 불협화음의 정도에 따라 결정되며(power-indexing), 이들이 미국이 대외 정책을 수행하는 과정에서 의식/무의식적으로 수행하는 대중

외교(*public diplomacy*)의 개연성을 인정하지 않는다(Bennett & Paletz, 1994; Hallin, 1994; Page, 1996; Schudson, 2003).[4] 물론 여기서도 정부로부터 독립되어 '환경감시' 기능을 수행하는 언론은 기본적으로 대(내)외 정책을 비판할 수 있다는 입장을 취한다. 그러나 코헨(Cohen, 1963)은 이 경우에도 언론의 비판은 해당 대외 정책이 초기의 목표를 달성하지 못하거나 전술적 오류를 범했을 때에 국한되며, '정책적 합의'(*policy consensus*)로 확대되지는 않는다고 주장한다.

반면에 언론을 궁극적으로 정부와 지배 계급의 영향권 내에 있는 것으로 파악하는 자본주의 헤게모니 관점은 언론의 역할을 '정치적 정보'의 전달을 통한 민주적 시민 양성이 아닌 '지배세력'의 영속화와 이들이 설정한 '계급이해'를 위해 이들 국민을 탈정치화시키거나 '동의'(*consensus*)를 만드는 데 있다고 이해한다. 허먼과 촘스키(Herman & Chomsky, 1989)는 이에 미국 행정부와 지배계급이 어떤 검열장치(*filtering*)를 통해 〈뉴욕타임스〉의 베트남전 보도를 통제했는가를 분석했으며, 파렌티는 언론의 주요 목적이 정치와 경제에 대해 비슷한 이데올로기적 시각을 공유하는 정부 및 기업 엘리트의 시각을 비판 없이 받아들이는 순종적인 추종자의 재생산에 있다고 주장한다(Parenti, 1992: 8).

자유/다원주의적 입장과 마찬가지로 여기서도 언론의 정부와 지배계급에 대한 비판은 인정되지만 이 경우 언론은 궁극적으로 그들을 고용하는 자본가 계급의 영향에서 자유로울 수 없으며, 그들이 제기하는 반대의견이나 비판 또한 체제의 안정을 유지하기 위한 형식적인 다양성에 불과하며, 실제로는 정책적으로 합의된 논의 영역에서 벗어나지 못한다는 입

---

4 미국정보국(USIA)는 대중 외교를 대외 정책의 효율적인 달성을 위해 해당 국가의 여론을 우호적으로 만드는 전략으로 정의하며 이를 위해 교육·문화 교류 및 미디어를 적극 활용한다.

장을 취한다(Herman & Chomsky, 1989). 이 관점은 나아가 현재의 국제 사회가 전지구적 자본주의이며, 미국의 거대 언론사 또한 기본적으로 자본주의의 '이데올로기적 도구'라는 전제를 수용한다. 〈뉴욕타임스〉, 〈월스트리트저널〉과 CNN 등은 따라서 개인주의, 물신주의, 상품화의 전파와 기업의 이윤 극대화를 위한 시장 개척 등에 기여하는 것으로 이해된다. 그 결과, 이 시각의 지지자는 미국 언론사가 수행하는 대중외교에 대한 분석은 물론 이들이 옹호하는 계급 이익이 실제로는 미국의 국가 이익에 의해 '궁극적'으로 규정된다는 사실은 부정한다(McChesney, 1999).

미국 헤게모니 시각은 우선 CNN과 〈월스트리트저널〉과 같은 글로벌 언론이 기본적으로 '미국' 언론이라는 점과 이들이 '미국 내에서' 파워엘리트의 일부인 '상징권력'으로 기능한다는 점에서는 자유/다원주의적 입장과 일치하는 부분이 있다. 이 시각의 옹호자들은 그러나 이들 언론이 기본적으로 미국의 '연성권력'(soft and co-optive power)으로써 미국의 국가 이익을 달성하기 위해 국제사회의 여론 시장에 개입하는 '대중외교'(public diplomacy)를 담당한다고 본다는 면에서 자유주의적 입장과는 차이를 보인다(Nye, 2002; Walt, 2005). 또한 자본주의 헤게모니 입장과는 달리 여기서 이들 글로벌 미디어의 궁극적 목적은 국가 이익이라는 테두리 안에서 계급 이익의 추구이며, 이들이 주창하는 '자본자유화와 신자유주의'는 미국 정부의 정책적 합의에 의해 우선적으로 규정된 것으로 이해된다(Said, 1994; Nye, 2002; Walt, 2005). 이 관점은 따라서 이들 미국 언론이 국내 정치에서는 다른 파워엘리트와 경쟁하는 이익집단(interest groups)으로 기능하는 한편, 대외 정책에서는 다른 엘리트와 공생적 관계를 유지한다고 이해한다(Inderjeet, 2004; 김성해, 2006).

세계관의 차이는 세 번째로 이들이 발전모델(development theory), 현대화모델(modernization theory)과 신자유주의와 같은 담론을 어떻게 이해하는가에 따라서도 달라진다. 즉, 자유/다원주의적 시각에서 발전모델은 미국의 정치적 목적과는 거리가 먼 순수한 경제적 모델로 받아들여지지만, 자본주의 헤게모니 입장에서 이런 모델은 결국 자본주의의 확대 재생산을 위해 정치적으로 홍보된 이데올로기로 폄하된다. 따라서 발전모델이나 현대화모델의 공과를 평가함에서도 이들은 서로 다른 점에 주목하는데 자유주의 시각이 금융 자유화 및 국제화로 인한 전반적인 세계 경제 규모의 성장을 강조하는 반면, 맑시즘적 입장에서는 이로 인한 제3세계 빈곤의 확대와 선진국에 대한 종속 심화가 부각된다(Gill, 2003; Wallerstein, 2004).

자본주의 헤게모니와 미국 헤게모니 역시 여기서는 다른 입장을 취한다. 다시 말해 자본주의 헤게모니 관점에서 현대화, 국가 발전, 세계화와 신자유주의와 같은 담론은 결국 미국 정부를 앞세운 국제자본주의 계급의 이해에서 비롯된 것으로 이해되지만 미국 헤게모니 시각은 이를 세계를 경영해야 할 책임자로서의 미국의 입장이 반영된 것으로, 이것이 선진국가 간 합의에 의해서가 아닌 미국 정부의 전략적 결정에 따른 것으로 파악한다(Gilpin & Gilpin, 2001; Keohane, 1985; Strange, 1998). 미국 패권에 주목하는 이들은 이에 민영화, 규제 완화 및 자본시장 개방을 포함한 '신자유주의적' 정책이 실제 미국 재무부와 IMF 주도하에 고안된 정책적 합의인 '워싱턴 컨센서스'(Washington Consensus)에서 비롯되었다고 주장한다(Wade, 2004).

마지막으로, 이들 세계관은 제3세계의 정부와 엘리트를 어떻게 평가하는가에 따라서 달라진다. 자유주의적 관점은 먼저 국가 운영 및 정책 결정에서 개별 정부와 엘리트의 자율성을 인정하는 한편 이들이 공통적으로 겪는 정치 사회의 불안정과 경제 낙후성 등의 근본 원인을 후진적 국민성이나 엘리트의 무능력에서 찾는다(Nye, 2002). 이와는 달리 자본주의 및 미국 헤게모니는 제3세계 국가가 처한 구조적 제약을 인정하면서 과거 이들을 옭죄었던 제국주의의 유산과 현존 국제사회에서 '게임의 규칙'을 정하는 미국 정부의 무책임성과 이기주의를 비판한다(Said, 1994; Strange, 1989).

하지만 이들은 제3세계 정부와 엘리트가 왜 자본 자유화 및 신자유주의적 정책에 적극 협력하는지에 대해서는 서로 엇갈린 견해를 나타낸다. 제3세계 정부와 권력 집단을 근본적으로 지역 부르주아로 파악하는 자본주의 헤게모니 시각은 이들이 자본의 이해를 대변하기 위해 자국 내 피지배계급을 협박, 회유하고 동원한다고 파악한다. 그러나 국제 현실주의(realism)에 뿌리를 두는 미국 헤게모니 시각에서는 이들을 구조적 제약 속에서 자국을 운영해야 하는 파워엘리트로 인식하며 이들의 궁극적 목표 또한 단순히 자본주의의 확대 재생산이 아닌 미국 주도의 세계화에 참여함으로써 자국의 국가 이익을 추구하려는 것으로 파악된다.

예를 들어 이 시각의 옹호자는 외환위기를 경험한 정부의 지도자가 IMF식 구조조정에 적극 참여하는 이유가 이들의 이해가 글로벌 자본가 계급과 일치하기 때문이 아니라 패권국인 미국의 '지적 권력'에 의해 설득된 데 따른 것으로 파악한다(Kim, 2005). 미국 헤게모니는 이에 따라 패권국이 약소국가로 하여금 무엇을 하게 하거나 못하게 하는 '1차적 권력'이 아니라 약소국의 선호를 패권국에 유리하도록 구성함으로써 이들의 자발적 협력을 유도하는 '3차원적 권력'에 기반을 둔 정치경제 체제로 이해된다(Kim, 2005; 박홍원, 2001). 이를 보다 체계적으로 정리하면 〈표 2-1〉과 같다.

이 장에서는 미국 헤게모니 시각에 내제된 이러한 가정을 토대로 먼저 〈맥브라이드 보고서〉가 함축한 이론적 약점을 파악하고 이를 통해 국제사회가 추구해야 할 전략을 모색한다.

표 2-1 세계관의 충돌

구분	자유/다원주의 시각	자본주의 헤게모니	미국 헤게모니
권력구조	다극화 시대	다국적기업, 국제기구, 강대국 정부	미국의 구조적 권력 (유일초강대국)
언론의 정체성 (목적)	자유언론 (국내정치용)	다(무)국적 언론 (이윤극대화 및 시장개척)	국적 언론 (국가 이익 극대화)
이데올로기	발전이론, 현대화이론 세계화	자본주의적 가치 (신자유주의, 소비주의, 물신주의) 계급지배 영속화	신자유주의,[5] 신보수주의 그리고 미국 패권 유지 및 재생산
제3세계 엘리트	자율적 지역엘리트	협력적 부르주아	협력적 파워엘리트
이론가	Daniel Hallins, Franscis Hukuyama, Samuel Huntington, Thomas Friedman, Wilbe Schramm	Dallas Smythe, Herbert Schiller, Armand Mattelart, James Curran, Peter Golding, Robert Cox, Robert McChesney, Stephen Gill, Thomas Gubak	Edward Said, Joseph Nye, Robert Gilpin, Robert Wade, Stephen Walt, Susan Strange

4. 〈맥브라이드 보고서〉의 비판적 독해

국제정보질서를 개혁하기 위한 논의 과정에서 정보, 커뮤니케이션과 커뮤니케이션 기반(*communication infrastructure*) 등의 개념은 다양한 의미가 함축되었을 뿐 아니라 혼용되어 사용되었다. 예를 들어 당시 비동맹 국가의 정치 지도자가 소수에 의해 독점·지배되는 정보의 일방적 흐름

---

5 자본주의 헤게모니와 미국 헤게모니 모두 '신자유주의'를 주장하지만 후자의 경우 '신자유주의'는 미국의 대외 정책의 일환으로 진행된다는 점에서 전자와 구분된다.

을 이야기했을 때의 정보는 그들의 현실에 대해 부정적·단편적이며 나아가 왜곡된 '비정보'(disinformation)라는 의미를 내포했다. 하지만 서구 언론이 국내외 상황을 고려해 그들이 처한 정치적·경제적 이해를 도울 수 있는 정보를 전달하지 못한다고 비판할 때 이들이 의미한 정보는 '정확하고 공정하며 균형 잡힌' 정보, 즉 서구적 개념의 뉴스를 의미했다 (International Commission for the Study of Communication Problems, 1980: 157).

이러한 개념상의 혼돈은 실제 미국 주도의 선진국이 개도국의 주장을 효과적으로 무력화하는 데 동원되었는데 UNESCO의 튀니지 대표였던 무스타파 마스모디(Mustapha Masmoudi)가 요구한 '책임 있는 저널리즘' 이 국내외 강한 반발을 초래한 것이 좋은 본보기다. 당시 그는 서방 언론에 의해 일방적으로 유통되는 것은 '대중지식'이 아닌 '비정보'라고 비판했지만 실제 저널리스트들은 당시 제3세계 관련 보도가 '뉴스'의 원칙에 따른 동일한 '정보'라는 점을 강조하면서 이를 제3세계 정부가 '언론의 책임'을 구실로 '언론자유'를 탄압하기 위한 것이라 비판했다. 이런 맥락에서 알철은 "당시 모든 미국 언론이 UNESCO 논쟁에 대해 노골적인 적대감을 표출했으며, 이를 제3세계의 권위주의적 정부와 정치인들에 의한 언론자유에 대한 심각한 도전"으로 보도했다고 밝혔다(Altschull, 1984: 320).

'커뮤니케이션'이란 개념 또한 분석적이기보다는 다소 모호한 개념으로 쓰였다. 즉, 〈맥브라이드 보고서〉에서조차 커뮤니케이션은 '국제사회의 보존과 안정을 위해서, 통치권자와 일반 대중을 위한 훌륭한 생각의 교류' 정도로 막연히 정의되었고, 그 목적 또한 '공정하고 균형 있는 정보의 흐름'을 통한 '국제 간 상호 이해'라는 추상적인 선언 수준에 머물렀다. 그 결과 당시의 논의에서 과연 '정보'란 무엇이며, 정보의 균형 흐름이라는 것이 현실 국제 정치에서 무엇을 의미하며, 나아가 국가 간 상호 협조라는 것이 이를 통해 어떻게 달성될 수 있을 것인가에 대한 분석은 충분히 이루어지지 못했다. 따라서 〈맥브라이드 보고서〉가 가진 이론적 한계를 제대로 살펴보기 위해서는 '정보'를 다음과 같이 세분화시키는 작업이 필요하다.

① '정치적 정보'(political information) : 정치, 사회, 경제에 대한 공공 지식을 말하며 뉴스를 통해 대중화되고, 국민은 이를 통해 합리성에 바탕을 둔 여론을 형성, 능동적으로 정치에 참여한다.

② '기술적-도구적 정보'(technical-instrumental information) : 흔히 말하는 인문사회적 지식이 아닌 자연과학적 지식을 포괄하는 개념으로, 첨단 과학기술, 의학기술, 군사기술 등이 여기에 속한다.

③ 문화상품(cultural products) : 앞의 정보가 주로 지식 및 정보와 관련된 부분이라면 이는 일반적으로 알려진 오락물 중심의 대중문화를 포괄하는 개념으로 영상산업, 음반산업, 게임산업 등 문화산업 전반이 여기에 속한다.

〈표 2-2〉는 이를 토대로 당시 보고서를 재구성한 것이다. 물론 이것만으로 〈맥브라이드 보고서〉를 전체적이고 집약적으로 보여주는 데는 무리가 있다. 하지만 우리는 이를 통해 몇 가지 쟁점들을 새롭게 조명할 수 있다. 정보를 세분화해 살펴봄으로써 먼저 당시 NIIO를 통해 달성하고자 했던 '정보의 균형 상태'는 정치적 정보나 기술적 정보가 아닌 문화상품의 영역이었다는 점을 발견할 수 있다. 다시 말해 당시 후진국(South)이 '국내외 정세 변화에 대한 분석적인 정보'인 '정치적 정보'를 생산할 수 있는 경제적, 인적 자원이 없는 상황에서 이들이 선진국으로부터 더 많

은 정보가 유입되길 원했을망정 정치적 정보가 균형 상태를 이루기 원했던 것은 아니라는 것을 짐작할 수 있다(Tunstall, 1977).

국제사회를 미국 헤게모니 시각에서 바라보면 이는 더욱 명확해진다. 즉, 정치적 정보라는 것이 약소국의 삶에 영향을 줄 수 있는 국제 정치적 변화에 대한 감시 기능을 포함하는 '대중지식'이라고 한다면 이는 기본적으로 미국 헤게모니의 지배블록에 대한 정보를 말하고, 최소한 정보의 흐름에서만은 일방향적인(즉, 패권국으로부터 국제사회라는) 유통을 의미했다. 국제사회가 자국 특파원을 아프리카나 남미가 아닌 워싱턴과 뉴욕에 파견하는 이유도 이런 현실에서 기인한다. 패권국의 동향에 대한 정치적 정보가 약소국의 특파원에 의해 생산되는 경우에서도 역시 정보의 흐름은 동일하다. 나타라얀과 자오밍은 이에 지난 1999년에 "서방 국가

표 2-2 〈맥브라이드 보고서〉의 재구성

목적	국제사회 간 이해를 돕기 위한 "자유롭고 균형 있는 정보의 흐름"		
과제의 주체/구분	정치적 지식	기술적-도구적 지식	문화상품
선진국	• 보다 많은 후진국 기사를 통한 국제적 관심 유도 • 후진국 정치/문화에 대한 폭넓은 이해	• 후진국으로의 자금과 기술 이전	후진국 문화산업 보호
후진국	• 국내 뉴스 미디어 설립 • 지역 간 연대를 통한 뉴스풀 제도 • 인접국과 국제 기구에 관심 증대	• 지역 내 정보교환 • 국가 내 지식기반산업 육성 • 인적자원 투자 강화	• 문화정체성 확보 • 지역 내 문화 교류 증대
국제사회 공동	• 상호협력, 정보공유, 국제이슈에 대한 관심 등을 위한 국제정보시스템 구축 및 국제적 연구 프로젝트 추진 • 세계평화와 무장해제에 대한 국제적 관심 제고 • 언론문제점 시정을 위한 국제언론중재위 설치 • 전문기자 교육방안: 문화적 다양성과 국제사회에 대한 이해 제고 • 정보접근권 보장 및 저널리스트 보호		

에 근거를 둔 CNN, BBC와 CNBC가 뉴스를 통해 아시안의 이미지를 독점으로 형성함을 막기 위한 목적으로 싱가포르에서 Channel News Asia(CNA)가 출범했다"고 지적한다(Natarajan & Xiaoming, 2003 : 301).

따라서 만약 당시의 논의가 미국 헤게모니 시각을 기반으로 했다고 한다면 정책적 대안이 단순히 '선진국의 후진국에 대한 우호적인 보도'나 '후진국 내 미디어의 설립과 지역 간 협력'이라는 차원을 넘는 것이어야 했다. 다시 말해, 당시 국제사회가 추구해야 했던 목표는 후진국 사회에 대한 '우호적 또는 긍정적 재현'을 넘어 이들의 의견을 적극적으로 수용해 국제 공론장에서 '정치적 다양성'이 확보될 수 있도록 하는 데 있었다. 약소국들을 위한 정책 제언 역시 '말할 수 있는 자유'를 위한 조치를 넘어 그들의 말이 경청되고 궁극적으로 국제사회에 반영될 수 있는 정치적 메커니즘을 발전시킬 수 있는 방안까지를 포함했어야 했다.

동일한 맥락에서 국제사회의 과제 또한 단순히 '국가 간 교류를 증진'시키거나 언론인 보호 또는 국제적 이슈에 대한 관심 제고를 넘어 ① 패권국과 그 영향권에 있는 국제기구들을 국제사회의 감시하에 두고, ② 미국에 의해 전략적으로 관리되는 지배블록의 의사결정에 대한 정보를 '항시적' 또는 '정기적'으로 확보하고, ③ 국제 여론시장이 미국과 영국의 엘리트 언론에 의해 독점되는 문제점을 개선하기 위한 방안이 마련되어야 했다.

'자유롭고 균형 잡힌 정보의 흐름'이 가진 논리적 모순은 이를 기술적 정보 영역으로 바꾸어도 크게 달라지지 않는다. 미국 헤게모니 시대를 전제할 때 비록 기술적-도구적 지식이라고 할지라도 그것이 개별 국가의 국가 이익과 밀접한 연관이 있다는 것은 쉽게 파악할 수 있다. 물론 천재지변이나 질병과 관련한 도구적 지식은 국제사회로 자유롭게 유통될 수 있다. 하지만 도구적 지식이 결국 군사기술과 첨단 과학기술을 포괄하는 개념이라고 한다면 개별 국가의 국가 이익과 유기적으로 얽힌 이러한 기술이 자유롭고 균형적으로 유통되리라는 기대는 현실적으로 타당하지 않다. 미국은 따라서 핵무기와 관련한 기술을 이란이나 북한과 같은 후진국에 자유롭게 이전하지도 않을 뿐더러 오히려 이러한 정보의 흐름을 막기 위해 전력을 기울일 것으로 기대할 수 있다.

이를 고려할 때 당시 개도국이 원했던 것은 기술적-도구적 지식의 '균형'이 아닌 '일방적 전달'이었으며, '자유로운 정보의 흐름'이라는 것 자체가 미국 헤게모니라는 국제 정치의 본질을 전혀 이해하지 못한 데서 비롯된 것임을 알 수 있다. 이는 미국이 주요 무역상대국을 상대로 기록적인 무역적자를 기록하는 가운데서도 여전히 특허권과 면허권과 같은 지적재산권(intellectual property right) 분야에서만은 흑자를 기록하는 현실에서도 잘 확인된다(BEA, 2006). 후발 개도국이 추구해야 할 전략은 따라서 이러한 기술적-도구적 지식의 '무상이전'이 아닌 '약소국 간의 유기적 협력'을 통해 그들 사회의 '정치적·경제적 발전'을 도모할 수 있는 기술적-도구적 지식을 생산하는 데 있었으며, 지역 간 연대의 강화는 이를 위한 방안으로 이해될 수 있다.

하지만 '자유롭고' '균형된' 정보의 유통이라는 전략 목표는 '문화상품'의 영역에서는 비교적 적용될 수 있는 가능성이 높다. 문화상품이 가진 특징으로 인해 '다양성' 자체는 가장 큰 상품성이며 국제사회 간의 상호이해를 증진시키고자 한다면 '후진국에서 생산된 문화상품'이 국제사회에서 자유롭게 유통되고 이들 약소국의 문화 정체성이 보장될 수 방안을 마련할 수 있다. 게다가 국제역학 관계에서 필연적으로 정보의 흐름이 정해진 '정치적 정보'나 국가 이익이 서로 상충하는 상황에서 자유로운 정보의 흐름이라는 논리 자체가 모순을 가지는 '기술적 정보' 영역에 비하여 문화상품은 상호이해와 공존이라는 목적을 위해 자유롭고 균형 있게 거래될 수 있는 여지가 상대적으로 많다.

더욱이 당시 개도국 지도자가 우려한 것 중의 하나가 문화상품에서의 무역적자라는 점을 고려하면 최소한 이 부분에서 타협의 여지는 더 많을 것으로 보인다. 특히 당시 제3세계 지도자가 우려했던 부분이 서방 강대국으로부터의 일방적인 문화상품의 수입으로 인한 문화 정체성의 붕괴와 서구적 가치관의 확산이었다면 최소한 국제사회 공동의 과제로 약소국의 문화산업을 전략적으로 육성하고, 이들이 장기적으로 균형 잡힌 거래를 할 수 있도록 한 당시의 정책 목표는 유용했다고 볼 수 있다. 1990년대 이후 영화와 음반과 같은 문화상품 분야에서 실제 한국, 브라질과 홍콩과 같은 새로운 수출국가가 등장한 것과 제31차 UNESCO 파리 총회(2001. 10. 15~11. 3)에서 "문화 다양성 선언"이 채택된 것도 이런 맥락에서 이해할 수 있다. 하지만 당시 〈맥브라이드 보고서〉는 국제사회를 파악하는 데 다원주의와 맑시즘에 의존함에 따라 패권국 미국의 영향권에 있는 글로벌미디어가 국제사회의 여론을 교육시키고 나아가 이들의 협력을 얻는 대중외교의 수단이 되는 문제점을 간과했다 (McNair, 1995).

5. 민주적 국제 공론장의 구축

미국 헤게모니 시대에 국제정보질서의 문제점은 최근 북한과 이란이 처한 딜레마에서 집약적으로 나타난다. 먼저 2007년 현 시점에서 북한과 이란은 자국이 소유·운영·통제하는 뉴스미디어를 통해 국제사회로 자신의 입장을 전달할 수 있으며, 국제사회의 여론 형성에 일정한 영향력을 발휘할 수 있다. 하지만 같은 언어를 쓰는 남한조차도 북한의 핵 프로그램과 관련한 문제를 파악하기 위해 우선적으로 의지하는 매체는 북한의 중앙방송이 아닌 미국의 CNN과 〈뉴욕타임스〉 또는 영국의 BBC 등이다. 이는 곧 비록 이란과 북한과 같은 약소국이 자국의 입장을 국제사회와 나누고자 해도 현실적으로 강대국의 영향에 의해 '말할 자유는 있지만 경청될 권리는 박탈된' 상황에 있음을 구체적으로 보여준다.

지난 1970년대 비동맹 국가가 제기했던 문제점 또한 지금 북한과 이란 등이 겪는 모순과 크게 다르지 않았다. 물론 인터넷을 통한 정보혁명으로 인해 대안시각에 접근할 기회가 증대했고, 지금까지 사회적 약자로 침묵을 강요당했던 많은 조직이나 기관이 대안매체를 통해 자신의 입장을 적극적으로 표출한다. 그렇지만, 정보 과잉의 모순(dilemma of information plentitude)을 지적하면서, 나이는 인터넷으로 인해 오히려 '정보의 옥석을 구분할 수 있고, 보다 체계적이고 분석적 정보를 제공할 수 있는' 엘리트미디어의 역할은 증대할 것으로 내다봤다(Nye, 2002: 67). 또한 비록 정보채널은 늘어날지라도 사람들이 정보에 투자할 수 있는 절대적 시간의 양은 늘지 못한다는 사실은 대안매체의 홍수 시대에도 여전히 '충분한 규모의 안정적인 대중시선'(sufficient and stable level of public attention)을 확보할 수 있는 글로벌 매체의 영향력이 줄지 않을 것임을 의미한다. 나이는 이에 인터넷의 발달로 인해 〈뉴욕타임스〉와 CNN과 같은 국제사회의 신뢰를 얻는 미국 엘리트 언론의 '연성권력'은 더욱 빛을 발할 것이라고 주장한다(Nye, 2002). 그렇다면 국제사회가 미국 헤게모니 시대에 취할 수 있는 전략은 과연 무엇일까? 필자는 이에 그 전략을 크게 위계적 권력질서에 대한 정치적 투쟁이 불가피한 '수직적 전략'과 국제사회 또는 지역국가 간 합의와 협력을 통해 가능한 '수평적 전략'으로 나누어 접근할 수 있다고 본다.

먼저 수직적 전략은 개별적인 자유민주주의 국가에서 정치권력의 남용을 방지하고 대내(외) 정책에 대한 '공적 감시'(*public surveillance*)를 목적으로 언론의 자유는 물론 정치적으로 민감한 정보에 대한 접근권을 법으로 보장한 것을 국제사회로 확대하는 '민주적 국제정보질서'를 구축하는 것을 의미한다. 따라서 이 전략에는 지배블록의 의사결정 과정을 민주화하고 이들을 국제사회의 감시하에 두는 것은 물론 국제사회 구성원들이 '국제적 공론장'을 통해 합의를 도출하고 이를 통해 공동현안을 해결하기 위한 방안이 포함된다. 연구자는 이에 먼저 핵무기와 관련한 국제정책 결정에 있어 지배블록의 구성원인 국제원자력기구(IAEA)를 포함, 국제통화와 무역을 다루는 IMF와 WTO와 같은 국제기구의 '비민주적 의사결정' 구조 개혁과 이들에 대한 '정보접근권'을 확보하기 위한 국제사회의 정치적 협상을 제안한다.

그 다음, 국제 공론장의 건설을 위해 글로벌언론으로 하여금 ① 모국의 이해관계를 넘어서는 국제사회의 공동 현안을 공공 의제로 설정할 것, ② 외환위기와 테러리즘 및 핵 확산과 같은 국제사회의 현안을 보도하는 데 보다 총체인 정보(*contextualized information*)와 '다양한 정치적 의견'(*diversity of political opinion*)을 전달할 것, ③ 지배블록에 대한 성숙한 환경감시 기능을 수행할 것, 그리고 마지막으로 ④ 평화, 인권, 글로벌 언론이 자유와 정의와 같은 인류 보편적 가치를 보다 적극적으로 옹호할 수 있도록 규제할 수 있는 방안을 마련할 것을 제안한다.

이를 위해서는 비정부기구(NGOs)를 중심으로 'Global Media Watch Group'과 같은 조직을 출범, 글로벌언론의 문제점을 진단하고 이를 해결하기 위한 방안을 국제시민사회의 공동 연대를 통해 모색할 수 있다. 하지만 미국과 영국 언론에 의해 주도되는 글로벌언론이 필연적으로 자국의 '국가 이익'에서 자유롭지 못할 뿐만 아니라 '서구 편향적인' 한계를 가진다는 객관적 현실을 부정하긴 어렵다. 필자는 이런 이유에서 패권국이 아닌 '중진국'들과 지역국가를 중심으로 한 수평적 전략의 필요성을 인정한다.

수평적 전략은 1990년 미국에서 시작된 시민저널리즘 운동을 국제사회로 확대한 것으로 이해할 수 있는데, 여기에는 단순한 뉴스 교류를 넘어서 지역연합을 위한 공동 프로젝트의 추진 및 미국의 패권을 견제할 수 있는 공동 전선의 구축이 포함된다.[6] 실제로 이러한 전략은 프랑스의 'France 24', 아랍의 '알 자지라'(Al-Jazeera), 남미의 '텔레수르'(Telesur) 및 싱가포르의 'CNA' 등을 통해 이미 상당 부분 현실화되었다. 그러나 기존의 이러한 노력은 ① 국제사회의 여론 형성에서 불이익을 줄이기 위한 개별 국가 차원의 노력이거나 특정 국가에 기반을 둔 개별 기업에 의해 진행되며, ② '정치적 대중지식'인 뉴스에 집중하기보다는 다양한 문화산업 전반을 다루며,[7] ③ 그 목적 또한 패권 질서에 맞서기 위한 정치경제적 연합체인 지역연합에 대한 '청사진의 제시'와 '공통된 지역문화 및 정체성의 창조'보다는 정보 교환에 치중한다. 그 결과 지역연합의 목적에 부합하는 '공론장'을 구축하지 못하는 한계를 드러낸다.

필자는 이런 맥락에서 만약 한국, 일본, 중국과 아시안 국가들이 '아시안 연합'의 필요성을 공감한다고 할 경우, 그 출발점은 텔레수르의 경우처럼 국가 간 운영기금을 공동으로 출자하고, 개별 국가와 정파는 물론 특정 이념으로부터 독립성을 유지하면서 동시에 지역 현안에 대한 '분석적이고 심층적인 정보'를 제공할 수 있는 뉴스매체에서 찾을 수 있다고 판단한다.

---

6 물론 1973년 알제리 제 4차 비동맹 중립회담을 통해 이들 간 정보의 상호교환이 주장된 바 있지만, 당시 논의는 단순한 정보 교환의 수준으로 여기서 제기되는 수평적 전략과는 구분될 필요가 있다.

7 카우보이 텔레비전 시스템 (CTN)이 구상한 한국, 일본, 홍콩, 대만의 텔레비전 프로그램을 24시간 방영하기 위한 아시안방송체제 (Asian Broadcasting System)가 여기에 해당한다.

물론 이러한 논의 자체가 미국 패권이라는 세계관을 기초로 한 것이며, 글로벌언론이 상업적 이익은 물론 대중외교의 효과를 지속하기 위해서는 객관적이며 공정한 보도에 충실할 수밖에 없을 것이란 전망도 틀리지 않다. 더욱이, 유럽과 달리 아시아의 경우 경제적 격차만이 아니라 불행한 과거사로 인해 발전적 협력이 제약받으며, 일본과 중국은 협력보다는 '지역패자'를 지향한다는 지적 또한 부정할 수 없다(김영욱 외, 2006). 일본의 평화헌법 개정과 북한 인권 문제 제기를 통한 우경화 전략과 중국의 동북공정과 잇따른 무력시위는 이를 잘 보여준다.

그러나 필자는 그러나 1997년 외환위기와 냉전의 종식으로 인해 한·중·일을 포함한 아시아 국가 간 군사, 경제, 금융 및 문화적으로 공동된 이해관계가 형성되었으며 실제 유럽의 경우 또한 아시아와 크게 다르지 않았다는 점에 주목한다. 더욱이 이러한 공통된 이해관계가 패권국의 언론에 의해 왜곡될 수 있으며, 아시아 국가의 협력에 의해 '사회적으로 구성'될 수 있다는 개연성이 분명 존재한다. 필자는 이 장이 미국 패권에 의해 왜곡된 국제정보질서에 대한 관심을 제고시키는 것을 물론 최소한 한·중·일 언론학자 간 건설적 논의를 이끌어 낼 수 있는 계기가 되기를 희망한다.

참고문헌

김성해 (2006), 언론과 (대외)경제정책: 문화엘리트 모델의 시각에서 바라본 미국언론의 정치성, 〈한국언론학보〉, 50권 5호, 30~55.

김승현 (2000), 세계화와 국제커뮤니케이션 연구의 새로운 문제틀, 〈한국언론정보학보〉, 14호, 89~115.

김영욱 외 (2006), 《미디어에 나타난 이웃: 한·중·일 언론의 상호국가 보도》, 한국언론재단 연구서, 커뮤니케이션북스.

박천일 (1995), 미국의 국제커뮤니케이션 패러다임 변화의 정치 경제적 함의: 방송 및 정보통신사업의 국제화 전략 분석을 중심으로, 〈방송학연구〉, 6호, 143~183.

박홍원 (2001), 언론-국가 관계 연구에 대한 비판적 고찰, 〈언론과 사회〉, 9권 3호, 40~72.

양승목 (1992), 탈냉전시대의 커뮤니케이션 연구: 패러다임 수렴과 그 함의, 〈한국언론학보〉, 28호, 239~266.

전규찬 (1994), 국제커뮤니케이션 연구의 새로운 인식을 위하여, 〈한국언론학보〉, 31호, 347~377.

Altschull, H. (1984), *Agent of Power: The Media and Public Policy*, White Plains, NY: Longman.

BEA (2006), U. S. international trade in goods and services, http://www. bea.gov/bea/di/home/trade.htm

Bennett, W. L. & Paletz, D. (1994), *Taken by Storm: The Media, Public Opinion, and U. S. Foreign Policy in the Gulf War*, Chicago: University of Chicago Press.

Bettig, R. & Hall, J. (2003), *Big Media, Big Money: Cultural Texts and Political Economics*, Lanaham, Boulder, New York, Oxford: Rowman & Littlefield.

Boyd-Barrett. O. (1980), *The International News Agencies*, London & Beverly Hills: Sage Publication.

_____ (1992), *Media in Global Context.*

Cook, T. (1998), *Governing with the News: The News Media as a Political Institution*, Chicago & London: University of Chicago Press.

Fukuyama, F. (1991), Liberal democracy as a global phenomenon, *Political Science & Politics*, 24(4), 659~664.

Gilpin. R. & Gilpin, J. (2001), *Global Political Economy: Understanding the International Economic Order*, Princeton, NJ: Princeton University.

Hallin, D. (1994), *We Keep America on Top of the World: Television Journalism and the Public Sphere*, London: New York; Routledge.

Harris, B. (1996), *Politics and the Rise of the Press: Britain and France*, London: Routledge.

Huntington. S. (1997), The erosion of American national interests, *Foreign Affairs*, September/October 1997, 28~49.

Inderjeet, P. (2004), *Think Tanks and Power in Foreign Policy: A Comparative Study of the Role and Influence of the Council on Foreign Relations and the Royal Institute of International Affairs*, New York: Palgrave Macmillan.

Ismail, B. (1989), Asian news in four U. S. newspapers, *Media Asia*, 16. 223~ 232.

Johnson, C. (1982), *MITI and the Japanese Miracle: The Growth of Industrial Policy*, Stanford: Stanford University Press.

Keohane, R. O. (1984), *After Hegemony: Cooperation and Discord in the World Political Economy*, Princeton, New Jersey: Princeton University Press.

Kiernan. V. & Kaye, D. (1995), *Imperialism and its Contradictions*, New York: Routledge.

Kim, S. H. (2005), *Educating Public Opinion: Understanding U. S. Dollar Hegemony in the Age of Global News Media*(Pennsylvania State University dissertation).

Lerner, D. (1958), *The Passing of Traditional Society: Modernizing the Middle East*, New York: Macmillan Pub.

Lerner, D. & Schramm. W. (ed.) (1967), *Communication and Change in the Developing Countries*, Honolulu: East-West Center press.

MacBride Commission (1980), *Many Voices, One World: Communication and Society, Today and Tomorrow: Towards a New More Just and More Efficient World Information and Communication Order*, London & New York: K. Page & Unipub.

Malek A. et al. (1997), *News Media and Foreign Relation*, Norwood N. J. Ablex Pub.

Malek, A. & Kavoori, A (1999), *The Global Dynamics of News: Studies in International News Coverage and News Agenda*.

McChesney, R. (1999), *Rich Media, Poor Democracy: Communication Politics in Dubious Times*, Urbana: University of Illinois Press.

McNair, B. (1995), *Introduction to Political Communication*, New York: Routledge Pub.

Munson, E. S. & Warren C. A. (1997), *James Carey: A Critical Reader*, Minneapolis: University of Minnesota Press.

Natarajan, K. & Xiaoming, H. (2003), An Asian voice? A comparative study of Channel News Asia and CNN, *Journal of Communication*, June, 300~ 314.

Nordenstreng, T. & Schiller, H. (1993), *Beyond National Sovereignty: International Communication in the 1990s*, New York: Greenwoods Pub.

Nye, J. (2002), *The Paradox of American Power: Why the World's Only Superpower Can't Go It Alone?*, New York & London: Oxford University.

Page, B. I. (1996), *Who Deliberates?: Mass Media in Modern Democracy*, Chicago: University of Chicago Press.

Parenti, M. (1992), *Inventing Reality: The Politics of News Media*, New York: St. Martin's Press.

Philo, G. (1999), *Message Received: Glasgow Media Group Research*, England: New York, Longman.

Pye, L. (ed.) (1963), *Communication and Political Development*, Princeton University Press.

Richard, S. (1986), The doctrine of economic neutrality of the IMF and the World Bank, *Journal of Peace Research*, 23(4), 377~390.

Said, E. W. (1994), *Culture and Imperialism*, New York: Vintage Books.

Schiller, H. (2000), *Living in the Number One Country: Reflections from a Critic of American Empire*, New York: Seven Stories Press.

Schramm, W. (1964), *Mass Media and National Development: The Role of Information in the Developing Countries*, University of Illinois Press.

Schudson, M. (2003), *The Sociology of News*, New York: Norton.

Smith, A. (1986), *The Geopolitics of Information: How Western Culture Dominates the world*, New York: Oxford university.

Stevenson, R. L. & Shaw D. L. (eds.) (1994), *Foreign News and the New World Information Order*, Iowa: Iowa State University Press.

Strange, S. (1989), Toward a theory of transnational empire, in Czempiel, Emst-Otto & Rosenan, J. (eds.), *Global Change and Theoretical Challenges: Approaches to World Politics for the 1990s*, Lexington Books.

Strange, S. (1998), *Mad Money: When Markets Outgrow Governments*, Ann Arbor, University of Michigan Press.

Tunstall, J. (1977), *The Media are American*, New York: Columbia University Press.

Wade, R. (2004), *Governing the Market: Economic Theory and the Role of Government in East Asian Industrialization*, Princeton, NJ: Princeton University Press.

Walt, S. M. (2005), In the national interest, *Boston Review*. February/March.

3

한국 신문의 아시아와 서구에 대한 보도 양상의 차이와 이유 연구
뉴스 주제, 보도량, 보도 태도, 미디어 정보원을 중심으로

오대영

21세기 들어 아시아가 빠르게 발전하고 있다. 한국과 아시아 국가 사이에 인적·물적 교류도 크게 늘고, 한국이 다문화사회로 접어들면서 아시아에 대한 우리 국민에 대한 올바른 이해가 더욱 중요해졌다. 이를 위해서는 한국 신문의 아시아에 대한 보도 양상이 중요하다는 문제의식에서 출발해 이 장에서는 〈조선일보〉, 〈동아일보〉, 〈한겨레〉, 〈경향신문〉 등 4개 신문이 2011년에 보도한 1,786개의 국제뉴스 내용을 분석해 아시아와 서구에 대한 보도 양상의 차이와 이유를 알아보았다.

보도량에서는 아시아(45.7%) 보다 서구(54.3%) 뉴스가 많았다. 아시아 뉴스에서는 부정적 뉴스가 가장 많았으나 서구 뉴스에서는 부정적인 뉴스가 가장 적고 중립적·긍정적인 뉴스가 가장 많아 한국 신문은 아시아보다 서구에 대해 긍정적인 보도 태도를 보였다. 국제뉴스는 도덕·정의, 정치, 경제·과학, 사회, 외교·국방, 인간적 흥미, 인물 등 7개의 주제로 분류했다. 주제별 보도량을 보면 아시아에 대해서는 외교·국방, 도덕·정의, 정치 등 경성기사가 많이 보도되었다. 서구에 대해서는 경성기사 이외에 인간적 흥미, 인물 등 연성기사도 많이 보도되어 아시

아보다는 다양한 뉴스를 전달했다. 경성기사에서는 부정적 태도가 가장 많았고, 연성기사에서는 긍정·중립적인 태도가 가장 많았다. 그 결과 한국 신문의 국제뉴스는 아시아에 대해 부정적이고 서구에 대해 긍정적인 보도 태도를 나타냈다.

미디어, 정부, 민간조직, 개인, 자료 등 5개의 핵심 정보원 가운데 미디어만이 서구와 아시아에 대한 보도 태도의 차이에 영향을 주었다. 아시아 미디어 정보원은 서구 미디어보다 아시아에 대해 긍정적 보도를 많이 했다. 서구 미디어 정보원은 아시아에 대해서는 부정적 보도를, 서구에 대해서는 중립적 보도를 많이 했다. 그런데 한국 신문은 동아시아를 제외한 지역의 뉴스에서는 전적으로 서구 미디어를 핵심 정보원으로 활용했다. 이에 따라 한국 신문의 국제뉴스는 서구 중심적이고 아시아에 부정적 보도를 더 많이 했다.

한국 신문의 서구와 아시아에 대한 보도 양상은 많이 보도한 주제와 외국 미디어 정보원 의존 형태에 따라 달라졌다. 한국 신문은 특파원 등을 활용한 직접 취재, 인터넷을 이용한 아시아 매체 활용 확대 등으로 아시아에 대해 다양한 뉴스를 전달해야 한다는 개선 방안을 제시했다.

1. 문제 제기

21세기 들어서 아시아 국가가 발전하면서 아시아의 시대가 열렸다는 말이 나왔다. 아시아[1]는 가장 큰 대륙으로서 역사적으로 오랜 기간 발전했

---

1 아시아의 면적은 4,397만 6,000㎢(섬 제외 면적)로 세계 육지 면적의 30%이며, 인구는 러시아 제외 39억 3천 2백만 명(2005년)으로 세계 인구의 60%를 차지한다(두피디아).

으나 서구보다 근대화에 뒤처지면서 국제무대에서 밀려 있었다. 그러나 21세기 들어 중국이 세계적인 대국이 됐으며, 한국은 세계 10위권 경제국으로 성장하는 등 아시아 국가들이 빠르게 부상했다.

아시아에는 다양한 민족, 종교, 이념이 있어 과거부터 갈등이 많았고, 지금도 영토, 역사 등의 이유로 국가 간에 크고 작은 분쟁이 있는 것이 사실이다. 그러나 아시아 내부에서는 이를 극복하고 서로 협력해서 공동 발전하자는 목소리가 높아졌고 구체적 움직임도 활발하게 진행되었다. 동남아시아에서는 아세안(ASEAN)이 EU와 같은 공동체를 향해서 발전하고 있다. 하토야마 유키오 전 일본 총리가 동아시아공동체를 제창한 이후 한·중·일 정부는 2011년부터 캠퍼스 아시아(Campus Asia) 사업[2]을 공동으로 시작했다.

아시아 국가, 사람 간의 국제 교류도 매우 활발해졌다. 한국에는 21세기 들어 결혼, 취업 등을 위해 이주한 아시아 출신 외국인이 크게 증가했다. 2012년 행정안전부 보도자료에 따르면 2012년 5~6월 현재 한국에 거주하는 외국인은 1,409,577명이었다. 전년보다 11.4% 늘어나 우리나라 주민등록 인구의 2.8%를 차지했다. 국적별로는 조선족을 포함한 중국 55.4%, 동남아시아 22.1%, 미국 4.9%, 남부아시아 4.5%, 일본 2.7%로 아시아 출신이 대부분이었다. 한국 국적을 취득한 외국인도 전년보다 11.4% 많은 292,096명으로 늘어나 한국은 다문화사회가 되고 있다. 우리나라와 아시아 국가 간의 인적·물적 교류도 늘어났다. 우리나라의 아시아 지역에 대한 수출입 규모는 2011년 7,018억 달러로 전년보다 23.8% 증가했다(한국무역협회). 아시아 지역에 사는 한국 동포의

---

2 한·중·일 교육부가 공동으로 예산을 지원해 3국 대학의 학생 교류와 공동·복수학위 등 대학 간 심화된 교류를 하는 프로그램이다(교육과학기술부 보도자료, 2011).

수는 2011년 4,079,522명으로 2년 전보다 9.5% 늘었다(외교통상부, 2011).

아시아는 이같이 우리에게 가깝게 다가왔고 그만큼 중요해졌다. 그러나 한국인은 서구 국가 국민에 대해서는 호의적인 반면, 동남아시아와 같이 저발전 국가의 국민들에 대해서는 무시하고 편견을 가지거나 부정적 선입관, 차별의식을 가진다(장태한, 2001; 정의철·이창호, 2007). 한국에서 서양인들은 차별대우를 받지 않는 반면 동남아시아 출신 결혼이주민이나 근로자들은 가난한 국가 출신이란 이유로 차별대우를 받는 경우가 많다(권미경, 2009; 김경희, 2011; 정현숙, 2004; 허영식, 2011). 다문화사회로 접어든 우리 사회가 다양한 인종과 문화로 구성된 아시아 사람들과 조화롭게 살아가기 위해서는 아시아와 아시아인들에 대한 차별의식에서 벗어나 그들을 보다 올바르게 이해하려는 자세를 갖는 것이 중요하다. 그것은 한국과 아시아 국가와의 관계를 더욱 굳건히 하고, 한국이 아시아에서 바람직한 리더 역할을 하는 데도 큰 힘이 된다.[3]

우리 사회의 아시아와 아시아인에 대한 인식을 개선하기 위해서 정부와 사회가 많은 노력을 해야 하지만 수용자들의 인식에 미치는 영향력을 감안하면 미디어의 역할도 매우 중요해졌다. 미디어의 보도는 의제설정, 프레이밍 등 여러 방법으로 수용자의 인식에 많은 영향을 미친다. 수용자들은 경제 등 일상생활에서 실감하는 이슈에 대해서는 될수록 자신의 경험에 기초해서 평가하지만, 물리적이거나 시간적으로 경험하기

---

3 일본이 '탈아입구'(脫亞入歐)를 내세워 근대화에는 빨리 성공했지만, '서구 중시, 아시아 경조 풍조'
  가 생겨나 아시아 침략, 불충분한 역사 반성 등으로 아시아에서 주도적 역할을 못하는 점을 반면교
  사로 삼아야 한다. 탈아입구는 19세기말 일본의 대표적인 교육자이자 계몽사상가였던 후쿠자와 유
  키치가 1884년 신문에 쓴 글의 제목으로 '아시아를 벗어나 서구로 들어가자'는 뜻이다. 이는 일본
  의 '서구 중시, 아시아 경시'를 상징하는 단어가 되었다(오대영, 2007).

힘든 이슈에 대해서는 미디어에 의존한다(Soroka, 2002). 개인이 경험하기 힘든 이슈 가운데 국제 사건은 가장 대표적 사건이어서 미디어의 국제 뉴스는 수용자에게 많은 영향을 미친다(김성해, 2007). 따라서 한국 미디어의 아시아와 서구에 대한 보도 양상은 수용자의 아시아와 서구에 대한 인식에 많은 영향을 줄 것이라고 가정할 수 있다.

이런 문제의식에서 이 장은 한국 신문이 아시아와 서구에 대해 보도한 국제뉴스의 양상을 비교해서 차이와 그 이유를 알아보고 아시아에 대한 보도에서 개선할 점을 찾아보고자 한다. 이를 위해 한국 신문이 아시아와 서구에 대해 보도한 국제뉴스의 주제, 보도량, 보도 태도, 그리고 핵심 정보원으로서의 외국 미디어를 중심으로 분석하려고 한다.

2. 이론적 논의

1) 국제뉴스 생산과 유통의 특징

국제뉴스는 '국가주권'이 행사되는 물리적·상징적 영역 외부에서 발생하고 그 행위 또는 관심의 주체는 국가 공동체에 소속되지 않은 외부인이며, 국가 이익 및 국제사회 공동의 이해관계나 인류의 보편적 관심사와 관련한 주요 사건 및 사안들을 다루는 뉴스로 정의된다(김성해·유용민·심영섭, 2011). 갈퉁과 루지(Galtung & Ruge, 1965)는 국제뉴스가 될 수 있는 요소로 발생 빈도, 사건 강도, 명확성, 연관성, 예측성, 돌발성, 지속성(속보성), 오락성, 엘리트 국가, 엘리트 사람, 특정 인물, 부정적 사건 등 12개를 제시하고는 이들 요소가 많이 포함되고, 포함될 가능성이 높을수록 국제뉴스가 된다고 밝혔다. 이 사실은 후속 연구에서도 입증됐다(Harcup & O'Neill, 2001; Sande, 1971; Smith, 1969).

그러나 매일 세계 곳곳에서 발생하는 수많은 이슈들이 미디어에서 모두 균형 있게 보도되는 것은 아니다. 미국, 유럽 등의 서구는 지리적 규모가 작지만 국제뉴스에서 중요하게 다뤄지는 반면 아시아, 아프리카 등 기타 지역의 이슈는 덜 중요하게 여겨진다(Chang, 1998). 서구에는 국제적인 주요 기관들이 몰려 있는 등 국제사회에 미치는 영향력이 크기 때문이다. 그래서 국제뉴스에서 세계는 워싱턴, 런던, 파리와 같은 중심부와 아시아, 아프리카 등의 주변부로 분류된다(Ginneken, 1998). 뉴스 가치에 따라 보도의 비중을 달리하는 미디어의 보도 특성상 중심부의 뉴스를 더 많이 보도하는 것이다. 2008년 글로벌 금융위기 당시 자국의 경제위기에 대해 상대적으로 많이 보도한 일본의 교도통신을 제외한 여러 국가의 미디어들은 대부분 금융시장에서 영향력이 큰 미국과 유럽 지역에 더 많은 관심을 보였다(김성해·김동윤, 2009). 이같이 한 국가가 위치한 지역이나 국제사회에서의 지위가 가장 핵심적인 국제뉴스 결정 요인이며, 국가 간의 역학관계가 국제뉴스의 불균형을 가져오는 근본 요인이 된다(김영욱·장호순, 2002).

미디어는 기본적으로 자신이 속한 문화와 특별한 수용자의 생각을 반영하려고 한다(Miller, 2007). 특히 미디어들은 국제뉴스를 보도할 때 자신이 속한 국가 관점에서 보도한다(박천일, 1996; Gans, 2004, Kalyango, 2011). 그런데 AP, 로이터, AFP 등 세계 3대 글로벌 뉴스통신사와 미국 CNN, 영국 BBC 월드뉴스 등 세계적인 국제뉴스 전문 TV의 대부분이 서구에 있어 국제뉴스가 서구 중심적으로 생산되고 유통되는 현상이 더욱 심화된다. 서구의 글로벌미디어들도 기본적으로는 자국의 수용자를 위한 국제뉴스를 제공해 중심부의 시각이 이들의 국제뉴스에 반영되기 때문이다.

서구의 글로벌미디어들이 국제뉴스의 생산과 유통에서 주도권을 가지기 때문에 이들의 국제뉴스에서 주변부는 소외를 당하고 중심부와의 불평등한 정보 교류에 의해 지배당한다(Kim & Barnett, 1996). 서구의 글로벌미디어에서 국제뉴스는 중심인 서구의 소수 엘리트 국가 중심으로 보도되는 반면 주변부 뉴스는 매우 부정적이고 갈등과 재난 보도에 치중된다(Franks, 2010; Peterson, 1981; Tai, 2000). 서구 미디어가 세계 주변부에 대해서 비즈니스나 문화보다는 사건과 사고 측면에서만 접근하기 때문이다(Barry, 2012).

1970년대 주변부의 제 3세계 국가들이 국제뉴스 생산과 유통 구조를 개선하기 위해 신국제정보질서 문제를 제기하기도 했다(김성해, 2007). 그 결과 아랍의 알 자지라와 같이 비서구권의 시각에서 뉴스를 생산해서 전달하는 국제적 미디어들도 생겨났다. 그러나 서구 미디어의 뉴스, 오락물 등은 여전히 아시아, 남미, 아프리카 등에서 현지 미디어를 통해 유통되면서 세계의 의제를 설정하는 과정에서 상당한 영향력을 발휘한다(Thussu, 2006/2009, Wu, 2003). 인터넷 시대로 인해 세계 각국의 지역 미디어들이 세계의 다양한 뉴스를 접할 수 있게 됐지만 서구 미디어에 대한 의존 현상은 여전히 남아 있다(Berger, 2009; Himelboim, 2010).

2) 한국 신문 · 방송의
아시아와 서구에 대한 뉴스 · 프로그램의 특징

한국 신문의 국제뉴스에 대한 선행 연구는 세계 여러 지역에 대한 보도량, 보도 주제, 보도 태도의 차이에 대한 분석을 중심으로 이뤄졌다. 국제뉴스가 특정 지역이나 국가에 대해 전달하는 정보의 양은 그 지역과 국가에 대한 수용자들의 태도 변화와 관련이 있고, 정보와 지식의 부족은 부정적인 태도로 이어질 수 있다(Perry, 1990). 국제뉴스에 많이 등장하는 국가에 대해서는 수용자들의 선호도가 높아지고 성공한 국가라는 인식을 가진다(McNelly & Izcaray, 1986).

한국 신문의 국제뉴스 보도량을 보면 1990년대에는 북미와 동북아시아 주요 국가에 편중되어 있었다(김택환, 1994; 이재원·김정탁, 1995). 그러나 2000년대 들어서는 아시아에 대한 보도량이 증가해 북미와 아시아의 기사량이 비슷해졌다(김수정, 2009; 김영욱·장호순, 2002). 김성해·유용민·심영섭(2011)의 연구에서는 북미 32%, 아시아 51%, 유럽 8.5%로 아시아 기사 비율이 매우 높아졌다. 2000년대 들어 아시아와의 교류가 많아지면서 한국 신문들이 아시아에 대한 정보를 과거보다 중요하게 생각하는 것으로 나타났다.

뉴스의 주제는 어떤 측면을 주요하게 다루는가를 보여주며 수용자들의 인식에 많은 영향을 미친다. 한국 신문의 국제뉴스는 전반적으로 일탈된 부정적 내용을 많이 다룬다(심재철, 1977). 그러나 아시아와 서구에 대한 뉴스 주제별로 보도량을 보면 아시아보다는 서구에 긍정적이다. 경제, 과학기술, 문화예술 등과 같은 긍정적 주제에 대해서는 서구 뉴스가 많지만 사건·사고, 정치적 갈등 등 부정적 뉴스에 대해서는 아시아 등 후진국 뉴스가 많았다(김영욱·장호순, 2002). 한국 신문은 동아시아 공동체 논의와 관련해 중국·일본에 대해 부정적 기사를 많이 보도한 반면 지역공동체나 문화 다양성을 추구하는 기사는 거의 싣지 않았다(김성해·김경모, 2010). 뉴스의 질에서도 서구 뉴스가 아시아 뉴스보다 높아 선진국에 대해서는 정보성이 강한 공공적 뉴스가 많고, 후진국에 대해서는 선정적 뉴스가 많았다(구교태·김세철, 2004).

한국에서는 2000년대 들어 여성 결혼 이민자, 외국인 노동자와 관련된 뉴스보도나 프로그램이 많이 증가했다.[4] 이들 내용에 대한 분석은 주로 인종 측면에서 외국인들이 어떻게 재현되는가에 대해 이뤄졌는데, 아시아와 서구 출신 외국인이 차별적으로 재현되었다(김경희, 2009; 송덕호, 2008; 양정혜, 2007; 한건수, 2003). 아시아 출신 여성 결혼 이민자는 '비전문인', '심리적 불안정자', '하층생활자', '피해자', '기초생활이 어려운 사람', '도움을 받아야 하는 대상' 등으로 묘사되고 아시아 출신 외국인 노동자들은 불법체류자나 낯설고 무서운 존재로 다뤄졌다. 한국의 TV에서 인기 있는 외국인은 대체로 잘 사는 국가의 백인이며 동남아시아에 대해서는 낙후되고 더러운 모습만을 보여준다(정현숙, 2004).

그 결과 한국 미디어는 인종적 소수자를 한국인보다 생물학적·문화적으로 열등한 존재로 위치 매김을 하면서 인종을 통한 계급의 형성과 재생산에 기여한다(홍지아·김훈순, 2010). 그런데 한국인이 미디어를 통해서 가진 아시아 출신 여성 결혼 이민자에 대한 부정적 고정관념이나 뉴스의 기억은 결혼 여성 이민자와 만난 후에는 줄었다. 이는 한국 미디어가 실상보다 더 부정적으로 아시아 출신 여성 결혼 이민자를 재현하는 것을 의미한다(정연구·송현주·윤태일·심훈, 2011).

미국에서는 미디어가 아시아, 아프리카 등에서 이주한 소수 인종에 대해 정형화된 형상(stereotypical portrayals)으로 계속 재현하면 수용자는 그대로 생각하거나 고정 관념을 가지며, 이는 인종주의로 연결될 위험성이 있었다(Ford, 1997; Gorham, 1999). 미국 미디어에서 아시아 남성은 대체로 공부벌레, 갱단, 매력 없는 남성, 영어를 못하는 이민자 등의 부정

---

4 지상파 방송사의 주요한 다문화 관련 프로그램은 다음과 같다(오대영·안진경, 2011: 175~187). 장편 드라마로는 KBS 〈산 너머 남촌에는〉, SBS 〈황금신부〉, EBS 〈마주보며 웃어〉, 단편드라마로는 SBS 〈하노이 신부〉, 〈깜근이 엄마〉가 있다. 시사·교양 프로그램으로는 KBS 〈러브 인 아시아〉, MBC의 〈다문화 희망 프로젝트〉 등이 있다. KBS의 스페셜 프로그램 〈외국인 100만 시대, 국경 없는 대한민국〉, MBC의 스페셜 프로그램 〈나는 한국 남자와 결혼했다〉도 있다. 정기 오락 프로그램으로는 KBS의 〈미녀들의 수다〉가 있다. KBS의 〈아침마당〉, 〈인간극장〉이나 MBC의 〈느낌표〉와 같은 시사 프로그램에서도 특집방송을 했다.

적 이미지로 재현되었다. 이는 미국인에게 아시아인에 대한 고정관념이
나 편견을 고착화시키고 편견을 당한 당사자도 무의식중에 이를 인정해
갈등을 일으킬 수 있는 것으로 나타났다(신혜영, 2011). 따라서 한국 미
디어가 지속적으로 아시아와 서구 출신 이주민을 차별적으로 재현하면
한국인에게 인종차별주의를 심어주고 아시아 출신 이주민은 한국 사회
에 적응하지 못한 채 불만을 가져 한국 사회에서 인종 갈등을 불러올 것
으로 우려된다.

3) 정보원

정보원은 '실명이나 익명, 코멘트, 문장 방식으로 정보나 의견을 주는 사
람'(Sumpter & Braddock, 2002)으로 정의된다. 기자는 시공간적 제약으
로 인해 모든 이슈를 취재할 수 없기에 상당 부분 정보원에게 의존한다.
그런데 미디어의 보도에 나타나는 핵심 정보원은 그 사회의 주요 입장을
반영하며 미디어의 보도 프레임에서 중요한 역할을 한다. 따라서 미디어
가 특정 사안을 보도할 때 다양한 관점을 전달하는지, 누구의 '시각'을 중
요하게 다루는지는 핵심 정보원을 분석하면 알 수 있다(김성해·김경모,
2010).
　정보원의 다양성은 기사의 완성도·신뢰도를 높이는 주요인이다(반현
·김남이·노혜정, 2010). 한국 신문의 국제뉴스에는 미디어, 정부, 공무
원, 정치인, 학자 등 여러 정보원이 등장하지만, 서구 중심의 세계 정보
분배 시스템 속에서 한국 신문은 글로벌 뉴스통신사 등 서구 미디어에 많
이 의존한다(구교태·김세철, 2004; 김수정, 2009; 김성해·유용민·심영
섭, 2011; 김영욱·장호순, 2002; 박기순·이남표, 2001). 한국 미디어가
특파원 등을 보내 직접 취재하기보다는 외국 미디어의 뉴스에 의존해 보

도하는 경우가 훨씬 많기 때문이다. [5]

그 결과 외국의 주요 미디어가 정한 국제뉴스 의제가 한국 미디어에 영향을 미치는 이른바 '매체 간 의제설정 현상'이 발생한다. 매체 간 의제설정은 한 미디어가 타 미디어의 의제에 영향을 미치는 현상(이건호, 2006)을 말한다. 특정 분야에 대해 가장 잘 알거나 정보가 많다고 평가받는 엘리트 미디어는 다른 미디어 의제에 영향을 미친다(Kiousis, 2004).

3. 연구 문제 및 방법

1) 연구 문제

한국 신문은 국제사회의 정치, 경제, 문화 등 다양한 주제의 뉴스를 보도한다. 수용자들이 한국 신문에서 많이 접하는 주제에 따라 수용자의 국제사회에 대한 인식과 이해가 달라질 수 있다. 따라서 한국 신문이 아시아와 서구에 대해 어떤 주제의 뉴스를 많이 보도했느냐는 수용자의 아시아와 서구에 대한 이미지에 많은 영향을 미칠 것이다.

- 연구 문제 1: 한국 신문이 아시아와 서구에 대해 보도한 뉴스의 주제에서 차이가 있는가?

한국 신문의 아시아와 서구에 대한 보도 태도는 뉴스에 따라 다를 것이다. 이런 차이는 수용자가 아시아와 서구에 대해 갖는 태도에 영향을

---

5 언론사가 해외 특파원을 유지하는 데는 많은 경비가 들어간다. 특히 한국 신문은 2000년대 중반 이후 비용 절감을 이유로 미국·중국·일본·프랑스 등 주요 국가를 제외한 지역에서 특파원을 철수시켰다. 그래서 한국 신문은 주요 국제뉴스를 외국 미디어에 더 의존할 수밖에 없는 상황이다.

줄 것이다.

- 연구 문제 2: 한국 신문의 국제뉴스에 나타난 아시아와 서구에 대한 보도 태도는 무엇인가?
  - 연구 문제 2-1: 한국 신문의 국제뉴스에서 아시아와 서구에 대한 보도 태도에 차이가 있는가?
  - 연구 문제 2-2: 한국 신문의 국제뉴스 주제별로 아시아와 서구에 대한 보도 태도에 차이가 있는가?

한국 신문의 아시아와 서구 뉴스에는 많은 정보원이 등장하지만 가장 중요한 역할을 하는 핵심 정보원이 있는데 외국 미디어, 정부, 민간인 등 다양하다. 그러나 세계의 많은 지역 미디어와 마찬가지로 한국 신문도 외국 미디어에 많이 의존해 한국 신문의 국제뉴스에서 외국 미디어는 다른 핵심 정보원보다 더 많이 인용되고 보도에 더 많은 영향을 줄 수 있다. 외국 미디어는 서구와 아시아 미디어로 분류할 수 있다. 이들의 서구와 아시아에 대한 보도 태도는 다를 수 있기 때문에 한국 신문이 누구에 더 의존하는가는 한국 신문의 아시아와 서구에 대한 보도 태도에 영향을 줄 것이다.

- 연구 문제 3: 한국 신문의 국제뉴스에서 외국 미디어 정보원은 한국 신문의 아시아와 서구에 대한 보도 태도와 관련이 있는가?
  - 연구 문제 3-1: 한국 신문의 국제뉴스에서 핵심 정보원들이 아시아와 서구에 대해 보인 태도에 차이가 있는가?
  - 연구 문제 3-2: 아시아와 서구 미디어 정보원의 아시아와 서구에 대한 보도 태도에 차이가 있는가?
  - 연구 문제 3-3: 한국 신문은 아시아와 서구에 대한 국제기사에서 아시아와 서구 미디어 정보원 가운데 누구를 더 인용하는가?

2) 연구 방법

(1) 분석 대상

〈조선일보〉, 〈동아일보〉, 〈한겨레〉, 〈경향신문〉 등 4개의 전국 신문에 실린 국제기사의 내용을 분석했다.[6] 대표적인 보수(조선, 동아) 와 진보(한겨레, 경향) 신문들을 모두 분석 대상으로 정했기 때문에 4개 신문들이 한국 신문을 대표한다고 간주해도 무방할 것으로 판단했다.[7] 분석 기사는 유층표집 방식에 따라 4개 신문이 2011년에 보도한 국제기사에서 선정했다.[8] 보수와 진보 신문이 같은 기간 보도한 기사를 분석한다는 원칙에서 〈조선일보〉, 〈한겨레〉에 대해서 홀수 달, 〈동아일보〉와 〈경향신문〉에 대해서는 짝수 달의 첫째 주(월~토요일)에 보도된 기사를 분석 대상으로 정했다. 신문마다 36일간의 국제기사가 분석되었다.[9]

분석 기사는 한국 신문 기사가 지면 또는 스크랩 형태로 제공되는 뉴스 아카이브 서비스인 아이서퍼[10]에서 온라인으로 지면을 찾아 선정했다. 분석 기사는 '남북한을 제외한 아시아와 서구에서 발생한 뉴스', '남북한과 관련된 경우 외국 뉴스가 중심인 뉴스'를 기준으로 정했다.[11] 분

---

6 미디어의 국제기사에 대한 기본적 연구 방법은 기사 내용 분석이다(Barry, 2012).

7 한국 신문은 이데올로기에 따라 명백하게 보도 태도가 다르다. 국내 뉴스에서 〈조선일보〉와 〈동아일보〉, 〈한겨레〉와 〈경향신문〉은 각각 보수와 진보로 선명하게 구분되었다(김경희 · 노기영, 2011). 그러나 국제뉴스에서는 이념에 따른 차이가 없었다(박기순 · 이남표, 2001). 이 장에서도 이념에 따른 차이는 연구의 의미가 적을 것으로 판단해 분석하지 않았다.

8 내용분석을 위한 표본표집 방식에는 단순무작위 표집, 체계적 표집, 유층표집, 군집표집 등 여러 방식이 있다. 유층표집은 하나의 모집단을 좀더 작은 집단으로 나눈 다음 그런 집단 내에서 무작위표집을 하는 것이다(Riffe et al.,1998/2001).

9 일간신문의 1년 간 보도 내용을 분석하기 위한 효율적 표집 방법은 "모든 요일이 두 번씩 포함되도록 무작위로 요일을 추출해 만든 2주일치"이다(Riffe et al.,1998/2001: 168 ~179). 이 장에서는 신문마다 월~토요일이 6번씩 포함되었다.

10 http://www.eyesurfer.com/

석 기사는 1면, 종합면, 국제면, 경제면, 문화면, 스포츠면, 기획면, 인물면, 오피니언면에 실린 아시아와 서구 관련 기사를 포함했지만 단신 모음 기사는 제외했다.[12] 지면은 신문이 자체적으로 분류한 기준에 근거해서 결정했다.

국제뉴스에서는 여러 국가가 다수로 등장하는 기사들이 많다. 그래서 아시아와 서구 뉴스를 분류할 때는 가장 핵심 뉴스가 발생한 지역을 기준으로 했다. 핵심 뉴스가 두 대륙에서 동등하게 발생했을 때는 복수의 대륙으로 분류했다. 그 결과 분석 대상으로 정해진 1,751개의 기사 가운데 35개에서는 2개 대륙이 동등한 수준으로 중요하게 등장해 실제 분석 기사는 1,786개가 됐다.[13] 신문사별 분석 대상 기사는 〈조선일보〉 29.6%(n = 529), 〈동아일보〉 26.4%(n = 472), 〈한겨레〉 20.8%(n = 372), 〈경향신문〉 23.1%(n = 413)이었다.[14] 지면별 국제기사 비율은 1면 5.4%(n = 96), 종합면 11.4%(n = 204), 국제면 54%(n = 964), 경제면 6.6%(n = 117), 문화면 3.5%(n = 62), 스포츠면 6.3%(n = 112), 인물면 5.4%(n = 96), 기획면 3.4%(n = 60), 오피니언면 4.2%(n = 75)이었다.

---

11 분석 기사는 외국 뉴스가 중심이어야 한다는 기준 아래 국내 뉴스를 보완하기 위해 국제뉴스를 덧붙인 기사는 제외했다. "유럽 재정 위기로 (한국) 정부 하반기 회복 전망 수정"(〈동아일보〉, 2011. 6. 10. 경제 2면)과 같은 기사가 이에 해당한다.

12 글로벌 시대를 맞아 한국 신문은 여러 면에서 국제뉴스를 보도하므로 모든 면을 분석대상으로 정했지만 국내 기사를 대부분 싣는 사회면은 제외했다.

13 신문의 의제화는 기사의 위치, 지면, 크기 등을 통해서도 이루어진다(김성해 · 송현진 · 이나연 · 이정한, 2010). 그러나 이 장은 뉴스 기사의 효과에 대한 연구가 아니며 모든 면마다 특성이 있는 점을 감안해 게재면과 기사 크기에 따른 뉴스 가치의 차이를 고려하지 않았다.

14 〈조선일보〉와 〈동아일보〉는 매일 12면 분량의 경제 섹션을 별도로 발행해 〈한겨레〉와 〈경향신문〉보다 분석 대상 기사가 많았다.

(2) 분석 유목

① 대륙 및 지역

북미와 유럽을 합쳐서 서구로 규정했다. 러시아는 아시아와 유럽에 모두 속하고 국제사회에서 별도 대륙으로 인정받아 서구에서 제외했다. [15] 아시아는 동아시아, 동남아시아, 남아시아, 중앙아시아, 서남아시아 등 5개 지역, 서구는 북미, 서유럽, 동유럽 등 3개 지역으로 구분했다. [16]

대륙별 분석 대상 기사 비율은 아시아 45.7%(n = 816), 서구 54.3%(n = 970)이었다. 8개 지역 가운데 북미(34.7%), 동아시아(28.9%), 서유럽(18.5%), 서남아시아(12.1%) 등 4개 지역의 기사가 전체의 94.2%

표 3-1 대륙·지역별 기사 건수

대륙	건수(%)	지역	건수(%)
		동아시아	516(28.9)
		동남아시아	54(3.0)
아시아	816(45.7)	남부아시아	4(0.2)
		중앙아시아	26(1.5)
		서남아시아	216(12.1)
		북미	620(34.7)
서구	970(54.3)	서유럽	331(18.5)
		동유럽	19(1.1)

---

15 온라인 두산백과사전인 두피디아(http://www.doopedia.co.kr)에 따르면 지구의 육지는 통상 아시아, 유럽, 북아메리카, 남아메리카, 아프리카, 오세아니아, 남극 등 7개 대륙으로 구분된다. 그러나 러시아는 면적·인구에서 하나의 대륙으로 볼 수 있어 제 2차 세계대전 후에는 UN에서도 우랄산맥 서쪽의 러시아 영토를 제외한 유럽을 유럽 대륙으로 구분한다.

16 두피디아에 따르면 아시아는 북부, 중앙, 서남, 남부, 동남, 동아시아 등 6개 지역으로 분류가 된다. 그러나 분석대상 기사 가운데 북부 아시아에 대한 기사는 없었다. 유럽은 독일을 기준으로 독일 동쪽 지역을 동유럽, 서쪽을 서유럽으로 규정했다.

를 차지했으며 동남아시아, 남부아시아, 중앙아시아, 동유럽에 관한 기사는 매우 적었다(〈표 3-1〉). 한국 외교에서 미국·중국·일본 등 3개국이 중요한 현실이 한국 신문의 국제뉴스에서도 그대로 나타났다.

② 기사 종류
기사 종류는 스트레이트 49. 2% (n = 878), 해설 17. 2% (n = 308), 스케치 3% (n = 54), 화제 11. 3% (n = 201), 사진 9. 9% (n = 176), 인터뷰 2. 1% (n = 37), 기획 0. 9% (n = 16), 사설 및 칼럼 4. 9% (n = 88), 단순정보 1. 6% (n = 28) 이었다. [17] 기자가 직접 취재해서 쓰는 스케치, 인터뷰, 기획기사가 매우 적은 것은 외국 미디어에 의존하는 기사가 많기 때문이었다.

③ 뉴스 주제
한국 신문의 취재 영역이 정치, 경제, 사회, 국제, 문화, 스포츠, 인물 등으로 구분된 점을 근거로 정했다. 그러나 모든 뉴스의 주제를 단순히 취재 영역에 따라 구분하는 데 한계가 있다. 인간의 기본권, 부정부패, 공정성, 사회정의와 같은 이념적·정신적·가치지향적인 문제는 정치, 경제, 사회, 문화, 스포츠 등 모든 영역에서 개별적·복합적으로 발생할 수 있다. 이런 문제들이 혼합되어 작용해 '월가시위'[18]와 같은 국제적 대

---

17 신문·방송 기사 형식은 스트레이트, 해설, 스케치, 기획, 리포트, 가십, 인터뷰, 속보, 논평, 기타 등으로 분류된다(윤석홍·김춘옥, 2004). 스트레이트는 사실 위주로 쓰고, 해설은 상세히 설명하고, 스케치는 장소 또는 행사를 이야기 중심으로, 기획은 특정 주제를 정해 전달한 기사다. 리포트는 라디오나 TV 보도를 위해 쓴 기사이며 가십은 흥미 위주로, 인터뷰는 대화 형식으로 쓰고, 속보는 기존 뉴스의 추가 사실을 전달하고, 논평은 현안에 대해 언론사의 입장을 밝히는 것이다. 이 장에서는 이를 근거로 분류했으나 리포트와 기타는 해당 내용이 없어 제외했다. 대신 국제뉴스에는 단독 사진 기사가 많아 별도로 분류했다. 단순 정보는 행사 소개와 같이 단순히 정보를 전달하는 기사다.
18 2011년 9월에 미국 월가에서 빈부격차의 심화와 금융기관의 부도덕성에 반발하면서 발생해 전 세

표 3-2 **국제뉴스의 주제와 주요 내용**

주제	주요 내용
도덕 · 정의	민주주의, 인권 보호, 종교 자유, 언론 자유, 빈부격차 해소, 부정부패, 공정성 등의 가치지향적인 성격이 강한 주제
정치	최고 정치 지도자의 정국 운영, 정당 간 협조와 경쟁, 시국 불안정, 내전, 정치적 테러, 정치적 결정과 관련이 많은 행정과 정책
경제 · 과학	환율, 증시, 물가, 취업 등 경제 상황, 기업들의 경제 행위와 신상품 개발, 과학기술, 일반적인 경제 · 과학 정책
사회	사회적 범죄, 사건사고, 재난 재해, 환경 파괴 등의 물리적 안전 문제와 사회보장 등 사회안전망, 일반적인 사회정책
외교 · 국방	외교와 국제교류, 국방력, 외국과의 전쟁, 외교 · 국방 관련 정책
인간적 흥미	문화, 스포츠, 일상적인 생활에서 흥미로운 내용
인물	외국 인사들의 개인적인 화젯거리

규모 시민운동이나 반정부 시위가 벌어지기도 한다. 이런 뉴스를 취재 영역에 따라 특정 주제로 분류하는 것은 쉽지 않고 정확하지 않을 수 있다. 또한 인간생활에서는 물리적 영역 못지않게 정신적 영역도 중요하다는 점을 감안해 도덕, 정의, 철학, 이념과 같이 가치 지향적인 사건이 핵심 배경인 뉴스는 '도덕 · 정의'라는 주제로 분류했다. 정치, 경제 등 다른 주제에는 해당 분야에 관한 사실적 내용을 주로 담은 기사를 포함시켰다.

또 미디어의 주요 기능 중 하나는 휴식을 제공하는 오락 기능이며, 공중의 예술 취향도 향상시키는 것이기 때문에(Severin & Tankard, 2001/2005) 문화와 스포츠, 일상생활 화제 등을 합쳐 '인간적 흥미'라는 주제로 규정했다. 그 결과 기사의 주제는 도덕 · 정의, 정치, 경제 · 과학, 사회, 외교 · 국방, 인간적 흥미, 인물 등 7개로 분류됐다(〈표 3-2〉).

계로 확산됐던 대규모 시위다. 신자본주의의 문제점과 금융기관들의 부도덕성에 경종을 울렸고 미국 정부의 정책에 영향을 미쳤다.

가. 도덕 · 정의

민주주의, 인권 보호, 종교 자유, 언론 자유, 빈부격차 해소, 부정부패, 공정성 등의 가치지향적인 성격이 강한 내용이다. 구체적인 사례는 다음과 같다.

> "중국 재스민 대책 '외신기자 겁주기' 시위 취재 기자 15명 구금 … '법 지켜라 경고'"(〈한겨레〉, 3. 8. 21면)
> "카이로의 봄 … 시민들 '우리가 독재를 무너뜨렸다'"(〈경향신문〉, 2. 12. 3면)

나. 정치

최고 정치지도자의 정국 운영, 정당의 움직임, 시국, 내전, 정치적 테러 등이 해당한다. 정치적 결정과 관련이 깊은 행정과 정책 내용도 포함했다.

> "살레, 치료차 사우디로 … 망명설"(〈동아일보〉, 6. 6. 15면)
> "마에하라 외상 사퇴 … 간 내각 사면초가"(〈한겨레〉, 3. 7. 22면)

다. 경제 · 과학

환율, 증시, 물가, 취업 등 경제 상황, 기업들의 경제 행위와 신상품 개발, 과학기술, 일반적 경제 · 과학 정책 등의 내용이 포함되었다.

> "中 '성장률 연 7%로 낮추겠다'"(〈조선일보〉, 3. 7. A18면)
> "미국 제조업지수 오름세 세계경제 낙관론 불지펴"(〈한겨레〉, 1. 5. 24면)

라. 사회

사회적 범죄, 사건사고, 재난 재해, 환경 파괴 등의 물리적인 사회 안전 문제와 연금, 사회보장 등 사회 안전망, 일반적인 사회정책에 관련된 내용이 포함됐다.

"6㎞ 떨어진 곳에서 '돌이 비 오듯' 공포"(〈동아일보〉, 2. 7. A19면)
"일 도쿄 하수처리시설서 고방사선량"(〈경향신문〉, 6. 9. 10면)

마. 외교·국방
국가가 생존하는 데 필수적인 외교와 국방에 관한 내용이다. 외교와 국
제 교류, 국방력, 외국과의 전쟁 등의 내용이 포함됐다.

"中 자체개발 스텔스 전투기 곧 시험비행"(〈조선일보〉, 1. 6. A16면)
"캄보디아-태국 국경 분쟁, 유엔 안보리 가나"(〈경향신문〉, 2. 8. 16면)

바. 인간적 흥미
문화, 스포츠 내용들과 일상생활에서 흥미로운 내용들을 포함시켰다.

"獨 노인들 火葬 여행"(〈조선일보〉, 7. 8. A21면)
"中 현대회화, 최고가 110억 원에 팔렸다"(〈경향신문〉, 4. 5. 16면)

사. 인물
국제적인 저명인사들의 언행은 내용에 따라 정치, 경제, 사회 등의 주제
에 포함될 수 있기 때문에 개인적인 화젯거리만을 포함시켰다.

"미셸 오바마 '남편이 금연에 성공했어요'"(〈경향신문〉, 2. 10. 15면)
"홍콩 민주화의 별 스러지다"(〈한겨레〉, 1. 4. 21면)

④ 보도 태도
보도 논조를 뜻하는 보도 태도는 긍정, 부정, 중립 등 셋으로 구분을 했
다.[19] 긍정적 태도는 우호적 논조이며, 부정적 태도는 비판적 논조다.
중립적 태도는 사실을 객관적으로 전달한 경우다. 기사에서 우호적 논조

와 비판적 논조가 모두 들어 있으면 비중을 따져서 판단했고 비슷하면 중립적 태도로 분류했다. 보도 태도는 우선 기사의 제목과 첫 문장, 끝 문장에서 결정을 했고, 불확실하면 기사 전체의 맥락을 보고 정했다.[20] 제목으로 구분한 사례는 다음과 같다.

- 긍정적 태도: "춘제로 뜬 中 농민공 듀엣 '인생역전'"(〈경향신문〉, 2. 7. 8면)
- 부정적 태도: "이번엔 물고기 200만 마리 떼죽음"(〈조선일보〉, 1. 8. A12면)
- 중립적 태도: "과세에 저주로 맞선 주술사들"(〈한겨레〉, 1. 7. 22면)

⑤ 핵심 정보원

핵심 정보원은 외국 미디어, 정부, 민간조직, 개인, 자료 등 5개로 분류했다. 한 기사에는 여러 정보원이 등장하지만 가장 중요한 정보를 제공하는 정보원을 핵심 정보원으로 규정했다. 외국 미디어 정보원이 한국 신문의 국제뉴스에 미치는 영향력을 세밀히 알아보기 위해 아시아와 서구 미디어로 구분했다. 아시아 미디어 정보원은 중국, 일본, 기타 지역 미디어 정보원으로, 서구 미디어는 미국과 유럽 미디어 정보원으로 다시 분류했다.

정부에는 기관과 대통령, 총리 등 주요 공직자가 포함되었다. 민간기관, 연구소, 기업 등은 민간조직으로 규정했다. 개인 정보원은 정치인,

---

19 많은 연구에서 보도 태도는 긍정적, 부정적, 중립적 등 셋으로 구분된다(최원석 · 반현, 2006; Hester & Gibson, 2003).

20 기사의 제목, 첫 문장, 끝 문장에는 프레임 도구라고 불리는 핵심사실들이 있다(de Vreese, 2004). 특히 제목은 뉴스 내용을 요약해 독자의 주목을 끌고, 독자는 기사를 이해하거나 의견을 형성할 때 제목에 의존한다(정태철, 1995). 제목은 훌륭한 저널리즘의 기능을 한다(이승선, 2011).

학자 등이 개인 차원에서 정보를 제공하는 경우이며, 자료는 각종 보고서와 책자 등이다. 이 장은 외국 미디어가 한국 신문의 아시아와 서구에 대한 보도 태도에 미치는 영향을 알아보는 데 중점을 두어 정부, 민간조직, 개인, 자료 정보원은 아시아와 서구로 분류하지 않았다.

(3) 기사 코딩 및 분석

4개 신문에서 각각 분석 기사의 약 10%씩, 총 182개의 기사를 무작위로 추출했다. 2012년 4월 중에 수도권 대학에 재학 중인 대학원생에게 연구 목적과 코딩 방법을 충분히 숙지시킨 후 연구자와 그 학생이 몇 차례 협의를 거쳐 시험 코딩을 마쳤다. 코딩 항목별로 홀스티 방식에 따른 신뢰도는 86. 3~93. 4%였다.[21] 이를 토대로 나머지 표본에 대해서는 연구자가 코딩 작업을 했다. 분석은 SPSS 18 프로그램으로 빈도분석과 교차분석을 했다.

4. 연구 결과

1) 연구 문제 1 결과

연구 문제 1은 '한국 신문이 아시아와 서구에 대해 보도한 뉴스의 주제에서 차이가 있는가'에 관한 것이다. 전체 국제뉴스에서 7개 주제가 보도된 건수는 외교·국방(n = 324), 경제·과학(n = 296), 인간적 흥미(n = 275), 도덕·정의(n = 274), 인물(n = 245), 정치(n = 218), 사회(n = 154)

---

21 홀스티(Holsti) 공식은 2M/(N1 + N2)다. 코더 간 신뢰도가 85~95%면 원하는 수준에 도달했다는 확신 아래 계속 조사할 수 있다(Riffe, Lacy, & Fico, 1998/2001).

표 3-3 아시아와 서구에 대한 보도 주제별 기사 건수

(단위: %)

대륙	도덕·정의	정치	경제·과학	사회	외교·국방	인간적 흥미	인물
아시아	145(17.8)	133(16.3)	124(15.2)	97(11.9)	167(20.5)	78(9.6)	72(8.8)
서구	129(13.3)	85(8.8)	172(17.7)	57(5.9)	157(16.2)	197(20.3)	173(17.8)

$\chi^2 = 110.66$, df = 6, p < .001

의 순으로 많았다. 한국 신문의 국제뉴스는 전쟁, 외교와 같이 국가 생존
과 직접 관련된 이슈들을 가장 중시했다.

〈표 3-3〉에서 보듯이 아시아와 서구에 대한 뉴스 주제에서는 차이가
있었다($\chi^2 = 110.66$, df = 6, p < .001). 아시아에 대해서는 외교·국방
(20.5%), 도덕·정의(17.8%), 정치(16.3%), 경제·과학(15.2%), 사
회(11.9%), 인간적 흥미(9.6%), 인물(8.8%)의 순으로 많았다. 서구에
대해서는 인간적 흥미(20.3%), 인물(17.8%), 경제·과학(17.7%), 외
교·국방(16.2%), 도덕·정의(13.3%), 정치(8.8%), 사회(5.9%)의
순으로 많았다.

한국 신문은 아시아에 대해서는 경성기사에 해당하는 외교·국방, 도
덕·정의, 정치 등을 주제로 한 뉴스를 많이 보도해 전쟁, 외교, 민주주
의, 인권, 내전과 같은 무거운 주제의 이슈에 우선적으로 뉴스 가치를
두는 것으로 해석됐다. 반면 연성기사에 속하는 인간적 흥미, 인물에 관
한 기사 비율이 가장 낮아 아시아의 문화, 스포츠, 다양한 생활상과 인
물에 대해서는 한국 신문의 관심이 매우 적은 것으로 나타났다.[22]

서구 뉴스에서는 인간적 흥미, 인물 뉴스가 전체의 38.1%를 차지해
매우 비중이 높았다. 한국 신문은 서구에 대해서는 꼭 전달해야 하는 사

---

[22] 경성기사는 신속한 사실 전달과 현실 생활에 필요한 정보에 중점을 두고, 연성기사는 독자의 오락
성, 흥미 욕구를 충족시키면서 독자 감성에 호소한다(김영욱·장호순, 2002).

실 정보 이외에도 흥미 위주의 일상생활이나 인물에 관해서도 다양한 뉴스를 전달했다. 정치 중심 뉴스는 다른 국가를 온건하게 이해하고 상호이해의 폭을 넓히는 데 일정 부분 한계가 있고, 사회나 문화 관련 주제는 다른 국가에 대한 이해의 폭을 확대한다(김수정, 2009). 따라서 한국 신문의 수용자는 아시아보다는 여러 뉴스를 접하는 서구에 대해 더 다양하고 폭넓게 이해하게 될 것이라고 추론할 수 있다. 특히 인물을 주제로 한 기사에서는 서구 기사(173건)가 아시아 기사(72건)보다 매우 많아 한국 신문은 아시아 인사들보다 서구 인사들에게 더 관심을 가졌다. 국제적으로 영향력이 크거나 지명도가 높은 사람들의 언행에 대해서는 많은 사람이 관심을 가져 이와 관련된 사건은 중요한 국제뉴스의 요인이다(Galtung & Ruge, 1965; Peterson, 1981).

세계화시대를 맞아 세계적 정치인, 경제인 뿐만 아니라 문화, 스포츠, 요리 등 다양한 분야에서 유명 인사들에 대한 관심이 크게 늘어 국제적인 영화, 스포츠 스타를 연구하는 셀러브리티학도 발전했다(조영한, 2011). 이런 상황에서 한국 신문이 아시아보다 서구 인사들을 훨씬 많이 보도하는 것은 수용자들이 아시아보다는 서구에 대해 더 호감을 갖도록 만들 가능성이 크다.

2) 연구 문제 2 결과

연구 문제 2는 '한국 신문의 국제뉴스에서 아시아와 서구에 대한 보도 태도는 무엇인가'에 관한 것이다. 연구 문제 2-1은 '한국 신문의 국제뉴스에서 아시아와 서구에 대한 보도 태도에 차이가 있는가'이다. 전체 국제 기사에 나타난 보도 태도는 부정적(39.4%), 긍정적(31.2%), 중립적(29.4%)의 순서였다. 〈표 3-4〉에서 보듯이 아시아에 대해서는 부정적

표 3-4 한국 신문의 아시아와 서구에 대한 보도 태도

(단위: %)

대륙	보도 태도		
	긍정적	부정적	중립적
아시아	243(29.8)	398(48.8)	175(21.4)
서구	314(32.4)	306(31.5)	350(36.1)

χ^2 = 66.623, df = 2, p < .001

(48.8%), 긍정적(29.8%), 중립적(21.4%)의 순서로 많았고, 서구에 대해서는 중립적(36.1%), 긍정적(32.4%), 부정적(31.5%)의 순서로 많은 차이가 있었다(χ^2 = 66.623, df = 2, p < .001). 아시아 뉴스에서는 부정적 뉴스가 절반 정도였으나, 서구 뉴스에서는 부정적 뉴스가 가장 적고 중립적 뉴스가 가장 많았다. 한국 신문들은 아시아보다는 서구에 대해 매우 긍정적이었다.

연구 문제 2-2는 '한국 신문의 국제뉴스 주제별로 아시아와 서구에 대한 보도 태도에 차이가 있는가'에 관한 것이다. 도덕 · 정의 주제에서 아시아에 대해서는 부정적(57.9%), 긍정적(32.4%), 중립적(9.7%)의 순으로, 서구에 대해서는 부정적(58.9%), 긍정적(24.8%), 중립적(16.3%)의 순으로 많이 보도했다. 아시아와 서구에 대해 모두 부정적인 기사가 매우 많아 차이가 없었다(χ^2 = 3.727, df = 2, p > .1). 한국 신문은 민주주의, 부정부패, 인권, 언론자유 등 가치지향적 이슈에 대해서는 대륙에 관계없이 비판적인 보도 태도가 매우 강해 도덕 · 정의를 지키는 감시자 역할을 했다.

정치 주제에서는 아시아에 대해서는 부정적(63.9%), 중립적(24.8%), 긍정적(11.3%)의 순으로, 서구에 대해서는 부정적(37.6%), 중립적(36.5%), 긍정적(25.9%)의 순으로 많이 보도를 했지만 차이가 있었다(χ^2 = 15.582, df = 2, p < .001). 아시아에 대해서는 매우 부정적이었지만

86

서구에 대해서는 중립적 또는 긍정적인 태도가 절반 이상이었다. 아시아에서는 내전, 정치적 테러 등 정치적 갈등이 많지만 서구는 아시아보다 정치가 안정되어 있기 때문으로 해석이 됐다.

경제・과학 주제에서는 아시아에 대해서는 긍정적(46.8%), 부정적(27.4%), 중립적(25.8%)의 순으로, 서구에 대해서는 부정적(47.7%), 긍정적(27.3%), 중립적(25%) 순으로 많이 보도해 차이가 있었다(χ^2 = 15.245, df = 2, p < .001). 서구에는 선진국이 많고 아시아에는 개도국이 많다는 통념과 달리 아시아에 대해서는 긍정적, 서구에 대해서는 부정적 보도 태도가 강했다. 2011년에 서구에서 국제 금융위기가 발생했던 반면 아시아에서는 중국을 중심으로 경제가 발전하는 현실이 반영된 것으로 풀이되었다.

사회 주제에서는 아시아에 대해서는 부정적(73.2%), 긍정적(19.6%), 중립적(7.2%)의 순으로, 서구에 대해서는 부정적(61.4%), 긍정적(26.3%), 중립적(12.3%)의 순으로 많이 보도했으며, 차이는 없었다(χ^2 = 2.474, df = 2, p > .1). 한국 신문들은 대륙에 관계없이 사회 주제에서는 범죄, 테러와 같은 사회적 일탈현상이나 자연재해 등의 개인 안전 문제를 가장 중시했기 때문으로 추론된다.

외교・국방 주제에서는 아시아에 대해서는 부정적(55.1%), 긍정적(29.9%), 중립적(15%)의 순으로, 서구에 대해서는 중립적(38.9%), 긍정적(33.1%), 부정적(28%) 순으로 보도를 해 달랐다(χ^2 = 31.772, df = 2, p < .001). 아시아에서는 국가 간 영토 분쟁 등 외교・안보적으로 갈등이 많은 반면 국제적인 외교・안보 문제에서는 아직도 서구가 중요한 역할을 하기 때문으로 해석됐다.

인간적 흥미에 관한 기사에서는 아시아에 대해서는 중립적(59%), 긍정적(21.8%), 부정적(19.2%)의 순, 서구에 대해서는 중립적(73.1%),

표 3-5 국제뉴스 주제별 한국 신문의 아시아와 서구에 대한 최다 보도 태도

뉴스 주제	아시아	서구
도덕·정의, 사회	부정적	부정적
정치, 외교·국방	부정적	긍정적
경제·과학	긍정적	부정적
인간적 흥미	중립적	중립적
인물	긍정적	긍정적

긍정적(20.3%), 부정적(6.6%)의 순으로 많이 보도했다. 아시아보다는 서구에 더 중립적인 보도가 많고 부정적인 보도가 적었다(χ^2 = 10.429, df = 2, p < .05). 한국 신문은 문화, 스포츠, 일상생활 내용에 대해서는 대륙에 관계없이 객관적 사실을 더 많이 전달하면서도 아시아보다는 서구에 대해 더 다양한 화젯거리를 소개하려고 했다.

인물 주제에서는 아시아에 대해서는 긍정적(51.4%), 중립적(25%), 부정적(23.6%) 순, 서구에 대해서는 긍정적(61.3%), 중립적(24.9%), 부정적(13.9%) 순으로 많이 보도했으며 차이는 없었다(χ^2 = 3.732, df = 2, p > .1). 한국 신문은 대륙에 관계없이 본받을 만한 화제의 인사나 저명인사에 대해 많은 뉴스 가치를 두었다.

한국 신문이 뉴스 주제별로 아시아와 서구에 대해 가장 많이 나타낸 보도 태도를 종합하면 〈표 3-5〉에서 보듯이 도덕·정의, 사회 주제에서는 아시아와 서구에 대해 모두 부정적이었다. 정치, 외교·국방 주제에서는 아시아에 대해서는 부정적이고 서구에 대해서는 긍정적이었다. 경제·과학 주제에서는 아시아에 대해 긍정적이고 서구에 대해서는 부정적이었다. 인간적 흥미 주제에서는 아시아와 서구에 대해 중립적인 보도 태도가 가장 많았다. 인물 주제에서는 아시아와 서구에 대해 모두 긍정적이었다.

아시아에 대해서는 도덕·정의, 정치, 사회, 외교·국방 등 4개 주제에서 부정적, 인간적 흥미 주제에서 중립적이었고, 경제·과학과 인물 등 두 개 주제에서만 긍정적이었다. 서구에 대해서는 도덕·정의, 사회, 경제·과학 등 3개 주제에서는 부정적이었지만, 정치, 외교·국방, 인물 등 3개 주제에서는 긍정적이었고 인간적 흥미에서는 중립적이었다. 이와 같이 본다면 주제별로 차이는 있지만 아시아보다는 서구에 대해 더 긍정적 보도 태도를 나타냈다.

3) 연구 문제 3 결과

연구 문제 3은 '한국 신문의 국제뉴스에서 미디어 정보원은 한국 신문의 아시아와 서구에 대한 보도 태도와 관련이 있는가'에 관한 것이다. 구체적으로 연구 문제 3-1은 '한국 신문의 국제뉴스에서 핵심 정보원들이 아시아와 서구에 대해 보인 태도에 차이가 있는가'에 관한 것이다. 분석 대상 기사의 64.7%(n = 1,156)에서 정보원이 있었다. 정보원의 종류는 미디어 69.7%(n = 806), 개인 13.2%(n = 153), 정부 7.3%(n = 84), 민간 조직 6.4%(n = 74), 자료 3.4%(n = 39)로 미디어가 매우 많았다.

핵심 정보원들이 서구와 아시아에 대해 보인 태도를 비교하면 〈표 3-6〉에서 보듯이 미디어 정보원에서만 차이가 있었다(χ^2 = 44.813, df = 2, p < .001). 5개 핵심 정보원들 가운데 미디어 정보원만이 한국 신문의 아시아와 서구에 대한 보도 태도의 차이에 영향을 미치고 나머지 4개 정보원은 영향을 주지 않았다. 미디어 정보원은 아시아에 대해서는 부정적 (52.8%), 긍정적(28.8%), 중립적(18.4%)의 순으로, 서구에 대해서는 중립적(39.2%), 부정적(35.6%), 긍정적(25.2%)의 순으로 보도를 많이 해 아시아에 더 부정적이었다.

표 3-6 핵심 정보원들의 아시아와 서구에 대한 태도

(단위: %)

핵심 정보원	대륙	보도 태도		
		긍정적	부정적	중립적
미디어*	아시아	119(28.8)	218(52.8)	76(18.4)
	서구	99(25.2)	140(35.6)	154(39.2)
정부**	아시아	15(31.3)	23(47.9)	10(20.8)
	서구	14(38.9)	10(27.8)	12(33.3)
민간조직***	아시아	9(28.1)	14(43.8)	9(28.1)
	서구	13(31.0)	15(35.7)	14(33.3)
개인****	아시아	24(34.8)	30(43.5)	15(21.7)
	서구	40(47.6)	25(29.8)	19(22.6)
자료*****	아시아	5(31.3)	6(37.5)	5(31.3)
	서구	3(13.0)	6(26.1)	14(60.9)

$*\chi^2 = 44.813$, df = 2, p < .001
$**\chi^2 = 3.699$, df = 2, p > .1
$***\chi^2 = .507$, df = 2, p > .1
$****\chi^2 = 3.488$, df = 2, p > .1
$*****\chi^2 = 3.623$, df = 2, p > .1

표 3-7 아시아와 서구 미디어 정보원의 아시아와 서구에 대한 보도 태도

(단위: %)

미디어	지역	보도 태도		
		긍정적	부정적	중립적
아시아 미디어*	아시아	65(31.6)	105(51.0)	36(17.5)
	서구	4(14.8)	13(48.1)	10(37.0)
서구 미디어**	아시아	54(26.1)	113(54.6)	40(19.3)
	서구	95(26.0)	127(34.7)	144(39.3)

$*\chi^2 = 6.923$, df = 2, p < .05
$**\chi^2 = 28.993$, df = 2, p < .001

연구 문제 3-2는 '아시아와 서구 미디어 정보원의 아시아와 서구에 대한 보도 태도에 차이가 있는가'에 관한 것이다. 〈표 3-7〉에서 보듯이 아시아 미디어 정보원은 아시아에 대해서는 부정적(51.0%), 긍정적(31.6%), 중립적(17.5%)의 순서로, 서구에 대해서는 부정적(48.1%), 중립적(37.0%). 긍정적(14.8%)의 순으로 보도를 했으며, 차이가 있었다(χ^2 = 6.923, df = 2, p < .05). 아시아 미디어 정보원은 아시아와 서구에 대해 모두 부정적 태도를 가장 많이 나타냈지만 서구보다는 아시아에 대해 긍정적 보도가 많았다. 아시아 뉴스에서는 아시아 미디어 정보원이 많이 등장할수록 긍정적 뉴스가 많을 것으로 추론할 수 있다.

　서구 미디어 정보원은 아시아에 대해서는 부정적(54.6%), 긍정적(26.1%), 중립적(19.3%)의 순서로, 서구에 대해서는 중립적(39.3%), 부정적(34.7%), 긍정적(26.0%)의 순서로 보도를 해 차이가 있었다(χ^2 = 28.993, df = 2, p < .001). 서구 미디어 정보원이 많은 아시아 기사에서는 부정적 기사가 더 많고, 서구 미디어를 정보원으로 한 서구 기사에서는 중립적 · 긍정적 보도가 많을 것으로 예상할 수 있다. 아시아와 서구 미디어는 모두 자신이 속한 대륙에 대해 좀더 우호적 태도를 가지는 것으로 나타나 한국 신문이 어느 미디어를 더 인용하느냐에 따라 아시아와 서구에 대한 보도 태도에 많은 영향을 줄 것으로 해석됐다.

　연구 문제 3-3은 '한국 신문은 아시아와 서구에 대한 국제기사에서 아시아와 서구 미디어 정보원 가운데 누구를 더 인용하는가'에 관한 것이다. 미디어가 핵심 정보원인 기사 806개 가운데 서구 미디어 정보원은 71.1%, 아시아 미디어 정보원은 28.9%여서 한국 신문은 서구 미디어를 더 많이 인용했다.[23] 지역별 미디어로는 미국 41.8%, 유럽 29.3%,

---

23 분석 대상 기사에 핵심 정보원으로 등장한 특정 미디어 숫자는 신문, 방송, 통신, 잡지, 인터넷 등에

표 3-8 **대륙별 기사의 서구와 아시아 미디어 정보원 건수**

(단위: %)

대륙	서구 미디어	아시아 미디어
아시아	207(50.1)	206(49.9)
서구	366(93.1)	27(6.9)

χ^2 = 181.251, df = 1, p < .001

중국 13.2%, 일본 10.2%, 기타 아시아 지역 5.6% 등이었다.

〈표 3-8〉에서 보듯이 대륙별 기사에 나타난 서구, 아시아 미디어 정보원의 비율은 차이가 있었다(χ^2 = 181.251, df = 1, p < .001). 아시아 기사에서는 서구 미디어가 50.1%, 아시아 미디어가 49.9%였다. 서구 기사에서는 서구 미디어 93.1%, 아시아 미디어 6.9%였다. 아시아 기사에서는 아시아와 서구 미디어가 균형 있게 핵심 정보원으로 등장했으나 서구 기사에서는 서구 미디어가 압도적으로 많았다.

서구와 아시아 미디어를 지역별로 세분화하면 〈표 3-9〉에서 보듯이 아시아에 대해서는 미국, 유럽, 중국, 일본 미디어가 비교적 고르게 핵심 정보원이었으나, 서구에 대해서는 미국 미디어가 절반 이상을 차지했다(χ^2 = 187.608, df = 4, p < .001). 한국 신문의 서구 뉴스에서도 미국 미디어가 매우 중요한 역할을 했다.

아시아와 서구를 지역별로 구분해서 보면 동아시아에서는 중국 미디어(40.4%)와 일본 미디어(33.3%)의 비중이 높았으나, 그 밖의 지역에서는 서구 미디어가 핵심 정보원이었다(〈표 3-10〉). 아시아와 서구 미

서 95개였다. 미국 미디어 36개, 유럽 디어 21개로 서구 미디어가 60%(57개)였다. 아시아 미디어는 중국 13개, 일본 11개, 기타 14개로 40%(38개)였다. 특정 미디어가 인용된 기사 숫자를 단순 계산하면 서구 미디어가 10.1개, 아시아 미디어가 6.1개이었다. 이를 통해 한국 신문이 아시아 미디어보다 서구 미디어의 정보를 더 중요하게 생각하는 것으로 해석할 수 있다.

디어는 모두 자신이 속한 대륙에 대해 우호적으로 보도했다. 그런데 한국 신문은 동아시아를 제외한 다른 지역의 국제뉴스를 서구 미디어에 매우 의존했다. 이는 아시아보다 서구에 우호적인 한국 신문의 보도 태도와 밀접한 관련이 있는 것으로 해석할 수 있다.

표 3-9 대륙별 기사의 지역별 미디어 정보원 건수

(단위: %)

대륙	서구 미디어		아시아 미디어		
	미국	유럽	중국	일본	기타 지역
아시아	111(26.9)	96(23.2)	94(22.8)	77(18.6)	35(8.5)
서구	226(57.5)	140(35.6)	12(3.1)	5(1.3)	10(2.5)

χ^2 = 187.608, df = 4, p < .001

표 3-10 지역별 기사의 서구와 아시아 미디어 정보원 건수

(단위: %)

지역	서구 미디어		아시아 미디어		
	미국	유럽	중국	일본	기타 지역
동아시아	34(15.1)	19(8.4)	91(40.4)	75(33.3)	6(2.7)
동남아시아	12(36.4)	19(57.6)	0(0)	1(3.0)	1(3.0)
중앙아시아	9(56.3)	4(25.0)	0(0)	0(0)	3(18.3)
서남아시아	56(40.3)	54(38.8)	3(2.2)	1(.7)	25(18.0)
북미	179(70.5)	57(22.4)	6(2.4)	5(2.0)	7(2.8)
서유럽	43(33.1)	78(60.0)	6(4.6)	0(0)	3(2.3)
동유럽	4(44.4)	5(55.6)	0(0)	0(0)	0(0)

5. 논의 및 결론

이 장에서는 아시아 시대를 맞아 한국 신문의 아시아와 서구에 대한 보도 양상의 차이와 그 이유를 분석해 한국 신문이 국제뉴스를 보도할 때 개선해야 할 점을 알아보았다. 〈조선일보〉, 〈동아일보〉, 〈한겨레〉, 〈경향신문〉이 2011년에 보도한 1,786건의 국제 기사는 국제면에서 절반 이상 보도됐지만 1면과 종합면에서도 많이 보도되었고, 경제, 문화, 스포츠, 인물, 기획 등 다른 지면에도 고르게 실려 한국 신문의 국제화가 진전된 것으로 나타났다.

또한 서구 기사(54.3%)가 아시아 기사(45.7%)보다 많아 한국 신문은 서구 기사를 더 비중 있게 다뤘다. 또 북미, 동아시아, 서유럽, 서남아시아 등 4개 지역의 뉴스가 전체의 94.2%를 차지했고 동남아시아, 남부아시아, 중앙아시아, 동유럽 기사가 매우 적어 지역 편중성이 심했다. 미디어는 자신이 속한 국가나 지역에서 중요하게 여기는 이슈를 반영하려 하기 때문에 한국 신문이 한국과 관련이 많은 지역의 뉴스를 더 많이 보도하는 것은 이해할 수 있다. 그러나 국제뉴스에서 특정 지역에 대한 기사가 적은 것은 관심이 낮은 것으로도 해석된다(김수정, 2009; 김성해·유용민·심영섭, 2011). 따라서 한국과 동남아시아 간의 인적·물적 교류가 증대하는 상황에서 동남아시아 기사가 매우 적은 것은 한국 신문의 동남아시아에 대한 관심이 아직 낮은 것으로 볼 수 있으며 시대 변화에 맞춰 개선해야 할 것이다. 세계 10대 경제국으로 성장한 우리나라의 국제화를 보다 발전시키기 위해서는 한국 신문이 보도 지역의 다양성을 높여서 세계의 여러 모습을 전달하는 것이 바람직하다.

아시아와 서구에 대한 보도 태도를 보면 아시아에 대해서는 '부정적 > 긍정적 > 중립적', 서구에 대해서는 '중립적 > 긍정적 > 부정적' 순서로 많이 보도했다. 아시아에 대해서는 부정적인 반면 서구에는 중립과 긍정적인 보도 태도가 강했다.

국제뉴스를 도덕·정의, 정치, 경제·과학, 사회, 외교·국방, 인간적 홍미, 인물 등 7개 주제로 분류해서 분석했다. 주제별 보도량을 보면 한국 신문은 아시아에 대해서는 외교·국방, 도덕·정의, 정치 등 경성기사를 많이 보도했다. 서구에 대해서는 인간적 홍미, 인물 등 연성기사를 가장 많이 보도했다. 한국 신문은 아시아에 대해서는 꼭 전달해야 하는 사실에 우선적인 뉴스가치를 둔 반면 서구에 대해서는 이 밖에도 홍미를 끄는 화제성 뉴스와 인물에도 높은 뉴스가치를 부여해 아시아보다 뉴스 주제의 다양성이 높았다.

주제별로 아시아와 서구에 대한 보도 태도를 보면 대륙에 관계없이 인물 주제에서는 긍정적, 인간적 홍미 주제에서는 중립적 보도 태도가 많았다. 도덕·정의, 사회 주제에서는 모두 부정적이었다. 정치, 외교·국방 주제에서는 아시아에 대해서는 매우 부정적이고 서구에 대해서는 상당히 긍정적이었다. 반면 경제·과학 주제에서는 아시아에 대해 긍정적이고 서구에 대해서는 부정적이었다. 아시아와 서구에 대한 주제별 보도량과 보도 태도를 종합하면 아시아에 대해서는 부정적인 외교·국방, 도덕·정의, 정치에 관한 기사가 매우 많고, 서구에 대해서는 긍정적인 인물과 중립적인 인간적 홍미 기사가 가장 많았다. 그 결과 한국 신문은 아시아보다는 서구 중심적인 보도 태도를 나타냈다.

따라서 한국 신문의 아시아에 대한 보도 태도를 개선하기 위해서는 경성기사 이외에도 인물, 화젯거리 등 다양한 뉴스거리를 발굴해서 전달해야 할 것으로 해석됐다. 또한 통념과 달리 경제적 주제에서 아시아에 대해 긍정적 기사가 가장 많았던 것은 앞으로 아시아의 정치 등 다른 분야도 발전하면 한국 신문의 아시아에 대한 보도 태도가 좋아질 수 있음을 시사한다. 미디어, 정부, 민간조직, 개인, 자료 등 5개 핵심 정보원 가운데서는 미디어 정보원만이 서구와 아시아에 대한 보도 태도의 차이에 영향을 주었다. 동아시아에 대한 기사에서는 서구와 아시아 미디어가 비교적 균형 있게 등장했지만 그 밖의 지역에 관한 국제뉴스에서는 서구 미디어가 핵심 정보원이었다. 인터넷 시대에도 서구 미디어가 국제뉴스를 주도한다는 사실은 다시 한 번 확인되었다.

아시아와 서구 미디어는 모두 자신이 속한 대륙에 대해 더 긍정적 태도를 보였다. 한국 신문이 서구 미디어에 많이 의존할수록 아시아에 대해서는 부정적이고 서구에 대해서는 긍정적으로 보도하는 반면 아시아 미디어를 정보원으로 많이 활용하면 아시아에 대한 보도 태도가 좋아질 것으로 해석되었다. 따라서 한국 신문이 아시아에 대한 보도 태도를 개선하고 아시아와 서구를 균형 있게 보도하기 위해서는 특파원 파견이나 현지 통신원 활용 등으로 아시아 뉴스를 직접 취재하는 방안을 확대하고, 기자들은 인터넷을 활용해서 다양한 아시아 미디어를 정보원으로 인용하는 노력을 해야 할 것이다. 특파원 등 가용자원이 많은 신문일수록 국제뉴스 제작 시 외국 통신사 의존도가 낮아지고, 미디어 조직의 정보 처리 능력이 높아지기 때문이다(김경모, 2000).

한국 신문의 국제뉴스가 서구 중심적으로 보도되는 이유에 대해 국제뉴스의 주제, 보도량, 보도 태도, 외국 미디어 정보원을 중심으로 분석했지만, 더 정확하게 알기 위해서는 한국 신문과 기자들에 대한 심도 깊은 연구가 필요하다. 아시아에서도 '알 자지라' 등 다양한 국제적인 미디어가 생겨났고 기자도 인터넷으로 이런 미디어들에 쉽게 접근할 수 있다. 그런데 왜 한국 신문은 서구 미디어의 정보에 많이 의존하는지, 그리고 아시아보다 서구에 대해 다양한 주제의 뉴스를 전달하는지 등에 대해 알아보았다. 아시아보다 서구에 선진국이 많아 배울 점이 더 많은 점,

중국·일본이 이웃에 있지만 아직도 우리의 외교·안보나 경제에서 미국 등 서구가 매우 중요한 점, 해방 이후 우리 사회가 서구식 경제 발전에 매진하면서 서구 문화에 가까워진 점,[24] 국제적인 상업적 뉴스 가치 등이 한국 신문의 국제뉴스 선택 과정에서 많은 영향을 미쳤을 수 있다. 그 이유를 깊이 있게 분석하기 위해서는 한국 신문의 국제뉴스 게이트키핑 과정과 기자들의 인식에 대한 연구가 이뤄져야 한다.

이 장은 한국 신문의 국제뉴스에 등장한 서구와 아시아 미디어만을 대상으로 분석했기 때문에 서구와 아시아 미디어의 보도 태도로 일반화하기에는 한계가 많다. 서구와 아시아의 대표적인 글로벌 미디어를 대상으로 서구와 아시아에 대한 보도 태도를 연구하면 이를 더 정확하게 알 수 있을 것이다.

참고문헌

교육과학기술부 보도자료 (2011), "한·중·일 대학생 교류프로그램 캠퍼스아시아 시범사업 올해부터 시행".
구교태·김세철 (2004), 전국지와 지역지의 국제뉴스 보도에 대한 미디어 경제학적 고찰, 〈한국언론정보학보〉, 27호, 7~34.
권미경 (2009), 《다문화사회와 평생교육》, 서울: 한국학술정보.
김경모 (2000), 중앙일간지 국제면의 기사선정 유사성에 관한 연구: 국제뉴스 보도의 조직적 결정 요인, 〈한국언론학보〉, 44권 3호, 5~39.
김경희 (2009), 텔레비전 뉴스 내러티브에 나타난 재한 이주민의 특성, 〈한국방송학보〉, 23권 3호, 7~46.

---

24 뉴스 이외에 미디어의 다양한 콘텐츠에서도 서구의 초국적 미디어 기업의 문화지배가 계속돼 개도국 등 주변부에서는 북미와 서유럽의 사고와 가치, 생활방식 등이 소비상품과 대중문화를 통해서 급격히 확산되었다(유동주, 1997; 임동욱, 2009).

_____ (2011), 휴먼다큐멘터리 프로그램 게시판에 나타난 이주민에 대한 수용자의 인식, 〈방송과 커뮤니케이션〉, 12권 4호, 5~41.

김경희·노기영 (2011), 한국 신문사의 이념과 북한 보도방식에 대한 연구, 〈한국언론학보〉, 55권 1호, 361~387.

김성해 (2007), 국제 공론장과 민주적 정보질서: 미국 헤게모니 관점에서 본 '신국제정보질서운동'의 이론적 한계와 대안 모색, 〈한국언론학보〉, 51권 2호, 82~104.

김성해·김경모 (2010), 동아시아공동체와 언론, 〈언론과학연구〉, 10권 1호, 77~123.

김성해·김동윤 (2009), 금융위기와 언론: 2008 글로벌 위기에 대한 각국 언론의 보도양상과 프레임, 〈언론과학연구〉, 9권 4호, 98~134.

김성해·송현진·이나연·이정한 (2010), 주류 미디어 공론장의 이상과 현실, 〈커뮤니케이션이론〉, 6권 1호, 144~190.

김성해·유용민·심영섭 (2011), 글로벌 디지털 시대의 국제뉴스, 〈언론정보연구〉, 48권 2호, 181~222.

김수정 (2009), 아시아 국가에 대한 한국 신문의 보도특성, 〈사회과학연구〉, 19권, 1~20.

김영욱·장호순 (2002), 《한국의 국제뉴스: 신문·뉴스통신 보도를 중심으로》, 서울: 한국언론재단.

김택환 (1994), 국내일간지·외국정론지 국제뉴스 보도량 비교, 〈신문과 방송〉, 3월호, 16~23.

박기순·이남표 (2001), 국제뉴스 정보원의 변화와 이미지 매핑, 〈신문과 방송〉, 371호, 51~55.

박천일 (1996), 방송의 국제뉴스 선정과정과 통제 메커니즘 비교 분석 연구: 한국 KBS, SBS와 미국 CNN의 참여관찰 연구, 〈언론과 문화〉, 7권, 70~97.

반 현·김남이·노혜정 (2010), 한국 경제에 관한 국내외 언론 보도경향 비교분석 연구, 〈한국언론학보〉, 54권 5호, 397~422.

송덕호 (2008), 다문화사회의 방송정책에 '다양성', '소통'의 가치 담아야, 〈신문과 방송〉, 9월호, 112~115.

신혜영 (2011), 미국 대중매체에 나타난 아시아 남성의 이미지: 편견과 문제점에 대한 고찰, 〈한국학연구〉, 33~57.

심재철 (1997), 일탈성 뉴스가치 중심으로 본 한국 신문의 국제뉴스 보도, 〈언론과 사회〉, 통권 15호, 33~61.

양정혜 (2007), 소수 민족 이주여성의 재현: 국제결혼 이주여성에 관한 뉴스보도 분석, 〈미디어, 젠더 & 문화〉, 7호, 47~77.

오대영 (2007), 《닛폰 리포트》, 서울: 중앙북스.

오대영·안진경 (2011), 《다문화가정의 미디어 이용 실태 및 정책적 지원방안 연구》, 서울: 한국언론진흥재단.

외교통상부 (2011), 《재외동포현황》, 서울: 외교통상부.

유동주 (1997), 서구화 과정에서 표현되는 현대 한국 미디어 문화의 정체성 연구, 〈한국언론정보학보〉, 9호, 136~164.

윤석홍 · 김춘옥 (2004), 《신문방송, 취재와 보도》, 나남.

이건호 (2006), 한국 인터넷 매체들의 상호 의제설정 효과: 8개 온라인 신문의 내용 분석을 중심으로, 〈한국언론학보〉, 50권 4호, 200~227.

이승선 (2011), 신문제목으로 인한 명예훼손의 법적 책임, 〈사회과학연구〉, 22권 2호, 23~51.

이재원 · 김정탁 (1995), 경제 · 인권문제 보도 여전히 미흡 자기중심적 뉴스관에서 탈피해야, 〈신문과 방송〉, 9월, 108~113.

임동욱 (2009), 문화제국주의의 비판적 고찰, 〈한국언론정보학보〉, 45호, 151~186.

장태한 (2001), 한국 대학생의 인종 · 민족 선호도에 관하여, 〈당대비평〉, 14, 99~113.

정연구 · 송현주 · 윤태일 · 심 훈 (2011), 뉴스 미디어의 결혼이주여성 보도가 수용자의 부정적 고정 관념과 다문화지향성에 미치는 영향, 〈한국언론학보〉, 55권 2호, 405~427.

정의철 · 이창호 (2007), 혼혈인에 대한 미디어 보도 분석: 하인스 워드의 성공 전후를 중심으로, 〈한국언론학보〉, 51권 5호, 84~110.

정태철 (1995), 제목 소비자의 증가와 신문 제목의 이해도, 〈한국언론학보〉, 33호, 203~228.

정현숙 (2004), 문화 간 커뮤니케이션 갈등에 관한 연구: 한국에 거주하는 노동자의 체험담을 중심으로, 〈커뮤니케이션학연구〉, 12권 3호, 27~44.

조영한 (2011), 아시아 스포츠 셀러브리티 생각하기, 〈언론과 사회〉, 19권 1호, 2~41.

최원석 · 반 현 (2006), 공중 의견과 행동에 대한 의제설정 효과 모형의 검증: 부동산 이슈 보도를 중심으로, 〈한국언론학보〉, 50권 1호, 406~435.

한건수 (2003), 타자 만들기: 한국사회와 이주노동자의 재현, 〈비교문화연구〉, 9권 2호, 157~183.

행정안전부 보도자료 (2012), "2012년 지방자치단체 외국인주민 현황 조사 결과".

허영식 (2011), 《다문화 · 세계화시대의 시민생활과 교육》, 서울: 강현출판사.

홍지아 · 김훈순 (2010), 다인종 가정 재현을 통해 본 한국사회의 다문화 담론, 〈한국방송학보〉, 24권 5호, 544~583.

Barry, M. (2012), Notes from the semi-periphery: Ireland's press coverage of the developing world and the value of small state studies in international communications research, *International Communication Gazette*, 74(2), 124~144.

Berger, G. (2009), How the internet impacts on international news: Exploring paradoxes of the most global medium in a time of 'hyperlocalism', *International Communication Gazette*, 71(5), 355~371.

Chang, T. (1998), All countries not created equal to be news: World system and international communication, *Communication Research*, 25, 528~563.

De Vreese, C. H. (2004), The effects of frames in political television news on issue interpretation and frame salience, *Journalism and Mass Communication Quarterly*, 81(1), 36~52.

Ford, T. E. (1997), Effects of stereotypical television portrayals of African-Americans on person perception, *Social Psychology Quarterly*, 60(3), 266~275.

Franks, S. (2010), The neglect of Africa and the power of aid, *International Communication Gazette*, 72(1), 71~84.

Galtung, J. & Ruge, M. H. (1965), The structure of foreign news, *Journal of Peace Research*, 2(1), 64~91.

Gans, H. J. (2004), *Deciding What's News*, Evanston, IL: Northwestern University.

Ginneken, J. V. (1998), *Understanding Global News*, London: Sage.

Gorham, B. W. (1999), Stereotypes in the media: So what, *The Howard Journal of Communication*, 10(4), 229~247.

Harcup, T. & O'Neill, D. (2001), What is news? Galtung and Ruge revisited, *Journalism Studies*, 2(2), 261~280.

Hester, J. B. & Gibson, R. (2003), The economy and second-level agenda setting: A time-series analysis of economic news and public opinion about the economy, *Journalism and Mass Communication Quarterly*, 80(1), 73~90.

Himelboim, I. (2010), The international network structure of news media: An analysis of hyperlinks usage in news web sites, *Journal of Broadcasting & Electronic Media*, 54(3), 373~390.

Kalyango, Jr., Y. (2011), Critical discourse analysis of CNN international's coverage of Africa, *Journal of Broadcasting & Electronic Media*, 55(2), 160~179.

Kim, K. & Barnett, G. A. (1996), The determinants of international news flow: A network analysis, *Communication Research*, 23(3), 323~352.

Kiousis, S. (2004), Explicating media salience: A factor analysis of New York Times issue coverage during the 2000 U. S. presidential election, *Journal of Communication*, Mar, 71~87.

McNelly, J. T. & Izcaray, F. (1986), International news exposure and images of nations, *Journalism Quarterly*, 63(3), 546~553.

Miller, J. M. (2007), Examining the mediators of agenda setting: A new experimental paradigm reveals the role of emotions, *Political Psychology*, 28(6), 689~717.

Perry, D. K. (1990), News reading, knowledge about, and attitudes toward foreign countries, *Journalism Quarterly*, 67(2), 353~358.

Peterson, S. (1981), International news selection by the elite press: A case study, *Public Opinion Quarterly*, 45, 143~163.

Riffe, D., Lacy, S., & Fico, F. G. (1998), *Analyzing Media Messages*, 배현석 역 (2001), 《미디어 내용 분석 방법론》, 서울: 커뮤니케이션북스.

Sande, O. (1971), The perception of foreign news, *Journal of Peace Research*, 8(3/4), 221~237.

Severin, W. J. & Tankard, J. W. (2001), *Communication Theories: Origins, Methods, and Uses in Mass Media*, 박천일 · 강형철 · 안민호 공역 (2005), 《커뮤니케이션이론》, 서울: 나남.

Smith, R. F. (1969), On the structure of foreign news: A comparison of the New York Times and the Indian White Papers, *Journal of Peace Research*, 6(1), 23~36.

Soroka, S. N. (2002), Issue attributes and agenda-setting by media, the public, and policymakers in Canada, *International Journal of Public Opinion Research*, 14(3), 264~285.

Sumpter, R. S. & Braddock, M. A. (2002), Source use in a "news disaster" account: A content analysis of voter news service stories, *Journalism and Mass Communication Quarterly*, 79(3), 539~558.

Tai, Z. (2000), Media of the world and world of the media: A cross-national study of the rankings of the 'Top 10 World Events' from 1988 to 1998, *International Communication Gazette*, 62(5), 331~353.

Thussu, D. K. (2006), *International Communication*(2nd), 배현석 역 (2009), 《국제 커뮤니케이션》, 파주: 한울 아카데미.

Wu, H. D. (2003), Homogeneity around the world?: Comparing the systemic determinants of international news flow between developed and developing countries, *International Communication Gazette*, 65(1), 9~24.

두피디아 (2012. 6. 15), 대륙, http://www.doopedia.co.kr/doopedia/master/master.do?_method=view&MAS_IDX=101013000835002

_____ (2013. 1. 11), 아시아, http://www.doopedia.co.kr/doopedia/master/master.do?_method=view&MAS_IDX=101013000850486

_____ (2013. 1. 12), 유럽, http://www.doopedia.co.kr/doopedia/master/master.do?_method=view&MAS_IDX=101013000729548

아이서퍼(http://www.eyesurfer.com/)

한국무역협회 (2012. 7. 12), 대륙/경제권별 수출입, http://stat.kita.net/top/state/n_submain_stat_kita.jsp?menuId=01&subUrl=n_default-test_kita.jsp?lang_gbn=kor^statid=kts&top_menu_id=db11

4

1995년 북한 기아에 대한
〈뉴욕타임스〉와 〈워싱턴포스트〉의 보도 분석
허먼과 촘스키의 프로파간다 모델을 중심으로

심 훈

이 장은 〈뉴욕타임스〉와 〈워싱턴포스트〉가 지난 1995년의 북한 기아를
어떻게 이념적으로 채색, 보도했는가에 관한 분석이다. 허먼과 촘스키
의 프로파간다 모델에 근거해 필자는 미국과 적대관계에 있는 공산국가
에서 발생하는 '자연재해'가 미국 언론의 정치적·자본주의적 이데올로
기로부터 자유롭지 못하다는 전제하에 6년간에 걸쳐 〈뉴욕타임스〉와
〈워싱턴포스트〉의 북한 기아 뉴스를 조사했다. 그리고 내용분석과 함
께 텍스트 분석을 통해 '표상', '묘사', 그리고 '정치적 담론' 등 3가지 차
원에서 이들 신문의 보도 특성을 해부했다.

분석 결과, 미국의 엘리트 언론이 북한의, 그리고 북한을 위한 목소리
를 전달하는 데 매우 인색했던 반면 정부 소식통과 대북 정책의 강경한
목소리를 가급적 기사 전면에 배치함으로써 철저히 정치적·이념적 시
각에서 자연재해를 취재, 보도, 재구성한 것으로 나타났다. 이와 함께
초기의 '위기 중심적 보도'에서 이후 '북한 때리기', '피해자 비난하기' 등
의 의제로 뉴스 틀짓기를 끊임없이 변화시키면서 북한 정권 자체의 상황
및 행위 등에 보도 초점을 맞춤으로써 결과적으로 굶주린 북한 주민들은

뉴스에서 '다룰 가치가 없는 희생자'들로 격하시킨 것으로 조사되었다. 그러나 텍스트 분석 결과 이념적 편향성을 노정하는데 있어 두 신문은 서로 다른 방식으로 사건 전달에 접근한 것으로 밝혀졌다. 전반적으로 〈뉴욕타임스〉는 일반적 뉴스 기사에 이념적 가치를 싣는 것을 선호했으며, 〈워싱턴포스트〉는 독자편지, 기고문, 논평과 사설 등의 의견란을 적극 활용하는 우회적 전략으로 정치적 입지를 드러냈다.

1. 여는 글

지난 1995년 여름 몇 차례의 대홍수가 북한 전역을 휩쓸었다. 그 해 여름의 예기치 못했던 자연재해는 북한 지역 대부분의 곡창지대를 초토화하며 가을철 수확물을 강타했다. 순식간에 1백만 톤 이상의 곡물을 쓸어가 버린 것으로 추정된 그 해의 홍수는 한국 역사상 1백년 만에 최대 규모였던 것으로 알려졌다(Park, 1997). 가뜩이나 취약하던 북한의 식량 구조는 이 재앙으로 말미암아 결정적 타격을 입었다. 때문에 지난 1947년 '조선민주주의인민공화국'라는 이름 아래 건국 반세기 이상을 서방 세계와의 교류를 단절한 채 독자 생존을 영위했던 북한은 마침내 전 세계에 식량, 의약품 및 유실된 철도와 도로 복구 등을 위한 구조를 요청하기에 이르렀다.

미국 국민들에게 제 3세계의 재해는 더 이상 눈길을 끄는 뉴스가 아님에도 불구하고 북한의 기아는 지난 1990년대의 미국 언론에서 가장 주목받는 국제뉴스 가운데 하나였다. 이는 지난 수십 년간 대부분의 세계로부터 단절된 고립국가였던 북한으로부터의 구호 요청이 한반도에서의 '제 2의 베를린 장벽 붕괴'를 고대했던 미국 언론에게 이례적이면서도 홍미진진한 뉴스 소재임에 분명했기 때문이다(Jordan, 1996a).

이 장은 허먼과 촘스키(Herman & Chomsky, 1988)가 그들의 저서 *Manufacturing Consent*에서 제시했던 프로파간다 모델 분석에 의거, 미국 언론이 자연재해 보도에 대한 인도주의적 초점을 흐림으로써 결과적으로 굶주린 북한 주민들을 뉴스에서 다룰 가치가 없는 희생자들(*unworthy victims*)로 격하했다는 증거를 제시하고자 한다. 미국 언론에게 북한 기아 보도의 주된 관심은 주민보다 정권에 맞춰졌으며, 취재 대상 역시 기아 그 자체보다 기아가 야기한 북한 내부의 혼란과 모순, 부조리로 집중되는 경향을 보였다. 결론적으로 미국 언론은 이 문제를 '정치적 기아'(*political famine*)에서 비롯된 현상으로 쟁점화했으며, 뉴스 전반에 걸쳐 반공산주의적 합의를 도출하기 위한 보도 자세를 견지한 것으로 분석되었다. 실제로 북한의 기근은 그 규모가 지난 1980년대 중반과 1990년대 초반 에티오피아와 소말리아에서 각각 발생했던 재앙에 필적한 것으로 알려졌다(Yamamori, 1997). 그럼에도 불구하고 미국 언론은 이 문제를 다루는 데 동정적 · 인도주의적인 시각의 개입을 차단한 한편 지극히 제한된 범위 내의 이념적 뉴스를 전달하는 보도 양태를 보였다.

흔히 제3세계에 대한 미국 언론의 뉴스는 그들의 이데올로기적 편향을 가늠하는 척도로 비유되곤 한다(Parenti, 1995). 이와 관련해 수많은 학술논문이 미국 언론의 국제뉴스가 다분히 정치적 편견 아래 제작됨을 증명한다(Dahlgrean & Chakrapani, 1982). 때문에 해당 국가에서 발생하는 정변 또는 재해 역시 미국 언론의 간판 슬로건인 '중립적 보도'의 대상에서 제외되는 경우가 빈번하다는 것이 여러 학자들의 공통된 연구 결과이다(Dickson, 1992; Entman, 1991; Keshishian, 1997).

이러한 현상에 대한 원인으로 정치경제학적 접근은 시간이 흐를수록 지배계급의 이해에 더욱 종속 또는 유착되는 미디어의 내재적 특성을 자주 언급하곤 한다(Murdock, 1989). 지배계급의 이념적 이해를 지지하기 위해 언론은 일련의 뉴스 제작 과정을 통해(*gatekeeping, filtering*) 신중히 뉴스를 거르고 파워엘리트들의 중심적 가치에 맞게 현실을 재구성한다는 것이다(*framing, agenda-building*).

필자는 자연재해에 대한 미국 언론의 보도 행태 또한 이와 같은 이데올로기적 통제로부터 예외가 아님을 상기시키고자 한다. 대체적으로 자연재해에 대한 뉴스보도는 '자연재해의 비정치성'(Keshishian, 1997: 332)으로 인해 뉴스 제작자와 독자/시청자의 동정심을 유발하기 마련이다(Moeller, 1998). 그러나 북한의 경우 기아 문제는 정치적 의제로부터 분리된 채 독립적으로 취급된 적이 없으며, 미국 언론에 의해 인도주의적이라기보다 이념적 렌즈로 투영되었다.

이러한 의제를 전개하기 위해 필자는 북한의 기아를 정치적 기근으로 구축, 보도하기 위해 활용되었던 미국 언론 보도의 틀짓기 유형과 보도언어 등에 관해 논의할 것이다. 이에 따라 우선 제3세계에 대한 미국 언론의 보도를 연구한 논문에 대해 간략히 살펴본 후 '표상'과 '묘사', '정치적 담론' 등의 3가지 차원에서 이념편향적 보도가 어떤 식으로 치밀하게 이루어지는가를 살펴보고자 한다.

2. 제3세계, 미국 언론과 프로파간다 모델

커뮤니케이션을 중심으로 한 정치경제학자는 언론이 외부의 압력으로부터 독립적이며 진실을 보도하기 위해 헌신한다는 미디어 종사자의 주장을 단호히 부정한다(Curran, Gurevitch, & Woollacott, 1982; Garnham, 1979). 대신 이들은 매스미디어가 지배적 이데올로기를 강화하고 유지하는 차원에서 뉴스를 생산, 조정, 전달한다고 믿는다. 사실 정치경제학적 접근의 주된 사상적 배경은 커뮤니케이션 산물이 자본주의적 생산 양식에 따른 하나의 상품이라는 맑스주의적 사고에 기초한다(이효성, 1991). 이와 함께 정치경제학적 시각은 커뮤니케이션 상품에 내재된 사상이나 가치 등에 깊은 관심을 나타내며 이에 대한 분석을 통해 커뮤니케이션의 이데올로기적·문화적 체계를 파악하고자 노력한다(Murdock, 1989).

전통적인 영국의 커뮤니케이션 정치경제학자가 미디어의 소유·통제, 시장 구조 등에 주된 관심사를 보인 반면(Murdock & Golding, 1974; Murdock & Golding, 1979), 미국의 유관 언론 학자는 정치경제학적 접근에서 미디어의 메시지에 내재된 이념적 내용을 연구, 분석하는 데 더 역점을 둔다. 예를 들어 진보적 언론학자인 할린(Hallin, 1987)은 미국의 언론이 한국전쟁, 베트남 전쟁, 이라크 전쟁 등의 전쟁보도를 통해 지배계급의 정치적 이념을 확산시킨 과정을 상세히 추적한다. 1960년대 후반 학생운동에 관한 연구로 자주 인용되는 *The Whole World is Watching*의 저자 기틀린(Gitlin, 1980) 역시 지배적 자본주의 이념 형성을 위한 중요한 사회 권력으로서의 미국 언론이 '이데올로기의 확산을 위한 핵심적 체계'로서의 역할을 견지한다고 주장한다.

이데올로기 재생산이라는 차원에서 미국 언론의 정치경제학적 보도는 공산국가에 대한 뉴스에서 더욱 명백하고 광범위하게 드러난다. 예를 들어, 허먼과 촘스키(Herman & Chomsky, 1988)는 캄보디아와 동티모르 학살 사건에 대한 미국 언론의 상반된 보도 태도를 집중적으로 꼬집는다. 이들에 따르면 미국 언론은 공산국가인 캄보디아의 학살을 대대적으로 보도했던 반면 우방국인 인도네시아가 자행한 동티모르 학살은 철저히 묵과했다. 중국과 한국에서 일어났던 민주화운동에 대한 김성태

(Kim, 2000)의 연구 역시 미국 언론이 일방적 시각으로 정부의 해외 정책을 충실히 반영하는 보도 행태를 취한다는 주장을 뒷받침한다. 김성태에 따르면 중국의 톈안먼 사태와 한국의 광주민주화운동이 놀라우리만치 유사한 성격의 정치적 운동이었던데 반해 미국 언론은 중국의 톈안먼 사태만 집중적으로 다뤘을 뿐 광주민주화운동은 거의 취급하지 않았던 것으로 분석되었다. 마찬가지로 엔트만(Entman, 1991)의 연구도 미국 언론의 국제 보도가 지배계층의 이념을 전달한다는 비판이론적 주장을 지지한다. 엔트만은 대한항공기와 이란 항공기의 피격 사건을 분석한 결과, 미국 언론이 구소련의 대한항공기 격추를 '도덕적 폭거'(moral outrage)로 규정한 데 반해, 미국의 이란 항공기 격침은 기술적 문제로 격하하는 이중성을 보였다고 지적했다.

자연재해도 정치경제학적 보도 행태에서 결코 예외가 될 수 없다는 것이 필자의 시각이다. 차이점이 있다면 학살이나 폭동, 반란 등과 달리 자연재해의 경우에는 공산국가의 희생자가 미국 언론의 이목을 거의 받지 않는다는 사실이다. 일례로 아프리카에서 가장 가난한 공산국가인 에티오피아에서 1984년에 발생한 대규모 기근은 한 카메라 기자의 생생한 취재가 영국 BBC에 방영되기 전까지는 미국 언론의 이목을 끌지 못했다(Philo, 1993). 비슷한 시기의 이란과 아르메니아의 지진에 대한 미국 언론의 보도 역시 미국과 양 국가 간의 역학관계에 따라 지극히 편향적으로 이루어졌다는 분석 결과도 발표되었다(Keshishian, 1997). 케쉬쉬안에 따르면 1988년의 아르메니아 지진과 1990년의 이란 지진을 보도하는 데 〈뉴욕타임스〉와 〈워싱턴포스트〉는 대규모의 지진 피해를 당한 이란보다 그 피해 규모가 이란의 절반도 안 되었던 아르메니아 지진에 더욱 동정적인 뉴스 기사를 내보낸 것으로 조사됐다. 소련의 일원이었던 아르메니아는 미국과 소련의 관계가 급속도로 가까워지던 당시의 국제 상황에 대한 반사이익으로 미국 언론의 인도적이면서도 심층적인 눈길을 받은 데 반해 외교적으로 미국과 매우 적대 관계를 유지하는 이란의 재해는 그다지 관심을 끌지 못했다는 것이 그의 분석이다.

이와 같은 관점에서 허먼과 촘스키(1988)가 저서 *Manufacturing Consent*에서 논하는 프로파간다 모델과 '가치적/무가치적 희생자'의 이분법적 개념은 이 장의 전개에 핵심적 근간을 제공한다. 허먼과 촘스키에 따르면 정치경제학적으로 지배계층에 예속된 미디어는 기본적으로 지배계층의 이념을 생산, 전파하는 선전기구의 역할을 담당한다. 프로파간다 모델에서 미디어는 '소유권', '광고 수익', '출입처 의존도', '반공주의', '미디어 비평' 등과 같은 5가지의 여과장치를 통해 의도적으로 뉴스를 걸러낸다고 본다. 이 같은 과정을 거쳐 미디어는 지배적 이념을 강화하는 한편 이를 유지하기 위한 프로파간다 캠페인을 활성화한다는 것이다.

이 장에서는 북한 기아에 대한 미국 언론의 보도 양태와 관련, 프로파간다 모델의 5가지 필터들 가운데 연구 주제와 직접적 관련이 있는 '출입처 의존도', '반공산주의' 그리고 '미디어 비평' 등 3가지 여과장치의 작동 과정 등을 집중적으로 살펴볼 것이다. 이와 함께 미국의 정책 목표에 희생자 사례가 얼마만큼 유용하게 활용될 수 있는가에 따라 미국 언론이 결정하는 '가치적/비가치적' 희생자의 이분법적 구분이 북한 주민들의 경우 어떻게 적용되는지 여부도 분석할 것이다. 허먼과 촘스키(Herman & Chomsky, 1988)에 따르면 언론에서 다룰 가치가 있다고 판정되는 희생자는 동정적 시각에서 생생하고 반복적으로 다뤄지는 반면 그다지 가치가 높지 않은 희생자는 거의 주목을 받지 못하는 것으로 나타났다. 또한 이들 두 학자가 제시했던 위 개념에 대한 유용성을, 미국에 적대적인 공산국가에서 발생한 자연재해에 대한 미국 언론의 보도 행태를 분석함으로써 검증하고자 한다. 이는 허먼과 촘스키의 연구를 비롯해 수많은 관련 논문이 적성/우방국가의 '폭력'이라는 주제에 집중된 까닭에 적성국가에서의 자연재해와 그 피해자에 대한 보도 분석에 대해서는 알려진 바가 별반 없기 때문이다.

그러나 허먼과 촘스키의 이분법적 분류에 따른 일반적 인식과 달리 필자는 적성국가에서의 자연재해 피해자가 이들 국가에서의 폭력에 의해 발생한 희생자와는 달리 미국 언론으로부터 그다지 주목을 끌지 못할 것으로 예상된다. 다시 말해 미국 언론은 이념적 측면에서 활용 가치가 떨어지는 희생자에 대한 보도를 축소 또는 무시하는 방식으로 자연재해에 접근한다는 것이 필자의 가설이다. 이는 인도주의적 보도가 자본주의 및 미국 중심주의적 뉴스 가치를 최고 보도기준으로 삼는 미국 언론의 내재적 본질과 필연적으로 상충할 수밖에 없다는 정치경제학적 가정을 근거로 한다. 필로(Philo, 1993)와 케쉬쉬안(Keshishian, 1997)의 연구는 이같은 맥락에서 천재지변의 비극과 진행 상황이 미디어의 이념적 노정에 따라 편향적으로 중계-보도된다는 실증적 예를 제공한다.

3. 방법

이 장은 자연재해에 대한 미국 언론의 '텍스트 분석'에 관심을 기울이고자 한다. 이는 저널리즘에서 이데올로기적 보도와 관련된 대부분 최신 연구가 계량분석의 일종인 내용분석(*content analysis*)에 주로 의존했기 때문이다. 그 예로 구티에레즈 빌라로보스, 헤르토그, 러쉬(Gutierrez-Villalobos, Hertog, Rush, 1994)는 미국의 파나마 침공에 대한 미국 언론의 전략, 전술적 논평들을 수치화해 그 데이터를 발표한 바 있다. 케쉬

110

쉬안(Keshishian, 1997)은 지진에 대한 동정적 보도를 비교, 그 누계를 분석했으며, 김성태(Kim, 2000)는 뉴스 정보원의 유형과 성향을 계량화했다. 반면 머민(Mermin, 1996)은 텍스트 분석을 방법론으로 활용했으나 연구 소재는 이념적 보도 성향이 보다 극명히 드러나는 전쟁 기사다.

일반적으로 텍스트 분석은 '미디어가 전달하는 내용 및 형태의 문화적·이념적 가정들에 집중된 텍스트를 질적으로 읽어내는 분석'으로 알려져 있다(Fûrsich & Robin, 2002: 194). 사실 필자는 내용분석에서 계량 가능한 범주의 항목이 기사 사이사이에 녹아 있는 이념적 편견을 샅샅이 밝히는 데 다소 무리가 있다고 본다. 따라서 텍스트 안에 내재된 '의미'와 '문맥적 코드'라는 이슈를 기준으로 미국 언론의 보도 행태를 해부하고자 한다. 실제로 언론사회학자인 리스(Reese, 1990)가 밝힌 것처럼 단어와 구절의 유사한 배열 또는 결합을 추적하는 내용분석이 텍스트 안에 내재하는 이념을 발견하는 데는 분명 어느 정도의 한계가 있게 마련이다. 따라서 정치경제학적 이데올로기같이 추상적이면서도 꼬집어 밝히기 힘든 성질의 연구과제를 분석하기 위해서는 때로 텍스트 분석처럼 단어와 문맥, 문장과 글의 흐름 등을 언어학적 측면에서 파고드는 방법이 필요한 것이 사실이다.

이 장은 두 고급 정론지인 〈뉴욕타임스〉와 〈워싱턴포스트〉를 연구 대상으로 선정했다. 이들 두 신문이 특히 국제뉴스와 관련, 대중과 정부의 의사 결정에 미치는 영향력과 위상 등이 여타 인쇄매체에 비해 월등하다는 점은 주지의 사실이다. 분석 시기는 〈뉴욕타임스〉에 북한의 재해와 관련한 첫 기사가 발행됐던 지난 1995년 6월 22일부터 마지막 데이터 수집이 끝난 2001년 8월 24일까지의 6년 2개월간이다. 데이터는 '북한 기아'[1]라는 주제와 관련된 모든 신문 기사를 모집단으로, 렉서스-넥서스(Lexis-Nexis)라는 뉴스 데이터베이스를 통해 검색했다. 사진과 그래프

등의 시각정보는 수집 대상에서 제외했다. 분석 기간 동안 수집된 기사의 총 건수는 131개였으며,[2] 유형별로는 스트레이트 뉴스(84.5%), 사설(6.7%), 특집기사(6.7%), 기고문(2.1%) 등의 순으로 나타났다.

수집된 데이터 분석에서 필자는 텍스트 분석 이외에 내용분석도 병행해 사용했다. 비록 텍스트 분석이 이 장의 주된 방법임엔 틀림이 없으나 내용분석 또한 텍스트 분석으로는 밝히기 힘든 사실들을 일목요연하게 유형별로 펼쳐 보일 수 있다는 장점이 있기 때문이다. 예를 들어 내용분석은 정보원의 종류별 빈도 및 속성 등을 계량화해 한눈에 파악하는데 매우 유용한 역할을 했다. 이럴 경우 텍스트 분석은 정보원 각각의 목소리에 담긴 의미와 맥락을 세부적으로 파악하기 위해 이용되었다. 그러나 이 장은 텍스트 분석의 활용에서 문법과 어휘, 배열 등과 같이 세세한 면보다는 단어와 의미 등과 같은 좀더 거시적인 측면을 살펴보는 데 더욱 많은 시간을 할애했다.

이와 같은 두 가지 분석을 통해, 필자는 미국 언론에 투영된 북한의 기아 문제를 3가지 측면, 즉 '표상'과 '묘사', '정치적 담론' 등의 차원에서 다뤘다. 사실 텍스트 분석 방법은 매우 광범위할 뿐만 아니라 연구 목적에 따라 다양하게 변형해 사용되는 것이 사실이다. 이 장에서는 텍스트 분석의 방법에 대해 교과서적 지침을 안내하는 페어클로(Fairclough, 1995)의 *Media Discourse*라는 책에서 그 방법론을 차용했음을 밝히고자

---

1 북한의 경우 스커드미사일 판매, 핵 개발, 평화회담 등 여러 가지 이슈가 동시에 걸린 경우가 많아 북한에 대한 신문 기사도 여러 가지 의제가 함께 인쇄되는 경우가 많았다. 이 장에서는 뉴스 제목과 기사 초반의 리드 기사가 북한 기아, 식량 지원, 홍수 등에 관한 내용인 경우를 대상으로 연구 표본을 수집했다.

2 연구 분석 기간 중 〈뉴욕타임스〉에서는 47개의 북한 기아 뉴스가 검색된 데 반해 〈워싱턴포스트〉에서는 〈뉴욕타임스〉의 배에 가까운 84개가 검색됐다.

한다. 페어클로는 그의 책에서 미디어의 담론을 분석하는 데 '표상', '정체성', '사회적 관계' 및 '정치적 담론'을 대표적 방법으로 제시하며 그 실천 방안을 세세히 서술한다. 그러나 이 장에서는 '정체성'을 연구 목적에 맞춰 '묘사'로 대체했으며, '사회적 관계' ― 페어클로는 주로 TV 토크쇼에서 나타나는 진행자와 시청자의 사회적 관계를 담론분석의 한 방법으로 다룬다 ― 는 분석 매체의 특성상 이 장의 방법론에서 제외했다.

그리고 '표상'과 관련, 북한 기아 문제를 둘러싼 중심/주변적 목소리의 특성에 대해 살펴보고자 한다. 여기에서 던질 질문은 "어느 목소리가 북한 기아 문제를 전달하는 데 주도적 역할을 했는가?"라는 것이다. 이와 함께 소외된 목소리가 있다면 어떻게 차별적으로 보도되었는지에 대한 분석도 병행된다. '묘사'의 경우에는 미국 언론이 전파했던 북한과 북한 정부의 이미지에 대해 자세히 알아보고자 한다. 따라서 "어느 종류의 이미지들이 어떻게 창조, 투영되었는가?"에 대한 질문을 제기하고 그에 대한 답을 찾고자 한다. 마지막으로 지배적 이데올로기의 조율 및 개입과 관련해 "어떤 정치적 담론이 어떠한 방식으로 구축되는가?"에 대한 질문과 분석이 병행될 것이다.

4. 표 상

〈뉴욕타임스〉와 〈워싱턴포스트〉의 북한 기아 보도 분석에서 드러난 첫 번째 사실은 해당 언론사 지면에서 북한 정부와 인도주의 단체가 철저히 소외되었다는 점이다. 확실히 기사를 내보내는 데 이들에게 매우 좁은 지면과 적은 기회를 허용했다. 〈표 4-1〉에서 나타난 바와 같이 두 신문의 주된 기사 정보원은 미국, UN, 우리나라 등 세 곳에 집중된 것으로 나타났다. 반면, 북한 당국 등에서 흘러나온 정보는 취재기자로부터 별 주목을 받지 못했다. 〈워싱턴포스트〉의 경우 오직 5.4%의 정보만이 북한 정부로부터 인용되었으며, 〈뉴욕타임스〉는 그 정도가 더욱 심해 2.9%에 불과했다. 북한 당국이 의도적으로 공식 접촉을 회피했는지 또는 두 신문이 북한으로부터 나온 인용구를 의도적으로 누락했는지는 명확하지 않다. 하지만 UN과 함께 중국이나 일본 같은 여타 주변국에서 이용 가능한 다수의 북한 정보원들을 고려할 때 그 수치가 매우 낮은 것임에는 틀림없다.

미국발 정보원의 경우를 좀더 자세히 보면 정부를 제외하고 정치인 (32.9%)이 최대의 정보원을 구성했으며, 전문가 집단(21.4%)이 그 뒤를 이었다. 반면, 사설·종교 구호단체 등(14.3%)은 인용에서 빈도수가 가장 낮은 것으로 조사되었다. 이와 함께 북한 주민에게 동정적 의견이나 태도 역시 거의 나타나지 않았던 것으로 분석되었다. 예를 들어 '더

표 4-1 정보원의 유형별 빈도: 1995-2001

정보원 유형	〈워싱턴포스트〉		〈뉴욕타임스〉	
	건수	%	건수	%
미국 행정 관료	83	22.5	38	22.1
기타 미국 정보원	53	14.4	18	11.6
UN	49	13.3	39	22.7
한국 행정 관료	7	7.3	13	7.6
기타 한국 정보원	20	5.4	16	9.3
북한 행정 관료	20	5.4	5	2.9
기타 북한 정보원	24	6.5	4	2.3
일본	21	5.7	6	3.5
기타	72	19.5	31	18.0
총계	369	100.0	170	100.0

욱 많은 원조를 원하는'[3] 지미 카터(Jimmy Carter) 전 미국 대통령 같이 대북 원조에서 호의적인 인물을 단 한 번도 인터뷰한 적이 없었던 것으로 드러났다(Jordan & Sullivan, 1996). 대신 〈워싱턴포스트〉의 경우 로버트 돌(Robert Dole) 같이 클린턴 행정부의 대북정책을 유약하다고 줄기차게 비판한 공화당의 매파 인물들에게 많은 지면을 할애했다. 때문에 북한 기아와 관련한 〈뉴욕타임스〉와 〈워싱턴포스트〉의 기사에는 출입처를 중심으로 매우 제한적이고 한정적인 목소리만이 인쇄, 전파된 것으로 분석되었다.

북한 기아 보도에서 간과할 수 없는 또 하나의 사실은 바로 북한 정부로부터 나온 인터뷰와 인용의 '시의성' 및 '속성'을 꼽을 수 있다. 시의성이 기아 보도에서 북한 정부에 대한 미국 언론의 배제 방식을 잘 보여준다면, 속성은 미국 언론이 어떠한 방식으로 북한의 반응을 선택, 보도했는지를 잘 나타낸다. 예를 들면 〈뉴욕타임스〉에 나왔던 북한 정부의 다음 인용을 보자.

왜 UN의 구호 제의를 거절했는지에 대한 이유를 설명하면서 백 씨는 "적대적 요소들" 특히 남한이 구호 요청을 정치적 문제와 연결시키려 했기 때문이라고 말했다. 그는 북한 당국은 적들이 구호 활동을 사찰 및 기타 다른 정치적 목적의 전초전으로 이용하려는 것에 대해 우려한다고 말했다(4/02/96, Sec. A: 4).

데이터 분석 결과에 따르면 〈뉴욕타임스〉는 북한 기아와 관련된 첫 보도를 내보낸 9달 뒤에서야 처음으로 북한 관리의 이야기를 신문에 내보냈다. 더욱 놀라운 사실은 이 기사에서도 단지 두 단어, '적대적 요소들'

---

3 〈워싱턴포스트〉는 지미 카터 전 미국 대통령을 이렇게 지칭했다.

이라는 단어만이 직접 인용됐다는 것이다. 미디어 텍스트에서 담론의 대표성을 논의할 때 직접 인용을 간접 인용으로 바꾸는 과정은 상징적 의미를 함축한다. 만약 인터뷰된 내용이 직접 인용되지 않고 간접 인용으로 언급될 경우 실제로 행해진 말이 취재기자 또는 데스크의 편집 속에 '대표적 담론으로 통합되는' 경향이 농후하기 때문이다(Fairclough, 1995: 81).

〈워싱턴포스트〉도 북한 정부를 대하는 데 〈뉴욕타임스〉와 대동소이한 행보를 보였다. 〈뉴욕타임스〉보다는 빠르게 북한 정부의 입장을 보도했음에도 불구하고 〈워싱턴포스트〉 역시 첫 보도 이후 두 달이 지나서야 북한 정부의 반응을 처음으로 언급했다. 그러나 〈워싱턴포스트〉는 북한 관리의 인터뷰 내용을 실으면서 〈뉴욕타임스〉와 마찬가지로 기아 문제에 대한 언급은 누락했다.

> 평양은 인도주의적 지원의 결여에 대해 분노를 표시했다. 지난 주, 북한 외무부의 한 관리는 "만약 적대적 요소가 계속해서 인도주의적인 도움을 막으려는 시도와 함께 (이 문제의) 정치화를 꾀한다면 우리는 더 이상 이른바 '도움'으로 일컬어지는 것에 대한 희망에 기대지 않을뿐더러 우리만의 길을 나아갈 것이다"라며 자신이 말한 바가 무엇을 의미하는지 명확히 하지 않은 채 이같이 밝혔다(1/27/96: 18).

신문에 나타난 인터뷰 당사자의 인용문을 분석하는 것은 연구자로 하여금 취재원과 기자의 관계를 파악하는 단초를 제공한다. 이는 많은 경우 기자가 정보원을 통해 자신이 표명하고자 하는 것을 기사화하기 때문이다(Reese, 1990). 신문지상에 찍히는 인용이 대부분 기자수첩의 수많은 취재 내용 가운데 여과·선택된다는 사실을 감안하면 최초의 인용이 지니는 의미는 더욱 중요하다고 볼 수 있다. 이 같은 맥락에서 볼 때 활자화된 인용은 종종 해당 기사에 내재된 이데올로기를 부지불식간에 반영하곤 한다.

명백히 〈뉴욕타임스〉와 〈워싱턴포스트〉에 인쇄된 북한 당국의 직접적 반응은 신중하게 취사선택된 것들이었다. 북한 당국으로부터 흘러나온 최초의 인용문에는 북한 기아에 대한 언급이 전혀 없었다. 대신 이들 인용문은 대부분 지속적이고 반복적으로 서방에 대한 북한 당국의 비우호적인 태도와 정서를 드러내곤 했다. 이 같은 관점에서 볼 때 인터뷰 당사자에게 던져졌으리라고 예상되는 질문은 북한의 정치적 불편함을 부각시키기 위해 의도된 것으로 해석될 수 있다. 의심할 여지없이 이 같은 인용은 원조에 대한 일말의 감사함도 없는 북한을 '불만에 가득 차 불평만 해대는 까다로운 재해국'으로 인식시키도록 몰고 가는 데 일조했다.

인용의 속성과 함께 또 하나의 논쟁점은 바로 인용의 위치 문제를 들 수 있다. 모든 보도에 걸쳐 〈뉴욕타임스〉와 〈워싱턴포스트〉는 북한 정부의 이야기를 결코 기사의 첫머리나 앞부분에 배치한 적이 거의 없었다. 많지 않은 기회에도 불구하고 북한의 반응은 언제나 기사의 중간, 뒷부분 또는 맨 끄트머리에 있곤 했다. 데이터 분석 자료에 따르면, 총 25건의 북한 당국 인터뷰 기사 가운데 단 한 건만이 서두에 배치됐으며, 15건은 중간, 나머지 9건이 기사의 후반부에 배치된 것으로 나타났다. 북한 당국은 말할 기회는 물론 시의성, 배치 순서 등 모든 면에서 일방적으로 불리한 상황으로 내몰렸다. 따라서 독자가 어렵게 북한 당국의 반응을 접할 수 있었다면 그것은 이미 때늦은 인터뷰일 뿐만 아니라 내용면에서는 신경질적이며 대부분 기사의 중간 이후에 있다는 것을 뜻했다.

5. 묘사

미국 언론 보도의 두 번째 특징은 북한과 북한 정부에 대한 부정적 묘사로 귀결된다. 반공산주의적 기치하에 미국 언론은 기력이 약해졌지만 여전히 '사악한' 북한의 상황을 집중 조명했다. 기사 전반에 걸쳐 3가지의 대표적인 틀짓기 보도인 '위기 중심적 보도', '북한 때리기', '피해자 비난하기'가 검색되었다. 이 같은 틀짓기 보도는 식량 지원에 대한 깊이 있는 논의를 희석시키며 인도주의적 관심을 분산시키는 역할을 했다. 때로는 함께, 때로는 따로 등장했던 앞의 틀짓기 보도 행태들은 결과적으로 북한 기아 문제를 선정적이면서 흥미진진한 오락 뉴스로 격하시켰다.

1) 위기 중심적 보도

라슨(Larson, 1983)은 남아메리카, 남아시아, 동유럽과 아프리카의 경우 TV 뉴스에서 위기 관련 사건을 제외한 보도는 거의 방송을 타지 못한다고 분석한 바 있다. 유사하게 위버와 윌호이트(Weaver & Wilhoit, 1981)도 개도국에서의 뉴스는 선진국들의 뉴스와 달리 '정치적 폭력, 내란, 무장 충돌' 등에 집중된다는 결과를 발표했다.

북한 기아에 대한 최초의 뉴스 가치는 제3세계에 대한 미국 언론의 전통적인 보도 규범을 특징짓는 '위기 중심적' 틀짓기에서 비롯되었다. 초기부터 〈뉴욕타임스〉와 〈워싱턴포스트〉는 군부의 급작스런 붕괴나 제2의 한국전과 같은 혼돈적 상황이 북한에서 발생할 수 있음을 집중적으로 다뤘다. 예를 들어 〈뉴욕타임스〉는 북한 기아에 대한 두 번째 기사에서 극히 이례적으로 한국의 한 신문 기사를 그대로 인용하며 "중국의 지도자들은 기근과 함께 여타 경제적 어려움들이 북한으로 하여금 잠재적인 불안을 제거한다는 차원에서 남한과의 또 다른 전쟁을 준비토록 자극한다고 생각한다"(12/14/95, A19)고 전했다. 2주 뒤 〈뉴욕타임스〉의 또 다른 사설은 북한의 식량 부족이 "폭력적인 정치 혼란을 가져올 수 있음"(12/30/95, Sec. 1: 26)을 강하게 지적했다. 〈뉴욕타임스〉에 의한 북한의 상황은 이듬해에 더욱 악화됐다. "북한에 있어 진짜 위협은 총체적 붕괴"라는 제목의 기사에서 〈뉴욕타임스〉의 시올리노(Sciolino, 1996)는 북한의 붕괴를 매우 현실적인 시나리오로 내다보았다. 기사에서 그는 북한 정권의 붕괴 가능성에 대한 미 당국의 고뇌를 기정사실화하며 다음과 같이 기술했다.

> 미국 정부가 북한이 경제적으로 많은 문제점을 지녀 자칫 스스로 붕괴하기 쉽다는 남다른 고민에 휩싸였다. 위협을 제거하기보다 북한이 갑작스럽게 붕괴한다면 내부적 혼란과 함께 피난민들의 홍수, 그리고 만일 상황이 더욱 악화된다면 한국전까지도 발발할 가능성이 있다(2/18, Sec. 4: 5).

마찬가지로 〈워싱턴포스트〉도 〈뉴욕타임스〉와 비슷한 양상의 보도 행태를 보여주었다. 1995년 12월에 〈워싱턴포스트〉는 "북한 전역에 식량 부족 경계 경보, 남침의 촉매제가 될 굶주림이 무섭다"라는 제목의 기사를 내보냈다(Sullivan, 1995). 이 기사에서 〈워싱턴포스트〉는 "북한에서 예측 가능한 유일한 일은 북한이 예측 불가능하다는 사실"이라며 북한의 상황이 한치 앞을 내다 볼 수 없을 정도로 불투명하다고 보고했다. 한 달 뒤 〈워싱턴포스트〉의 케빈 설리반(Kevin Sullivan, 1996)은 "철저히 소외되고 베일에 가려진 북한이 역사상 가장 예측불허의 상태에 놓여 있다"(A11)며 한반도 북부에서의 위기상황이 최고조에 달했음을 다시 한 번 강조했다. 1996년 2월 사설에서도 〈워싱턴포스트〉는 남한에 대한 북한의 자살공격 또는 북한 난민들의 대거 유입 등에 대한 가능성을 재차 언급했다(2/13/96, A18). 이와 함께 〈워싱턴포스트〉는 두 달 뒤 1996년 4월에 북한 내부의 불안정성에 대해 다시 한 번 일침을 가했다(Jordan, 1996a). "북한 붕괴 예상 증가 전문가들, 평양 붕괴는 오직 시간만이 문제"라는 선정적인 제목하에 〈워싱턴포스트〉는 북한이 동독 스타일의 전철을 밟을 가능성이 매우 높음을 지적했다. 그러나 이 같은 위기적 보도는 해가 바뀌어도 북한 내부에서 별다른 변화가 감지되지 않자 슬며시 사라졌다. 그 순간부터 또 다른 틀짓기가 대두되기 시작했다.

2) 북한 때리기

위기적 보도는 서방 언론이 제3세계를 다룰 때 흔히 사용하는 전략 가운데 하나이다. 그러나 단순히 저개발국이면서 가난한 북한의 상태가 미국 언론의 보도 방향을 결정짓는 유일한 요소는 아니었다. 프로파간다 모델에서 가장 핵심 필터 중의 하나인 '반공산주의' 깔때기가 바로 미국 언론의 대(對) 북한 기아 문제에 대한 여과기로 작용했기 때문이다. 아마, 북한이 서방 언론과의 접촉을 기피했던 이유 가운데 하나가 바로 〈뉴욕타임스〉의 "배고픈 북한, 자존심도 버렸다"와 같은 식의 보도를 우려했기 때문일지도 모른다(Kristof, 1997). 사실, 북한 정부에 대한 비판적 시각은 〈뉴욕타임스〉가 "(북한) 정권이 건국 이후 공산주의 북한을 지탱한 '주체'라는 의식을 포기하며 세계를 향해 도움의 손길을 내밀고 있다"는 첫 보도를 내보낸 이후 이미 어느 정도 예견되었다(12/30/95, Sec. 1: 26). 엄밀히 말하면 북한이 이제껏 주체사상이라는 국가 철학을 버린 적이 없음에도 불구하고 〈뉴욕타임스〉는 북한의 구원 요청이 곧 주체의식의 포기와 동일하다는 식으로 논리를 전개했다.

UN과 북한 정부가 국제사회의 도움을 요청하면 할수록 미국 언론의 북한 때리기는 그 강도를 더했다. 〈뉴욕타임스〉와 〈워싱턴포스트〉의 취재기자 및 편집진은 사악함에 가득 찬 악의 축[4]을 비판하는 데 온갖 형용어구를 동원했다. 보도 초기에 북한 정부는 흔히 '스탈린식의 군부 통치'(Goshko, 1995)나 '오랜 기간 고립된 적대적인 공산국가'(〈워싱턴포스트〉, 12/24/95, C8) 정도와 같이 비교적 객관적인 표현들로 묘사되곤 했다. 그러나 북한 내부의 기아 상태가 갈수록 악화되면서 미국 언론은 북한을 향해 신랄한 독설을 내뿜기 시작했다.

예를 들면 〈워싱턴포스트〉는 사설을 통해 북한을 "외세에 대한 의존을 거의 실토하지 않는 천민 공산정권"이라고 비난했다(2/13/96, A18). 〈뉴욕타임스〉의 한 기사도 북한을 일컬어 "정책과 수행 능력, 의도 등을 예측하기 불가능한 아시아의 블랙홀"이라고 규정했다(Sciolino, 1996: 5). 〈워싱턴포스트〉의 또 다른 사설은 북한을 '스탈린식 강제 노동 수용소'라고 부르면서 "왜 서방 세계가 많은 전문가들이 사망 진단서를 발급하려는 북한 정권을 연장하기 위해 애를 쓰는가"라며 의문을 제기했다(6/6/96, A28). 이와 마찬가지로 〈뉴욕타임스〉의 니콜라스 크리스토프(Nicholoas Kristof, 1997)는 북한을 '세계에서 가장 존속 값어치가 없는', '태양계에서 명왕성 다음으로 가장 멀리 떨어져 있는 국가'라고 맹비난하기도 했다(A6). 이 같은 관점에서 북한의 수도 평양이 "영화 세트와 같은 초현실주의적 환경 속의 사당(祠堂)과 흡사하다"는 비난은 그다지 놀라워 보이지 않았다(〈뉴욕타임스〉, 5/26/96, Sec. 4: 3).

미국 언론의 북한 때리기를 논의하는 데 기아에 허덕이는 북한 주민들이 기사의 제목이나 본문에 거의 등장하지 않는다는 사실은 주목할 만하

---

4 부시 전 미국 대통령은 2001년 취임사를 통해 이란, 이라크와 더불어 북한을 세계 평화를 위협하는 '악의 축'(axis of evil)이라 규정했었다.

다. 실질적 피해자임에도 불구하고 북한은 그 죄를 사면받기 힘든 범법자로 묘사됐으며, 〈뉴욕타임스〉와 〈워싱턴포스트〉는 북한 주민들과 그들의 사악한 정권을 분리해 다루는 것을 거부했다. 이 같은 보도 행태는 시간이 흐르면서 점차 구체적으로 발전했다. 예를 들어 기아 초기에는 북한 정권에 대한 전반적이면서 총체적인 비난이 주류를 이루곤 했다. 그러나 해를 거듭할수록 비난의 대상은 UN 관리들을 대하는 북한 정부의 일처리 방식이나 식량 배분 등 보다 구체적인 것으로 세밀하고 구체적으로 전개됐다.

3) 피해자 비난하기

미디어는 사회적 약자가 구조적이고 만성적인 폭력 등에 의해 피해를 당할 경우 가해자보다는 피해자를 비난함으로써 사건의 본질을 개개인의 잘못으로 돌리려는 경향을 보인다(Meyers, 1994). 이 같은 전략을 통해 언론은 교묘하게 사건의 본질을 호도하고 구조적 문제에 대한 해결보다는 의제를 한정적이고 시한적인 방면으로 국한시키곤 한다. 마찬가지로 〈뉴욕타임스〉와 〈워싱턴포스트〉 역시 북한의 기아 문제를 다루는 데 피해 당사국인 북한의 식량 배급에 대한 불투명성을 줄기차게 문제 삼고 나왔다. 그러나 북한 당국에 대한 미국 언론들의 1차적 비난은 북한의 폐쇄성에서부터 시작되었다. 예를 들어 1996년 6월에 〈워싱턴포스트〉의 메리 조단(Mary Jordan, 1996b)은 북한은 '비밀의 왕국'이라는 논쟁을 본격적으로 제기하며 북한의 폐쇄성이 국제적 원조를 방해하는 주된 장애물이라고 주장했다. 조단은 기사에서 다음과 같이 언급했다.

구호 종사자들은 북한 기아 문제를 '유령 기아'라고 부른다. 신문과 방송에서 독자와 시청자의 가슴을 저미는 비쩍 마른 어린이들의 모습을 볼 수 있었던 에티오피아나 소말리아와 달리 북한에서는 그와 같은 이미지들이 전혀 없기 때문이다. 이와 같은 일들이 세계의 동정을 불러일으키는 데 한계로 작용하며, 어떤 이들은 북한 기아의 심각성 자체에 의문을 제기하는 실정이다 (A23).

사실 조단은 자신의 기사에서 북한의 폐쇄적인 자세뿐만 아니라 기아의 진위 자체에 대한 의심을 거론했다. 즉, 서방 언론에 대한 북한의 비협조적 정책이 기아의 규모가 상당히 부풀려졌다는 의심을 불러일으킨다는 것이었다. 〈뉴욕타임스〉의 경우도 마찬가지로 UN 세계식량계획 (World Food Program)의 감독관으로서 북한 관리의 비협조적 태도를 비난한 캐서린 버티닌(Catherine Bertinin)의 인터뷰 기사를 장문으로 실었다(Rosenthal, 1998). 사실 버티닌은 기사에서 점차 개선되는 북한의 식량 사정에 대해 자세히 기술했다. 그러나 〈뉴욕타임스〉는 북한 정부에 대한 그녀의 짤막한 비난을 기사의 첫머리에 배치, 북한 당국에 대한 비난의 수위를 높였다. 〈워싱턴포스트〉 역시 평양을 향해 '부적절한 홍보'를 내세워 강도 높은 비판을 이어갔다.

사람들을 감동시키는데 있어 타의 추종을 불허하는 (미국) 텔레비전은 이제껏 굶주린 북한 어린이들에 대한 방송을 내보낸 적이 거의 없다. "소말리아나 르완다의 경우, TV에 나온 가슴 저린 장면을 보고 사람들이 즉석에서 25달러짜리 수표를 끊었습니다"라고 한 구호자는 말한다. "그 같은 일들이 시청자에게 양심의 가책을 덜어주며 그들이 무엇인가를 한다는 느낌이 들게 했습니다. 그와 같은 방식으로 해서 우리는 수백만 달러를 모금할 수 있었습니다. 그러나 북한에서는 그러한 일이 결코 일어나지 않습니다"(Sullivan, 1997: 19)

과연 미국 언론은 굶어 죽어가는 북한 주민의 영상을 시청자와 독자에게 전달하고자 했는가? 북한 정부에 대한 미국 언론의 지탄과는 달리 외부로 유출된 북한 주민들의 비참한 실상은 〈뉴욕타임스〉와 〈워싱턴포스트〉로부터 별다른 주목을 끌지 못했다. 1998년 12월 일본의 비정부단체중의 하나인 RENK(Rescue the North Korea People! Urgent Action Network)가 도쿄의 한 외신기자 클럽에서 북한 주민이 촬영한 비디오를 상영한 적이 있다. 이 자리에서 공개된 비디오테이프에는 그해 말 한 탈북 난민이 그의 누더기 옷 속에 카메라를 몰래 들고 다시 북한에 들어가 찍은 내용이 담겨 있었다(Ishida, 1998; Hindell, 1998). 이날 상영된 비디오테이프는 모두 3개로 맨발의 여윈 고아들이 지저분한 길거리 시장에서 생선뼈를 핥아먹는 장면과 여성들이 서로의 머리에서 이를 잡아주는 광경, 그리고 굶어 죽었거나 국경 경비대에 의해 사살된 것으로 보이는 친구들의 시체를 건지기 위해 한 청년이 강으로 뛰어드는 장면 등이 담겨 있었다(Sullivan, 1999). 사실 이 테이프는 북한이 구호 요청을 한 이후 처음으로 공개된 검열되지 않은 북한 내부의 모습이었다. 그러나 이에 대한 미국 언론의 반응은 놀랄 만치 냉담했다. 렉서스-넥서스 데이터베이스에 의한 자료 검색은 미국 언론이 이를 결코 여론화하지 않았음을 보여주었다. 조사 결과 영국의 〈데일리 텔레그라프〉(*Daily Telegraph*)와 일본의 〈요미우리신문〉만이 이에 대해 간략히 보도했음이 밝혀졌다.

그러나 무엇보다도 북한을 괴롭힌 것은 북한 군대가 구호식량을 전용한다는 미국 언론의 끊임없는 의심이었다. 이 같은 의혹은 비단 식량 모금을 위한 인도주의적 운동에 족쇄를 채웠을 뿐만 아니라 북한에서 일하는 UN 직원의 노력에 대한 의구심을 자아내기에 충분했다. 돌이켜보면 이와 같은 의혹은 전혀 새로운 것이 아니었다. 유사한 비판은 에티오피아와 소말리아의 경우에도 있었다. 국제 구호단체에 의한 식량 배분에 대해 당시의 서방 언론들 역시 군으로의 식량 전용 가능성을 줄기차게 지적했다. 그러나 필로(Philo, 1993)의 입장에서 보면 그 같은 언론의 태도는 사건의 본질을 흐리는 '과장된 변명'에 지나지 않는다. 이유는 언론의 사명이 무엇이 불가능한가를 보도하기보다는 무엇이 가능한가에 대해 보다 진지하게 고민하는 데 있기 때문이란 것이 그의 설명이다.

1999년 2월에 〈워싱턴포스트〉는 사설을 통해 북한 기아는 "모든 종류의 자유에 대한 억압과 광기어린 정책에 대한 북한의 아집이 낳은 자연재해가 아닌 정치재해"(2/14/99, B6)라는 견해를 밝혔다. 또한 구호식량이 필요한 곳에 이르기보다 군부와 당 간부들에게 전용된다고 덧붙였다. 한 달 뒤 UN 세계식량계획의 지역 감독관인 주디 쳉 홉킨스(Judy Cheung-Hopkins, 1999)는 〈워싱턴포스트〉에 보낸 짤막한 편지를 통해 그와 같은 주장을 정면으로 반박했다.

주디는 사설의 모순을 조목조목 짚어가며 〈워싱턴포스트〉가 잘못된 사실을 전달함을 분명히 했다. 이어서 UN이 북한에서의 식량 분배 과정을 항구 도착 순간부터 분배기관을 거치는 전 과정에 걸쳐 세밀히 관찰한다고 덧붙였다. 또, UN에서 주로 제공하는 옥수수와 밀은 군이나 당의 관심과는 거리가 먼 것들이라며 그들은 이미 쌀에 대한 최우선적인 접근권을 가진다고 설명했다. 그러나 필자의 데이터 분석 결과에 따르면 미국 언론의 그와 같은 주장에 대한 반박 등이 결코 뉴스면에 소개된 적은 없었다. 더욱이 이 같은 입장에 대한 UN 관리나 북한 정부의 인터뷰 내용도 실린 적이 없었다. 북한은 여전히 미국 언론에 의해 제기된 온갖 의혹들로 인해 난타당했다.

6. 정치적 담론

3번째이자 마지막으로 살펴보고자 하는 특징은 기사 행간에 드러난 이데 올로기의 발현이다. 그러나 〈뉴욕타임스〉와 〈워싱턴포스트〉는 이데올로기를 전달하는 방식에서 각기 다른 여정을 보였다. 예를 들어 〈뉴욕타임스〉가 정치적 담론을 뉴스면에 직접적으로 내보내는 것을 선호한 반면 〈워싱턴포스트〉는 사설과 특집기획, 논평 등의 의견면을 통한 우회적인 방법으로 정치적 입장을 표출한 것으로 밝혀졌다.

〈뉴욕타임스〉는 첫 기사에서부터 자사의 정치적 견해를 서슴없이 드러냈다. 북한 기아의 초기 단계에서 〈뉴욕타임스〉는 "구호에 대한 필요성이 폐쇄적인 북한을 개방토록 강요할 수 있을 것"(8/31/95, A6)이라고 밝혔다. 같은 해 12월에 계속된 두 번째 관련 기사에서 〈뉴욕타임스〉는 UN 관리의 말을 인용해 북한의 불행을 이용해야 할 필요성을 역설했다. "만일 지금 우리가 손을 뗀다면, 마지막 '베를린 장벽'을 무너뜨릴 수 있는 절호의 기회를 놓치는 것이다"(12/14/95, Sec. A: 19).

장문의 또 다른 기사인 "북한, 기아 치료제 미국에서 구함"은 〈뉴욕타임스〉의 입장을 보다 공공연히 드러낸다(Crossette, 1997). 북한 기아 관련 보도로는 유일하게 1면을 장식했던 이 기사는 미국에서 농작물을 시찰하는 한 북한 관리에 대한 특집이었다. 놀랍게도 〈뉴욕타임스〉는 2천 단어가 넘는 이 기사에서 북한 관리의 입으로부터 단지 '인상적'과 '부러운'의 두 단어만 직접 인용했다. 실제로 이 기사에서는 공산주의에 비해 우월한 자본주의 체제가 곳곳에서 강조되었다. 이와 함께 〈뉴욕타임스〉는 기사에서 UN 직원의 말을 통해 공산주의 경제 특히 북한 경제의 비효율성을 간접적으로 지적했다.

"중앙 계획 경제는 가난한 국가들에게 어느 시점까지는 효율적입니다." 그녀 (UN 직원) 가 말했다. "그러고 나서 사람들은 보다 나은 삶을 열망하는 인간 의 본능을 필요로 하게 됩니다. 성장은 욕망과 함께 오는 것이니까요." (8/29/97, Sec. A: 1)

언론인들은 자신들의 이념을 전개하는 과정에서 유사한 성향의 정보 원을 통해 의견을 암묵적으로 개진하곤 한다. 언론사 내의 직업적 이념 을 조사했던 리즈(Reese, 1990)는 사회주의자였던 전 〈월스트리트저 널〉 기자 켄트 맥두걸(Kent MacDougall)에 대한 연구를 통해 기자가 정 보원을 이용, 자신이 말하고자 하는 바를 기사화했던 사실을 지적한다. 그의 의견을 개진하는 데 자신의 입맛에 맞는 전문가에게 의탁함으로써 맥두걸은 그가 말하고자 하는 방향으로 기사의 주제를 끌고 갈 수 있었다 는 것이다. 마찬가지로 〈뉴욕타임스〉 역시 장문의 1면 특집기사에서 북 한 관리의 부러운 표정과 UN 관리의 의견을 집중적으로 부각시킴으로써 자사의 의제를 명백히 전달하고자 했다.

그러나 북한 정부를 겨냥한 보다 직접적인 비난은 그로부터 1년 뒤 〈뉴욕타임스〉의 사설에 다시 실렸다. "기아: 인간이 만든 재앙"이라는 제목의 사설에서 〈뉴욕타임스〉는 기아와 관련해 북한 정부의 비민주성 을 공격했다.

자연은 홍수와 가뭄을 야기하지만, 대부분의 사회는 그 같은 곤경 속에도 식 량을 구하는 방법을 발견해왔다. 어리석게도, 기아는 이 같은 길들이 차단 당했을 때 발생한다. 하버드대학의 경제학자인 아마트야 센(Amartya Sen) 은 민주적인 정부와 자유로운 언론을 가진 국가는 비록 가난하다 할지라도 결코 심각한 기아에 직면해 본 적이 없다고 강조한다. 자유로운 언론은 경보 기처럼 작동하며, 민주주의의 압력이 통치자들로 하여금 기아를 양산하는 정책들을 배제하도록 유도하기 때문이다(7/26/98, Sec. 4: 14).

사실 〈뉴욕타임스〉의 사설에 간접적으로 인용된 아마트야 센의 논리는 많은 논란의 여지를 남긴다. 무엇보다도, 제3세계의 빈국일지라도 민주주의적 체제 아래 자유로운 언론을 지닌다면 기아를 피할 수 있다는 그의 명제가 매우 비현실적이기 때문이다. 이는 '빈곤'이라는 난제와 민주주의가 같이 병행할 수 없다는 현실을 인류의 역사가 반증한다. 이러한 관점에서 본다면 아마트야 센의 주장은 기아 발생의 원인과 속성을 정부 체계 및 통치 과오에 귀속시키는 결론적인 이야기를 담는다.

〈뉴욕타임스〉와 달리 〈워싱턴포스트〉는 북한 기아에 대해 직접적으로 이념적 담론을 거론하지는 않았다. 〈워싱턴포스트〉는 대신 사설, 특집, 독자투고란 등의 의견란을 통해 간접적으로 그들의 정치적 견해를 표명했다. 예를 들어 〈워싱턴포스트〉는 북한 기아와 관련한 첫 사설에서 미국이 북한의 핵 위협을 완화하기 위해 북한의 상황을 적절히 이용해야 할 필요성이 있음을 역설했다(12/24/95, C8). 두 달 뒤, 또 다른 사설에서 〈워싱턴포스트〉는 미 정부의 원조금 제의에 대해 "(원조금이) 북한의 핵폭탄 계획을 억제할 수 있는 확실한 보증금이 돼야 한다"(2/13/96, A18)고 주장하기도 했다. 때문에 인도주의적 도움에 관한 첫 언급이 〈워싱턴포스트〉의 첫 보도에서부터 무려 15개월이 지난 뒤에서야 사설에 통해 실린 것은 그리 놀라울 것이 없었다(2/9/97). 그러나 그 같은 기사의 배경에도 다음과 같은 정치적인 이유가 있었다.

북한 정권의 붕괴는 고대되지만 기아에 의한 붕괴는 매우 위험하다. 기아는 혼돈을 야기할 뿐 민주주의를 가져오지는 않는다. 현 정권은 상상하기 힘들겠지만 보다 더 곤란한 정부로 대체될 수 있다. 북한의 1백만 군대는 자살 공격을 감행할 수도 있다. 또 굶주린 주민들이 물밀듯이 남쪽으로 몰려 내려올 수도 있다(C6).

128

같은 날 월드비전(World Vision)이라는 구호단체의 부총재였던 앤드류 나치오스(Andrew Natsios, 1997)는 '아웃룩'(Outlook)이라는 〈워싱턴포스트〉의 외부 기고란에 "북한 살리기: 기아를 놓고 정치적 흥정을 하지 마라"라는 제목으로 장문의 원고를 썼다. 나치오스는 논평에서 미 정부가 당과 군부와는 무관한 수십 만 명의 일반 주민들이 굶어 죽도록 놓아둬서는 안 된다고 주장했다. 그러나 이 같은 의견은 바로 며칠 뒤 미국무성의 정책고문관을 역임한 로버트 매닝(Robert Manning)과 보수적인 헤리티지재단의 아시아연구센터 소장인 제임스 프르지스텁(James Przystup)에 의해 반박당했다. "나를 먹여 살려라, 그렇지 않으면 너를 죽이겠다"는 매우 도전적인 제목 아래 매닝과 프르지스텁(Manning & Przystup, 1997)은 다음과 같이 나치오스의 의견을 신랄히 비난했다.

물론 굶주린 주민들은 부양되어야 한다. 그러나 식량 지원이라는 정책을 이해하지 못하는 것은 순진하고 잘못된 생각이다. 북한을 위한 인도적인 경제 지원은 북한의 군사적 위협이 줄어들고 그들이 경제를 개방하는 정도에 따라 병행되어야 한다(2/20/97, A23).

북한의 재앙을 안타까워하는 구호주의자에 대한 또 다른 장문의 신랄한 공격은 그로부터 약 6주 뒤 다시 재개되었다. 특집란에 "왜 숙적을 부양해야 하는가?"라는 제목하에 〈워싱턴포스트〉의 신디케이트 칼럼리스트인 찰스 크라우새머(Krauthammer, 1997)는 미 클린턴 행정부의 '순진하기 그지없는' 대북정책을 신랄하게 비판하고 나섰다. 그는 식량 지원에 따른 반대급부가 무엇보다도 선행되어야 한다며 다음과 같이 주장했다.

식량 원조를? 좋습니다. 그러나 북한이 무엇인가를 양보해야만 가능합니다. 식량을 원조한다구요? 그럼 한 가지 조건 아래 식량을 공급하겠습니다. 휴전선에 배치되어 있는 군의 상당수를 100㎞쯤 뒤로 철수해야 합니다(A27).

10여 일 뒤 '편집자에게 보내는 편지'라는 고정란에 한 익명의 독자에 의해 짤막한 글이 실렸다. "북한 부양은 좋은 정책"이라는 제목 아래, 투고자는 크라우새머의 견해를 신랄하게 비판했다. 그는 편지에서 크라우새머에게 '북한 정부'와 '북한 주민' 간의 구별에 대한 필요성을 언급하며 북한 기아를 다루는 데 정치적 측면과 비정치적 측면의 차이성을 인식해야 한다고 강조했다.

이처럼 식량 원조 문제를 다루는 데 활발한 논의가 벌어졌던 〈워싱턴포스트〉의 독자 의견란에서 식량 원조를 찬성하는 사람과 이에 반대하는 사람의 원고 채택은 양적으로 균형을 이루었는가? 내용분석에 따르면 독자들의 원고를 수렴하는 데 〈워싱턴포스트〉는 그다지 만족스럽지 못한 형평성을 보여준 것으로 나타났다. 비록 북한에 대한 식량 지원을 찬성하는 이들의 의견이 종종 지면을 장식하기는 했으나 〈워싱턴포스트〉가 허용한 총체적 기사 수와 양은 현격한 대조를 보였다. 예를 들어 특집란에 기고된 원고의 경우 5개의 기사만이 북한 원조에 대해 우호적이었던 반면 부정적 견해는 8개로 더욱 많았다. 기사량을 비교하면 이 같은 차이는 더욱 극명해진다. 북한 원조에 대해 부정적인 입장은 무려 8,882단어에 이른 반면, 굶주린 북한 주민들을 생각하자는 견해는 비판적인 목소리의 32.2%에 불과한 2,864단어에 머물렀다. 주목할 만한 사실은 UN 관리였던 나치오스를 제외한 투고자가 모두 일반 독자였는데 반해 북한 원조에 비판적인 목소리 중 대다수가 정부 정책자문관 또는 전문가 등이었다는 사실이다.

허먼과 촘스키의 입장에서 본다면 이는 성공적 비평(flak)으로 작용할 수 있다. 실제로 허먼과 촘스키는 결코 무시할 수 없는 외부 권력기관으로부터의 비평이 결국 미디어가 전달하고자 하는 메시지의 내용에 영향을 끼칠 수 있다고 평했다. 미디어가 비평을 수용하는 데 일반 독자와 달리 권력기구나 유력자의 지적으로부터 자유롭기 힘들기 때문이다. 이 같은 관점에서 본다면 〈워싱턴포스트〉의 경우 워싱턴의 싱크탱크가 주축이 된 강경파의 목소리를 대거 의견란에 실음으로써 자사의 의도가 어떠하든 북한 원조를 못마땅하게 여기는 비우호적인 시각에 더욱 무게를 둔 것으로 나타났다.

7. 맺는 글

이 장의 연구 동기는 공정하고 객관적인 언론의 당위성을 설파하기보다 언론이 이념의 속박에서 벗어나기 얼마나 힘든가에 대한 실증적인 예를 알아보기 위한 것이었다. 주지하다시피 〈뉴욕타임스〉와 〈워싱턴포스트〉는 객관성과 공정성을 앞세운 보도로 유명한 세계적인 명성의 엘리트 언론이다. 그러나 비정치적인 자연재해조차도 이념적 렌즈로 투영하는 이들 신문의 북한 기아 보도 과정은 객관성을 최고의 가치 규범으로 삼으려 노력하는 언론인의 길이 얼마나 멀고 험한가를 잘 보여준다. 엄밀히 말해 이 장은 〈뉴욕타임스〉와 〈워싱턴포스트〉의 정치적 입장보다는 그들이 어떠한 방식으로 이념적 보도를 양산, 수행했는가의 '과정'과 '방식'을 밝히는 데 주된 관심을 기울였다.

수많은 비판커뮤니케이션 학자의 지적대로 언론은 조직 구성의 속성에 절대적으로 영향을 미치는 사회 구조로부터 결코 자유로울 수 없으며, 뉴스 역시 필연적으로 이데올로기를 내포한다(Herman & Chomsky, 1988; Tuchman, 1991). 돌이켜보면 매일매일의 뉴스보도에서 이념적 편견을 꼬집어낸다는 것은 결코 쉬운 일이 아니다. 이념적 표현은 대체로 텍스트에서 드러나는 것이 아니라 깊숙이 내재되어 있으며 '상식적이고 당연히 받아들여지는 가정' 속에 녹아 있기 때문이다(Fairclough, 1995: 45). 그러나 정치경제학적 이데올로기의 실질적인 작용을 탐색하는 데 이 장은 북한 기아 보도에 대한 분석이 '경제적'인 측면보다는 '정치적', '비판적' 측면의 이데올로기에 더 집중된 사실을 부정할 수 없다.

사실, 전통적인 정치경제학적 접근은 '지배적인 정치 기구나 국가가 미디어 기구의 수입에 대한 통제'를 통해 경제적 측면을 설명하고자 한다(Curran, Gurevitch, Woollacott, 1982: 18). 하지만 쿠란, 구레비치, 울라코트 등(Curran, Gurevitch, Woollacott, 1982)이 설명한 대로 이 같은 통제의 작용을 경험적으로 조사하거나 밝히는 것은 현실적으로 무척 어려운 작업이다. 이 같은 사정을 감안해 이 장은 정치경제학자인 허먼과 촘스키의 프로파간다 모델에 의거해 뉴스에 스며든 정치적 편견의 '작동' 과정을 밝히는 데 중점을 두었다.

명백히 말해 북한 기아를 다루는 데 인도주의와 정치경제학적 보도는 결코 양립할 수 없는 물과 기름 같은 존재였다. 비록 북한의 재앙이 '20세기 가장 끔찍한 기아의 하나'로 불렸음에도 불구하고(Crossette, 1999), 미국 언론은 북한의 재해를 '자연이 아닌 정치가 빚어낸 기근'으로 규정했다(〈워싱턴포스트〉, 2/14/99, B6). 때문에, 보도 전반에 걸쳐 미국 언론은 북한 주민들이 자연재해의 피해자라는 사실을 부각시키기보다 북한 정권의 무책임성 등을 비난하는데 상당수의 지면을 할애했다. 미국 언론은 또 이념적으로 지배적 이데올로기에 우호적인 정보원을 편향적으로 선택하거나 정보원의 말을 특정 방향으로 재구성함으로써 이념적 선동 효과를 증폭시켰다. 이 같은 관점에서 본다면 명백히 정부 관리들의 잦은 등장과 보수적인 정치인들의 지면 선점은 〈뉴욕타임스〉와

〈워싱턴포스트〉가 보도 방향을 특정 좌표로 향하도록 힘을 실어 주었다. 마찬가지로, 의견란에 대거 등장하는 전문가들의 역할 역시 주목할 만하다. 대개 보수적이며 워싱턴의 싱크탱크와 연계된 이들 전문가 집단은 또 다른 '뉴스 형성자'(news shapers)로서 그들의 관점을 선전, 전파하는 데 매우 강력한 위력을 발휘했다. 반면, 북한의, 북한을 위한 목소리들은 허먼과 촘스키(Herman & Chomsky, 1988)가 말하는 이념적 '여과 과정'을 통과하지 못했다. 결과적으로, 〈뉴욕타임스〉와 〈워싱턴포스트〉는 배고픈 북한 주민들과 북한 정부를 구별 짓는 보도를 지양했으며 의제를 상황과 시기에 따라 계속 바꾸었다. 이 점에서 북한의 기아는 끝끝내 반공산주의 필터를 통과하지 못했다.

그럼에도 불구하고, 북한 기아 보도에 대한 〈뉴욕타임스〉와 〈워싱턴포스트〉의 전략적 차이는 짚어볼 필요가 있다. 비록 〈뉴욕타임스〉가 〈워싱턴포스트〉에 비해 상대적으로 적은 양의 기사를 내보냈음에도 불구하고 〈뉴욕타임스〉의 기사 행간에서는 이념적인 색채가 종종 검출됐기 때문이다. 대부분, 취재원의 직접 인용을 거쳐 보도된 이러한 시도는 북한 기아를 보는 〈뉴욕타임스〉의 근본적 시각을 직설적으로 전달하곤 했다. 반면 〈워싱턴포스트〉는 식량 구호와 관련한 비판적 기사를 주로 사설과 의견란에 배치했다. 특히, 북한 구호를 둘러싸고 의견란에서 두드러지게 나타나는 찬성파와 반대파의 불공정한 기사 분량은 〈워싱턴포스트〉 역시 이념적인 문제에서 자유롭지 못하다는 것을 의미한다.

허먼과 촘스키의 프로파간다 모델에서는 이 같은 〈워싱턴포스트〉의 전략을 성공적인 '미디어 비평'으로 결론지을 수 있다. 이들 두 학자에 따르면, 미디어에 실리는 비평들은 언론사의 이념적 스펙트럼을 효율적으로 제어하는 중요한 수단으로 작용한다. 이에 관해, 리스(1990)는 주류 언론의 경우, 진보보다는 보수적 비평에 더욱 호의적이라며, 이는 '미디어 비평'이 사회의 패러다임을 지탱시켜주는 장치 역할을 하기 때문이라고 밝힌다(Reese, 1990: 436).

무수히 많은 이 장의 약점 가운데 굳이 한 가지를 짚고 넘어가자면, 북한 기아 문제와 관련한 미국 및 한국 정부의 대북 외교 정책에 대한 연대기적 연구의 부재를 꼽을 수 있다. 이는 국가 안보 및 자본주의적 이념과 표리의 관계에 있는 정치경제학적 언론 보도의 작동을 보다 구체적으로 보여줄 수 있기 때문이다. 그러나 연구의 방대함과 필자의 능력 부재로 그 부문까지 다루지 못한 점이 큰 아쉬움으로 남는다.

끝으로 첨언하면 미국에 적대적인 북한에서 발생한 재해에 대해 "미국 언론이 호의적일 수 없지 않겠냐"는 당위론적 질문은 정치경제학적 측면에서 강자의 이데올로기를 의식적 또는 무의식적으로 합리화한다는 점을 강조하고자 한다. 자연재해로 고통받는 사람들이 정권의 잘못으로, 또 상대 국가의 정략적 이해관계로 인해 축소 보도되거나 희생될 수밖에 없다는 언론적 입장은 힘의 논리에 의거해 자칫 인간의 온갖 비극을 합리화할 수 있기 때문이다. 이는 곧 인간 비극을 조명하는 데 비판적 이론과 시각의 존재적 필요성을 의미하는 것이기도 하다. 언론은 의제를 설정하고 이미지를 창조하며 수용자들의 의식을 구축하는 데 결코 무시 못 할 영향력을 발휘한다. 이 같은 환경 속에 언론이 자연재해를 보도하는 데 어떠한 방식으로 이데올로기의 수혜자와 피해자들을 조직적으로 양산하는지에 대한 보다 진전된 연구가 시급하다.

참고문헌

이효성 (1994), 구조주의, 문화주의, 정치경제학의 시각, 김지운 · 방정배 · 이효성 · 김원용 편, 《비판커뮤니케이션 이론》(203~339쪽), 서울: 나남.

Altschull, J. H. (1994), *Agents of Power: The Media and Public Policy*(2nd ed.), White Plains, NY: Longman.

Corcoran, F. (1986), KAL 007 and the evil empire: Mediated disaster and forms of rationalization, *Critical Studies in Mass Communication*, 3, 297~316.

Crossette, B. (1997, August 29), "North Koreans seek famine's antidote in U. S.", *New York Times*, sec. A., 1.

_____ (1999, August 20), "Korean famine toll: More than 2 million", *New York Times*, Sec. A, 6.

Curran, J. (1990), The new revisionism in mass communication research: A reappraisal, *European Journal of Communication*, 5, 135~164

Curran, J., Gurevitch, M., & Woollacott, J. (1982), The study of the media: Theoretical approaches, In M. Gurevitch, T., Bennett, J. Curran, & J. Woollacott (eds.), *Culture, Society and the Media* (pp. 11~29), London: Methuen.

Dahlgren, P. H. & Chakrapani, S. (1982), The third world on TV news: Western ways of seeing the 'other', In W. C. Adams (eds.), *Television Coverage of International Affairs* (pp. 45~65), Norwood, NJ: Ablex Publishing.

Dickson, S. H. (1992), Press and U. S. policy toward Nicaragua, 1983~1987: A study of the New York Times and Washington Post, *Journalism Quarterly*, 69, 562~571.

Donohue, G. A., Tichenor, P. J., & Olien, C. N. (1995), A guard dog perspective on the role of media, *Journal of Communication*, 45(2), 115~132.

Elliott, P. (1977), Media organisations and occupations: An overview, In J. Curran, M. Gurevitch, & J. Woollacott (eds.), *Mass Communication and Society*, London: Edward Arnold.

Entman, R. (1991), Framing U. S. coverage of international news: Contrasts in narratives of the KAL and Iran Air incidents, *Journal of Communication*, 41(4), 6~27.

Fairclough, N. (1995), *Media Discourse*, London: Edward Arnold.

Fürsich, E. & Robin, M. B. (2002), Africa.com: The self-representation of sub-Saharan Nations on the world wide web, *Critical Studies in Mass Communication*, 19, 190~211.

Gans, H. (1979), *Deciding What's News*, New York: Vintage Books.

Garnham, N. (1979), Contribution to a political economy of mass communication. *Media, Culture and Society*, 1(2), 123~146.

Gitlin, T. (1980), *The Whole World is Watching: Mass Media in the Making & Unmaking of the New Left*, Berkeley: University of California Press.

Goshko, J. M. (1995, December 12), "Lack of donors threatens U. N. food mission to North Korea", *Washington Post*, A34.

Gutierrez-Villalobos, S., Hertog, J. K., Rush, R. R. (1994), Press support for the U. S. administration during the Panama invasion: Analyses of strategic and tactical critique in the domestic press, *Journalism Quarterly*, 71, 618~627.

Hayward, E. (2001, August 16), "Tufts dean: Dictatorship dooms N. Korea to collapse", *Boston Herald*, 8.

Herman, E. S. (1985), Diversity of news: 'Marginalizing' the opposition, *Journal of Communication*, 35, 143~152.

Herman, E. S. & Chomsky, N. (1988), *Manufacturing Consent: The Political Economy of the Mass Media*, New York: Pantheon Books.

Hindell, J. (1998, December 19), "Secret film shows plight of starving children in North", *Daily Telegraph*, 17.

Hopkins, J. (1999, March 10), "Food for those who need it", *Washington Post*, A22.

Ishida, K. (1998, December 19), "Videos show starvation in North Korea". *Yomiuri Shimbun*, 3.

Jameson, S. (1993, June 12), "North Korea tests missile able to reach Japan", *New York Times*, A13.

Jordan, M. (1996a, April 6), "Speculation grows on demise of North Korea; analysts expect Pyongyang government to 'implode or explore we are not sure when'", *Washington Post*, A11.

_____ (1996b, June 11), "Hidden from world media, hunger spreads in North Korea, aid workers say", *Washington Post*, A23.

Jordan, M. & Sullivan, K. (1996, June 1), "U. S. unwilling to increase food aid for North Korea", *Washington Post*, A22.

Keshishian, F. (1997), Political bias and nonpolitical news: A content analysis

136

of an Armenian and Iranian earthquake in the New York Times and the Washington Post, *Critical Studies in Mass Communication*, 14, 332~343.

Kim, S. S. (1996), North Korea in 1995: The crucible of "Our Style Socialism", *Asian Survey*, 36(1), 61~72.

Kim, S. T. (2000), Making a difference: U. S. press coverage of the Kwangju and Tiananmen pro-democracy movements, *Journalism & Mass Communication Quarterly*, 77, 22~36.

Kristof, N. D. (1997, May 29), "A hungry North Korea swallows a bit of pride", *New York Times*, A6.

Larson, J. F, McAnany, E. G., & Storey, J. D. (1986), News of Latin America on network television, 1972~1981: A northern perspective on the southern hemisphere, *Critical Studies in Mass Communication*, 3, 169~183.

Larson, J. F. (1983), *Television's Window on the World*, Norwood, NJ: Ablex.

Manning, R. A. & Przystup, J. (1997, February 20), "Feed me or I'll kill you", *Washington Post*, A23.

Mazarr, M. J. (1995), Going just a little nuclear: Nonproliferation lessons from North Korea, *International Security*, 20(2), 92~122.

Mermin, J. (1996, April/June), Conflict in the sphere of consensus? critical reporting on the Panama invasion and the Gulf War, *Political Communication*, 13, 181~194.

Merrill, J. (1994), North Korea in 1993: In the eye of the storm, *Asian Survey*, 34(1), 10~18.

Meyers, M. (1994), News of battering, *Journal of Communication*, 44(2), 47~63.

Millman, J. (1984, October), Reagan's reporters: How the press distorts the news from Central America, *The Progressive*, 48, 20~23.

Min, T. J., Jr. (1996), Food shortage in North Korea: Humanitarian aid versus political objectives, *The Human Rights Brief*, 4(1), The center for human rights and Humanitarian Law, at Washington College of Law, American University. Online at http://www.wcl.american.edu/pub/humright/brief/v4i1/nkorea41.htm

Moeller, S. D. (1998), *Compassion Fatigue: How the Media Sell Disease, Famine, War and Death*, New York: Routledge.

Murdock, G. (1989), Critical activity and audience activity, In B. Dervin, L. Grossberg, B. J. O'Keefe & E. Wartella (eds.), *Rethinking Communication: Vol. 2, Paradigm Exemplars*, Newbury Park, CA: Sage.

Natsios, A. (1997, February 9), "Feed North Korea: Don't play politics with hunger", *Washington Post*, C1.

Parenti, M. (1995), *Inventing Reality: The Politics of News Media*(2nd edition), New York: St. Martin's Press.

Park, K. (1997), Explaining North Korea's negotiated cooperation with the U. S., *Asian Survey*, 37(3), 623~636.

Philo, G. (1993), From Buerk to band aid: The media and the 1984 Ethiopian famine, In J. Eldridge (ed.), *Getting the Message: News, Truth and Power* (pp. 104~125), New York: Routledge.

Reese, S. D. (1990), The news paradigm and the ideology of objectivity: A socialist at the Wall Street Journal, *Critical Studies in Mass Communication*, 7, 390~409.

Rosenthal, E. (1998, April 13), "Despite gains, North Korea is pressed on food aid", *New York Times*, sec. A, 3.

Sciolino, E. (1996, February 19), "An economic basket case: In North Korea the threat is total collapse", *New York Times*, Sec 4, 5.

Solomon, W. S. (1992), News frames and media packages: Covering El Salvador, *Critical Studies in Mass Communication*, 9, 56~65.

Sugawara, S. (1998, September 4), "North Korea fires ballistic missile toward Japan, Tokyo reports: Pentagon confirms firing, calls it 'serious development'", *Washington Post*, A17.

Sullivan, K. (1995, December 22), "Food shortages fuel alarm over North Korea; Hunger feared as catalyst for aggression", *Washington Post*, A11.

_____ (1996, January 26), "North Korean 'famine' debated; South Korea, U. S., Japan fail to agree on aid", *Washington Post*, A18.

_____ (1997, August 24), "North Korea's Stalinist image mutes images of famine: aid increasing but many donors still wary of repressive regime", *Washington Post*, A19.

Sullivan, K. & Jordan, M. (1999, March 13), "U. S. wrestles with policy on N. Korea; famine, nuclear threat raise stakes in debate", *Washington Post*, A1.

Sumser, J. (1987), Labels used to define Central American situation, *Journalism Quarterly*, 64, 850~853.

Tuchman, G. (1972), Objectivity as strategic ritual: An examination of newsmen's notions of objectivity, *American Journal of Sociology*, 77, 660~679.

_____ (1991), Media institutions: qualitative methods in the study of news, In

K. B. Jensen, & N. W. Jankowski (eds.), *A Handbook of Qualitative Methodologies for Mass Communication Research* (pp. 79~92), London: Routledge.

UNESCO (1980), *Many Voices One World, Report of the International Commission of the Study of Communication Problems*, Paris: Kogan Page.

Weaver, D. H. & Wilhoit, G. C. (1981), Foreign news coverage in two U. S. wire services, *Journal of Communication*, 3, 5~63.

Yamamori, T. (1997), The Korea famine, http://www.pbs.org/newshour/forum/august97/korea_8-26.html

5

전쟁보도

안민호

1. 서 론

우리는 현재 영화보다 더 영화 같은 전쟁을 뉴스를 통해 관람하는 시대에 살고 있다. 과거 걸프 전쟁과 이라크 전쟁에서 목도했던 바대로 전자매체 시대인 현대의 전쟁은 할리우드 영화 기획자만큼 이미지 조작에 뛰어난 군사전략가가 계획하고 감독하는 영화 혹은 컴퓨터게임과 같은 것으로 비춰진다. 그런 전쟁에서 기자의 역할이라는 것은 잘 짜인 각본에 따라 움직이고 통제되는 단역 배우의 모습이다.

　베트남 전쟁 이래 현대전에서 대 언론 전략은 성공적 군사 전략의 중요한 부분으로 받아들여진다. 전쟁 시 언론과 기자를 효율적으로 통제하고 더 나아가 우호적 여론 조성의 도구로 이용하려는 정부의 노력은 이미 일반적 현상으로 자리 잡았다. 이라크 전쟁의 사례에서도 알 수 있듯이 최근의 전쟁은 언론과 여론을 상대로 한 다양한 형태의 커뮤니케이션 전략이 군사 작전 못지않게 중요하게 고려된다.

　이 장에서는 본격적 전자매체 시대 도래 이후에 발생한 몇몇 주요 국

141

제적 분쟁을 중심으로 종군보도의 역사에 간략히 살펴보고 역사상 유례 없는 특이한 형태의 전쟁과 새로운 종류의 전쟁보도로 특징 지워지는 이 라크 전쟁을 중심으로, 전쟁을 보도하면서 제기된 몇 가지 중요한 저널 리즘적 쟁점을 논의하도록 하겠다.

2. 종군보도의 역사

1) 베트남 전쟁

전쟁과 언론 보도 문제를 이야기할 때 빠지지 않는 사례로 베트남 전쟁을 들 수 있다. 일반적으로 베트남 전쟁이야말로 언론 보도와 관련해 '열린 전쟁'이었고 '여론의 전쟁'이었다고 알려진다. 베트남 전쟁을 연구한 학 자들에 따르면(Mercer, Mungham, & Williams, 1987) 그것은 최초의 텔 레비전 전쟁으로써 발전된 전자매체의 관여가 이전 어떤 경우보다 두드 러진 전쟁이었다. 이미 당시의 전자통신 기술은 전장의 생생한 모습을 늦어도 하루 이틀 이내 미국인의 안방까지 전달할 수 있는 수준이었다. 위성을 통한 즉시적 보도가 가능한 지금의 뉴스 수집 기술에는 못 미치더 라도 과거 한국전쟁이나 제 2차 세계대전의 경우와 비교할 때 언론 보도 와 관련해 새로운 전쟁이었음에는 틀림이 없다. 그 양이나 질, 속도에서 과거와는 비교할 수 없을 정도의 생생한 정보가 미국 일반 가정에 매일매 일 전달되었다. 그 대부분은 수용자로 하여금 전장의 참혹한 모습을 떠 올리게 했으며 전쟁의 비인륜성이라는 틀에서 기사를 해석하게 만들었 다. 불타는 가옥을 뒤로 하고 벌거벗은 채 울며 거리를 헤매는 소녀의 모 습이나 즉결 처분되는 베트콩의 모습, 먼지 속에서 지치고 피곤한 미군의 모습들이 미국 대중들에게 어떤 영향을 끼쳤을 지 짐작하는 것은 어렵지 않다. 결과론적으로 베트남 전쟁 동안 미군 당국이나 정부가 여론을 관리하는 데 그리 성공적이지 못했고 그것이 전쟁을 성공적으로 이끄는 데 부담이 되었음은 많은 사람들이 수긍하는 바다.

그럼에도 불구하고 베트남 전쟁을 순전히 열린 전쟁으로 일컫는 데는 많은 무리가 따른다. 전장의 생생한 모습 전달이라는 차원에서 베트남 전쟁은 전무후무한 사례로 기억될 만하다. 그러나 그것이 곧 정부 차원의 보도 통제가 없었음을 의미하는 것은 아니다. 반대로 베트남 전쟁은 정부 차원의 보도 통제 혹은 여론 관리가 본격적으로 또 체계적으로 수행된 최초의 전쟁이라 할 수 있다. 전쟁에서 마케팅 개념이 도입된 첫 번째 사례로 꼽힐 만한 것이 베트남 전쟁이었다.

미국의 존슨 행정부는 이미 1967년부터 대통령 직속으로 커뮤니케이션 전문가들로 구성된 '베트남 정보그룹'(Vietnam information group)을 설치하여 전쟁을 팔기 위한 강력한 캠페인을 전개했다. 미국의 본격적 베트남 전쟁 개입의 시발점이었던 통킹만 사건도 알고 보면 이러한 여론 조작의 성공적 사례로 볼 수 있다. 정부 차원의 거짓 정보 유출과 사실 왜곡, 보도 통제 등은 물론 그 이전의 전쟁에서도 관찰되었던 바다. 그러나 그 이전의 전쟁, 예를 들어 제 2차 세계대전과 같은 전쟁은 성격상 베트남 전쟁과는 많은 차원에서 달랐다.

첫째, 베트남 전쟁은 제 2차 세계대전과 달리 국가의 명운을 건 전쟁이 아니었다. 전쟁의 패배가 곧 국가의 종말을 의미하는 전쟁과 그렇지 않은 전쟁 간에는 전쟁의 당위성에 대한 국민 설득이라는 차원에서 큰 차이를 가진다. 즉, 제 2차 세계대전과 같은 경우 정부 선전 전략의 중심 대상은 자국민이라기보다는 적국의 군인이나 국민이었다. 선전, 홍보의 중점 대상이 자국민인 경우와 적국민인 경우 정부와 언론 간의 갈등 정도는 차원을 달리한다. 베트남 전쟁 이후 미국이 수행한 여러 전쟁은 국내 또는 세계 여론을 고려하지 않을 수 없는 그런 성격의 전쟁이었고 그것은 곧 정부의 언론 관리 노력의 필요성과 그에 따른 언론과의 갈등 심화를 의미한다. 이것이 우리가 베트남 전쟁을 '메디슨가의 전쟁'이라 부르는 이유다.

두 번째, 뉴스 수집 기술이라는 차원에서 베트남 전쟁과 그 이전의 전쟁은 매우 다른 상황에 놓였다. 원거리 개인 전자통신 기술이 본격적으로 소개되기 이전의 언론은 전장의 뉴스 수집과 배포에서 지금과 비교할 수 없는 물리적 제약을 가졌고 그런 차원에서 전쟁 수행 당사자, 즉 정부나 군 관계자들은 언론을 큰 우려의 대상으로 바라볼 필요가 없었다. 군의 도움을 받지 않고는 전장 접근과 기사 송고의 물리적 수단 확보가 매우 어려운 상황에서 종군기자는 군 당국이 감시해야 할 상대라기보다는 보살펴야 할 대상이다.

전자매체의 본격적 도입 이전 종군기자는 신문기자였고, 이들의 기사는 빠르게는 1주일 늦으면 몇 달 지체되는 경우도 있었기에 대국민 영향력이라는 차원에서 이들 종군기자의 역할은 크게 제한될 수밖에 없었던 것이다. 실제 한국전쟁 기간에는 단 한 번의 보도 관제조차 없었으며, 제2차 세계대전 기간에는 주요 작전에 기자들을 동행시키는 것이 일반적이었다. 이렇다 할 통신수단을 확보하지 못했던 당시 기자를 전장에 동행시키는 데 군 당국은 큰 부담을 느끼지 않았던 것이다.

이런 상황은 그러나 본격적으로 개인 전자매체가 등장하기 시작한 베트남 전쟁을 기점으로 종지부를 찍는다. 베트남 전쟁 기간 중 기자의 뉴스 수집과 송고 능력은 과거와 비교할 수 없을 정도로 향상되었고 정부와 군 당국은 기자의 전장 취재에 많은 제약을 가하게끔 되었다. 실제로 베트남 전쟁 기간 중에 대규모 보도 관제가 두 차례나 시행되었고 많은 주요 작전에는 기자의 동행이 거부되었다. 케네디 정부에 의한 최초의 미군 파병조차도 철저히 비밀에 붙여진 상태에서 진행되었던 것이다. 보기에 따라서는 베트남 전쟁이야말로 비밀과 거짓으로 점철된 대표적 전쟁 중의 하나였다고 할 수 있다(McNair, 1999). 베트남 전쟁을 통해 터득된 보도 통제와 관련한 많은 기술은 그 이후 여러 전쟁에서 보다 효율적으로 발휘된다.

2) 포클랜드, 그레나다, 파나마 전쟁

종군보도 통제와 관련해 가장 악명 높은 전쟁 중의 하나가 1982년 영국과 아르헨티나 간에 벌어졌던 포클랜드 전쟁이다. 미국의 베트남 전쟁과 마찬가지로 영국에게 포클랜드 전쟁은 국가의 명운을 건 전쟁이 아니었기에 여론 관리가 매우 중요했던 전쟁이었다. 영국으로부터 1만 2천 ㎞ 이상 떨어진 조그만 섬을 탈환하기 위해 대규모 원정군을 조직해 출항하는 장면은 그 자체로 고도의 상징적 이벤트였으며 잘 조직된 PR쇼였다 (Mercer, Mungham, & Williams, 1987).

영국 정부의 성공적 전쟁 홍보 전략에는 물론 구미에 맞지 않은 언론 보도를 철저히 통제하는 작업이 포함한다. 원정군에는 소수의 기자로 구성된 공동취재단이 동행했으나 취재와 기사 송고에는 철저한 통제가 실시되었다. 기사와 필름은 사전검열되었고 그 기준은 검열관의 개인적 취향을 반영할 정도로 막무가내였다. 이 당시 전자통신 기술의 수준은 베트남 전쟁보다 진일보한 것이었음에도 불구하고 전장이 1만 2천 ㎞ 이상 떨어진 대서양의 한 섬이었다는 물리적 제약 때문에 또 그 상황을 매우 효율적으로 이용한 영국 정부의 강력한 통제 덕분에 영국 국민은 매우 정제된 정보만을 아주 늦게 받아볼 수밖에 없었다. 포클랜드 전쟁은 어떤 의미에서 보도 통제를 넘어 정부에 의해 미디어가 본격적으로 전쟁 도구화된 사례로 기억될 만하다. 포클랜드 상륙 시점 등과 관련된 거짓 정보들이 매우 용의주도한 계획하에 영국의 미디어를 통해 흘러나갔고 그것은 적을 혼란시키는 데 이용되었다. 포클랜드 전쟁에서 나타난 고도의 정치 이벤트로서의 전쟁과 그것을 기획하고 지휘하는 정부, 그리고 그 이벤트에 직접 참여하고 홍보하는 꼭두각시 미디어는 그 이후 여러 국제 분쟁에서 일반적 현상이 되었다.

미국의 1983년 그레나다 침공전과 1989년 파나마 침공전에서의 보도 통제는 베트남 전쟁과 포클랜드 전쟁이 그나마 언론에 대한 배려가 있었던 전쟁으로 기록될 정도로 가혹한 것이었다. 전쟁 상대국 정부나 그 지도자를 악마화하고 죄인화하는 대대적 홍보 캠페인을 벌인 후 언론을 배제한 체 전격적으로 전쟁을 수행하는 방식이 자리 잡은 것이 이때다. 미국 언론들은 공산정권을 전복하고 우호적 정권 수립을 위해 미군이 그레나다에 상륙한 이후에야 그 사실을 통보받았고 파나마 침공의 경우 원정군에 동행은 했으나 전장의 접근은 원천적으로 봉쇄되었다. 그 전쟁이 어떻게 수행되었고 얼마나 유혈적이었으며 얼마나 사상자가 발생했는지에 대해서는 현재까지도 정확하게 알려진 바 없다. 더욱 놀라운 것은 이런 정부의 보도 통제가 크게 이슈화되지 않았다는 점이다.

3) 걸프 전쟁

베트남 전쟁 이후 언론 보도 문제가 매우 중요한 이슈로 떠오른 전쟁은 1990년대 초의 걸프 전쟁이다. 걸프 전쟁은 몇 가지 차원에서 이전의 전쟁과 차별화되는 전쟁이다.

첫째, 제 2차 세계대전처럼 국가의 명운이 걸린 전쟁은 아니었지만 중동이라는 매우 중요하고도 미묘한 지역에서 발생한 비교적 강력한 군사력을 보유한 적을 상대로 한 대규모 전쟁이었다는 점이다. 이 점은 미국 정부로 하여금 그레나다와 파나마의 경우와는 다른 전략, 즉 보다 세심하고 체계적인 전방위 홍보 전략이 필요했음을 의미한다. 특히 중동이 가지는 뉴스 가치라는 측면에서 볼 때 언론을 막무가내로 배제하는 것은 애당초 불가능한 전쟁이었다.

두 번째, 이전과 달리 당시 개인 전자통신 기술은 한 개인이 사건 발생과 동시에 위성을 통해 전 세계 언론매체에 뉴스를 송고할 수 있는 수준에 도달했고 중동이라는 지역은 이런 통신 인프라의 차원에서 전혀 물리적 제약이 없는 지역이었다는 점이다.

세 번째, 미국뿐 아니라 다른 전쟁 당사자, 즉 쿠웨이트와 이라크 모두 전쟁 홍보의 필요성을 절감하고 적극적으로 홍보전을 수행했다는 점이다. 이것은 과거에 비해 보다 국제적 여론에 민감한 전쟁이었고 미국과 이라크 모두 세계의 여론을 자국에 유리한 방향으로 이끌기 위해 전력을 기울였다. 공습을 당하는 적국의 수도에서 전쟁의 생생한 모습을 전 세계에 동시 생중계한 CNN의 종군기자 피터 아네트라는 스타의 탄생은 걸프 전쟁의 이런 특성을 반영한 결과였다. 걸프 전쟁 기간 아네트의 활약은 일면 전쟁보도에서 정부에 대한 미디어의 승리를 의미하는 것으로 비춰질 수도 있다. 그러나 걸프 전쟁이야말로 정부와 군 당국에 의한 미디어 통제 기술이 정점에 이른 전쟁이었다.

F-15에 장착된 카메라를 통해 지상의 목표물을 정확히 파괴하는 미사일의 모습이 미식축구 중계하듯 전 세계 안방에 전달되었다. 그곳에서 전쟁의 참혹함을 발견한다는 것은 브루스 윌리스 주연의 할리우드 영화를 관람하고 폭력의 폐해를 생각하는 것만큼 어려운 일이다. 미국의 한 언론인이 지적했던 바대로 걸프 전쟁은 19세기 말의 미국/스페인 전쟁

이후 그 유례가 찾아볼 수 없을 정도의 '전쟁 팔기' 미디어 보도로 특징 지워지는 전쟁이었다. 그곳에서 CNN의 아네트를 포함한 기자의 역할이라는 것은 잘 짜인 드라마 각본에 따라 움직이는 단역배우에 불과했다. 국민의 알 권리를 위해 생명을 걸고 총알이 빗발치는 전장을 누비는 종군기자를 정부 및 군 관계자는 물론 국민들도 더 이상 원치 않아 보였다.

4) 아프가니스탄 전쟁

2001년 9월 11일 세계무역센터 빌딩과 펜타곤에 대한 자살 비행기 공격 이후 미국의 부시 행정부는 대 테러 전쟁을 선포하고 이번 테러 사건의 주모자로 거론된 빈 라덴이 은신한 아프가니스탄에 대한 군사 작전을 감행했다. 아프가니스탄 전쟁은 기간이나 물량이라는 차원에서 이라크 전쟁을 제외한다면 걸프 전쟁 이후 미국이 수행한 가장 대규모의 군사작전으로 여러 가지 면에서 걸프 전쟁과 대비되는 측면이 있다. 특히 미국이 직접 공격을 받음으로써 촉발된 전쟁이라는 점, 상대가 특정 국가나 그 지도자가 아니라 정체가 불분명한 테러리스트라는 점, 또 전쟁 기간이나 지역에 대해 분명한 예측이 불가능하다는 이유 등으로 걸프 전쟁과는 매우 다른 형태로 진행되었다. 아프가니스탄 전쟁의 이런 특성은 특히 대 언론 관계에서도 이전 전쟁들과는 다른 양상을 보인 것으로 평가된다. 베트남 전쟁 이후 미국이 관련된 대부분의 전쟁은 미국 국민 차원에서 볼 경우 선택의 문제였고 그만큼 미국 내 여론에 대한 심각한 고려가 필요한 전쟁이었다. 그러나 아프가니스탄 전쟁은 미 국민의 입장에서 볼 때 공격에 대한 정당한 혹은 당연한 대응이라는 차원에서 일단 대국민 '전쟁 팔기' 미디어 캠페인의 필요성이 적은 전쟁이었다. 단순히 적의 공격으로부터 받은 피해와 받을 수 있는 피해를 계속적으로 국민에게 알리는 노력이면 충분한 것이다. 같은 차원에서 전쟁 시 항상 문제가 된 정부의 보도 통제 역시 이 전쟁의 경우는 크게 이슈화되지 않았다. 부시 정부는 아프가니스탄 전쟁에서 비밀주의를 공언했고 미디어의 적극적 협조를 공개적으로 요구하기도 했다. 테러리스트와의 전쟁이라는 차원에서 유례없는 보도 통제가 나름대로 설득력을 가졌던 것으로 보인다. 이런 점에서 대언론 관계에서 아프가니스탄 전쟁은 걸프 전쟁보다는 그레나다 혹은 파나마 침공 전쟁과 유사한 측면을 가진다고 평가될 수 있다.

아프가니스탄 전쟁에서 한 가지 주목할 것은 카타르에 본부를 둔 아랍계 24시간 뉴스 전문 채널 알 자지라의 존재다. 미국의 CNN 못지않은 뉴스 제작 기술과 인력을 갖춘 것으로 평가되는 알 자지라 TV는 1996년 위성을 통해 첫 방송을 시작한 이래 2003년 현재 전 세계로 전파를 내보내는데 비 아랍 지역에도 상당한 시청자를 확보한 것으로 알려졌다. 아프가니스탄 전쟁에서 미 군 당국의 보도 통제하에 있던 여러 서구 매체들을 제치고 가장 주요한 뉴스 제공원으로 기능하면서 과거 서구 독점적 뉴스 흐름에 변화를 줄 수 있는 대안 매체로 떠오른 알 자지라는 서구 국가들로 하여금 전쟁 커뮤니케이션 전략을 전면 수정치 않을 수 없게 하는 요인이 되었다.

3. 이라크 전쟁보도와 몇 가지 쟁점들

이라크 전쟁은 취재기자의 사망 비율이 참전군인(미국과 영국)의 사망 비율보다 높은 매우 이상한 전쟁이었다. 이런 새로운 유형의 전쟁은 새로운 유형의 전쟁보도를 불러왔고 전쟁보도를 연구하는 학자에게 매우 흥미로운 이벤트로 받아들여진다.

전쟁이 거의 마무리되면서 미디어 보도 행태에 대한 가혹한 비판과 분석 그리고 별로 현실성 없어 보이는 제안으로 이루어진 긴 논의가 시작되었다. 논의가 무책임한 주장과 비판에 그치지 않기 위해서는 이번 전쟁 보도와 관련한 문제점을 언론과 언론인에게만 전가하는 행위를 지양할 필요가 있다. 여기서는 조금이라도 건설적 논의가 될 수 있도록 이라크 전쟁보도와 관련해 제기될 수 있는 문제점들을 쟁점별로 분류해 전체적 맥락에서 체계적으로 논의하겠다.

1) 과도한 경쟁과 전쟁의 오락화, 게임화

이라크 전쟁은 과거 전쟁보도의 특성을 상당 부분 계승하면서도 몇 가지 새로운 특성을 가진다. 그 하나가 과거에 볼 수 없었던 언론사 간 또는 기자 간의 과도한 취재 경쟁을 들 수 있다. 이는 이번 전쟁에서 지난 1991년 걸프 전쟁 이후 일반화된 전쟁 방송의 오락화, 스포츠화, 게임화를 더욱 부추긴 요인이 되었다.

정확한 추산은 불가능하나 이라크 전쟁보도를 위해 걸프 지역에 파견된 기자의 수는 미국의 임베드 프로그램에 참여한 기자를 포함 최소 1천 명에서 많게는 2천 명이 넘었던 것으로 알려졌다. 이런 대규모 취재진이 가능했고 또 요구되었던 이유 중의 하나는 24시간 뉴스 전문 케이블 TV의 수적 증가다. 1991년 걸프 전쟁 당시 24시간 뉴스채널은 CNN이 유일했다. 2003년 현재는 전 세계적으로 12년 전 CNN의 규모를 훨씬 상회하는 수십 개의 뉴스 전문채널이 존재하는 실정이다. 미국의 경우만 해도 FOX와 MSNBC 등 복수의 24시간 뉴스 전문 케이블 채널이 CNN과 함께 경쟁한다. 이런 케이블 TV 간의 경쟁은 결국 다른 지상파 방송사가 참여하는 사운을 건 미디어 전쟁으로까지 확산되었다. 이런 과도한 경쟁 현상은 전 세계적인 것으로 물론 우리나라 방송사도 예외는 아니었다. 경쟁의 결과는 전쟁보도 시간의 확대로 나타났고 그 시간을 보다 매력적이고 손쉽게 메우기 위한 컴퓨터 그래픽, 버츄얼 스튜디오 작업이 이루어졌다. 결국 그것은 시청률 경쟁을 위해 전쟁을 게임화하고 오락화했다는 비난을 불러일으킨다.

과도한 경쟁의 또 다른 배경으로는 이라크 전쟁 자체가 가지는 논쟁적 성격과 함께 전쟁 수행 당사자의 적극적 홍보 전략을 들 수 있다. 양국 정부는 나름대로 보다 많은 언론사에 자신이 원하는 비주얼과 사운드를 제공하기 위해 노력했는데 이는 매우 제한된 언론사에게만 취재를 허용해 온 과거의 관행과는 크게 차이가 있는 것이다. 이런 환경 변화의 주요인으로는 아무래도 아랍어 뉴스 전문 채널 알 자지라의 존재를 들지 않을 수 없다. BBC 수준의 저널리스트적 전문성을 갖춘 것으로 알려진 아랍계 알 자지라의 전 세계를 상대로 한 보도 능력을 고려할 때 과거 걸프 전쟁과 같은 보도 통제 방식은 미국 정부가 선택할 수 있는 옵션이 아니었다.

결국 미국 정부는 과거와 전혀 다른 전략, 즉 과도할 정도로 많은 언론사에 취재 기회를 부여함으로써 경쟁을 유도하고 그를 통해 정보를 통제하는 방식을 선택한다. 이런 방식은 무수히 많은 오보로 이어지고 결국 모든 것이 분명해지지 않는 결과를 낳았다. 상상할 수 없을 정도로 높은 취재 기자의 사망률 역시 매우 효율적이었던 것으로 증명된 미군 당국의 새로운 정보 전략의 결과라 할 수 있다.

2) 정제 보도 대 선정 보도

전쟁보도의 중요한 쟁점 중의 하나는 '사실의 정제'(*sanitized reality*), 즉 정제된 정보 문제다. 실상 전쟁은 본질적으로 참혹한 것이며 그러기에 어느 전쟁의 경우에도 항상 군 당국과 언론인들은 대중들에게 전달되어야 하는 전쟁의 참혹성의 수위를 놓고 고민한다. 전쟁 승패와 관련한 미디어 책임론이 본격적으로 그리고 구체적으로 제기된 것은 베트남 전쟁을 통해서다. 베트남 전쟁 이후 형성된 언론의 무분별한 보도(전쟁의 참혹성에 대한)가 전쟁을 패배로 몰고 간다는 믿음에 근거한 정제된 보도의 필요성(*sanitized reporting*)은 미국 언론들에게 거부할 수 없는 원칙과도 같은 것이 되었다. 이런 미국 언론의 전통적 보도 태도가 이라크 전쟁에서 더욱 두드러져 보였던 것은 전쟁에 대한 전혀 다른 시각을 가진 알 자지라 때문이다. CNN, FOX 등 미국 TV와 차별되는 보도 방식을 통해 성가를 높인 알 자지라는 이라크 전쟁의 참혹함을 알리는 데 미국의 언론과 전혀 다른 입장을 견지했고 상호 비난을 통해 '정제된 전쟁'을 이슈화시키는 데 성공했다.

알 자지라에 등장했던 수많은 주검, 상처 입은 어린이들과 울부짖는 어머니들, 그리고 공포에 질린 미군 포로를 미국의 TV 방송에서는 거의 보기 어려웠다. 폭격은 있되 파괴는 없었고, 전투는 있었으나 사상자가 보이지 않았던 미국의 TV였다. 어떤 면에서 미국 언론의 이런 정제된 보도는 목이 잘린 시체와 피범벅이 된 어린이들의 모습을 여과 없이 방영한 알 자지라 TV에 비해 덜 선정적인 것이라 볼 수 있다. 얼마나 많은 피가 TV에 나왔는가를 기준으로 본다면 미국의 TV는 분명 덜 선정적이었다.

일반적 시청자로 하여금 불건전한 감정적 반응을 유발토록 하는 것(Mott, 1966)을 선정보도로 정의할 때 미국 TV의 정제된 보도 방식은 TV에 무방비로 노출되는 어린이 보호라는 긍정적 측면을 가진다. 전쟁 보도에서 선정적 보도와 진실 보도는 결코 옳고 그른 것으로 나누어 질 수 있는 이분법적인 것이라기보다 한 연장선 위에 놓인 정도의 차이로 보는 것이 타당할 것이다.

끝으로 선정 보도와 관련해 한 가지 언급할 것은 선정성을 보다 넓게 해석해 '독자나 시청자의 흥미 유발을 통한 과도한 눈길 끌기'로 정의할 경우 미국 TV의 전쟁보도도 결코 선정성 비난으로부터 자유로울 수 없다는 점이다. 전투기를 직접 몰고 항공모함에 착륙해 환호하는 군인들을 대상으로 종전을 선언하는 미국 부시 대통령의 모습을 선정적이지 않다고 볼 사람은 아무도 없을 것이다.

3) 임베드 프로그램과 서바이벌 게임 리포트

이라크 전쟁을 다른 전쟁과 가장 차별화시킨 것은 미군 당국에 의해 수행된 임베드(embeds) 프로그램이다. 기자로 하여금 작전을 수행하는 개별 미국 부대에 배속되어 동행 취재할 수 있도록 한 이 프로그램은 이번 전쟁이 과거와는 매우 다른 방식으로 묘사되는 데 기여했다. 매우 제한적 취재만이 허용되거나 아예 원천적으로 취재가 봉쇄되었던 과거와 비교할 때 이번 임베드 프로그램은 매우 낯선 시도였다. 먼저 참가 기자가 유례를 찾을 수 없을 정도로 대규모였는데 초기에 동행 취재가 허용된 기자의 수가 6백 명이 넘었고 아랍계 알 자지라 기자까지 참가가 허용될 정도로[1] 개방적 프로그램이었다. 1991년 걸프 전쟁 당시 단 한자리도 배정받지 못했던 우리나라의 언론사에게도 참여가 허용되었다.

과도할 정도로 많은 기자에게 또 지나칠 정도의 근접 동행 취재가 허용된 이번 전쟁은 과거와는 다른 새로운 종류의 전쟁보도 유형을 만들어낸 것으로 평가된다. 보기에 따라서는 임베드 프로그램을 통해 일반 대중들이 이라크 전쟁에 관한 보다 현장감 있는 매우 많은 양의 생생한 영

---

1 그러나 이들은 결국 비자 문제로 참가하지 못했던 것으로 알려져 있다.

상정보를 실시간으로 받아보았다고 평가할 수 있다. 하지만 이와 반대로 임베드 프로그램을 군 당국에 의해 수행된 새로운 형태의 언론통제 방식으로 바라보는 시각도 존재한다. 버클리대학의 저명한 언론학자 바그디키안(Bagdikian)은 전쟁 기간 동안 평범한 미군 병사의 생활을 묘사하는 데 이번 임베드 프로그램이 일정 부분 성공적이었음을 인정하면서도 그러나 그것 이상의 어떤 것도 시청자에게 전달하는 데 실패했음을 주목하여야 한다고 지적한다. 임베드 프로그램에서 기자 스스로 할 수 있는 것은 극히 제한되었으며 실제 전쟁이 기획되고 명령되는 지휘본부는 처음부터 취재의 대상에서 제외되었다. 병사 개인의 환호와 고뇌와 땀과 거친 숨소리만이 기자들에게 허용된 이야깃거리였다. 이런 제약에도 불구하고 경쟁적 상황에 놓여 있던 기자는 일상 위주의 내용을 매일매일 송고하지 않을 수 없었고 결국 우리가 보고 들은 것은 서바이벌 게임 참가자처럼 비추어지는 부대원의 이야기였던 것이다. 이번 전쟁에서 실제 미국 언론들 중에는 리얼리티 TV 프로그램 진행자 출신을 리포터로 기용한 사례가 있었다. TV 방송은 아니었지만 우리나라의 주요 신문 중의 하나에 게재되었던 한 여기자의 종군기 역시 이와 같은 일화 중심의 서바이벌 게임 리포트였다.

임베드 프로그램과 관련해서 한 가지 추가로 지적되어야 하는 것은 보도의 객관성과 관련된 문제다. 배속 부대의 지휘관이 허용한 것 이외의 취재가 가능하지 않았기에 객관적 보도라는 것은 애당초 기대할 것이 못 되었지만 이번 임베드 프로그램은 강압적 통제와는 다른 새로운 방식으로 군 당국이 기자의 객관적 시각을 가릴 수 있음을 보여주었다. 임베드 프로그램을 통해 기자는 전쟁의 객관적 관찰자 혹은 기록자의 역할을 벗어 던지고 참가자의 역할을 수행했다. 서바이벌 게임 진행자의 역할을 넘어 게임의 직접 참가자가 되었던 것이다. [2]

"전쟁의 첫 번째 희생자는 진실"이라는 유명한 경구가 있다. 아마도 이번 임베드 프로그램의 첫 번째 희생자는 '객관적 보도'였던 것으로 기록될 것 같다.

4) 군산복합체와 전쟁보도

알 자지라 방송 이외에 이라크 전쟁에서 성가를 높인 방송사로 미국의 FOX 뉴스를 들 수 있다. 시청률만 놓고 본다면 2003년 미디어 전쟁의 최대 승리자는 FOX 뉴스 혹은 그 소유주인 루퍼트 머독이라고 할 수 있다. 애국 보도, 치어리더 보도 등의 별칭을 얻어가면서까지 우경화된 보수주의적 관점을 전쟁보도에 투영하는 데 전력을 기울인 FOX 뉴스는 이라크 전쟁에서 미국 시청자의 폭발적 성원을 받으며 CNN을 포함한 여타 미국 언론들의 전쟁보도 방향을 결정짓는 선도견 역할을 수행했다. 물론 FOX의 이런 역할은 이번에 급작스레 나타난 것은 아니다. 9·11 테러 이후 이미 시청률 면에서 FOX 뉴스는 CNN을 포함한 여타 경쟁 뉴스 전문채널들을 압도한 것이 사실이다.

그래서 이 같은 FOX 뉴스의 성공은 이미 예견되었던 것이고 그들의 보도 태도 역시 루퍼트 머독이라는 극우적 인물의 성향으로 판단할 때 크게 주목할 만한 것이 아닐 수 있다. 미국 언론의 편향된 일방향적 애국 보도, 전쟁 지지, 전쟁 팔기 보도 역시 정도의 차이일 뿐 FOX가 아니라도 모든 미디어에 공통적으로 나타나는 현상이고 FOX에 모든 책임을 전가할 일은 아니다. 그럼에도 불구하고 이라크 전쟁과 관련해 FOX 뉴스를 주목해야만 하는 이유는 그의 편집 방향이 세계 미디어 업계에 크나큰

---

2 〈조선일보〉 강인선 기자의 종군기 참조.

영향을 미치는 미국의 언론 정책과 관련해 매우 중요한 의미를 지니기 때문이다.

결코 가볍게 여길 수 없는 사실 하나는 미국의 연방통신위원회(FCC) 위원장이 부시 대통령에 의해 임명된 마이클 파월이라는 점이다. 마이클 파월은 전쟁의 주요 기획자 중의 하나였던 국무장관 콜린 파월의 아들이다. 또한 우연하게도 이번 전쟁이 FCC가 미디어 집중과 관련된 소유권 문제를 재정비하려는 시점에 발생했다는 점은 주목할 가치가 있다. 이 문제는 실상 미국에서는 공공연히 지적되는 사안으로 비단 FOX 채널뿐 아니라 소유권 집중과 관련해 적지 않은 비난을 받아온 다른 여타 네트워크 채널 모두에 적용되는 문제라 할 수 있다.

전쟁 기간 군사전략 전문가로 미국 TV에 모습을 내밀었던 사람들 중 많은 수가 전직 장군으로 이라크 전쟁에 경제적 이해가 걸린 방위/군수 산업체와 직·간접적으로 연결된 인물이었다는 점을 고려할 때 군과 정부와 사적 기업 간의 단합은 의혹의 수준을 넘는다. 더욱이 상상할 수 없을 정도로 많은 이권이 걸린 이라크 재건 사업의 총괄 계약자로 선정된 벡텔이 미국 공화당의 가장 전통적 후원 기업이라는 점을 상기할 때 사기업인 미국 방송사의 과도한 전쟁 지지 문제는 사소한 문제로까지 보인다. 어디까지가 언론이고 어디까지가 군이며 어디까지가 백악관인지 또 어디까지가 사업인지 분간이 안 되는 모든 것이 뒤섞여 버린 것이 이번 이라크 전쟁이다.

4. 맺음말

TV 방송 시간의 양으로 볼 때 이라크 전쟁은 과거 모든 전쟁의 TV 방송분을 합친 것보다 더 많은 TV 방송이 이루어진 유례없는 전 세계 24시간 전일 위성 생중계 TV 보도 전쟁으로 기록된다. 여러 문제점에도 불구하고 알 자지라 TV의 등장으로 인해 부족하게나마 과거에 비해 양적으로 균형 잡힌 전쟁보도가 이루어졌음을 우리는 평가할 필요가 있다. 그러나 전쟁보도에서 시각의 균형 문제는 많은 평가 기준 중 하나에 지나지 않는다. 그 외에 너무나 당연히 많은 문제점이 지적되었고 또 지적될 것이다. 그러나 서두에서 언급했던 것처럼 그 모든 문제들을 방송사와 기자들만의 책임으로 돌리는 태도는 현실적이지도 않을뿐더러 문제를 해결하는 데 전혀 도움이 되지 않는다. 위에서 논의했던 것처럼 모든 문제에는 다 그럴 만한 이유가 있는 것이고 자기 생각만이 옳다고 주장할 것이 아니다. 단, 문제의 원인이 자기 스스로는 아닐지라도 그것이 문제가 됨을 모르는 무지는 비난을 받아 마땅하다. 서바이벌 게임 리포트를 자기가 시도한 새로운 전쟁 저널리즘으로 이해하고 자랑하는 것은 안 된다는 말이다.

글을 마치기에 앞서 종군보도 또는 전쟁보도와 관련해 베트남 전쟁이 가지는 의미 하나를 지적하고자 한다. 베트남 전쟁 기간 중 수행된 미국 정부와 군 당국의 언론 및 여론 관리 노력은 결과적으로 그리 성공적이지 못했고 그런 차원에서 언론의 노력을 평가할 부분이 없지 않다. 여기서 한 가지 주목할 만한 사실은 미국 정부의 여론 관리는 전쟁기간 중보다 종전 후 더욱 빛을 발했다는 사실이다. 베트남에서 미군이 철수한 후 세계 최고 강대국의 자존심은 매우 상처를 입었고 미국 정부와 군 당국은 일반 국민들에게 전쟁 패배에 대한 납득할 만한 설명을 필요로 했고 그 결과 미디어 책임론이 등장한다. 언론 보도가 미국의 패배에 어떤 영향을 끼쳤는지에 대해 과학적 설명은 불가능하다. 그럼에도 불구하고 많은 사람들은 언론의 무분별한 보도가 전쟁을 패배로 몰고 갔다고 굳게 믿는다. 미국 정치 지도자와 군 당국자는 물론 일반 미국 대중들에게 이런 믿음은 현재까지도 유효한 것으로 판단된다. 최근 미국에서 실시된 한 여론 조사에 따르면 전쟁 시 보도관제가 필요하다고 응답한 사람의 비율이 80％에 달한다. 국민의 알 권리 보장을 위해 생명까지도 아까워하지 않을 많은 종군기자에게 국민 대부분이 스스로 알 권리를 유보하겠다는 것은 무엇을 의미하는가? 이런 미국 국민의 여론은 베트남 전쟁이 낳은 산물이고 그 이후 여러 전쟁에서 나타난 정부와 언론 간의 비정상적 관계를 설명하는 근거가 된다. 국민이 원하지 않는데 누구를 위해 생명을 건다는 말인가? 현실적으로 전쟁보도 통제와 관련한 여론에 있어 미국 정부는 승리자인 것이다.

참고문헌

안민호 (2001), 종군기자와 보도 통제의 역사, 〈신문과 방송〉, 371호, 32~37.

Mercer, D., Mungham, G., & Williams, K. (1987), *The Fog of War*, London: Heinemann.
McNair, B. (1999), *An Introduction to Political Communication*, London: Routledge.

6

텔레비전의 이라크 전쟁보도와
미국식 오리엔탈리즘
KBS 텔레비전 뉴스 사례를 중심으로

황인성

1. 문제 제기

오늘날 포스트모던 사회를 사는 우리는 첨단 커뮤니케이션 기술 덕택에
전 세계를 하나의 공동체로 엮어주는 글로벌미디어가 제공하는 생생한
이미지를 통해 세상을 경험한다. 우리의 경험이 지구의 반대편에 위치한
지역에서 벌어지는 사건이나 그곳 사람과 관계되는 경우 더욱 그러한 이
미지에 의존할 수밖에 없다. 미디어 이미지는 이제 사회 현실을 재현하
는 데 필요한 부차적 수단으로만 존재하지 않는다. 그것은 오히려 우리
의 1차적 경험 '대상'으로서 현실 그 자체이다. 1991년의 걸프 전쟁과 미
디어와의 관계를 연구한 학자들이 그 전쟁을 초유의 본격적인 '미디어 전
쟁' 또는 'TV 전쟁'(Cumings, 1992; Kellner, 1992, 1995; Moisy, 1996;
Zelizer, 1992)이라고 부르는 이유는 바로 여기에 있다. 텔레비전은 더 이
상 전쟁 현장에 관한 정보를 전달하는 단순한 커뮤니케이션 수단이 아니
라 실질적 전쟁의 일부로서 피아간 전투가 벌어지는 현실 공간인 것이다.
　이와 관련해서 이 장에서는 미·이라크 전쟁에 대한 텔레비전 뉴스의

사례연구를 통해서 텔레비전이 이라크, 중동, 나아가서는 이슬람 세계를 포함하는 '타지역', '타문화' 그리고 '타인'에 대한 현실을 어떻게 재현하는지 그리고 그러한 재현의 문제점은 무엇인지 논의하고자 한다. 푸코(Foucault) 식의 관점에서 보면 미디어가 '타자'를 재현하는 문제는 재현하는 주체와 재현 대상으로서의 객체 사이에 존재하는 권력 관계에 관한 문제이며 이것은 다시 '타자' 또는 '타문화'에 대한 고정관념을 형성하는 민속지학적 지식 생산에 관한 문제이기도 하다. 우리는 미디어 재현의 주체이자 객체로서 이러한 민속지학적 연구의 함정에 빠지지 않는 방편의 하나로 민속지학에 관해 비판적인 견해를 펼친 클리포드(Clifford, 1986: 13)의 제안을 상기할 필요가 있다.

그는 우리에게 항상 '누가 말을 하는가? 누가 기술하는가? 언제 어디서? 누구와 함께 혹은 누구에게? 어떤 제도적이고 역사적인 제약 하에서?'라고 질문할 것을 강조한다. 클리포드의 제안이 이 장과 관련해서 중요한 이유는 전통적인 미디어제국주의 혹은 문화제국주의 이론가들이 주장하듯 여전히 세계의 특정 지역이나 국가 또는 문화 간 커뮤니케이션 흐름이 제 1세계에서 제 3세계 방향으로만 이루어진다면 전 세계는 전자의 세계가 제공하는 극히 부분적인 이미지와 담론들을 토대로 후자에 대한 현실 인식을 해야 하기 때문이다.

이러한 맥락에서 2003년 3월 20일부터 시작된 미·이라크 전쟁에서 바그다드가 함락되던 시점까지 약 3주간에 걸쳐 이루어진 텔레비전의 전쟁보도는 직접적으로는 이라크를 포함한 이슬람 세계에 대해서, 나아가서는 지구촌 전체에 대해서 상징적 폭력을 행사한 것이나 다름없다. 전쟁 기간 동안 전 세계 사람들이 전쟁 주도국인 미국의 입장에 대해 찬반 양론으로 갈려 갈등했던 이유는 단순히 전쟁으로 인해 도시가 파괴되고 무고한 양민이 죽을 것이라는 근시안적인 생각 때문만은 아니었다. 그보다는 오히려 향후 전 세계 지역별 문명이나 종교의 차이 또는 가치관의 차이 등이 인류 문명의 다양성을 담보하기보다는 미국 중심의 새로운 권력 관계 형성을 위한 상징적 갈등 요소로 악용될 수 있다는 우려 때문이었을 것이다. 이러한 우려는 전쟁이 끝나고 한 해가 지난 지금까지도 여전히 유효한 것으로 보인다.

그람시(Gramsci, 1971)의 '헤게모니' 개념에 비추어보면, 미국이 자신의 제국주의적 목적을 달성하려면 가공할 파괴력을 갖춘 첨단 과학 무기의 힘에 의존하는 직접적·강압적인 지배에 앞서 문화적 차원에서 국제적인 담론적 합의를 유도함으로써 직접적 지배에 정당성을 부여하는 헤게모니적 경쟁력을 갖추어야 한다. 텔레비전이라는 가상공간 위에서 이미지를 놓고 벌이는 싸움은 바로 이러한 문화적 헤게모니 쟁취를 위한 또 하나의 전쟁이라 할 수 있다. 지난 미·이라크 전쟁에 대한 전 세계 텔레비전 뉴스의 역할은 바로 이러한 관점에서 이해되어야 할 필요가 있다.

이 장은 우선 국내 KBS의 미·이라크 전쟁보도에 대한 구체적인 사례 연구를 통해 텔레비전 뉴스가 하나의 담론으로서 미·이라크 전쟁이라는 현실을 어떻게 구성하는지 논의하고자 한다. 그 다음은 앞의 논의를 토대로 텔레비전 뉴스의 미·이라크 전쟁 재현 과정을 관장하는 지배적인 의미와 가치는 무엇이며 그것이 미국 중심의 신제국주의가 지향하는 담론과 관련해서 가지는 함의는 무엇인지 반성하고자 한다.

2. 이론적 배경: 텔레비전 뉴스의 현실 구성과 오리엔탈리즘

비판적인 시각에서 보면 현대 사회의 텔레비전 뉴스 미디어는 일반적 통념에 의존해서 현실을 재현하기 때문에 특정한 현실 분류 방식을 자연스럽고 분명하며 상식적인 것으로 부각시켜 결과적으로는 권력의 불균등한 배분을 당연한 것으로 보이도록 한다. 나아가서는 불평등한 권력 배분과 관련 있는 그 사회의 지배적인 가치나 의미 그리고 신념들을 '탈정치화'함으로써 기존의 권력 관계를 영속시키는데 기여한다(Allan, 1999: 83~87). 그렇게 보면, 미·이라크 전쟁에 관한 텔레비전 저널리즘 담론의 작동 방식 또한 지배적인 전 세계 권력 질서와 관련하여 이해하여야 할 것이다. 이 장은 이러한 논의를 전개하기 위한 이론적 배경을 사이드(Said)의 '오리엔탈리즘', '담론', '권력', '지식', 그리고 '고정관념' 개념들의 관계에 대한 개괄적 검토로 대신하고자 한다.

주지하듯이 사이드가 '오리엔탈리즘'론을 통해서 주장하는 논의의 핵심은 동양론이 동양 자체에 대한 연구가 아니라 동양에 대한 하나의 '담론'이라는 것이다. 그의 오리엔탈리즘론은 서양(주로 유럽을 가리킴)이 동양(중동에 초점을 맞춤)을 '타자화'하여 동양에 관한 '지식'을 만듦으로써 동양에 대한 서양의 우월성을 강조하는 방식에 관한 비판적 통찰에 근거한다. 사이드(Said, 1978/1999: 18~19)는 오리엔탈리즘을 간단히 "동양을 지배하고 재구성하며 위압하기 위한 서양의 스타일"로 규정하고, 그 본질을 제대로 이해하기 위해서 푸코의 '담론'(discourse) 개념을 적용하여 파악할 것을 제안한다. 그러지 않고서는 후기 계몽주의 시대 유럽 문화가 정치적·사회적·군사적·이데올로기적·과학적 그리고 상상적으로 동양을 관리하고 심지어는 생산할 수 있도록 한 엄청나게 체계적인 규율(discipline)을 이해할 수 없다는 것이다.

푸코의 담론 개념은 '권력'과 '지식'의 관계에 대한 논의와 함께 사이드가 자신의 오리엔탈리즘론을 발전시키는 데 지대한 영향을 미친 이론적 기반의 일부이다. 권력 개념에 대한 새로운 지평을 연 푸코의 계보학적 연구는 권력과 지식의 유기적 관계가 어떻게 구체적 담론 형성에 작용하는가의 문제에 관심을 둔다. 푸코의 '권력/지식' 논의는 지식이 권력을 쥔 소수에 의해 이용된다는 점을 분명히 한다. 그의 논의에 의하면 권력은 지식을 구성하고 지배하며 지식은 지식 없이 작동할 수 없는 권력을 낳음으로써 권력과 지식은 결국 상호 보완작용을 통해 자연스럽고 정상적인 것이 무엇인가를 규정하는 담론을 형성한다는 것이다(Foucault, 1980: 51~52). 여러 비판적인 미디어 연구 학자(Fiske, 1987; Hall, 1997b; O'Sullivan et al., 1994; Tolson, 1996)가 지적하듯, 텔레비전 또한 푸코식 관점으로 이해하면 하나의 담론으로서 특정 시대의 지식을 생산하고 그 지식에 의해 작동하는 '권력'과 분리될 수 없으며 주어진 소재에 대해 무엇을 진술하고 억제할 것인가를 규정하는 역할을 한다.

사이드의 오리엔탈리즘론은 이러한 푸코의 주장을 활용해 서양과 동양이 어떻게 '자아'와 '타자'라는 이분법적 분류 방식에 의해 '개발'과 '야만', '선진'과 '미개', '우등'과 '열등', '합리'와 '비합리' 등의 개념으로 고정관념화되는지 밝힌다. 오리엔탈리즘은 한 국가의 정부 정책뿐만 아니라 텔레비전이나 영화, 광고, 사진, 소설 등과 같은 대중문화에서도 발견된다. 서양은 이와 같은 대중문화를 통해서 동양에 대해 이국적이며 야만적 속성을 부여함으로써 그 문화를 '타자화'한다. 그렇게 설정된 동양 개념은 다시 유럽과 서양 개념을 설정하는 데 이용된다. 오리엔탈리즘은 이러한 방식으로 서양과 동양 사이의 관계를 대립적으로 규정하고 후자에 부정적 가치를 부여하는 결과를 낳는다(Sturken & Cartwright, 2001: 104~105).

사이드는 빅토리아 왕조 시대의 유럽인이 동양에 대한 여행기들을 남기면서 동양에 대한 환상적이고 과장된 이야기들로 꾸며진 민속지학적 담론들을 만들어 그들의 식민지 착취 행위에 대한 정당성을 확보했다고 주장한다. 그는 또한 이것은 유럽의 인류학자들이 서구식 패러다임을 이용해서 동양을 '타자화'하는 방식이며, 나아가서 그러한 패러다임이야말로 헤게모니적 담론 구성체를 통해 동양을 지배하는 방식의 하나임을 지적한다(Walia, 2001/2003 : 54~59).

현대 사회에서 텔레비전은 인종이나 민족 또는 종교 집단 등과 관련된 문화적 재현을 실천하는 가장 대중적인 담론적 장치라고 해도 과언이 아니다. 따라서 동양과 서양이라는 근본적인 인종적 대립 문제가 접합된 텔레비전 담론의 이데올로기적 의미를 파악하는 데 사이드의 오리엔탈리즘론은 매우 유용한 단서를 제공한다. 특히 오리엔탈리즘론은 텔레비전 담론이 현실을 구성하는 과정에서 어떻게 이항대립적인 틀걸이를 이데올로기적으로 활용하는가에 대한 이해를 구하는 데 도움이 된다.

이 장에서는 오리엔탈리즘론을 활용하여 걸프 전쟁 관련 뉴스의 의미를 특정 방향으로 유도하는 구조적 틀이 어떠한 이항대립 구조로 설명될 수 있는지 알아볼 것이다. 우리가 관심을 가져야 하는 부분은 뉴스의 의미 생산 과정에 관여하는 이항대립 구조를 구성하는 두 항목 사이에 존재하는 힘의 역학관계에 관한 것이다. 홀(Hall, 1997a: 235)은 이러한 이항대립 관계를 구성하는 두 항목 사이에는 권력의 불균형을 토대로 하는 위계질서가 존재하며 따라서 두 항목 중 지배적 권력을 갖는 한 쪽이 다른 쪽을 자신의 영향권 내에 둔다고 주장한다.

한편, 이렇듯 권력 관계에 근거해서 대상을 이항대립 범주로 분류하는 재현 방식은 대상을 '고정관념화'(stereotyping) 한다. 고정관념은 세상의 사물이나 사람들을 이해하고 의미를 부여하기 위해 불가피하게 고안한 일반적인 문화 분류체계인 '유형'(types) 과 다르다(Hall, 1997a: 257). 고정관념에는 무엇이 포함되고 배제되는가의 문제가 뒤따른다. 그리고 이러한 문제는 항상 권력 문제와 관계된다. 홀은 다이어의 논의를 수렴해 고정관념화의 특징을 다음과 같이 정리한다(Hall, 1997a: 257~259).

우선, 대상의 다양한 차이는 고정관념화 과정을 통해서 몇 안 되는 범주의 특징들로 환원되고 그러한 특징은 과장과 단순화 과정을 통해 의미가 고착된다. 고정관념화는 또한 정상적인 것과 일탈적인 것을 가르는 일정한 상징적 경계를 설정하여 정상적인 사람은 주류 집단에 포함시키고 그 외 일탈적인 사람들은 정상적인 부류와 '다르다'(different)는 이유로 배제하는 경향을 보인다.

마지막으로, 고정관념화는 불균등한 권력 작용이 존재하는 곳에서 일어나며, 이때 권력은 일반적으로 종속 집단이나 또는 배제된 집단에게 불리하도록 작용한다. '자민족 중심주의'(ethnocentrism)가 대표적 사례라 할 수 있다. 자민족 중심주의를 미·이라크 전쟁보도에 적용하면 미국인은 '선'의 범주에 속하는 자아로, 이라크인은 '악'의 범주로 분류되어 '타자화'된다. 이러한 맥락에서 이항대립적 틀을 토대로 구체화되는 재현 구조, 그러한 재현 시스템을 통해 구축되는 특정 집단에 대한 고정관념과 타자성 등에 대한 문제의식은 텔레비전 저널리즘의 걸프 전쟁보도에 대한 우리의 비판적인 이해가 보도 내용 자체, 즉 표면 차원에 머무르지 않을 것을 촉구한다. 이에 홀은 비판적 연구를 위해 우리의 관심을 표면적 내용에서 심층의 구조차원으로, 즉 의미에서 의미규칙의 차원으로 이동할 것을 주장한다(Hall, 1982/1996: 258).

지금까지 사이드의 오리엔탈리즘 개념을 중심으로 텔레비전 뉴스의 재현 시스템이 재현 대상을 고정관념화하고 타자화하는 방식에 관해 살펴보았다. 이 장과 관련해서 사이드의 논의가 중요한 것은 특히 오리엔탈리스트 텍스트의 역할이 단지 동양에 대한 지식을 창조하는 것에 그치지 않고 그 텍스트들이 기술하는 것으로 보이는 현실을 창조하고 그렇게 창조된 지식과 현실은 다시 동양에 대한 모든 연구의 기반이 되기 때문이다.

3. 관련 문헌 검토 및 연구 문제

텔레비전의 걸프 전쟁보도 관련 연구는 지난 10여 년간에 걸쳐서 보도의 객관성, 정보 통제 시스템, 정치적 배경, 프로파간다, 신제국주의, 포스트 콜로니얼리즘 등 다양한 문제들과 관련해서 이루어졌다. 하지만 여기서는 이 장의 목적을 고려하여 텔레비전 뉴스의 텍스트 분석과 관련되는 문헌에 한정해 검토하고, 특히 걸프 전쟁에 관한 텔레비전 보도의 담론적 속성에 대해 문화연구적 관점에서 연구한 켈너(Kellner, 1992)의 작업을 논의의 출발점으로 삼고자 한다. 켈너의 *The Persian Gulf TV War*(1992)는 수백 시간에 이르는 방대한 분량의 걸프 전쟁보도 내용을 분석해서 기존의 연구자들이 익숙하지 않은 다양한 출처의 자료들을 연계해 살펴봄으로써 미디어의 실질적인 영향력에 관해 심도 있는 논의를 펼친 것으로 유명하다.

　　텔레비전의 걸프 전쟁보도 내용의 특징에 대한 켈너의 통찰력 있는 비판 중 이 장의 목적과 관련해 가장 눈에 띄는 것은 당시 미디어는 걸프 전쟁을 미국의 부시와 이라크의 후세인 사이의 '개인적' 전쟁으로 보이도록 했다는 것이다. 특히 당시 미국의 부시 대통령이 미디어와 함께 이라크의 후세인 대통령을 '악마화'(*demonization*) 하고 걸프 전쟁을 미국 중심의 '선한'(*good*)　연합군과　'악한'(*evil*)　이라크　사이의　전쟁으로　'개인화' (*personalization*) 하고 '단순화'(*simplification*) 했다는 것이다. 켈너의 연구에 의하면 전쟁 초부터 미디어는 '선과 악'의 전쟁이라는 대중문화 프레임을 통해서 걸프 전쟁을 조명했는데, 이러한 시나리오에 의해 이라크 지도자인 후세인은 히틀러에 버금가는 '미치광이'(*a madman*)　또는 '악마'(*a villain*)로 비유되었다. 또한 주류 미디어는 전쟁 초부터 후세인의 야만성을 드러내는 이야기들과 이라크가 소지한 것으로 믿어 의심치 않

166

는 대량살상 화학무기와 핵무기 보유 가능성 그리고 미국을 포함한 우방국에 대한 테러 가능성 등에 대한 보도를 멈추지 않았다. 켈너는 또한 부시가 미디어를 통해 이라크의 쿠웨이트 침공을 '강간'(rape) 행위와 같은 성폭력적 메타포로 표현한다든지 사담 후세인의 '사담'(Saddam)을 고의적으로 왜곡 발음("Saad'm") 함으로써 후세인의 이미지를 사탄(satan)과 저주(damnation) 그리고 소돔(Sodom)의 이미지로 연결시키려한 것은 모두 후세인의 '야만적'이고 '악마적'인 속성을 구축하는 데 결정적 영향을 미쳤다고 주장한다(Kellner, 1992: 62~76).

걸프 전쟁이 텔레비전에 의해 '개인화'되고 후세인과 이라크가 '악마화'되었다는 논의는 미디어의 걸프 전쟁보도에 관한 다른 연구(Hallin & Gitlin, 1994; Jowett, 1993; Kellner, 1995; Liebes, 1992; Morley & Robins, 1995/1999)에서도 흔히 발견되곤 하는 내용이다. 예를 들어 걸프 전쟁을 일반 대중의 삶과 감정이 개입되는 대중적인 드라마로 파악한 할린과 기틀린(Gitlin, 1994) 그리고 글로벌 미디어의 서구 중심적 시각에 대해서 비판한 몰리와 로빈스(Morley & Robins, 1995/1999)의 논의 모두 텔레비전이 전쟁을 각각 '선과 악'의 상징인 부시와 후세인이라는 두 인물 사이의 경쟁으로 극화했음을 강조했다. 텔레비전의 걸프 전쟁보도를 주도한 6가지의 프레이밍 방식을 연구한 리브스(Liebes, 1992)도 텔레비전의 '개인화' 현상에 관해 논의하면서 미국 텔레비전의 이라크 관련 보도에는 적군인 이라크인이 등장하는 장면은 거의 없고 단지 악의 상징으로 재현되는 후세인에 관한 내용만 집중적으로 제시됨을 지적했다.

국내에서는 미·이라크 전쟁 발발 이후 미디어를 감시하는 시민단체들과 일부 학자들 중심으로 국내 미디어의 편향적인 전쟁보도에 대한 일련의 비평과 연구들이 이어졌으나 대부분 겉으로 드러난 왜곡 현상 들춰내기 수준을 크게 벗어나지 못했다. 전반적으로 국내의 미·이라크 전쟁

보도 관련 논의는 크게 두 부류로 구분할 수 있다.

첫 번째는 전규찬(2003)의 지적처럼 전통적인 저널리즘 연구 패러다임의 틀을 크게 벗어나지 않는 현상 분석적 연구들로서 주로 각 시민단체들이나 공적인 방송 관련 기관들이 중심이 되어 가진 세미나 결과를 포함한다. 이들은 주로 국내 방송 저널리즘이 미·이라크 전쟁보도에서 객관성이나 중립성 또는 형평성 등을 유지하지 못하고 속보 경쟁에만 몰두함으로써 현실을 제대로 반영하지 못함을 지적했다. 예를 들어, 국내 방송 3사의 보도 경향에 대한 백선기(2003)의 연구, 과도 경쟁의 결과 언론들이 어떻게 전쟁 방송을 오락화·스포츠화·게임화하는가를 지적한 안민호(2003)의 논의, 또는 상업 언론이 어떻게 전쟁을 흥미 위주의 기사로 꾸미는가를 비판한 심훈(2003)의 논의 등이 여기에 속한다.

두 번째는 이러한 경향의 대안으로서 더욱 비판적이며 거시적인 차원의 연구들을 포함하는 부류라고 할 수 있다. 예를 들어 전규찬(2003)은 이러한 대안의 하나로 국내의 전쟁보도 연구도 이제는 텔레비전 뉴스의 기능을 단순히 수동적으로 전쟁 현실을 반영할 뿐이라는 소극적 관점을 벗어나 텔레비전이 실제 전쟁 현실의 일부를 구성한다고 보는 미디어의 현실구성론을 기반으로 해 연구에 임할 것을 제안했다. 이러한 관점에서 그는 미·이라크 전쟁보도에서 두드러진 전쟁의 스펙터클화나 부드러운 이미지 강조 등은 그람시의 '헤게모니'를 보수적으로 전유한 결과로서 보았다.

이 밖에 일부 국내 논의에서는 미디어 보도가 미·이라크 전쟁을 '선과 악' 또는 '문명과 반문명'의 대립으로 구성하거나 또는 정의의 수호자 부시와 악마의 전형인 후세인 사이의 대립으로 재현함으로써 그 전쟁의 구조적 배경을 은폐한다는 비판이 제기되기도 했다(민응준, 2003; 원용진, 2003; 이기형, 2003; 이삼성, 2003). 예를 들어, 이삼성은 공산주의와 자유세계의 갈등으로 대표되던 냉전시대 미국의 지배적 세계 인식이 탈냉전시대에 들어와서는 서양권 중심의 '문명' 개념과 비서양권의 '반문명'의 대립이라는 구조로 변형되었으며 이러한 인식은 미·이라크 전쟁을 전후해서 미국 사회에 만연한 지배적인 지적 풍토와 무관하지 않다고 주장한다. 그는 또한 이러한 지적 풍토를 극명하게 드러낸 사례로서 헌팅턴의 문명충돌론을 꼽는다(이삼성, 2003).

원용진은 미국이 미·이라크 전쟁의 정당성을 확보하기 위해 언론을 통해 극적인 장면들을 연출한 결과, 이번 전쟁은 후세인이라는 개인과의 전쟁으로 극화되었고 동시에 '문명 대 야만', '테러 대 반테러'의 대립이라는 공식에 맞추어 치른 규격화된 '맞춤 전쟁'이라고 규정했다(원용진, 2003). 민응준 또한 언론보도를 통해서 본 미·이라크 전쟁은 멜로드라마적인 선과 악의 흑백논리를 통해서 후세인을 악마화하는 반면 승리자의 도덕적 우월성을 부각시킨 전쟁으로 평가했다(민응준, 2003).

이 장의 연구 문제는 앞서 논의한 내용들을 근거로 다음과 같이 정리해 볼 수 있다.

- 연구 문제 1: 국내 텔레비전의 미·이라크 전쟁보도는 이라크와 이라크인에 대한 현실을 어떻게 구성하는가?

- 연구 문제 2: 국내 텔레비전 저널리즘의 현실 구성 방식은 미국의 신제국주의적 오리엔탈리즘 담론과 어떻게 연관되며 그 함의는 무엇인가?

이 장은 이러한 문제에 대한 답을 찾아가면서 동시에 과거 냉전시대의 한 축이었던 동구권이 붕괴된 지난 1990년대 이후 전 세계적인 유일 제국으로서 세계 질서를 재편하는 미국의 신제국주의적 담론이 과거 유럽 중심의 오리엔탈리즘과 어떻게 달리 이해될 수 있는지 논의하고자 한다.

4. 사례연구 방법론 및 절차

1) 연구 대상

이 장의 사례연구 대상은 KBS 1TV의 정규 뉴스 프로그램인 〈뉴스 9〉 텍스트이며, 기간은 미·이라크 전쟁 발발 시점인 2003년 3월 20일부터 미·영 합동군에 의해 바그다드가 함락된 동년 4월 10일까지로 설정했다. 하지만 실제 분석은 전체 기간인 22일 중에서 주말과 휴일을 제외한 16일간의 보도 내용을 대상으로 했다. 주말과 휴일의 보도 또는 수시로 편성되는 전황 속보나 특집 편성 보도 등도 중요한 정보를 제공하리라 믿지만 분석 대상에서 제외한 이유는 이들이 다룬 내용들이 대부분 정규 뉴스 시간에 반복되었고, 이들에 대한 분석이 없어도 이 장이 지향하는 거시적 차원의 논의를 진행하는 데 큰 지장이 없을 것이라 판단되었기 때문이다.

한편, 16일간의 보도 기간은 전쟁의 진행 양상에 따라 전쟁 초기·중기·후기의 세 시기로 구분했다. 전쟁 초기는 미·영 합동군의 불시 공습이 시작된 3월 20일 개전일부터 이라크군의 반격이 본격적으로 이루어지기 직전인 3월 23일까지의 기간을 가리킨다. 전쟁 중기는 이라크군의 반격 시작에 따른 전선의 확대와 소강 기간인 3월 24일부터 4월 3일까지의 기간을 포함한다. 마지막으로 전쟁 후기는 연합군의 바그다드 진격이 시작되는 4월 4일부터 바그다드가 공식적으로 함락되는 4월 10일까지의 기간을 가리킨다. 물론 이러한 시기 구분은 연구자의 자의적 결정에 의한 것이므로 절대적인 기준이 되지는 않는다. 이 기간의 보도 내용에 대해 KBS가 인터넷상에서 구분한 뉴스 아이템을 최소 분석 단위로 하여 양적 분석을 실시했고 총 분석 대상 아이템 수는 315개였다.

2) 연구 방법론 및 절차

연구는 양적 분석 방법과 질적 분석 방법 두 가지를 병행했다. 우선 양적 분석은 전체 뉴스 아이템을 대상으로 이루어졌는데, 이 분석 결과는 전체 기간 동안 KBS 텔레비전 뉴스를 구성하는 항목들의 기본 속성에 대한 개괄적 정보를 제공한다는 점에서 전반적 보도 패턴의 윤곽을 잡는 데 유용하게 사용되었다. 따라서 여기서는 KBS 텔레비전 뉴스가 미·이라크 전쟁의 현실을 구성하기 위해 주로 어떤 출처의 영상자료를 사용했는지, 그리고 전반적으로 어떤 주제의 보도 내용에 비중을 두었는지 전쟁 시기별로 살펴보았다.

질적 분석은 필자가 임의적으로 구분한 각 시기별 첫째 날인 전쟁 초기의 3월 20일, 중기의 3월 24일, 후기의 4월 4일과 더불어 바그다드가 함락되던 4월 10일의 뉴스를 포함해 모두 4일의 보도 내용을 대상으로 했다. 필자는 무엇보다도 4일간의 보도 내용을 필요에 따라 수차례 반복 시청함으로써 뉴스의 현실적 의미를 규정하는 주요 구조적 틀과 그 함의를 파악하고자 했다. 물론, 4일간의 뉴스 내용이 사례 전체를 대표한다고 할 수는 없지만, 주관적인 판단에 의하면 질적 분석 대상인 4일간의 보도에서 드러난 구조적 패턴은 뉴스 전체가 지향하는 전쟁의 의미를 충분히 설명하는 것으로 파악되었다.

질적 분석은 앵커나 리포터의 보도 내용 자체보다는 그러한 내용의 표현 방식에 초점을 맞추었다. 여기서는 우선 1차 걸프 전쟁보도에 대한 심도 있는 연구 결과를 보여준 켈러(Kellner, 1992)의 연구에서처럼 텔레비전의 미·이라크 전쟁보도 텍스트를 구성하는 지배적 이미지와 프레임 방식에 대한 집중적 분석을 시도한다. 그리고 그러한 분석 결과를 토대로 미·이라크 전쟁 텍스트의 지배적 의미 생산과 그 수용 과정에 개입하는 구조적인 주요 패턴에 대한 비판적 이해를 도모한다.

질적 분석은 주로 레비스트로스(Levi-Strauss)가 신화 연구의 결과로서 제시한 '이항대립' 개념에 의존해 진행했다. 피스크(Fiske, 1990/2001)가 논의하듯이, 레비스트로스의 '이항대립' 개념은 우리가 세상을 이해하는 하나의 방식이며 과정이다. 우리는 대립 관계에 존재하는 두 대립항 사이의 구조적 차별성과 유사성을 토대로 세상에 의미를 부여하는데 그 의미는 두 대립항 사이에서 균형을 유지하기보다는 한 쪽 항에 유리하도록 편향된다. 이러한 이항대립 개념은 텔레비전 뉴스가 미·이라크 전쟁이라는 현실에 의미를 부여하고 그것을 이해하는 방식에 대한 근본적 이해와 그러한 방식이 실제 뉴스 텍스트에서 구체화되는 과정에 대한 이해를 도모하는 데 효과적으로 이용되었다.

5. 사례연구 결과

1) 양적 분석 결과

(1) 출처별 분류

보도 내용에 인용된 영상 자료 출처는 분명히 언급된 정보원이나 취재원의 소속, 화면 위의 자막과 인용 방송사 로고 등을 기준으로 '서방계'와 '아랍계' 및 '국내' 영상으로 분류했다. 이밖에 국내 버츄얼 스튜디오와 컴퓨터 그래픽을 활용한 화면은 '국내'로, 서방과 아랍계 출처의 영상이 혼재된 경우에는 지배적 인용 이미지 출처를 기준으로 분류했다. 특히 아랍권에서 생산된 영상 자료를 서방에서 인용하고, 이를 국내에서 재인용했을 경우에는 최초의 출처를 분류 기준으로 적용했다. 영상 자료의 출처가 불분명하거나 중립적 보도 시각을 보이는 경우에는 기타 항목으

표 6-1 **전쟁 시기별 인용 영상 자료 출처**

(단위: 아이템 수/%)

전쟁 기간 \ 인용 출처	서방계	아랍계	국내	기타	합계
전쟁 초기	29(50.0)	6(10.3)	19(32.8)	4(7.9)	58(100)
전쟁 중기	69(42.6)	36(22.2)	52(32.1)	5(3.1)	162(100)
전쟁 후기	63(66.3)	20(21.1)	10(10.5)	2(2.1)	95(100)
합계	161(51.1)	62(19.7)	81(25.7)	11(3.5)	315(100)

주: 전쟁 초기는 3. 20~3. 21, 중기는 3. 24~3. 28과 3. 3~4. 3, 후기는 4. 4와 4. 7~4. 10을 가리킴.

로 분류했다. 서방계 언론은 미국의 CNN과 FOX 뉴스를 중심으로 AP, AFP, MSNBC, CBS, ABC, 로이터 등, 아랍계 언론은 알 자지라를 중심으로 요르단과 이라크, 사우디아라비아 등 아랍계 국영 방송사가 포함되었다. 분류 기준에 따른 뉴스 영상 이미지의 인용 출처는 〈표 6-1〉과 같다.

분석 결과, 전쟁 초기 2일간은 서방계 언론 자료 인용이 전체 58건 중 29건으로 50%의 점유율을 보이며, 알 자지라를 비롯한 아랍계 영상자료(10.3%)보다 국내 제작 영상 자료(32.8%)가 훨씬 많이 사용된 것이 드러났다. 전쟁 중기에는 서방계 영상 자료의 인용 비율이 약간 낮아진 반면(50→42.6%) 아랍계 영상 자료의 사용 비중이 크게 증가했다(10.3→22.2%). 그러나 전황이 급변하는 전쟁 후기에 들어서면서 다시 서방계 자료의 인용 비율이 높아진 것을(66.3%) 알 수 있다.

(2) 주제별 분류

여기서는 뉴스 아이템들을 그 내용 주제별로 〈표 6-2〉와 같이 분류했다. 분류 기준으로 설정한 주제에는 전쟁의 '원인과 배경', 주로 양 진영의 교전과 진격 그리고 폭격 등에 관한 내용을 포함하는 '전황 보도', 전쟁으로

표 6-2 전쟁 시기별 주제 유형

(단위: 아이템 수/%)

주제 유형 전쟁 시기	원인 배경	전황 보도	전쟁 피해	평가 전망	파급 효과	국내 현안	인권 인종	기타	합계
전쟁 초기	4 (6.9)	17 (29.3)	5 (8.6)	11 (19.0)	5 (8.6)	13 (22.4)	2 (3.5)	1 (1.7)	58 (100)
전쟁 중기	0 (0.0)	35 (21.6)	14 (8.6)	47 (29.0)	23 (14.2)	31 (19.1)	9 (5.6)	3 (1.9)	162 (100)
전쟁 후기	1 (1.1)	22 (23.2)	14 (14.7)	27 (28.4)	25 (26.3)	2 (2.1)	2 (2.1)	2 (2.1)	95 (100)
합계	5 (1.6)	74 (23.5)	33 (10.5)	85 (27.0)	53 (16.8)	46 (14.6)	13 (4.1)	6 (1.9)	315 (100)

인한 사상자 및 군사적·경제적 시설의 피해를 다룬 '전쟁 피해', 전쟁 상황에 대한 평가 및 향후 전망에 관한 내용인 '평가와 전망', 전쟁이 국제 정치, 경제, 사회, 문화 차원 등에 미치는 영향 등에 대한 '파급 효과', 국내의 반전 시위 및 파병과 북핵 문제 그리고 전쟁 관련 경제 문제 등을 다룬 '국내 현안', 전쟁으로 인한 사람들의 정신적·신체적인 고통이나 차별 등과 관계되는 '인권 인종' 등이 포함되었다. 이 중 어느 항목에도 속하지 않는 경우는 '기타' 아이템으로 분류되었다.

분석 결과, 전반적으로 전쟁의 원인과 배경, 전쟁과 직접 관련된 전황 보도, 전쟁에 대한 평가 및 전망, 전쟁의 파급 효과, 그리고 국내 현안 등에 관한 아이템들이 전체의 80% 이상을 차지하면서 전쟁 피해와 인권·인종 문제 등에 관한 내용(14.6%)에 비해 월등히 많은 것을 알 수 있다. 특히 전쟁으로 인해 실질적인 피해와 희생과 관련되는 인권과 인종 관련 문제 등이 뉴스보도에서 차지하는 비중은 불과 4.1%에 불과한 것으로 나타났다.

(3) 출처 및 주제별 분류

다음으로는 영상 자료의 인용 출처에 따라 어떤 주제의 내용들이 다루어 졌는지 비교 분석했다(〈표 6-3〉 참조).

한편, 출처별로 살펴보면, 서방계 영상 자료의 경우 전황 관련 보도 (32.4%)와 전쟁의 평가 및 향후 전망에 관한 보도(31.7%)가 전체의 65%에 육박했다. 아랍계의 경우는 전쟁의 평가 및 향후 전망(37.2%)과 전쟁의 피해(27.4%)에 관한 보도가 전체의 65% 가까이를 차지했다. 국내 경우는 국내 현안(54.3%)과 전황 보도(12.3%) 내용이 전체의 65%를 넘었다. 반면 전쟁의 원인과 배경 그리고 인권과 인종 관련 보도는 아랍계와 서방계가 각각 전체의 6%를 겨우 넘겼고 국내의 경우는 3.7%에 머무는 등 거의 관심을 끌지 못했다.

양적인 분석 결과를 종합 정리하면 KBS 텔레비전의 미·이라크 전쟁 보도는 CNN과 FOX 뉴스를 포함하여 서방 언론이 제공한 영상 자료에 가장 크게 의존했음을 알 수 있다. 그리고 보도 내용 중 가장 많은 관심

표 6-3 영상 자료 출처별 주제 유형

(단위: 아이템 수/%)

출처 \ 주제별 유형	원인 배경	전황 보도	전쟁 피해	평가 전망	파급 효과	국내 현안	인권 인종	기타	합계
서방계	5 (3.1)	52 (32.4)	11 (6.8)	51 (31.7)	34 (21.1)	2 (1.2)	5 (3.1)	1 (0.6)	161 (100)
아랍계	0 (0.0)	10 (16.1)	17 (27.4)	23 (37.2)	5 (8.0)	0 (0.0)	4 (6.5)	3 (4.8)	62 (100)
국내	0 (0.0)	10 (12.3)	3 (3.7)	6 (7.4)	13 (16.1)	44 (54.3)	3 (3.7)	2 (2.5)	81 (100)
기타	0 (0.0)	2 (18.2)	2 (18.2)	5 (45.6)	1 (9.0)	0 (0.0)	1 (9.0)	0 (0.0)	11 (100)
합계	5 (1.6)	74 (23.5)	33 (10.5)	85 (27.0)	53 (16.8)	46 (14.6)	13 (4.1)	6 (1.9)	315 (100)

을 끈 주제는 역시 전쟁의 진행 과정에 관한 속보성 보도와 전쟁 상황에 대한 전략적 평가와 향후 전망에 관한 것들이다. 반면 대개 그렇듯이 전쟁이 발발한 구조적 원인과 배경에 관한 정보나 전쟁으로 인해 발생하는 인권이나 인종 문제와 관련된 내용은 뉴스 제작진의 관심을 크게 끌지 못했다. 이러한 보도 경향은 인용 영상 출처별로 고려하더라도 큰 차이가 드러나지 않았다. 아랍계 언론으로부터 인용된 자료에서조차도 이들 소수 주제에 관한 내용은 크게 주목받지 못했다.

2) 질적 분석 결과

서방 중심의 글로벌미디어의 이데올로기적 역할과 우리의 비서방 세계 현실 인식에 대한 논의에서 몰리와 로빈스(Morley & Robins, 1995/ 1999: 212~220)는 텔레비전이 의미를 만드는 과정에 기본적으로 '자신과 타자', '우리와 그들', 그리고 '선과 악'이라는 근본적 대립 구도가 작동한다고 주장한다. 이 주장에 의하면 사람은 텔레비전을 시청하는 동안 절대적 의미 차원에서 선과 악을 구분하고 '우리'가 아닌 '타인들'을 괴물과 같은 비인간적인 범주를 적용해 분류하곤 한다. 이러한 대립 구조는 이번 미·이라크 전쟁의 의미를 부여하는 데 가장 기본적 심층 구조적 패턴으로 작용했다. 다음은 이러한 패턴이 실제 어떻게 구체화되는지를 질적 사례분석 결과를 통해 살펴본다.

(1) '부시'와 '후세인'의 대립: '선과 악'의 메타포
KBS가 구성한 미·이라크 전쟁의 의미를 관통하는 가장 중요한 구조적 원칙은 '선과 악'의 대립구조이며 이것은 이 전쟁을 부시와 후세인의 전쟁으로 개인화함으로써 구체화되었다. 특히 이러한 대립 구도는 3월 20

일의 보도 내용 중 부시와 후세인의 이항대립적 이미지를 구축하는 뉴스 아이템과 미·영 합동군에 의해 바그다드가 함락되고 후세인의 동상이 철거되던 4월 10일 보도에서 잘 드러난다. 예를 들어 부시와 후세인의 대국민연설을 다룬 3월 20일 보도에서 부시의 연설은 잘 정돈된 공식 기자회견실 내에서 적절한 조명 아래 이루어졌다. 그는 단정한 정장 차림으로 시청자와의 직접적인 시선 교류를 통해 연설(direct address)을 마쳤다. 그가 연설하는 동안 그의 오른편과 왼편에는 각각 자국의 권위와 힘을 상징하는 성조기와 미군기가 있었고, 객석에는 많은 취재기자와 카메라맨이 차분히 연설을 경청했다. 이 모든 장면들은 결국 부시에게 안정적이고 자신감 있는 긍정적 이미지를 구축하는 데 기여했다.

이와는 달리 후세인의 연설은 부시와는 달리 어두컴컴한 좁은 공간에서 이루어졌으며 취재진의 모습도 보이지 않았다. 후세인은 말끔한 정장 차림의 부시와 달리, 군복에 검은 베레모를 쓰고 커다란 검은 뿔테안경을 착용하고 미리 준비한 연설문을 그대로 한 장씩 읽어 내려가는 우스꽝스러우면서도 경직된 모습을 보여주었다. 게다가 후세인은 자신의 신체 일부가 앞에 있는 연단에 가려 마치 고의적으로 자신의 몸을 숨기고 경계하는 듯한 느낌을 주었다. 이 모든 장면들은 후세인에 대해서 자신감이 결여된 듯한 불안한 이미지를 부각시켰고 결국 그에 대한 신뢰감을 떨어뜨리는 부정적 결과를 가져왔다.

이외에도 후세인의 이미지는 전쟁 내내 '독재자' 또는 '대량살상 생화학무기'와 동일시되어 '우리'에게 비겁한 수단을 사용해서 공포와 불안을 조성하는 '악마'의 이미지로 극화되었다. 예를 들어 후세인은 종종 정체불명의 많은 군중 속에 섞여서 그들의 광적인 환호에 답하는 모습으로 재현되곤 했는데 이러한 장면은 전통적인 후진국형 독재정치에 대한 환유적 표현으로 작용했다. 그리고 후세인은 개전 초부터 '대량살상무기',

'생화학무기' 등 반인륜적 이미지와 동일시되었고 이러한 이미지는 종전 이후에도 계속 유효했다.

이와 더불어, 4월 10일의 후세인 동상 철거 장면은 부시와 후세인 사이의 개인적 전쟁처럼 변형된 미·이라크 전쟁에서 악의 화신인 후세인의 몰락을 암시하면서 그에 대한 부정적 이미지를 강화했다. 특히 바그다드 시내 한복판에서 미 해병대가 기중기를 동원해 거대한 후세인 동상을 끌어내리자 이를 광적으로 환호하는 군중들이 바닥에 팽개쳐진 후세인 동상의 머리 부분을 질질 끌고 가는 장면은 사건 당일뿐만 아니라 그 후 전쟁이 종결될 때까지 수없이 반복되었다. 이것은 미·이라크 전쟁에서 악의 종말이 무엇인가를 명시하는 아이콘이 되었다. 위에서 논의된 내용을 이항대립 개념을 사용하여 요약하면 다음과 같이 정리될 수 있을 것이다.

- 우리 : 그들
- 부시 : 후세인
- 자유 : 독재 (억압)
- 인도주의 : 반인륜주의 (대량살상무기)
- 선 : 악

(2) '문명과 야만' / '과학과 비과학' / '질서와 혼란'

'선과 악' 그리고 '우리와 그들'이라는 기본 대립구조를 바탕으로 생산된 미·이라크 전쟁보도는 '문명과 야만'이라는 또 다른 대립으로 변형된다. 이것은 다시 '과학과 비과학', '질서와 혼란', '전문주의와 아마추어주의'의 대립 등으로 더욱 구체화된다. 이러한 상동구조적 이항대립 관계를 정리하면 다음과 같다.

- 우리：그들
- 문명：야만
- 과학：비과학
- 질서：혼란
- 선：악

① 문명 대 야만

'문명 대 야만'이라는 대립구조가 가장 적나라하게 구현되는 것은 뉴스에 등장하는 인물과 관련된 재현 장면들이다. 예를 들어 3월 24일 보도는 이라크에 포로로 잡힌 미군들 모습을 전 세계에 방영한 바 있다. 이때 미군 포로는 모두 마치 혹독한 고문을 당하고 난 직후처럼 공포에 질린 듯한 표정이었고, 이 장면에는 특히 겁에 질려 좌우로 불안한 듯 시선을 보내는 여군의 모습이 포함되어 '서방' 측의 모든 시청자에게 충격을 주었다.

본래 이 자료는 이라크 측이 미국 내 공포와 반전 분위기를 증폭시키기 위해 의도적으로 촬영하여 합동군 측에 유출한 것인데, 서방 측 방송사는 이 자료를 전유해 오히려 이라크에 대한 부정적 이미지를 부추기는 데 역이용했다. 즉, 이 자료는 이어서 1993년 소말리아 내전 당시 미군 피해를 다룬 영화 〈블랙 호크다운〉의 일부 장면, 그리고 당시 성난 소말리아 군중이 사살된 미군 시신을 거리에 끌고 다니는 장면과 교차편집이 되어 방송됨으로써 이라크인의 '야만성'을 부각시켰다. 이 사건은 후에 제시카 린치 사병의 구출 작전 관련 영상 자료와 함께 여러 차례 반복되면서 이라크인에 대한 반문명적 야만성의 이미지를 강화시키는 데 크게 기여했다.

이라크인의 야만적 이미지는 특히 전쟁 후기에 들어서면서 문명을 대변하는 미·영 합동군의 이미지와 대조되었다. 예를 들어, 4월 4일 보도에서는 영국군이 점령한 이라크의 지역주민과 즐겁게 축구 시합을 하는 장면과 점령군을 환호하는 이라크 아이의 모습을 교차해서 보여주었다. 그리고 바그다드가 함락된 4월 10일의 보도에서는 후세인 동상 철거를 환호하는 이라크 시민, 미·영 합동군의 진입을 환호하는 군중, 군중의 환호에 답하는 합동군, 그리고 흥분한 군중들이 후세인 초상화를 밟고 찢는 장면 등을 보여주었다. 이 장면들은 후에 합동군에 의해 함락된 바그다드 시내에서 이라크인이 마구잡이로 약탈하는 장면과 더불어 이라크인에 대한 부정적 이미지를 증폭시키는 데 이용되었다.

② 과학 대 비과학
'과학과 비과학'의 대립은 특히 미·영 합동군이 사용하는 첨단 과학무기와 이라크군의 재래무기, 그리고 작전에 임하는 합동군의 '전문주의'와 이라크군의 '아마추어주의'의 대립으로 구체화되었다. 즉, 고성능 전차, 항공모함, 토마호크 미사일, 스텔스 폭격기, 아파치 헬기, 프레데터 무인 전투기 등으로 대표되는 미국의 다양한 첨단 무기 이미지는 이라크의 재래식 무기와 대조되어 첨단 과학의 위력을 상징하는 전형이 되었다.

한편, 첨단 과학 기술의 긍정적 이미지는 미·이라크 전쟁보도에서 국내 방송사가 적극 활용한 버츄얼 스튜디오 보도 시스템이나 컴퓨터 그래픽 이미지를 이용한 다양한 포스트모던 시뮬레이션 기술을 통해서도 확인되었다. 특히, 버츄얼 스튜디오 장면은 마술처럼 변화하는 다양한 볼거리를 제공하면서 마치 컴퓨터게임을 관람하듯 가벼운 마음으로 즐길 수 있는 '깔끔한 전쟁'(Kellner, 1992: 157~159) 이미지와 조화를 이룬다. [1] 사이드는 오늘날과 같이 전자기술이 일상을 주도하는 포스트모던

---

1 전 세계 시청자가 경험한 전쟁의 모습은 첨단 컴퓨터 그래픽 이미지와 커뮤니케이션 장비가 만든 화

시대에는 동양을 바라보는 고정관념이 더욱 강화될 수 있음을 언급한 바 있다. 그는 텔레비전이나 영화 그리고 그 외 다른 미디어들의 등장으로 인한 동양에 관한 정보의 획일화와 문화의 고정관념화가 19세기에 맹위를 떨쳤던 '신비로운 동양'에 대한 상상적인 악마학(*demonology*)을 더욱 강화한다고 주장한다(Said, 1978/1999: 60). 그렇게 보면 버츄얼 스튜디오 기술을 활용한 KBS의 보도 시스템은 미·이라크 전쟁보도에서 미국과 이라크 사이에서 균형을 유지하기보다는 이라크에 대한 고정관념을 강화함으로써 우리의 관점이 미국의 그것과 다르지 않음을 암시했다고 하겠다.

③ 질서 대 혼란

'질서와 혼란'의 대립은 특히 미·영 합동군과 이라크군 그리고 이라크 민간인의 이미지를 통해서 구체화되었다. 예를 들어, 3월 20일의 전황보도에서 구현된 미·영 합동군 이미지는 전문적으로 첨단 과학무기를 다루며 주·야간 어떠한 경우에도 질서를 유지하며 효율적으로 작전을 수행하는 경쟁력을 갖춘 것으로 묘사되었다. 예를 들어 4월 4일의 보도는 바그다드 시내의 대통령궁을 수색하는 미·영 합동군 특수부대의 전문적인 전투 능력에 대해 소개했는데, 여기서 그들은 야간용 특수 카메라를 사용하면서 불편 없이 작전을 수행하는 합동군의 이미지를 강조했다. 반면에 이라크 군인은 제대로 된 장비도 없이 철모도 제대로 착용하

려한 볼거리로 채워졌을 뿐 그들이 예전부터 알던 인간적 내용의 전쟁 모습은 찾아보기 어려웠다. 극단적으로 표현하면 "내가 이해하는 '전쟁' 개념, 즉 두 진영이 전투에 참여해 상대방을 향해 총격을 가하는 그런 전쟁은 (페르시아)만에서 일어나지 않았다"라는 촘스키(Chomsky, 1992)의 주장이나 "걸프 전쟁은 일어나지 않았다"라는 보드리야르(Baudrillard, 1995)의 표현처럼 전통적 개념의 '전쟁'은 일어나지 않은 것이다.

지 않은 아마추어 군인의 이미지로 부각되었다. 전쟁 중 KBS의 뉴스를 통해 구현된 이들의 이미지는 항상 무리지어 다니면서 막연히 후세인을 환호하며 항전 의지만 불태우는 무질서한 군중의 모습과 크게 다를 바 없었다. 또한 이라크군은 전문적 작전을 펼치는 미·영 합동군의 이미지와는 대조적으로 항전 시위만 할 뿐 이들이 실제 전문적으로 작전에 임하는 장면을 거의 찾아볼 수 없었다.

이라크의 무질서한 이미지는 각 나라 반전시위 군중 장면과도 조화를 이루며 강화되었다. 반전 시위 이슈는 전쟁 초기에는 비교적 비중 있게 다루어진 듯하지만 바그다드가 함락되는 4월 초순에는 거의 자취를 감추었다. 예를 들어 3월 20일과 24일에 각각 4개와 3개의 아이템이 각 나라의 반전시위 동향을 다루었지만, 4월 4일과 10일의 뉴스에서는 이 주제를 다룬 아이템이 전혀 없었다.[2] 게다가 전쟁 초기의 보도조차도 미·영 합동군 측에 불리한 이미지를 구축하는 데 제대로 역할을 수행하지 못했다. 예를 들어, 미국, 영국, 프랑스, 독일, 오스트레일리아, 필리핀, 한국 등에서의 반전, 반미 시위를 다룬 3월 20일과 24일 뉴스를 보면 시위대는 항상 깃발을 휘두르고 함성을 지르며 무질서한 모습으로 거리를 행진하면서 사회를 혼란스럽게 하는 부정적인 군중(mob)의 이미지로 부각되었다. 이들이 차분한 인터뷰를 통해 자신의 입장을 설명하는 장면은 거의 없었다. 특히 이슬람권 국가의 반전시위에서는 더욱 혼란스러운 폭도 수준의 군중 이미지로 부각되곤 했다.

---

2 4월 4일 보도에서 한 아이템이 반전시위 관련 내용을 다루었으나, 러시아의 푸틴 대통령이 각료와 회의하는 장면과 프랑스 라파렝 총리의 의회연설 장면 등을 근거 자료로 보여주며 그 두 국가가 반전 입장을 바꿔서 미국과의 화해를 모색한다고 보도했을 뿐이다.

6. 논의 및 결론

지금까지 지난 미·이라크 전쟁에 대한 텔레비전 저널리즘이 특정한 재현 양식을 통해 현실을 구축하는 방식에 대해 살펴보았다. 특히 사이드의 오리엔탈리즘과 푸코의 담론 이론을 배경으로 레비스트로스의 이항대립 개념을 방법론으로 활용해 텔레비전 뉴스의 담론적 실천에 의해 권력이 작용되고 지식이 생성되는 과정을 KBS 1TV의 〈뉴스 9〉의 사례연구를 통해 살펴보았다. 사례연구는 연구 대상의 미·이라크 전쟁 현실 구성 방식을 전반적으로 개괄하는 데 필요한 양적 분석과 전쟁 현실에 의미를 부여하는 구체적인 방식에 대한 논의를 위한 질적 분석을 병행했다. 우선, 양적 분석을 통해 KBS 뉴스 텍스트가 CNN과 FOX 뉴스 등을 포함해서 주로 서방 언론들이 제공하는 영상 자료에 의존해서 구성된다는 점을 밝혔다. 또한, 미·이라크 전쟁과 관련하여 KBS 뉴스에서 가장 주목받은 주제는 전쟁의 진행 상황과 향후 전망에 대한 것이었고, 전쟁 발발의 구조적인 원인과 배경에 대한 논의는 제대로 이루어지지 않았음이 드러났다.

질적 분석을 통해서는 이항대립 개념을 이용해서 미·이라크 전쟁이라는 현실이 특정한 관점의 의미를 가지는 과정에서 작용했으리라 추정되는 의미 작용의 3가지 구조적 패턴이 논의되었다. 첫 번째 패턴은 '선과 악'이라는 보편적 구조인데, 이것은 미·이라크 전쟁이 '선'을 대표하는 부시와 '악'의 상징인 후세인의 전쟁처럼 개인화되면서 그들에 대한 다양한 차원의 상징적인 이미지들을 통해서 구체화되었다. 두 번째 패턴은 넓게는 '문명과 야만'의 대립으로 정리되지만, 이것은 다시 '과학과 비과학', '질서와 혼란', '전문주의와 아마추어주의'의 대립 등으로 변형되어 구현되었다. 두 번째 패턴의 상동관계적 대립은 주로 아직도 전통 재래문화권에서 벗어나지 못하는 이라크의 반문명적 이미지들을 중심으로 구체화되었다. 하지만, 이 대립은 간혹 첨단 과학문명권에 속한 미·영 합동군에 대한 합리적·인간적인 이미지를 통해서 구현되기도 했다.

결국 분석 결과 밝혀진 내용들은 1차 걸프 전쟁보도에 대한 연구 결과와 대동소이함을 알 수 있다. 미국 사회운동가 램튼과 스토버(Rampton & Stauber, 2003: 173)가 지난 미·이라크 전쟁을 1991년의 '1차 걸프 전쟁'(Gulf War I)에 이어 발발한 '2차 걸프 전쟁'(Gulf War II)이라 칭하면서, Fox TV 주도로 이루어진 2차 걸프 전쟁보도가 그 스타일이나 내용 면에서 모두 CNN이 중심이 되었던 1차 걸프 전쟁보도의 '속편'(a sequel)이나 다름없다고 한 이유도 바로 여기에 있다. 하지만 이러한 결과를 단순히 1차 걸프 전쟁 이후 실현된 전지구적 전쟁의 생중계와 미국이 1차 걸프 전쟁 이래 고안한 새로운 미디어 통제 시스템 탓으로만 돌리기엔 뭔가 아쉬움이 남는다.

이 문제를 이 장의 사례분석 결과와 관련해서 생각할 때 한 가지 간과할 수 없는 점은 KBS 텔레비전의 현실 구성 방식이 왜 미국적 또는 서양적 방식과 동일하게 파악되는가하는 점이다. 그 이유는 무엇인가? 이 문제는 정치, 경제, 사회, 문화 등 다양한 차원에서 논의되어야 하고 또한 이에 대한 심도 있는 논의는 이 장의 연구 범위를 벗어나기 때문에 차후 새로운 연구를 통해서 이루어져야 할 것이다. 여기서는 이 문제에 대한 논의를 70~80년대 국제 커뮤니케이션 연구 분야의 뜨거운 이슈였던 문화제국주의론이나 미디어제국주의론의 기본 입장과 관련해서 간단히 반성해보는 것으로 대신하고자 한다.

무엇보다 먼저 지적하고 싶은 것은 70~80년대 당시 비판적 학자들에 의해 제기되었던 중심에서 주변으로의 일방향적인 정보 흐름 현상과 제1세계와 제3세계 간의 문화적 식민주의 관계가 20~30년이 지난 현재 시점에서도 여전히 유효하다는 생각이다. 전 세계 지역과 지역 또는 국가와 국가 간 권력 질서나 경제 질서 또는 커뮤니케이션 기술의 발전 수준 등을 고려할 때 여전히 서양과 동양, 나아가서 '우리'와 '그들'의 차별적 정체성을 규정하는 주체는 서양이다.

KBS의 경우도 이러한 추세로부터 예외가 아니다. 특히 미·이라크 전쟁보도에서는 미국이 1차 걸프 전쟁의 '미디어 풀'(*media pool*) 시스템이 드러낸 한계를 수정·보완해서 고안한 '임베디드 저널리즘'(*embedded journalism*) 시스템의 도입으로 각 나라 언론의 자유로운 취재와 전쟁 관련 자료에 대한 접근 자체가 제도적으로 제한되었다. 결과적으로, KBS 또한 미국 측이 제한적으로 제공하는 자료에 의존해서 뉴스를 생산하는 기존의 제작 관행을 반복할 수밖에 없었다. 간혹, 알 자지라 방송이나 사우디아라비아 방송 등 제 3세계 방송사가 제공하는 자료를 이용하기도 했지만 그 한정된 자료만으로 그들의 침묵당한 목소리를 복원시키는 것은 거의 불가능했다.

이 장의 질적 분석 결과에서 논의되었듯이 그러한 자료는 오히려 미국 측 방송의 전유화 전략에 의해 역이용되는 결과를 낳았을 뿐이다. 그러면, 과연 우리의 텔레비전 저널리즘은 미국의 신제국주의적 오리엔탈리즘 담론 형성 과정에서 어떠한 기능을 했을까? 미국식 오리엔탈리즘의 속성은 무엇이며 유럽의 경우와는 어떻게 다른가? 여기서는 이러한 질문에 대해 간단히 반성하는 것으로 결론에 대신하고자 한다.

기본적으로 18세기 이후 축적된 유럽식 오리엔탈리즘 전통은 20세기 들어 등장한 미국식 오리엔탈리즘에서도 여전히 강하게 작용한다고 볼 수 있다. 미국식 오리엔탈리즘의 궁극적 목적 또한 유럽식 오리엔탈리즘과 마찬가지로 동양을 관리하고 지배하고 억압하기 위한 도구이자 규율인 것이다. 하지만, 제 2차 세계대전 이후, 특히 지난 90년대 이후 미국이 전 세계의 유일 초강대국으로 부상하면서 전통적인 오리엔탈리즘에 전략적 변형이 이루어졌다. 미국은 영국이나 프랑스와 같은 유럽의 핵심적인 오리엔탈리스트 국가와는 달리 중동 지역 국가들과 역사적으로나 문화적으로 오랫동안의 긴밀한 관계를 갖지 않았다.

따라서 중동 지역에 관한 미국식 오리엔탈리즘은 최근의 오리엔탈리즘 전개 현상에 대한 사이드의 논의에서 지적되듯이 문헌학적 연구와 문학적 상상력에 기반을 두고 오랜 기간에 걸쳐 복잡한 양상으로 발전된 유럽식 오리엔탈리즘 전통과는 본질적으로 다르다. 미국이 관심을 가진 동양은 오히려 사이드(Said)가 언급하듯이 일본, 중국, 인도, 파키스탄, 인도차이나 등이며, 미국은 이들 지역과의 관계 속에서 정치, 군사, 경제 등 실리적 차원의 목적을 달성하기 위한 새로운 형태의 오리엔탈리즘 담론을 필요로 했다. 따라서 미국의 오리엔탈리즘 연구는 단순히 행정 및 정치상의 효율적 통제를 위한 사회과학적 전문 분야의 하나로 전환됨으로써 '인간성'이 박탈된 하나의 통계 숫자 정도로 표현되곤 하는 것이다(1978/1999: 506). 나아가서 이런 과정을 통해서 생산되는 동양에 대한 지식은 그들이 이상적으로 희망하듯(Said, 1978/1999: 31) 마치 비정치적이고 객관적이며 중립적인 것으로 오인되며 상식화된다.

이러한 배경을 감안할 때 우리는 미국식 오리엔탈리즘이 보여주는 변화를 다음과 같은 맥락에서 이해해야 할 필요가 있다. 우리에게 무엇보다 먼저 필요한 인식은 미국식 오리엔탈리즘이 '동양'이라는 지정학적인 한계를 초월해서 전 세계를 대상으로 하는 모든 인류에게 보편적인 새로운 형태의 담론을 필요로 한다는 사실이다. 미국은 이제 서양과 동양이라는 전통적인 지역 구분 방식을 벗어나서 범세계적인 차원에서의 '탈(脫)지정학적' 권력 구도 개편을 위한 새로운 형태의 배제와 포함 원칙을 필요로 한다. 그러한 원칙은 '선과 악'이라는 전 인류에게 보편적인 추상적 대립 개념을 토대로 형성되는 매우 정치적인 기준이 될 것이다. 따라서 미국식 오리엔탈리즘 연구는 더 이상 동양을 비이성적이고 문명화되지 않은 신비한 이국적 존재로만 강요하지 않는다. 그보다는 오히려 동양을 인류 공통의 법과 질서를 문란하게 하는 야만적 테러리스트로 동일시하며 그들의 반인륜적 속성을 더욱 강조할 것으로 보인다.

이러한 동향은 2002년 초 부시 정권이 그동안 이란, 이라크, 리비아, 수단, 시리아, 쿠바, 이라크 등 이른바 7대 '불량국가'들 중에서 특히 이란, 이라크, 북한을 '악의 축'으로 지목한 사실과 무관하지 않다. 부시가 2001년 미국 의회에서 전 세계에 대해 행한 연설 내용 중 "우리와 함께 하든가 아니면 테러리스트와 함께 하든가 둘 중 하나다. 이날 이후부터 미국은 계속 테러리즘을 비호하거나 지지하는 어떤 국가에 대해서도 적군으로 간주할 것이다"[3]라는 협박성 발언 또한 향후 '친미'(선) 또는 '반미'(악) 라는 극단적 범주만을 허용하는 미국식 오리엔탈리즘의 단순하고 조야하지만 고효율적인 속성을 여실히 반증하는 것이라고 하겠다.

우리는 미·이라크 전쟁에 대한 글로벌 텔레비전의 담론을 위와 같은 맥락에서 이해할 필요가 있다. 미국은 전 세계의 유일 제국으로서의 위상을 유지하기 위해 정치, 경제, 사회, 문화, 종교, 과학, 역사 등 다양한 차원에서 그들에게 긍정적으로 작용하는 담론을 필요로 하며, 현대 사회에서 텔레비전은 그러한 담론의 생산과 유포에 막중한 역할을 담당하는 대표적 기제 중 하나이다. 이러한 관점에서 보면 FOX 뉴스나 CNN과 같은 서방 미디어가 제공하는 영상 자료에 의존할 수밖에 없는 우리의

---

3 원문 내용은 다음과 같다. "Either you are with us, or you are with the terrorists. From this day forward, any nation that continues to harbor or support terrorism will be regarded by the United States as a hostile regime." [Mahajan, R. (2003: 42~43)에서 재인용].

텔레비전 저널리즘도 '악의 축'으로 분류되는 일부 국가들에 대해 도덕적 심판을 내리고 그들을 타자화함으로써 결과적으로 미국식 오리엔탈리즘 담론의 형성과 유지에 기여함을 부인할 수 없는 것이다.

참고문헌

민응준 (2003), 미디어 전쟁 멜로드라마와 미국적 민족주의, 〈프로그램/텍스트〉, 8호, 25 ~44.

백선기 (2003), 한국 언론의 미국-이라크 전쟁보도 경향 분석: TV 보도 영상의 의미구조 와 서사구조에 대한 논의를 중심으로, 〈방송문화연구〉, 15권 1호, 117~158.

심 훈 (2003), 전쟁보도의 역사적인 조명과 교훈, 춘천 MBC 개국 35주년 기념 토론회 발표.

안민호 (2003. 5), 미-이라크 전쟁보도와 쟁점, 〈방송문화〉, 14~17.

원용진 (2003), 전쟁, 그 새빨간 거짓말, 한국영상문화학회 2003년 봄 학술대회 발표자료.

이기형 (2003), 전쟁, 영상, 그리고 '지각의 병참술', 〈프로그램/텍스트〉, 8호, 71~89.

이삼성 (2003), 국제질서와 미국, 그리고 이라크 전쟁, 한국영상문화학회 2003년 봄 학술 대회.

전규찬 (2003), 텔레비전 전쟁 시대 문화연구의 새로운 구상, 〈프로그램/텍스트〉, 8호, 9~24.

Allan, S. (1999), *News Culture*, Buckingham & Philadelphia: Open University Press.

Baudrillard, J. (1995), *The Gulf War Did Not Take Place* (P. Patton, Trans.), Bloomington & Indianapolis: Indiana University Press(Original work published 1991).

Chomsky, N. (1992), The media and the war: What war?, In H. Mowlana, G. Gerbner & H. I. Schiller (eds.), *Triumph of the Image: The Media's War in the Persian Gulf: A Global Perspective* (pp. 51~63), Boulder, CO: West-view Press.

Clifford, J. (1986), Introduction: Partial truths, In J. Clifford & G. E. Marcus (eds.), *Writing Culture: The Poetics and Politics of Ethnography* (pp. 1~26),

Berkeley, CA: University of California Press.

Cumings, B. (1992), *War and Television*, London: Verso.

Fiske, J. (1987), *Television Culture*, London & New York: Routledge.

_____ (1990), *Introduction to Communication Studies*, 강태완·김선남 역 (2001), 《커뮤니케이션학이란 무엇인가》, 서울: 커뮤니케이션북스.

Foucault, M. (1980), *Power/Knowledge: Selected Interviews and Other Writings 1972~1977* (C. Gordon, eds. & C. Gordon, L. Marshall, J. Mepham, & K. Soper, Trans.), New York: Pantheon Books.

Gramsci, A. (1971), *Selections from the Prison Notebooks* (Q. Hoare & G. N. Smith, eds. & Trans.), New York: International Publishers.

Hall, S. (1996), 이데올로기의 재발견: 미디어 연구에서 억압되어있던 것의 복귀, 임영호 (편역), 《스튜어트 홀의 문화이론》(235~285쪽), 서울: 한나래출판사(원저 출판연도 1982),

_____ (1997a), The spectacle of the 'other', In S. Hall (eds.), *Representation: Cultural Representations and Signifying Practices* (pp. 223~279), London: Sage.

_____ (1997b), The work of representation, In S. Hall (eds.), *Representation: Cultural Representations and Signifying Practices* (pp. 13~64), London: Sage.

Hallin, D. C. & Gitlin, T. (1994), The Gulf War as popular culture and television drama, In W. L. Bennett & D. L. Paletz (eds.), *Taken by Storm: The Media, Public Opinion, and U. S. Foreign Policy in the Gulf War* (pp. 149~163), Chicago & London: University of Chicago Press.

Jowett, G. S. (1993), Propaganda and the Gulf War, *Critical Studies of Mass Communication*, 10(3), 286~300.

Kellner, D. (1992), *The Persian Gulf TV War*, Boulder, CO: Westview Press.

_____ (1995), *Media Culture: Cultural Studies, Identity and Politics between the Modern and the Postmodern*, London & New York: Routledge.

Liebes, T. (1992), Our war/Their war: Comparing the Intifadeh and the Gulf War on U. S. and Israeli television, *Critical Studies in Mass Communication*, 9, 44~55.

Mahajan, R. (2003), *Full Spectrum Dominance: U. S. Power in Iraq and beyond*, New York: Seven Stories Press.

Moisy, C. (1996), The foreign news flow in the information age, Discussion paper D-23. Joan Shorenstein Center. Harvard University.

Morley, D. & Robins, K. (1995), *Spaces of Identity: Global Media, Electronic*

   Landscapes and Cultural Boundaries, 마동훈 · 남궁협 역 (1999), 《방송의 세계화와 문화정체성》, 서울: 한울.

O'Sullivan, T. et al. (1994), *Key Concepts in Communication and Cultural Studies* (2nd ed.), London & New York: Routledge.

Rampton, S. & Stauber, J. (2003), *Weapons of Mass Deception: The Uses of Propaganda in Bush's War on Iraq*, New York: Penguin.

Said, E. (1978), *Orientalism*, 박홍규 역 (1999), 《오리엔탈리즘》, 서울: 교보문고.

Sturken, M. & Cartwright, L. (2001), *Practices of Looking: An Introduction to Visual Culture*, New York: Oxford University Press.

Tolson, A. (1996), *Mediations: Text and Discourse in Media Studies*, London: Arnold.

Walia, S. (2001), *Edward Said and the Writing of History*, 김수철 · 정현주 역 (2003), 《에드워드 사이드와 역사 쓰기》, 서울: 이제이북스.

Zelizer, B. (1992), CNN, the Gulf War, and journalistic practice, *Journal of Communication*, 42(1), 66~81.

7

동북아시아 3국의 텔레비전 드라마에 나타난 문화적 근접성

⟨별은 내 가슴에⟩, ⟨진정고백⟩, ⟨동변일출서변우⟩ 비교 분석

유세경 · 이경숙

1. 서론

한국을 포함한 동북아시아의 수용자는 STAR-TV 위성방송과 다양한 채널을 통해 각 국가의 텔레비전 프로그램을 시청하면서 활발하게 이들 국가의 문화를 접할 수 있었다. 한국의 텔레비전 프로그램도 주로 동북아시아 국가를 대상으로 수출되며, 이 지역으로부터 수입되는 텔레비전 프로그램도 점차 늘고 있다. [1] 이는 할리우드에 의해 지배된 세계 영상물 유통질서를 고려할 때 어떤 측면에서 기존 질서와는 다른 지역적 유통 질서를 형성할 가능성을 보여주는 희망적 현상이다. 아직은 할리우드에 대한 의존이 크게 줄지 않았고 유통되는 텔레비전 프로그램도 드라마에 편중된

---

[1] 1999년도에 텔레비전 프로그램의 수출현황을 살펴보면, 일본(23.6%, 179만 6천 달러), 다음이 중국(23.4%, 178만 달러), 대만(17.1%, 130만 천 달러)순으로 아시아권에 집중된다. 1999년도의 수입 현황은 일본(5.0%, 142만 9천 달러), 홍콩(2.8%, 80만 8천 달러), 대만(1.9%, 53만 4천 달러), 중국(0.1%, 2만 2천 달러)이다. 수입은 아직까지 미국(70.6%)이나 영국(12.4%) 등의 선진국이 더 많지만, 이 통계는 액수 기준이기 때문에 수입 편당 단가가 높은 미국(9천 달러) 등이 편당 단가가 낮은 동북아시아(일본 2천 3백 달러, 중국 2천 2백 달러, 홍콩 1천 1백 달러 등) 국가보다 수입된 편수로 비교할 때보다 훨씬 더 많은 비중을 차지하는 것으로 나타난다(방송위원회, 2000).

실정이지만, 1990년대 초반부터 시작된 동북아시아의 '지역화' 현상은 계속된다(Chan & Ma, 1996). 이러한 지역화 현상은 다른 요인보다 문화적 요인에 의해 영향을 받는 것으로 나타났다(Goonasekera, 1998).

최근 들어 한국에서도 텔레비전 프로그램의 해외시장 진출이라는 측면에서 이러한 현상은 주목받았고 학문적으로 논의되기 시작했다. 그러나 할리우드나 다른 지역의 텔레비전 프로그램 유통에 대한 관심에 비해 이 지역에 대한 관심이나 연구가 거의 없어 외부에서 개발된 개념을 그대로 차용하는 실정이다. 세계 영상물 유통의 대표적 현상인 할리우드 영상물과 남미의 텔레노벨라 유통 현상을 설명하는 개념인 '문화적 할인'이나 '문화적 근접성'이 거론되었으나 이러한 개념의 적절성을 파악하기 위해 보다 다양한 측면에서 심도 있는 논의가 필요하다. 이러한 필요성에도 불구하고 국제적인 프로그램 유통에 대한 문화적 요인을 체계적으로 검증하기는 어려운 점이 있다. 이는 '문화'라는 개념이 모호하고 유동적이어서 구체적인 자료를 통해 분석하기 어렵고, 영상물의 유통이 복잡하고 체계적이지 않아 자료 접근이 어렵다는 현실적 제약에서 비롯되었다.

이러한 점을 고려하여 이 장에서는 다양한 문헌연구를 통해 동북아시아 지역의 텔레비전 프로그램 유통에 미치는 요인을 문화적 근접성으로 인식하면서 무엇보다도 동북아시아의 텔레비전 프로그램 유통에 대한 연구는 문화적 근접성의 규명이 필요함을 주장한다. 이를 위해 일상생활을 소재로 제작되어 지역의 문화적 특성을 가장 잘 보여주며 이 지역에서 활발히 유통되는 텔레비전 드라마에 나타난 문화적 근접성의 실체를 규명하고자 한다. 따라서 그동안 분명하게 실체가 규명되지 않은 문화적 근접성에 대한 개념을 명료히 할 수 있는 하위 범주를 텔레비전 프로그램의 국제 유통 연구에 미치는 문화적 요인에 대한 다양한 개념으로부터 유추하고 종합하여 분석에 적용하고자 한다. 이런 작업을 통해 연구자는

192

분석대상[2]으로 선정된 한국, 중국, 홍콩/대만(공동제작)의 드라마에 나타난 형식적 유사성과 내용의 유사성을 비교 분석하여 텔레비전 드라마에 나타난 문화적 근접성의 특성을 논의하려고 한다.

2. 기존 연구 경향 및 이론적 논의

1) 해외 영상물의 문화적 특성에 대한 논의

텔레비전 프로그램은 국내시장보다 해외로 유통되는 경우 문화에 대한 논란을 일으킬 가능성이 크지만 과거에 비해 문화적 지배나 영향에 대한 논란보다는 판매 요인으로서 문화적 특성에 대한 관심이 배가된다. 그동안 해외 유통에 대해 문화제국주의론자는 생산 국가의 문화를 담은 프로그램이 소비 지역에 미칠 결과를 우려하고 프로그램에 담긴 문화, 즉 프로그램의 내용을 비판하면서 '문화적 동질화 또는 문화적 지배' 개념을 제시했다. 유통 결과에 주목한 문화제국주의론자가 많은 도전에 직면한 반면, 다원주의적 입장의 연구자는 유통의 원인으로 국가 간 문화적 근접성을 제시하고 수용자 조사나 국가 간의 지리적·문화적 관계 등을 통해 이를 설명하려 했다. 현재 이런 입장은 영상물의 해외 시장 확대를 목표로 하는 각 국가에서 활발히 수용된다.

영상물의 유통 원인으로 국가 간의 문화적 관계에 초점을 두는 입장은 '문화적 근접성'이나 '문화적 할인'과 같은 개념을 통해 문화적으로 친숙하게 느낄 수 있는 텔레비전 프로그램이 해외 시장에서 선호될 수 있다고

---

2 일본의 트렌디드라마가 동북아시아 시장에서 인기가 있지만 한국에 수입되지 않아 제외되었다.

주장한다. 또한 유통의 결과를 가정하고 프로그램에 담긴 문화적 특성을 부각시키는 입장은 유통 구조나 텍스트에 담긴 이데올로기, 가치, 라이프스타일 등에 1차적 관심을 둔다. 이들 양 입장은 텔레비전 프로그램의 국제적 유통과 관련해 각각 수용자, 산업, 텍스트 한 영역만을 분석 대상으로 설정하고 다른 영역은 블랙박스로 남겨둔 채 양자의 입장을 비판한다(Thompson, 1995).

영상물 텍스트의 외적 요인으로부터 발전시킨 '문화적 근접성' 개념은 다원주의적 시각에서 유통의 원인을 해명하기 위해 제시되었다. 헤스터(Hester, 1973)는 국가 간 문화와 역사적 유사성이 국제정보 교류의 양과 방향에 영향을 미친다고 가정하고 국가의 언어, 이민자, 여행객, 식민관계 등에 관한 장기간 자료를 통해 이 가설을 검증할 수 있을 것이라고 제안했다. 이러한 개념은 텔레비전 프로그램의 세계적 확산을 옹호하는 풀(Pool, 1977)에 의해 논의되지만, 그의 입장을 지지하기 위해 언급되었을 뿐이다. 풀은 선진국의 프로그램을 채택하면 수입국은 어느 정도 시간이 지나 자국의 프로그램을 발전시킬 수 있으며 문화적 요인이 이를 가능하게 한다고 주장한다. 수입국의 수용자는 다른 조건이 같다면 지역 프로그램을 선택하는데 언어·사회적 공감대·문화적 장벽이 지역 프로그램을 보호하기 때문이다. 이러한 주장은 해외로 유통되는 프로그램의 유통 체계나 내용 이외에 수입국의 문화적 특성과 수용자에게 관심을 돌리는 계기가 되었다.

풀의 주장은 미국 시장과 근접한 남미 지역의 텔레비전 드라마 형식인 텔레노벨라의 성공을 통해 지지받았다(Antola & Rogers, 1985). 안톨라와 로저스(Antola & Rogers, 1985)는 남미 시장과 미국의 스페인어권 수용자에게 호응을 얻은 텔레노벨라의 사례에서 같은 조건이라면 지역의 기업이 외국기업보다 문화상품 생산과 분배에 유리함을 보여주었다. 이후 텔레노벨라 현상에 대한 다양한 연구를 통해서 수용자가 위치한 지역의 언어, 인종, 문화적 특성이 외국보다 자국이나 지역 텔레비전 프로그램을 선호하게 하는 것으로 나타났다(Straubhaar, 1984; Schement, Gonzalez, Lum & Valencia, 1984).

유통의 원인으로서 '문화적 근접성' 개념이 수용자의 문화적 특성을 통해 논의된 반면 '문화적 할인' 개념을 제시한 호스킨스와 미루스(Hoskins & Mirus, 1988)는 텍스트의 문화적 특성으로부터 유통의 원인을 찾고자 했다. 이들은 "프로그램이란 제작국의 문화에 기반을 둠으로써 그 문화에서는 소구력을 지니지만 그 밖의 문화권에 노출될 경우 프로그램이 지니는 특정 스타일, 가치, 신념, 행동과 수용자와의 동일시가 어렵기 때문에 소구력이 감소되며, 더빙이나 자막처리도 이러한 소구력 감소에 영향을 미치는 요인으로 작용한다"고 하여 문화적 할인 개념을 프로그램의 구체적 특성으로부터 지적한다.

우리나라에서도 '문화적 할인' 개념은 자주 거론되지만, 구체적 분석을 통해 대안으로 제시되기보다는 소개되는 데 그쳤다(김은미, 2000; 유세경·정윤경, 2000; 강태영, 1994). 이 개념은 뷰튼(Button, 1988)의 연구를 통해 구체성을 띠었는데, 미국에서 발달한 시트콤의 경우, 1980년대 말까지 언어적 함축이나 제스처 등의 이질성이 해외 시장 판매에 부정적 영향을 미치는 것으로 알려졌다. 그러나 1980년대 말부터 제작자들이 미국적 요소의 가미를 자제하는 데 주의를 기울인 〈코스비 쇼〉, 〈후스 더 보스〉, 〈골든걸스〉, 〈ALF〉와 같은 시트콤들이 해외시장 진입에 성공할 수 있었다. 반면에 미국적 문화와 언어를 강조하는 〈아멘〉이나 〈바니 밀러〉와 같은 시트콤들은 문화적 할인 때문에 해외 시장에서 여전히 외면받는다(Button, 1988; 유세경·정윤경, 2000 재인용). '문화적 할인' 개념은 해외 시장 확대를 위한 전략으로서 보편적 수용자를 목표로 하는 프로그램의 내용에 초점을 둔다.

문화적 할인과 유사한 '문화적 향기'라는 개념은 상품의 특성과 유통의 관련성에 주목하지만, 비판적 시각에서 문화상품의 세계적 소비 현상을 포스트모던 소비 문화로 논하는 데 사용된다(Iwabuchi, 1998). 이와부치(Iwabuchi, 1998)는 '문화적 향기'(*cultural odour*) 또는 '문화적 무취'(*cultural odourless*)라는 개념을 한 국가의 문화적 특성에 대해서 세계적으로 구성된 상상을 토대로 설명한다. 이와부치는 "문화적 향기란 특정 상품의 소비과정에서 그 상품이 어떤 국가의 문화적 모습, 그리고 그 국가의 삶의 방식에 대한 이미지나 개념이 긍정적으로 연상되는 방식이다. 어떠한 상품도 그것을 만든 국가와 다양하게 문화적으로 연상될 수 있지만, 생산국가의 라이프스타일에 대한 이미지가 그 상품의 소구력으로서 강하게 소구될 때 그 상품의 문화적 향기가 있다"라고 설명한다. 그는 일본 애니메이션의 '문화적 무취'를 시장 확대의 원인으로 언급하지만 유통 확대 전략으로 논의하지는 않았다. 그럼에도 이 개념은 현재 다원주의적 입장에서 주목하는 유통의 원인으로 제시될 수 있으며, 복잡해지는 세계 문화상품을 통한 문화 간의 만남 자체에 주목하는 데 기여할 수 있다.

국제 프로그램 유통에서 '문화적 근접성'과 '문화적 할인' 등의 개념이 다원주의적 시각에서 경제적 측면을 고려하기 위해 논의됨으로써 유통의 원인이나 결과로서 문화적 차원에 대한 독립적 논의는 소홀했다. 이런 점을 고려할 때 국제 프로그램 유통 현상에 문화연구의 다양한 연구 방법을 적용한다면 이들 개념을 발전시키고 현실에 도움을 줄 가능성을 높일 수 있다. 국가 간 영상물 비교 연구나 특정 영상물에 대한 각 지역의 수용 연구가 이들 개념을 발전시키는 데 사용될 수 있다. 이 장은 연구의 여건을 고려하여 일차적으로 동북아시아 텔레비전 드라마 텍스트 비교 연구 방법을 통해 문화적 근접성에 대한 논의를 전개하고자 한다. 다음은 분석에 앞서 국제적으로 유통되는 텔레비전 드라마 형식의 보편적 특성과 내용의 문화적 특성이 문화적 근접성과 어떤 관련이 있는지 기존 논의를 살펴보고 문화적 근접성의 요소들을 추출하고자 한다.

2) 텔레비전 드라마의 보편적 특성과 문화적 특성

미국의 라디오 연속극으로부터 출발한 텔레비전 드라마는 텔레비전의 세계적 확산 과정에서 지역에 따라 형식이 변형되거나 토착화되었다. 국제적으로 텔레비전 드라마의 형식은 대개 시간의 전개에 따라 이야기의 결말을 기대할 수 있는지에 따라 구분된다. 미국, 오스트레일리아, 영국의 텔레비전 드라마는 대개 시간 제약이 없고 이야기의 결말이 없는 개방형 시리얼즈(open serials)의 특성을 보이며, 남미와 아시아 등지에서 인기있는 텔레노벨라 형식은 이야기의 결말이 있는 폐쇄된 시리얼즈(closed serials)로 분류된다(Allen, 1995). 우리나라를 비롯한 동북아시아 지역의 텔레비전 드라마는 대부분 텔레노벨라 형식인 폐쇄된 시리얼즈를 따르지만, 현재 각 국가의 텔레비전 프로그램 장르가 혼종화되면서 이들 두 형식은 혼재하는 실정이다.

세계적으로 텔레노벨라 형식은 다양한 에피소드로 구성되지만 기승전결 과정에 의해 결론을 예측할 수 있는 기본 서사 구조를 따름으로써 전통연극, 소설, 민담의 이야기 구조와 유사하여 어디에서나 친숙하게 받아들여질 수 있다. 또한 주제나 소재 면에서 주로 시대적 제약을 받지 않는 남녀 간의 사랑과 가족 문제를 다룬다. 이를 통해 이러한 형식의 드라마는 지역이나 문화에 따라 배경과 등장인물을 달리하여 얼마든지 변형이 가능하기 때문에 보편적 소구력을 갖는다.

텔레노벨라는 남미와 스페인어권 문화에서 높은 인기를 얻었는데, 이는 보편적 소재와 형식, 그리고 남미의 문화적 색채가 혼종되었기 때문이다. 텔레노벨라의 보편적 소구력은 문화제국주의자의 비판을 통해 잘 드러난다. 미국식 모델을 따르는 텔레노벨라는 서구 자본주의적 가치인 소비주의를 반영하고 계급 갈등을 미화시켜 문화적 지배를 받는 것으로 비판받는다(Muraro, 1987, Biltereyst & Meers, 2000 재인용).

올리비에라(Oliviera, 1990)도 텔레노벨라가 제3세계 문화상품의 형식과 내용에 서구 자본주의 가치를 부과하는 제국주의적 영향을 받으며 지역문화의 혼종화라고 비판한다. 올리비에라는 미국의 제작자가 묘사하는 미국식 라이프스타일이 브라질 텔레비전 드라마에서 브라질판으로 재현됨으로써 부과되는 서구 자본주의적 가치를 지적했다. 텔레노벨라의 보수적 상업화 경향에 대한 또 다른 비판은 해외시장 확대에 따른 내용의 혼종화나 전통적 가치의 소멸에 초점을 둔다(Mazziotti, 1996, Biltereyst & Meers, 2000 재인용). 아르헨티나의 텔레노벨라도 미국의 드라마와 유사한데, 사랑을 주제로 전통적 여성상을 강조하고 계급에 관계없이 누구에게나 통할 수 있는 이야기에 국한되는 것이 발견되었다. 연구자는 이러한 유사성이 보수적 가치를 수용자에게 배양한다고 지적한다(Morgan & Shanahan, 1991).

그러나 유사한 형식과 소재를 바탕으로 동시대에 제작되는 텔레비전 드라마도 지역에 따라 선호되는 정도가 다름으로써 국제적 유통에서 문화적 요인이 중요하게 작용한다. 스트라바와 비스카실라스(Straubhaar & Viscasillas, 1991)는 도미니카 수용자의 텔레비전 프로그램 선호 경향을 계급, 성, 연령, 교육 정도에 따라 조사했다. 이 지역의 수용자는 인접한 멕시코, 베네수엘라, 브라질 등지에서 수입된 드라마를 선호하고, 영화는 미국에서 제작된 것을 선호한다. 또한 스트라바(1991)는 상파울루 등지에서도 수용자 조사를 통해 각 지역의 수용자가 미국의 텔레비전 프로그램보다 근접한 지역의 프로그램을 선호함을 밝혔다. 이를 통해 영화보다 일상적인 인간관계나 삶의 모습을 보여주는 텔레비전 드라마의 국제적 유통이 문화적 차이나 유사성에 더 민감하게 영향을 받는다고 할 수 있다.

이는 유럽에 성공적으로 진출한 남미의 텔레노벨라가 국가나 문화에 따라 진입성과가 다르게 나타난 데서도 뒷받침된다. 각 국가의 방송사 편성담당자나 구매담당자들을 인터뷰한 내용에 따르면, 문화적 거리 특히 언어장벽, 문화적 근접성의 부족, 텔레노벨라에 재현된 세계에 대한 지식의 부족 등이 텔레노벨라의 시장 성과에 영향을 미치는 것으로 나타났다(Biltereyst et al., 2000). 리브스와 카츠(Liebes & Katz, 1986)의 연구에서도 수용자는 각 문화권의 중심적 가치를 중점적으로 해독하는 경향을 보였다. 드라마의 다양한 내용 가운데 자신들의 가치와 부합되는 점들을 중요하게 여기고 그에 따라 등장인물을 평가했다. 이러한 사례를 통해 텔레비전 드라마는 보편적 소재에 현실적 삶의 모습을 반영하는 자본주의적 가치와 문화적 특색을 혼합할 때 소구력을 높일 수 있다.

텔레노벨라 형식을 주로 따르는 아시아 지역에서도 문화적 특성이 텔레비전 드라마의 유통에 중요한 영향을 미친다. 이 지역은 자체 제작 프로그램 가운데 드라마를 가장 많이 편성하며 1970년대 중반부터 인접 국가의 텔레비전 드라마를 지속적으로 수입한다(Chan & Ma, 1996). 이 지역의 문화적 근접성은 언어적 요인에만 기인하는 것은 아니며, 문화적 배경이 중요하게 영향을 미치는 것으로 나타났다. 영어 인구가 상대적으로 많은 홍콩, 인도, 필리핀 등지에서도 서구의 텔레비전 프로그램보다는 지역의 텔레비전 드라마가 선호되는데, 아시아인은 자신의 삶과 근접하고 아시아적 규범과 감수성을 보여주는 프로그램을 선호하는 것으로 알려졌다(Junhao Hong, 1998; Chadha & Kavoori, 2000 재인용). 특히

지역에서 텔레비전 드라마가 가장 활발히 유통되고 영화나 다큐멘터리
는 아시아 이외의 지역에서 주로 수입되는 현상도 텔레비전 드라마가 수
용자에게 문화적 소구력이 높은 장르임을 보여준다. 이와 함께 아시아
지역은 커뮤니케이션 장비 등의 하드웨어는 거대한 글로벌 시장으로 성
장할 가능성을 가지지만, 콘텐츠로는 문화시장(cultural market)의 특성
을 보인다(Goonasekera, 1998).

　동북아시아 지역의 가장 큰 국가인 중국도 전체적으로 수입 드라마보
다 국내 드라마의 인기가 높다(한국방송개발원, 1998). 드라마에 따라 수
입 드라마의 인기가 압도적으로 높을 경우가 있는데, 지리 언어적 요인
보다 지리 문화적 요인이 더 크게 작용하는 것으로 나타났다. 중국에서
높은 인기를 얻는 대만 드라마는 신의, 충성, 절제 등의 전통적 가치를
다루어 중국 수용자에게 공감을 얻는다(Lin & Liu, 1993, Chan, 1996 재
인용). 중국의 전통적 가치에 부합하는 한국의 〈사랑이 뭐길래〉가 성공
한 이유도 문화적 근접성 때문이다.

　대만에서도 인접 국가인 일본의 트렌디 드라마가 젊은 시청자에게 높
은 인기를 얻는다. 대만의 수용자는 수입된 텔레비전 드라마의 경우 일
본을 포함한 인접 국가에서 제작된 것을 선호하고, 수입된 영화의 경우
미국에서 제작된 것을 선호하는 것으로 나타났다. 대만에서도 수입 텔레
비전 드라마의 경우 문화적 요인이 수용자의 선호에 중요하게 작용했다.
대만의 수용자가 인접한 아시아 국가의 텔레비전 드라마를 선호하는 이
유는 드라마에서 느낄 수 있는 친숙성(familiarity) 때문인 것으로 나타났
다(Ishii, Su & Watanabe, 1999). 대만의 수용자는 드라마에 재현된 일
본인의 삶의 방식과 자신이 현실적으로 맺는 인간관계가 서로 닮았기 때
문에 선호했다. 또 다른 이유는 비슷하게 근대화 과정을 겪은 아시아 지
역에 소구할 수 있는 일본의 근대성이 묻어 있기 때문이다(Iwabuchi,

2000).

　이러한 논의를 통해 텔레비전 드라마는 유사한 소재와 형식, 동 시대적 가치를 토대로 제작되지만, 그 안에 재현된 문화적 특성에 따라 각기 소구하는 정도가 다르다고 할 수 있다. 또한 세계의 수용자는 문화적 동질화가 가속화되는 동 시대의 포스트모더니티를 경험한다 해도 문화적 배경에 따라 텔레비전 드라마를 각기 다르게 수용한다는 점을 알 수 있었다. 이는 텔레비전 드라마의 내용이 분명한 차이가 있음을 말해 준다. 같은 시기에 방송된 일본과 미국의 텔레비전 드라마의 내용분석을 통해서는 동서양의 문화적 차이가 밝혀졌는데, 일본의 텔레비전 드라마는 아시아 특유의 '자기희생' 정신을 강조하고, 미국은 '개인의 행복'을 강조했다(Mikami, 1993).

　지금까지 논의를 종합하여 세계의 텔레비전 드라마는 형식과 내용에 의해 차이를 구분하고, 형식은 드라마의 종결 형태의 특성, 주제, 이야기 구성방식에 따라 구분됨을 알 수 있다. 그리고 드라마의 문화적 특성을 규정하는 내용은 인물과 인간관계, 인물의 도덕적 가치나 신념, 인물의 일상적 삶의 방식, 시공간적 배경 등이 재현되는 방식으로 범주화할 수 있다. 이들 형식과 내용의 하위 범주를 토대로 텔레비전 드라마의 문화적 유사성과 차이에 대한 비교 분석이 가능해졌다.

3. 분석 대상 및 연구 방법

분석 대상의 선정은 국가별 유통량, 시청결과, 드라마 유형의 대표성 등을 고려해야 하지만, 적절한 자료 수집이 불가능했다. 이 지역의 텔레비전 프로그램 유통 체계가 미흡하고 영세할 뿐 아니라 거래선이 다양하여

자료 축적이 이루어지지 않은 데서 기인한다. 이런 점 때문에 연구자는 현장실무자들의 경험을 분석 대상 선정의 기초 자료로 사용한다.[3] 분석 대상은 자국의 시청률이 높고 동북아시아 지역에 유통되었으며 한국에서 인기가 있었던 중국, 홍콩/대만, 한국의 텔레비전 드라마 세 편을 추천받아 선정했으며, 관련 방송사와 배급사로부터 비디오테이프와 관련 자료를 입수했다.

〈별은 내 가슴에〉는 1997년 3월~4월까지 MBC에서 방영되었으며, 60분짜리 총 16편으로 40%의 시청률을 올렸다. 1997년부터 현재까지 6개국 이상에서 판매되었으며 베트남과 중국에서 높은 인기를 얻었다. 〈진정고백〉은 홍콩과 대만의 스타를 고용하여 중국어권 시장을 타깃으로 상하이, 홍콩, 대만을 배경으로 1999년 10월 말 제작되었다. 47분 15초짜리 20편으로 제작되어 중국 TV 2를 비롯해 40개 지역의 방송국에서 방영되었다. 홍콩에서는 TVB를 비롯한 케이블에서 방영되었고 평균 29%의 시청률을 기록했다. 대만에서는 STV를 비롯해 케이블에서 방영되었고, 평균 70%의 시청률을 올렸다. 한국의 드라마넷에서는 1999년 11월 1일부터 방송되었다. 중국의 〈동변일출서변우〉는 50분짜리 20편으로 북영성상영시제작공사에서 제작되었고 CCTV를 통해 상영되어 80%의 시청률을 기록했다. 이 드라마는 대만을 포함한 중국어권 시장에 판매되었으며, 한국의 케이블 채널 35에서 1999년 5월부터 방영되었다.

---

3 드라마넷과 SDN 수입 담당자, 지상파 방송의 수출 담당자(MBC와 SBS 2명), 아시아지역 텔레비전 프로그램 마케팅 담당자(케미엔코와 Major Network 2명)와 면대면 인터뷰나 전화 인터뷰를 실시하여 동북아시아 지역의 유통 현황과 분석 대상의 유통 결과에 대해 질문했다. 〈진정고백〉을 제외한 드라마는 2차 창구인 케이블과 위성으로 유통되어 시청률 자료에 대한 접근이 어려워 마케팅 담당자의 증언에 따라 이 시장에서 폭넓게 유통되어 인기가 있었음을 밝힌다. 〈별은 내 가슴에〉는 이미 중국에서 많은 인기를 얻음이 널리 알려졌다. 그럼에도 이들을 선정한 시청률이나 인기도에 대한 수치를 밝힐 수 없음이 한계로 남는다.

4. 텔레비전 드라마의 분석 결과

1) 텔레비전 드라마 형식의 유사성

텔레비전 드라마는 보편적 호소력을 가진 특정 주제와 상황을 설정하고, 표준화된 인물 간의 갈등을 반복해 등장시킴으로써 시청자 대중을 확보한다. 분석된 드라마 또한 이러한 정의에 충실하며 일정한 형식을 보여준다. 세 드라마는 주제, 이야기 구성 방식, 종결 형태의 세 범주에서 유사한 특징을 보인다.

주제 면에서 이들 드라마는 공통적으로 젊은 남녀의 사랑, 우정, 야망을 다루며 삼각관계를 중심으로 갈등과 대립을 전개하는데 이를 해결하는 과정은 기승전결로 구성된다. 드라마의 종결은 해피엔딩과 권선징악으로 폐쇄된다. 대부분 등장인물은 선악 대비가 뚜렷하며 인물의 성격과 스타일이 정형화되어 이에 따라 결말을 예측할 수 있다. 이들 드라마 형식의 보편적 특성은 전형적으로 텔레노벨라의 서사 구조에서 기인하지만, 이야기가 전개되는 과정에서 인물 간 관계를 맺는 방식과 갈등의 양

표 7-1 드라마 형식의 보편적 특성

제목	주제	서사구조	갈등의 유형	종결 형태
〈별은 내 가슴에〉	젊은이의 신분을 극복한 사랑	기승전결의 닫힌 구조	(삼각관계) 남녀 주인공과 주변 인물의 신분상 갈등 • 극단적 선/악 대립	해피엔딩 권선징악
〈진정고백〉	직장인의 사랑과 성공	기승전결의 닫힌 구조 (로맨스의 병렬)	(삼각관계) 남녀 주인공 간의 오해로 인한 갈등 • 가벼운 심리적 대립	해피엔딩 권선징악
〈동변일출서변우〉	젊은이의 사랑과 배신	기승전결의 닫힌 구조	(삼각관계) 인물의 엇갈린 애정 갈등과 가치관 갈등 • 심각한 선/악 대립	해피엔딩 권선징악 인과응보

상을 달리함으로써 서로 차이를 보였다.

(1) 〈별은 내 가슴에〉의 주제와 이야기 구성:
극단적 선악 대립과 동화의 이야기 구조

〈별은 내 가슴에〉는 신분이 다른 젊은 주인공 남녀의 시련을 극복한 사랑을 주제로 한다. 인물들은 선악 대비가 분명하고 친분과 사업에서 밀접한 네트워크를 형성한다. 이러한 관계 설정으로 로맨스와 사업적 갈등이 서로 복잡하게 얽히고, 인물들은 중심 갈등을 축으로 대치된다. 이를 통해 중심 플롯의 전개에 초점을 두고, 극단적으로 대립되는 인물에 대한 정서적 관여를 높인다.

등장인물은 선하고 관대하며 도덕적·지적 능력을 겸비한 주인공과 도덕적·지적 능력이 부족하지만 신분의 혜택을 받는 악당으로 정형화된다. 무능력하고 비도덕적인 악당은 시련을 부과하고 갈등을 촉발하는 조연이다. 능력 있고 도덕적이지만 신분이 불확실하거나 부모가 부재한 선한 영웅은 시련을 당하고 갈등을 해결하는 주인공이다. 완벽하지만 선천적으로 결핍된 존재인 주인공은 정서적 동일시의 가능성이 높고, 무능력하고 악하지만 혜택을 누리는 조연은 희화화되거나 비합리적인 행동을 통해 웃음을 유발하여 시청자의 시선을 끈다. 이러한 설정을 통해 주인공과 조연, 영웅과 악당의 대립으로 갈등이 촉발·심화·해소되는 단순하고 선적인 전개가 가능하고, 권선징악과 행복한 결말을 예측할 수 있게 하며 웃음을 주는 동화적 이야기 구조를 보인다.[4]

---

4 고아인 연이(최진실)가 친아버지에 의해 친구의 딸로 입양된다. 고급 의상실 디자이너인 주인아주머니 송 여사(박원숙), 딸 이화(조미령), 아들 이반(박철)은 연이에게 적대적이다. 남자 주인공 강민(안재욱)은 송 여사와 친분이 있는 강장군(오지명)의 혼외아들이다. 강민의 친구이며 송 여사와 친분 있는 남자 주인공 이준(차인표)은 부모 없는 재벌 손자로서 떠나간 애인 소피아(최진실)를 잊지 못한

(2) 〈진정고백〉의 주제와 이야기 구성:
다수의 현대적 로맨스를 병치한 닫힌 구조

〈진정고백〉은 광고회사에 다니는 신세대 직장인의 사랑과 성공을 주제로 한다. 로맨스의 갈등과 직업적 갈등이 분리되어 극적 긴장감이 미약하지만 복수의 로맨스를 지속적으로 병치하여 긴장감의 부족을 봉합시킨다. 중심 플롯을 이루는 남녀 간의 로맨스로 인한 갈등은 심리적 갈등이나 오해로 발생되며, 직업적 갈등은 선악의 대립에 의한 갈등이다. 다수의 로맨스로 인한 갈등과 문제 해결이 반복되면서 중심 플롯으로 이야기가 수렴되고 기승전결로 전개된다.

가족관계보다는 젊은 직장인들의 인간관계가 중심적이며 서로 다른 개성을 지닌 젊은이의 여러 로맨스로 인한 갈등은 대부분 가볍고 큰 상처를 남기지 않는다. 반면 직업적 갈등은 악당의 음모와 방해로 남자 주인공이 회사를 떠날 정도로 심화되며, 오히려 여자 주인공이 남자 주인공과 로맨스를 이루는 계기를 제공하여 연인 간의 갈등을 완화시킨다. 로맨스의 갈등에 개입하는 악당이 두드러지지 않음으로써 선한 인물의 개인적 성격과 스타일이 강조되지만, 드라마의 결말은 권선징악과 해피엔딩이다. [5]

다. 강민과 이준은 우연히 연이와 친구 순애(전도연)를 만난다. 강민은 연이에게 호감을 가지고, 이준도 떠나간 애인 소피아(최진실)를 닮은 연이에게 호감을 갖는다. 어린 시절부터 강민을 좋아한 이화는 연이와 삼각관계가 되고 디자이너로서 경쟁한다. 연이는 강민의 부모와 주변 인물들의 방해를 받는다. 연이는 강민을 오해하고 그와 헤어지지만, 이준의 도움으로 그를 다시 찾는다. 이준은 돌아온 애인을 만나지만 집안의 반대에 부딪치고 애인은 다시 떠난다. 이준은 애인을 찾아 떠날 결심을 하고, 무리하게 사업을 벌이던 송 여사와 그 일가는 망한다.

5 여자 주인공 허약(곽영)은 광고회사 면접시험에 가다 교통체증에 걸린다. 그녀는 우연히 남자 주인공 고적안(호병)의 휴대폰을 빌려 쓰고 돌려주지 못한다. 허약은 이 일로 회사 간부인 고적안에 의해 불합격되지만, 고적안을 경계하는 신임 사장 주진에 의해 고적안의 부서에 배치된다. 허약은 고적안에 대한 오해를 풀고 곤경에 처한 그를 돕는다. 고적안은 첫사랑 방방을 찾으려 하지만, 방방은 사촌형 걸경의 약혼녀가 되었다. 고적안과 허약은 서로 사랑하지만 고적안과 방방의 사이를 안 걸경은

(3) 〈동변일출서변우〉의 주제와 이야기 구성:
전통적 멜로드라마의 닫힌 구조 [6]

이 드라마는 젊은이들의 사랑과 배신을 주제로 자본주의 체제가 도입된
중국에서 직업과 공간이 다른 두 쌍의 젊은 연인이 헤어지고 새로운 사랑
을 찾는 과정을 기승전결로 전개한다. 등장인물의 직업적 배경이 다양하
지만 주로 가족 관계나 친분을 통해 서로의 로맨스와 일로 얽혀든다. 이
에 따라 인물 간의 감정적 대립이 극대화되고 극적 긴장감이 높아진다.

등장인물은 주인공 남녀 각각의 삼각관계에 개입하는 방식에 따라 선
악이 구분된다. 선악의 대립은 순수한 사랑과 전도된 사랑(전통적 사랑/
자본주의적 사랑), 가난과 부의 대립이다. 선한 주인공은 지고지순한 사
랑을 추구하며 악당은 연인을 소유물이나 욕망의 대상으로 여긴다. 악당
은 자본주의적 가치관에 충실하며 야망 있고 처세술이 뛰어나 능력 있는
남성이다. 선한 주인공은 도덕적·지적 능력을 갖추고 의리를 소중히 여
기며 순수한 사랑을 추구하지만 경제적 능력이 부족하다. 권력과 야망을
지닌 남성이 악당으로 설정됨으로써 이들의 꼬임에 빠지거나 시련을 겪
는 선한 주인공의 사랑의 상처는 과장되게 표현된다.

이 드라마는 인물의 성격과 유형에 따라 결말이 예측되는 권선징악·

결혼을 취소한다. 고적안과 방방이 우연히 만나는 것을 본 허약은 고적안을 떠나 오랜 친구 풍수의
청혼을 받아들인다. 허약과 풍수의 결혼 소식에 고적안은 그녀를 다시 찾는다. 고적안의 친구이자
동료인 국영은 대령의 약혼자 노릇을 하다 동침하여 아이를 가진다. 대령과의 결혼을 원치 않는 국
영은 미모의 장연을 사랑한다. 대령은 국영이 장연을 사랑함을 알고 떠나려 하지만 대령의 사랑을
깨달은 국영이 그녀를 다시 찾는다. 이외에도 주진과 모리리와 문숙의 삼각관계, 허약과 풍수, 유웅
과 허약, 유웅과 방영, 허약의 아버지 허해와 메이의 로맨스가 병치된다. 고적안을 괴롭히던 사장 주
진은 문숙과 모리리에게 버림받는다.

6 멜로의 특성은 유형적이고 불변의 속성을 가진 인물, 양극화된 인물 설정과 인물 간의 감정적 대립,
사건 중심적 내러티브, 우연성과 운명성의 강조, 가정적·사적 배경, 과도한 비극적 정서, 사랑과 도
덕의 찬미, 그리고 이 모든 것을 관통하는 체제 유지적 가치 등으로 요약된다(김훈순·김은정,
2000).

해피엔딩과 인과응보를 겸한 닫힌 구조를 지닌 전형적인 멜로드라마의 이야기 구조에 충실하고 사회주의적 교훈을 담았다. 자본주의적 가치를 쫓는 악당은 벌을 받고, 가난한 남자의 순수한 사랑을 믿지 못하고 야망에 찬 부르주아 남성을 선택한 부르주아 여성 진단니는 후회를 하지만 잘못된 결혼으로 고통받는다. 예술적 재능은 있으나 경제력이 부족한 남자 주인공은 실연을 당하지만 진정한 사랑을 얻는다. 악당의 꼬임으로 타락했던 가난한 연주자는 이혼당하고 감옥에 가는 벌을 받지만, 자식을 생각하는 아내에 의해 구제된다.[7]

세 드라마는 젊은이들의 로맨스를 중심 플롯으로 하여 갈등의 정도가 다르지만 기승전결로 전개되고, 권선징악과 해피엔딩의 도덕적 교훈을 갖춘 닫힌 구조의 텔레비전 드라마라는 점에서 형식적으로 유사하다. 또한 세 드라마 모두 등장인물의 선/악이 구분되며 인물묘사가 정형화되었고, 인물의 성격에 따라 결말이 예측되고 사랑과 도덕을 강조한다는 점에서 보편적 소구력을 지녔다.

세 드라마는 각기 젊은이들에게 소구하기 위한 장치들을 차용하는 데서 차이가 있다. 트렌디에 충실한 〈별은 내 가슴에〉와 해외 시장을 목표로 제작된 〈진정고백〉은 젊은이들의 로맨스를 가볍고 감각적으로 표현

---

7 여자 주인공 소남(허청)은 부정직한 젊은 기업가 오영민(이성유)과 헤어져 새 삶을 찾고, 그는 탈세 혐의로 감옥에 갇힌다. 남자 주인공 육건평(왕지문)은 가난한 도예가로서 인기 방송 진행자인 진단니(오우연)를 사랑한다. 육건평의 매부 심굉은 오영민의 친구로서 회사를 맡는다. 심굉을 만나러 간 소남은 우연히 육건평을 만나지만 소남의 과거를 아는 육건평은 그녀를 무시한다. 육건평은 소남에게 사과하려 하다가 진단니에게 오해를 받는다. 진단니는 방송 일로 오만한 사진작가 풍서구를 만난다. 진단니는 풍서구의 끈질긴 구애를 받고, 육건평의 사랑을 의심하는 그녀는 풍서구와 결혼하지만 행복하지 않다. 실연한 육건평은 창작 능력을 잃고, 출감한 오영민은 소남을 찾으려 한다. 우연히 육건평의 작업실로 피신한 소남은 그와 사랑하게 되며, 오영민은 육건평을 협박한다. 육건평은 진단니를 잊지 못한 채 소남에게 구혼하지만, 소남은 이를 알고 거절한다. 오영민의 위협이 계속되자 소남은 육건평을 위해 오영민의 범법 행위를 고발하고 공범이었던 자신도 구속된다. 육건평과 소남은 서로의 사랑을 확인하지만 잠시 떨어진다.

하기 위해 빠른 영상, 스펙터클, 감각적 배경음악을 사용한다. 이들 드라마는 코믹 요소를 삽입하여 드라마의 심각성을 완화하는 특성을 보인다. 반면에 〈동변일출서변우〉는 두 쌍의 연인이 헤어지고 만나는 배신의 아픔과 사랑의 고통을 무겁고 심각하게 다룬다. 앞의 두 드라마의 가벼움과 감각성은 시청각적 자극을 통해 〈동변일출서변우〉의 심각성과 대비되어 차이를 보인다.[8] 〈별은 내 가슴에〉와 〈동변일출서변우〉는 가족 관계, 로맨스, 일이 서로 복잡하게 얽히고, 선악 대립이 극대화되어 갈등이 기승전결 방식에 의해 촉발·심화·해소되는 과정이 좀더 유사하다.

세 드라마는 멜로드라마의 이야기 구조를 현대의 젊은이에게 맞게 감각적으로 표현한다. 트렌드드라마 경향을 보이는 이들 드라마는 멜로드라마가 근대사회 초기에 대중적 장르로 탄생했듯이 포스트모던한 현대사회의 대중적 장르로서 동북아시아 지역에서 인기를 얻었다.

---

8 이들 세 드라마는 세트가 아닌 야외나 실제 실내 공간을 배경으로 젊은이의 사랑과 우정을 감각적인 영상과 음악을 사용하여 제작된 트렌드드라마적 경향을 보인다. 〈별은 내 가슴에〉와 〈진정고백〉은 화려한 영상과 신세대적 감각에 소구하는 트렌드드라마의 특성에 충실한다. 이에 비해 중국의 〈동변일출서변우〉는 젊은이를 대상으로 하고 아름다운 야외 공간을 배경으로 설정했지만 화려함과 감각적 표현이 부족한 편이다. 앞의 두 드라마는 대화보다는 영상과 음악을 통해 시청자를 자극하는데, 빠르고 정교한 카메라의 움직임과 밝은 톤의 조명, 인물과 사건에 따라 애절하거나 경쾌하게 변주한 다양한 음악의 사용 등이 공통적이다. 이들 드라마는 희극적 인물을 등장시키거나 인물의 비합리적 행동을 설정하여 웃음을 유발한다. 반면 〈동변일출서변우〉는 카메라의 움직임이 단조롭고 샷과 시퀀스의 길이도 길며 조명도 자연광을 사용해 앞의 드라마에 비해 어둡고 사실적이다. 등장인물의 성격은 진지하고 코미디적 인물도 등장하지 않는다.

2) 텔레비전 드라마 내용의 유사성

(1) 인물과 인간관계 재현의 유교적 특성

극의 인물은 일정한 태도와 스타일, 세계관의 물리적 구현체이며, 근본
적으로 변하지 않는 문화적 가치체계의 구현체라고 할 수 있다(Schatz,
1981/1995). 텔레비전 드라마에 등장한 인물의 성격과 행동, 그리고 인
간관계도 일정한 문화적 가치에 의해 재현되며, 인물들은 대개 일정 범
주로 분류될 수 있다.

세 드라마는 인물들의 성격이 고정적인데 보편적인 도덕적 규범에 따
라 인물의 선악이 대비되고, 유교적 오륜에 기초하여 인간관계가 재현된
다. 유교는 인간 사회를 개인적 관계와 그 관계에서 비롯된 윤리적 책임
이라는 견지에서 보는데, 이들 관계는 가족 관계이거나 대개 가족적 전
형에 의해 표현된다(Ching, 1977/1993). 이들 유교적 인간관계는 체면
을 유지하는 방향으로 실행되어야 하며 이를 위해 덕 있는 행동을 해야
하고 지나친 욕망은 금물이다(Hofstede, 1991/1995). 세 드라마의 등장
인물은 이러한 행동 규범에 충실한데, 이는 아시아적 가치의 기본적 특
징이다(李光耀 & Zakaria, 1999). 특히 선한 인물은 개인적 감정이나 욕
망을 원만한 인간관계 유지, 공동체와의 조화, 가족의 화목 등을 위해
절제하고 덕을 베푸는 행동에 충실하다.

유교적 가치관에 따라 중심 행위자인 여자 주인공은 전형적인 현대적
동양 여성으로 재현된다. 여자 주인공에 비해 남성 주인공은 좀더 다양
하게 묘사되지만 선과 악이 대비되며 공통적으로 붕우유신에 충실하다.
남성 주인공의 친구 관계는 공통적으로 복합적 플롯을 결합하고 갈등을
해결하는 역할을 한다. 가족 관계는 주인공의 로맨스에 개입하기 위해
설정됨으로써 부부 관계는 미미하고 부모와 자식이 주된 관계인데, 이들

관계도 유교의 오륜에 따라 재현된다. 주인공들은 장유유서를 따르고 효도를 인간 행동의 기본적 덕목으로 여기며 개인보다는 가족과 부모의 명예를 소중히 여긴다. 이에 따라 주인공의 사랑에 개입하는 가족이나 부모의 비합리적 행위도 주인공이나 주변 인물에게 수용된다.

① 여자 주인공 재현의 유사성: 온유하고 강인하며 능력 있고 조화로운 여성

세 드라마는 모두 여자 주인공을 중심인물로 설정했고 여자 주인공에게 사건이 발생함으로써 이야기가 전개된다. 공통적으로 여자 주인공은 아름다운 외모, 도덕성, 지성 그리고 전문적 능력을 갖춘 여성으로 정형화되는데, 이들은 시련을 극복하고 사랑을 이룸으로써 보상을 받는다. 여자 주인공은 사적 공간인 가정에 한정되지 않은 현대적 여성으로서 자신의 일과 삶에 적극적이며 뛰어난 능력을 갖추었고 매우 합리적이다. 그럼에도 이들은 로맨스의 갈등을 해결하는 데서 합리적이거나 전략적이지 않고 절대적이며 순수한 사랑을 추구하고 자기희생적이다. 조화롭고 헌신적인 여자 주인공은 연인이 자신의 사랑을 오해하거나 알아주지 않더라도 상대방을 위해 자신의 욕구나 감정을 자제한다. 뿐만 아니라 이들은 자신으로 인해 연인이 가족이나 주변 인물과 불편해지는 것을 원하지 않으며 무리한 방법으로 사랑을 이루려 하지 않는다. 이러한 태도는 조화와 덕을 중시하는 유교적 가치관에서 비롯되는데, 이러한 여자 주인공은 공통적으로 생머리, 크지 않은 키, 화려하지 않으며 단아하고 아름다운 외모, 단정한 옷차림으로 코드화된다.

〈별은 내 가슴에〉의 여자 주인공 연이는 도덕적·지적 능력을 갖추었고 디자이너로서의 재능을 지녔을 뿐만 아니라 성실하다. 그녀는 청순하고 소박하며 궂은일을 도맡아 한다. 그녀는 주변 인물들을 자상하게 배려하며 악당들의 괴롭힘에 굴하지 않는다. 그녀는 자그마한 키, 생머리,

다소곳한 표정, 부드러운 미소, 소박한 옷차림으로 성격을 표현한다. 반면에 동갑의 악역인 이화는 짙은 화장과 파마를 하고 화려한 의상과 여러 가지 액세서리를 착용하며 자신의 감정을 잘 드러내고 사치스럽다. 이런 이화는 도덕적이지도 않고 재능도 없으며 사랑받지도 못하고 동양적 여성스러움을 갖춘 연이와 대조된다. 또한 연이는 일이나 자아성취를 하는 데 적극적이고 능동적이며 합리적이지만 사랑에서는 소극적이고 자기희생적이다. 그녀는 절대적이며 순수한 사랑을 바라지만 사랑을 이루려고 적극적으로 노력하지 않는다. 조화를 중시하는 연이는 강민의 가족과 대립하는 것도 피하고 강민이 자신을 부끄러워한다 여기고 그와 헤어진다. 그러나 타인의 아픔을 참지 못하는 연이는 결국 실연으로 고통스러워하는 강민에게 돌아간다. 결국 주변 인물과 조화를 이루려 하고 자신의 감정을 자제하면서 묵묵히 참은 연이가 사랑을 이룬다.

〈진정고백〉의 허약은 4개 국어에 능통하며 명문 대학을 졸업한 능력 있는 여성이다. 허약은 덜렁대지만 솔직하고 주변 사람을 배려하며 자신의 일에 성실하고 주체적으로 행동한다. 허약은 밝은 미소, 짧은 생머리, 화려하지 않지만 세련된 미모, 단정한 복장으로 정형화된다. 허약은 착하지만 뛰어나지 않은 외모를 지닌 제 2의 여자 주인공 대령이 파마머리에 허술한 옷차림으로 재현되고, 좋아하는 남자에게 구박받는 모습과 대조된다. 허약은 사랑하는 고적안이 어려움에 처할 때마다 그를 돕고 위로하며, 고적안이 회사를 나가자 그를 따른다. 모든 일에 관대하고 합리적이며 적극적인 허약도 고적안과의 사랑에 대해선 그렇지 못하다. 허약은 고적안이 첫사랑을 잊지 못하고 다시 만난다고 오해하고, 오해를 풀려고 하기보다 헤어지고 만다.

허약도 고적안의 절대적인 사랑을 원하면서 적극적으로 사랑을 추구하기보다는 자신의 감정을 희생하고 슬퍼할 뿐이다. 대신 자신을 좋아하는 풍수와 결혼을 결심하지만, 그녀에게 고적안이 돌아옴으로써 사랑을 이룬다. 미모가 아닌 대령은 요리와 집안일 등 가정주부로서의 역할을 누구보다 잘하는 여성으로 재현되었다. 대령도 자신을 원하지 않는 국영을 헌신적으로 사랑하고 돌보지만, 국영이 다른 여성을 사랑함을 알고 떠나려 한다. 그러나 국영이 대령의 사랑을 깨닫고 그녀와 결혼함으로써 그녀는 보상받는다.

〈동변일출서변우〉의 소남은 뛰어난 미모와 지성, 업무 능력을 지녔으며 어떠한 어려움도 극복하는 적극적 여성이다. 잘못된 사랑의 경험이 있는 소남은 단호한 표정, 생머리, 화려하지 않은 세련된 의상, 아름답고 조용한 외모로 정형화된다. 소남은 수단과 방법을 가리지 않는 기업가 오영민으로부터 벗어날 정도로 전략적이며 대범하고, 현실판단 능력도 뛰어나다. 그러한 소남도 사랑에선 적극적이지도 않고 자기희생적이다. 그녀도 연인의 절대적 사랑을 원하지만, 자신의 욕망이나 사랑보다 연인의 감정을 더 소중하게 여긴다. 그녀는 육건평이 자신을 사랑함에도 불구하고 그가 진단니를 잊지 못한다 오해하고 그의 청혼을 거절한다. 그러나 소남은 오영민에게서 육건평을 구하기 위해 그를 고발하고 공범이었던 자신이 구속되는 희생을 감수함으로써 육건평과의 사랑을 확인한다.

세 드라마의 여자 주인공은 모두 도덕적·지적 능력과 아름다움을 갖추었고 사랑하는 방식도 매우 유사하다. 현대 동양 여성을 대표하는 이들 여자 주인공은 일과 사랑의 방식이 대조적이다. 그녀들은 일에 대해선 적극적이고 합리적이며 현대사회에서 필요한 능력들을 갖추었다. 그러나 사랑에 대해선 절대적이고 순수한 사랑을 추구하며 비합리적일 정도로 진취적이지 못하다. 세 드라마는 현대사회에서 동양의 여성은 미모와 지적·전문능력을 갖추고 사랑과 인간관계 유지를 위해 전통적 미덕에 충실해야 사회적으로 인정받을 수 있음을 보여준다. 이러한 동북아시아 여성의 고정된 이미지는 봉건과 근대와 탈근대적 상황을 동시에 경험하면서 나타난 불균형 사회에서 다중적 주체가 용인되지 않음을 의미하기도 한다(조혜정, 1998).

② 남자 주인공과 인간관계의 유사성

세 드라마는 유교의 오륜에 의해 관습화된 사회관계를 재현한다. 핵가족화된 자본주의 사회에서 오륜의 덕목 가운데 남성의 붕우유신이 가장 충실하게 재현된다. 남자 주인공은 여자 주인공에 비해 다양하게 재현되지만 공통적으로 친구에 대한 신뢰, 너그러움과 의리를 중시한다. 모든 남자 주인공은 복잡한 인간관계의 갈등을 해결하고 조화를 유지하는 데 도움을 주는 친구를 가진다. 이들 친구는 공통적으로 남자 주인공인 친구의 연인에게 호감을 갖지만, 친구의 연인으로서 헌신적으로 돌본다.

〈별은 내 가슴에〉의 남자 주인공 강민과 이준은 절친한 친구로서 의리를 존중하고 약자를 도우며 직업에서도 성공적이다. 직선적이지만 착한 강민은 록 가수로서 긴 머리의 반항적인 모습으로 정형화된다. 섬세하고 합리적이며 능력 있는 이준은 준수한 용모에 단정하고 세련된 복장을 하며 능숙하게 영어를 구사하는 귀공자로 재현된다. 그들은 서로의 일과 사랑이 성취되도록 적극적으로 도울 뿐만 아니라 시련도 함께 겪는다. 이준은 강민이 어려움에 처할 때마다 경제적으로나 정신적으로 조건 없이 돕는다. 이준과 강민의 관계는 사랑의 갈등이나 감정적 갈등을 해결하는 기본적인 관계이며, 둘의 관계를 토대로 드라마의 갈등이 해결되고 원만한 인간관계가 유지된다. 이준은 애인을 닮은 연이에게 호감을 갖지만 강민과의 관계 때문에 감정을 자제하고 헌신적으로 연이를 돌보아 사랑을 이루도록 돕는다. 그는 강민과 자신을 괴롭힌 악당 송 여사를 용서

하고 도와줌으로써 모든 인간관계가 조화를 이룰 수 있게 한다.

〈진정고백〉의 남자 주인공 고적안과 국영은 서로 믿고 의지하는 절친한 회사 동료이자 친구이다. 고적안은 자상하고 섬세하며 우연히 여행지에서 만난 여인을 잊지 못하는 남성이다. 인기 있는 다국적 광고회사 간부인 그는 준수한 용모에 세련된 의상을 입고 고급 승용차를 타며 모던한 사무실과 아파트에서 산다. 〈별은 내 가슴에〉의 이준과 성격이나 외모에서 유사하다. 고적안의 친구 국영은 못생겼지만 의리 있고 마음씨 좋으며 대범하다. 국영은 남자의 외모는 중요하지 않으며 사내대장부다움과 의리를 강조하고 여성스러움과 미모를 선호하는 가부장적 인물이다. 국영은 한때 허약에게 호감을 보였지만 허약과 고적안의 오해를 풀어주고 허약과 고적안이 사랑하는 데 도움을 준다. 그는 고적안의 사랑과 삶에 대한 카운슬러로서 드라마의 갈등을 해결하고 원만한 인간관계를 유지하게 하는 해결사이다.

〈동변일출서변우〉의 남자 주인공 육건평과 오영민은 서로 대립하는 인물로 친구 사이는 아니지만 이들은 모두 절대적으로 믿을 수 있는 친구를 가진다. 이들 친구는 아무런 관계가 없는 연인들이 인간관계를 맺을 수 있는 고리가 되며, 이들은 드라마의 갈등을 해결하고 원만한 인간관계가 유지되도록 돕는다. 남자 주인공 육건평과 그의 친구 정효무, 소남을 괴롭히는 악당 오영민과 육건평의 매부 심꿩은 절친 사이이다. 육건평의 친구 정효무는 매일 저녁 육건평의 첫 애인 진단니를 육건평과 함께 자신의 택시로 퇴근시킨다. 그는 진단니와 육건평의 소원해진 관계를 회복시키려고 하며 자신이 좋아하는 소남이 육건평과 좋아하자 자신의 감정을 자제하고 둘의 사랑이 이루어지도록 돕는다. 악당인 오영민은 감옥에 갇히자 자신이 믿을 수 있는 유일한 사람은 친구인 심꿩뿐이라며 자신의 사업을 맡기지만 심꿩의 처남과 소남을 두고 대립하면서 친구를 배신한다. 이 드라마는 악당에게도 믿을 수 있는 친구를 부여하지만 의리를 저버리는 악당은 처벌받게 함으로써 붕우유신의 가치를 지속시킨다.

세 드라마는 남자 주인공의 친구 관계를 통해 복잡한 로맨스와 사건을 하나의 이야기로 구성하며 이를 통해 드라마의 세계는 조화를 이루고 현상을 유지한다. 남자 주인공은 모두 친구나 가족 간의 의리를 중시함으로써 인간관계와 사회의 질서를 유지시키는데 의리를 존중하는 남성은 사랑을 얻고 그렇지 않은 인물은 처벌받는다. 세 드라마에 나타난 남성이면서 어른은 동북아시아의 중산층적 주체로서 사회 유지자인데 이들의 역할도 그들 간 의리에 충실할 때 유지될 수 있다.

③ 유교적 가족 관계의 재현

가족관계는 이들 드라마의 전개에 중심적이진 않지만 유교의 오륜에 기초하여 가족 간 인간관계를 재현하고 이러한 관계는 다른 사회적 관계에도 적용된다. 유교적 오륜에 의한 인간관계는 쌍방적 의무와 상호보완적 의무에 기반을 둔다. 아랫사람은 윗사람을 존경하고 윗사람은 아랫사람을 보호하고 배려해야 한다. 유교적 전통에 따라 개인은 자신보다 가족 구성원으로서 인화·조화를 중시한다. 개인은 가족이나 공동체 안에서의 조화를 위해 자신을 자제해야 하며 체면, 즉 품위·자존심·명성을 유지하기 위해 조화를 이루고 은혜 갚기를 중시한다(Hofstede, 1991/1995).

〈별은 내 가슴에〉에 등장하는 젊은 주인공들과 부모의 관계는 상호의존적이다. 부모는 성인인 자식을 끊임없이 돌보려 하며 자식의 일에 개입하고 자녀는 부모에게 의존하거나 순종한다. 유일하게 아버지에게 반항하는 강민은 아버지의 비합리적인 행동 때문에 어쩔 수 없이 반항하는 것으로 재현된다. 그의 아버지는 수단과 방법을 가리지 않고 아들의 가

수 활동을 방해하고 연이와의 사랑도 방해하지만 강민은 아버지를 비난하는 선배에게 동조하지는 않는다.

가족이 없는 연이는 도움을 받은 사람들에 대한 은혜 갚기를 중요한 규범으로 삼음으로써 유교적 가족 윤리를 실현한다. 은혜 갚기는 악당인 송 여사에 의해 요구되지만 연이는 이를 자발적으로 수용하면서 송 여사의 괴롭힘을 참고 순종한다. 또한 부모가 없는 연이는 부모의 명예를 무엇보다 소중히 함으로써 부모와의 관계를 유지한다. 순종적인 연이도 생모를 모욕하는 송 여사와 몸싸움을 벌이고 이런 행동은 그녀를 오히려 정의롭게 재현한다. 부모가 없는 이준 또한 할아버지와 삼촌에게 순종하며 악당 송 여사에게도 고분고분하다. 장유유서나 효를 중시하는 인물의 행동 규범은 악당들이 선한 주인공들에게 요구하기도 하지만, 모든 인물들에 의해 사회적 규범으로 인식된다.

〈진정고백〉은 가족 관계가 중심적이지 않지만 유교적 가족주의가 중요한 행동 규범이 된다. 고적안의 사촌형은 형제를 한 몸으로 여기고 가족 간의 의리를 요구하며, 자신의 약혼자 방방이 고적안의 첫사랑이었다는 사실에 배신감을 느끼고 결혼을 취소한다. 고적안도 이 때문에 괴로워하고 방방과의 사랑을 이루지 못한다. 가족 관계가 재현되지 않는 국영도 대령을 데려가려면 돈을 내라는 대령의 백부모에게 순종함으로써 장유유서와 유교적 가족관계에서 요구하는 행동 규범을 존중한다. 부모가 없는 대령도 은혜 갚기에 충실한데, 백부모의 은혜를 갚기 위해 돈을 모으고 가짜 결혼식까지 치른다. 부모의 명예를 존중함으로써 대령도 부모와의 관계를 유지하는데, 그녀는 부모의 묘지에서 자신을 모욕하는 국영에게 크게 화를 낸다. 허약의 아버지는 성인인 딸에게 헌신적이며 허약은 부모의 마음을 기쁘게 하려고 하는데 이웃사촌인 유웅이 허약 때문에 집을 나가자 허약은 유웅을 찾아가 어머니를 가슴 아프게 한다고 나무

란다. 따라서 가족 간의 의리와 효가 인물들의 중요한 행동 규범으로 인식된다고 할 수 있다.

〈동변일출서변우〉도 가족관계가 중심적이진 않지만, 유교적 가족질서에 따라 구성원의 역할을 정형화하고 형제 간 우애를 강조한다. 경제적 능력이 없는 육건평은 결혼한 누나와 매형 심굉의 보살핌을 받는다. 가난한 그는 유교적 가부장의 역할을 행동 규범으로 삼음으로써 스스로 갈등을 자초한다. 그는 "나이 들면 여자를 책임져야 하고 가족을 돌보아야 하는데, 마누라를 먹여 살릴 직업과 집이 없어 결혼할 수 없다"고 자책하고, 결혼을 원하는 진단니에게 적극적이지 않다. 육건평의 누나 육설아는 남편과 아이들을 위해 무용을 포기한 주부로 정형화되고, 오영민의 꼬임에 빠져 타락한 남편 심굉과 이혼하지만 자식의 명예를 위해 감옥에 갇힌 남편을 구명한다. 정효무는 가수를 지망하며 클럽에서 일하는 여동생을 걱정하고 퇴근하면 데리러가며 보살핌으로써 가부장으로서의 역할에 충실하다.

세 드라마의 가족 관계는 중심적 관계는 아니지만 사회적 인간관계가 공통적으로 유교적 가족관에 기초하여 실행된다. 〈별은 내 가슴에〉와 〈동변일출서변우〉는 유교적 가족관에 매우 충실하고 공적 관계에서도 장유유서가 중요한 행동 규범이다. 또한 두 드라마의 가족은 가족 구성원의 행동에 적극적으로 개입하고, 자신의 뜻을 관철시키려 함으로써 갈등을 일으킨다. 이렇게 촉발된 갈등은 인물들에 의해 받아들여짐으로써 주어진 현실이 된다. 〈진정고백〉의 인물은 가족 관계에서 의리와 장유유서가 중요하지만 공적 관계에서는 장유유서가 두드러지지 않고 좀더 수평적이다.

(2) 대도시의 시공간과 현대적 일상의 유사성

동북아시아는 공통적으로 비슷한 시기에 봉건과 근대를 경험했으며, 현재는 소비 자본주의의 급속한 침투로 불균형이 심화되었다. 분석된 드라마도 시대적으로 매체 산업이 발달한 후기 산업 자본주의의 현대사회와 소비가 일상화된 대도시(metropolis)를 공간적 배경으로 한다. 이들 드라마는 현대사회의 대도시 공간에서 요구하는 삶의 원리에 의해 강제된 인물의 삶의 모습을 재현한다. 수직·수평의 빌딩과 도로, 빠르게 움직이는 차와 군중들이 등장인물에게 속도감과 긴장감을 부여한다. 이를 따르기 위해 합리성과 효율성이 인물들에게 요구되며 공간도 이 규범에 충실하게 재현된다. 이러한 공간 재현에서도 가부장적인 유교적 인간관계가 중요하게 작동하여 세 드라마의 남성과 여성의 공간이 매우 정형화된다.

세 드라마의 남자 주인공은 자신의 신분, 성격, 취향을 상징적으로 재현하는 독립된 공간을 지녔지만 여자 주인공은 가족이나 남자 주인공의 공간에 부속된다. 남자 주인공의 공간은 직업을 상징하는 도구나 첨단 장비들이 강조된다. 여자 주인공의 공간은 독립적이지 않고 개성이나 취향을 나타내지도 않으며 일상의 필수품들이 강조된다. 가족이나 남자 주인공의 공간을 벗어난 여자 주인공은 궁핍한 장소에서 시련을 겪지만 이는 일시적이며 현실적이지 않은 시련이다. 단지 이들 공간은 이야기가 전개되는 과정에서 그녀의 위치만을 나타낼 뿐이다. 세 드라마의 공적 공간은 인물보다는 전문적 직업을 강조하기 위한 첨단 장비를 갖춘 직업 공간과 바쁜 일상과 이동성을 보여주는 달리는 차와 도로, 공항, 에스컬레이터, 엘리베이터 등으로 상징되는 현대적 이동공간으로 정형화된다.

시공간의 유사한 배치와 재현 외에도 세 드라마는 현대성을 강조하기 위해 공통적으로 서양적인 것을 서사의 전개와 관계없이 삽입하며, 서양인과 서구에 대한 정형화가 나타난다. 세 드라마 모두 서양인, 이국적인 공간, 영어를 잘하는 주인공, 서양의 상품들을 의도적으로 강조한다. 부유한 남자 주인공들은 모두 독일제 고급승용차를 소유했으며, 그 상표는 인물보다 더 강조된다.[9]

세 드라마에 재현된 대도시의 일상은 유교적 전통을 토대로 유사한 근대화 과정을 겪은 동북아시아의 젊은이들이 비슷한 느낌으로 살아감을 보여준다. 특히 여성과 남성의 인물묘사에서 나타난 정형성이 공간을 재현하는 데서도 그대로 나타난다. 능력 있는 동양 여성과 독립적이지 못한 여성의 공간에 대한 정형화는 여성에 대한 유교적 가치관이 지속되는 한편, 자본주의 발달로 요구되는 여성의 사회적 역할이 남성에 비해 여성에게 이중적으로 작용함을 알 수 있다. 또한 서양의 근대화된 문물을 힘의 우위로 경험한 세 나라 모두 서양적인 것을 통해 가장 발달된 현대성을 재현하는 점이 공통적이다. 이러한 대도시의 소비적 이미지와 서양의 시선을 통해 현대인의 정체성을 재현하는 세 드라마는 동북아시아의 식민화된 이미지와 오리엔탈리즘을 재생산한다(조혜정, 1998).

5. 분석 결과의 함의와 결론: 형식의 보편성과 내용의 지역성

이 장은 텔레비전 프로그램 유통에 미치는 요인으로서 문화적 근접성을 파악하기 위해 텔레비전 드라마에 나타난 문화적 근접성의 특성을 분석했다. 분석결과 세 드라마는 동일한 매체를 통해 소비되는 동일한 유형

---

9 〈별은 내 가슴에〉는 이탈리아의 이국적 풍경, 영어로 전화하는 장면을, 초국적 광고회사를 배경으로 하는 〈진정고백〉은 외국인 출연, 널리 알려진 초국적 상품 사용을, 중국의 〈동변일출서변우〉는 소남의 능력, 육건평의 도자기, 오영민의 사업 능력은 모두 영어 구사능력이나 외국인들에게 인정받는지의 여부로 결정된다.

의 프로그램이라는 특성을 토대로 대중성을 확보하기 위한 드라마의 장치를 사용하는 데서 공통적 특성을 보인다. 드라마 형식의 유사성에 대한 분석에서 세 드라마는 보편적인 주제와 서사구조를 지닌 텔레노벨라 형식의 폐쇄된 시리얼즈에 충실하다. 이들 드라마는 주 수용자인 젊은이에게 소구할 수 있는 사랑, 우정, 야망을 소재로 젊은이들의 갈등을 시공간을 초월하는 보편적 이야기 구조인 기승전결로 전개한다. 이러한 텔레비전 드라마에 나타난 형식의 보편성은 드라마가 세계적으로 가장 많이 유통되는 이유를 밝혀주며 해외시장 개척에서 텔레비전 드라마에 주력해야 할 타당성을 확보한다.

형식의 보편적 특성을 제외하고 내용에서 나타나는 문화적 근접성은 유사한 시공간과 인물 및 영상에서 느껴지는 감각적 유사성과 가치, 규범, 인간관계가 재현되는 방식에서 나타나는 가치적 유사성으로 구분될 수 있다. 감각적 유사성은 근대의 유사한 역사적 과정에서 긴밀한 관계를 통해 성장한 각 국가의 비슷한 외모를 지닌 젊은이들이 비슷한 공간적 느낌을 제공하는 대도시를 배경으로 같은 프로그램 형식과 장치를 통해 제공되는 데서 나타난다. 이러한 감각적 유사성은 특히 트렌디드라마의 특성에서 나타난다. 〈별은 내 가슴에〉와 〈진정고백〉은 대도시의 전문직에 종사하는 젊은이들의 삶의 모습을 빠르고 밝은 영상과 음악을 통해 세련되고 화려하게 감각적으로 그려내는 점에서 유사하다. 트렌디에 충실한 두 드라마는 언어나 스타의 차이를 극복한다면 자국의 것과 동일시하게 할 가능성이 높다.

텔레비전 드라마에 나타난 가치적 유사성은 드라마의 형식이나 표현양식의 특성 이외에 인물의 관계, 관계를 지속시키는 방식, 그 관계 속에서 이루어지는 행동을 제약하는 규범의 유사성이라고 할 수 있다. 분석된 세 드라마는 다양한 직업과 인물을 재현하지만 인간관계와 인물을 유교적 가치관을 토대로 재현하고 인물의 행동도 유교적 규범에 따라 묘사한다. 인물의 공통된 가치관은 모두 현대적 삶의 조건에 적응하는 데 개인으로 하여금 심적 갈등을 일으키는 요인으로 작용하는 데서도 유사하다. 이는 개인의 행복이나 삶보다는 원만한 인간관계와 덕 있는 삶을 중시하는 유교적 가치관과 경쟁과 합리성을 추구하는 개인주의적 가치관이 충돌함을 의미한다.

특히 〈동변일출서변우〉와 〈별은 내 가슴에〉의 인간관계의 재현이나 행동 규범은 유교적 가치관을 충실히 따르는데 오륜에 기초한 인간관계가 〈진정고백〉보다 훨씬 더 전형적이고 그 양상도 수직적이다. 특히 지역이나 언어도 다르고 자본주의를 일찍 경험한 한국의 드라마가 〈진정고백〉보다 가치관 차원에서 중국과 더 유사한 점은 많은 것을 시사한다. 이는 중국도 아니면서 중국이길 기대했던 한국의 오랜 역사적 열망이 뿌리 깊이 내면화되어 규범으로 정착했고(Bishop, 1897/1994), 봉건적 특성이 극복되지 않은 채 압축적 근대성을 경험하는 과정에서 합리적이고 수평적이기보다는 수직적 인간관계가 더 큰 힘을 발휘했기 때문이라고 할 수 있다.

세 드라마의 문화적 근접성은 감각적 유사성과 가치적 유사성의 갈등과 혼종으로 나타난다. 감각적 유사성은 매체와 형식의 보편성을 토대로 현대사회의 소비적인 보편적 삶을 재현함으로써 대중성을 추구하는 드라마의 보편적 특성이다. 반면 내용의 가치와 규범에서 나타나는 가치적 유사성은 동북아시아 지역의 독특한 문화와 전통을 반영하고 재생산하는 데서 나타난다. 이는 서구의 텔레비전 드라마 형식과 서구적 근대성이 아시아에 수용되는 과정에서 유교적 전통과 공존하면서 새롭지만 과거를 벗어나지 못하는 문화적 형상과 유사하다.

특히 텔레비전 드라마의 형식과 감각에서 나타나는 보편성이 지역적 가치보다 우월하지만 새로운 형식의 매체 문화나 문명이 유사한 시공간적 경험, 인종적 특성, 공통된 가치관을 통해 형성된 지역의 문화와 갈등하면서 적응함을 보여준다. 서구적 매체문화인 텔레비전 드라마의 형식적 보편성이 오히려 동북아시아의 문화를 포섭하거나 동질화하기보다는 공통된 가치나 시공간적 경험을 토대로 이를 유사한 동북아 지역의 대중문화로 재영역화할 가능성이 높다.

그럼에도 그동안 국제커뮤니케이션 분야에서 할리우드에 대한 관심에 비해 동북아시아 지역의 유통이나 문화에 대한 관심이 거의 없었다. 특히 언어적 문제나 미흡한 유통 체계 등으로 자료 접근이 쉽지 않아 이 지역에 대한 연구가 이루어지지 않았다. 이 지역에 대한 관심은 텔레비전 프로그램 수출 확대에 모아졌고 연구 관심도 산업적 차원에 집중되었다. 따라서 텔레비전 드라마의 유통 증가 현상도 대부분 텍스트의 특성보다는 시장의 특성을 통해 설명되었다. 이런 점은 텔레비전 프로그램의 유통이나 지역의 문화적 특성에 대한 논의를 발전시키는 데 큰 도움을 줄 수 없었다.

이 장의 분석 결과 멜로드라마 관습을 따르는 텔레노벨라 형식의 텔레비전 드라마가 보편적 소구력이 높고 젊은이들의 소비적 감성이 드라마 텍스트를 통해 재생산되어 보편성을 획득함을 보여준다. 그럼에도 이들 드라마가 다른 지역이 아닌 동북아시아 지역에 주로 유통되는 이유는 인간관계나 인간 행위의 규범적 차원에서 나타나는 지역적 특색과 규칙, 그리고 유사한 감각적 경험들이 다른 지역과 차이를 나타내기 때문이다. 이러한 차이의 특색이 문화제국주의론이나 영상산업론에서 막연하게 가정하는 문화적 차이나 유사성의 구체적인 자료일 것이다.

참고문헌

강태영 (1994), 텔레비전 프로그램의 국제적 유통에 관한 연구: 경제적 측면과 문화적 함의, 〈방송연구〉, 여름호, 150~190.

김은미 (2000), 자국영화와 해외영화의 경제에 관한 연구: 영상물의 창구화와 관련하여, 〈한국언론학연구〉, 2호, 6~28.

김훈순·김은정 (2000), 한국 멜로영화의 장르연구: 관습의 반복과 변형, 〈한국방송학보〉, 14권 1호, 한국방송학회, 113~154.

문화관광부 (2000), 문화관광부 내부 자료.

오명환 (1994), 《텔레비전 드라마 사회학》, 나남.

유세경·정윤경 (2000), 국내 지상파 텔레비전 프로그램의 해외판매 결정요인에 관한 연구: 1997년부터 1999년까지의 해외판매를 중심으로, 〈한국방송학보〉, 14권 1호, 209~256.

조혜정 (1998), 《성찰적 근대성과 페미니즘》, 또 하나의 문화.

한국방송개발원 (1998), 《영상산업의 아시아 시장 진출을 위한 수출전략 연구》.

황인성 (1999), '트렌디 드라마'의 서사구조적 특징과 텍스트의 즐거움에 관한 이론적 고찰, 〈한국언론학보〉, 43권 5호, 221~248.

Allen, R. (1995), *To Be Continued* … : *Soap Opera Around the World*, London: Routledge.

Antola, L. & Rogers, E. M. (1984), Television flows in Latin America, *Communication Research*, 11(11), 183~202.

Biltereyst, D. & Meers, P. (2000), The international telenovela debate and the contra-flow argument: A reappraisal, *Media Culture & Society*, 22(4), 393~413.

Bishop, I. B. (1897), *Korea and Her Neighbours*, 이인화 역 (1994), 《한국과 그 이웃 나라들》, 살림.

Button, G. (1988), Laughing all the way, *World Screen News*, February, 20~25.

Chadha, K. & Kavoori, A. (2000), Media imperialism revisited: Some findings from the Asian case, *Media Culture & Society*, 22(4), 415~432.

Chan, J. M. & Ma, E. K. W. (1996), Asian television: Global trends and local processes, *Gazette*, 58, 45~60.

Chan, J. M. (1996), Television in greater China: Structure, exports, and market formation, in J. Sinclair, E. Jacka, & S. Cunningham (eds.), *Patterns in Global Television: Peripheral Vision* (pp. 126~161), Oxford: Oxford University Press,

Ching, J. (1977), *Confucianism and Christianity: A Comparative Study*, Kodansha International, 임찬순 · 최효선 역 (1993), 《유교와 기독교》, 서광사.

Goonasekera, A. (1998), Transborder television: Its implications for Asia, in Anura Goonasekera & Paul S. N. Lee (eds.), *TV without Borders: Asia Speak Out Singapore*, Asian Media Information and Communication Center, 207~223

Hester, A. (1973), Theoretical consideration in predicting volume and direction of international information flow, *Gazette*, 19, 238~247.

Hofstede, G. (1991), *Cultures and Organizations: Software of the Mind*, 차재호 · 나은영 역 (1995), 《세계의 문화와 조직》, 학지사.

Hoskins, C. & Mirus, R. (1988), Reasons for the U. S. dominance of the international trade in television programmers, *Media, Culture and Society*, 10, 499~515.

Ishii, K. Su, H., & Watanabe, S. (1999), Japanese and U. S. programs in Taiwan: New patterns in Taiwanese television, *Journal of Broadcasting & Electronic Media*, Summer, 416~431.

Iwabuchi, K. (1998), Marketing 'Japan': Japanese cultural presence under a global gaze, *Japanese Studies*, 18(2), 165~180.

Iwabuchi, K. (2000), Becoming 'culturally proximate': The ascent of Japanese idol dramas in Taiwan, in B. Moeran(ed.), *Asian Media Production*, Curzon Press.

Liebes, T. & katz, E. (1986), Patterns of involvement in television fiction: A comparative analysis, *European Journal of Communication*, 1, 151~171.

Mattos, S. (1984), Advertising and government influences-The case of Brazilian television, *Communication Research*, 11(2), 203~220.

Mikami, S. (1993), A Cross-national comparison of the U. S.-Japanese TV drama: International cultural indicators, *Keio Communication Review*, 15, 29~44.

Morgan, M. & Shanahan, J. (1991), Television and the cultivation of political attitudes in Argentina, *Journal of Communication*, 41(1), 88~103.

Oliviera, O. S. (1990), Brazilian soaps outshine Hollywood: Is cultural imperialism fading out?, in K. Nodenstreng and H. Schiller (eds.), *Beyond National Sovereignty: International Communication in the 1990s* (pp. 116~131), Norwood: Ablex.

Pool, Ithiel de Sola (1977), The changing flow of television, *Journal of Communication*, 27(2), 139~149.

Schatz, T. (1981), *Hollywood Genres: Formulas, Filmmaking, and the Studio System*, 한창호·허문영 역 (1995), 《할리우드 장르의 구조》, 한나래.

Schement, J. R., Gonzalez, I. N., Lum, P., & Valencia, R. (1984), The international flow of television programs, *Communication Research*, 11(2), 163 ~182.

Straubhaar, J. (1984), Brazilian television the decline of American influence, *Communication Research*, 11(2), 221~240.

_____ (1991), Beyond media imperialism: Asymmetrical interdependence and cultural proximity, *Critical Studies in Mass Communication*, 8, 39~59.

Straubhaar, J. & Viscasillas, G. M. (1991), Class, genre, and the regionalization of television programming in the dominican republic, *Journal of Communication*, 41(1), 53~69.

Thompson, J. B. (1995), *The Media and Modernity*, Cambridge: Polity Press.

Waterman, D. & Rogers, E. (1994), The economics of television program production and trade in far east Asia, *Journal of Communication*, 44(3), 89~111.

李光耀 & Zakaria, F. (1999), 문화는 숙명이다, 이승환 외 저, 《아시아적 가치》(15~50 쪽), 전통과 현대.

8

포맷 교역 TV 프로그램의
혼종성에 관한 연구

한국의 〈1 대 100〉에 나타난 지역적 특성을 중심으로

박선이 · 유세경

텔레비전 영상물의 국제 유통에서 급성장 중인 프로그램 포맷(*format*) 교역은 글로벌 영상 시장에서 미디어 상품의 새로운 국제 유통으로 주목받고 있다. 포맷은 주로 서구 선진국에서 제작되고 전 지구적 표준을 유지하면서 세계 미디어 시장을 통해 교역된다는 점에서 분명히 세계화 시대의 미디어 현상이다. 그러나 포맷 원형을 이용해 각 나라에서 만들어지는 프로그램은 지역의 방송사와 연출자, 수용자, 광고주, 국가 등 다양한 사회적 주체의 요구에 따라 현지화되면서 지역적 특성과 혼종성을 생산한다는 점에서 기존의 문화제국주론으로는 충분히 설명되지 않는 글로벌 텔레비전 현상을 낳는다.

이 장은 전 세계적으로 가장 많은 지역에서 교역이 이루어진 포맷 프로그램 중 하나인 네덜란드의 엔데몰 사가 제작한 퀴즈쇼 〈Een tegen 100〉의 포맷 교역을 통해 KBS 2에서 제작 · 방영하는 〈1 대 100〉의 지역적 특성과 혼종성을 검토하고 이 같은 특성이 갖는 문화적 함의를 논의하고자 했다. 한국의 〈1 대 100〉이 보여주는 특성의 역사적이고 문화적 · 규범적 의미를 살펴보기 위해 같은 포맷을 이용해 제작된 미국의 〈1

vs. 100〉, 이탈리아의 〈1 contro 100〉을 함께 비교 분석했다. 이를 위해 세 나라에서 제작한 〈1 대 100〉 에피소드에 대한 텍스트 분석을 시행했고, 한국 프로그램 제작에 참여한 전문가 인터뷰를 병행했다. 이를 통해 포맷 교역 프로그램이 진행 방식과 시각적 영상 표현 등 형식면에서 국제적 브랜드로 완성된 프랜차이즈(*franchise*) 상품이라는 것을 확인하는 한편 내용적 특성에서 세 나라 모두 다른 차원의 의미를 생산한다는 점을 발견할 수 있었다. 한국의 〈1 대 100〉에서 드러난 지역적 특성은 연예인, 유명인의 지속적 출연과 공공성, 계몽성으로 요약되었다. 이는 한국의 공영방송 체제 속 텔레비전 오락 프로그램 제작에서 지속적으로 발견된 문화적 특성으로, 글로벌 표준에 따라 제작되는 프로그램에서도 지역적 특성이 뚜렷한 혼종성의 생산을 보여주었다.

1. 문제 제기

영상물의 프로그램 포맷 교역은 최근 전 세계적으로 주목받는 글로벌 텔레비전 현상이다. 리얼리티 쇼와 퀴즈 쇼, 오락-교양 프로그램 부문에서 나타나는 포맷 교역은 한 나라에서 성공한 프로그램의 형식과 내용, 구성을 하나의 창작물로 간주하여 다른 나라와 포맷 저작권을 사고파는 형태를 보여준다. 포맷 교역은 다채널, 다매체 환경으로 변화하는 글로벌 영상 시장에서 미디어 상품의 새로운 국제 유통으로 주목받는다(하윤금·정미정, 2001: 홍원식, 2008). 포맷 교역 프로그램이 주목을 받는 이유는 포맷 자체는 전 지구적 표준을 유지하면서 교역되지만, 각각의 나라에서 만들어지는 프로그램은 방송사와 연출자, 수용자, 광고주등 해당 지역의 다양한 사회적 주체의 요구에 따라 자국의 문화 전통과 시민 정서

228

에 맞는 콘텐츠를 채워 넣음으로서 세계화와 지역화라는 상충되는 특질을 복잡한 방식으로 통합할 수 있기 때문이다(Waisbord, 2004). 때문에 학자들은 포맷 교역 프로그램에 나타나는 다양한 지역적 특성은 글로벌 텔레비전의 재지역화(re-localization)와 문화적 혼종화(hybrydization)의 가능성으로 논의될 수 있다고 주장했다.

포맷 교역 프로그램을 혼종성의 개념틀로 설명하려는 시도는 글로벌 텔레비전의 등장과 미디어의 세계화 속에서 문화의 국제적 흐름을 어떻게 볼 것인가에 대한 고민과 관련되었다. 국제 교역을 통해 유입된 포맷이 지역에서 프로그램으로 제작되면서 현지의 역사적 경험과 사회적 환경, 문화적 가치와 융합해 혼종적 성격을 빚는 것이 발견되면서 포맷 교역 프로그램이 담은 지역적 특성에 대해 관심을 기울이기 시작했다(Moran & Keane, 2005; 홍원식, 2008).

실제 글로벌 시장에서 포맷 교역 프로그램의 유통량도 급증했는데 스크린 다이제스트와 FRAPA(Format Recognition and Protection Association: 포맷 인증 및 보호 협회)가 공동 조사한 2005/2006년 포맷 거래 규모는 25억 유로(약 3조 7천 5백억 원)이며 수출 1, 2위는 영국과 네덜란드, 수입 1, 2위는 미국과 독일 순으로 나타났다(은혜정, 2008). 나라별 포맷 프로그램의 방영 규모도 해마다 성장해 2002년에는 전 세계적으로 365개의 포맷이 거래되던 것이 2004년에는 492개로 늘었으며 나라당 평균 28편이던 것이 2004년에는 38편으로 36% 늘었다(이만제, 2006). 모란 등(Moran & Keane, 2003)은 아시아 지역에서 발견되는 포맷 교역과 혼종화 현상을 볼 때, 텔레비전 프로그램 제작과 분배에서 미국에 필적할 상대가 거의 없다는 기존 논의는 사실과 다르며,[1] 실제로는 미국의 콘

---

1 이들은 올젠(Olsen, 1999)이 《할리우드 행성》(Hollywood Planet: global media and the

텐츠가 오히려 주변화된다고 주장했다.[2] 킨(Keane, 2005) 역시 아시아에서 일어나는 포맷 교역에 주목하면서 아시아 텔레비전이 미국과 다른 서구 국가의 텔레비전 프로그램 포맷을 사용하되 프로그램 제작에서 지역 지식을 '전략적'으로 적용하는 세계화 양식을 성립한다고 주장했다. 그러나 포맷 교역 프로그램의 '재지역화' 논의에 대한 비판도 제기된다. 포맷 교역은 방송의 보호주의 장벽을 넘기 위한 초국가적 미디어 기업의 전략이라는 주장과 함께 키틀리(Kitley, 2005)는 포맷 교역으로 인해 '수용자 입장인 나라들이 자신을 국제적 공급자에 예속시킴으로서 자신도 모르는 사이에 자국의 문화적 가치를 낮출 수 있다'고 주장했다. 이와 같이 포맷 교역 프로그램 유통에 대한 시각은 상반적이고 포맷 교역 프로그램의 정체성에 대한 논의는 아직도 진행 중이다.

그럼에도 불구하고 포맷 교역의 확산은 한 나라의 텔레비전이 세계적인 동시에 지역적 미디어라는 것을 확인하는 기회이며, 완성 프로그램의 교역과 달리 문화적 다원성을 담보할 수 있는 글로벌 텔레비전 특성으로 보는 시각이 더 많다. 표준화된 포맷의 전 지구적 유통은 표면적으로는 텔레비전 산업의 세계화를 보여주지만, 동일한 포맷에 의한 프로그램이 각 나라별로 다양한 콘텐츠를 만든다는 점에서 텔레비전이 여전히 지역적인 자국 문화의 영역 안에 남아 있다는 것을 역설적으로 설명한다 (Waisbord, 2004). 이 같은 현상은 최근 한국의 텔레비전에 대해서도 적용된다. 한국의 텔레비전은 완성된 프로그램을 수입하기 보다는 프로그

---

competitive advantage of narrative transparency)에서 사용한 영화와 텔레비전 관련 통계에 문제가 있다고 논박했다. 즉, 총 수입 관점에서 보면 할리우드에 필적할 상대가 없지만 통화 시장 가치를 토대로 지역 콘텐츠에 투입되는 비용이나 방영(상영) 시간을 고려하면 그렇지 않다는 것이다.

2 2003년 1월 2일자 미국 〈뉴욕타임스〉에 실린 카프너(Kapner)의 "U.S. TV shows losing potency around the world"라는 글에서 인용했다. 은혜정(2008)의 연구에 실린 세계의 포맷 교역 자료에서도 이를 확인할 수 있다.

램 저작권을 정식으로 구입해 제작하는 포맷 교역을 점차 확대한다.

2000년 대 초 케이블 텔레비전 방송사가 리얼리티쇼와 데이트쇼, 퀴즈쇼의 인기 포맷을 구입한 이래 공영방송 KBS와 민영방송 SBS 등 지상파 방송에서도 포맷 교역 프로그램이 나타났다. 일본 교양 프로그램 포맷을 부분 구입한 SBS의 〈솔로몬의 재판〉, 네덜란드 엔데몰 사의 퀴즈쇼 〈Een tegen 100〉[3] 포맷을 구입한 KBS의 〈1 대 100〉이 대표적 예다. 이들 프로그램은 외국에서 제작한 '세계적' 표준의 포맷 형식에 한국 시청자의 정서, 선호도, 방송에 대한 가치를 반영한 콘텐츠를 채워 넣음으로서 초국가적인 문화적 산물을 지역의 현실에 맞게 재해석하려는 의도로 제작된다. 그러나 포맷 교역 프로그램의 정체성에 대한 평가는 포맷 교역 프로그램이 구현하는 지역적 특성을 밝히고 수용자가 지역적으로 제작된 프로그램을 어떻게 인지하고 받아들이는가를 파악함으로써 이루어질 수 있다.

이 장에서는 글로벌 텔레비전 시대에서 문화적 혼종화의 가능성으로 부각되는 포맷 교역 프로그램의 지역적 특성을 분석함으로써 포맷 교역 프로그램의 정체성을 혼종화의 관점에서 논의하고자 한다. 혼종성은 초국가적 문화산업의 지역화 전략의 결과인 동시에 탈영토화된 글로벌 문화 속에 살아가는 우리 삶의 조건으로 여겨진다(Tomlinson, 1999). 혼종성의 개념을 놓고 다양한 관점의 이론적 논의와 상호 비판이 이뤄지는 상황에서 한국의 텔레비전 방송에 나타난 포맷 교역 프로그램의 지역적 특성을 혼종성의 개념틀로 논의하려는 것은 새로운 글로벌 텔레비전 현상의 의미를 분명하게 인식하려는 시도인 동시에, 프로그램의 혼종화를 통

---

3 숫자로 풀어쓰면 그대로 '1 대 100'이라는 뜻이다. 한국을 비롯해 전 세계에서 방영된 이 프로그램의 제목은 모두 현지어로 '1 대 100'이라는 뜻이다.

해 문화의 확산과 전이라는 문화 다원화의 가능성을 전망할 수 있는지를
탐색하려는 데 있다. 이를 위해 KBS 2TV에서 방송되는 가장 대표적인
포맷 교역 프로그램 중의 하나인 〈1 대 100〉의 지역적 특성을 분석하고
자 한다. 현지화의 결과로 나타나는 지역적 특성이 구체적으로 어떻게
나타나는지 분석하기 위해 한국과 이탈리아, 미국 등 지역적으로 거리가
먼 3개국에서 제작된 〈1 대 100〉에 대한 비교 분석을 시행하고 한국의
〈1 대 100〉에서 나타난 지역적 특성의 함의에 대해 혼종화의 관점에서
논의하고자 한다.

2. 이론적 논의

1) 전 지구적인 포맷 교역의 확대와 문화의 흐름에 대한 새로운 논의

지난 40여 년 동안 텔레비전 프로그램을 비롯한 영상물의 국제적 유통과
소비에 관련한 이론적 논의는 크게 두 가지로 대비되는 흐름을 보였다.
문화의 동질화에 초점을 맞추는 문화제국주의 시각과 문화적 다원주의
를 표방하는 시각이다. 문화제국주의론의 핵심은 영화와 텔레비전 프로
그램 등의 문화물은 단지 오락만을 위해 제공되는 것이 아니라 사회적 가
치 체계나 사회적 메시지를 내포한 이데올로기적 내용물로 작용하고 자
본주의적 세계관의 침입과 고유한 생활 방식의 손상이라는 정신적 문제
를 제기한다고 보았다(Schiller, 1989; Lee, 1980). 미디어 제국주의론자
는 미국을 중심으로 한 선진국에서 제 3세계 국가로의 정보와 문화물의
일방적 전달을 다양한 실증자료를 통해 밝히는 한편, 대부분 오락 프로
그램인 수출 프로그램은 전 세계 텔레비전의 상업화와 오락화를 불러왔
다고 비판했다(Nordenstreng and Varis, 1973). 이 같은 방송 프로그램의

국제적 유통 특성은 이후 후속 연구(Berwanger, 1987, 김승현, 2004 재인용)를 통해 확인되었다. 하지만 문화제국주의론이 전제하는 중심/주변, 지배/종속의 이항대립 구조는 포맷 교역의 확대 같은 새로운 현상이 나타나기 전에도 이미 저개발국가의 경제 발전과 민주화의 진행에 따른 변화, 즉 중심/주변 관계에서 역흐름의 발생을 설명하지 못할 뿐 아니라 지역문화의 성장과 수용자의 정치적 잠재력을 연구에 반영하지 못했다는 비판을 받았으며(이수연, 1995), 최근에는 지역적 수준에서 일어나는 해외 영상물의 소비를 설명하지 못함으로써 국가별 문화 차이와 또는 문화적 실천 방식을 배제한 점이 한계로 지적되었다(정윤경, 2003).

문화다원주의론에서는 경제적 세계화의 진전과 함께 국가 간에 상당한 수준의 문화의 융합이 진행되지만 일방적인 문화적 동질화는 이뤄질 수 없으며 지역적 특성을 담은 혼종화 과정을 통해 생산되는 혼종성에 주목해야 한다고 주장했다. 세계화 과정은 제국주의적 팽창이 아니라 전 지구적 차원에서 상호 의존의 복합적 연결이 밀도 높게 전개되는 자본주의 세계 체제의 역사적 확산 과정으로 설명되었으며, 초국가적 자본주의의 문화산업이 지역화 전략으로 혼종성을 생산하며 초국가적 문화 산물은 지역 현실에 맞게 재해석되고 소비되는데 이 같은 혼종성의 경험은 탈영토화(deterritorialization)된 전 지구적 문화(globalized culture) 속 우리의 존재적 조건이라는 것이다(Tomlinson, 1999). 크레이디(Kraidy, 2002) 역시 문화제국주의론의 붕괴가 남긴 이론적 공간을 세계화/지역화의 이중적 작용을 특징지을 수 있는 혼종성이라는 문제틀로 보자고 제안했다.

톰린슨과 크레이디의 논의에서 보듯이 세계화 패러다임은 전 지구적인 것과 지역적인 것이 섞여 새로운 성격이 만들어진다는 혼종성의 개념틀을 문화 다원화의 요소로 이해할 뿐 아니라 전 지구적 문화의 흐름을 서구 선진국의 타 지역에 대한 지배로 보는 문화제국주의론의 '지배/종속' 프레임을 부정하며 세계화와 지역화를 공존할 수 있는 것으로 인식한다. 리얼리티쇼와 퀴즈쇼, 드라마 등 오락-교양 프로그램 부문에서 주로 나타나는 국제적 포맷 교역은 성공한 텔레비전 프로그램의 형식과 내용, 구성을 하나의 창작물로 간주하여 다른 나라와 포맷 저작권을 매매하는 형태로 이뤄진다. 포맷의 전 지구적 유통은 세계화된 초국가적 미디어 산업의 대표적 양상이며 초국가적 경제에 대한 관심과 국가적 정서에 대한 관심을 연결하는 프로그래밍 전략으로 여겨지며 텔레비전 프로그램 포맷 교역을 문화의 공유와 확장, 전이의 통로로 간주하는 시선도 확대된다.

물론 전 세계적으로 퍼지는 미국과 서구 선진국의 텔레비전 프로그램이 다른 나라의 토착문화나 민족문화를 무너뜨리고 동질적인 문화를 만든다는 주장은 아직도 유효하다. 세계화는 자본과 인간, 미디어, 기술 등 다양한 형태와 층위에서 이동을 일으키며(Appadurai, 1996) 이 가운데서도 초국가적 자본에 의해 생산되는 대중문화 상품은 글로벌미디어 산업 시스템을 통해 전 지구적 유통과 소비를 보여준다는 주장은 설득력 있다. 그러나 포맷 교역의 확대와 함께 나타난 지역 텔레비전 프로그램의 지역성, 혼종성은 세계화의 결과를 문화제국주의론에 근거한 지배와 종속, 동질화로만으로는 논의할 수 없게 만들었다(김수정·양은경, 2006). 최근 세계적 텔레비전 프로그램 유통에서 일어난 변화에 주목해야 한다고 주장한 홍원식과 성영준(2007)은 지난 10년 간 예전의 완성 프로그램의 유통은 정체 상태인 반면 지역화-혼종화의 가능성을 보인 프로그램 포맷 교역은 급속하게 성장하는 데 주목해야 한다고 요구했다.

포맷이 가진 전 지구적 유통의 힘을 가장 잘 보여주는 예는 현재까지 가장 많은 나라에 교역된 포맷인 영국 셀라도르(Celador) 사의 퀴즈쇼 〈백만장자가 되고 싶으세요?〉(Who Wants to be a Millionaire?)로 1998

년 처음 나온 뒤 유럽 국가와 미국은 물론 아프가니스탄, 나이지리아, 필리핀, 말레이시아 등 아시아와 아프리카 등 무려 70여 개국에 수출되었고,[4] 한국에서도 비슷한 개념의 쇼가 제작되었다(이동후, 2005). 한국에서도 방영되는 〈1 대 100〉을 비롯해 퀴즈쇼 〈Deal or No Deal〉, 리얼리티쇼 〈Big Brother〉, 〈Pop Idol〉 등도 세계 30~40여 개국에서 제작되는 인기 포맷이다.

포맷 유통의 확산이 이처럼 전 세계적으로 이뤄지는 이유는 텔레비전 산업의 변화와 기술 발전, 문화적 혼종성 생산이라는 다양한 차원에서 분석된다. 방송 산업의 변화라는 점에서 보면 지난 십수 년간 많은 나라에서 진행된 민영화(*privatization*)와 급격한 디지털 기술의 발전에 따른 다채널, 다매체 환경 때문에 방송 프로그램 수요가 급팽창했다는 점을 꼽을 수 있다. 민영화로 생겨난 상업 채널과 케이블TV, 위성방송, DMB, 인터넷, 휴대폰 등 다매체 환경에서 시청자 확보 경쟁이 어느 때보다 치열해졌다는 점, 일정한 상업적 성과가 확인된 포맷 프로그램은 치열한 경쟁 환경 속에서 프로그램 성과에 대한 예측을 가능하게 할 뿐 아니라 새로운 프로그램을 개발하는 것보다 위험성은 낮고 경제성은 높다는 점에서 환영받는다고 논의되었다(Waisbord, 2004; 홍원식, 2008).

뿐만 아니라 포맷 교역 프로그램은 지역 텔레비전이 콘텐츠를 제작하는 데 해당 지역의 역사적 체험과 사회적 가치, 문화적 고유성을 살릴 수 있다는 점에서 완성 프로그램보다 선호되며(배진아, 2008), 국가 텔레비전 시스템이 만든 문화적 효과와 지역적 특성을 굳히는 '문화적 기술'로 작동한다고 여겨졌다(Moran, 2005a). 세계 시장에서 인정된 세련된 수

---

4 "Who Wants to be a Millionaire?"[인터넷 홈페이지 자료(http://millionaire.itv.com/home.php)]

준을 유지하면서도 수입 프로그램에 대한 지역 시청자의 문화적 할인을
회피하는 길이라는 것이다. 모란(Moran, 2005b)은 전 세계적 인기 포맷
인 〈Big Brother〉의 오스트레일리아 버전이 주요 장면을 공개방송으로
촬영하는 등 다른 지역과의 '차이점'을 통해 오스트레일리아 고유의 토착
성을 만듦으로써 사회적으로 큰 호응을 얻었을 뿐 아니라 경제적·문화
적 효과를 거두었다는 점을 증거로 제시했다.

  지금까지 살펴본 것처럼, 최근의 포맷 교역 현실은 1970, 80년대 국제
적 프로그램 유통에 나타났던 미국의 독점 체제가 붕괴되는 한편 아시
아, 남미, 아프리카 등 이른바 '주변부' 국가에서 제작되는 포맷 교역 프
로그램에서 지역성을 혼합한 혼종성이 생산되는 모습을 보여준다. 이것
은 갈퉁(Galtung, 1971)이 중심국과 주변국을 수직적-봉건적 관계로 규
정하고 중심국이 주변국에 뉴스와 커뮤니케이션 수단을 제공하며 주변
국은 중심국으로부터 사건의 정의와 시각, 이해까지 도입한다고 논의했
던 것과는 크게 다른 현상이다. 포맷 교역이 이처럼 지역화 전략을 통한
새로운 세계화 양식을 보여줌에 따라 선진국(중심국)이 글로벌미디어 상
품을 통해 주변국의 민족문화와 토착문화를 파괴하고 서구의 문화적 지
배와 세계문화의 동질화(homogenization)를 실현한다는 문화제국주의론
의 논의와 세계화가 민족문화를 밀어내고 그 자리를 차지한다는 세계화
론은 새로운 설명을 요구받는다.

  포맷 교역이 선진국과 이외의 지역 간에 동등한 지위를 부여한다고 보
는 것이 여전히 위험성을 안고 있다는 비판도 있다. 인도네시아의 상업
텔레비전 증가와 포맷 교역 프로그램의 급증에 주목한 키틀리(Kitley,
2003)는 "지적 자본을 빌리는 것은 전술적이지만 (…) 별로 심오하지도
않고 창의적이지 않은 전술적 행동은 창조적 역량을 밀어내고 의존 상태
에 빠지게 만든다"고 우려한다. 포맷 교역으로 인해 지역 텔레비전이 자

체 프로그램 개발 비용을 절감할 수 있다는 강점이 역으로 자국의 독자적 콘텐츠 개발 의지를 위축시킬 수 있다는 지적은 한국에서도 제기되었다 (홍원식, 2008).

이와 같이, 포맷 교역이 빚어낸 글로벌 텔레비전 유통의 변화는 기존의 문화제국주의론에 바탕을 둔 논의와 구별되는 새로운 전 지구적 영상 산업의 현실을 보여주는 한편 막대한 투자비용과 전 세계 시장을 대상으로 하는 미디어 상품 개발력이라는 새로운 지배력의 대두를 어떻게 보아야 할 것인가 하는 문제를 동시에 제기한다는 점에서 주목해야 할 글로벌 텔레비전 현실이다.

2) 포맷 교역 프로그램의 혼종성에 관한 논의

포맷 교역 프로그램이 지역적으로 제작되면서 지역화된 포맷 교역 프로그램이 구현하는 혼종성에 많은 관심이 집중된다. 혼종성에 힘을 부여하는 논의는 포스트식민주의 논쟁을 통해 제시되었다. 포스트식민주의 이론의 대표적 논자인 바바(Bhabha, 1994)는 혼종성이 "(제국주의 지배문화에 대한) 부인(disavowal)을 통해 지배 과정을 전략적으로 역전시킨다"고 설명했다. 즉, 지배/중심 문화에 담긴 제국주의 담론은 식민지 하층민(subaltern)에 의한 모방[5] 과정에서 거꾸로 저항의 정치로 전환한다는 것이다. 포스트식민주의의 혼종성 개념은 서구 문화가 주변부로 일방적 흐름을 보인다는 문화제국주의 모델을 부인하고 혼종화 과정을 통해 주변부 지역민, 소수자들은 제국의 지배에서 벗어나 자신의 지역성을 '재 지

---

5 바바는 식민지 하층민이 제국주의자들을 모방하는 과정에서 발생한 혼종이 순종(純種)과 대비될 때 제국의 정체성을 오염시키는 저항이 된다고 논했다.

역화'하는 정치적 힘을 가진다고 주장함으로써 세계화 이론의 새로운 개념틀로 제시되었다(심두보, 2004).

최근 혼종성의 개념은 세계화 이론과 결합하여 더욱 확장된다. 포스트 식민주의에서 제안한 혼종성 개념이 제국의 지배 문화를 전복하는 재지역화의 정치적 힘에 집중되었다면, 포맷 교역에서 나타나는 혼종화의 개념은 초국적 문화 흐름에서 생긴 다양한 혼합 과정과 그 산물로 생긴 새로운 문화 현상과 정체성을 논의하는 것으로 확대되었다. 전 지구적 혼합물을 부상시키는 혼종화 과정을 곧 세계화로 여기는(Pieterse, 1995) 한편, 최근 아시아에서 일어나는 텔레비전의 변화를 서구 미디어의 유입과 지역화에서 빚어지는 혼종성의 확산으로 주목하는 것이다(Banerjee, 2002; Chadha & Kavoori, 2000).

포맷 프로그램의 교역이 세계적 텔레비전 프로그램 유통 현실에서 문화 동질화가 아닌 지역적 특성을 생산하는 메커니즘이라는 주장(Moran, 2005a)처럼 세계화의 과정과 결과를 혼종화 개념틀로 논의할 때 포맷 교역은 초지역화된(trans-localized) 텔레비전 프로그램이 국경을 넘어 다른 지역으로 이식되면서 재지역화되는(re-localized) 국제적 미디어/정보 산업의 새로운 유통 모델로 평가받는다. 그러나 이처럼 텔레비전 프로그램의 국제 유통을 혼종성의 개념틀로 설명하는 것에 비판도 제기된다. 포맷 교역의 결과로 지역 프로그램에 나타나는 지역 특성을 혼종성이라고 부르는 것은 자본에 의한 지역 시장의 포획을 정당화하는 데 이용될 위험이 있으며(김수정·양은경, 2006), 혼종성 자체에 진보적 정치성을 부여하는 것은 혼종성을 세계화의 자유 시장에서 문화적 차이를 상품화하는 전략으로 기능하게 만든다는 비판이 그것이다(Papastergiadis, 2005). 지역에서 제작한 포맷 프로그램에 나타나는 혼종성은 전 지구적으로 대중문화 소비층을 확장하려는 의도로 기획된 문화 생산 전략의 산물이며,

이렇게 생산된 혼종성은 부르주아 자본주의와 근대성 담론의 일부로 포섭되면서 혁명적 잠재력을 거의 갖지 못하게 된다는 비판도 있다(Van der Veer, 1997, 김수정·양은경, 2006 재인용). 이 같은 비판은 한류를 혼종성의 개념으로 논의하는 데서도 지적되었다. 한류의 복잡다기한 현상을 혼종성이라는 개념에 편입시켜 해석하는 경우 미디어와 문화 콘텐츠 생산자의 신자유주의 논리에 편승하여 자본주의 이데올로기를 재생산하거나 정당화하는 오류가 생길 수 있다는 것이다(류웅재, 2008).

그렇다면 포맷 교역 프로그램에 나타나는 지역적 특성을 어떻게 보아야 할 것인가 하는 문제에 맞닥뜨린다. 크레이디(Krady, 2002: 323~324)는 혼종성이 초국적 자본주의의 전유에 취약한 것은 사실이지만, 이를 전 지구 어디에서나 발견되는(ubiquitous) 현상이라는 데 동의한다. 즉, 혼종성의 개념은 정치적 힘에 의한 저항으로 국한시키기보다는 세계화라는 흐름에서 지역화를 구성하는 시도에서 발견되는 새로운 문화 현상으로 확장시키는 게 타당하다. 때문에 지역에서 제작된 포맷 교역 프로그램에 나타나는 혼종성은 자본의 현지화 전략으로서 산출된 것이라 할지라도 분명 세계화 과정에서 발생하는 지역 문화의 생산이며 지역성의 확대, 국가적 문화 정체성의 유지라는 주장이 설득력 있게 제기된다.

3) 한국 텔레비전의 포맷 교역 프로그램에 대한 논의

한국의 텔레비전 산업은 디지털 신기술의 발전과 함께 빠른 성장을 보였다. 2003년부터 2006년까지 연 평균 10.4%의 매출 신장을 기록했는데, 이는 지상파TV의 하향 추세에도 불구하고 케이블TV, 위성방송, DMB 등 다매체 환경에서 유료 매체 사업 분야가 성장을 이끌었기 때문이다.[6] 이 같은 다매체 다채널 방송 환경은 보다 많은 시청자를 얻을 수 있는 프로그램을 필요로 하며, 해외에서 성공한 포맷의 교역을 통해 활로를 찾는다. 포맷 교역 프로그램 제작은 대부분 퀴즈쇼와 서바이벌쇼 등 교양 버라이어티쇼 장르에서 이뤄졌다. 이는, 드라마나 시사 다큐멘터리 같은 장르와 달리 문화적 할인(*cultural discount*)이 큰 오락 프로그램은 주제와 내용, 출연자를 자국의 대중문화와 사회적 맥락 안에서 재구성하는 것이 더 효과가 크기 때문으로 보인다(배진아, 2008).

한국 텔레비전에서 제작한 포맷 프로그램의 특성을 보면 지상파TV에서 선호하는 포맷은 내용과 표현에서 일본 프로그램 포맷이었지만 상대적으로 규제에 대한 부담이 적고 정서적 제약이 작은 케이블TV는 선정성과 사행성에 대한 비판을 감내하고 유럽의 리얼리티쇼, 게임쇼 포맷을 적극 도입한 것으로 나타났다. 지상파에서 제작한 일본 포맷 프로그램으로는 MBC의 〈브레인 서바이버〉(TBS 〈전원 정해 당연한 퀴즈〉), SBS의 〈맛 대 맛〉(요미우리 텔레비전 〈도치노 요리쇼〉), 〈슈퍼바이킹〉(후지TV 〈바이킹〉), 〈솔로몬의 선택〉(NTV 〈행렬이 생기는 법률사무소〉)이 대표적이며, 유럽 포맷으로는 엔데몰 사의 〈Een tegen 100〉 포맷을 구입한 KBS의 〈1 대 100〉이 유일하다. 그러나 케이블TV에서는 전 세계적 인기를 모은 퀴즈쇼 〈Deal or No Deal〉을 변용한 〈Yes or NO〉(tvN), 서바이벌쇼 포맷 〈런 어웨이〉(온미디어), 〈Fashion Rocks〉(동아TV) 등을 제작했다(이만제, 2006: 홍원식, 2006; 배진아, 2008).

한국의 텔레비전에서 포맷 교역을 통해 제작한 프로그램을 검토한 결과 포맷 교역이 텔레비전 프로그램의 지역성을 강화하며(윤재식, 2000),

---

6 방송위원회가 간행한 〈2005~2007년 방송산업실태보고서〉. 지상파TV는 2004년 매출 3조 5,239억 6,400만 원이 2005년에는 3조 4,873억 1,600만 원으로 감소하고 2006년 3조 6,469억 700만 원으로 다소 회복한 데 비해 2005년 DMB 출범 등으로 다매체 유료 방송의 매출이 크게 늘었다.

이동후(2005)는 한국에서 제작한 프로그램은 원형 포맷에 비해 공공성을 강조하고 성, 폭력, 노출 등을 규제하는 비교적 엄격한 기준을 적용한다는 점을 문화적 특성으로 발견했다. 대표적 사례가 미국, 일본의 퀴즈쇼 포맷을 도입한 한국 텔레비전의 퀴즈 프로그램으로 포맷 원형과 달리 우승 상금을 불우이웃 또는 모교에 기부하는 '공공 봉사적 성격'[7]을 뚜렷한 지역 특성과 혼종성의 증거로 드러냈다는 것이다. 이동후(2005)는 이처럼 한국의 문화적 맥락을 고려한 콘텐츠를 통해 혼종성의 생산이 이뤄지는 이유를 '감성 구조의 차이' 때문이라고 지적하며 "방송제작자들은 문화적 필터나 재해석자로서의 역할을 계속 맡을 것이며 (…) 지역 시청자의 대중적 정서에 더욱 주목할 것"이라고 주장했다.

포맷 교역 프로그램에 대한 분석 연구가 그동안 많이 진행되지는 않았지만 학자들은 다른 나라 방송 프로그램의 모방이나 포맷 차용이 여러 문화에서 혼종성을 양산한다는 크레이디(Kraidy, 2002)의 주장처럼 한국의 텔레비전 역시 포맷 교역 프로그램 제작을 통해 한국적 가치와 정서를 반영한다고 설명한다.

3. 연구 문제

선행 연구를 통해 다수의 학자들은 전 세계에서 유통되는 보편적인 포맷과 이를 통해 생산된 각 나라의 텔레비전 프로그램은 해당 지역의 사회적

---

7 일본 TBS의 포맷을 각색한 한국의 〈브레인 서바이버〉에서 승자는 상금을 모교에 장학금 형식으로 기부했다. 일본 출연자가 젊은 연예인 위주였던 것과 달리 한국에서는 나이 든 연예인, 의사, 운동선수 등 좀더 다양한 나이와 직업군을 선발했다. 이외에도 〈Who Wants To Be A Millionaire?〉를 표절했다고 비판받던 〈생방송 퀴즈가 좋다〉도 우승 상금을 불우이웃 돕기에 내놓게 했다. 두 프로그램은 모두 MBC에서 방영했다.

이고 문화적인 고유 특성을 드러낸다고 주장했다. 그러나 포맷 교역 프로그램에서 나타난 지역적 특성에 대한 논의는 아직 진행 중이다.

이 장에서는 포맷 교역 프로그램에서 나타난 지역적 특성이 무엇인지를 프로그램 분석을 통해 실증적으로 밝히고자 한다. 세계적으로 인기를 모은 퀴즈쇼 〈Een tegen 100〉의 포맷을 구입해 제작한 한국의 〈1 대 100〉 에피소드와 미국의 〈1 vs. 100〉, 이탈리아의 〈1 contro 100〉의 각 에피소드를 형식적 측면과 내용적 차원에서 내용분석을 시행하여 프로그램 간 유사점과 차이점에 대해 파악하여 지역적 특성에 대해 밝히고자 한다. 특히 한국의 〈1 대 100〉에서 나타나는 지역적 특성에 대해서는 혼종성 측면에서 논의하고자 한다. 이를 위한 연구 문제는 다음과 같다.

- 연구 문제 1: 한국, 미국, 이탈리아에서 제작한 〈1 대 100〉에 나타난 유사점과 차이는 무엇인가?
  - 연구 문제 1-1: 한국, 미국, 이탈리아에서 제작한 〈1 대 100〉은 형식상 어떤 유사점과 차이점을 보이는가?
  - 연구 문제 1-2: 한국, 미국, 이탈리아에서 제작한 〈1 대 100〉은 내용상 어떤 유사점과 차이점을 보이는가?

- 연구 문제 2: 한국의 〈1 대 100〉에 나타난 지역적 특성과 의미는 무엇인가?
  - 연구 문제 2-1: 프로그램 형식상 어떤 지역적 특성이 나타나는가?
  - 연구 문제 2-2: 프로그램 내용상 어떤 지역적 특성이 나타나는가?
  - 연구 문제 2-3: 프로그램에 나타난 지역적 특성은 혼종성의 관점에서 어떠한 의미를 갖는가?

4. 연구 방법

1) 분석 대상

분석 대상으로 전 세계적 포맷 유통에서 가장 교역 규모가 큰 포맷의 하나인 〈1 대 100〉을 선정했다. 〈1 대 100〉은 네덜란드 엔데몰 사에서 2000년 첫 방송 후 2009년 1월 현재 방송 중인 퀴즈쇼다. 이 프로그램의 포맷은 현재까지 영국, 프랑스, 독일, 이탈리아, 노르웨이, 덴마크 등 유럽과 오스트레일리아, 러시아, 이스라엘, 필리핀, 태국, 홍콩 등 전 세계 33개 나라에 교역된 전 지구적 미디어 상품이다.

프로그램의 기본 포맷은 도전자 1인이 100인[8]을 상대로 퀴즈를 푸는 것으로 주어진 문제에 1인의 도전자와 100인 모두 답해야 하며 100인이 탈락한 수만큼 도전자의 상금이 누적된다. 포맷 원형에서는 퀴즈쇼 진행 중 도전자가 탈락하면 100명 중 살아남은 사람들이 상금을 나눠 갖지만, 한국에서는 2007년 8월부터 도전자 탈락 후 남은 100인 중 마지막 1인이 남을 때까지 퀴즈를 푸는 '라스트 맨 스탠딩'(*last man standing*) 방식이 적용되었다. 이는 포맷 원형에서 '변종'으로 제시한 방법이며 미국 프로그램에서도 채택되었다. 오리지널 포맷은 각 나라별로 다양하게 변화되었다. 도전자와 100인의 생존 방식, 퀴즈에 답할 때의 옵션 등 복잡한 게임 규칙은 프로그램이 방영되면서 점점 더 다양하게 변했고 특히 상금 획득 방식에서 많은 변형이 나타났다.

구체적으로는 현재 제작·방영되는 KBS 2TV의 〈1 대 100〉. 미국 NBC의 〈1 vs. 100〉, 이탈리아의 〈1 contro 100〉을 분석 대상으로 선

---

8 포르투갈과 불가리아에서는 〈1 대 50〉으로 규모가 절반으로 축소되었다.

정했다. 미국과 이탈리아 프로그램을 비교 분석 대상으로 선정한 이유는
네덜란드 〈Een tegen 100〉을 원형 포맷으로 하는 이 프로그램이 한국에
서 제작될 때 나타나는 지역 특성과 혼종성이 북미와 유럽에서 제작한 프
로그램과 어떤 차이를 만들어내는지를 비교하기 위함이다.

2) 분석 방법

분석 방법으로는 프로그램 텍스트 분석과 전문가 심층인터뷰의 방법을
사용했다. 한국, 미국, 이탈리아에서 제작한 〈1 대 100〉의 유사점과 차
이점을 분석하기 위해 한국 프로그램의 경우 첫 회부터 2009년 1월까지
방송된 6편의 에피소드를 시기별로 적당한 분포를 갖도록 추출했으며 미
국과 이탈리아 프로그램은 첫 회와 중반, 후반의 에피소드를 각 두 편씩
추출해 총 10편의 에피소드를 각각 형식과 내용으로 분류하여 텍스트 분
석을 시행했다(〈표 8-1〉 참조). 매 회 주제와 출연자가 바뀌는 1회성의
성격을 가지는 퀴즈쇼의 속성상 분석 단위는 도전자 1인이 게임을 마치
는 독립된 에피소드 각 1편씩으로 했다. 이때 쇼의 연출 방식이나 카메
라 촬영 방식 등 표현적 관습보다는 전반적 형식과 내용에 해석의 중점을
두었으며 형식과 내용의 하위 범주가 어떤 유사성과 차이점을 가지는지
비교 분석하고 이를 혼종성 개념과 관련하여 논의했다. 에피소드 선정은
특별한 시의성이 작용하지 않는 퀴즈쇼의 특성을 감안해 자료 획득의 편
이성에 따라 편의적으로 이뤄졌다.[9] 단, 포맷 도입 당시의 지역적 변형
여부를 보기 위해 분석 대상 에피소드에는 3개 나라 모두 첫 회의 에피소

---

9 〈1 대 100〉은 인터넷 다시보기가 허용되지 않아 KBS 자료실의 도움을 얻었으며 해외 프로그램들
은 유튜브, 개인 블로그 등을 통해 검색했다.

표 8-1 한국, 미국, 이탈리아의 〈1 대 100〉 분석 대상 에피소드

나라	에피소드(년. 월/일)	이름	참고
한국	07. 5. 4	남궁연	09년 1월 현재 방영 중
	08. 1. 29	이무영	
	08. 6. 17	서경석	
	08. 11. 4	이혜정	
	09. 1. 13	이소정	
	09. 1. 13	홍창화	
미국	06. 10. 13	Brian Tocado	08. 2. 22 종영
	07. 2. 9	Annie Duke	
이탈리아	07. 5. 7	Domenico Pardo	08. 1. 13 종영
	08. 1. (일은 미상)	Eduardo Colombo	

드를 포함했다.

이 장의 목적인 한국의 포맷 교역 프로그램이 생산하는 지역적 특성의 의미를 분석하기 위해 포맷 교역과 프로그램 제작에 참여한 전문가를 대상으로 심층 인터뷰를 따로 실시했다. 한국의 경우 프로그램 제작 의도, 포맷 교역 제작의 제반 환경 정보 등을 얻기 위해 KBS의 프로그램 제작 전·현직 책임자 등 4명에 대한 전문가 인터뷰를 병행했다. 이들 4명은 각각 A, B, C, D로 부르기로 한다(〈표 8-2〉 참조). 인터뷰는 2008년 5월과 11월, 2009년 1월 3차례에 걸쳐 직접 인터뷰와 전화 인터뷰를 통해 이뤄졌다.

프로그램 텍스트 분석은 형식적 측면과 내용적 측면으로 구분하여 실시했는데 형식적 측면은 방송 프로그램이 외형적으로 지닌 특성으로 즉, 프로그램의 방영 시간과 퀴즈 진행 방식, 사회자와 도전자, 100인 등 출연자 구성, 스튜디오의 세트 디자인과 조명, 화면효과, 자막 등 영상 표현 형식 등 외형적으로 지각되는 요소들을 포함했다. 내용적 측면은 외

표 8-2 전문가 인터뷰 대상과 인터뷰 방식

	직위	경력(년)	업무상 관계	인터뷰 일시	인터뷰 방법
A	부장	30	교양 프로그램 관리	2008. 5	직접
B	PD	13	당시 연출자	2008. 5/11	전화
C	PD	12	현 연출자	2009. 1	직접
D	PD	23	포맷 수입	2008. 5	직접

형상 드러나는 형식과 별개로 프로그램의 구성과 진행 과정에 담긴 텍스트적 특성을 의미한다. 프로그램의 사회자, 도전자, 100인 등 인적 요소는(캐릭터, 스타일, 직업), 프로그램 진행자와 참여자의 발화에서 나타나는 담론의 내용과 역할, 퀴즈 문제의 내용 범주와 맥락도 내용적 특성으로 간주했다.

5. 분석 결과

1) 〈1 대 100〉의 형식적 특성 비교

(1) 퀴즈 진행 방식과 상금: 원형 포맷의 변용을 통한 지역성, 상업성 추구

형식적 특성은 프로그램의 방영 시간과 편성 시간대, 스튜디오 세트 디자인과 조명, 영상적 구성 요소이다. 진행 방식은 영상 표현 형식과 함께 〈1 대 100〉 포맷의 가장 뚜렷한 형식적 특성인 동시에 세 나라 프로그램의 동일성이 유지되는 영역이었다. 〈표 8-3〉에서 보듯이 프로그램의 형식은 크게 출연자, 그리고 출연자가 문제를 푸는 과정, 상금 방식 등으로 구분될 수 있다.

프로그램 진행 방식 중 출연자와 상금 방식, 저녁의 가족 시청 시간대

표 8-3 〈1 대 100〉의 포맷 원형과 3개국별 프로그램의 진행 방식

형식		원형	한국	미국	이탈리아
출연자	도전자	1인	1인	1인	1인
	100인	100인	100인	100인	100인
문제 풀이 과정	도움 기회	3	3회(찬스)	3회(help)	3회(jolly)
	탈출 기회	3회	없음	없음	3회
	라스트 맨 스탠딩	변형으로 규정	07. 8월부터 적용	적용	적용 안함
상금 방식	누적	10단계까지	동일	동일	동일
	우승	5만 유로	5천만 원	1백만 달러	20만 유로
편성 시간		일요일 주1회 9:30～10:30pm	화요일 주1회 8.55～9.55pm	금요일 주1회 8.00～10.00pm	매일 8.00～9.00pm

주: 포맷 원형은 Een tegen 100 인터넷 홈페이지를 통해 확인함.

편성에서 세 나라 모두 포맷 원형과 동일성을 보였다. 먼저 출연자 방식을 보면 도전자 1인이 100인과 마주보는 원형 무대에 서서 사회자의 진행에 따라 단계별로 문제를 푸는 것이 모두 같았고, 100인이 도전자의 '적'인 동시에 '지원자'라는 점도 같았다. 도전자가 답을 알지 못할 때 100인에게 도움 기회를 사용하면 100인은 도전자에게 답을 공개하여 선택할 수 있게 하는데 도전자가 오래 살아남아야 누적 상금을 키울 수 있고, 그것은 곧 살아남은 100인에게도 더 많은 상금의 기회를 약속하기 때문이다. 세 나라 모두 도전자와 100인의 이 같은 상호 관계를 동일하게 유지했다.

하지만 문제 풀이 과정에서는 중요한 차이가 나타났다. 세 나라 프로그램 모두 도전자가 100인으로부터 총 3회의 도움을 받을 수 있는 점은 같았으나 포맷 원형에 규정된 '탈출'과 '라스트 맨 스탠딩'을 적용하지 않는 나라가 있었다. '탈출'은 도움 기회를 이미 다 쓴 도전자가 새로운 문제 풀이 단계에 도전한 뒤 3개 답안 중 정답을 고를 자신이 없을 때 문제

풀이를 포기함으로써 약간의 손실을 각오하고라도 상금을 지킬 것인지, 누적 상금을 다 잃을 각오를 하고서라도 문제 풀이에 도전할 것인지 선택할 수 있는 마지막 기회다. 이 규칙은 이탈리아만 사용했다. '라스트 맨 스탠딩'은 도전자가 탈락한 뒤 그때까지의 누적 상금을 남은 100인이 나누어가지는 것이 아니라 마지막 1인이 남을 때까지 계속 문제를 푸는 방식으로 미국과 한국에서 적용했다. 한국은 초기에는 포맷 원형대로 하다 방송 3개월 만에 라스트 맨 스탠딩 방식으로 전환했다. '탈출'과 '라스트 맨 스탠딩'은 도전자나 100인 모두 쉽사리 상금을 가져갈 수 없게 만드는 장치로 퀴즈쇼의 긴박감과 긴장을 강화한다.

포맷 원형과 이탈리아 방식이 도전자나 100인의 상금 획득이 비교적 느슨하게 성취되는 데 비해 한국과 미국의 도전자와 100인은 마지막까지 긴장을 늦추지 못하고 상금 획득을 위해 지식을 겨루어야 한다. 문제 풀이와 상금 획득 방식에서 한국이 미국 방식을 택한 것은 시청률을 높이고자 하는 제작진의 의도가 담긴 것으로 나타났다.

도전자가 일찍 탈락하면 누적 상금 액수도 적고, 100인이 나눠 갖는다는 것이 너무 싱겁다는 반응이 컸습니다. 도전자들끼리도 서로 경쟁하게 하고, 마지막 순간까지 누가 행운을 차지하게 될지 팽팽하게 경쟁하는 모드로 가자고 해서 규정을 바꿨습니다(전문가 B).

(2) 영상 표현 형식—무대 디자인과 프로그램 로고, 자막의 동일성:
　　프로그램의 프랜차이즈화
〈1 대 100〉의 무대는 원형 경기장을 모티브로 한다. 사회자와 도전자가 함께 서는 자리는 원형의 돌출 무대로 100인을 향해 뻗어 있다. 이에 마주하는 100인의 자리는 원형 경기장의 객석처럼 성벽 모양을 이루며 서 있다.[10]

〈그림 8-1〉에서 보듯이 세 나라의 무대 디자인은 사회자와 도전자의 위치, 100인석 등의 모양과 색상 모두 동일성을 드러낸다. 미국만 100인석 한가운데 문제를 보여주는 전광판을 설치한 것이 달랐다. 100인석의 등판에는 LED 조명을 설치해 오답자(빨강)와 정답자(파랑)를 표시하는 기능으로 사용하며 그 외에도 퀴즈쇼 진행 도중 다양한 화면효과를 연출하는 데 이용된다. 프로그램 로고도 세 나라가 동일했다(〈그림 8-2〉 참고). 직사각형의 아래 부분에는 숫자로 100이라고 쓰여 있고 위에는 1

그림 8-1 〈1 대 100〉 세 나라 무대 세트 디자인

한국　　　　　　　　　미국　　　　　　　　　이탈리아

그림 8-2 프로그램 로고

한국　　　　　　　　　미국　　　　　　　　　이탈리아

10　프랑스, 이탈리아에서 100명을 '벽'이라고 부르는 것은 100인 석의 디자인에서 유래한 것으로 보인다. 그러나 미국에서는 이들을 무리(mob)라고 부르는 점이 다르다.

인의 모습이 검은 실루엣으로 표현된다. 게임이 진행되면서 100인 중 탈락자가 생길 때마다 아래 숫자는 100인 중 남은 사람 수로 표시된다. 1인 실루엣과 숫자 사이에는 미국과 이탈리아 모두 자국어로 vs. , contro라고 썼다. 한국은 vs. 로 표기했다.

영상 표현에서는 전광판의 문제 표시 방식, 누적 상금 표시 사다리, 방송 도중 화면에 등장하는 자막이 세 나라 모두 동일했다. 정답을 공개할 때 나오는 효과 음악과 긴장감을 자아내는 음향 표현도 동일했다. 이처럼 시청각적 표현에서 나타나는 동일성은 〈1 대 100〉이라는 퀴즈쇼 포맷이 스타벅스나 맥도날드처럼 로고의 디자인과 색상, 효과음만으로도 '글로벌 브랜드'임을 알게 해준다. 포맷 프로그램이 전 세계 시장을 대상으로 하는 프랜차이즈 상품임을 드러내는 특성이라고 할 것이다.

이처럼 〈1 대 100〉의 한국, 미국, 이탈리아에서 제작한 프로그램의 형식 특성을 비교할 때 단계별 문제 풀이 방식이나 상금 누적 방식의 동일성이 나타났으며 출연자의 위치와 무대 세트 디자인, 음향 등 시청각적 표현이 동일하게 발견되었다. 그러나 문제 풀이 방식에서는 한국과 미국이 '탈출'을 배제하고 '라스트 맨 스탠딩'을 채택함으로써 포맷 원형이나 이탈리아 프로그램과 차이를 보였다. 이는 퀴즈쇼의 긴박감을 높이고 시청자의 주목을 집중시키는 장치로 퀴즈쇼의 상업성을 최대화하려는 지역 특성으로 볼 수 있었다.

2) 〈1 대 100〉의 내용적 특성 비교

〈1 대 100〉의 텍스트 분석을 통해서는 외형적으로 드러나는 형식상의 동일성에도 불구하고 출연자들의 인적 특성과 발언, 퀴즈쇼의 핵심인 상금 획득과 사용 목적 등 내용상 특성에서 적지 않은 차이를 발견할 수 있었다. 여기서는 한국의 〈1 대 100〉에 나타난 내용상 특성이 어떻게 미국, 이탈리아 프로그램과 구별되는지 살펴본 뒤 이 같은 차이가 한국이라는 지역적 특성을 어떻게 반영하는지, 또 이러한 차이의 함의는 무엇이며 포맷의 글로벌 표준과 한국의 지역 특성을 어떻게 혼합해 혼종성을 생성하는지를 논의한다.

(1) 출연자의 인적 특성: 사회자, 도전자, 100인

① 사회자

사회자는 세 나라 모두 편안하고 지적인 분위기를 지닌 40대 남성으로 자국의 텔레비전 방송에서 다양한 버라이어티쇼를 진행하면서 지명도를 쌓아온 전문 사회자로 동질성이 높았다. 이들의 외형적 특성은 단정한 용모와 부드러운 화술 면에서 유사했으며 〈1 대 100〉 이전에 맡은 프로그램들도 퀴즈쇼가 많았다는 점에서 공통점을 보였다(〈표 8-4〉 참고).

표 8-4 〈1 대 100〉 사회자

나라	이름	활동 기간	나이	직업	대표작
한국	김용만	07. 5~08. 4	40	코미디언, MC	〈느낌표!〉, 〈TV 종합병원〉
	손범수	08 4.~12. 4	44	아나운서, MC	〈칭찬합시다〉, 〈생방송 좋은 아침〉, 〈퀴즈탐험 신비의 세계〉
미국	Bob Saget	06. 10~08. 2	49	코미디언, 배우, MC	〈Full House〉, 〈America's Funniest Home Video〉
이탈리아	Amadeus	07. 5~08. 1	45	MC	〈Quiz-show〉, 〈Chi vuolessere milionario?〉

주: 나이는 첫 방영일 기준이다

② 도전자

〈1 대 100〉에서 도전자의 인적 특성은 한국이 완전히 달랐다(〈표 8-5〉 참조). 한국 프로그램에서는 연예인, 유명인 등 방송 출연에 익숙한 준방송인이 도전자로 나오는 경향이 지속적으로 나타났으며 분석 대상 에피소드 6편 모두 연예인 혹은 방송 출연이 많은 유명인이 도전자로 출연했다. 이는 미국과 이탈리아 프로그램의 도전자가 일반인으로 동일한 인적 특성을 보여주는 것과 뚜렷이 구별되는 차이였다.

이 차이의 의미를 잘 보여주는 것이 첫 에피소드였다. 세 나라의 〈1 대 100〉이 모두 저녁 가족 시청 시간대에 편성된 것은 보다 많은 광고 스폰서를 얻어야 하는 상업적 프로그램이라는 점을 보여주는데, 첫 회의 성패는 그만큼 부담이 크다. 한국의 〈1 대 100〉은 첫 회에 연예인과 유명인이 도전자로 출연했으며 이후로도 같은 전략을 지속할 것이라는 제작진의 뜻이 첫 회 오프닝 화면과 사회자 발언, 화면 속 자막을 통해 뚜렷하게 전달되었다. 첫 회 오프닝 광고 화면을 통해 예고된 도전자는 방송인 겸 가수 남궁연, 패션디자이너 이상봉, 목사 장경동, 뮤지컬 배우 전수경 4인으로, 이들이 출연한 에피소드는 첫 회부터 다음 회에 잇달아 방영되었다. 그러나 미국과 이탈리아 프로그램의 첫 회 도전자는 모두 평범한 시민으로 미국은 워싱턴 주에서 온 무명의 경비원(bouncer)이, 이탈리아는 칼라브리아 주에서 온 공무원(휴직 중)이 출연했다.

한국의 〈1 대 100〉 제작에 나타난 연예인 편향성은 첫 회부터 최근까지 지속되었다. 텍스트 분석과 별도로 KBS 홈페이지 자료를 분석한 결과, 첫 회부터 2009년 1월 13일 87회까지 도전자는 모두 190명(한 팀은 1인으로 계산)이었는데 이 가운데 연예인과 유명인 등 준방송인으로 볼 수 있는 도전자가 52명으로 전체의 28%에 해당했다. 한 회 방송 중 두 개 에피소드에 모두 일반인만 출연한 경우는 41회로 전체의 절반에 못 미쳤

표 8-5 **도전자**

나라	에피소드	이름	성별	직업	주 활동 지역
한국	첫 회	남궁연	남	가수, 방송인	서울
	08. 1. 29	이무영	남	영화감독	서울
	08. 6. 17	서경석	남	코미디언	서울
	08. 11. 4	이혜정	녀	요리연구가, 방송인	서울
	09. 1. 13	이소정	녀	뮤지컬배우	서울
	09. 1. 13	홍창화	남	무술형사,TV 범죄 프로그램 출연자	서울
미국	첫 회	Brian Tocado	남	경비원	워싱턴
	07. 2. 9	Annie Duke	녀	포커 선수	뉴햄프셔
이탈리아	첫 회	Domenico Pardo	남	공무원(휴직 중)	칼라브리아
	08. 1. (일 미상)	Eduardo Colombo	남	의사	코모

다. 도전자가 모두 일반인인 경우라도 100인에는 언제나 코미디언, 가수, 배우 등 유명 연예인이 출연했고, 라스트 맨 스탠딩 방식의 진행에 따라 에피소드 한 편이 끝날 때까지 적어도 한 명 이상의 연예인이 사실상 도전자의 역할을 수행했다. 한국의 〈1 대 100〉이 첫 회에 이어 연예인, 유명인을 지속적으로 도전자로 기용한 것은 프로그램의 인지도를 높이고 시청률을 확보하려는 이유가 가장 컸고 도전자가 활발하게 발언을 해야 한다는 프로그램 포맷의 특징도 작용했다는 것이 전문가 인터뷰에서 확인되었다.

KBS의 첫 포맷 수입 프로그램이라 시청률 압박이 컸습니다. 공영방송이 외국에 로열티를 물며 제작하는 것도 부담스러운 부분이었기 때문에 최대한 시청률을 올릴 수 있는 유명인을 출연시켜야 했습니다(전문가 A).

이 퀴즈쇼는 그냥 문제만 푸는 게 아니라 도전자가 말을 잘 해야 하는 게 특성이에요. 미국에서는 보통 사람도 유머를 잘 구사하는데 우리나라에서는 그렇게 말을 잘 하는 일반인 출연자 찾기가 어려워요. 중간에 일반인 도전자를 시도했지만 아무래도 방송에 익숙한 사람을 출연시킬 수밖에 없어요(전문가 B).

연예인, 유명인의 지속적 출연은 한국의 텔레비전 제작 관행과 관련한 역사적이고 문화적 특성이기도 하다. 김수정(2008)은 한국의 토크쇼 연구에서 일반 참여자보다 유사-보통사람(*quasi-ordinary*) 또는 준연예인(*quasi-entertainer*) 또는 준전문가(quasi-expert), 연예인들이 대부분을 차지한다는 것을 밝혔다. 이에 따르면 이들은 잦은 방송 출연으로 어느 정도 유명세를 지닌 정신과 의사, B급 혹은 C급 연예인, 요리연구가, 평론가, 아나운서, 영어 강사, 성우 등과 같은 사람으로 방송국 제작진들과 익숙하게 알고 자신을 알아보는 시청자를 가진 사람들이다. 이 같은 특성은 이 장을 위해 임의로 추출한 분석 대상 에피소드의 도전자 인적 특성과 맞아 떨어졌다(〈표 8-4〉 참조).

이처럼 연예인과 거의 방송인에 가까운 출연진을 도전자로 기용한 것은 프로그램 제작진이 출연자 선정 때 '화술, 끼, 용모, 이야기의 흥미성'에 따라 일반 참여자를 선정하는 데서 오는 어려움(유세경, 1996: 116)을 피해갈 수 있는 방식이지만 이 같은 연예인 위주의 제작 관행, 특히 퀴즈쇼의 연예인 중심 제작은 이들의 농담이나 사담, 입심 대결에 의존해 시청률 증가를 꾀하려는 안이한 제작 태도라는 이유에서 오래전부터 한국 텔레비전 방송의 고질적 문제로 지적되었다(김규, 1994). 한국의 텔레비전이 토착 프로그램 제작에서 관행적으로 이루어진 연예인-준방송인 중심의 시청률 제고 전략은 〈1 대 100〉이라는 글로벌 표준의 포맷 교역 프로그램 제작에서도 지역적 특성으로 고스란히 살아 있다는 것을 발견할 수 있었다.

흥미로운 것은 일본의 포맷 교역 프로그램 역시 연예인 중심의 제작 특성을 보여준다는 점이다. 이와부치(Iwabuchi, 2005)는 일본에서 제작한 세계적 인기 퀴즈쇼 포맷인 〈Who Wants to be a Millionaire?〉의 가장 고유한 지역적 특성은 유명인 도전자의 지속적 출연이라고 지적했다. 이와부치는 제작진과의 인터뷰를 통해 "보통 사람들은 시청자에 대한 호소력이 부족하기 때문에 가능한 한 위험을 줄일 수 있는 유명인을 기용하며, 유명인이나 준 방송인들의 코믹한 연기를 통해 프로그램 내용이 더 유화되고 더 많은 즐거움이 제공되어야 한다"고 했는데 이는 이 장에서 전문가 인터뷰를 통해 확인한 것과 흡사한 내용이다. 일본과 한국의 포맷 교역 프로그램 특성에 나타난 이 같은 유사성의 원인을 논의하는 것은 이 장의 영역을 넘어서는 일이지만, 한국 텔레비전의 예능·오락 프로그램 제작 관행이 오랫동안 일본 텔레비전 프로그램에 대한 표절, 모방, 각색을 통해 성립되었다(정윤경, 2003a; 강태영·윤태진, 2002)는 점을 짚고 넘어가고자 한다.

③ 100인

도전자 1인에 맞서는 100인은 다양한 인적 구성을 통해 퀴즈쇼 출연진의 다양성을 확보하고 의외의 우승자를 배출할 수 있는 장치라는 점에서 동질성을 지녔다. 100인의 인적 구성은 세 나라 모두 대략 4가지 유형으로 구분할 수 있었다(〈표 8-6〉 참조). 첫째, 문제 풀이를 놓고 도전자와 두뇌 게임을 벌일 수 있는 '두뇌형' 참여자다. 다른 퀴즈쇼 우승자와 명문대 졸업(재학)생, 고학력 직업 종사자가 여기에 속한다. 둘째는 '외모형'으로 미인대회 우승자와 육체미 선수, 모델을 이 유형으로 분류했다. 셋째로 '독특한 직업 종사자'가 있다. 곤돌라 사공, 연애 컨설턴트, 오페라가수 등이다. 넷째로 배우, 코미디언, 가수 등 '연예인'이다.

한국 프로그램의 100인 구성은 도전자에서와 마찬가지로 연예인과 유명인이 지속적으로 등장한다는 점에서 다른 두 나라 프로그램과 뚜렷한 차이를 보였다. 한국 프로그램의 100인 중 연예인은 한 에피소드에 최소 6인에서 최대 19인까지, 한 회도 빠짐없이 출연했다.[11] 재연 전문배우 등 B급, C급 배우와 코미디언, 가수들로 이뤄진 '연예인 퀴즈 군단'이 거의 고정 출연진으로 나타났다. 도전자의 인적 특성에서 나타난 것과 마찬가지로 100인에서도 오래 전부터 한국 텔레비전의 예능 프로그램에서 나타난 연예인 중심 제작 관행(김수정, 2008; 김규, 1994)이 분명한 지역 특성으로 남았음을 알 수 있었다. 분석 에피소드 중 이탈리아 프로그램에서는 연예인이나 유명인이 등장하지 않았고, 미국 프로그램에 등장한 유명인은 퀴즈쇼 〈Jeopardy!〉의 다승 챔피언 켄 제닝스(Ken Jennings)와 제닝스를 물리쳐 유명해진 브래드 러터(Brad Rutter), 〈Who Wants to Be a Millionaire?〉의 우승자 낸시 크리스티(Nancy Christy)와 존 카펜터(John Carpenter), 케빈 올름스테드(Kevin Olmstead) 같은 '두뇌형'이었다.

세 나라의 〈1 대 100〉이 가진 내용상 특성을 비교하고 한국 프로그램에 나타나는 지역성을 검토하기 위하여 사회자, 도전자, 100인의 인적 특성을 분석했다. 사회자는 세 나라 모두 퀴즈쇼라는 교양 정보 프로그램을 진행하는 데 적합한 전문가를 기용하는 동일성을 보여주었다. 그러나 상금을 놓고 지식을 다투는 퀴즈쇼의 중심축인 도전자와 100인의 인적 구성상의 특성에서 한국은 연예인, 유명인, 준방송인을 지속적으로 기용함으로써 미국, 이탈리아와는 뚜렷하게 구별되는 내용상의 지역 특성을 보여주었다. 세 나라의 〈1 대 100〉 첫 회 도전자를 비교한 결과 미국과 이탈리아에서는 평범한 일반인을 내세운 데 비해 한국은 가수 겸 방송인이 출연했다. 한국 프로그램의 분석 대상 에피소드 중 다른 5편에서

---

11 KBS 〈1 대 100〉 인터넷 홈페이지 자료 분석.

도 도전자는 모두 연예인 혹은 방송 출연에 익숙한 유명인이었다. 100인 역시 한국은 연예인, 유명인 중심의 인적 구성을 보여주었다. '연예인 퀴즈 군단'이라는 이름으로 배우, 코미디언, 가수 등이 고정 출연을 했다.

표 8-6 100인의 구성

나라	에피소드	두뇌형	외모형	특이 직업군	연예인
한국	첫회	큐브 동호회, MC서바이벌 생존자 등	쇼핑 호스트	연애 컨설턴트	이창명
	08. 1. 29	대학생	–	KB국민은행, 서울대 필드하키팀	배우, 사랑과 전쟁 팀, 연예인팀
	08. 6. 17	지식경제부 직원	–	–	이계인
	08. 11. 4	삼일회계법인 회계사, 삼성전자연구소 연구원	슈퍼모델, 레이싱모델	한국조리과학고교생, 건강보험공단 직원	배연정, 임수정, 연예인퀴즈군단 등
	09. 1. 13	주부퀴즈단, S&D 경영전략학회,	–	한복디자이너, 스노보드클럽, CJ 채용팀	연예인퀴즈군단, 국립오페라단
	09. 1. 13	주부퀴즈단, S&D 경영전략학회,	–	한복디자이너, 스노우보드클럽, CJ 채용팀	연예인퀴즈군단, 국립오페라단
미국	첫회	〈Jeopardy! Deal or No deal〉 우승자, 최우등졸업자	–	–	–
	07. 2. 9	〈Jeopardy! Who Wants to Be A Millionaire?〉 우승자, 로켓 과학자, 아이비리그 졸업생	drag queen	룸서비스 웨이터, 카피라이터, 애스크로 컴퍼니 사원	–
이탈 리아	첫회	–	–	곤돌라 사공, 다섯 자녀 이상 어머니	–
	08. 1. (일 미상)	–	–	마라토너, 장거리선수, 공무원	–

이들의 지명도, 개인적 매력, 이야기 능력에 기대 프로그램을 제작하는 것은 한국 텔레비전의 연예·오락 프로그램이 지난 수십 년간 지속된 제작 관행으로 글로벌 표준을 도입한 포맷 교역 프로그램의 제작에서도 형식은 전 지구적 미디어 문화물의 양식을 따르지만 내용의 특성과 의미 생산은 여전히 지역적 전통 안에서 이뤄짐을 발견했다.

(2) 사회자와 도전자, 100인의 퀴즈쇼 참여 양태와 권력의 비대칭적 배분

세 나라에서 제작된 〈1 대 100〉의 진행 방식과 영상 표현 방식에서 나타난 형식상의 동일성은 한 에피소드당 방송 시간의 길이나 사회자의 발언 분포에서도 확인되었다(〈표 8-7〉 참조). 세 나라의 프로그램은 한 에피소드 당 길이가 25～28분 안팎으로 거의 같았고 사회자가 전체 발언의 50%가량을 맡는다는 점에서도 동일성을 보여주었다. 그러나 진행 방식에서 라스트 맨 스탠딩을 택한 한국과 미국 프로그램에서는 도전자의 발언과 100인의 발언 분포가 각각 비슷한 데에 비해 포맷 원형과 같이 도전자 탈락으로 게임이 끝나는 이탈리아 프로그램에서는 100인의 발언 기회가 훨씬 제한적으로 나타나는 차이를 보였다. 이 차이는 진행 방식의 형식상 차이에서 기인하는 것이었다.

그러나 외형상으로 출연자들의 발언 분포가 지닌 동질성에도 불구하고 한국의 〈1 대 100〉에서 연예인, 유명인 중심으로 구성된 도전자 100인은 발언 내용에서 미국이나 이탈리아 프로그램의 도전자 100인과 차이를 보였다. 한국의 출연자들은 사회자를 비롯하여 도전자 100인 모두 문제 풀이 범주를 벗어나 개인적·공공적 주제에 대한 언급과 특기 자랑을 표출하는 일이 많았는데 이에 대해서는 구체적인 텍스트 분석을 통해 논의하겠다. 사회자와 도전자 100인이 보여준 이 같은 특성 때문에 한국의 〈1 대 100〉은 글로벌 표준의 포맷을 사용했음에도 불구하고 쇼의 본질

표 8-7 〈1 대 100〉의 길이와 출연자 분포

(단위: 회/%)

나라	에피소드당 평균 길이	에피소드당 평균 발언(%)	사회자 발언	도전자 발언	100인 발언
한국	25분 44초	142.5(100)	73(51)	44.2(31)	25.3(17.7)
미국	25분 11초	94.5(100)	50(53)	27(28.5)	17.5(18.5)
이탈리아	28분 38초	75.5(100)	41.5(55)	27(35.7)	7(9.3)

적인 면에서 미국이나 이탈리아와 다른 오락적 · 공익적 · 계몽적 특성을 빚어내는 결과가 나타났다. 이러한 차이는 단순히 퀴즈쇼 전개상의 기술적 차이가 아니라 한국의 텔레비전이 가져온 역사적 · 문화적 맥락에서 빚어진 보다 근본적인 지역 특성의 결과로 보는 것이 옳을 듯하다. 즉, 이미 수십 년째 지속된 연예인 중심의 교양 · 오락 프로그램 제작 관행과 공영방송 체제, 지상파 텔레비전에 대한 공익성 요구라는 한국적 텔레비전 현상이 응축된 결과인 것이다.

① 한국 〈1 대 100〉 사회자의 도전자 지지 특성과 그 함의

먼저 사회자의 역할을 살펴보면 세 나라의 사회자가 가진 외형적 특성에서는 동일성이 두드러졌지만 도전자와 100인의 퀴즈쇼 참여를 유도하는 진행 기술의 내용적 특성에서 한국의 사회자는 미국과 이탈리아의 사회자와 근본적으로 다른 점이 발견되었다. 미국과 이탈리아 프로그램에서는 사회자가 도전자와 100인의 대결/경쟁 구도 안에서 중립적인 쇼 진행자(MC: *Master of Ceremony*)의 자리를 벗어나지 않은 것에 비해 한국의 사회자에게서는 100인을 적대시하고 도전자에 대한 지지를 명시적으로 표현하는 발언이 자주 나타났다.

미국과 이탈리아의 사회자도 도전자를 지지했지만 어디까지나 게임 규칙에 바탕을 둔 것으로 적절한 순간에 게임 규칙에 규정된 도움과 탈출 방식의 사용을 안내하고 도전자의 선택을 묻는 중립적인 것이었다. 미국과 이탈리아의 사회자는 도전자뿐 아니라 100인에 대해서도 똑같이 이러한 지지 방식을 유지했다. 즉, 문제 풀이와 관련하여 100인이 답변 기회를 가졌을 때 이들에게 발언 기회를 제공하는 등 게임의 규칙 위에서 도전자와 100인에게 공평한 지지를 보냈다. 그러나 한국의 사회자는 도전자의 직업적 성취를 치하하거나 우승을 기대하는 발언을 통해 도전자를 공개적으로 지지했으며 때로는 100인의 발언을 저지하거나 야유하는 일까지 있었다.

남궁연 씨(도전자)가 청취자 분과 맺은 약속[12] 때문에 나도 맞았으면 좋겠다는 마음인데(첫 회 4단계에서).

아, 알겠습니다. 틀리고 나면 귀에 잘 안 들어옵니다(첫 회 중 도전자를 물리친 100인 중 최종 승리자가 답을 얻은 과정을 설명하자 중간에 자르며).

도전자와 100인이 상금을 놓고 맞대결하는 상황은 미국과 이탈리아의 〈1 대 100〉에서도 나타났지만 사회자가 도전자와 100인에게 한 말의 내용적 특성과 특정인에 대한 지지 성향 여부는 한국과 달랐다. 사회자는 양쪽 모두를 격려했고 한국 프로그램처럼 도전자를 편들거나 계몽적 발언을 하는 일은 나타나지 않았다. 도전자와 100인이 팽팽한 대결을 벌이는 장면에서 미국과 이탈리아 사회자의 발언은 언제나 둘 사이의 힘의 균형을 유지하고 게임의 기술을 설명하는 중립적인 내용이었다.

---

12 당시 라디오 DJ였던 도전자는 우승 상금을 탈 경우 자신의 프로그램 청취자 중 장애인에게 휠체어를 사주는 데 사용하겠다고 첫 머리에 공개했었다.

만약 당신이 잘못된 답을 하면 빈손으로 가야 합니다. 그러면 몹(100인)이 상금을 나누겠죠(미국, 첫 회에서 도전자가 마지막 찬스를 쓴 뒤).

만약 당신이 틀렸으면 몹 중에서 한 사람이 당신을 대신할 겁니다(미국 '라스트 맨 스탠딩' 도전자의 답이 맞는지 기다리면서).

지금 잘 하고 있어요. 찬스도 두 번이나 남았으니까 긴장하지 마세요(이탈리아 첫 회에서 5단계 문제 풀이를 앞둔 도전자를 격려하면서).

벽들(100인), 조심하세요. 에두아르도가 절반을 무너뜨렸어요(이탈리아 08년 1월 에피소드에서 6단계 도전을 앞둔 100인을 격려하면서).

그렇다면 한국의 사회자는 왜 도전자에 편중된 진행 내용을 보여주는 것일까? 이 같은 내용 특성은 앞서 확인한 대로 한국 〈1 대 100〉 출연자의 인적 특성과 관련 있다. 한국 프로그램의 도전자로는 상금과 명성을 목표로 퀴즈쇼에 자발적으로 참여한 것이 아닌 방송사가 시청률을 감안해 출연료를 지급[13]하고 초청한 유명인-연예인이 지속적으로 나타난 것이 특성이다. 연예인 출연자의 농담이나 사담, 입심 대결에 의존해서 시청률 증가를 꾀하는(김규, 1994) 제작 관행은 포맷 교역 프로그램인 〈1 대 100〉에서도 나타났는데, 이 같은 도전자의 인적 특성이 쇼의 내용상 특성을 생산하는 것으로 보였다. 기본 포맷이 퀴즈쇼인 만큼 문제를 푸는 것이 바탕이지만 사회자는 문제 풀이의 단계 사이에 미리 준비된 대본에 따라 도전자와 관련 화제를 이어가는 방식으로 진행을 했다. 또 도전자의 직업 특성에 따라 문제 내용도 관련 분야로 집중되는 경향을 보였

---

13 전문가 심층인터뷰에서 한 전문가(A)는 도전자의 편당 출연료가 30~70만 원이라고 밝혔다. 특A급 연예인이 출연하는 다른 연예오락 프로그램에 비하면 1/2~1/5 수준이라고 한다.

다. 즉, 영화감독이 출연한 에피소드에서는 영화 문제, 뮤지컬 배우가 출연한 에피소드에서는 뮤지컬 문제가 집중적으로 출제되었다. 이 같은 진행에 따라 한국의 〈1 대 100〉은 퀴즈쇼 포맷을 바탕으로 만들어졌음에도 불구하고 퀴즈쇼 특유의 지식 경쟁이나 상금을 획득하기 위한 긴장된 대결의 분위기는 엷어지는 대신 연예 버라이어티쇼나 토크쇼와 별 다를 바 없는 내용으로 진행되는 특성이 나타났다. 예를 들어 영화감독이 도전자로 출전한 에피소드를 보자.

사회자: 실력을 보여주셔야 할 텐데, 영화감독이라고 말씀하셨는데 죄송하지만 제가 아는 영화가 없어서요.
도전자: 네, 제가 만든 영화가 두 편 있는데요. 〈휴머니스트〉라는 영화하고 〈철없는 아내와 파란만장한 남편 그리고 태권소녀〉라는 아주 긴 제목의 영화인데 관객은 그렇게 많이 들지 않았습니다.
사회자: 제가 두 영화 제목은 다 아는데 안 봤던 영화군요.
도전자: 가까운 비디오 숍에 가면 지금도 찾아볼 수 있습니다. 하하(08. 1. 29).

사회자가 교체된 뒤에도 이 같은 진행 방식에는 변화가 없었다. 오히려 도전자와 관련한 잡다한 대화가 더 길게 이어지기도 했다. 다음은 요리연구가가 등장한 에피소드이다.

사회자: 요리연구가가 일찍 되신 건 아니더라고요.
도전자: (…) 제가 39세 되던 해에 도마 들고 칼 들고 나섰습니다.
사회자: 그때 남편 반응이 어땠나요.
도전자: 돈 벌어 온다니까 얼른 하라고 했죠(08. 11. 04).

다음은 미혼의 유명 코미디언이 도전자로 나온 에피소드이다.

사회자: ○○○씨(도전자)는 막상 짝이 없잖아요.

도전자: 요즘 제 주변에 주로 저런 분(짝을 찾은 사람)만 계세요.

사회자: 이○○씨[14]도.

도전자: 이○○씨 결혼은 제가 진심으로 축하하는 게 워낙 짝을 잘 만났어요.

(중략. 여전히 같은 화제)

사회자: 저한테 전화도 안 해요, 이 친구(이○○을 말함). 하하. 대학 선배
인데(08. 6. 17).

　　도전자가 결혼을 안 한 것과 최근 결혼한 동료 코미디언에 관한 이야기가 7차례나 이어졌다. 심지어 사회자는 이 자리에 나오지도 않은 도전자의 동료 코미디언에 대해 자신이 대학 선배인데 전화도 안 한다는 신변잡담을 늘어놓았다. 이처럼 사회자와 도전자가 개인적 화제를 이어가는 것은 미국이나 이탈리아 프로그램에서 볼 수 없는 한국의 〈1 대 100〉에서만 나타나는 특성이었다. 미국과 이탈리아 프로그램의 분석 대상 에피소드 4편 중 유명인이 출연한 것은 각종 퀴즈쇼 우승자가 출연한 미국의 '라스트 맨 스탠딩' 에피소드 한 편뿐이었는데, 여기서 나타난 대화의 내용은 한국 프로그램과 뚜렷한 차이를 보여주었다. 미국과 이탈리아 프로그램에서 사회자와 도전자가 나누는 대화는 퀴즈에 집중되었으며 도전자 주변의 개인적 화제는 간단히 한 번 언급된 정도였다.

사회자: 28번 애니 듀크, 슈퍼스타. 지금까지 가장 똑똑한 몹 중에서 도전
자가 나왔습니다 (…) 결혼하셨나요?

도전자: 네 저는 아이가 4명 있고요, 남자 친구 조와 살아요. 아, 죄송합니
다(100인 중 수녀 출연자를 향해).

100인(로즈 수녀): 하나님께서 축복하십니다(미국 08. 2. 9. 도전자는 100

---

14 도전자와 짝을 이뤄 함께 데뷔했던 코미디언.

인 중 선발된 여성 포커 챔피언).

사회자: 사회 활동은?
도전자: 중학교랑 고등학교에서 알코올, 마약 예방 캠페인을 진행합니다. 인터넷을 통한 아동 성범죄 예방 활동도 합니다.
사회자: 아동 성범죄 예방을 위해서는 부모 교육도 중요하죠?
도전자: 부모의 역할이 큽니다(이탈리아 08. 1. 일자 미상의 에피소드. 도전자는 의사임).

한국 프로그램에서 사회자 발언의 내용 특성이 개인적 화제로 쏠렸다는 것은 100인과의 대화에서도 발견되었다. 미국과 이탈리아 프로그램의 100인은 도전자가 100인에게 도움을 청할 때 주로 발언권을 얻었으며 발언 내용도 본인이 답을 선택한 이유를 설명하는 등 퀴즈쇼 본연의 특성인 문제 풀이와 직접 관련된 것이었다. 그러나 한국 프로그램의 100인 발언은 퀴즈 풀이의 맥락에서 벗어나 자신이 맡은 정부 부처 업무를 홍보하거나 장기를 자랑하는 방식으로 표출되었다. 이 같은 내용은 사회자의 요청에 응한 것으로 사전에 작성된 대본에 따른 것으로 여겨졌다.

사회자: 지식경제부는 이러한 부서다, 좀 홍보담당관께서.
100인(홍보기획담당관): 새 이름인데요. 경제에서 노동이나 자본이 차지하는 비중이 역시 중요하지만 어떻게 하면 부가가치가 많은 경제 체제로 만들 것인가 그런 고민하에 주요 업무를 보고요. 나라 안팎의 많은 학자가 우리 사회가 이미 지식경제사회로 진입해 있다고 그렇게들 말하죠.
(문제 풀이)
사회자: 공무원 되신 지 얼마나 되셨습니까? (…) 가장 큰 보람은 어떨 때 찾을 수 있어요?
100인(사무관): 공무원이 하는 일들이 국민 생활에 직접 영향을 미치는 경

우가 많습니다. 그래서 그만큼 보람을 많이 느끼고요. 하지만 그만큼 이해관계자를 조정해야 하는 일이 있기 때문에 항상 종합적으로 생각 하려고 노력합니다(08. 6. 14. 지식경제부 100인 출전 에피소드).

100인의 개그를 보여주는 데 무게 중심이 쏠린 것 같은 진행도 있다.

사회자: 65번, 나쁜 남자 이○○씨.
100(코미디언 이○○) : 너무 안타깝습니다.
사회자: 박××씨에게 나쁜 남자로서 매력을 한 번 발산해주신다면?
100(코미디언 이○○) : ××야, 너 내 옆에 있으니까 다리가 후들후들거리 니? 긴장하지 말고 상금 타서 다 나 줘!
100(코미디언 박××) : 어머, 뭐지? 저 3등신 육체에서 뿜어져 나오는 이름 모를 자신감은? 당신 도대체 뭐야?
100(코미디언 이○○) : 나? 나쁜 남자야~네, 여기까지 하겠습니다(09. 1. 13. 에피소드).

한국 프로그램의 사회자가 도전자, 100인에게 요구하는 발언이 이처 럼 문제 풀이 맥락을 벗어나 연예인과 유명인 출연자의 신변잡담과 장기 자랑을 펼쳐보이도록 하는 것은 미국이나 이탈리아 프로그램에서는 볼 수 없는 한국적 특성이었다. 이 같은 특성이 주는 함의는 한국 텔레비전 의 연예인 중심 제작 관행이 지역성으로 뚜렷이 존재하며 글로벌 표준의 포맷 교역 프로그램 제작에서도 문화적・역사적 특성으로 살아남아 혼 종성을 생산한다는 것이다.

② **한국의 〈1 대 100〉 우승 상금의 공익적 사용 제안과 쇼의 특성 변화**
유명 연예인을 도전자로 영입하면서 한국의 〈1 대 100〉은 다른 어느 나 라에도 없는 프로그램 특성을 가진다. 많은 경우 상금을 도전자가 가지 는 것이 아니라 공공 목적을 위해 기부하는 형태로 변한 것이다. 이 같은

특성은 〈1 대 100〉에 앞서 미국과 일본의 포맷을 수입해 제작한 다른 공
영 방송의 퀴즈쇼에서도 이미 나타났던 현상으로(이동후, 2005) 거액의
상금을 우승자가 가지는 것이 아니라 공익 목적에 사용하는 것이 한국적
특성으로 자리 잡은 것으로 보였다. 분석 대상 에피소드 중 도전자는 장
애인 휠체어 구입, 유기견 보호 등에 상금을 내놓겠다고 공표했으며 100
인 중 '라스트 맨'으로 누적 상금을 차지한 승리자도 상금 일부를 태안 복
구 기금으로 내놓았다. 이 같은 공익성은 한국의 공영방송 체제가 빚어
낸 특성으로 추정되는데 전문가 인터뷰에서도 이를 확인할 수 있었다.

> 고소득 인기 연예인이 거액의 상금을 가져간다는 건 우리 실정에서는 상상
> 하기 어렵습니다. 시청자 거부 반응이 보통 아닐 거예요(전문가 A).

> 지상파 공영방송은 제약이 많습니다. 상금 액수가 너무 커도 사행심 조장이
> 라고 제재를 받습니다. 시청률 때문에 연예인을 출연시키지만 상금은 없는
> 거나 마찬가지로 생각하라고 부탁하지요(전문가 B).

도전자가 상금을 공익 목적으로 기탁하는 것은 퀴즈쇼의 본질적 성격
을 상당히 변화시키는 내용상의 특성이다. 퀴즈쇼는 1950년대 미국에
서, 또 1960년대 한국에서 텔레비전 방송의 정착 초기부터 인기를 얻은
텔레비전 장르로 지식의 겨룸을 통해 금전적 보상과 명예를 획득하는 자
본주의 가치의 실천으로 여겨졌다(강태영·윤태진, 2002). 퀴즈쇼로서
〈1 대 100〉 포맷의 핵심 역시 일반인들의 지식 경쟁과 획기적인 경제적
가치 획득이다. 1인의 도전자는 100인을 상대로 두뇌 싸움을 벌여 거액
의 우승 상금을 획득하는 것을 목표로 하며 최선의 결과를 위해 포맷이
규정한 도움의 규칙을 사용한다. 도전자는 평소에 만져보기 어려운 거액
의 상금을 통해 '인생역전'을 욕망하고, 그 때문에 누적 상금 전부를 날릴

수도 있는 위험에도 불구하고 쉽사리 적당한 수준에서 멈추지 못하는 것이다.

〈1 대 100〉 포맷 원형에서는 도전자가 매 단계를 통과할 때마다 그때까지 누적 상금을 갖고 게임을 중지할 수 있는 권리를 주었다. 사회자는 매 단계를 통과할 때마다 도전자에게 누적 상금 액수를 알려주며 "이 돈을 갖고 집으로 가겠느냐, 계속 도전하겠느냐"고 묻는데, 이 때 도전자는 이미 실현된 금전적 이익과 미래의 가능성, 또 이를 다 잃어버릴 위험성 사이에서 고민한다. 결말에 이르는 과정에서 도전자는 자신의 현실과 욕망 사이에서 위태로운 줄타기를 벌이고 시청자도 도전자의 위험한 선택을 대리 체험하는 긴장을 즐긴다. 도전자가 순간의 판단 결과로 더 얻거나 다 잃거나 하는 극단적 결말이 바로 퀴즈쇼로서 〈1 대 100〉이 갖는 고유한 재미와 힘이다. 미국의 〈1 vs. 100〉 첫 회 중, 사회자가 "돈을 갖고 게임을 끝내겠느냐, 계속 도전하겠느냐"고 질문한 데 대한 도전자의 대답에서 바로 이 같은 현실적 긴장이 생생하게 드러난다.

나는 그저 경비원이고 그런 많은 돈은 못 벌어요. 정말 그 돈을 가져서 여자친구에게 약혼반지를 사주고 싶군요 (…) 2만 6천 달러는 큰 돈인데(…) 하지만 나는 더 많은 돈, 군중을 원합니다. (06. 10. 13, Bryan Tocado).[15]

이탈리아 프로그램의 도전자는 100인 중 불과 7명을 남겨놓고 정반대의 선택을 했다.

2만 5천 유로는 정말 좋은 돈입니다. 벽(*muro*)과 돈 사이에서 돈을 선택하겠습니다(08. 1. 날짜미상, Eduardo Colombo).

---

15 7단계까지 문제를 푼 뒤 100인이 42인 남은 상태에서 누적상금 13만 5천 달러를 갖고 게임을 중단했다.

그러나 한국의 〈1 대 100〉은 첫 회부터 최근까지 유명인과 연예인을 도전자로 출연시키는 제작 방식을 지속함에 따라 상금 획득을 둘러싼 도전자와 100인의 경쟁 특성이 포맷의 원형이나 미국, 이탈리아 프로그램과는 다른 방식으로 전개되었으며, 쇼가 주는 재미와 의미의 내용 특성도 달라졌다. 글로벌미디어 상품이자 전 지구적 표준을 바탕으로 한 문화물인 〈1 대 100〉의 한국 프로그램이 보여준 고유한 지역적 특성은 대략 3가지 정도로 분류할 수 있다.

첫째, 쇼의 목표가 공익성의 확대로 전환했다는 점이다. 도전자가 승리할 경우 차지하는 상금이 공익 목적에 사용될 것이라고 미리 공표됨에 따라 도전자는 공익을 위한 경주자로 여겨진다. 첫 에피소드에서 도전자는 상금을 공익 목적에 사용하겠다는 사연을 흰 봉투에 담아 서면으로 제출하고 사회자가 방송 첫머리에 이를 공개했는데,[16] 이 같은 장치에 따라 〈1 대 100〉 도전자의 목적은 지식 재산을 바탕으로 한 개인적 욕망의 실현이 아니라 공익의 성취로 변경된다. 방송사 제작팀이나 시청자 모두, 누군지 모를 그리고 상금을 어디 쓸지 모를 100인이 승리하는 것보다 유명인 도전자가 승리하는 것이 훨씬 더 공익 목적에 부합한다는 것을 아는 상태에서 도전자가 100인보다 도덕적으로 우위를 차지하며 사회자가 노골적으로 도전자 편을 드는 것이 허용된다.

둘째, 연예인 중심 제작과 오락성의 확대. 한국의 〈1 대 100〉은 방송국 스튜디오의 상징적 원형 경기장에서 도전자 1인과 100인이 거액의 상금을 놓고 긴박하게 맞서는 두뇌 싸움이라는 대칭적 포맷 원형과 달리 사회자와 시청자 모두 도전자 1인의 승리를 기대하는 비대칭 포맷으로

---

16 전문가 인터뷰(B)에 따르면 이같은 방식은 첫 2개월 이상 지속되었으며 이후로는 구두로 발표하는 방식으로 바뀌었다고 한다.

중심을 이동했다. 이에 따라 쇼의 내용은 퀴즈쇼 특유의 팽팽한 긴장감 대신 출연자들의 입담과 신변잡사, 특기를 중요한 볼거리로 내놓는 유사 토크쇼로 전환되었다.

마지막으로 유명인, 연예인 중심 제작이 빚어낸 비대칭 권력 구도는 어색한 계몽적 특성을 한국적 지역성으로 생산했다. 한국의 〈1 대 100〉 에서는 문제 풀이에 실패하고 게임에서 탈락한, 즉 패자인 도전자가 승자인 100인을 향해 충고와 함께 상금의 사용처를 제시하거나 공공의 가치를 홍보하는 것이 종종 발견되었다. 첫 에피소드에서 실패한 도전자는 상금을 차지한 100인 승리자에게 상금의 사용 내역을 구체적으로 제안했으며, 역시 실패한 또 다른 도전자는 정부 중앙부처 공무원으로 구성된 100인에게 공직 수행을 잘 하라고 요구했다. 이는 미국과 이탈리아 프로그램에서는 전혀 발견할 수 없었던 특성이다. 두 나라의 분석 대상 에피소드에서는 도전자 중 상금 획득을 한 사람은 환호와 박수 속에 인사를 하고 떠났고 실패한 사람은 사회자의 위로 속에 무대를 떠났다.

(3) 출제된 문제의 내용에 나타난 지역적 특성

〈1 대 100〉의 퀴즈 문제는 '잡학'(雜學: *trivia*)이다. 포맷 원형에 제시된 것처럼 문제마다 3개의 예상 답안이 제시되는 문제 출제 형식이나 한 에피소드당 문제 풀이 수 등 외형적 특성은 세 나라 모두 동일성이 드러났다. 한국의 〈1 대 100〉은 한 에피소드당 평균 7개의 문제를 풀었는데 이탈리아, 미국 프로그램에서 7.5개를 푼 것과 유사했다. 한국, 미국, 이탈리아 프로그램에 출제된 문제의 내용 특성을 검토함으로써 지역성과 혼종성의 발생 여부를 살펴보았다(〈표 8-8〉 참조).

문제의 내용 특성을 알기 위해 문제에 담긴 내용이 자국의 사회 문화적 맥락 안에 있는지, 국제적인 맥락 안에 있는지, 아니면 순수한 상식 맥락인지 3가지로 구분했다. 자국의 사회와 문화를 알지 못하면 풀기 어려운 것을 '자국 맥락', 다른 나라 관련 내용을 묻는 것을 '국제 맥락'으로 분류했으며 일반적으로 알 만한 내용들은 '상식'으로 분류했다.

문제의 형식에 나타난 동일성과 달리 내용면에서는 세 나라 모두 다른 특성을 보여주었다. 자국 맥락의 문제가 가장 많은 것은 미국(80%)이었고 다음이 한국(57%)이었으며 이탈리아는 자국 맥락 문제가 극히 적은 (13%) 대신에 일반 상식 맥락(67%)의 문제가 가장 많았다. 구체적 내용 특성을 비교하면 한국과 미국의 차이가 또다시 나타났다. 한국 프로그램의 자국 맥락 문제는 한·미 FTA 협상, 서울에서 가장 가까운 외국 도시, 최근 중국에서 들여온 철새 이름, 다우너 소의 의미를 묻는 등 외국과의 관계 속에 놓인 문제가 많았지만, 미국 프로그램에 출제된 자국 맥락 문제는 국제적으로 잘 알려지지 않은 미국 텔레비전 드라마와 유명

표 8-8 문제의 맥락

나라	에피소드	문제 수	자국 맥락	국제 맥락	일반 상식
한국	첫 회	5	4	-	1
	08. 1. 29	9	4	-	5
	08. 6. 17	6	3	1	2
	08. 11. 4	5	3	1	1
	09. 1. 13	8	4	-	4
	09. 1. 13	9	6	1	2
	소계	42(100)	24(57)	3(7)	15(36)
미국	첫 회	7	6	-	1
	07. 2. 9	8	6	-	2
	소계	15(100)	12(80)		3(20)
이탈리아	첫 회	6	2	-	4
	08. 1. (일 미상)	9	-	3	6
	소계	15(100)	2(13)	3(20)	10(67)

연예인의 사생활과 관련한 질문들로 이뤄졌다.

그러나 이탈리아 프로그램에 출제된 일반 상식 맥락 문제 가운데서도 미술, 음악, 음식과 관련해 자국 문화와 사회에 관한 지식을 가져야 답을 풀 수 있는 것들이 포함되어 있었다. 따라서 세 나라 모두 문제 출제를 통해 시청자의 관심을 끌고 흥미를 배가시키려는 지역화 노력을 경주하는 것으로 볼 수 있었다.

6. 한국의 〈1 대 100〉에 나타난 지역적 특성과 그 의미

포맷 교역을 통해 제작한 프로그램이 지역 고유의 역사적 체험과 문화적 특성, 시민 정서를 글로벌 형식 안에 융합하는 능력을 통해 문화적 혼종성을 생산한다는 최근의 연구는 포맷 교역 프로그램이 담은 지역적 특성에 대한 관심을 촉구한다. 이 장의 목적은 한국 텔레비전의 포맷 교역 프로그램에 나타나는 지역적 특성을 혼종성의 개념틀로 논의함으로써 세계적인 포맷 교역이 각 지역에서 문화의 확산과 전이를 통해 문화 다원화의 가능성을 제시함을 탐색하는 것이었다.

이를 위해 현재 한국에서 방송되는 대표적인 포맷 교역 프로그램인 KBS 2TV의 〈1 대 100〉에 전 지구적 동일성과 한국 고유의 지역적 특성이 어떻게 나타나는지를 검토하고 동일성과 차이가 지닌 함의를 논의했다. 이때 현지화의 결과로 나타나는 지역적 특성이 각 지역별로 구체적으로 어떻게 나타나는지 검토하고 또 그 차이의 함의가 무엇인지 논의하기 위해 한국의 〈1 대 100〉뿐 아니라 미국, 이탈리아의 〈1 대 100〉에 대한 텍스트 분석도 함께 시행했다. 이를 위하여 한국의 〈1 대 100〉 에피소드 6편과 미국, 이탈리아의 에피소드 각 두 편씩 모두 10편을 형식상 특성과 내용적 특성으로 나누어 분석했다.

세 나라의 〈1 대 100〉에서 현저하게 동일성이 드러난 것은 평일 저녁 가족 시청 시간대 편성과 퀴즈쇼의 규칙 적용 등 진행 방식과 스튜디오의 세트 디자인, 프로그램 로고, 조명, 음향 등 시청각적 영상 표현 방식 등 형식적 면에서였다. 퀴즈쇼 진행 방식은 단계별 문제 풀이와 상금 누적 방식, 도전자에게 주어지는 도움의 기회, 100인의 참여 방식 모두에서 유사했다. 도전자 탈락 후 살아남은 100인끼리 상금을 다투는 '라스트 맨 스탠딩' 방식은 한국과 미국이 적용했으며 이탈리아는 이 방식을 적용 하지 않았다.

무대 세트와 로고, 방송 자막에 이르기까지 이 프로그램의 디자인에 나타난 동일성은 포맷 교역 프로그램의 프랜차이즈 특성을 분명하게 보 여주었다. 직사각형의 로고와 방송 화면상의 문제와 해답 자막 디자인 등 동일한 시각적 표현은 이 프로그램이 세계 어디서나 동일한 양식과 품 질로 제작되는 '글로벌 브랜드'의 미디어 문화물이라는 특성을 보여주었 다. 프랜차이즈 미디어 문화물로서의 동일성은 프로그램 진행을 위한 인 적 구성의 형식적 면에서도 나타났다. 한국, 미국, 이탈리아 프로그램 모두 사회자는 지적이고 신뢰감 높은 40대 남성을 기용했으며 매 에피소 드는 도전자 1인과 이에 맞서는 100인으로 구성되었다. 프로그램 진행 상의 외형적 특성 역시 동일하거나 유사한 점들이 확인되었다. 한 에피 소드의 방송 시간은 세 나라 모두 25분 안팎이었으며 평균 7~7.5개의 문제를 풀었다.

그러나 이 같은 형식상의 특성을 벗어나 구체적 내용으로 들어가면 한 국의 〈1 대 100〉은 포맷 원형은 물론 미국, 이탈리아 등 이 장에서 구체 적인 텍스트 분석을 시행한 다른 두 나라 프로그램과 전혀 다른 특성을 보여주었다. 한국 프로그램에서 발견된 차이는 한국의 텔레비전이 초기부터 지속한 제작 관행이 투영된 역사적이고 문화적인 고유한 특성과 관련되었으며, 그 차이를 한국 프로그램에 나타난 지역 특성으로 이해하는 것이 적절한 것으로 여겨졌다. 한국의 〈1 대 100〉이 보여준 내용상의 특성은 도전자와 100인에 유명인, 연예인이 지속적으로 출연하는 인적 구성상의 특징과 도전자가 획득한 상금의 공익 목적 기부, 사회자의 도전자에 대한 편향적 지지, 도전자와 100인의 신변잡담과 농담, 장기자랑, 직업 관련 발언 등으로 나타났다. 이 같은 내용상의 특성으로 한국의 〈1 대 100〉은 미국이나 이탈리아 프로그램에서는 나타나지 않은 공익성과 계몽성, 그리고 오락성이 두드러진 한편 퀴즈쇼의 본질적 특성인 지식 경쟁과 긴장감, 상금을 통한 보상 같은 특질은 약화되었다.

한국의 〈1 대 100〉에 나타난 가장 뚜렷한 지역적 특성은 연예인 중심의 제작 관행이 빚어낸 오락성과 유명인-연예인 도전자가 상금을 공익 목적에 기부하는 데서 표출되는 공익성의 추구, 계몽성의 발현이었다. 오락성과 공익성, 계몽성은 서로 상충되는 것으로 보이지만, 한국의 〈1 대 100〉에서만 나타난 이 같은 내용 특성은 공영방송이면서 동시에 상업 광고 스폰서에 의지해야 하는 한국 텔레비전의 복잡한 현실을 가감 없이 보여주는 것이다. 전문가 인터뷰에서도 확인되었듯 〈1 대 100〉을 제작한 KBS 2TV는 공영방송으로 외국산 포맷을 수입하는 데 대한 부담을 졌으며 이 부담을 덜기 위해 높은 시청률을 얻어야 했다. 높은 시청률은 유익한 프로그램을 제공했다는 공영방송으로서의 명분과 상업 광고 유치라는 실질적 성과 모두를 위해 꼭 필요한 것이었다. 연예인 중심의 프로그램 제작과 문제 풀이 과정 중에 나타나는 연예인 도전자, 100인의 농담과 신변잡담, 장기자랑 같은 특성은 한국의 텔레비전 제작 관행이 낳은 역사적이고 문화적인 결과다.

한국 텔레비전의 오락 프로그램 제작은 이미 1970년대부터 연예인 중심 제작이 관행으로 지속되었고(김규, 1994), 1990년대 이후로는 장르 간 혼합과 교양의 오락화로 인해 종래 교양 프로그램으로 여겨지던 퀴즈 쇼 장르에도 '재미'를 우선시하면서 연예인들이 출연했다(강태영·윤태진, 2002)는 한국 텔레비전의 역사적 체험은 한국 〈1 대 100〉에 나타난 연예인 중심의 진행성이 돌발적 차이가 아니라는 점을 인식하게 만든다.

한국의 〈1 대 100〉은 시청률을 얻기 위해 연예인과 유명인을 도전자와 100인에 지속적으로 기용했지만, 이 때문에 또 다른 중요한 내용상의 차이를 만들었다. 연예인이나 유명인 도전자가 획득한 상금을 공익 목적에 사용하도록 한 것은 시청자의 정서를 감안한 지역화 전략인 동시에 한국의 퀴즈쇼 제작 관행으로 등장한 상금의 공익 목적 기부 제도를 이어받는 것이다. 한국의 텔레비전 퀴즈쇼에서 상금을 공익 목적에 내놓은 것은 1990년 〈사랑의 퀴즈〉가 효시(강태영·윤태진, 2002)로 알려져 있으며 이동후(2005)도 앞서 다른 포맷 퀴즈쇼에서 이 같은 현상을 발견했다. 오락 프로그램의 연예인 중심 제작 관행이 비판받은(김규, 1994) 마당에 교양 정보 프로그램인 퀴즈쇼에까지 연예인을 동원한 것은 시청률 기제 때문인데 이를 상쇄하기 위한 방편으로 연예인들이 선행을 베풀게 함으로써 재미와 공공성을 모두 성취하고자 하는 것이 한국의 〈1 대 100〉이 가진 지역적 특성이었다.

이는 토착 프로그램이 아닌 포맷 교역 프로그램에서도 한국의 텔레비전 시스템이 지닌 역사적-문화적 특질이 분명히 드러난다는 점을 확인시켜주었다. 한국의 〈1 대 100〉이 가진 이 같은 공익적 특성은 특히 미국의 〈1 vs. 100〉과 비교되었다. 한국 프로그램은 시청률을 높이기 위해 도전자의 '탈출' 기회를 삭제하고 '라스트 맨 스탠딩' 규칙을 적용한 점에서 미국 프로그램과 유사점이 많았지만 미국 프로그램의 일반인 도전자가 거액의 상금을 마치 로또 당첨금처럼 가져가는 것과 달리 상금을 공익 목적에 내놓게 함으로써 방송의 공영성과 계몽성을 강화했다.

이처럼 한국의 〈1 대 100〉은 형식면에서는 글로벌 표준을 지키면서 내용면에서는 한국 텔레비전 방송의 역사적 체험과 감수성이 살아 있는 특성을 지님으로서 혼종성을 실현하고 전 지구적 미디어 문화물의 재지역화를 실천했다.

잡학 퀴즈를 풀어 거액의 상금을 획득하는 퀴즈쇼 〈1 대 100〉은 형식상 동일성이 뚜렷하고 글로벌 브랜드 미디어 문화물로서의 프랜차이즈 특성이 분명히 드러났지만 한국의 사회적 규범과 문화적 경험, 정서의 차이는 프로그램 내용면에서 적지 않은 차이를 만들었다. 이 차이가 주는 함의는 포맷 교역 프로그램이 지역의 정치적 현실과 사회적 규범, 문화적 경험을 토대로 사용할 뿐 아니라 고유한 지역성을 글로벌 표준과 융합해 혼종성을 생산함으로써 자국의 시청자에게 어필한다는 점을 보여준다는 것이다. 이는 유세경과 이경숙(2001)이 동아시아의 텔레비전 드라마 수용에서 보편적 형식을 토대로 지역의 전통 가치가 작용하는 것을 발견한 것과 상통한다.

이러한 특성을 혼종성으로 정의하는 데 비판적 논의가 있는 것도 사실이다. 저항의 정치적 힘을 갖지 못하는 지역성의 반영은 결국 글로벌미디어 자본의 지역화 전략에 지나지 않으며, 포맷 교역이 지역 텔레비전의 창의력과 생산력을 정체시킨다는 논의가 그것이다. 그러나 혼종성의 개념을 세계화라는 흐름에서 지역화를 구성하는 데서 나타나는 새로운 문화 현상으로 확장해서 본다면 지역에서 제작된 포맷 교역 프로그램에 나타나는 혼종성은 세계화 과정에서 일어나는 지역문화의 생산인 동시에 자국 문화의 경계를 확대하는 것으로 검토될 수 있을 것이다.

이 장은 몇 가지 뚜렷한 한계를 지닌다. 한국 텔레비전의 포맷 교역 프로그램 특성을 논의하기 위하여 전 세계적으로 가장 많이 유통되는 포맷 교역 프로그램인 〈1 대 100〉의 한국, 미국, 이탈리아에서 제작한 프로그램을 텍스트 분석과 한국 내 전문가 인터뷰를 통해 비교 분석했지만 이들 포맷 교역 프로그램을 만드는 방송 산업의 내부 환경, 수용자 반응을 살펴보지 못했다는 점이 중대한 제한점으로 남는다.

특히 포맷 교역으로 인한 혼종성의 생산과 문화의 확장, 전이를 살펴보기 위해서는 프로그램 제작자와 수용자에 대한 연구가 필요했으나 텍스트 분석에 전문가 인터뷰를 병행하는 수준에 그쳤다. 포맷 교역과 현지 제작이 방송문화의 혼종성을 생산하는 과정과 결과에 대해서는 별도의 프로그램 생산자 연구가 필요할 것으로 여겨지며, 이처럼 지역 특성을 반영한 프로그램의 형식과 내용에 대한 수용자의 정서적 반응과 수용 양태도 별도의 연구로 이루어져야 할 것이라고 본다. 텍스트 분석을 넘어선 이 같은 연구는 한국 방송 산업에서의 어떠한 요소들이 포맷 수입을 억제 혹은 장려하는지, 이를 통한 혼종화의 기제와 가능성과 한계가 무엇인지를 좀더 심도 있게 논의할 수 있게 만들 것이다.

참고문헌

강태영 · 윤태진 (2002), 《한국 TV 예능 · 오락 프로그램의 변천과 발전 편성 및 사회문화 사적 의미와 평가》(방송문화진흥총서 43), 서울: 한울아카데미.
김 규 (1994), 〈한국TV 연예오락 발전방안 연구: 개방과 다원화의 시대에 대비하여〉, 한국방송개발원 연구보고(94-06), 서울: 한국방송개발원.
김수정 (2008), '수다'의 문화정치학: 텔레비전 토크쇼와 대중문화, 〈프로그램/텍스트〉, 17호, 69~106.
김수정 · 양은경 (2006), 동아시아 대중문화물의 수용과 혼종성의 이해, 〈한국언론학보〉, 50권 1호, 115~138.
김승현 (2004), 문화 간 만남의 시공간: 문화제국주의부터 문화세계화까지, 〈프로그램/텍스트〉, 11호.

류웅재 (2008), 한국 문화연구의 정치경제학적 패러다임에 대한 모색: 한류의 혼종성 논의를 중심으로, 〈언론과 사회〉, 16권 4호, 2~27.

배진아 (2008), 국내 포맷 비즈니스의 현황과 문제점, '뉴미디어 콘텐츠 포맷의 비즈니스 현황과 전망' 세미나 발표 자료.

심두보 (2004), 국제커뮤니케이션 현상으로서의 한류와 하이브리더티, 〈프로그램/텍스트〉, 11호, 65~86.

유세경 (1996), 대체 공적 영역으로서 시청자 참여 토크 프로그램 분석, 〈한국언론학보〉, 39호, 86~121.

유세경·이경숙 (2001), 동북아시아 3국의 텔레비전 드라마에 나타난 문화적 근접성: '별은 내 가슴에', '진정고백', '동변일출서변우' 비교 분석, 〈한국언론학보〉, 45권 3호, 230~267.

윤재식 (2000), 프로그램 포맷 시장의 새로운 가능성, 〈동향과 분석〉, 151호.

은혜정 (2008), 세계 방송 포맷 개발 현황 및 향후 발전 방안, 〈KBI 포커스〉, 48호. 한국방송영상산업진흥원.

이동후 (2005), 지역 프로그램 각색 양식: 한국, in Moran, A. and Keane, M. (eds.), *Television Across Asia*, 황인성 역 (2005), 《아시아의 텔레비전》(50~72쪽), 서울: 커뮤니케이션북스.

이만제 (2006), 융합시대 콘텐츠 산업 활성화와 프로그램 포맷 개발을 위한 과제, 한국방송연구원 편, 《뉴미디어 콘텐츠 포맷 연구》(205~232쪽), 서울: 한국방송연구원.

이수연 (1995), 한국 관객의 미국 영화 읽기: 문화제국주의 이론의 비판적 검토, 〈언론과 사회〉, 53~85.

임동욱 (2006), 문화시장 개방의 정치경제학: 문화제국주의 논쟁과 비판적 수용, 〈한국언론정보학보〉, 35호, 114~147.

정윤경 (2003), 《아시아 수용자 연구》, 서울: 커뮤니케이션북스.

하윤금·정미정 (2001), 《방송·통신 융합 시대의 프로그램 소재와 포맷 개발 연구》, 서울: 한국방송진흥원.

홍원식 (2006), 융합시대 지상파 콘텐츠 현황과 대응, 한국방송연구원 편, 《뉴미디어 콘텐츠 포맷 연구》(31~64쪽), 서울: 한국방송연구원.

_____ (2008), 포맷비즈니스 발전 방향과 정책적 과제, '뉴미디어 콘텐츠 포맷의 비즈니스 현황과 전망' 세미나 발표 자료.

홍원식·성영준 (2007), 방송콘텐츠 포맷 유통에 관한 탐색적 연구: 포맷 유통 실무진 심층 인터뷰를 중심으로, 〈방송문화연구〉, 19권 2호, 151~179.

Appadurai, A. (1996), *Modernity at Large*: *Cultural Dimensions of Globalization*, Minneapolis: University of Minnesota Press.

Banerjee, I. (2002), The locals strike back?: Media globalization and localization in the new Asian television landscape, *Gazette: The International Journal for Communication Studies*, 517~535.

Bhabha, H. (1994), *The Location of Culture*, 나병철 역 (2002), 《문화의 위치》, 서울: 소명출판사.

Chadha, K. & Kavoori, A. (2000), Media imperialism revisited: some findings from the Asian case, *Media, Culture & Society*, 22. 415~432.

Galtung, J. (1971), A structural theory of imperialism, *Journal of Peace Research*, 2.

Iwabuchi, K. (2005), 글로벌 느끼기: 일본, in Moran, A. & Keane, M. (eds.), 황인성 역, 《아시아의 텔레비전, 텔레비전 산업과 프로그램 포맷, 그리고 세계화》 (29~49 쪽), 서울: 커뮤니케이션북스.

Keane, M. (2005), 아시아: 새롭게 성장하는 지역들, in Moran, A. & Keane, M. (eds.), 황인성 역, 《아시아의 텔레비전, 텔레비전 산업과 프로그램 포맷, 그리고 세계화》(12~28쪽), 서울: 커뮤니케이션북스.

Kitley, P. (2005), 창의성 격차 좁히기-지역 콘텐츠 이름으로 지적 자본 빌리기: 인도네시아, in Moran, A. & Keane, M. (eds.), 황인성 역, 《아시아의 텔레비전, 텔레비전 산업과 프로그램 포맷, 그리고 세계화》(184~207쪽), 서울: 커뮤니케이션북스.

Kraidy, M. M. (2002), Hybridity in cultural globalization, *Communication Theory*, 12(3), 316~339.

Lee, C. C. (1980), *Media Imperialism Reconsidered: The Homogenizing of Television Culture*, London: Sage.

Moran, A. (2005a), 세계의 텔레비전 포맷, in Moran, A. & Keane, M. (eds.), 황인성 역, 《아시아의 텔레비전, 텔레비전 산업과 프로그램 포맷, 그리고 세계화》(1~11 쪽), 서울: 커뮤니케이션북스.

_____ (2005b), 먼 유럽?: 호주, in Moran, A. & Keane, M. (eds.), 황인성 역, 《아시아의 텔레비전, 텔레비전 산업과 프로그램 포맷, 그리고 세계화》(225~245쪽), 서울: 커뮤니케이션북스.

Moran, A. & Keane, M. (2005), 궤도에 합류하기, in Moran, A. & Keane, M. (eds.), 황인성 역, 《아시아의 텔레비전, 텔레비전 산업과 프로그램 포맷, 그리고 세계화》(262~273쪽), 서울: 커뮤니케이션북스.

Nordenstreng & Varis, (1973), *Television Traffic: A One Way Street?*, Reports, papers on Mass Communication, #70 Paris: UNESCO.

Papastergiadis, N. (2005), Hybridity and ambivalence: Places and flows in contemporary art and culture, *Theory, Culture & Society*, 22(4), 39~64.

Pieterse, J. N. (1995), Globalization as hybridization, in featherston, M., Lash, S. & Robertsom, R. (eds.), *Global Modernities* (pp. 45~68), London:

Sage.

Schiller, H. (1989), The priviatization and transnationalism of culture, in Ang, I. & S. Jhally (eds.), *Cultural Politics in Contemporary America*, London: Routledge.

Straubhaar, J. (1991), Beyond media imperialism: Asymetrical interdependence and cultural proximity in critical studies, *Mass Communication*, 39~59.

Tomlinson, J. (1999), *Globalization and Culture*. Chicago: The University of Chicago Press, 김승현 역 (2004), 《세계화와 문화》, 서울: 나남.

Waisbord, S. (2004), McTV: Understanding the global popularity of television formats, *Television & New Media*, 5(4), 359~383.

9

일본 대학생들의
한국 대중문화 수용과 문화적 정체성

윤경원 · 나미수

이 장은 일본 대학생 사이에서 한국 대중문화가 수용되는 과정을 심층면접 방법을 통해 검토한다. 특히 '한류'의 사회적·상징적 의미와 그 수용 과정의 특징을 통해 일본 대학생의 문화적 정체성에 미치는 '한류'의 영향을 살펴보았다. 연구 결과 일본 대학생들에게 한국 대중문화는 비주류 문화이긴 하나 부정적·저항적인 성격을 띠지는 않은 것으로 나타났으며, 이들 '한류' 수용자 문화는 하위문화적 배타성이 강하다기보다는 개인화되고 느슨한 취향 중심적 경향을 보였다. 한편 '한류' 향유 대학생들에게 뉴미디어 테크놀로지의 활용은 제한적이었고, 오히려 오프라인 공동체의 역할은 일정한 중요성을 유지했다.

내용적 측면에서는 '한류'가 일본 문화와 이질적 성격이 있지만 문화적으로 친밀한 궤적 내에 위치한 것으로 지각되었다. '한류'를 통해 일본 대학생들은 일본이 상실한 가치, 특성을 상기시키는 노스탤지어를 소비하는 것으로 보인다. 즉, 일본 대학생들 사이에서 한국 대중문화는 문화적 영향력을 크게 행사한다기보다는 주변적이고 타자화된 성격을 띤 문화적 자원으로 수용되는 유사-혼성화의 단계에 놓였다고 할 수 있다.

1. 서 론

최근 한국 대중문화가 동아시아 및 동남아시아 국가에서 큰 인기를 끈다는 언론보도가 끊이지 않는다. 국내외 언론 보도에 따르면 '한류' 현상은 2000년대 초반까지는 주로 중국과 동남아시아 일부 국가에서 두드러지게 나타났지만 최근 1~2년 사이 〈겨울연가〉의 일본 방영과 재방송을 계기로 일본에서도 큰 반향을 얻는다 한다. 이를 증명하듯 최근에는 일본 SMBC 컨설팅 조사 결과 〈겨울연가〉를 비롯한 한국 관련 상품이 2004년 일본 최고 히트상품으로 선정되기도 했다(〈조선일보〉, 2004. 12. 4).

지난 반세기 동안 동아시아 지역 내 대중문화 교류는 매우 제한적이었고, 내수 시장에 주로 집중했던 한국 대중문화 상품이 같은 아시아 지역권에서 폭넓은 인기를 얻은 경우가 흔하지 않았기 때문에 '한류' 현상이 국내 학계와 언론에서 큰 주목을 끄는 것은 당연하다고 할 수 있다. 그렇지만 '한류' 현상을 단순히 국내 문화상품의 질적인 수준 향상이나 민족적 자존심의 회복에 집중해 설명하기보다는 보다 거시적이고 복합적인 맥락에서 파악해 동아시아 지역에서의 문화적 지구화에 대한 통찰의 계기로 삼을 필요가 있다(조한혜정, 2003). 특히 일본에서의 한국 대중문화 유통은 동아시아 시장 및 세계 시장에서 주변적 위치를 차지했던 한국 대중문화가 지역 중심부로 활발하게 유입된다는 측면에서 문화적 지구화에서 나타나는 유통의 다양성과 문화적 정체성의 문제를 보여줄 수 있는 좋은 사례라고 할 수 있다(Pieterse, 1995).

그동안 동아시아 문화 교류에 대한 국내 연구들, 특히 '한류' 연구는 양적 증가에도 불구하고 연구의 대상, 이론 및 방법에서 여러 가지 한계를 드러내는 경우가 많았다. 우선, 연구 대상이 중국이나 동남아시아에서의 한국 대중문화 유통과 수용에 관한 연구가 절대 다수를 차지하며 일본에서 '한류'에 관한 학술연구는 찾기 힘들다. 일본에서의 '한류'가 비교적 최근의 현상이라는 점을 감안하더라도 학술연구나 정책연구가 중화권 국가 대상으로 지나치게 집중되었다는 점은 아쉬운 일이다(예: 김현미, 2003b; 이은숙, 2002; 이준웅, 2003; 전성홍, 2002; 조혜영, 2003; 허진, 2002).

또한 기존 '한류' 연구들은 문화 지구화 논의를 정교하게 논증할 만한 경험적 연구가 부족했고, 수용자의 역할에 대한 조명이 제대로 이루어지지 못했다. 방법론에서도, 질적 방법이나 심층인터뷰의 본격적 활용보다는 양적 방법론에 기반을 둔 수용자 연구(이준웅, 2003)나, 텍스트 분석(손병우·양은경, 2003; 양은경, 2003), 문헌 연구(조한혜정, 2003; 하종원·양은경, 2002) 등이 중심을 이룸으로써, 내부로부터의 구체적인 목소리를 담아내기에는 일정 정도 어려움이 있었다.

기존 '한류' 연구의 한계를 극복하기 위해 이 장은 대학생 수용자 집단을 대상으로 한 질적 현장 연구를 실시하여 일본에서의 한국 대중문화 수용 과정과 의미를 밝혀내고자 노력했다. 일본 대학생이라는 특정 수용자 집단의 경험을 중심으로 '한류'에서 나타나는 문화 지역화 현상에 대한 이해의 지평을 넓히고 문화 지역화 과정의 가능성과 한계를 살펴보고자 다음의 3가지 연구과제를 수행했다.

첫째, 일본의 한국 문화 대학생 팬의 한국 대중문화 수용 과정을 알아본다. 특히 한국 대중문화(TV 드라마, 영화, 가요)에 대한 수용자들의 개인적 경험을 포착하는 한편 그 과정에 영향을 준 사회적 요인에 대해 알아보고자 한다. 둘째, 일본 대학생에 의해 인지되는 한국 대중문화의 특성을 살펴본다. 일본 및 서구 대중문화와 어떤 차별성을 갖고 수용되는지 살펴봄으로써 한국과 일본 대중문화와 지닌 차이성과 근접성의 논리를 수용자 관점에서 조명하고자 한다. 셋째, 한국 대중문화 수용이 일본 대학생들의 문화적 정체성에 어떤 영향을 미치는지 알아본다. 근대화 과정 속에서 대중문화 산업 분야에서 일본에 열세를 보여 온 한국의 대중문화가 일본으로 유입됨으로써 현재 일본 수용자들의 문화적 정체성의 재구성에 어떤 역할을 하는지 살펴본다.

2. 일본에서의 한국 대중문화: 이론적 · 역사적 맥락

1) 문화 지역화와 문화 혼성화

일본에서의 '한류' 현상은 이론적 측면에서 보자면 문화적 지구화가 지닌 혼성화(hybridization)와 문화 교류의 다방향성을 보여주는 사례라 할 수 있다. 경험적 차원에서 보자면 '한류'는 국제적인 대중문화 유통에서 생산지보다는 수용지로서의 주변적 역할을 했던 한국이 적극적으로 지구화에 참여한다는 점을 인식하게 하는 계기가 되기도 한다(조한혜정, 2003).

최근의 문화연구는 기존의 서구 중심의 문화적 담론에 대한 반성과 함께 지역적인 수준의 지구화 현상에 대한 이론적 · 경험적 관심을 집중한다(예: Cvetkovich & Kellner, 1997). 기존의 논의는 미국 중심의 서구 대중 소비문화가 구조적 측면의 힘의 불균형을 따라 이외의 지역으로 파급된다고 주장하는 문화적 제국주의화론의 영향하에 '지역문화'가 '지구문화'에 노출되어 급격하게 독특한 성격을 잃는다는 문화적 동질화(cultural homogenization)에 주목했던 측면이 있다. 반면 최근의 논의는 다양한 경로의 대중문화 흐름을 목격하면서 문화적 이질화(cultural heteronization)

또는 문화적 혼성화(*cultural hybridization*)에 대한 분석을 경험적으로 시도하는 경향이 강하다(Robertson, 1995; Tomlinson, 1999).

최근의 문화지구화 논의는 기존의 문화론이 경제적 요인과 같은 구조적 결정요인을 지나치게 강조하여 문화 영역의 내적 동학과 수용자의 참여를 경시하는 등 이론적 한계를 지닌다고 비판한다(Golding & Harris, 1997). 또한 경험적 측면에서도 서구의 대중문화가 지역의 특수한 맥락과 접합되면서 이질화되고 다양한 형태로 전개된다는 사례연구를 제시한다(예: Bennett, 2000; Monteiro & Jayasankar, 2000). 지구화의 가속화 속에서 문화제국주의와 문화 동질화에 대한 염려에도 불구하고, 실제로 수입국의 수용자는 자국 문화 콘텐츠나 유사 문화권에서 제작된 콘텐츠를 선호하기도 하며(Chadha & Kaboori, 2000), 서구 콘텐츠를 소비하는 경우에도 매우 자국화된 방식으로 전유하여 여전히 강한 민족주의적 성향을 보여주는 경우도 많다(Epstein, 2000; Pilkington & Bliudina, 2002).

또한 브라질, 멕시코, 인도, 이집트 등의 국가들처럼 비서구 지역이 대중문화 수입의 위치에만 있지 않고 독자적 생산과 지역문화권 내에서 지속적 수출을 펼친 사례들도 적지 않다(Chadha & Kaboori, 2000). 브라질의 텔레노벨라나 일본의 트렌디드라마는 비서구국가가 문화 콘텐츠를 지역 문화권에 수출한 주목할 만한 사례이다(Biltereyst & Meers, 2000; Chadha & Kaboori, 2000; Iwabuchi, 2004). 문화적 혼성화의 입장은 지구화의 문화적 효과를 탈식민주의적인 정치학 속에서 봄으로써 주변부의 권능화(*empowerment*) 가능성을 인정하는 경향이 있다(Bhabha, 1994). 그러나 문화적 지구화가 일견 혼성화 과정처럼 보이지만 실제로는 유사-혼성화(*pseudo-hybridity*)의 전략을 통해서 결국 민족국가 단위의 문화적 정체성을 유지·강화시키기도 한다는 지적에도 주목할 필요가 있다(Iwabuchi, 1998).[1] 즉, 급증하는 외래문화 산물과의 접촉 과정에서 타자성과 접합을 이루기보다는 타자성을 자문화중심주의적 방식으로 소비함으로써 내·외부의 경계를 유지하고 정교화하는 민족주의적 전략에 포섭되기도 한다는 것이다.

또한 혼성화의 논의를 기반으로 비서구 지역에서의 서구 문화의 수용에서 나타나는 지역화의 함의를 밝히는 사례연구는 증가하지만 문화 지역화 과정에서 지역 내에서 '주변부' 위치를 차지했던 국가의 대중문화가 어떻게 지역이나 서구의 '중심부' 국가에 수용되는가에 대한 사례는 많이 알려져 있지 않다. 예를 들어, 주변에서 중심으로 대중문화 흐름을 주장하는 대표적 사례인 '텔레노벨라 논쟁'(international telenovela debates)에서도 브라질에서 생산되는 텔레노벨라 장르의 대중문화 생산력이 높은 지역(유럽)에서의 실태 연구는 부실한 편이다(Biltereyst & Meers, 2000). 다만 예외적으로 미국과 서유럽 등의 서구 사회에서의 일본 애니메이션 수용과 같은 일부 특별한 사례에 대한 연구가 행해진 바 있다. 예컨대, 뉴위츠(Newitz, 1994)는 그의 사례연구에서 미국의 수용자는 일본 애니메이션을 통해 양국의 문화적 차이점을 인지하며, 미국 사회에서 더 이상 허용되지 않는 성차별이나 인종주의와 같은 부정적 가치를 상상적으로 소비한다는 점을 밝혔다(Allison, 2000; Iwabuchi, 2002).

현재의 국내외 문화지역화와 문화지구화 논의를 반성적으로 검토할 때, 지역 수용자가 상대적으로 문화적 생산력이 낮은 국가로부터 유입된 대중문화 상품을 통해 어떻게 타문화를 개념화하고, 나아가 자신들의 문

---

1 이 장에서 논의되는 '혼성화'와 '유사-혼성화'에 대해 이와부치(Iwabuchi, 1998)는 각각 'hybridity'와 'hybridism'라는 용어를 사용한 바 있는데, 의미 전달이 확실하지 않고 오해의 소지가 있어 이 장에서는 '혼성성'과 '혼성주의' 등으로 번역하지 않고 '혼성화', '유사-혼성화'라는 역어를 사용했다.

화적 정체성을 재구성하는지에 대해 더 많은 사례연구가 필요한 실정이다. 이런 점에서 일본에서의 '한류' 현상은 대중문화가 비서구 국가 내에서 유통되면서 독특한 지역적 정체성과 접합된다는 문화적 지역화에 대한 좋은 사례를 제공할 뿐만 아니라 비서구 지역 내에서 '중심'과 '주변' 사이에 존재하는 권력의 양상도 보여줄 수 있을 것으로 기대된다.

2) 일본의 '아시아로의 회귀'와 '한류'

한국 대중문화의 일본 내 수용에 대한 현장 연구 결과 분석에 앞서 일본 내에서 타 아시아 국가의 대중문화 수용의 역사적 배경을 간략하게 살펴볼 필요가 있다. 산업적 측면에서 그동안 일본은 동아시아 문화적 영향력과 경제적 위치에서 중심부의 자리를 차지했고 주변 동아시아 국가의 대중문화를 수용하기보다는 자신의 문화상품을 수출하는 데 큰 역할을 했다. 한국과 홍콩 등 동아시아의 대중문화 산업 전개 과정에서 일본 대중문화의 영향력이 컸다는 점은 지적된 바 있다(Iwabuchi, 2002, 2004; Katzenstein, 2002).

전체 규모로 보나 질적 수준으로 보나 일본은 여러 장르의 대중문화 상품에서 타 아시아 국가에 대해 지속적으로 상대우위를 점한다고 할 수 있다. 문화산업 규모를 예로 들면 2001년 문화 콘텐츠 산업 규모에서 일본은 한국의 약 8배의 시장 규모를 기록하는 것으로 밝혀진 바 있다(한국문화관광정책연구원, 2003). 질적 수준에서도 한국이나 대만 작품들이 상대적으로 작품성이 높은 일본 트렌디드라마를 모방하고 자국화하면서 현격한 발전을 이루었다는 평가도 있었다(Iwabuchi, 2004).

그러나 일본이 동아시아 대중문화 교류에서 중심부적 역할을 해왔다고 해서, 이것이 오래전부터 동아시아 시장에 대한 대중문화 수출을 전략적으로 구상했다는 것을 의미하는 것은 아니다. 오히려 일본은 동아시아 문화 시장에 놀라울 정도로 무관심한 반응을 보였고, 1990년대 이후 일본 대중문화의 동아시아 및 동남아시아에서의 큰 인기는 어느 정도는 의도되지 않은 성공이라고 볼 수도 있다. 일부 대중문화 장르에서 국제적 규모의 문화산업을 발전시킨 일본이긴 하지만 1980년대까지는 동아시아 시장 진출에 적극적 자세를 취하지 않았던 것이다. 일본의 동아시아 시장에 대한 미온적 태도는 자국 시장 내의 극심한 경쟁이라는 내적 요인과 동아시아 시장의 저개발로 인한 이윤 창출의 어려움이라는 외적 요인이 결합된 결과였다(Nakano, 2002).

일본은 아시아 대중문화의 수용에도 매우 소홀했다. 이는 동아시아 문화산업이 다국적 규모로 전문화되지 못한 산업적 요인이나 식민화 역사에 대한 처리 문제와 연관된 아시아 국가와의 정치적 관계 등에서도 영향받은 바 크다. 또 한편으로는 아시아 근대화 과정 내내 지속된 일본의 선발주자로서의 자긍심과 타아시아 국가에 대한 폄하의 정서가 있었다고 볼 수 있을 것이다. 일본은 오랫동안 스스로를 '근대화된 서구'와 '뒤처진 아시아' 사이에서 다른 하나의 범주로 규정하면서 타 아시아 국가의 대중문화를 열등한 문화로 치부하는 경향이 있었다(Iwabuchi, 2002).

또한 세계대전 이후 미국 대중문화의 영향을 크게 받았지만 많은 장르에서 괄목할 만한 수준으로 자국화가 이루어진 탓에 일본의 대중문화 시장은 해외 콘텐츠에 대한 의존도가 비교적 낮고 동아시아로부터의 수입은 더더욱 미미한 실정이었다. 방송의 경우 1960년대 이후 자체 TV 제작 기술의 발전과 중산층들이 이해하기 쉬운 자국 프로그램에 대한 수요가 확대됨으로써 외국 프로그램의 비중이 타 아시아 국가에 비해 상당히 낮았다(정윤경, 2003; 하종원·양은경, 2002).

1990년대 들어 일본 사회에서 아시아를 문화적이고 경제적으로 중요

288

한 맥락으로 재인식하려는 이른바 '아시아로의 회귀'(*return to asia*) 라는 대중 담론과 함께, 아시아 대중문화 및 문화 일반에 대한 관심이 크게 증가했다(Iwabuchi, 2002; Wöhr, 2001). 우선 여행기 등의 아시아 문화 소개 출판물이 크게 증가한 것은 물론이고 아시아 대중문화에 관한 잡지가 창간되기도 했다. 또한 1990년대에 싱가포르 출신의 딕 리(Dick Lee) 와 같은 일부 아시아권 가수들이 큰 성공을 거두고 홍콩 영화가 붐을 이루면서 왕비(Faye Wong) 와 같은 홍콩 인기배우가 일본 트렌드드라마나 영화에 주요 배역으로 출연하기도 했다. 또한 2004년 상반기에 한국 드라마 〈겨울연가〉가 NHK에서 인기리에 방영되어 한국의 스타가 일본 시청자에게 높은 인지도를 얻었고 한국 방송 전문 위성채널(KN TV) 이 생기는 등 한국 방송과 영화에 대한 수요가 증가했다. 그러나 일본 내에서의 아시아권 문화에 대한 조명이 그동안 무시되었던 문화적 유사성과 역사적 관계에 대한 이해를 높이는지, 아니면 새로운 타자성의 소비에 불과한지에 대한 논쟁은 계속된다(Wöhr, 2002).

한편에서는 최근의 아시아 문화 유입이 일본 내부에 예전과 다른 동아시아에 대한 관점을 불러일으킨다는 해석이 제기된다(Iwabuchi, 2002 참조). 최근 가속화되는 한국 대중문화의 일본 유입은 〈겨울연가〉가 2004년에만 양국 합계 약 3조 원의 경제 효과를 거두었다는 분석에서도 드러나듯 규모와 파급력이 예전과 다른 것만은 틀림없으며 한국에 대한 긍정적 이미지가 증가하는 데 기여했음이 지적된다(현대경제연구원, 2004). 한국 대중문화를 위시한 아시아 문화의 유입의 영향으로 일본 내부에서도 예전과 달리 일본과 타 아시아 국가를 명확한 위계하에서 파악하기보다는 타아시아 국가와 일본의 차이점에 대한 관심을 보이는 시각이 일본 사회 내부에서 등장한다는 평가도 있다. 이러한 주장에 따르면 1980년대까지 일본 내에서의 주류적 관점은 일본과 타 아시아 국가 간에 대중문화 생산의 능력과 상품의 수준에서 분명한 질적 위계를 전제로 하지만 1990년대 이후로는 아시아가 독자적 문화상품을 생산할 수 있는 주체로서 인식된다고 한다(Iwabuchi, 2002).

　반면, 최근 아시아 문화의 유입이 저렴한 가격에 쉽게 소비 가능한 대중문화의 유입에 지나지 않으며 이러한 과정이 타자성을 소비함으로써 결국은 일본 내 문화적 민족주의를 강화하는 데 일조할 뿐이라는 논의도 있다(Ivy, 1993 참조). 이러한 주장은 최근의 한류를 위시한 동아시아 대중문화에 대한 일본 내 반응에서도 일부 확인된 바 있다. 즉, '한류'에 대한 국내 보도는 일본 내에서 한국에 대한 이미지가 점진적으로 제고된다고 강조하지만(예: 〈조선일보〉, 2004. 11. 9), 일본 매체 내에서 한국에 대한 재현 방식은 여전히 부정적이거나 일본에 없는 특이한 이미지에 집중된 경향이 있다는 지적이 있다(Gössman & Kirsch, 2003 참조). 따라서 최근의 문화 지역화를 통해 일본이 가진 아시아에 관한 확장된 관심과 논의가 한국에 대한 이미지 제고에 직접적·장기적 효과를 가져다줄 수 있을지에 대해서는 보다 심도 있는 경험적 연구와 논의가 필요하다고 하겠다.

3. 연구 대상과 연구 방법

이 장의 기초가 된 현장연구는 2004년 4월과 6월 두 차례에 걸쳐 총 24일간 일본 도쿄에서 실시되었다. 연구방법은 비구조화된 심층면접이 중심이었는데, 면접 대상은 스스로를 한국 대중문화(드라마, 영화, 대중음악)의 적극적 수용자라고 간주하는 도쿄 소재 대학 재학생이었다. 이들은 대체적으로 영상물과 음악 모두를 수용하는데 흥미롭게도 대중음악의 적극적 수용자는 영상물 수용에도 적극적인 편이었다. 이들은 드라마나 영화를 통해 주제음악을 안 경우도 있었고 반대로 음악이나 뮤직비디오 등을 통해서 드라마나 영화 등 영상물에 대한 관심을 확대한 경우도 있었다. 반면 한국 대중음악의 선호도가 큰 수용자들과 달리 일부 한국 영상물 수용자들은 대중음악에는 큰 호기심을 보이지는 않는 경우가 있었다 (〈표 9-1〉 참조).

연구에 참여한 일본 대학생은 모두 한국 관련 학과에 재학 중이거나 한국 문화 관련 동호회 회원이었다. 개인 면접은 통역자 및 연구자가 함께 참여하여 1인당 1회에서 2회를 실시하고 녹취하여 분석했다. 면접당 소요 시간은 1시간에서 1시간 30분이었다. 참여자 연령은 만 18세부터 22세 사이, 성별로는 남성 6명과 여성 16명으로 총 22명이었다(〈표 9-1〉 참조). 또한 대학생들의 일본 대중문화 수용의 개인적 경험을 분석하기 위해 수용의 계기와 과정, 수용 과정에서 체험된 문화적 정체성과 사회화의 경험, 일상 속에서 한국 대중문화의 의미 등을 중심으로 한 비구조화된 면접을 진행했다. 특히 드라마, 영화, 대중음악 3개 장르에서 나타나는 장르적 특성에 주목하기보다는 이들 영상/음악 문화상품 수용의 과정과 그 과정에서 나타나는 태도의 문제에 초점을 맞추었다.

면접 대상자 선정을 위해서는 스노우볼 방식(snowballing)을 사용했다. 현재 일본에서 한국 문화 향유 대학생 층이 보편성을 지닌 집단이라고 보기 힘들었기 때문에 유사한 하위문화에 속한 제보자의 소개로 피면담자의 대상을 넓혀가는 스노우볼 방법이 유용했다(Bryman, 2004 참조). 국내 일본 관련학과 재학 중인 대학생의 친구이면서 한국 대중문화에 큰 관심을 가진 한 일본인 대학생(유미코)이 주요 제보자 및 참여자로서 적극적으로 한국 대중문화 상품을 수용하는 대학생 친구를 일부 소개하고 그들로부터 한국 영화, 드라마 혹은 대중음악의 적극적 수용자인 친구들을 계속 소개받는 방식을 통해 특정 현상에 대해 새로운 정보가 나타나지 않는 수준에 이르렀다고 판단될 때까지 표집 수를 늘리는 이론적 표집(*theoretical sampling*)을 활용했다(Strauss & Cobin, 1990 참조).

표 9-1 인터뷰 대상자

순번	이름(가명)	성별	나이(만)	향유 한국 대중문화 장르(선호 장르별 순서)
1	시오리	여	20	TV 드라마, 영화, 대중음악
2	사쿠라	여	20	영화, TV 드라마
3	유미코	여	20	영화, TV 드라마, 대중음악
4	미에	여	22	대중음악, 영화
5	유키	여	21	TV 드라마, 영화
6	리리	여	19	TV 드라마, 영화, 대중음악
7	린	여	20	TV 드라마, 영화, 대중음악
8	사오키	여	21	TV 드라마, 영화
9	토모에	여	21	대중음악, TV 드라마, 영화
10	마리아	여	19	TV 드라마, 영화
11	나나미	여	19	TV 드라마, 영화
12	미키	여	19	TV 드라마, 영화
13	에이미	여	19	TV 드라마, 영화
14	히로코	여	20	TV 드라마, 영화
15	노리에	여	20	TV 드라마, 영화
16	아와이	여	20	TV 드라마, 영화, 대중음악
17	하야토	남	21	대중음악, 영화
18	다이코	남	20	영화, TV 드라마
19	류우	남	20	대중음악, 영화, TV 드라마
20	타케시	남	21	대중음악, 영화
21	순야	남	21	영화, TV 드라마
22	겐지	남	20	영화, TV 드라마

4. 한국 대중문화 수용 과정

1) 접근성의 증가와 부정적 편견의 극복

많은 응답자는 본격적으로 한국 대중문화를 접하거나 한국 여행을 하기 전에 한국에 대해서는 크게 무지했던 것으로 나타났다. 중등학교 후반 (2000년대 초반) 까지는 지리적으로나 역사적으로 일본과 밀접한 관계에 있는 나라임에도 불구하고 한국이라는 나라에 대해서 어떤 기초적 지식도 가지지 않았던 경우가 많았다.

> 처음 한국에 간 게 중학교 2학년 때였어요. 그때는 한국말도 전혀 할 줄 모르고 한국이 어디 있는지도 잘 몰랐는데 한국으로 여행을 갔거든요. 가보니까(⋯) 어떻게 말하면 좋을지 잘 모르겠지만(웃음) 놀라웠어요! 왜냐하면 일본사람과 얼굴이 같은데 하는 말이 다르잖아요! 외국이니까 어쩌면 당연한데 당시에는 그게 충격이었어요. 처음에는 제가 중학생이었으니까 서울에 가니까 도쿄와 똑같은데 간판이나 말이 일본어가 아니니까. 이런 세계도 있구나(⋯) 그렇게 느껴졌어요(다케시).

한국에 대한 구체적 정보를 얻는 최근까지는 한국에 관한 제한된 정보 때문에 지엽적 경험에 근거해 부정적 편견을 가지는 경우도 많았다.

> 고등학교가 우에노(도쿄 내의 한 지역) 에 있었는데 거기 재일교포가 많았거든요. 걔네들이 날마다 싸움질하고(⋯) 중학생이 고등학생한테 시비 걸고 막 그랬어요. 맨 처음에는 중학생 애가 시비 걸다가 나중에는 야쿠자 같이 큰 놈들이 나오고(⋯) 한국에 대해서라면 그런 기억들뿐이었죠(순야).

이처럼 재일교포와의 경험을 통해 한국에 대해 부정적 인상을 획득한 경우가 있었는가 하면, 북한과 연관하여 한국을 부정적이고 낙후한 나라로 연계시켜 사고하는 주변 사람의 영향도 있었다.

> 일본사람들한테는 북한에 관한 이미지가 안 좋지요. 그런데 어머니는 한국이나 북한이나 똑같은 나라라고, 똑같지는 않아도 비슷한 나라라고 생각하세요. 북한에 대해 좋지 않은 이미지가 있으니까 한국에 대해서도 안 좋은 이미지가 있었어요(사쿠라).

응답자가 한국과 한국 문화에 전반적 관심을 가진 계기는 학교 교육이나 독서 등을 통해 한·일 간 과거사에 대해 어느 정도 안 이후부터인 경우도 있기는 했지만 대중문화와 관련된 미디어 경험을 통해서인 경우가 많았다. 1999년 일본에서의 〈쉬리〉 개봉을 전후하여 본격적으로 한국 대중문화에 관심을 가진 응답자들도 많았고 2002 월드컵과 이를 전후해 일본 연예인 초난강이 일본 지상파 TV에서 진행한 한국어 교습 프로그램 등도 큰 관심을 모은 것으로 드러났다.

> 고등학교 1학년 때 초난강이 활동하면서 한국어로 노래하고 그런 걸 보고 관심을 가졌어요. 그때 그것을 보고 '아, 재밌겠다' 그런 생각을 했었죠(…) 그전에는 한국에 대한 정보가 전혀 없었고 한국에 대해서 거의 몰랐어요. 한글이라는 것도 몇 번 본 적 밖에 없었고 한국 글자라는 것도 몰랐어요. 한국 음식도 먹긴 했지만 그것이 한국 요리라고 특별히 인식하고 먹진 않았었거든요(류우).

> 제가 2002년에 대학에 들어왔는데 그때 월드컵이 있었거든요. 그래서 텔레비전에서 한국에 관한 게 많이 나왔었어요. 그리고 영화 〈쉬리〉나 〈엽기적인 그녀〉가 굉장히 큰 인기를 얻었거든요. 저는 그 전에는 제 주변에 한국 것에 관심을 가지는 사람이 없었는데(…) 한국 배우가 텔레비전에 나오고 한국말로 이야기하고 그런 걸 보고 놀랐어요(다케시).

요컨대 한국 대중문화에 대한 관심이 일본 주로 TV 매체의 보도를 통해서 촉발되는 경우가 많았다. 일본 미디어에 의한 홍보와 보도에 의해서 처음으로 한국 문화상품을 접한 것이 일반적이었다. 일단 TV 매체를 통해 촉발된 관심은 개인적으로 유지되는 경우도 있었지만 유사한 관심을 가진 친구들이나 동호회 성원들을 통해 지속되고 강화되는 경향도 강했다. 예컨대 〈겨울연가〉 이전에 일본 위성방송 채널을 통해 방영되었던 〈로맨스〉나 〈의가형제〉 등 한국 드라마를 접했던 응답자도 있었는데 한국 프로그램이 제한되었고 비디오 대여점 등에서 한국 영화나 TV 프로그램을 구하기 힘들던 당시에는 친구에게 부탁해 위성방송의 한국 프로그램들을 비디오로 녹화해 관심 있는 친구끼리 돌려보곤 했다고 한다. 그러나 점차 한국 영화나 드라마를 빌려볼 수 있는 대여점이 증가해 최근에는 대여점을 애용하는 경우도 있었다.[2] 이처럼 미디어나 문화상품을 통한 한국 대중문화에 대한 접근성의 증가는 일본 대학생이 한국에 대한 인식을 강화하고 편견을 제거하는 데 중요한 역할을 하는 것으로 드러났다.

2) 느슨한 하위문화의 형성

이 장의 응답자들에 따르면 한국 대중문화의 적극적 수용자 층인 대학생에서 아직 소수에 지나지 않는다는 것이 공통된 지적이었다. 국내 언론

---

[2] 하지만 여전히 한국 대중문화에 대한 접근은 한계가 있는 것으로 지적된다. 일본 내에서 한국 문화에 대한 정보 획득이나 상품 구매의 한계가 특히 한국 대중음악 팬에게 많았다. 예를 들어 '신화' 등 한국 대중문화에 몇 년째 큰 관심을 보이는 한 응답자(류우)는 "좋아하는 한국 가수 음반을 더 적극적으로 모으지 않는 이유 중 하나가 일본에서 구할 수가 없기 때문이에요. 만약 일본에서 쉽게 구할 수 있다면 더 많이 사고 싶어요"라고 했다. 응답자 중 한국 가요 음반을 가장 많이(100여 장) 소유한 응답자(미에)의 경우도 음반의 다수를 한국에 직접 가서 구매했다고 한다.

을 통해 보도된 것처럼 한국 대중문화의 핵심적 수용자 층은 중년 여성이라고 한다. 한 응답자(리리)는 자신이 속한 한국 연예인 팬클럽의 구성원이 대부분 중년 여성이라고 밝혔다.

> 아줌마팬은 정말 많아요. 아줌마들이 대다수인 것 같아요. 젊은 사람들 중에서는 저와 제 친구 몇 명뿐 소수이지요. 있긴 있지만 (한국의 특정 연예인을) 따라다니거나 하는 건 아줌마들뿐이지 않을까요? (리리)

그러나 일본 대학생 또래문화에서 소수에 속하는 한국 대중문화 수용층이 반드시 저항적이고 주변화된 하위문화로 전개되는 것은 아니었다. 이는 한국에서 금지되었던 일본 대중문화의 수용자 층이 종종 부정적으로 인식되고 하위문화적 성격을 강하게 띠는 것과 대조적이다(김현미, 2003a; Fiske, 1992; Han, 2001 참조). 이 장의 응답자에 따르면, 또래집단 내에서 잘 알려지지 않은 문화를 접한다고 해서 주변 친구들이 관심을 보인 경우는 있었지만, 한국 대중문화 향유 행위 자체가 또래집단 내에서 부정적 낙인의 과정을 동반하는 경우는 드물었다. 예컨대, 노래방에서 한국 노래를 종종 부르곤 한다는 일부 응답자는 한국어를 알지 못하는 또래들과 노래방에 가서 한국 노래를 부를 때 친구들의 반응을 다음과 같이 말했다.

> 제가 한국 노래 좋아하는 것을 아는 친구들은 '쟤가 한국 노래 부르는구나' 하고 별로 이상하지 않게 생각하고요. 한국 노래에 대해서 '잘 모르겠지만 굉장한 것 같다'라는 반응을 보이는 친구들도 있죠. 보아 노래는 일본어 버전도 있고 한국어 버전도 있으니까 한국어 버전을 부르면 한국 노래를 모르는 친구들도 멜로디는 따라할 수 있고요(린).

한국 대중문화 수용은 일본 내에서 아직까지 주변화된 문화적 취향임에도 불구하고, 강한 하위문화적 결속감으로 발전되지는 않는 것으로 보인다. 이 장에 참가한 일본 내의 한국 문화 수용자는 한국 문화 수용을 특정한 하위문화로 전개시키기보다는 취향에 따라 다른 문화를 자유롭게 수용할 수 있다는 자세를 보여주었다(Matthews, 2001; Polhemus, 1997 참조). 대다수 응답자들에게 대중문화 수용에서 중요한 것은 '한국 것'이나 '일본 것' 또는 '미국 것'을 찾는 것이 아니라 취향에 맞고 재미있는 문화 콘텐츠의 추구였다. 이 때문에 연구자가 응답자에게 〈쉬리〉의 흥행이 한국 경제 위기 이후 〈타이타닉〉으로 상징되는 할리우드 영화로부터 자국 영화를 보호하려는 민족주의적 분위기에도 일부 기인한다는 견해(김경욱, 2003)를 들려주면서 일본이 경제난에 처한다면 이런 일이 가능할지 묻자 대다수 응답자는 일본에서는 그런 일이 가능하지 않다고 지적했다.

> 영화를 보거나 할 때는 역시 자기 취향을 우선으로 해요. 재미있어 보이는 것을 선호하지요. 재미있을 것 같으면 아무 나라 것이건 상관없죠. 아무리 일본 것이라도, 한국 것이라도, 재미없으면 어쩔 수 없죠(미즈키: 여, 19세).

이런 태도는 기존의 하위문화론과 차별성을 보여준다. 즉, 이들은 문화적 기호에 따라 하나의 하위문화적 결속감을 형성하면서 자신이 옹호하는 문화 외의 다른 문화에 배타적 태도를 보이는 기존의 대학생 하위문화(youth subculture)의 문화 수용 양태(예: Hall & Jefferson, 1976)와 다른 양상을 보여주는 것이다. 이들은 한국 대중문화라는 새로운 자원을 접하고 이것을 받아들이면서 일본 문화나 서구 문화 등 기존의 주류의 문화적 자원에 대해서도 특별히 배타적 태도를 취하지는 않았다. 즉, 일본의 한국 대중문화 수용자는 취향에 따라 이합집산하는 개인화된 문화의 형태를 보여주는 경향이 있다고 할 수 있다(Ueno, 1999). 그러나 개인화된 특성을 일부 나타내면서도 동호회나 또래집단 등 오프라인 공동체를 바탕으로 정보를 공유하거나 희귀한 한국 문화상품을 돌려보는 경우가 많았다는 점에서 하위문화적 결속감도 일정 정도 있다고 할 수 있다.

이 장에 참여한 일본 대학생의 한국 대중문화 수용 과정은 하위문화적이라기보다는 느슨하고 자유로우면서도 뉴미디어 테크놀로지가 적극적으로 활용되지 않았다. 대부분 인터넷을 이용하거나 비합법적 복제품을 이용하기보다는 정규 상품 구매나 합법적 방법인 대여를 통해서 한국 문화 콘텐츠를 구매하고 이용하는 경향이 강했다. 이는 비합법적 콘텐츠 소유(piracy)에 대한 법적 제약 및 인터넷 인프라의 부실 등 환경적 요인에서 기인하는 경우가 많았다. 또한 일본의 인터넷 사이트가 제공하는 한국 대중문화 관련 콘텐츠가 부족하다는 점도 중요한 원인 중 하나였다. 일본 대학생들은 한국어로 제작된 웹사이트가 일본 것에 비해 방대한 자료를 가진다고 지적하면서도 언어적 문제 때문에 접근하기 힘들다는 불만을 토로했다. 이 때문에 일본인끼리의 인터넷을 통한 자료 공유보다는 일단 한국인 친구 등의 협조를 통해 '벅스'나 '소리바다'와 같은 한국 웹사이트나 자료 공유 프로그램을 이용한 후 또래 문화 내에서 자료를 공유하거나 한국에 가서 필요한 상품들을 구매하는 경우가 많았다.

> 파일 공유하는 프로그램을 통해서 한국 음악을 찾아봤는데 검색이 안 돼요. 소리바다는 안 해봤고(…) 한국어 배운 지 오래 안 돼서 한국 웹사이트들은 잘 안 찾게 돼요. 일본은 한국처럼 인터넷이 활성화되어 있지 않아요. 숙제하고 메일 확인하는 데 쓰는 정도이지(유미코).

이처럼 한국 대중문화를 이용하는 또래집단의 성격 자체가 인터넷에 기반을 두기보다는 오프라인상의 정보 교류에 기반을 둔 경우가 많았다.

즉, 일본 대학생들은 한국 대중문화의 수용 태도에서는 국적이나 하위문화적 정체성과 상관없이 취향을 쫓는 개성화의 과정을 보여주나, 자료 습득 과정에서는 느슨하게나마 또래 공동체에 의존하는 하위문화적 속성을 보여주는 것이다.

3) 문화적 이질성과 근접성

한국 대중문화가 일본 것과 다른 독특한 내용적 특성을 가진다고 생각하는 응답자들이 많았다. 콘텐츠의 소재가 일본 것과 다르면서 서구 것에 비해서는 보다 친밀하고 편안한 느낌을 준다는 인식이 일반적이었다. 우선 일본 대중문화와의 차이점에 대한 인식이 나타났다. 이러한 인식은 대중음악보다는 드라마나 영화 장르에 대한 언급에서 더 자주 지적되었다. 일본 대중문화와 비교할 때 한국 문화 콘텐츠는 소재, 구성, 정서적 측면 등에서 차별성을 가지는 것으로 나타났다. 기존에 한국 문화에 대한 지식이 많지 않던 상황에서 한국 대중문화를 선행적인 이해 없이 접하게 됨으로써, 차이점들이 두드러지게 나타나는 경향도 있었다. 이런 점은 일본 대중문화에서는 잘 다루어지지 않는 소재들을 다루는 한국 영상물이 공통적으로 큰 관심을 끄는 데서 드러난다.

예를 들어, 남북 대치 상황이나 기타 정치적 성향이 강한 〈공동경비구역 JSA〉와 같은 한국 영화에 대해 흥미를 느낀다는 언급이 많았다. 일본 대중문화와의 소재상 차이점은 한국 영화에 대한 평가에서 두드러진 반면에 드라마는 소재가 일본 것과 다르다기보다는 세부적인 구성이나 이야기의 전개 방식이 문화적으로 달라서 호기심을 불러일으키는 것으로 나타났다. 응답 대학생의 견해에 따르면 영화나 드라마 모두 일본 것에 비해 한국 것이 이해하기에 평이하다고 지적되었으며 이러한 점은 수용자들에게 큰 호소력을 가지는 것으로 나타났다.

> 일본 영화들은 점점 관객들이 이해하기 힘들게 만드는 것들이 많아지는데, 한국 것들은 스토리를 이해하기도 쉽고 관객들을 고려를 많이 하는 것 같아요. 그래서 좋은 것 같아요(아와이).

이처럼 한국 영화는 이해하기 쉽고 흥미로운 반면 일본 영화는 대체로 어렵고 지루하다는 응답이 많았다. 그렇지만 이러한 반응을 한국 영상매체가 일본 것보다 우수하다는 평가라고 받아들이기는 힘들다. 영화의 경우 한국 영화가 질적으로 우수하다는 지적도 있었으나 일본 것에 비해 작품성 자체가 뛰어나다고 생각하지는 않는다는 견해가 일반적이었기 때문이다. 오히려 일본 영상매체가 대중 관객을 잘 고려하지 않고 지나치게 예술적이거나 특정 수용자 집단에 초점을 맞추기 때문에 불만이라는 수용자들이 많았다. 즉, 한국 드라마는 작품성이나 완성도로 평가되기 보다는 이해하기 쉽다는 점에서 일본 수용자에게 소구한다고 볼 수 있다.

> 한국 것을 보면 연애 드라마는 내용이 다 정해져 있다고 할 수 있어요(…) 예를 들어서 연애 이야기는 항상 해피엔딩이고 북한과의 갈등은 항상 남한이 승리하고(…) 〈겨울연가〉 같은 경우는 결말이 예상되어 재미있다고 할 수 있어요(…) 한국 드라마는 해피엔딩이란 걸 알아도 도중엔 무슨 일이 벌어질지 모르니까 재밌게 봐요(나나미).

응답자들에 따르면 한국 영상물은 일본 드라마나 영화가 보여주지 못하는 소재를 다루면서도 한편으로는 일본인이 이해하기 쉽고 다른 한편으로는 서구 것처럼 문화적으로 큰 차이를 보여주지 않아 호소력을 가지는 것으로 보인다.

300

영화를 보다 보면 농담이나 그런 거, 미국 것은 감각적으로 잘 모르는데 영어로 된 영화보단 한국 영화가 일본과 감각적으로 비슷해서 따라가기 쉽고 내용도 이해하기 쉬워요. 미국 영화는 봐도 잘 모르는 게 있는데 한국 영화는 보면 '아, 우리도 이런 게 있었지' 그런 비슷한 점도 느끼고요(유미코).

응답자들은 일본과 한국 대중문화 사이에 뚜렷한 위계를 상정하지는 않더라도, 일본 대중문화 상품이 시간적으로 선행한다는 시간적 차이는 상정하는 경우가 많았다. 한국 문화상품은 일본 것을 따라하는 경향이 있지만 괄목할 만한 질적 수준에 이르렀다는 인식이 일반적이었다.

영향을 준다는 의미라면 일본의 음악이나 패션이 한국 것보다 앞서 있다고 이야기할 수는 있는 것 같아요. 음악의 수준 자체에는 별 차이가 없는 것 같아요. 다만 유행하는 차례 같은 것이라고 할까(…) 일본에서 먼저 유행하고 그 다음에 한국에서 유행하는(…) 그런 것은 있는 것 같아요(사쿠라).

(질문자: 한국 TV 스타들이 일본의 스타들과 다르던가요?)
초등학교 때 (일본에서) 유행했던 아이돌(idol)의 모습이 요즘 한국 TV에서 보인다던가(…) 시간 차이가 좀 있다는 그런 느낌이 들 때가 있긴 해요. '저런 것들이 좀 그립구나' 하는 느낌이 들긴 해요(아와이).

그러나 일본과 한국의 대중문화 유행에 대한 시간적 선후 관계가 인정된다고 해서 이러한 인식이 일본 대중문화의 질적 우월성을 의미하는 것은 아니었고 유사성 역시 크게 인식되었다. 특히 서구 대중문화 콘텐츠와 비교할 때 한국과 일본 대중문화 콘텐츠 사이의 유사성이 크게 지각되는 경향이 있었다. 예를 들어 전반적으로 자국 상품이 큰 비중을 차지하는 대중음악 분야의 경우 서구 음악을 즐겨 듣는 응답자는 소수에 지나지 않았는데 한국 대중음악이 일본 대중음악과 정서적 유사성이 많다는 견해가 많았다.

(질문자: 그럼, 음악을 좋아한다는데 서양 음악은 어떻죠?)

별로 끌리는 부분이 없어요 서양 음악은. 그런데 일본 음악은 계속 들으면 듣고 싶어져요. 사람을 끌어당기는 부분이 많아요. 서양 음악은 그게 없어요. 그리고 영어로 된 음악은 들어도 의미를 모르잖아요 (…) 한국 음악에서는 들으면 들을수록 일본 음악과 비슷한 점을 많이 느꼈어요(류우).

이처럼 서구 문화와 비교할 때 한국의 영상물이나 대중음악 콘텐츠는 상대적으로 편안하고 이해하기 쉬운 것으로 받아들여졌다. 즉, 한국 대중문화에 대해서는 문화적으로 근접하다는 인식이 컸다. 한국 대중문화가 일본 대학생에게 의미하는 것은 종종 문화적으로 근접하여 심리적 어려움 없이 소비 가능한 문화상품이었다. 즉, 한국 대중문화 상품은 다른 아시아 국가들의 것보다 양질이고 접근하기 쉬우면서 유사한 느낌을 준다는 인식이 컸다. 한때 홍콩 대중음악을 즐겼다는 일부 응답자들은 이제 한국 대중음악이 홍콩 것보다 상대적으로 다양하고 양질의 콘텐츠를 제공한다고 언급했다, 예컨대 예전에 중화권 음악을 즐겨듣다가 한국 음악으로 선호가 바뀌었다는 한 응답자(린)는 "홍콩 음악은 옛날 일본 음악 분위기, 아주 옛날 일본 음악 듣는 분위기"라고 말했다.

요컨대, 한편으로는 한국 대중문화가 지닌 일본 대중문화와의 차이점이 다른 한편으로는 한국 대중문화가 주는 친밀성이 배합됨으로써 한국 대중문화 콘텐츠가 일본 대학생들에게 소비하기 편안한 문화 콘텐츠로서 흥미를 끄는 것이다. 주목할 만 한 점은 일본 대학생들의 한국 문화상품 수용과정에서 일본과 한국의 근대화 과정에 놓인 '시간적 차이'가 인지된다는 것이다. 이러한 시간적 차이는 이들의 한국 대중문화에 대한 호감을 증가시키는 쪽으로 기능했다.

5. 한국 대중문화 수용과 문화 혼성화

1) 노스탤지어로서의 '한류' 수용

일본 대학생은 한국 대중문화를 통해 일본 사회에 과거에 존재했다고 배웠으나 지금은 존재하지 않는 가치나 규범의 측면을 경험하는 것으로 보인다. 즉, 자신들이 근대화 과정에서 잃어버렸다고 가정되는 것의 이미지를 상상된 노스탤지어의 형태로 소비함으로써 한편으로는 일본 대중문화와의 차이점을, 다른 한편으로는 유사점을 발견하고 즐기는 것이다 (Iwabuchi, 2002; Nakatani, 2003 참조).

> (중고등학교 때) TV를 통해 H. O. T를 처음 접했을 때는(…) 다르다고 느꼈어요. 제가 패션에 관심이 많으니까 같은 나이 남자들이 어떤 옷을 입는지 즐겨보잖아요. 그때는 H. O. T 보고 일본에서 '80년대에 유행한 옷차림과 비슷하구나' 그렇게 느꼈어요. 좋다 안 좋다 그런 느낌이 아니라(…) 일본에 80년대에 '타케노코 족'(하라주쿠 앞길에서 춤추고 놀던 청소년들을 일컬음)이라고 있었는데, H. O. T 같은 사람들이었어요. 하라주쿠에서 춤추고 그런 것 하는 아이들이지요. 저는 TV나 책에서 보았기 때문에 일본에 과거에 그런 패션이 있었다는 것을 알지요. 지금 일본에는 그런 젊은이들은 절대로 없어요. 절대로! 그러니까 일본에는 지금 없는데, 한국에는 있으니까 재밌는 거죠(다케시).

이처럼 일본과 한국의 문화적 유행 사이에 놓인 시간적 차이는 일본 대학생 수용자에게 독특한 재미를 주기도 한다. 경험하지 못했던 자신의 역사를 동시대적으로 경험할 수 있는 자원을 제공하기 때문이다. 몬테이로와 자야산카(Monteiro & Jayasankar, 2000)는 외국 영상물 수용자에 대한 민속지학 연구에서 외국 미디어 시청 경험을 통해 지역 시청자는 권력의 위계에서 자신보다 위에 위치한 '강한 타자'(the other above)와 '약한 타자'(the other below) 를 상정하는 경향이 있다고 지적한 바 있다. 이러한 내면화는 일본의 '한류' 수용 대학생들에게서도 나타난다. 즉, 서구(특히 미국)가 '강한 타자'로서 소비되는 반면 한국은 '약한 타자'로서 소비되었던 것이다.

특히, 한국 영상물을 통해 일본 시청자에게 전달되는 한국의 이미지는 일본이 고도 근대화 과정에서 상실한 공동체 중심적이고 순수한 인간관계와 같은 가치들이기도 했다. 〈겨울연가〉와 같은 한국의 멜로드라마들을 통해서 '최근 일본에서는 찾아볼 수 없는 진기한 순수함'을 느낀다고 지적한 응답자(시오리)들이 많았다.

> 한국 드라마는 순진해서, 그렇게 순진한 사람들이 지금 실제로 존재하는지 의문일 정도지요. 없을 것 같아요. 그런 건 일본 드라마와 다른 것이죠(…) 일본인들이 보기에 한국 드라마는 요즘과 같은 세상에 있을 수 없는 순수한 사랑 같은 것을 다룬다는 점에서 현실감이 없는 것이죠. 그래서 현실과 동떨어져 있는 것이죠(…) 〈겨울연가〉를 예로 들면 10년이 지나서 남자가 돌아왔는데, 그런데 여자는 그때도 그 남자를 좋아하는 것이에요. 그런 일은 우리 현실에서 일어나기가 어렵죠(사쿠라).

이처럼 '약한 타자'로서의 한국의 대중문화는 일본 수용자들에게 자신들이 잃어버린 것에 대한 노스텔지어를 불러일으키기도 한다(Iwabuchi, 2002). 즉, 일본이 잃어버린 전근대적 순수성을 한국 대중문화를 통해 소비한다고 볼 수 있다. 전근대적 순수성은 주로 가족주의적 가치나 집단주의적 가치를 의미하는 경우도 많았다. 예컨대, 일본 대학생들은 한국 TV 드라마를 통해 접하는 유교주의적 생활 태도를 놀랍게 생각했다.

> (한국 드라마를 보면) '저기는 부모님한테 존댓말을 쓰는구나, 대단하구나' 하고 생각하죠. 일본 젊은이들은 부모님을 별로 소중하게 생각 안하거든요.

그런데 한국은 자연스럽게 부모님을 공경하는 유교사회니까(…) (에이미)

이 응답자가 언급하듯이 일본 대학생 사이에서는 예전에 일본에 존재했던 가족주의적 전통이 더 이상 존재하지 않는다고 간주되며, 한국 드라마를 보면서 이러한 가치의 부재에 대해 인식하는 계기가 되기도 한다. 일본 대중문화에서 노스탤지어의 생산과 소비는 일본이 고도 자본주의에 도달한 이후인 1980년대와 1990년대에 등장한 소비문화 내에서의 한 현상으로 분석된 바 있다(Ivy, 1993). 고도 근대화 이전의 일본에 대한 상상적 이미지를 일본 밖에서 찾아내고 재현하여 소비하려는 현상이 가속화되었던 것이다.

이런 점에서, 1990년대의 '아시아로의 회귀' 담론이나 최근의 '한류' 현상은 고도 근대화 사회에서 일종의 상상적 과거 회귀의 방식으로 타자성을 소비하는 한 예로 볼 수 있다(Ivy, 1993; Iwabuchi, 2002). 따라서 한국 대중문화가 동아시아의 대학생 수용자에게 모던하고 창의적인 문화자본을 상징한다는 주장(Dator & Seo, 2004)이 적어도 일본의 경우에는 적절하지 않다고 하겠다.

'한류'는 고도 근대화된 일본 수용자에게 대안적 정체성의 자원으로 기능하기보다는 비현실적 대리만족의 역할을 한다고 볼 수 있다(Iwabuchi, 2000 참조). 예를 들어, 공동체 중심적 인간관계나 순수한 사랑과 같은 덕목을 통해 일본 수용자가 발견하는 것은 대안적 사회에 대한 열망이라기보다는 더 이상 존재하지 않고 존재할 수 없는 세계로부터 오는 쾌감과 호기심이라고 할 수 있다. 여기서 흥미로운 점은 일본이 고도 산업사회에 도달한 이후인 1980년 이후 출생한 이 장의 대학생 수용자에게서도 이러한 노스탤지어 추구 현상이 나타난다는 것이다. 이는 일본 1990년대를 전후하여 유행한 노스탤지어 상품들이 젊은 세대를 주소비자로 했었던 것과 유사한 맥락으로 볼 수도 있을 것이다(Ivy, 1993).

즉, 최근 일본 내에서의 한국 대중문화 유입은 실제로 경험하지 않은 노스탤지어를 상상적으로 생산함으로써 소비 욕망을 부추기는 일본과 한국 문화산업의 상품 전략적 함의도 지닌다고 하겠다.

2) 지역화와 혼성화의 가능성

일본 대학생의 한국 대중문화 수용은 일본의 근대화 과정에서 서구 대중 문화가 토착화되면서 혼성적 문화를 생산한 것과는 다른 양상을 보였다. 일본 대중문화는 그동안 서구 문화를 매우 빠르게 복제하면서도 혼성화 되는 지역적 전유(appropriation)의 사례로 자주 제시되곤 했었다(예: Condry, 2000). 그러나 이 장에서 한국 대중문화의 경우는 아직 일본적 인 것과 섞이기보다는 이질적 형태로 타자화되었고 문화적 혼종성 (cultural hybridity)의 창출에 도달하지는 못한 단계였다.

일본 대학생들 사이에서 노스탤지어로서의 '한류'의 소비는 일본적 정 체성에 영향을 주지 않는 범위 내에 국한된 타자성의 소비라는 특징을 지 녔으며 일본 내에서 적극적으로 전유되는 과정을 동반하지는 않았다. 예 를 들어 많은 응답자가 〈겨울연가〉 같은 순수 멜로드라마는 일본에서 리메이크될 수 없을 것이라고 언급하면서 그것이 일본적으로 지역화되 기는 힘들 것이라고 다음과 같이 주장했다.

(질문자: 〈겨울연가〉 같은 드라마를 일본에서 만들면 어떨까요?)
웃길 것 같아요. 한국 것은 한국어로 표현이 되어야 하고, 일본 것은 일본어 로 표현이 되어야 하는데, 〈겨울연가〉를 일본 사람이 하면 웃긴 그런 느낌 이 들잖아요(히로코).

306

일본 드라마에서 한국 드라마에서와 같은 사랑의 대사가 나오면 채널을 다른 데로 돌려버릴 거예요. 한국 드라마니까 용서가 되는 거죠 (웃음) (린).

한국 대중문화에서 재현되는 일본이 상실한 가치, 윤리, 정서 등이 이제는 한국에 의해 생산될 수 있지만 일본에 의해서는 생산될 수 없는 것으로 지각되었다. 그러나 이러한 가치를 동경하기보다는 흥미로운 자원으로 소비하는 경향이 컸다. 한국 대중문화를 향유하는 일본 대학생은 '약한 타자'를 적극적으로 받아들이지는 않되 거리감을 두고 소비하는 방식으로 수용함으로써 일본적 정체성의 문제와 연계시키기를 지연하는 것이다.

아울러 응답자 중 한국 대중문화의 인기가 일본 대중문화에 주는 영향에 대해서 긍정적이거나 부정적인 견해를 제시한 경우는 거의 없었으며 오히려 이러한 현상의 지속성에 대해서는 다소 회의적이었다. 그들에게 '한류'는 일본 대중문화의 주류에서 소비되고 영향을 행사하기보다는 새로운 주변문화의 하나로 인지되었다. 일본 대학생의 태도는 비서구 맥락에서 서구의 원전성이 모호해지면서 탈식민적인 정치적 함의를 띠는 혼성화보다는 자국 문화의 핵심을 본질적으로 유지하면서 단순히 외래문화를 흡수하려는 유사-혼성화의 성격(*pseudo-hybridism*)을 띤다고 할 수 있다(Iwabuchi, 1998).

일본 문화는 오래전부터 외래문화를 많이 받아들여 형성된 것이죠. 특히 세계대전 이후에는 미국 문화를 빨리 많이 받아들여서 미국을 따라잡으려 했던 것 같아요. 그래서 외국 문화의 유입에 대해서 걱정할 필요는 없을 것으로 보여요. 원래 일본 문화는 외국 문화의 활발한 수용을 통해 성장했거든요 (하야토).

즉, 일본의 한국 대중문화 수용자는 한국 문화를 일본 대중문화로 전유하려는 혼성화보다는 지역 내로 받아들이되 지역적 문화와 적극적으로 접합시키지는 않는 수용 전략을 취했다. 또한, 한국 대중문화의 수용은 결국 일본 대중문화를 풍성하게 하고 문화적 선택의 폭을 넓히는 것이지 일본인의 문화적 특성이나 민족적 성격에는 영향을 주지 않을 것이 아니라는 견해가 지배적이었다. 물론 이러한 견해만으로 '한류'가 일본 문화에 영향을 전혀 미치지 못한다고 단정할 수는 없을 것이다. 그럼에도 불구하고 이 장에서 일본 대학생의 한국 대중문화 수용 양식이 팬덤 (fandom)으로서의 성격이나 하위문화적 성격을 뚜렷하게 보이지 않는다는 점은 주목할 만하다. 즉, 이들의 한국 대중문화 상품 소비는 특정한 장르나 스타를 중심으로 한다기보다는 재미있고 이해하기 쉬우며 소비하기 쉬운 콘텐츠를 중심으로 이루어지는 것이다.

요컨대, 한국 대중문화 수용이 일본 대학생 사이에서 간접적 방식으로 일본적 정체성의 정교화에 영향을 미칠 수 있는 자원으로서의 역할을 하지만, 이들에게 '한류'가 생산지 (한국) 를 연상시키는 특정한 상징적이고 문화적인 의미를 획득했다고 결론짓기는 아직 이르다. 이 장에서 한국 대중문화 소비에서 한국이라는 생산지가 '한류'의 수용을 특별히 촉진하거나 간섭하지는 않았기 때문이다. 그동안 지리적으로 가까우면서도 접근하기 어려웠던 한국 대중문화를 다량으로 접하면서 이들은 '한국'이라는 문화적 정체성과 한국 대중문화 상품을 강하게 연계시키기보다는 한국 대중문화가 지니는 이질적이면서도 친근한 취향만을 소비하는 경향이 강한 것으로 보인다. 이들에게 문화는 국적으로부터는 별개인 듯 묘사되는 경향이 있었다.

일본에선 한국 문화를 좋아한다고 이상하게 생각하는 사람들은 없어요. 한국을 낮게 보는 사람들은 나이 많은 사람들 중에서 일부 있을 수 있겠죠. 그런 사람들이 정책 결정 위치에 있어서 한국 문화가 많이 들어오지 않는 것 같아요. 하지만 한국에서 일본을 안 좋게 생각하는 사람보다는 일본에서 한국을 안 좋게 생각하는 사람이 훨씬 적을 거예요. 문화를 받아들이는데 그런 것들이 문제가 되는 것은 아니죠(류우).

즉, 대중문화 콘텐츠를 직접적으로 정체성이나 그 생산 국가와의 결부된 역사적 경험과 연결시키기보다는 개인적 취향의 문제로 환원하는 경향이 강했다. '한류'는 '문화적 슈퍼마켓'(cultural supermarket)으로서 일본에서 하나의 새로운 소비문화 아이템에 머무르는 것이다(Matthews, 2001 참조). 이 때문에 일본 내에서 '한류' 현상이 장기적인 전망을 가질 수 있는지, 또한 일본 문화와 한국 문화의 혼성화를 촉진시킬 것인지에 대해서 긍정적인 결론을 내리기는 쉽지 않다. 이 장의 수용자가 지적하듯이 한국 대중문화는 현재 일본 내에서 '한류'는 본격적으로 지역화되는 단계가 아니라 일본 대중문화와 일본적 정체성의 외부에서 소모되는 단계에 있는 것으로 보인다. 따라서 현재의 '한류' 현상은 한국 대중문화가 일본 내에서 보다 적극적으로 지역화될 때에만 문화적 혼성화의 생산적 효과를 기대할 수 있을 것이며 산업적으로도 장기적인 전망을 가질 수 있을 것이라고 생각된다.

6. 결 론

이 장에서 지적한 바와 같이 현재 일본의 대중문화 수용자의 문화 지형도에서 일본의 '한류' 수용 대학생층은 주변적 집단으로 자리 잡았다. 그러나 이들 수용자가 지닌 주변문화적 성격은 주류의 일본 대중문화에 대해서 저항적·비판적인 성격을 띠기보다는 문화의 국적을 넘어 취향을 쫓는 탈하위문화적 성격을 보여주었다. 이들 수용자에 따르면 한국 대중문화는 내적 측면에서 일본 것과 차이점과 근접성을 모두 지니는 것으로 인식되는데, 특히 양국의 대중문화가 지닌 시간적 차이에 대한 지적이 있었다. 특히 한국 영상물은 일본이 근대화 과정에서 잃어버린 가치나 생활양식을 재현하는 것으로 받아들여지는 경우가 많았다.

노스탤지어의 상상적 소비의 과정으로서 '한류' 현상은 고도 산업사회인 일본에서 동아시아 후발 국가의 타자성을 수입하여 소비함으로써 자신들의 정체성을 더욱 정교화시키는 '유사-혼성화'의 현상이라고 볼 수 있다. 즉, 한국 대중문화의 일본 내 수용 과정은 현재 시점에서는 탈지역적 문화의 적극적 전유와 재지역화의 과정이라기보다는 단순한 수출-수입 과정에 머무르는 것으로 보인다. 타자로서 주변화됨으로써 주류 일본 대중문화 내에 전유되지 못하는 '한류'의 현실은 한편으로는 일본 내의 수용자 스스로에 의한 지연과 저항의 효과라고 볼 수 있지만, 다른 한편으로는 한국 대중문화 콘텐츠 자체가 가진 일본 수용자 정서와의 부조화에서 기인하는 것이기도 하다. 따라서 향후 '한류'가 일본 수용자에게 폭넓은 문화적 정체성의 가능성을 제공하고 지속적인 수용자 층을 확보하기 위해서는 일본 대중문화의 타자로서 소비되는 데 그치지 않고 다양한 형태로 일본 대중문화 내에 흡수되어 들어갈 필요가 있다.

이 장에서 살펴본 것처럼 동아시아 지역에서의 문화 지역화는 서구 문화 중심의 문화적 동질화론에 대한 경험적 비판의 자료를 제공한다. 특히 최근 한국 대중문화의 일본 유입은 헤게모니적 문화가 주변 지역의 문화로 침투한다는 문화적 제국주의론에 대해 의문을 제기하는 현상으로 볼 수 있다. 하지만 '한류' 현상을 문화제국주의론에 대한 반증 사례로 단정하기에는 한계가 있다. 한국 대중문화가 여전히 일본 내부에서 주변화되고 타자화된 방식으로만 수용되기 때문이다. 그간 일본 대중문화의 재현 방식 속에서 아시아는 일본 문화에 결합하여 생산적 혼성화를 이루지 못하고 지속적으로 타자화된다는 점을 상기할 필요가 있으며(Iwabuchi, 1998), 최근의 '한류' 현상도 이러한 타자화와 유사-혼성화 과정의 일부로 볼 수 있다.

이 장은 현재까지 일본에서의 '한류' 현상에 대한 경험연구 자료를 제공했다는 데 의의를 둔다. 특히, 현재 국내 언론에서 일본에서의 한류 현상의 주 수용자 층으로 묘사하는 중년 여성과 달리 대학생 수용자 층은 거의 연구된 바가 없다는 점에서, 20세 초반 대학생 수용자 층에 대한 이 장이 향후 타 연령대 수용자와의 비교 연구를 위한 자료로서 의미 있게 활용될 수 있을 것이다. 덧붙여 이 장이 미처 다루지 못한 다음과 같은 점이 동아시아의 문화 지역화에 관한 향후 연구에서 논의되기를 바란다.

우선, 문화지구화 흐름 속에서 일어나는 문화의 지역화가 계층, 성별, 연령 등에 따라 다른 양상을 보여줄 것이라는 점을 감안한다면(Chua, 2004 참조), 앞으로 일본에서의 '한류' 연구 역시 계층, 성별, 연령, 지역 등의 변수를 고려하여 다양한 표집 간의 비교 연구가 진행될 필요가 있다. 예컨대, 일본에서의 '한류' 수용의 경우, 대학생이나 중장년 남성 수용자들은 중년 여성 수용자에 비해서 수적으로 적고 소극적인 수용자 층으로 지각되는데, 그렇다면 일본 사회 내에서의 세대 간 '한류' 문화자본의 차이와 그 맥락은 어떤 것인지 분석이 요망된다.

또한 현재 '한류' 논의가 도시 중산층 수용자 문화에 집중되었다는 한계도 극복되어야 할 것이다. 이와 함께 이 장에 다루지 않은 일본 내에서의 '한류' 담론과 일본 미디어에서 나타나는 재현의 문제에 대한 분석도 요망된다. 이를 위해 국내의 미디어 연구가 중 일본 미디어에 대한 리터 러시가 갖춰진 국내 학자의 활동이 적극적으로 요망된다. 일본 내에서 실시하고 일본 연구자들에 의해 실시되는 '한류'에 대한 조사 연구(예, Kohari, 2005)을 참조하고 일본 학자와 공동연구를 진행할 필요도 있다.

요컨대 현장 연구의 경우 다양한 표집을 비교할 수 있는 분석 대상의 세분화가 요망되며 문헌 분석의 경우 '한류' 관련 일본 미디어 분석이 시급하다고 하겠다. '한류'에 대한 연구 방법의 다원화와 연구 대상의 세분화를 통해 동아시아의 문화적 유사성과 구조적 요인이 수용자 및 텍스트의 내적 특성과 만나는 맥락에 대한 보다 세밀한 조사가 가능해질 것이다 (Iwabuchi, 2002: 133 참조).

참고문헌

김경욱 (2002), 《블록버스터의 환상, 한국영화의 나르시시즘》, 서울: 책세상.
김현미 (2003a), 일본 대중문화의 소비와 '팬덤'의 형성, 〈한국문화인류학〉, 36권 1호, 149~186.
김현미 (2003b), 대만 속의 한국 대중문화: 문화 '번역'과 '혼성화'의 문제를 중심으로, 조한혜정 외, 《한류'와 아시아의 대중문화》(155~178쪽), 서울: 연세대 출판부.
손병우·양은경 (2003), 한국 대중문화의 현주소와 글로벌화 방안: 한류(韓流) 현상을 중심으로, 〈사회과학연구〉, 14권, 147~171.
양은경 (2003), 동아시아의 트렌디 드라마 유통에 대한 문화적 근접성 연구, 〈방송연구〉, 57호, 197~220.
이은숙 (2002), 중국에서의 '한류' 열풍 고찰, 〈문학과영상〉, 3권 2호, 31~59.
이준웅 (2003), 한류의 커뮤니케이션 효과, 〈한국언론학보〉, 47권 5호, 5~35.
전성흥 (2002), 대만에서의 '한류': 현황과 전망, 〈동아연구〉, 42호, 73~92.
정윤경 (2003), 아시아 수용자 연구, 서울: 커뮤니케이션북스.
조선일보 (2004. 11. 9), 5면.
_____ (2004. 12. 4), 12면.
조한혜정 (2003), 글로벌 지각변동의 징후로 읽는 한류열풍, 조한혜정 외, 《'한류'와 아시아의 대중문화》(1~42쪽), 서울: 연세대 출판부.

조혜영 (2003), 한국 체류 중국 유학생들의 한류와 한국 이미지 인식에 관한 연구, 〈한국 교육사회학연구〉, 13권 2호, 209~234.

하종원·양은경 (2002), 동아시아 텔레비전의 지역화와 한류, 〈방송연구〉, 56호, 67~104.

허 진 (2002), 중국의 한류현상과 한국 TV 드라마 수용에 관한 연구, 〈한국방송학보〉, 16권 1호, 96~529.

현대경제연구원 (2004), 경제주평: 한류 현상과 문화 산업화 전략, http://www.hri.co. kr/upload/bbs_file/publication/BSR20 041222_3_1.pdf

Allison, A. (2000), A challenge to Hollywood? Japanese character goods hit U. S., *Japanese Studies*, 20(1), 67~88.

Bennett, A. (2000), *Popular Music and Youth Culture: Music, Identity and Place*, London: Macmillan.

Bhabha, H. (1994), *The Location of Culture*, London and New York: Routledge.

Biltereyst D. & Meers P. (2000), The international telenovela debate and the contra-flow argument: A reappraisal, *Media, Culture & Society*, 22(4), 393~413.

Bryman, A. (2004), *Social Research Methods*(2nd edition), London: Sage.

Chadha K. & Kavoori A. (2000), Media imperialism revisited: Some findings from the Asian case, *Media, Culture & Society*, 22(4), 415~432.

Condy, I. (2000), The social production of difference: Imitation and authenticity in Japanese rap music, In H. Fehrenbach & U. G. Poiger (eds.), *Transactions, Transgressions, Transformations: American Culture in Western Europe and Japan* (pp. 166~184), New York: Berghan Books.

Cvetkovich, A. & Kellner, D. (eds.) (1997), *Articulating the Global and the Local: Globalization and Cultural Studies*, Boulder, CO: Westview Press.

Dator, J. & Seo, Y. (2004), Korea as the wave of a future: The emerging dream society of icons and aesthetic experience, *Journal of Futures Studies*, 9(1), 31~44.

Epstein, S. (2000), Anarchy in the U. K., solidarity in the ROK: Punk rock comes to Korea, *Acta Koreana*, 3, 1~34.

Fiske, J. (1992), The cultural economy of fandom, In L. A. Lewis (eds.), *The Adoring Audience: Fan Culture and Popular Media* (pp. 30~49), London: Routledge.

Golding, P. & Harris, P. (eds.) (1997), *Beyond Cultural Imperialism: Globalization*,

Communication and the New International Order, Sage: London.

Gössmann, H. & Kirsch, G. (2003), '(De)constructing identities? encounters with 'China' in popular Japanese television drama, Paper presented at MiT3: Television in transition, May 2~4, 2003. MIT.

Hall, S. & Jefferson, T. (eds.) (1976), *Resistance through Rituals: Youth Subcultures in Post-War Britain*, London: Hutchinson.

Han, S-H. (2001), Consuming the modern: Globalization, things Japanese and the politics of cultural identity in Korea, In H. Befu (eds.), *Globalizing Japan: Ethnography of the Japanese Presence in America, Asia and Europe* (pp. 194~208), London: Routeldge.

Ivy, M. (1993), Formations of mass culture, Gordon, A. (eds.), *Postwar Japan as History* (pp. 239~258), Berkeley: University of California Press.

Iwabuchi, K. (1998), Pure impurity: Japan's genius for hybridism, *Communal/Plural*, 6(1), 71~85.

Iwabuchi, K. (2002), *Recentering Globalization: Popular Culture and Japanese Transnationalism*. Duke University Press.

Iwabuchi, K. (ed.) (2004), *Feeling Asian Modernities*, Hongkong: Hong Kong University Press.

Katzenstein, P. J. (2002), Open regionalism: Cultural diplomacy and popular culture in Europe and Asia, Paper presented at Annual Meeting of American Political Science Association, Boston, MA, August 29 -September 1.

Kohari, S. (2005), The exchange of popular culture among Korea, China, and Japan and how it affects what they think about each other, Paper presented at The Institute of Asian Research, The University of British Columbia, Canada, 8the March 2005.

Matthews, G. (2001), Cultural identity and consumption in post-colonial Hong Kong, Mattews, G. and Lui, T. (eds.), *Consuming Hong Kong* (pp. 287~317), Hong Kong: Hong Kong University Press.

Monteiro, A. & Jayasankar, K P (2000), Between the normal the imaginary: The spectator-self, the other and satellite television in India', In I. Hagen and J. Wasko (eds.), *Consuming Audiences? Production and Reception in Media Research* (pp. 301~321), NJ: Hampton Press.

Nakano, Yoshiko. (2002), Who initiates a global flow: Japanese popular culture in Asia, *Visual Communication*, 1(2): 229~253.

Nakatani, A. (2003), Exoticism and nostalgia, *IIAS Newsletter*, 30, 2.

Pieterse J. N. (1995), Globalization as hybridization, In M. Featherstone, S. Lash and R. Robertson (eds.), *Global Modernities* (pp. 45~69) London: Sage.

Pilkington, H. & Bliudina, U. (2002), Cultural globalization: A Peripheral perspective, In H. Pilkington, E. Omel'chenko, M. Flynn, U. Bliudina, & E. Starkova (eds.), *Looking West? Cultural Globalization and Russian Youth Cultures* (pp. 1~20), Pennsylvania: Pennsylvania University Press.

Polhemus, T. (1997), In the supermarket of style, In Redhead. S. et al. (ed.), *The Clubcultures Reader: Readings in Popular Cultural Studies* (pp. 148~151), Oxford: Blackwell.

Robertson, R. (1995), Glocalization: Time-space and homogeneity-heterogeneity, Featherstone, M., Lash, S., and Robertson, R. (eds.), *Global Modernities* (pp. 24~44), London: Sage Publications.

Strauss, A. & Corbin, J. (1990), *Basics of Qualitative Research: Grounded Theory Procedures and Techniques*, Newbury Park: Sage.

Tomlinson, J. (1999), *Globalization and Culture*, Cambridge: Polity.

Ueno, T. (1999), Techno-orientalism and media tribalism: On Japanese animation and rave culture, *Third Text*, 47, 95~106.

Wöhr, U. (2001), Japan's "Return to Asia": History, diversity, gender, Papers presented to the 2nd International Convention of Asian Scholars, Berlin, Germany, 9~12 August.

10

문화 간 커뮤니케이션과
세계 정치[*]

김범수

최근 세계화(*globalization*)와 교통·정보통신 수단의 발달, 국제적 인구 이동의 증가로 다양한 문화적 배경을 가진 사람들 사이의 직·간접적 접촉이 증가함에 따라 세계 정치에서 문화 간 커뮤니케이션(*intercultural communication*)의 중요성이 크게 증가하고 있다. 이 장은 이처럼 최근 중요성이 크게 증가하는 문화 간 커뮤니케이션에 주목하여 이의 다양한 양상이 오늘날 세계 정치에 어떠한 형태로 나타나는지, 그리고 그 이론적 함의는 무엇인지 살펴보고자 한다. 구체적으로는 우선 문화 개념과 탈냉전 이후 문화의 정치적 중요성이 새롭게 주목받기 시작한 배경에 대해 살펴본 후 뒤이어 문화 간 커뮤니케이션 양상을 '지배', '충돌', '공존', '공진화', '혼종' 등의 5가지로 나누어 이러한 양상이 오늘날 세계 정치에 어떠한 형태로 나타나는지 그리고 이론적 함의는 무엇인지 살펴보고자 한

* 이 장은 서울대 국제문제연구소가 발간한 《세계 정치 18: 커뮤니케이션 세계 정치》(서울: 사회평론, 2013)에 게재한 필자의 글 "문화 간 커뮤니케이션과 세계 정치"를 수정하여 게재했음을 밝힌다. 재게재를 허락한 서울대 국제문제연구소에 감사인사를 전한다.

다. 이러한 논의를 통해 이 장은 문화의 정치적 중요성이 증가함에 따라 세계 정치가 행위자와 이슈 측면에서 더욱 복잡한 양상으로 전개됨을 보여주고자 한다.

1. 서 론

최근 세계화와 교통·정보통신 수단의 발달, 국제적 인구 이동의 증가로 다양한 문화적 배경을 가진 사람 사이의 직·간접적 접촉이 증가함에 따라 문화 간 커뮤니케이션의 중요성이 인류학, 문화연구(*cultural studies*), 언어학, 커뮤니케이션학 분야는 물론 사회학, 경영학, 정치학, 국제정치학 등 여타 사회과학 분야에서도 크게 주목받는다(정현숙, 2002: 65~66; 박기순, 2003: 7). 특히 탈냉전 이후 문화가 집단 간 분쟁의 주요 원인으로 부상함에 따라 그리고 국제적 인구 이동의 증가로 다양한 문화적 배경을 가진 사람이 한 사회 안에서 함께 살아가지 않을 수 없음에 따라 이질적 문화 집단 간 커뮤니케이션의 세계 정치적/국내 정치적 중요성이 크게 부각된다.

실례로 1990년대 이후 발생한 캐나다의 퀘벡(Quebec) 지역, 스페인의 바스크(Basque) 지역과 카탈루냐(Catalonia) 지역, 영국의 북아일랜드(Northern Ireland) 지역, 중국의 티베트(Tibet) 지역의 분리주의 운동, 터키와 이라크에서의 쿠르드족(Kurd) 독립운동, 아프리카 르완다에서의 투치(Tutsi) 족과 후투(Hutu) 족 사이의 종족 분쟁, 보스니아에서의 종족 분규와 인종 학살, 스리랑카에서의 타밀(Tamil) 족 학살, 러시아에서의 체첸(Chechen) 반군 독립운동 등 탈냉전 이후 발생한 다양한 민족/종족 분규와 분리주의 독립운동은 문화(특히 종교) 가 집단 간 분쟁의 주요 원인으로 작동할 수 있음을 보여줌으로써 다양한 종교적, 역사적 배경을 가진 집단 간 커뮤니케이션, 즉 이질적 문화집단 간 커뮤니케이션의 정치적 중요성을 새삼 일깨워주었다. 또한 국제적 인구 이동의 증가로 다양한 문화적 배경을 가진 사람들이 한 사회 안에서 함께 살아가지 않을 수 없음에 따라 주요 선진국의 경우 이질적 문화집단 간 커뮤니케이션이 국내 정치적으로 매우 민감한 이슈로 부상했다. 실제로 경제협력개발기구(OECD, 2012: 28~41) 자료에 의하면 지난 수십 년 간 계속된 국제적 인구 이동의 결과 주요 선진국의 경우 전체 인구의 10% 이상이 외국에서 출생한 이민자로 구성되는 등 인구 구성비가 변화하며 이에 따라 다양한 문화적 배경을 가진 집단 간 커뮤니케이션, 즉 문화 간 커뮤니케이션이 정치적으로 매우 중요한 이슈로 부상했다.[1]

이 장은 이처럼 최근 그 중요성이 크게 증가하는 문화 간 커뮤니케이션에 초점을 맞춰 문화 간 커뮤니케이션이 오늘날 세계 정치에 어떠한 형태로 나타나는지, 그리고 그 이론적 함의는 무엇인지 살펴보고자 한다.[2]

---

[1] OECD 자료에 의하면 지난 10여 년간 매년 수백만 명이 다른 나라에 정착할 목적으로 모국을 떠났다. 실례로 2010년의 경우 OECD 소속 23개 국가와 러시아연방으로 영구 이주한 인구 수는 약 410만 명에 이르며 여기에 약 190만 명의 단기 이주노동자와 약 260만 명의 유학생을 포함할 경우 2010년 한 해에만 약 760만 명에 달하는 사람들이 모국을 떠나 다른 나라에 정착했다. 이러한 국제적 인구 이동의 결과 OECD 국가 전체 인구에서 외국에서 출생한 이민자가 차지하는 비율이 최근 꾸준히 증가했다. 2010년 기준으로 이 비율은 OECD 국가 전체를 대상으로 할 경우 평균 약 13%에 달하며 특히 룩셈부르크, 스위스, 오스트레일리아, 이스라엘 등의 경우는 이 비율이 각각 37.6%, 26.6%, 26. 8%, 24.5%에 달하는 등 외국에서 출생한 주민(*foreign-born population*)의 비율이 전체 인구의 1/4 이상을 차지한다(OECD 2012: 28~51).

[2] 여기서 '국제 정치'(*international politics*)라는 용어 대신 '세계 정치'(*world politics*)라는 용어를 사용한 이유는 문화 또는 문화 집단 간 상호작용이 문화집단과 문화집단 사이 (예를 들어 다수 문화집단과 소수 문화집단 사이 또는 문명과 문명 사이 등), 문화집단과 국가 사이(예를 들어 문명과 국가 사이 또는 국가와 소수 민족 집단 사이 등) 또는 문화집단과 여타 집단 사이 등 어원적으로 '국가 간 정치'를 의미하는 '국제 정치'로 포괄할 수 없는 다양한 정치 현상을 포괄하기 때문이다. 이러한 점에서 이 장에서는 '세계 정치'라는 용어를 전통적 의미에서의 국제 정치뿐 아니라 국제 정치와 국내

구체적으로는 우선 문화 개념과 탈냉전 이후 문화의 정치적 중요성이 새롭게 주목받기 시작한 배경에 대해 살펴본 후 뒤이어 문화 간 커뮤니케이션 양상을 ① 특정 문화가 다른 문화를 열등하고(inferior), 저급하고(low) 야만적인(barbarian) 문화로 규정하고 억압하는 지배(domination), ② 이질적 문화가 서로 대립하는 충돌(clash), ③ 이질적 문화가 서로 차이를 인정하는 공존(coexistence), ④ 이질적 문화가 서로 독립성을 유지하는 가운데 상호작용을 통해 변하는 공진화(co-evolution), ⑤ 이질적 문화가 섞여 새로운 문화를 만드는 혼종(hybridization) 등 5가지로 나누어 살펴보고 이러한 다양한 문화 간 커뮤니케이션 양상이 오늘날 세계 정치에 어떠한 형태로 나타나는지 그리고 그 이론적 함의는 무엇인지 살펴보고자 한다.[3] 마지막으로 결론에서는 앞의 논의를 정리한 후 문화의 중요성이 증가함에 따라 세계 정치가 행위자와 이슈 측면에서 더욱 복잡한 양상으로 전개됨을 보여주고자 한다. 우선 문화의 개념부터 살펴보자.

정치를 모두 포괄하는 다양한 정치 현상을 지칭하는 용어로 사용하고자 한다.

3 커뮤니케이션이란 일반적으로 개인 또는 집단 간에 말과 문자 또는 기타 기호와 상징, 행동 등을 통해 정보, 사상, 메시지, 감정 등을 교환하는 행위를 의미한다. 이러한 맥락에서 커뮤니케이션은 기본적으로 송신자, 메시지, 수신자를 필요로 하며 송신자와 수신자 간의 관계, 커뮤니케이션이 발생하는 상황 등에 따라 다양한 양상으로 이루어진다(McQuail & Windahl, 1981/2001: 21). 이 장에서는 개인 또는 집단 간에 이루어지는 커뮤니케이션 가운데 이질적 문화를 가진 집단 사이의 커뮤니케이션에 초점을 맞춰, 즉 문화 간 커뮤니케이션에 초점을 맞춰 이러한 문화 간 커뮤니케이션이 오늘날 세계 정치에 어떠한 형태로 나타나는지 살펴보고자 한다. 특히 이질적 문화 간 커뮤니케이션을 단순히 언어적 상호작용에 국한하지 않고 비언어적 상호작용을 포함하는 광의의 의미로 해석하여 이의 양상을 '지배', '충돌', '공존', '공진화', '혼종' 등 5가지로 나누어 오늘날 세계 정치에 어떠한 형태로 나타나는지 살펴보고자 한다.

2. 문화와 세계 정치

주지하듯이 문화 개념을 명확히 정의하는 것은 매우 어려운 일이다. 실례로 문화 개념에 대한 고전적 연구 가운데 하나인 크뢰버와 클루콘 (Kroeber & Kluckhohn, 1952)의 연구는 문화에 대한 정의를 묘사적, 역사적, 규범적, 심리학적, 구조적, 발생적(*genetic*) 정의 등으로 구분하여 약 160여 개에 달하는 문화 정의를 소개한다.

이처럼 문화 개념을 명확히 정의하기 어려운 이유는 문화가 사회적 관계 속에서 인간이 만든 총체를 지칭하기 때문이다. 실제로 19세기 문화 연구의 선구자 가운데 한 사람인 타일러(Edward B. Tylor)는 문화를 '지식, 신념, 예술, 법률, 도덕, 관습과 사회 구성원으로서 인간이 습득한 모든 능력과 습관들을 포함하는 총체'로 정의한다. 또한 비슷한 맥락에서 위슬러(Clark Wissler)는 문화를 '언어, 결혼, 재산 체계, 에티켓, 산업, 예술 등과 같은 가장 넓은 의미에서 (인간의) 모든 사회적 활동'으로 정의하며 딕슨(Roland B. Dixon)은 문화를 인간의 '모든 활동과 관습, 신념의 총합'으로, 소로킨(Pitirim Sorokin)은 '여러 개인이 서로 상호작용하는 가운데 의식적 또는 무의식적 활동을 통해 창조하고 변형시킨 모든 총체'로 정의한다(Kroeber & Kluckhorn, 1952: 81, 126).

이 밖에 베네딕트(Ruth Benedict), 버킷(Miles C. Burkitt), 보아 (Franz Boas) 등 20세기 초중반 문화를 연구한 많은 인류학자와 사회학자, 언어학자가 문화를 사회 구성원으로 인간이 습득하고 창조한 '복합적 총체'(*comprehensive totality*)로 규정한다(Kroeber & Kluckhorn, 1952: 85). 한편 파크와 버지스(Robert E. Park & Ernest W. Burgess), 사피르(Edward Sapir), 린튼(Ralph Linton), 미드(Margaret Mead), 파슨스 (Talcott Parsons) 등은 문화를 특정 사회가 세대에서 세대로 전승한 '사

회적 유산'(*social heritage*)과 '전통'(*tradition*)으로 규정하며 클루콘과 레이튼(Clyde Kluckhohn & Dorothea Leighton) 등은 문화를 다른 집단과 구별되는 특정 공동체 또는 사회 집단이 공유하는 삶의 양식(*the mode of life*) 또는 삶의 방식(*the way of life*)으로 정의한다(Kroeber & Kluckhorn, 1952: 85, 95~98). 이 장은 문화에 대한 이러한 다양한 정의를 참고하여 문화를 특정 집단이 자신들의 역사적·종교적 경험에 근거하여 주변 사물과 세계에 부여한 독특한 의미(*meaning*)와 가치(*value*), 신념(*belief*) 체계로 정의하고자 한다.

그렇다면 이처럼 특정 집단이 공유하는 독특한 의미와 가치, 신념 체계로 정의되는 문화가 정치적으로 중요한 이유는 무엇인가? 왜 특정 집단이 공유하는 의미와 가치, 신념 체계가 정치적으로 문제가 되는가? 이에 대해 우선 특정 집단이 공유하는 의미와 가치, 신념 체계가 이러한 의미와 가치, 신념 체계를 공유하느냐 그렇지 않느냐에 따라 '내부자'(*insider*)와 '외부자'(*outsider*)를 구별하는 기준으로 활용, 즉 특정 문화를 공유하는 사람을 내부자로 규정하고 그렇지 않은 사람을 타자(*others*)인 외부자로 규정함으로써 문화가 특정 집단의 자아(*self*) 형성과 집단 정체성(*group identity*) 형성에 중요한 역할을 수행한다는 점을 지적할 수 있다.

실례로 레이틴(Laitin, 1998)의 연구는 카자흐스탄(Kazakhstan), 에스토니아(Estonia), 라트비아(Latvia), 우크라이나(Ukraine) 지역에 거주하던 러시아어 사용자가 — 비록 인종적·혈통적으로는 러시아인(Russians), 벨라루스인(Belarusans), 우크라이나인(Ukrainians), 폴란드인(Poles), 유대인(Jews) 등으로 다른 배경을 가짐에도 불구하고 — 소련 붕괴 이후 직면한 정체성 위기 속에서 러시아어 사용 여부를 근거로 러시아어를 사용 여부로 집단을 구분하고 이를 바탕으로 자신들 내부의 인종적·혈통적 차이를 넘어 '러시아어를 사용하는 사람들'(*Russian-*

speaking populations)이라는 새로운 공통의 집단 정체성을 형성하는 과정을 필드 리서치와 서베이 자료 분석을 통해 보여준다. 또한 량(Ryang, 1997)의 연구는 자신의 개인적 경험과 필드 리서치를 바탕으로 일본 거주 '재일 조선인' 2세, 3세, 4세가 비록 일본에서 태어나 일본인과 같이 교육받고 일본인처럼 생활함에도 불구하고 자신들의 독특한 역사적 경험을 바탕으로 특히 조선어 사용과 조선 학교의 경험을 바탕으로, '일본 거주 북한인'(*North Koreans in Japan*)이라는 집단 정체성을 형성하고 유지하는 과정을 잘 보여준다.[4] 이외에도 레이몽과 몰너(Lamont & Molnar, 2002), 네이겔(Nagel, 1994), 스톨키(Stolcke, 1995) 등의 연구도 문화가 집단 정체성 형성에 중요한 역할을 수행할 수 있음을 잘 보여준다. 이처럼 문화는 문화 공유 여부에 따라 내부자와 외부자로 피아(彼我)를 구분하는 역할을 수행함으로써 슈미트(Schmitt, 1976)가 '정치적'인 것의 의미로 규정한 친구와 적을 구별하는 기능을 수행하며, 이러한 점에서 정치적 성격을 갖는다.

이와 더불어 문화가 정치적으로 중요한 이유로 문화에 관한 담론이 다양한 문화 가운데 특정 문화를 우월한 고급문화로, 여타 문화를 열등한 저급 원시적 야만 문화로 규정함으로써 인간 집단 사이 우열 관계를 부여

---

4 '재일조선인'은 일제 강점기 일자리를 찾아 또는 강제 징용되어 일본으로 이주한 사람 가운데 1945년 일제 패망 이후에도 여러 가지 이유로 일본에 계속 남았던 조선인의 2세, 3세, 4세다. 상당수가 아직도 외국인 등록 서류의 국적 또는 출신지 기입란에 '조선'이라는 명칭을 유지한다. 이처럼 외국인 등록 서류에 '조선적'을 유지하는 이들은 자신의 실제 의도와 상관없이 일본 내에서 법적으로는 사실상 북한 국민으로 대우받으며 북한 또한 이들을 북한 국민으로 대우하여 북한 여권을 발급한다. 그러나 일부는 자신들이 북한을 지지하기 때문에 '조선적'을 유지하는 것이 아니며 단지 한반도의 분단을 인정하고 싶지 않기 때문이라고 주장하며 북한 국민으로 대우받는 것을 거부한다. 일본 정부 또한 공식적으로는 '조선적'이 국적을 의미하는 것이 아니라 단지 외국인 등록상 행정적 편의를 위한 범주 가운데 하나일 뿐이라고 주장한다(*Japan Times*, 27 December 2002; 25 January 2005).

하는 역할을 수행한다는 점을 지적할 수 있다. 실제로 문화 개념이 오늘날과 같이 특정 집단이 공유하는 특성 또는 속성의 의미로 18세기 말 19세기 초 독일 지식인에 의해 처음 사용되기 시작할 때부터 문화는 한편으로는 '문명'(civilization) 개념으로 대변되는 프랑스 우월주의를 반박하는 동시에 다른 한편으로 독일 민중(volk) 문화의 우수성을 드러내기 위한 수단으로 사용되었다(최정운, 1998: 46~47).[5]

이처럼 문화가 인간 집단 사이의 우열 관계를 드러내기 위한 수단으로 작동한다는 점에서, 그리고 그러한 우열 관계가 위에서 언급한 집단 자아 정체성 형성 및 피아 구분과 연결된다는 점에서 문화는 그 자체가 정치는 아니지만 본질적으로 정치적 성격을 갖는다. 문화의 이러한 정치적

---

5 문화라는 우리말은 영어와 프랑스어의 'culture', 독일어의 'Kultur'를 번역한 일본어 '분카'(文化)에서 유래한 말로 그 어원은 16세기 유럽으로 거슬러 올라간다. 주지하듯이 'culture'는 프랑스어에서는 16세기부터, 영어에서는 17세기부터 '땅을 갈다'라는 원래적 의미에서 추상화되어 인간을 육체적·정신적으로 양육하고 교육한다는 의미로 사용되기 시작했다. 이후 18세기 프랑스에서 문화는 계몽주의의 보편주의 이데올로기와 연결되어 새로운 정치적 의미를 가졌다. 즉, 인류의 보편 이성과 역사 진보에 대한 믿음을 바탕으로 당시 프랑스 계몽주의 지식인들은 프랑스 문화가 다른 여타 문화보다 우월할 뿐만 아니라 원시적 야만 문화가 궁극적으로 따라야 할 보편성을 가진 '문명'이라고 주장했다(홍성민, 1998: 26). 이러한 프랑스의 보편주의적 문명론을 반박하며 18세기 말 19세기 초 독일의 지식인들은 'Kultur'를 자신들의 특수성을 표현하기 위한 용어로, 즉 프랑스의 보편주의적 문명과 다른 독일 민중의 소박하지만 특수한 문화를 표현하기 위한 용어로 사용하기 시작했다. 특히 'Kultur'를 단순히 개인 차원이 아니라 특정 집단, 즉 민족의 속성을 표현하기 위한 용어로 사용하면서 문화 개념은 이제 다양성을 전제하는 가운데 특정 집단이 가진 고유한 특성을 표현하는 용어로 사용되기 시작했다. 그러나 점차 시간이 지나며 독일의 'Kultur' 개념 또한 단순히 독일 민족의 고유한 특성을 표현하는 것에서 더 나아가 독일 민족의 '높은 교양 수준'을 뽐내기 위한 용어로 변질되어 사용되기 시작했다. 이러한 맥락에서 최정운(1998: 47)은 문화 담론이 공식적으로는 '문명과 야만의 구별'을 부정하지만 실질적으로는 '문명과 야만을 구별'하는 데 중요한 역할을 수행했다고 주장한다. 최정운에 의하면 이러한 점에서 '개인 간의 문제든 집단 간 문제든 문화에 대한 담론은 평화로운 이야기가 아니라 늘 점잖기는 해도 '목에 칼이 들어오는' 살벌한 이야기였던 것이다. 즉, 19세기 독일에서 발전한 문화 담론이 겉으로는 모든 문화가 그 자체로서 고유한 가치를 가지는 것처럼, 다시 말해 좋은 문화와 나쁜 문화, 고급문화와 저급문화, 우월한 문화와 열등한 문화 등과 같은 가치 판단과 상관없는 것처럼 이야기하지만 실제로는 항상 이러한 판단을 내포한다고 최정운(2007: 52~54)은 주장한다.

성격은 근대 이후 민족주의와 결합하면서 극명하게 드러났다. 주지하듯 이 정치 공동체를 구성하는 구성원의 '경계'(boundaries)를 어떻게 설정할 것인가의 문제, 특히 오늘날 가장 중요한 정치 공동체인 국가를 구성하는 '국민'(nationals)의 범주에 누구를 '포함'(inclusion)하고 누구를 '배제'(exclusion)할 것인가의 문제는 전근대에서 근대로 전환되는 시기 대부분의 정치 공동체가 직면했던 가장 중요한 문제 가운데 하나였다. 이 문제에 직면하여 근대 국가는 민족주의 이데올로기에 기대어 ― 즉, 동일한 문화를 공유하는 사람이 자신들만의 독립된 주권을 가진 정치 공동체(민족국가)를 형성해야 한다는 이데올로기에 기대어 ― 공통의 문화, 언어, 역사 등을 공유하는 (또는 공유하는 것으로 '상상'되는)[6] 사람을 '국민'으로 재편하여 공동체 구성원으로 포함하는 한편 여타의 사람을 '이방인'(strangers)으로 타자화하고 배제함으로써 자신의 경계를 설정했다(김범수, 2008: 177~178). 특히 이 과정에서 문화는 민족주의에 기반을 둔 근대 국가의 '국민 만들기'(nation-building) 프로젝트의 핵심 고리 역할을 수행했다. 홉스봄과 랑거(Hobsbawm & Ranger, 1983) 등의 연구가 잘 보여주듯이 근대 국가는 국민을 만드는 과정에서 필요한 경우 새로운 문화적 전통을 발명하거나 또는 기존 문화를 새롭게 활용함으로써 '민족'을 만들고 이를 통해 기존의 전근대적 정치 질서하에 살던 사람을 근대 국가

---

6 앤더슨(Anderson, 1983)의 연구는 국민의 '창조' 과정에서 '상상'의 중요성에 대해 잘 설명한다. 앤더슨에 의하면 전근대에서 근대로의 전환 시기 '인쇄 자본주의'(print capitalism)의 발전은 직접적 상호작용과 대면접촉이 없던 사람 사이에 신문, 소설, 잡지 등의 미디어를 매개로 의사소통을 가능하게 했으며 '동시성'을 공유한다는 '상상'을 부여함으로써 서로가 서로를 공동체 구성원으로 인정하고 소속감과 정체성을 공유하는 '상상의 공동체'(imagined community)로서 '민족'(nation)의 등장을 가능하게 했다. 민족의 등장 이후 근대 국가는 공통의 혈연, 언어, 문화, 역사 그리고 무엇보다 공통의 소속감과 정체성을 공유하는 것으로 '상상'되는 민족 구성원을 '국민'(nationals)으로 재편할 수 있었다.

의 구성원인 '국민'으로 재편했다. 또한 국가는 문화를 '국민'과 '비국민' (non-nationals) 을 구별하는 기준으로 활용했을 뿐만 아니라 '국민' 사이에 연대감(solidarity) 과 국가에 대한 충성심을 불러일으키기 위한 수단으로 사용했다(Fujitani, 1996/2003).

문화가 가지는 이러한 정치적 성격은 그러나 국제/세계 정치 분야에서 상당 기간 경시되었다. 이는 기본적으로 20세기 들어 체계를 갖춘 학문 분야로 발전한 전통적 국제정치학이 국제 관계를 군사력, 정치력, 경제력에 의해 좌우되는 것으로 인식했기 때문이다. 특히 국제정치학 분야에서 지난 수십 년간 지배적 위치였던 현실주의는 국제 관계를 개별 국가의 생존과 안보를 보장할 상위 권력체가 없는 무정부 상태로 보고 이러한 무정부 상태에서 자국 생존과 안보를 위해 개별 국가가 군사력과 정치력, 경제력으로 정의되는 권력을 추구해야 한다고 주장했다(Morgenthau 1949; Waltz 1979).

히라노 겐이치로(平野健一郎, 2007: 11) 가 언급한 바와 같이 이처럼 정치와 군사, 경제를 중시하는 전통적 현실주의 국제정치학의 관점에서 볼 때 문화는 국제 관계와 관련이 있다 하더라도 그것은 군사력, 정치력, 경제력으로 설명이 불가능한 부분을 설명하는 '주변적' 존재로서의 의미만을 가졌을 뿐 국제 관계를 설명하는 주요 변수가 될 수 없었다. 현실주의 국제정치학에서 국제 관계는 기본적으로 주권국가 간의 관계였고 그것도 기본적으로 군사력, 정치력, 경제력을 중심으로 이루어지는 관계였다. 이런 이유로 문화는 냉전 시기 동안 국제/세계 정치 분야에서 국가의 생존, 안보와 직결되는 정치와 군사 중심의 '상위정치'(high politics) 와 대비되어 '하위정치'(low politics) 로 폄하되고 무시되었다(Rengger, 1992: 94 ~95; 조윤영 2004: 52).

이처럼 한동안 하위정치로 폄하되고 무시되었던 문화의 중요성이 국제/세계 정치 분야에서 새롭게 부각되기 시작한 것은 1990년을 전후로 냉전이 종식되면서부터이다. 특히 미-소 냉전이 종식되고 강대국 사이의 정치적·군사적 긴장이 완화되는 가운데 이질적 문화적 배경을 가진 민족(nation) 또는 종족(ethnicity) 간 분쟁과 소수 민족 집단(minority ethnic groups)의 분리주의 운동이 증가함에 따라 그 이전까지 하위정치로 인식되던 문화의 정치적 중요성이 새롭게 부각되기 시작했다.[7] 특히 1990년대 초반 탈냉전과 함께 유럽과 중앙아시아, 아프리카 등지에서 문화 또는 문화적 정체성이 다른 민족·종족 간 분쟁으로 수십 만 명에 이르는 사람들이 학살당하고 사망하는 참사가 발생함에 따라 많은 학자들이 문화의 정치적 중요성에 새롭게 주목하기 시작했다.[8]

이러한 배경하에 헌팅턴(Samuel Huntington)은 잘 알려진 바와 같이 1993년 *Foreign Affairs*에 기고한 "The Clash of Civilization?"라는 제목의 논문과 1996년 이를 발전시켜 《문명의 충돌》(*The Clash of Civilizations and the Remaking of World Order*)이라는 제목으로 출판한 책에서 냉전 종식 이후 문화가 집단 간 분쟁의 주요 원인이 될 것이라고 주장하여 전 세계적으로 큰 주목을 받았고 또한 다양한 논쟁을 불러 일으켰다. 특히 헌

---

7 민족(nation)과 종족(ethnicity)을 명확히 정의하고 구분하는 것은 매우 어려운 일이다. 이 장에서는 민족을 '특정 영토에 집중적으로 거주하는'(territorially concentrated) 문화와 정체성을 공유하는 집단으로 정의하고자 하며 종족은 특정 사회 내에 영토적 기반 없이 존재하는 문화와 정체성을 공유하는 집단으로 정의하고자 한다. 이러한 구분이 항상 명확한 것은 아니며 때로는 종족이 민족으로, 민족이 종족으로 변화할 수도 있다.

8 중앙아시아에서는 소련 붕괴 이후 독립한 아르메니아(Armenia)와 아제르바이잔(Azerbaijan) 사이의 민족 분규로 수만 명의 양측 주민들이 학살당했으며(Wikipedia, 2013a) 유럽에서는 유고연방공화국 해체 이후 보스니아(Bosnia)와 헤르체고비나(Herzegovina) 사이 약 3년 9개월에 걸친 전쟁(1992년 3월~1995년 12월) 과정에서 인근 세르비아공화국의 지원을 받은 그리스정교회를 믿는 보스니아의 세르비아계가 약 10만 명에 달하는 무슬림 주민을 학살하는 사건이 벌어지기도 했다(Wikipedia, 2013b). 또한 아프리카 르완다에서는 1994년 후투족과 투치족 사이의 분규에서 50~100만 명에 이르는 투치족 주민이 학살당하는 일이 벌어지기도 했다(Wikipedia, 2013c).

팅턴(1996/1997: 18~21)은 탈냉전 세계에서 사람과 사람을 가르는 가장 중요한 기준은 이념이나 정치, 경제가 아니라 '문화'라고 주장하며 냉전 시기 강대국 사이의 경쟁이 탈냉전 이후 7~8개에 이르는 주요 문명 사이의 충돌로 바뀔 것이라고 예상했다. 물론 이러한 주장은 그 주장의 단순성과 도발성, 비과학성, 자기 충족적 예언의 성격 등으로 인해 많은 비판을 받았지만(Müller, 1998/1999; 최정운, 1999; 구춘권, 2000; 양준희, 2002), 그럼에도 불구하고 탈냉전 이후 문화의 세계 정치적 중요성에 새롭게 주목했다는 점에서 큰 의의가 있다 하겠다.

한편 최근 국제적 인구 이동과 이민의 증가로 다양한 문화적 배경을 가진 사람들이 한 사회 안에서 좋든 싫든 함께 살아가지 않으면 안 되는 상황에서 문화적 차이로 인한 사회적 갈등이 자주 발생함에 따라 북미, 유럽 등 주요 선진국을 중심으로 문화의 정치적 중요성이 크게 증가했다. 특히 영국, 프랑스, 독일 등 유럽의 주요국에서는 무슬림 이민자들의 증가와 함께 문화가 사회 갈등의 주요 축으로 부상한다. 실례로 프랑스에서는 학교에서 무슬림 학생들의 히잡(hijab) 착용을 허용할 것인가 금지할 것인가의 문제, 또한 공공장소에서 무슬림 여성의 부르카(burqa) 또는 니캅(niqab) 착용을 허용할 것인가 금지할 것인가의 문제 등을 두고 지난 몇 년간 심각한 사회 갈등을 경험했으며 영국에서도 무슬림의 문화적 전통을 어디까지 허용하고 관용할 것인가의 문제를 두고 무슬림 이민자와 '주류' 백인 집단 간에 심각한 사회 갈등을 경험했다(김남국, 2005). 또한 2005년 9월 30일 덴마크의 일간지 〈율란츠-포스텐〉(Jyllands-Posten)이 폭탄을 터번 위에 올리는 무하마드의 만평을 게재한 이후 벌어진 유럽과 전 세계 무슬림의 반발은 문화가 특정 사회 내에서뿐만 아니라 국경을 넘어 정치적 갈등의 주요 축으로 작동할 수 있음을 보여주었다.[9]

이처럼 문화가 탈냉전 이후 국제적 또는 국내적 갈등의 주요 축으로 부상함에 따라 최근 많은 연구자들이 "문화로의 회귀"(Cultural Turn)라는 표현까지 써가며(Jameson 1998; Nash 2001) 문화의 정치적 중요성과 이의 세계 정치적 함의에 대해 연구한다(Mazrui 1990; Huntington 1995). 이 장 또한 이들 연구와 마찬가지로 문화의 정치적 중요성에 주목하여 이질적 문화 사이에 나타나는 커뮤니케이션이 오늘날 세계 정치에 어떠한 형태로 나타나는지 그리고 이의 이론적 함의는 무엇인지를 살펴보고자 한다.

3. 문화 간 커뮤니케이션과 세계 정치

이질적 문화가 서로 접촉하고 교류할 경우 자신들에게 특수한 의미와 가치, 신념 체계를 어떻게 상대 문화에 전달하고 또한 상대 문화에 특수한 의미와 가치, 신념 체계를 어떻게 전달받는가? 그리고 그러한 의미와 가치, 신념 체계를 전달하고 전달받는 과정에서 어떻게 상호작용하는가?

---

9 덴마크의 일간지 〈율란츠-포스텐〉은 2005년 9월 30일 만평가에게 의뢰하여 이슬람 창시자 무하마드가 폭탄을 터번 위에 올린 만평을 게재했는데 이는 유럽과 전 세계 무슬림의 격렬한 반발을 불러일으켰다. 당시 유럽의 무슬림은 이 만평 내용이 이슬람을 테러와 연결시키는 동시에 무슬림에 대한 편견을 조장한다고 비판했다. 또한 사우디아라비아를 비롯한 많은 이슬람 국가도 이 만평이 이슬람 창시자인 무하마드를 모독한다고 주장하며 만평을 게재한 〈율란츠-포스텐〉에 사과를 요구했고 덴마크 정부에게는 사건의 재발 방지를 요구했다. 뿐만 아니라 57개 이슬람 국가가 모인 이슬람 회의체(the Orgnization of the Islamic Conference: OIC)도 이 사건에 대한 우려를 표명하며 덴마크 정부가 즉각적으로 〈율란츠-포스텐〉의 만평 게재를 비판하여야 한다고 주장했다. 반면 덴마크 정부는 이 사건에 대해 불간섭 입장을 표명하면서 기본적으로 언론의 자유가 보장되어야 한다는 입장을 견지했다. 유럽평의회(Council of Europe)와 EU 그리고 유럽 및 전 세계의 언론단체도 덴마크 정부의 입장을 지지하며 언론 자유는 보장되어야 한다고 주장했다(Wikipedia, 2013d). 이러한 점에서 이 사건은 문화가 특정 사회 내에서 뿐만 아니라 국경과 지역을 넘어 다양한 행위자 사이에서 갈등의 축으로 작동할 수 있음을 잘 보여주었다.

이 절에서는 이처럼 이질적 문화가 서로 접촉하고 교류하는, 즉 커뮤니케이션 하는 가운데 나타나는 상호작용 양상을 크게 '지배', '충돌', '공존', '공진화', '혼종' 등 5가지로 나누어 오늘날 세계 정치에 어떠한 형태로 나타나는지 살펴보고자 한다. 우선 '지배'의 양상에 대해 살펴보자.

1) 지 배

문화 간 '지배'(domination)는 이질적 문화가 서로 상호작용하는 가운데 지배적 위치를 차지하는 특정 문화가 상대 문화를 '열등하고', '저급하고', '야만적인' 문화로 규정하고 일상 속에서 억압하고 탄압하고 말살시키려 하거나 또는 지배 문화에 동화(assimilation)시키려 하는 방식으로 이루어지는 문화 간 상호작용 양상을 지칭한다.

이러한 문화 간 상호작용 양상은 19세기부터 20세기 중반에 걸친 제국주의 시기에 극명하게 드러났는데 주지하듯이 당시 서구 열강은 비서구 지역으로 세력을 확장하면서 비서구 지역의 문화를 사라져야 할 운명에 처한 '열등하고', '저급하고', '야만적인' 문화로 규정하고 억압·탄압하는 동시에 '우월한' 서구 문화, 즉 기독교 문화 전파를 통해 비서구 지역을 '문명화'(civilize)하고자 했다. 실례로 프랑스는 알제리, 서부 아프리카, 인도차이나 지역에서 세력을 확장하면서 이 지역에 거주하는 "후진"(backwards) 민족들을 문명화하는 것이, 즉 이들 민족의 '후진적'이고 '야만적'이며 '열등한' 전통 문화와 관습을 말살하고 '우월한' 프랑스 문화를 전파하고 동화시키는 것이 (예를 들어 일상생활에서 프랑스어를 사용하고 서구식 복장을 착용하며 기독교를 믿도록 하는 것이) '문명' 국가 프랑스의 문화적 '사명'(mission)이라고 간주했다(Conklin, 1998). 마찬가지로 영국 또한 19세기 후반 이후 1947년까지 인도를 공식 지배하면서 인도 고

유의 힌두교 전통과 이슬람 문화의 상당 부분, 그리고 일부 지역을 중심으로 유지되던 수많은 토착 문화와 언어를 말살하고 탄압하는 동시에 영어를 공용어로 사용하도록 하고 기독교를 전파하며 영국식 생활방식을 인도에 이식했다(Gopal, 2008). 한편 동아시아 지역의 경우 이러한 문화 간 지배 양상은 19세기 후반 근대화에 성공한 일본이 주변 지역으로 세력을 확장하는 가운데 동일하게 나타났다. 실제로 일본은 1869년과 1879년 현재의 홋카이도(北海道)와 오키나와(沖縄) 지역을 일본 영토로 공식 병합한 이후 이 지역에 거주하던 아이누인과 류쿠인(琉球人)을 문화적으로 '일본인'으로 '문명화'하기 위해 일본식 교육제도를 도입했고 이들의 전통문화와 생활방식을 말살하기 위해 "홋카이도 원주민 보호법"(北海道旧土人保護法) 등과 같은 다양한 억압 정책을 실시했다(小熊, 1998: 35~54).[10] 또한 1910년 조선을 강제 병합한 이후 조선의 고유문화를 말살하기 위해 일본식 교육제도를 도입하여 학생들에게 일본 문화를 전파했고 더 나아가 일상생활에서의 한글 사용을 금지시키고 황국신민화, 창씨개명을 추진하는 등 다양한 식민지 문화정책을 실시했다.

이처럼 제국주의 시기 국가권력을 매개로 극명한 형태로 드러났던 문화 간 지배 양상은 1960년대 서구 제국주의가 막을 내린 이후에도 다양한 형태로 변형되어 오늘날까지 지속되었다. 특히 사이드(Said, 1978)의 '오리엔탈리즘'(orientalism) 연구는 제국주의 국가권력의 직접적 개입 없이 서양 문화가 어떻게 오늘날까지 동양의 이미지를 왜곡하고 이를 통해 동양에 대한 서양의 우위와 지배를 정당화하는지 보여준다. 사이드에 의

---

10 아이누인에 대한 보호를 명목으로 1899년 메이지 정부에 의해서 제정된 이 법률은 아이누인의 토지를 수탈하고, 수렵민족인 아이누인에게 농경화를 강요했으며 더 나아가 그들의 문화를 열등한 문화로 간주하여 일본 문화로의 동화를 강요했다.

하면 근대 이후 '서양'(occident)의 정치 지도자, 지식인, 학자, 예술가 등은 문학 작품이나 역사 서술, 기행문, 학문 연구 등을 통해 서양과 '다른' 그리고 서양보다 열등한 '타자'(other)로서 '동양'(orient)의 이미지와 표상(representation)을 때때로 왜곡된 형태로 구성했고 이러한 왜곡된 이미지와 표상은 다시 비서구 세계에 대한 서양인의 편견과 지배를 정당화하는 도구로 사용되었다.

실례로 사이드에 의하면 중동 역사 연구로 유명한 루이스(Bernard Lewis)의 연구는 이슬람을 다양성도 없고 내적 역동성도 없는 종교로 묘사함으로써 이슬람에 대한 편견을 조장하는 데 기여했다. 사이드에 의하면 루이스는 이슬람을 '격정과 본능, 무반성적 증오를 통해 무슬림을 통치하는 비합리적 군중 현상'으로 묘사했으며 더 나아가 이슬람을 '기독교인과 유대인에 대한 증오로 가득한, 종교라기보다는 일종의 반유대인 이데올로기(anti-Semitic ideology)'에 가까운 것으로 묘사함으로써 이슬람과 무슬림에 대한 서구인의 편견을 조장하는 데 기여했다(Said, 1978: 317~318). 이러한 맥락에서 사이드(Said, 1994)는 그의 저서인 《문화와 제국주의》(Culture and Imperialism)에서 서구 제국주의가 제 2차 세계대전 이후 공식적으로 막을 내리고 대부분의 식민지가 독립했음에도 불구하고 정치적·경제적 수단 대신 '문화'를 통해 오늘날에도 비서구인들을 계속 지배한다고 주장했다.

한편 영(Young, 1990)은 이러한 문화 간 지배 현상이 서양과 동양 사이의 관계에서뿐 아니라 '문화적 제국주의'(cultural imperialism)의 형태로 특정 사회 내부에서도 계속된다고 주장한다. 그에 의하면 특정 사회에서 지배적 위치를 점한 집단이 그 사회의 '해석 수단'(the means of interpretation)과 '커뮤니케이션 수단'(the means of communication)에 대한 배타적 또는 우선적 접근을 통해 자신들의 경험과 문화, 가치, 관점을 일반화하고 사회 규범으로 만드는 과정에서 다른 소수자 집단의 경험과 문화, 가치, 관점을 '일탈'(*deviance*) 또는 '열등함'(*inferiority*)으로 재구성할 때 '문화적 제국주의'로 불리는 억압이 나타난다. 이 경우 소수자 집단은 (예를 들어 여성, 아메리카 인디언, 흑인, 유대인, 동성애자 등) 자신의 의도와 상관없이 지배 집단에 의해 '타자화'되며 이들이 보여주는 지배 집단과의 차이는 '부족하고 부정적인' 것으로 그려진다. 또한 소수자 집단에 대한 부정적 스테레오타입은 이들을 열등하고 타락한(*degenerate*) 이미지와 결부시킴으로써 이들에 대한 억압을 당연한 것으로 정당화하는 데 기여한다(Young, 1990: 58~60).

이러한 사이드와 영의 논의는 특정 문화가 (그리고 그 문화를 공유하는 집단이) 국가권력을 매개로 또는 이미지나 표상, 담론, 상징 조작 등을 통해 다른 문화를 (그리고 그 문화를 공유하는 집단을) 열등하고 저급하고 야만적인 것으로 규정하고, 억압하고 탄압하고 말살시키려 하고 동화시키려 하는 문화 간 지배 현상이 오늘날에도 다양한 형태로, 즉 '오리엔탈리즘'과 같은 형태 또는 '문화적 제국주의'의 형태로 지속됨을 보여준다.

2) 충돌

문화 간 '충돌'(*clash*)은 문화 간 커뮤니케이션의 다양한 양상 가운데 하나로 이질적 문화 간 상호작용이 서로를 적대시하고 갈등하고 충돌하는 방식으로 이루어지는 경우를 지칭한다. 이 경우 상호작용하는 이질적 두 문화는 상대 문화가 가진 독특한 의미, 가치, 신념 체계를 인정하기보다는 부정한다. 그러나 지배의 경우와 달리 충돌에서 나타나는 부정은 지배적 위치를 점한 특정 문화가 상대 문화를 일방적으로 부정하는 방식이 아니라 상호작용하는 이질적 문화 가운데 어떠한 문화도 지배적 위치를 점하지 못한 채 양방향에서 서로를 상호 부정하는 방식으로 이루어진다.

이러한 문화 간 충돌 양상은 오늘날 세계 정치에 다양한 형태로 나타나는데 앞에서 언급한 헌팅턴(Huntington, 1993/1996)의 '문명충돌론'은 탈냉전 이후 세계 정치에 나타나는 문화 간 충돌에 대해 의미 있는 주장을 한다. 요약하면 다음과 같다. 제2차 세계대전 이후 냉전이 시작되면서 세계 정치는 양극화되었고 세계는 세 부분으로 갈라졌다. 미국이 주도하는 민주주의 진영은 소련이 이끄는 공산주의 진영과 이념적·정치적·경제적으로 그리고 때로는 군사적으로 경쟁했고, 이 두 진영 바깥에서는 주로 제2차 세계대전 이후 독립한 경제적으로 빈곤하고 정치적으로 불안정한 국가들이 비동맹 노선을 추구하며 제3세계를 형성했다. 이러한 냉전 체제는 1980년대 말 공산 세계가 무너지면서 역사의 뒤안길로 사라졌다. 그리고 탈냉전 이후 세계에서는 이념이나 정치, 경제가 아니라 문화가 사람과 사람을 가르는 가장 중요한 기준이 되었다.

물론 국민국가가 탈냉전 이후 세계 정치에서도 중요한 역할을 수행하지만 탈냉전 이후 세계 정치에서 가장 중요한 갈등은 국민국가가 아니라 7~8개의 문명 사이에 나타났다. 헌팅턴에 의하면 키신저(Henry Kissinger)가 21세기 국제 체제의 6대 열강으로 언급한 미국, 유럽, 중국, 일본, 러시아, 인도는 5개의 아주 상이한 문명에 속하며 이밖에 이슬람 국가들이 전략적 위치, 방대한 인구, 석유자원을 등에 업고 세계 정치에 영향을 미친다. 이 새로운 세계에서 강대국의 경쟁은 문명의 충돌로 바뀐다. 세계 정치는 문화와 문명의 경계를 따라 재편되며 문화적 동질성과 이질성이 국가들의 이익, 대결, 협력 양상을 규정한다.

그리고 가장 전파력이 크며 가장 중요하고 위험한 갈등은 사회적 계급, 빈부, 경제적으로 정의되는 집단 사이가 아니라 상이한 문화적 집단에 속하는 사람들 사이에 나타난다. 물론 종족 전쟁이나 민족 분쟁이 한 문명 안에서도 여전히 발생할 것이지만 확전으로 치달을 가능성이 가장 높은 분쟁은 문명과 문명이 만나는 단층선에서 발생할 것이다. 사람들은 언어, 종교, 가치관, 제도, 문화를 공유해 신뢰하고 이해할 수 있다고 믿는 집단으로부터는 별다른 위협을 느끼지 않지만 문화가 달라 서로 잘 이해할 수도 신뢰할 수도 없는 집단으로부터 쉽게 위협을 느낀다. 이러한 이유로 헌팅턴은 탈냉전 이후 세계 정치의 주요 갈등이 서구 문명과 비서구 문명 사이에 나타날 것으로 예측했다. 즉, 서구 문명이 앞으로도 상당 기간 가장 강력한 문명의 위치를 고수하겠지만 상대적으로 쇠퇴하는 반면 비서구 문명(특히 동아시아를 중심으로)이 경제력, 군사력, 정치적 영향력을 키우며 서구 문명에 저항함에 따라 서구 문명과 비서구 문명 사이의 충돌이 탈냉전 시기 세계 정치의 가장 중요한 특징이 될 것이라고 헌팅턴(Huntington, 1996/1997: 19~38)은 예측했다.

한편 조금 다른 맥락에서 바버(Barber, 1995)는 탈냉전 이후 세계화가 진전됨에 따라 세계 정치가 경제적·문화적으로 세계화 과정을 통해 하나로 통합된 시장 중심의 다국적 기업이 통제하는 '맥월드'(McWorld)와 극단적 민족주의, 근본주의(orthodoxy) 또는 신정(theocracy)의 형태로 맥월드에 저항하는 '지하드'(Jihad) 사이의 충돌과 투쟁으로 특징 지워질 것으로 예상했다. 바버에 의하면 신자유주의에 기반을 둔 시장논리가 탈냉전과 함께 1990년대 이후 전 세계 곳곳으로 퍼져나가면서 세계는 점점 통합되고 획일화되었으며, 이러한 과정에서 다국적기업이 지배하는 맥월드가 형성되었다. 그리고 이렇게 형성된 맥월드는 한편으로는 국가주권을 약화시키는 한편 민주주의 제도를 약화시키면서 더욱 세계를 시장논리가 지배하는 획일화된 세계로 이끈다.

그러나 바버에 의하면 이러한 맥월드의 전 세계적 확장에 저항하는 지하드 또한 세계 곳곳에서 나타난다. 지하드는 처음에는 정치적 정체성,

문화적 다양성을 회복하기 위한 순수한 목적의 사회운동 차원에서 시작되었으나 점차 정체성 회복을 통해 맥월드의 획일적 문화에 저항하고자 하는 성격을 띠었다. 그리고 맥월드가 전 세계로 확장될수록 지하드 또한 전 세계 곳곳에서 나타난다. 이 결과 오늘날 세계에는 이 두 가지 상반된 흐름이 동시에 나타나며 양자 사이의 충돌과 투쟁이 앞으로 상당 기간 동안 세계 정치를 규정할 것이라고 바버는 주장한다(Barber, 2003: 35 ~56). 이러한 바버의 주장은 경제적 세계화로 시장이 통합됨에 따라 획일화된 자본주의 대중 소비문화가 전 세계로 확대되는 가운데 세계 곳곳에서 '지방 문화'(local cultures)가 자신들의 정체성을 지키고자 이러한 소비문화에 저항하며 충돌을 일으킬 것으로 본다는 점에서 기본적으로 문화 간 충돌의 관점에서 오늘날의 세계 정치를 바라본다.[11]

이처럼 전 세계적 차원에서 문화 간 충돌이 헌팅턴이 주장하는 문명 간 충돌로 또는 바버가 주장하는 맥월드와 지하드의 충돌로 나타난다면 일국적 차원에서 이러한 문화 간 충돌은 때때로 헌터(James D. Hunter)가 1960년대 이래 미국 정치의 가장 중요한 특징 가운데 하나로 지적한 서로 양립할 수 없는 가치관과 이념 사이의 '문화전쟁'(culture war)으로 나타난다. 헌터에 의하면 미국에서의 이러한 문화전쟁은 1960년대 이래 전통적 또는 보수적 가치관과 이념을 지닌 집단과 진보적 또는 자유주의적 가치관과 이념을 지닌 집단 간 충돌로 나타났는데, 이 충돌에서 보수주의자들은 진보주의자들의 가치관과 이념이 미국의 기독교 전통과 가

---

11 헌팅턴과 달리 바버는 9·11 사태 이후 재발간한 책의 서문에서 이러한 충돌이 문명 간 충돌, 특히 서구와 비서구 사이의 충돌은 아니라고 주장한다. 맥월드로 대표되는 전 지구적 차원에서의 획일화된 문화와 지하드로 대표되는 지역 문화 사이의 충돌은 문명의 충돌이 아니라 단일한 전 지구적 문명권에서 발생한 변증법적 긴장의 시현이며, 우리가 직면한 것은 문명 간 전쟁이 아니라 문명 내의 전쟁이며 각 문화권 내에서의 양면성을 드러내는 투쟁일 뿐이라고 주장한다(Barber, 2003: 14 ~ 15).

정의 가치를 무시한다고 비판한 반면 진보주의자들은 보수주의자들의 가치관과 이념이 낙태, 동성애, 종교 등의 이슈에서 지나치게 기독교 교리에 입각해 개인의 자유를 억압한다고 비판했다(Hunter, 1992). 유럽의 경우 이러한 문화전쟁은 낙태, 동성애 문제를 두고 세속주의자들(*secularists*)과 가톨릭교도를 포함한 기독교주의자들(*Christians*) 사이에, 그리고 이민자, 특히 무슬림 이민자가 급증하면서 이민 문제를 두고 (즉, 이민자를 계속 받아들일 것인가 말 것인가와 특히 무슬림 이민자들의 문화적 차이를 어디까지 허용하고 관용할 것인가의 문제를 두고) 외국인 혐오증(*xenophobia*)을 조장하고자 하는 극우주의자들과 무슬림 이민자 사이 정치사회적 갈등과 충돌로 나타난다(Weigel, 2006).

특히 이민 문제를 두고 프랑스에서는 르펜(Jean-Marie Le Pen)이 이끄는 국민전선(National Front Party)이, 이탈리아에서는 북부 지역 주요 정당 가운데 하나인 북부연맹(Lega Nord), 또한 스위스와 오스트리아에서는 극우정당인 스위스인민당(Swiss People's Party)과 자유당(Freedom Party)이 외국인 이민자, 특히 무슬림 이민자에 대한 혐오를 조장하며 정치사회적 갈등을 불러일으킨다(Kimmelman, 2010). 이러한 사례는 문화 간 충돌이 '문명의 충돌' 또는 '지하드 대 맥월드'의 충돌 같은 전 세계적 차원에서뿐 아니라 일국적 차원에서 (또는 유럽이라는 지역적 차원에서) 문화전쟁의 형태로 전개됨을 보여준다.

3) 공존

문화 간 '공존'(*coexistence*)은 이질적 문화가 서로 상대방 문화의 의미와 가치, 신념 체계의 차이를 인정하고 상대방의 문화적 정체성을 존중하는 방식의 문화 간 커뮤니케이션 양상을 지칭한다(Taylor, 1994; Honneth

1996). 이러한 커뮤니케이션 방식은 기본적으로 이질적 문화가 서로 차이를 인정함으로써 의미, 가치, 신념 체계상의 차이를 인정해 서로 공존할 수 있다고 가정한다. 특히 자유주의자들은 이러한 문화 간 공존이 "나의 자유를 침범하지 않는 한 타인의 자유를 최대한 인정한다"는 자유주의 원칙에 입각하여 상대방의 문화적 의미와 가치, 신념 체계가 나의 문화적 의미와 가치, 신념 체계를 침범하지 않는 한 최대한 용인하는 관용(*tolerance*)과 호의적 무관심(*benign neglect*)을 통해 이루어질 수 있다고 본다. 또한 이들은 특정 국가 내에서 (또는 특정 정치 공동체 내에서) 공적 영역과 사적 영역을 분리하고 공적 영역에서 국가의 '중립성'(*neutrality*)을 강조함으로써 공적 영역에서의 갈등에 상관없이 사적 영역에서 다양한 문화가 공존할 수 있다고 가정한다(Walzer, 1982; Glazer, 1983). 반면 킴리카(Kymlicka, 1995), 테일러(Taylor, 1994) 등과 같은 다문화주의자들은 좀더 적극적인 방식으로, 즉 '주류'(*mainstream*)의 위치를 점하는 문화가 소수 문화에 일종의 집단특권(*group differentiated rights*)과 예외(*exceptions*)를 인정함으로써 이질적 문화 간 공존이 가능하다고 보았다.

이러한 이론적 논의가 어찌되었건 문화 간 공존은 오늘날 세계 정치에서 다양한 형태로 나타나며, 많은 학자들이 문화 간 공존이 탈냉전 이후 세계 정치의 주요 특징이 되리라 예상했다(Müller, 1999; 杜維明, 2005/2006; Youssef & Todd, 2007/2008). 실례로 뮐러(Müller)는 헌팅턴의 '문명의 충돌' 주장을 반박하며 세계 정치가 경제적 상호 의존 및 세계화의 심화, 그리고 전 지구적 커뮤니케이션의 증가로 문명 간 충돌 보다는 문명 간 공존의 방향으로 나아갈 것으로 전망했다. 뮐러에 의하면 헌팅턴의 '문명의 충돌' 주장은 탈냉전 이후 세계 정치 양상을 서구 문명과 여타 문명 사이의 대립 구도로 단순화한 것으로 수많은 경험적 결함을 내포할 뿐 아니라 현실 적합성도 의문시되며 유용성도 의심스럽다(Müller,

1999: 19~20). 오히려 탈냉전 이후 세계 정치는 국가 세계 수준에서 경제적 상호 의존과 지구화의 심화가 '교역 국가'(*Handelsstaat*)[12]들을 중심으로 전 지구적 협력을 증진시키는 방향으로 나아가며 또한 사회 세계 수준에서 전 지구적 커뮤니케이션의 증가가 국가와 지역, 문명을 연결하는 다양한 네트워크를 만든다고 뮐러는 주장한다. 이러한 맥락에서 뮐러 (Müller, 1998/1999: 273~274)는 다음과 같이 주장한다.

경제 및 사회 세계의 세력이 확산될수록 비서구 문명권 국가와 서구 사이의 대립은 약화된다. 이 경우 특정한 문명권에 속하는 국가들이 서로 밀접하게 연결되고 통합될 수 있다. 그리하여 얼핏 보면 '문명 블록'처럼 보이는 것이 생겨날 수 있다. 하지만 이러한 지역적 연계는 타 문명과 대립 관계에 있지 않다. 오히려 전 지구적 차원의 전체 네트워크 안에서 타 문명과 동일한 결절을 이루며 타 문명권에 속한 사회 및 국가와 강한 연계를 맺고 발전시켜 나간다 (…) 이러한 개혁 과정은 서구에 대한 문명적 거리를 줄여줄 것이며 '문명의 충돌'은 멀리 사라질 것이다. 정치·군사적 적대 관계는 사라지고 경제 차원에서 경쟁과 협조의 이중주가 울려 퍼질 것이다.

물론 뮐러는 이러한 "문명의 공존" 시나리오를 실현하는데 테러리즘, 근본주의, 환경 문제, 인구 이동 등 몇 가지 방해요소가 있음을 인정한다. 그러나 이러한 방해요소에도 불구하고 뮐러는 탈냉전 이후 세계 정치가 경제적 상호 의존과 지구화의 심화, 그리고 전 지구적 커뮤니케이

---

12 뮐러에 의하면 '교역국가'는 '권력국가'(*Machtstaat*)를 대신하여 현대 정치 체계의 전형을 이루는 국가로 정부가 경제계의 요구에 개방적이고 외교 목표를 설정할 때 경제계를 위시한 이익단체의 의견을 존중하며, 권력과 안보의 문제보다 경제 관계를 우선시하고 군비 지출을 최소 수준으로 유지하려고 노력하는 국가를 지칭한다. 구체적 예로 뮐러는 군사자원의 지속적 역할 없이 많은 권력과 영향력을 획득한 일본과 독일을 염두에 둔다. 반면 군사적 패권을 우선적으로 추구하는 미국은 교역국가와 권력국가의 합명제를 보여주는 확신으로 묘사한다(Müller, 1999: 67~69).

션의 증가로 문명 간 충돌보다는 문명 간 공존의 방향으로 나아갈 것으로 결론 내린다(Müller, 1999: 273~274).

한편 위에서 언급한 킴리카(Kymlicka, 1995)는 자유민주주의를 지향하는 다문화사회에서 문화적으로 주류의 위치를 점하는 집단이 소수 문화 집단에 일종의 집단 특권을 부여함으로써 이질적 문화 간 공존이 가능할 수 있다고 주장한다. 킴리카에 의하면 오늘날 지구상 대부분의 국가는 과거 근대 국가의 형성에서 소수 민족을 병합한 결과 또는 최근 증가하는 국제적 인구 이동의 결과 정도에 차이는 있지만 어느 정도 다문화사회의 성격을 가진다. 이러한 상황에서 다수 문화 집단과 소수 문화 집단 사이의 평화로운 공존이 가능할 수 있도록 "도덕적으로 타당하고 정치적으로 실현 가능한" 방안을 찾는 것이 오늘날 민주주의가 직면한 가장 중요한 도전 가운데 하나라고 킴리카는 주장한다(Kymlicka, 1995: 1). 그 해결책으로 소수 문화 집단의 성격에 따라 일종의 맞춤형 해결 방식을 제시한다.

즉, 소수 문화 집단이 특정 지역에 집중적으로 거주하며 역사적으로 자치권을 행사하다 국가 형성 과정에서 병합된 경우, 즉 소수 문화 집단이 소수 민족(minority nation)의 성격을 가질 경우 킴리카는 다수 문화 집단이 소수 민족에게 중앙정부의 권한 가운데 상당 부분을 이양하는 '자치권'(self-government rights)을 허용함으로써 문화 간 공존을 이룰 수 있다고 주장한다. 반면 소수 문화 집단이 자발적으로 이민 온 집단일 경우 다수 문화 집단이 소수 문화 집단에게 재정 지원, 특정한 종교적 또는 종족적 관습에 대한 법적 보호와 예외 인정 등 '다종족 권리'(polyethnic rights)라 부르는 일종의 집단특권을 부여함으로써 문화 간 공존을 이룰 수 있다고 주장한다(Kymlicka, 1995: 6~7). 이러한 맥락에서 킴리카는 캐나다와 같은 다문화사회가 한편으로는 프랑스어를 사용하는 퀘벡인(Quebec)

과 캐나다 인디언 부족에게 이민 정책, 언어 정책, 문화 정책 등에서 일정 자치권을 부여함으로써 그리고 다른 한편으로는 캐나다에 이민 온 중국계, 아시아계, 아랍계 이민자 집단이나 여타 이민자 집단에게 문화적 전통을 지켜나갈 수 있도록 법적으로 보호하고 '다종족 권리'를 인정함으로써 다양한 문화 간 평화로운 공존이 가능하다고 본다. 이러한 킴리카의 논의는 문화 간 공존이 문명 간 공존의 형태뿐 아니라 특정 국가 내에서 다문화주의에 기반을 둔 다양한 문화 간 공존의 형태로 지속될 수 있음을 보여준다.

4) 공진화

문화 간 '공진화'(*coevolution*)는 이질적 문화가 서로 상호작용하는 가운데 각자의 독립성을 유지하면서도 서로 변화하는 문화 간 커뮤니케이션 양상을 지칭하는 것으로 오래전부터 많은 학자들이 (직접적으로 공진화라는 용어를 사용한 것은 아니지만 다양한 개념을 통해) 세계사 또는 세계 정치에 나타나는 문화 간 상호작용의 주요 양상 가운데 하나로 지적되었다.[13]

실례로 슈펭글러(Oswald Spengler)의 문명사 연구는 문화 간 공진화가 지난 수천 년 간 인류 역사를 관통한 주요 흐름이었음을 보여준다. 슈펭글러는 그의 주저 《서구의 몰락》(*The Decline of the West*)에서 지난 수

---

13 '공진화'라는 용어는 원래 생물학 분야에서 공생하는 생물체, 숙주와 기생 생물체, 포식자와 먹잇감 등 서로 상호작용하는 생물체들이 각자 유기체로서 자신의 독립성을 유지하는 가운데 상호작용하며 진화하는 경우를 지칭하는 용어로 사용되었다(Thompson, 1994). 그러나 최근에는 생물학 분야뿐 아니라 컴퓨터 사이언스, 사회학, 국제 정치경제학, 천문학 등 여타 학문 분야에서도 개별 독립체가 독립성을 유지하는 가운데 상호작용하며 변화하는 현상을 지칭하기 위한 용어로 사용된다. 이 장에서는 이 용어를 이질적 문화가 각자의 독립성을 유지하는 가운데 상호작용하며 서로 변화하는 과정을 지칭하기 위한 용어로 사용하고자 한다.

천 년 간 인류 역사를 약 8개의 '고급문화'(*high cultures*), 즉 바빌로니아, 이집트, 중국, 인도, 멕시코(마야/아즈텍), 고대(그리스/로마), 아라비아, 서구 또는 유럽-미국 문화가 서로 독립성을 유지하는 가운데 상호작용하며 진화와 흥망성쇠를 거듭한 역사로 서술한다(Spengler, 2008). 이러한 역사관은 서구 문명을 인류 보편 문명으로, 즉 다른 문명이 궁극적으로 본받고 따라야 할 문명으로 가정하는 서구 중심주의 역사관과 달리 서구 문명을 세계사에 등장하는 여러 문명 가운데 하나로 상대화하며 복수 문명 사이의 상호작용과 공진화가 인류 역사를 발전시킨 추동력이었음을 가정한다.

비슷한 맥락에서 토인비(Arnold J. Toynbee) 또한 인류 역사를 21개의 주요 문명 사이의 상호작용과 흥망성쇠의 과정으로 서술하는데 인류 역사는 문화와 종교 등을 중심으로 성립된 문명들이 도전과 응전을 거듭하며 서로 상호작용하고 성장하고 쇠퇴하는 과정으로 이해될 수 있다(Toynbee, 1953/1983). 이러한 토인비의 역사관 또한 독립적인 문명 간 도전과 응전의 상호작용을 역사 발전의 주요 동력으로 가정한다는 점에서 슈펭글러와 마찬가지로 문화 간 공진화의 관점에서 세계사와 세계 정치를 바라보는 것이다.[14]

---

14 이한구(2001)는 이처럼 복수 문명 간 상호작용과 공진화의 관점에서 세계사를 해석하는 슈펭글러, 토인비 등의 논의를 "다원 문명론"이란 개념으로 정리한다. 이한구에 의하면 다원 문명론은 "인류의 역사가 하나의 일원적인 역사라는 것을 부정하고, 여러 개의 문명들이 전개하는 다원적인 역사라고 주장한다". 즉, 인류 역사가 "같은 가치를 지닌 여러 문명들의 다원적인 변화 과정이며 각 각의 문명들은 하나의 독립적인 생명체와 마찬가지로 독자적인 성장의 과정을 밟는다"고 가정한다. 이러한 관점에서 볼 때 "개개의 문명들은 다른 문명들과 부단히 교섭하고 그리하여 여러 가지 이질적인 문화적 요소들을 차용하고 또 수용하기도 하지만, 이들은 본질적으로 하나의 독자적인 발전의 과정을 갖는다"고 이한구(2001: 38-9, 41)는 주장한다. 요컨대 다원 문명론은 인류 역사를 이질적 문명이 상호작용하는 가운데 독자성을 유지하며 변화해가는 과정으로, 즉 공진화하는 과정으로 가정한다.

한편 크라머(Kramer)의 이민에 관한 논의는 문화 간 공진화 과정이 특정 사회 내부에서도 일어날 수 있음을 보여준다. 특히 크라머는 이민자의 유입으로 다양한 문화가 공존하는 다문화사회에서 이뤄지는 문화 간 상호작용은 개별 문화가 자신들의 독립성을 유지하는 가운데 상호작용하며 변화하는 양상으로 전개된다고 주장한다. 크라머(Kramer, 2011: 388)에 의하면, 주류 사회와 이민자 사이의 차이는 이민자가 주류 사회로 통합된다고 해서 절대 사라지지 않는다. 오히려 통합은 '문화적 융합'(cultural fusion)이라 부르는, 즉 이민자들이 주류 사회 문화에 직면하여 이를 흡수하고 동시에 자신의 문화를 추가하는 과정을 포함한다. 다문화사회에서 나타나는 이러한 융합의 사례들은 무수히 많다.

몇몇 예로는 카레햄버거, 일본 전통 악기로 재즈를 연주하는 행위, 미국 대학축구 경기 사전행사에서 폴리네시안 전사의 춤을 추는 행위 등을 들 수 있다. 이러한 사례는 이민자가 이주한 사회로부터 영향을 받을 뿐 아니라 이 사회에 영향을 미칠 수 있음을 보여준다. 동화주의자들은 이민자가 주류 사회의 지배적 사고방식과 행동방식, 그리고 지배적 감성들을 가능한 최대 흡수해야 한다고 주장하지만 실제 이민자들이 경험하는 현실은 주류 사회와 이민자가 서로 의사소통하는 가운데 서로의 사고방식과 행동방식을 교환하고 해석하고 상대방 방식을 빌려 따라하는 공진화의 과정으로 나타난다.

요컨대 크라머는 다문화사회에서의 문화 간 상호작용이 일방적으로 특정 문화가 다른 문화를 동화시키는 방식이 아니라 상호작용하는 가운데 서로 변하는 방식, 즉 공진화하는 방식으로 이루어짐을 주장한다. 이러한 주장은 문화 간 공진화가 오늘날 세계 정치에서 한편으로는 슈펭글러, 토인비 등이 언급한 문명들 사이에서뿐 아니라 다른 한편으로 다문화사회 내에 존재하는 다양한 이질적 문화들 사이에서도 계속됨을 보여준다.

5) 혼종

문화 간 '혼종'(hybridization)은 이질적 문화들이 섞이고 혼합되어 새로운 문화를 만드는 방식으로 이루어지는 문화 간 커뮤니케이션 양상을 지칭한다.[15] 예를 들어 이탈리아 음식과 프랑스 음식이 한식과 합쳐져 새로운 퓨전 요리를 만드는 것과 마찬가지로 이질적 문화가 상호작용하는 가운데 섞이고 혼합되어 원래 개별 문화가 가진 의미와 가치, 신념 체계와는 다른 새로운 의미와 가치, 신념 체계가 만들어지는 문화 간 상호작용 방식을 지칭한다.

이러한 문화 간 혼종은 오늘날 세계 정치에서 다양한 형태로 나타난다. 우선 바바(Bhabha, 1994)의 탈식민주의(post-colonialism) 문화이론 연구는 문화 간 혼종이 식민주의(colonialism)를 경험한 문화들에서 서구 제국주의 문화와 식민지 현지 문화 사이의 혼합의 형태 또는 식민주의를 경험한 '피식민자'(the colonized)의 정체성에서 서구인의 정체성과 식민지 현지인의 정체성이 혼합된 이른바 '양면성'(ambivalence)으로 부르는 형태로 나타남을 보여준다. 바바에 의하면, 식민주의를 경험한 피식민자는 '식민자들'(colonizers)의 문화와 개념을 받아들여 이를 자신들의 전통

---

15 원래 혼종은 생물학에서 이질적 종 사이의 결합에 의해 새로운 종이 태어나는 경우를 지칭하는 용어로 사용되었으나 이후 18~20세기를 거치며 인종, 언어, 문화, 정체성 등에서 이질적 종의 결합에 의해 새로운 종이 나타나는 현상을 지칭하는 용어로 폭넓게 사용된다. 특히 18세기 말엽부터 서구 열강이 비서구 지역으로 세력을 확장하는 가운데 유럽계 백인과 여타 인종 간 결합에 의해 태어난 사람, 예를 들어 서구인과 아프리카인, 아시아인, 아메리카 인디언, 태평양 도서 지역 주민 등 여타 인종의 결합에 의해 태어난 사람을 경멸하는 용어로, 즉 이들이 인종적으로 서구인들보다 열등할 뿐만 아니라 서구인의 인종적 순수성을 훼손할 수 있다는 것을 드러내기 위한 서구 중심적 인종 담론 용어로 사용되었다. 그러나 20세기 중반 이후 식민주의가 공식적으로 막을 내리면서 이 용어는 점차 단순히 인종적 결합을 지칭하는 것에서 확대되어 문학, 문화, 정체성 등에서 근본주의에 대항하는 혼종 현상을 지칭하기 위한 용어로 폭넓게 사용된다(Wikipedia, 2013e).

문화와 개념과 혼합함으로써 새로운 '혼종 문화'(*hybrid cultures*)와 '혼종 정체성'(*hybrid identities*)을 만든다. 그리고 이러한 혼종성은 식민주의가 공식적으로 막을 내린 이후에도 계속되어 오늘날까지 식민주의를 경험한 피식민자의 문화와 정체성에 영향을 미칠 뿐만 아니라 더 나아가 식민자인 서구인의 문화와 정체성에도 영향을 미친다고 바바는 주장한다. 이러한 논의를 통해 바바는 식민주의를 경험한 피식민자의 문화와 정체성이 피식민자가 원래 가졌던 전통적 문화와 정체성과도 다르지만 서구 식민자의 문화와 정체성과도 다른 '제 3의 공간'(*third space*)에 위치함을 보여주고자 했다(Bhabha, 1994: 23~26).

한편 1990년대 이후 세계화와 국제적 인구 이동, 특히 이민의 증가로 다양한 문화들이 혼합되는 경우가 증가함에 따라 많은 학자들이 혼종을 세계화 이후 문화 간 상호작용의 가장 중요한 특징 가운데 하나로 지적한다. 실례로 크레이디(Kraidy, 2005)는 '혼종성'이 세계화 시대의 문화적 논리를 대변한다고 주장한다. 그에 의하면 세계화는 다양한 문화들 사이의 교류를 증가시킴으로써 모든 문화들이 그 내부에 다른 문화의 흔적들을 포함하도록 문화 간 혼종성을 증대시킨다. 비슷한 맥락에서 피터스(Pieterse, 2004)는 혼종성이 세계화 시대의 '문화적 근간'(*the rhizome of culture*)을 이룬다고 주장한다. 그에 의하면 문화적 측면에서 세계화는 세계의 흩어진 다양한 문화를 섞고 혼합하여 새로운 문화를 만든다는 점에서 '동질화'(*homogenization*), '근대화'(*modernization*), '서구화'(*westeri-zation*)라기보다는 문화의 혼종화를 가져온다. 이러한 이유로 피터스는 혼종성이 세계화 시대의 문화적 근간을 이룬다고 주장한다. 또한 파파스터지아디스(Papastergiadis, 2000), 홀튼(Holton, 2000), 챈, 월스, 해이워드(Chan, Walls, & Hawward, 2007), 호퍼(Hopper, 2007) 등의 연구도 세계화가 다양한 문화의 혼합을 통해 새로운 문화를 만든다고 주장하며 문화 간 혼종을 세계화 시대 문화 간 상호작용의 중요한 특징 가운데 하나로 지적한다.

이외에도 특정 사회 내부에서 문화 간 혼종을 드러내는 구체적 사례로 1970년대 중반까지 '용광로'(melting pot)로 표현되던 미국 사회의 이민자 수용 방식을 지적할 수 있다. 주지하듯이 용광로 메타포는 다양한 문화적 배경을 가진 이민자로 구성된 미국 사회가 다양한 문화와 문화적 정체성을 가진 이민자를 미국이란 용광로에서 하나로 '녹여 합쳐'(melting together) 새로운 미국 문화와 '새로운 미국인'(an American new man)으로 만드는 과정을 표현하기 위해 사용한 개념으로 다양한 문화가 섞이고 혼합되어 새로운 문화를 만드는 일종의 문화 간 혼종 현상을 지칭한다. 그러나 1970년대 이후 다문화주의 담론이 유행하면서 최근에는 '미국화'(Americanization) 또는 미국 주류 문화로의 '동화'(assimilation)를 의미하는 용광로 메타포 대신 다양한 문화적 배경을 가진 이민자가 자신들의 특성과 차이를 유지하는 가운데 혼합되어 새로운 문화가 창출된다는 의미로 '모자이크', '샐러드 그릇'(salad bowl), '미국 만화경'(American kaleidoscope) 등과 같은 용어를 미국 사회의 문화 간 혼종 현상을 지칭하는 용어로 더욱 자주 사용한다.

여기서 살펴본 다양한 사례는 문화 간 혼종이 세계화와 국제적 인구이동, 이민의 증가로 전 세계적 수준에서 또는 특정 사회 내부에서 다양한 형태로 나타남을 보여준다. 즉, 전 세계적 수준에서 세계화가 다양한 문화들 사이의 교류와 접촉을 증가시킴으로써 문화 간 혼종을 가져오며 국제적 인구 이동의 증가, 특히 이민의 증가가 특정 사회 내부로 이질적 문화를 유입함으로써 국내적 수준에서 문화 간 혼종 현상을 촉진한다. 이러한 점에서 문화 간 혼종 현상은 탈냉전 이후 세계 정치에 나타나는 문화 간 상호작용의 가장 중요한 특징 가운데 하나라 할 수 있겠다.

4. 결 론

이 장은 최근 그 중요성이 크게 증가한 문화 간 커뮤니케이션에 초점을 맞춰 문화 간 커뮤니케이션이 오늘날 세계 정치에 어떠한 형태로 나타나는지를 지배, 충돌, 공존, 공진화, 혼종 5가지로 나누어 살펴보았다. 이를 간단히 정리하면 다음과 같다.

첫째, 지배는 특정 문화가 (그리고 그 문화를 공유하는 집단이) 국가권력을 매개로 또는 이미지나 표상, 담론, 상징 조작 등을 통해 다른 문화를 (그리고 그 문화를 공유하는 집단을) 열등하고 저급하고 야만적인 것으로 규정하고, 억압하고 탄압하고 말살시키려 하고 동화시키려 하는 문화 간 상호작용 양상으로 오늘날 세계 정치에서 사이드가 지적한 바와 같이 '오리엔탈리즘'의 형태 또는 영이 지적한 바와 같이 '문화적 제국주의'의 형태로 나타난다.

둘째, 충돌은 이질적 문화가 서로의 차이를 부정한 채 서로를 적대시하고 충돌하는 문화 간 상호작용 양상을 지칭하는 것으로 전 세계적 차원에서 헌팅턴이 주장하는 '문명의 충돌' 또는 바버가 주장하는 '지하드와 맥월드'의 충돌로 나타나거나 일국적 차원에서 헌터가 1960년대 이래 미국 정치의 가장 중요한 특징 가운데 하나로 지적한 '문화전쟁'의 형태로 나타난다.

셋째, 공존은 이질적 문화가 서로 상대방 문화의 의미와 가치, 신념 체계의 차이를 인정하고 상대방의 문화적 정체성을 존중하는 방식으로 이루어지는 문화 간 상호작용 양상으로 전 세계적 차원에서는 밀러가 주장하는 '문명의 공존' 형태 그리고 특정 사회 내부에서는 자유주의 또는 다문화주의에 기반을 둔 다양한 문화 간 공존 형태로 나타난다.

넷째, 공진화는 이질적 문화가 각자 독립성을 유지하는 가운데 상호작용을 통해 변해가는 문화 간 상호작용 양상을 지칭하는 것으로 슈펭글러, 토인비 등이 언급한 문명 사이의 공진화, 다른 한편으로는 크라머가 지적한 바와 같이 다문화사회 내에 존재하는 다양한 이질적 문화 사이의 공진화로 나타난다.

다섯째, 혼종은 이질적 문화들이 혼합되어 새로운 문화를 만드는 문화 간 상호작용 양상을 지칭하는 것으로 바바가 지적한 탈식민주의 시대 혼종성의 형태 또는 크레이디, 피터스 등이 지적한 세계화 시대의 '문화적 논리' 또는 '문화의 근간'으로, 아니면 미국의 이민자 수용 방식을 나타내는 '용광로', '모자이크', '샐러드 그릇'의 형태로 나타난다.

이러한 5가지 문화 간 상호작용 양상은 오늘날 세계 정치에서 어느 하나만 주도적으로 나타나기보다는 몇 가지 또는 5가지 양상이 모두 복합적으로 혼재된 형태로 나타난다. 실례로 기독교 중심의 서구 문명과 유교 중심의 동아시아 문명 그리고 이슬람 문명과 인도 문명 등은 때때로 충돌하기도 하지만 공존하면서 상호작용하고 또한 공진화하며 새로운 혼종 문화를 만든다. 또한 유럽 내에서도 최근 무슬림 이민자가 증가하는 가운데 기독교 문화가 이슬람 문화와 서로 충돌하면서도 동시에 상호 차이를 인정하며 공존하고 또한 공진화하면서 뒤섞여 혼종의 새로운 문화를 만든다. 미국의 경우에도 아직 서구식 프로테스탄트 기독교 문화가 상대적 우위를 점하지만 그럼에도 불구하고 다양한 이민자 문화가 충돌하면서 공존하고 그리고 공진화하는 가운데 혼종을 통해 새로운 문화를 만든다.

그렇다면 이처럼 오늘날 세계 정치에서 다양한 문화들이 지배, 충돌, 공존, 공진화, 혼종과 같이 다양한 방식으로 상호작용한다는 사실에서 우리는 어떠한 이론적 함의를 도출할 수 있는가? 특히 어떠한 국제정치학적 이론적 함의를 도출할 수 있는가? 위에서 언급한 바와 같이 20세기 들어 체계를 갖춘 학문 분야로 발전한 전통적 국제정치학은 기본적으로 국제 관계와 세계 정치를 주권국가 간의 관계로 그것도 기본적으로 군사력, 정치력, 경제력을 중심으로 이루어지는 주권국가 간의 관계로 파악했다. 그러나 이러한 전통적인 국제정치학 패러다임은 다양한 문화 간 상호작용이 오늘날 세계 정치의 주요 구성 요소로 부상함에 따라 두 가지 측면에서 수정을 요구받는다.

첫째, 이슈 측면에서 오늘날 세계 정치에 나타나는 다양한 문화 간 상호작용은 세계 정치에 대한 이론화 작업이 더 이상 문화를 '주변적' 요소로 취급할 수 없음을 드러낸다. 앞에서 살펴본 바와 같이 문화는 오늘날 세계 정치에서 지배의 수단 또는 충돌의 원인이자 공존의 계기로, 아니면 상호작용을 통해 변화를 이끄는 공진화의 원인 또는 혼종을 통해 새로운 행위자를 만드는 계기로 작동할 수 있다. 따라서 이처럼 다양한 기능을 수행하는 문화를 고려하지 않고 세계 정치를 이론화하는 작업은 한계가 있을 수밖에 없다. 정치, 경제, 군사뿐 아니라 문화를 함께 고려하는 그리고 이러한 다양한 영역이 얽히고설켜 만들어지는 복합적 성격을 설명하고 분석할 수 있는 복합적 세계 정치 이론이 필요하다 하겠다.

둘째, 행위자 측면에서 오늘날 세계 정치에 나타나는 다양한 문화 간 상호작용은 세계 정치에 대한 이론화 작업이 전통적 국제정치학에서와 같이 주권국가에만, 그것도 단일성을 가정한 '당구공'(billiard ball) 모델의 주권국가에만 초점을 맞춰 이루어질 수 없음을 드러낸다. 앞에서 살펴본 바와 같이 문화의 중요성이 증가함에 따라 세계 정치에서 행위자는 주권국가뿐 아니라 국가보다 규모가 크고 국가 경계를 벗어나 존재하는 문명과 같은 '초국가적'(supranational) 행위자, 여러 국가에 걸쳐 네트워크로 연결된 '월경적'(transnational) 문화 집단 행위자(예를 들어 자신들의 모국은 물론 유럽 전역에서 네트워크로 연결된 무슬림 집단), 그리고 특정 국가 내에 존재하는 이민자 집단과 같은 '하위국가적'(*subnational*) 행위자 등 새로운 행위자가 주목받는다. 국가와 함께 이러한 행위자들을 함께 고려하고, 그리고 이들 여러 행위자들이 만들어내는 복합적 관계를 설명하고 분석할 수 있는 복합적 세계 정치 이론이 필요하다 하겠다.

요컨대 오늘날 세계 정치에 나타나는 다양한 문화 간 상호작용은 이슈와 행위자 측면에서 전통적 국제정치학 패러다임을 넘어서는 새로운 복합적 패러다임이 필요함을 일깨운다. 앞으로 다양한 문화 간 상호작용으로 인해 나타나는 세계 정치의 복합적 성격을 설명하고 분석할 수 있는 새로운 패러다임이 등장하기를 기대한다.[16]

참고문헌

구춘권 (2000), 문명의 충돌과 공존: 새로운 세계질서에 대한 두 가지 전망, 〈진보평론〉, 6호, 435~444.

김남국 (2005), 영국과 프랑스에서의 정치와 종교: 루시디 사건과 헤드스카프 논쟁을 중심으로, 〈국제정치논총〉, 44집 4호, 341~362.

김범수 (2008), '국민'의 경계 설정: 전후 일본의 사례를 중심으로, 〈한국정치학회보〉, 43집 1호, 177~202.

양준희 (2002), 비판적 시각에서 본 헌팅턴의 문명충돌론, 〈국제정치논총〉, 42집 1호, 29~50.

이한구 (2001), 문명의 공존과 그 조건, 〈인문과학〉, 31집, 31~47.

정현숙 (2002), 문화 간 커뮤니케이션의 연구동향과 과제, 〈언론과 정보〉, 8호, 65~91.

조윤영 (2004), 문화적 접근을 통한 국제관계 연구: 갈등해소와 협상에 있어서 문화의 역할 분석, 〈국제정치논총〉, 44집 1호, 51~70.

최정운 (1998), 국제정치에 있어서 문화의 의미, 〈국제문제연구〉, 22권 1호, 42~58.

---

16 이러한 점에서 복합 개념을 중심으로 세계 정치를 이해하고자 하는 하영선과 김상배(2012)의 연구는 중요한 의미가 있다 하겠다. 앞으로 더 많은 후속 연구들이 이어지기를 기대한다.

_____ (1999), '새로운' 질서의 한계: 헌팅턴의 '문명 충돌론' 비판, 〈동아시아비평〉, 3
호, 5~17.

_____ (2007), 문화와 권력, 〈세계정치〉, 7권, 44~67.

하영선 · 김상배 편 (2012), 《복합세계정치론: 전략과 원리, 그리고 새로운 질서》, 서울:
한울.

홍성민 (1998), 국제정치문화연구 방법론 서설, 〈국제정치논총〉, 38집 3호, 25~42.

Anderson, B. (1983), *Imagined Communities: Reflections on the Origin and Spread
of Nationalism*, London: Verso.

Bhabha, H. (1994), *The Location of Culture*, London: Routledge.

Chan, K. B., Walls, J., & Hayward, D. (2007), *East-West Identities: Globalization,
Localization, and Hybridization*, Boston: Brill.

Conklin, A. L. (1998), *A Mission to Civilize: The Republican Idea of Empire in
France and West Africa 1895~1930*, Stanford: Stanford University Press.

Fujitani T. (1996), *Splendid Monarchy*, 한석정 역 (2003), 《화려한 군주: 근대일본의
권력과 국가의례》, 서울: 이산.

Glazer, N. (1983), *Ethnic Dilemmas: 1964~1982*, Cambridge: Harvard University
Press.

Gopal, S. (1965), *British Policy in India 1858~1905*, Cambridge: Cambridge
University Press.

Hobsbawm, E. & Ranger, T. (1983), *The Invention of Tradition*, Cambridge:
Cambridge University Press.

Holton, R. (2000), Globalization's cultural consequences, *Annals of the Ame-
rican Academy of Political and Social Science*, 570, 140~152.

Honneth, A. (1996), *The Struggle for Recognition: The Moral Grammar of Social
Conflicts*, Cambridge: MIT Press.

Hopper, P. (2007), *Understanding Cultural Globalization*, Cambridge, U. K.:
Polity.

Hunter, J. D. (1992), *Culture Wars: The Struggle to Define America*, New York:
Basic Books.

Huntington, S. (1993), The clash of civilization?, *Foreign Affairs*, 72(3), 22~49.

_____ (1996), *The Clash of Civilizations and the Remaking of World Order*, 이희재
역 (1997), 《문명의 충돌》, 서울: 김영사.

Jameson, F. (1998), *The Cultural Turn: Selected Writings on the Postmodern*,
Brooklyn: Verso.

Japan Times (2005. 1. 25), "Japan's enemy within: The shrinking North

Korean community feels it is under siege".

_____ (2002. 12. 27), "Neither South, North, nor Japan: Korean resident writers mull allegiance".

Kimmelman, M. (2010. 1. 17), "New weapons in europe's culture wars: When fear turns graphic", *The New York Times*.

Kraidy, M. (2005), *Hybridity: Or the Cultural Logic of Globalization*, Philadelphia: Temple.

Kramer, E. M. (2011), Immigration, in R. L. Jackson (ed.), *Encyclopedia of Identity* (pp. 384~389), Thousand Oaks: Sage.

Kroeber, A. & Kluckhohn, C. (1952), *Culture: A Critical Review of Concepts and Definitions*, New York: Vintage Books.

Kymlicka, W. (1995), *Multicultural Citizenship: A Liberal Theory of Minority Rights*, Oxford: Oxford University Press.

Laitin, D. D. (1998), *Identity in Formation: The Russian-Speaking Population in the Near Abroad*, Ithaca: Cornell University Press.

Lamont, M. & Virág M. (2002), The study of boundaries in the social sciences, *Annual Review of Sociology*, 28, 167~195.

McQuail, D. & Windahl, S. (1981), Communication models: For the study of mass communication, 임상원 · 유종원 공역 (2001), 《커뮤니케이션 모델: 매스 커뮤니케이션의 이해, 서울: 나남.

Mazrui, A. A. (1990), *Cultural Forces in World Politics*, London: James Currey.

Morgenthau, H. (1948), *Politics among Nations: The Struggle for Power and Peace*, New York: Knopt.

Müller H. (1998), *Das Zusammenleben der Kulturen*, 이영희 역 (1999), 《문명의 공존》, 서울: 푸른숲.

Nagel, J. (1994), Constructing ethnicity: Creating and recreating ethnic-identity and culture, *Social Problems*, 41(1), 152~176.

Nash, K. (2001), The 'Cultural Turn' in social theory: Towards a theory of cultural politics, *Sociology*, 35(1), 77~92.

OECD (2012), *International Migration Outlook 2012*, OECD Publishing.

Papastergiadis, N. (2000), *The Turbulence of Migration: Globalization, Deterritorialization, and Hybridity*. Cambridge, UK: Polity Press.

Pieterse, J. N. (2004), *Globalization and Culture: Global Mélange*, Oxford: Rowman & Littlefield.

Rengger, N. J. (1992), Culture, society, and order in world politics, in John Baylis & Nicholas J. Rengger (eds.), *Dilemmas of World Politics: Inter-*

national Issue in a Changing World, Oxford: Oxford University Press.

Ryang, S. (1997), *North Koreans in Japan: Language, Ideology, and Identity*, Boulder: Westview Press.

Said, E. W. (1978), *Orientalism*, New York: Vintage Books.

_____ (1994), *Culture and Imperialism*, New York: Vintage Books.

Schmitt, C. (1976), *The Concept of the Political*, New Brunswick: Rutgers University Press.

Spengler, O. (1923), *Der Untergang des Abendlandes*, 양해림 역 (2008), 《서구의 몰락》, 서울: 책세상.

Stolcke, V. (1995), Talking culture: New boundaries, new rhetorics of exclusion in Europe, *Current Anthropology*, 36(1), 1~24.

Taylor, C. (1994), *Multiculturalism: Examining the Politics of Recognition*, Princeton: Princeton University Press.

Thompson, J. N. (1994), *The Coevolutionary Process*, Chicago: University of Chicago Press.

Toynbee, A. J. (1953), *World and the West*, 이양기 역 (1983), 《세계와 서구》, 대구: 이문출판사.

Waltz, K. (1979), *Theory of International Politics*, New York: McGraw-Hill.

Walzer, M. (1982), Pluralism in political perspective, M. Walzer (ed.), *The Politics of Ethnicity*, Cambridge: Harvard University Press.

Weigel, G. (2006), Europe's two culture wars, http://www.discovery.org/scripts/viewDB/index.php?command=view&printerFriendly=true&id=3460 (2월 10일).

Young, I. M. (1990), *Justice and the Politics of Difference*, Princeton: Princeton University Press.

Youssef C. & Todd, E. (2007), *Le Rendez-vous des Civilisations*, 이양호 역 (2008), 《문명의 충돌이냐 문명의 화해냐》, 서울: 친디루스.

Wikipedia (2013a), Nagorno-Karabakh War, http://en.wikipedia.org/wiki/Nagorno-Karabakh_War(1월 21일).

_____ (2013b), Bosnian War, http://en.wikipedia.org/wiki/Bosnian_war(1월 21일).

_____ (2013c), Rwandan Genocide, http://en.wikipedia.org/wiki/Rwandan_Genocide(1월 21일).

_____ (2013d), Jyllands-Posten Muhammad Cartoons Controversy, http://en.wikipedia.org/wiki/Jyllands-Posten_Muhammad_cartoons_controversy(2

월 8일).

_____ (2013e), Hybridity, http://en.wikipedia.org/wiki/Hybridity(2월 8일).

平野健一郎 (2007), 국제관계를 문화로 본다: 동아시아의 사례, 〈세계정치〉, 7권, 8~43.

杜維明 (2005), 《對話與創新》, 桂林:廣西師範大學出版社. 김태성 역 (2006), 《문명들의 대화》, 서울: 휴머니스트

小熊英二 (1998), 《日本人の境界: 沖縄 · アイヌ · 臺灣 · 朝鮮 植民地支配から復歸運動まで》, 東京: 新曜社.

11

미드에 대한 노출, 주인공에 대한 이미지 그리고 서구에 대한 고정관념

문성준

2000년대 이후 미국 드라마(이하 미드)를 즐겨 보는 광적인 한국 마니아들이 국내에 생겨났고, 미국 대중 문화물이 한국의 케이블 텔레비전과 지상파를 통해서 국내에 유입되었다. 이 장은 국내 시청자 층을 중심으로 유행하는 미드의 역할을 실증적으로 검증하기 위한 것이다. 미드에 노출된 국내 시청자는 미드에 출연하는 백인 위주의 주인공에 대해 어떠한 이미지를 형성하는지, 이러한 이미지는 시청자가 느끼는 일반적인 백인에 대해 어떠한 고정관념을 형성시키는지에 대한 실증적 검증을 했다. 이를 위해 구조방정식(*structural equation modeling*)을 이용하여 미드에 대한 노출이 시청자가 생각하는 백인 주인공에 대한 이미지와 최종적으로 백인 전체에 대한 고정관념 형성에 어떠한 영향을 미쳤는지를 도식적으로 분석했다.

1. 문제 제기

2000년대 들어 한국 드라마가 중국을 비롯한 동남아 국가에 널리 알려지면서 한류(韓流) 열풍이 아시아권에 불기 시작했다. 한국의 가요, 패션, 그리고 아이콘이 아시아인 생활 속 깊이 침투하면서 한국 영화와 한국 드라마를 즐겨 보는 광적인 한국 마니아가 아시아에 생겨났다(〈뉴시스〉, 2007). 이와는 반대로 미국과 일본의 대중 문화물이 국내 케이블 텔레비전과 지상파 텔레비전을 통해 소개 및 유입되고 시청자에게 인지되기 시작하면서 다양한 마니아층이 형성되었다. 이른바 미드의 광적인 인기로 인해 한국의 20대 혹은 30대층에서는 신(新) 서구적 아이콘이 유행하고, 기존의 일일연속극, 주말연속극, 미니시리즈 등등 드라마를 구분하던 용어가 '시즌'으로 변경되었다. 그리고 2004년 이후 인터넷에서 파일 공유가 본격화되면서 '미드족'이라고 불리는 마니아층이 형성되기 시작했고, 2007년 이후 〈CSI〉, 〈로스트〉 등이 케이블 텔레비전에서 큰 인기를 얻기 시작했다(이종수, 2008). 또한 기존 지상파를 통해 미드를 처음 접했던 과거와는 달리 인터넷과 케이블 텔레비전을 통해 시청자가 미드를 선택하고 두터운 팬층이 형성되었다.

이러한 미드의 열풍으로 국내 지상파 3사는 '미드 빅3'라고 일컬어졌던 〈프리즌 브레이크〉, 〈그레이 아나토미 시즌 3〉, 〈CSI 마이애미〉를 주말 심야 시간대에 연속 방송했다. 또한 케이블 텔레비전 채널은 자체적으로 미국 드라마를 방영하며 이른바 '~데이'(예를 들어 튜더스 데이)라 하여 미드를 24시간 연속 방송하여 꿈의 시청률인 2%를 기록했으며, 이런 편성의 인기가 타 케이블 채널로 점차 확대되었다. 하지만 이러한 미드는 미국적 문화 가치를 은연중에 내포하기 때문에 국내 시청자로 하여금 미국 문화에 동화되는 것을 촉진하여 문화제국주의 사상을 고취하게

그림 11-1 **최근 종영되었거나, 방영 중인 여러 미드**

출처: http://atombit.net/30046014445

만든다는 비판도 있다(김승수, 2008). 또한 미드 속의 인종차별주의적인 미국적 사고방식에 대한 거부감이 심하게 드러났으며, 한국인 비하 장면에서 국내 시청자가 심한 불쾌감을 표출하기도 했다(강진숙·김도희·노창희·김지은·신선미, 2007: 75). 하지만 출생의 비밀, 재벌의 사랑, 불륜으로 특징지어지는 국내 드라마의 소재와 형식에서 탈피한 것은 사실이다(피용신, 2007).

최근 들어 국내 경제의 불황 탓인지 미드 주문량을 줄인 상태이긴 하지만 여전히 새로운 미드가 방영된다. 한국 드라마의 대부분이 재벌가의 사랑과 불륜을 소재로 하는 점에 반해 〈로스트〉, 〈프리즌 브레이크〉와 같은 미스터리와 수사물 등에 출연하는 백인 주인공은 어려움에 봉착했을 때 마치 퍼즐을 맞추는 것처럼 차근히 문제를 해결한다. 이러한 구성을 한국 드라마에서는 쉽게 찾아볼 수 없기 때문에 경기 불황에도 불구하고 〈그림 11-1〉과 같은 새로운 미드들의 출현을 볼 수 있다. 최근 들어서는 젊은 층을 대상으로 미드를 활용한 영어 학습 또한 관심을 받는다

(안희진, 2011; 양정원·김문주, 2010; 진명진, 2012).

이토록 미드가 국내 젊은 층에게 다양한 방면으로 많은 사랑을 받는 상황에서 시청자에게 미치는 영향은 연구해볼 중요한 이슈다. 국내에서 외화에 대한 검열제도의 규정이 약해지고, 이질적인 서구 문화에서 완성된 드라마의 내용이 여과 없이 안방에 방영될 때 어떠한 사회적 문제를 야기할 수 있는지를 실증적으로 검토할 필요가 있다. 이 장의 목적은 국내 젊은 층을 중심으로 유행하는 미드의 역할을 실증적으로 검증하는 것이다. 과연 미드에 노출되는 젊은 시청자는 미드에 출연하는 백인 주인공에 대해 어떠한 이미지를 가지고, 이러한 이미지가 백인 전체에 대한 국내 젊은 층의 고정관념 형성에 어떠한 영향을 미치는지를 실증적으로 검증할 것이다.

물론 미드의 열풍은 2000년대 초반에 나타난 하나의 유행일수도 있다. 왜냐하면 여전히 시청률 30~40%를 넘는 인기 드라마는 프라임타임대의 중년 시청자에 의해 결정되기 때문에 과연 방송사가 계속하여 젊은 층 위주의 미드에 관심을 둘 것인가가 차후에 관건이 될 것이다. 따라서 아직 20대와 30대 중심의 미드 열풍이 가져온 문화적 지각변동을 평가하기엔 이르지만, 이 장의 연구 결과는 미드에 노출되는 국내 젊은 층의 백인에 대한 이미지 수용 과정 및 고정관념 형성 과정을 설명하는 중요한 지표가 될 것이다.

2. 이론적 배경 및 기존 연구

1) 미드의 역사

미드의 경우 한시적으로 유행을 타고 갑자기 나온 것이 아니다. 미드의 기원은 70~80년대 국내에서 인기리에 방영된 〈6백만 불의 사나이〉, 〈소머즈〉, 〈맥가이버〉, 〈에어울프〉, 〈브이〉에서 시작되어 1990년대에는 〈X-파일〉과 〈NYPD〉로써 많은 이목을 끌었다. 그리고 2000년대 들어서는 〈CSI〉가 대중적인 사랑을 많이 받아 미드라는 열풍이 불었다(임정수, 2011; 최영화, 2007). 현재 유행하는 미드는 과거 미드와 비교해 제작비 자체가 다르고 지상파나 케이블을 통해 방영되기 전 구전이나 한글 자막까지 깔려 인터넷 P2P를 통해 국내에 유포되기도 한다. 대표적인 인기 미드로는 2009년 종영된 〈FBI 실종수사대〉, 〈프리즌 브레이크〉, 〈멘탈리스트〉, 〈왕좌의 게임 3〉, 〈스파르타쿠스〉, 〈애로우: 어둠의 기사〉, 〈크리미널 마인드〉 등이 있다(〈표 11-1〉 참조). 제시된 미드 중에서 〈프리즌 브레이크〉나 〈그레이 아나토미〉는 국내 여러 논문에서도 분석될 정도로 주목을 끌었다(김영찬, 2007; 이종수, 2008).

표 11-1 2013년 3월 미드 일간 검색어 순위

1위	왕좌의 게임 3	6위	글리
2위	스파르타쿠스	7위	모던 패밀리
3위	애로우 어둠의 기사	8위	워킹 데드3
4위	바이킹스	9위	레볼루션
5위	빅뱅이론	10위	그림형제

2) 사회인지이론과 배양이론

반두라(Bandura, 2002)의 사회인지이론은 미디어에 노출되는 수용자의 심리적 학습 단계를 설명하는 이론이다. 반두라는 미디어가 묘사하는 대상을 인식할 때 관찰학습의 역할을 강조하고, 관찰학습의 단계를 주의, 기억, 생산, 동기화의 4개 과정으로 설명했다.

주의 단계는 수용자가 미디어의 특정 내용 또는 인물에 관심을 두는 과정을 말한다. 즉, 한국인들이 미드에 노출되면서 드라마에서 묘사되는 특정 인물에 대해 더욱 관심을 갖는 과정이라 할 수 있다. 예를 들어 대표적 미드인 〈프리즌 브레이크〉에 출연하는 '석호필'이란 애칭의 백인 주인공에게 시청자는 많은 주의를 준다. 기억 단계는 주의를 통해 얻은 정보 및 이미지를 대뇌 속에 기억하는 단계로써 시청자가 '석호필'의 이미지를 두뇌 속에 기억하는 단계를 의미한다. 생산 단계는 기억 과정을 거쳐 그 인물, 즉 백인 주인공에 대한 정보와 이미지를 생산하는 단계이다. 한국의 젊은 시청자가 미드 주인공의 패션, 헤어스타일을 흉내 냄으로써 간접적인 만족감을 표방하는 것은 이러한 과정들의 결과에 의한 것이다. 마지막으로 동기화 단계는 관찰한 것을 행동으로 실행시키는 단계를 말하는 것으로 미드를 봄으로써 서구 사회에 대한 동경을 꿈꾸고 백인 전체에 대한 긍정적인 고정관념을 형성하는 단계를 의미한다.

거버너 등(Gerbner, Gross, Morgan, Signorielli, & Shanahan, 2002)은 시청자가 텔레비전 프로그램에 노출될 때 텔레비전의 렌즈를 통해 나타나는 이미지, 가치, 묘사 그리고 이데올로기에 영향을 받는다며 배양이론을 주장했다. 즉, 백인 중심의 미드에 대한 노출은 시청자가 백인 중심적 이데올로기를 학습하는 데 중요한 촉매제 역할을 할 것으로 예측할 수 있다. 또한 거버너는 주류(*mainstream*)와 공명(*resonance*)이라는 개념으로 시청자가 텔레비전이 묘사하는 이미지 학습에 대해 개인적인 차이가 존재할 수도 있다는 주장으로 허치(Hirsch, 1980)의 이견을 극복했다. 주류란 텔레비전에 노출되는 시간에 비례해 중시청자는 텔레비전이 묘사하는 객체의 이미지에 더욱 빠져든다는 것을 의미한다. 대부분 백인으로 구성된 미드 주인공이 어려움을 현명하게 헤쳐 나가고 정의를 실현하는 장면에 계속 노출되는 중시청자일수록 백인에 대하여 더욱 긍정적 이미지를 가져 은연중에 백인에 대한 긍정적 고정관념을 가질 것이다.

공명이란 시청자의 개인적 차이(성별, 나이, 직업, 교육 정도, 미국 방문 경험, 미국인과의 직/간접적 경험, 미국인에 대한 평소 감정 등등)에 따라 백인 주인공에 대한 고정관념의 강도가 달라지는 것을 의미한다(Greenwald, McGhee, & Schwartz, 1998). 즉, 시청자가 똑같은 미드에 노출될지라도 기존의 경험 또는 현재의 개인적 상황에 따라 백인 주인공에 대한 애착도가 달라져 긍정적 고정관념을 빨리 형성하거나 오히려 부정적인 고정관념을 형성할 수 있는 것을 의미한다.

3) 미드를 통한 고정관념의 형성

전통적으로 미디어 학자들은 미디어에서 제시되는 메시지가 사람의 이미지 형성에 큰 영향을 준다고 주장했다(Klapper, 1960; McQuail, 1969; Weiss, 1969). 특히, 대중매체가 수용자의 이미지 형성에 어떠한 영향력을 미치는가에 대한 연구와 대중매체가 묘사하는 대상에 관한 이미지 형성에 대한 연구는 꾸준히 이루어졌다. 더욱 세부적인 연구로 미디어가 수용자들의 행위에 미치는 영향에 대한 연구도 실행되었다. 또한 부정적 광고 메시지가 유권자들의 정치 행위에 미치는 영향에 관한 연구(Fridkin, Kenny, & Woodall, 2008) 및 여성 정치 후보자를 묘사하는 미디어 프레임에 따른 남녀 수용자 행위 차이에 대한 연구도 진행되었다 (박노일·한정호·홍기훈, 2007).

대중매체 중에서 특히, 텔레비전 프로그램에 노출된 시청자는 프로그램에 등장하는 인물이나 배경의 이미지가 시청자의 고정관념 형성에 영향을 준다고 믿었다(Ibelema & Powell, 2001). 이때 고정관념이란 본인의 의도와 상관없이 특정한 객체에 대한 의식이나 표상이 머릿속에 떠올라 그 사람의 정신생활을 지배하고 나아가 행동에까지 영향을 미치는 것을 말하며, 일종의 정신적 지름길(*mental shortcut*)로써 기능한다고 믿어진다(김혜숙, 1999). 특히, 미드의 주류가 되는 백인 주인공이 어려움에 봉착했을 때 그 난관을 헤쳐 나가는 과정은 호기심을 넘어 예술의 경지에 이르고, 단조로운 국내 드라마와 달리 치밀한 구성, 스피디한 전개, 영화를 방불케 하는 아름다운 영상은 백인 주인공에 대한 긍정적 이미지를 형성시키기에 충분하며, 나아가 국내 시청자로 하여금 백인에 대한 긍정적인 고정관념을 형성할 수도 있을 것이다. 물론 그 중심에 수십 명의 작가가 하나의 작품에 매달려 작업하는 과정이 녹아 있음은 두말할 필요도 없다.

탠(Tan, 1988)은 태국에 거주하는 태국인이 생각하는 미국 백인에 대한 고정관념을 측정했다. 그는 태국인이 내면적으로 형성하는 미국 백인에 대한 고정관념은 미국으로부터 수입되어 방영되는 미국 미디어 때문이라고 주장했다. 태국인이 미국 미디어가 묘사하는 내용에 노출될수록 무의식적으로 그 내용을 액면 그대로 믿는 경향이 있고, 결국 태국에서 방영되는 미국 미디어가 태국 시청자가 생각하는 미국 백인에 대한 고정관념 형성에 중요한 영향을 미쳤다고 주장했다. 또한 후지오카(Fujioka, 2005)는 미디어에서 묘사되는 흑인에 대한 부정적 이미지가 흑인에 대한 부정적 고정관념을 야기한다고 주장했고, 또 다른 연구(Fujioka, 1999)

362

에서는 특정 객체와 직접적인 대면 접촉이 없을 때 텔레비전에서 묘사되는 이미지는 그 객체에 대한 고정관념을 형성시키는 데 중요한 매개 역할을 한다고 밝혔다. 즉, 흑인을 부정적으로 묘사하는 미디어에 노출될수록 흑인에 대한 부정적 고정관념이 형성된다고 주장했다. 또한 수용자 머릿속에 형성된 고정관념은 고정관념과 관련된 그 객체와 관련된 의견 결정에도 영향을 준다고 주장했다(Devine, 1989; Tan & Fujioka, 2000; Wyer & Srull, 1981).

미 예일대와 뉴욕대 연구팀[1]은 대중매체의 영향으로 개인이 사는 범위 밖으로의 정보 획득이 더욱 용이해진다고 주장했다. 로시오, 모니크, 마야(Rocío, Monique, & Maya, 2008)는 남미에 방문을 하지 않은 시청자를 대상으로 한 연구에서 남미인을 부정적으로 묘사하는 미디어에 노출될수록 시청자는 남미인에 대하여 부정적인 고정관념을 형성한다는 것을 밝혔다. 국내 연구에서도 직접적으로 미국을 방문하거나 미국인 친구가 없는 시청자임에도 불구하고 국내의 미디어를 통해 획득한 정보를 바탕으로 백인에 대해서는 부유하고 자신감이 넘치며 행복하다는 긍정적인 고정관념을, 반면 흑인에 대해서는 가난하고 불행하다는 부정적 고정관념을 지닌다는 것을 밝히기도 했다(임성택, 2003).

미디어의 효과는 단순히 인종과 관련된 고정관념 형성에만 국한되는 것이 아니라, 남성과 여성의 '성'(性)과 관련된 고정관념 형성에도 영향을 미친다. 금희조·김연경(2008)에 의하면 수용자들이 성의 특성을 강조하는 미디어 프로그램에 노출이 될수록 수용자들은 은연중에 전통적인 성의 역할을 중시한다고 주장한다. 또한 빌헬름과 케빈(Wilhelm & Kevin, 2004)은 미디어 중 특히 라디오 광고에서 보도되는 성적인 내용

---

1 "편견이 능력 차이 만든다"(《파이낸셜뉴스》, 2003. 12. 8).

은 청취자로 하여금 전통적인 성별의 역할에 대한 고정관념을 형성시킨 다고 주장했다.

4) 드라마에 대한 시청자의 차별적인 해독

미디어의 텍스트는 수용자에게 언제나 동일하게 이해되는 것은 아니다. 물론 미드를 시청하는 이유 또한 다르기 때문에 시청자의 해독 또한 다를 것이다. 일반적으로 미드를 시청하는 이유는 '오락과 휴식', '정보 획득', '환경/동반자', '성적 흥미' 등과 같이 4개의 인자로 분석되었다는 주장이 있는데, 그 시청 동기에 따라 시청자의 차별적 해독이 발생할 수 있다(임양준, 2008).

특히 텔레비전 시청자는 그들의 성별, 나이, 학력, 직장 등에 따라 드라마 주인공의 이미지를 다르게 수용할 것이다. 시청자 가운데 학력 수준이 낮을수록, 높은 연령의 남성 수용자일수록, 전업주부일수록 드라마에 등장하는 전통적 여성상을 현대적 여성상보다 더 선호하는 경향을 확인할 수 있었다(김선남·장해순·정현욱, 2004). 또한 나미수(2003)는 시청자의 정치, 경제, 사회 그리고 문화적 맥락에 따라 미디어 텍스트의 이해가 다를 수 있다고 주장했다. 김훈순·박동숙(2002)은 여성 시청자의 경우 연령 또는 학력에 따라 기본 의식이 다르고, 이러한 차이점이 여성 수용자들로 하여금 동일한 텔레비전 내용을 상이하게 인식하게끔 만든다고 주장했다. 김양희·민인철(1998)은 여성보다는 남성, 그리고 권위주의적 성향을 보유한 사람이 그렇지 못한 사람들보다 성차별적인 드라마에 적극적으로 반응한다는 것을 발견했다.

질적 방법론을 이용한 논문에서도 드라마에 대한 수용자들의 차별적 해독에 대한 많은 연구가 있다. 양정혜(2002)는 심층 인터뷰를 통하여 드라마 〈여인천하〉에 대해 수용자의 차별적 해독이 존재한다는 것을 발견했고, 이러한 차별적 해독은 이오현(2002)의 드라마 〈보고 또 보고〉 텍스트 연구, 윤선희(1997)의 드라마 〈애인〉 텍스트 연구 그리고 송정화(1996)의 연구에서도 발견된다. 결국 시청자의 가치관에 따라서 드라마를 다르게 해석한다는 것을 발견할 수 있었다.

3. 가설 설정

2000년에 들어와서 한류 열풍으로 인해 일본을 비롯한 중국, 대만, 베트남 등 아시아 시장에 드라마를 수출하는 한국의 드라마 산업은 결코 작지 않으며 시장 경쟁력 또한 있다. 하지만 출생의 비밀, 재벌의 사랑, 불륜으로 특징지어지는 한국 드라마는 소재와 형식에서 제한적인 것이 사실이다. 한류 열풍과는 반대로 국내에서는 젊은 층을 대상으로 다양한 소재로 만들어진 미드의 열풍이 불지만 미드가 국내 젊은 층에게 어떠한 영향을 미치는가에 대한 연구는 실제로 많지 않다.

앞서 언급된 사회인지이론과 배양이론 그리고 문헌연구의 결과를 바탕으로 볼 때 텔레비전은 시청자의 이미지 형성, 즉 사회화에 중요한 기능을 한다는 것을 알 수 있다. 따라서 텔레비전에서 방송되는 미드는 한국인으로 하여금 백인 주인공에 대한 긍정적 이미지를 형성시키고 나아가 백인 전체에 대한 긍정적 고정관념을 유발시키는 역할을 한다고 사료된다. 물론 개인적인 차이를 강조하는 거버너의 공명 개념으로 볼 때 고정관념 형성에 개인적인 차이가 발생 할 수 있지만 미드에서는 백인 위주의 주인공이 아슬아슬한 장면으로 한 회를 마치고 다음 회를 안보면 못 견디게 하는 '클리프 행어' 기법으로 권선징악을 이행한다. 즉, 막대한 자본을 투자하여 만든 미드에 출현하는 대부분의 백인 주인공에게 국내의 젊은 층이 열광한다. 그렇다면 미드에 열광하는 시청자는 백인 주인공에 대하여 어떠한 이미지를 형성하고, 시청자가 미드를 통하여 획득한 백인 주인공에 대한 이미지는 백인 전체에 관한 고정관념 형성에 어떠한 영향을 미칠 것인가에 대한 연구가 필요하다. 이를 실증적으로 풀이하기 위해 다음과 같은 3가지 가설들이 제시되었고, 가설의 검증 결과는 미드가 백인 전체에 대한 고정관념 형성에 어떠한 영향을 미치는가에 대한 중요한 근거가 될 것이다.

- 연구 가설 1: 미드에 노출될수록 시청자는 백인 주인공에 대하여 긍정적인 이미지를 형성할 것이다.

- 연구 가설 2: 시청자에게 백인 주인공에 대한 긍정적인 이미지가 형성될수록, 백인에 대한 긍정적인 고정관념이 형성될 것이다.

- 연구 가설 3: 시청자가 미드에 노출될수록 간접적으로 (시청자가 백인 주인공에 대한 긍정적인 이미지가 형성되기 때문에), 백인에 대한 긍정적인 고정관념이 형성될 것이다.

4. 방법론

제시된 3가지 가설들을 검증하기 위하여 수도권에 위치한 대도시를 선정해 총 240명을 대상으로 서베이를 실시했다〔남 = 123명(51.3%), 여 = 117명(48.8%)〕. 거주자의 지역별 편견을 제거하기 위해 선정 지역을 8개 지역으로 분할해 각 지역에서 쇼핑몰 서베이(*mall intercept*)를 동시에 실시했다. 이때 사용된 쇼핑몰 서베이는 비확률 표본(*non-probability method*) 수집 방법으로 1980년대 후반 이래로 시장 및 소비자 조사 담당 자 사이에서 가장 인기 있는 조사 방법이다. 비확률 표본의 특성상 분석 결과의 대표성, 즉 외적 타당도에 문제가 있을 수 있지만 미국에서는 1984년도에 실시된 서베이 참가자 중 약 33%가 쇼핑몰에서 참가했다는 사실에서 그 인기도를 짐작할 수 있다(Wimmer & Dominick, 2011). 쇼 핑몰 서베이란 연구자가 직접 지역 쇼핑몰을 방문해 면접 대상자들을 대 상으로 서베이를 실시하는 것을 의미하며, 남녀노소 불문하고 다양한 계 층의 사람들을 대상으로 면접을 할 수 있는 효율적 방법으로 인식된다.

최종 수거된 설문지에 의하면 참여자의 나이(M = 27.95, S.D. = 9. 17), 결혼 유무〔미혼 = 178(74.2%), 기혼 = 62(25.8%)〕, 학력 수준〔중졸 이하 = 2(0.8%), 고교 재학 = 17(7.1%), 고졸 = 45(18.8%), 대학교 재학 = 124(51.7%), 대학교 졸업 = 35(14.6%), 대학원 재학 = 5(2.1%), 대학원졸 이상 = 11(4.6%)〕, 그리고 직업의 분포도〔학생 = 135(56.3%), 직장인 = 55(22.9%), 주부 = 19(7.9%), 자영업 = 17(7.1%), 기타 = 13(5.4%)〕를 확인했다.

1) 미드에 대한 노출도 측정

미드에 대한 노출도라는 개념을 측정하기 위하여 문과 박(Moon & Park, 2007), 그리고 문과 넬슨(Moon & Nelson, 2008)이 제시한 두 가지 차원 인 시간적 노출도(*time exposure*)와 내용적 노출도(*content exposure*)를 측 정했다. 첫째, 시간적 노출도란 시청자가 미드에 대하여 어느 정도 노출 되었는지를 의미한다. 텔레비전에서 접할 수 있는 미드에 대한 시간적 노출도를 측정하기 위하여 '전혀 볼 수 없는-매우 자주 볼 수 있는'(M = 4.16; S.D. = 0.90), '전혀 자세히 볼 수 없는-매우 자세히 볼 수 있는'(M

그림 11-2 미드 노출도에 관한 확정적 요인분석

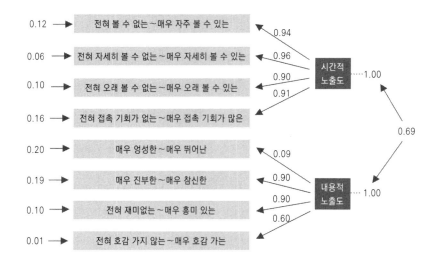

= 3.96 S.D. = 1.83), '전혀 오랫동안 볼 수 없는-매우 오랫동안 볼 수 있는'(M = 3.95; S.D. = 1.86), '전혀 접촉할 기회가 없는-매우 접촉할 기회가 많은'(M = 4.21; S.D. = 1.96)과 같은 4가지 항목을 의미분별척도를 사용해 측정했다(Cronbach's alpha = 0.97). 이 기법은 양극화된 태도를 나타내는 일련의 7점 척도 위에 측정 대상의 명칭이나 개념을 측정함으로써 변인을 측정한다(Wimmer & Dominick, 2009).

두 번째, 미드에 대한 내용적 노출도를 측정하기 위해 참여자에게 텔레비전에서 접할 수 있는 미드의 작품성에 대해 다음과 같은 항목들을 이용해 측정했다. '(완성도 측면에서) 매우 엉성한-(완성도 측면에서) 매우 뛰어난'(M = 5.06; S.D. = 1.62), '매우 진부한-매우 참신한'(M = 4.84; S.D. = 1.63), '전혀 재미없는-매우 흥미 있는'(M = 4.96; S.D. = 1.72), 그리고 '전혀 호감이 가지 않는-매우 호감이 가는'(M = 4.66; S.D. = 1.72). 4개의 항목들을 취합하여 두 번째 차원인 미드에 대한 내용적 노출도를 측정했다(Cronbach's alpha = 0.94).

미드에 대한 노출도라는 개념을 구성하는 두 가지 차원인 시간적 노출도와 내용적 노출도가 차별적 타당도(*discriminant validity*)를 지니는지를 측정하기 위하여 요인분석을 실시했다. 먼저, KMO 테스트(0.91)와 바틀렛 테스트(*Bartlett's test*)의 수치(sig.)가 요인분석을 가능하게 해 주었고, 탐색적 요인분석(*exploratory factor analysis*)을 통하여 두 가지 차원인 시간적 노출도와 내용적 노출도 차원들을 구분 지었다. 탐색적 요인분석을 마친 이후 두 차원들의 실용성을 확정 짓기 위해 LISREL 8(Joreskog & Sorbom, 1996)을 이용한 확정적 요인분석(*confirmatory factor analysis*)을 실시했다[χ^2(19, N = 240) = 49.20, p < 0.05; RMSEA = 0.08, RMR = 0.07; AGFI = 0.90; GFI = 0.95; NFI = 0.98; NNFI = 0.98 CFI = 0.99; IFI = 0.99; RFI = 0.98]. 이때 χ^2 테스트의 결과가 유의미한 것은 샘플의 크기(n = 240)에 영향을 받은 것으로 추측되기에 그 결과는 무시했다(Bentler, 1990; Kline, 1998). 하지만 다른 대안적 접합도 테스트가 일반적으로 그 기준점인 0.9를 상회하기에 연구자가 예상했던 이론, 즉 구성 타당도(*construct validity*)가 높다고 볼 수 있고, 미드에 대한 노출도 측정을 위한 두 가지 차원들이 적절히 구성되었다고 볼 수 있다(〈그림 11-2〉참조).

2) 미드에서 묘사되는 백인 주인공에 대한 이미지 측정

이미지란 감각기관에 대한 자극작용 없이 마음속에 떠오르는 영상(映像)을 말하는 단어로 이를 측정하기 위하여 김태희·이보라·손은영(2009)의 연구에서 이용된 조작적 정의를 차용했다. 즉, 미드에 나오는 백인 주인공은 '이성적이지 않은-이성적인'(M = 4.41; S.D. = 1.39), '매력적이지 않은-매력적인'(M = 4.75; S.D. = 1.37), '편안하지 않은-편안한'

그림 11-3 백인 주인공 이미지에 대한 확정적 요인분석

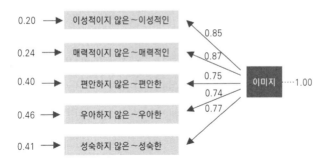

(M = 4. 14; S. D. = 1. 30), '우아하지 않은-우아한'(M = 4. 36; S. D. = 1. 33), '성숙하지 않은-성숙한'(M = 4. 45; S. D. = 1. 48) 이라는 항목을 사용하여 측정했다(Cronbach's alpha = 0. 90). 각 항목들은 의미분별척도로 측정되었으며, 긍정적 답변일수록 7점 쪽, 부정적 답변일수록 1점 쪽으로 명시하게 구성되었다.

KMO 테스트(0. 86)와 바틀렛 테스트(sig.) 후 최우도법(*maximum likelihood*)과 베리맥스 로테이션(*varimax rotation*)을 통하여 탐색적 요인분석을 실시했다. 탐색적 요인분석의 결과가 하나의 차원으로 추출된 것을 확인한 후에는 결과의 신뢰도를 확정짓기 위해 리즈렐 프로그램(Joreskog & Sorbom, 1996)을 이용하여, 확정적 요인분석(*confirmatory factor analysis*)을 실시했다[χ^2(5, N = 240) = 31. 15, p < . 05; RMSEA = 0. 15; GFI = 0. 95; NFI = 0. 96; NNFI = 0. 94; CFI = 0. 97; IFI = 0. 97; RMR(*Root-mean-squared residual*) = 0. 07].

적합도 테스트의 결과상, 모든 적합도의 수치가 뛰어난 적합도를 이루기 때문에 이 모델은 적합하게 구성 및 측정 되었다고 볼 수 있다(Browen & Cudeck, 1993). 즉, 미드에서 묘사되는 백인 주인공들에 대한 이미지를 측정하기 위한 항목들이 잘 구성되었다는 것을 실증적으로

밝힌 것이다(〈그림 11-3〉 참조).

3) 백인 전체에 대한 고정관념 측정

고정관념에 대한 개념적 정의(*conceptual definition*)는 본의가 아님에도 마음이 어떤 대상에 쏠려 끊임없이 의식을 지배하며 모든 행동에까지 영향을 끼치는 것과 같은 관념을 의미한다. 고정관념을 측정하기 위하여 김재휘·서종희(2006)의 조작적 정의와 정태연·류원정(2004)의 조작적 정의를 차용하여 다음과 같은 항목들을 이용하여 측정했다. 백인은 '전혀 친절하지 않은-아주 친절한'(M = 4. 21; S. D. = 1. 18), '전혀 예의 바르지 않은-아주 예의 바른'(M = 4. 07; S. D. = 1. 26), '전혀 성실하지 않은-아주 성실한'(M = 4. 03; S. D. = 1. 12), '전혀 호감적이지 않은-아주 호감적인'(M = 4. 58; S. D. = 1. 23), 그리고 '전혀 솔선수범적이지 않은-아주 솔선수범적인'(M = 4. 10; S. D. = 1. 20). 5가지 항목은 참여자가 긍정적 답변을 할수록 7점 쪽으로, 부정적 답변을 할수록 1점 쪽으로 명시하게 구성되었다(Cronbach's alpha = 0. 86).

KMO 테스트(0. 83)와 바트렛 테스트(sig.)를 실행한 후 탐색적 요인

그림 11-4 백인 전체에 대한 고정관념과 관련된 확정적 요인분석

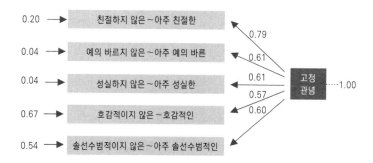

분석을 실시했다. EFA의 결과를 바탕으로 하나의 차원인 백인 전체에 대한 고정관념이라는 개념을 구성하는 5가지 항목들이 일관성 있게 구성되었다고 결론지었다. 동시에 리즈렐 프로그램을 이용하여 확정적 요인 분석을 실시했고(〈그림 11-4〉 참조), 모델 적합도 분석 결과 대부분의 적합도 수치(*goodness-of-fit indices*) 가 기준치인 0.90으로 산출되어 최적의 모델이 형성됨을 알 수 있다[χ^2 (5, N = 240) = 21.14, p < 0.05; RMR = 0.06; AGFI = 0.89; GFI = 0.96; NFI = 0.97; NNFI = 0.95; CFI = 0.97; IFI = 0.97; RFI = 0.93].

5. 결과 분석

이 장의 목적은 국내에서 유행하는 미드의 역할을 실증적으로 검증하기 위해 과연 미드에 노출되는 국내 시청자가 미드의 백인 주인공에 대하여 어떠한 이미지를 가지는지, 그리고 이러한 이미지는 한국의 젊은이에게 백인 전체에 대한 어떠한 고정관념을 형성시키는가에 대한 실증적 검증을 위한 것이다. 하지만 이러한 논리와는 반대로 평상시 가졌던 백인 주인공에 대한 고정관념이 미드에서 묘사되는 백인 주인공에 대한 이미지에 영향을 주고, 이러한 고정관념 또는 형성된 이미지가 미드에 열광하게끔 이끌 수도 있다. 즉, 가설에서 제시된 변인 간에 존재할 수 있는 순서 간의 역설적 모순, 즉 상호효과의 가능성 문제를 풀기 위해 이 장에서는 변인들의 방향이 중요시 되는 LISREL 8을 이용한 구조방정식을 사용했다. 구조방정식을 통해 미드에 대한 노출이 어떻게 시청자의 백인 주인공에 대한 이미지와 백인 전체에 대한 고정관념에 영향을 미칠 수 있는지를 도식적으로 분석할 수 있었다. 또한 직접효과 및 간접효과를 실증적으로 풀이할 수 있기 때문에 연구 문제에서 제기된 백인에 대한 이미지란 매개변인의 효과를 검증할 수 있었다. 아울러 미드에서 묘사되는 백인 주인공에 대한 이미지 그리고 백인 주인공에 대한 고정관념 간의 흐름을 알 수 있고, 여러 지표 간의 영향 정도까지 측정 가능하게 만든다.

미드에 대한 노출, 미드에서 묘사되는 백인 주인공들에 대한 이미지, 그리고 백인 전체에 대한 고정관념을 의미하는 변인 간 관계를 보여주는 공변량 테이블(covariance table)을 LISREL 8에 입력한 후 모형 적합도 지표를 산출했다. 죠레스코그와 솔본(Joreskog & Sorbom, 1996)이 제시한 3가지 측면인, 절대 적합도(absolute fit measures), 증가성 적합도(incremental fit measures), 그리고 단순성 적합도(parsimonious fit measures)를 측정하여 그 적합도를 검증했다.

첫째, 절대 접합도 측면에서 볼 때, 이 모델은 뛰어난 수치를 가지는 것으로 판정났다$[\chi^2(51, \text{ N} = 240) = 134.03, \text{ p} < 0.05$; AGFI = 0.85; GFI = 0.90$]$. AGFI의 수치가 기준치인 0.90 이하이지만, 그 차이가 미미하고 다른 절대 접합 지표인 GFI 수치가 유의미한 결과를 가지기에 이 모델은 적절한 절대 접합지표를 가지는 것으로 판명된다. 절대 접합도 테스트 중에 하나인 χ^2 테스트의 결과는 유의미(sig.)하게 나왔으나, 이는 샘플 크기(N = 240)에 영향을 받았다고 볼 수 있기에 변별력이 미흡하다고 해석되었다.

둘째, 증가성 접합도 측면에서 볼 때 NFI(0.95) 그리고 NNFI(0.96)의 수치가 뛰어나 적절한 증가성 접합지표를 가지는 것으로 검증되었다. 셋째, 단순성 적합도 측면에서 볼 때 CFI(0.97), IFI(0.97) 그리고 RFI(0.93)의 수치들은 거의 완벽한 적합도를 지닌 것으로 해석되었기에, 이 모델은 뛰어난 단순성, 적합성을 지닌다고 볼 수 있다. 마지막으로, 이 측정 모델의 적합도는 잔재치(residual)를 보여 주는 Q-plot에 의

하여 확증되었다. 잔재치들이 45°선을 따라 나열되기에 이 모델은 완벽한 적합도를 가진다고 볼 수 있다.

모든 적합도 테스트에서 우수한 수치로 검증되었기 때문에 연구 가설에서 제시한 3개의 변인인 ① 미드에 대한 노출, ② 미드에서 묘사되는 백인 주인공에 대한 이미지, ③ 백인 전체에 대한 고정관념에 대한 변인 간 관계를 LISREL을 이용하여 확인할 수 있었고 다음과 같은 분석안을 도출했다.

첫째, 시청자의 미드에 대한 노출도와 시청자가 생각하는 미드에서 묘사되는 백인 주인공에 대한 이미지(H1: $r_{11} = 0.60$, $p < 0.001$), 그리고 미드에서 묘사되는 백인 주인공에 대한 이미지와 시청자가 느끼는 백인 전체에 대한 고정관념 사이에 유의미한(H2: $B_{21} = 0.53$, $p < 0.001$) 직접적 효과가 존재함을 밝혔다(〈그림 11-5〉 참조). 부연 설명하자면 미드에 노출될수록 시청자는 백인 주인공에 대해 긍정적 이미지를 형성한다는 연구 가설 1이 통계적으로 유의미하다는 점이 밝혀졌고, 동시에 시청자에게 백인 주인공에 대한 긍정적 이미지가 형성될수록 백인 전체에 대한 긍정적 고정관념이 형성될 것이라는 연구 가설 2 또한 유의미하다는 것을 발견했다(〈그림 11-5〉 참조). 마지막으로 시청자들이 미드에 노출될수록 간접적으로(시청자들의 백인 주인공에 대한 긍정적 이미지가 형성되기 때문에), 백인 전체에 대한 긍정적 고정관념이 형성된다는 연구 가설 3을 검증하기 위하여 변인 간의 간접적 효과를 검증했고 아울러 그 유의미함을 발견했다(H3: $r_{11}B_{21}$: $0.60^*0.53 = 0.32$, $p < 0.001$).

결국 3가지 변인들 간의 직접효과 및 간접효과를 고차원적 통계 방법인 LISREL을 이용하여 분석했다. 결국 〈그림 11-5〉에서 보다시피 모든 가설을 하나로 체계적 도식화함으로써 미드에 대한 노출도 변인, 미드에서 묘사되는 백인 주인공에 대한 이미지 변인 그리고 백인 전체에 대한

그림 11-5 미드에 대한 노출, 이미지 그리고 고정관념간의 관계를 보여주는 모형

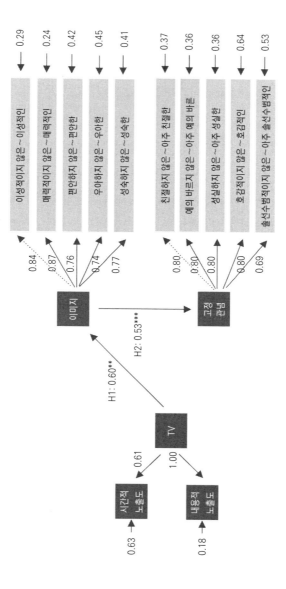

*p < .05, **p < .01, ***p < .001

주: 모든 수치는 표준화된 베타값이며 절대치가 0.10 미만이면 소효과, 0.30 인근이면 중효과, 0.50 이상이면 대효과로 인식된다(Kline, 1998: 118).

고정관념 변인 간의 유의미한 관계를 실증적으로 검증할 수 있었다.

6. 결 론

미국의 '퓨 리서치 센터'가 2008년 3월 27일부터 4월 21일까지 한국 등 24
개국 국민을 상대로 한 설문조사 결과에 따르면 한국인 응답자의 77%가
미국인에게 긍정적 견해를 가진다고 답했다(〈연합통신〉, 2008).[2] 이러
한 맥락과도 일치하게 2000년대 이후 국내에서는 미드 열풍이 불었다.
미드에 나오는 주인공의 패션 그리고 스타일이 국내 젊은 시청자 생활에
깊이 침투하면서 백인 주인공에게 '석호필' 등과 같은 한국식 애칭까지
부여되었다. 미국의 영화와 드라마를 즐겨 보는 마니아들이 국내에 생겨
났고(〈뉴시스〉, 2007), '세계화' 시대에 미국 대중문화물이 국내 케이블
텔레비전과 지상파를 통해 소개 및 유입되어 백인에 대한 긍정적 이미지
가 시청자에게 인지되었다.

　이 장은 미드에 노출된 시청자가 미드의 백인 주인공에게 어떠한 이미
지를 가지는지, 이러한 이미지는 한국의 젊은이에게 백인 전체에 대해
어떠한 고정관념을 형성시키는가를 검증하기 위해 서베이를 실시했고
다음과 같은 결론을 도출했다.

　첫째, 반두라의 사회인지이론에 의하면 시청자는 미디어가 묘사하는
특정한 이슈에 대해 느끼는 이미지를 여러 단계를 거쳐 형성한다고 한다.

2　미국인을 긍정적으로 생각하는 나라의 순서는 한국(77%), 레바논(74%), 폴란드(70%)순이며, 미
　국인을 가장 부정적으로 생각하는 나라는 터키(13%), 파키스탄(20%), 아르헨티나(24%), 이집트
　(31%), 요르단(36%) 순이었다.

그 이론의 바탕으로 미드에 대한 노출과 백인 주인공에 대한 이미지 형성 (연구 가설 1), 백인 주인공에 대한 이미지 형성과 일반 백인 전체에 대한 고정관념 형성(연구 가설 2), 미드에 대한 노출이 백인 주인공에 대한 이미지 형성을 통해 간접적으로 백인 전체에 대한 고정관념 형성(연구 가설 3)을 한다는 것을 제시했다. 즉, 반두라의 이론에서 보면 시청자가 미드에 노출되면서 백인 주인공에 대하여 '주의'를 하고, 미드에서 묘사하는 백인 주인공을 '기억'한다는 것을 예상할 수 있었다.

또한 백인 전체에 대한 이미지를 미드에서 '기억'한 백인 주인공으로부터 '재생'하여 일반 백인에 대한 고정관념의 형성의 '동기화' 과정이 반두라가 언급한 수용자의 '주의', '기억', '재생' 그리고 '동기화' 과정과 흡사하며 그 과정을 연구 가설에서 확인함으로써 사회인지이론의 적용 여부를 검증했다. 부연 설명을 하자면 사회인지이론의 여러 단계를 바탕으로 연구 가설 1(H1 = 0. 60, sig.), 연구 가설 2(H2 = 0. 53, sig.), 연구 가설 3(H3 = 0. 32, sig.)을 제시 및 검증함으로써 반두라의 사회인지이론을 검증했다. 아울러 가설 검증 결과를 바탕으로, 연구 가설에서 효과의 강도가 다르다는 것을 밝혔다. 즉, 고정관념을 형성하기 위하여 여러 단계가 성립된다는 것을 밝힐 수 있었고, 어떠한 단계가 강하고 어떠한 단계가 약한지를 검증할 수 있었다. 즉, 반두라가 제시한 4단계 과정마다 어떠한 강약관계가 있는지를 이 장의 가설 검증을 통하여 실증적으로 밝혔다.

둘째, 거버너와 그의 동료들(Gerbner, Gross, Morgan, Signorielli, & Shanahan, 2002)은 중시청자가 경시청자보다 텔레비전이 묘사하는 객체에 대한 이미지를 더욱 쉽게 학습한다는 것을 주류(mainstream)라는 개념을 이용하여 주장했다. 앞서 밝혔다시피 개인적 차이 때문에 해독의 차별성이 존재한다는 허치(Hirsch, 1980)의 비판에 따라, 거버너가 새롭게 제시한 '공명'이라는 개념을 제시했고, 적용 여부를 실증적으로 확인할 수 있었다. 주류란 텔레비전에 노출되는 시간에 비례하여 중시청자가 텔레비전이 묘사하는 이미지에 더욱 빠져든다는 것을 말하는데, 연구 가설 1(H1 = 0.60, sig.)에서 보다시피 미드에 노출될수록 시청자는 백인 주인공에 대한 긍정적 이미지를 형성한다는 것을 실증적으로 밝힘으로써 시청률과 이미지 형성과의 상관관계에서 주류의 개념이 적용된다는 것을 알 수 있었다. 또한 연구 가설 3(H1 = 0.60, sig.)에서도 주류의 개념이 적용된다는 것을 알 수 있는데, 미드에 대한 노출이 간접적으로 백인 전체에 대한 고정관념을 형성시키는 데 중요한 요인이 된다는 것을 실증적으로 밝혔다. 또한, 배양이론에서의 '공명'이란 개념은 시청자의 개인적 차이(성별, 나이, 직업, 교육 정도, 미국 방문 경험, 미국인과의 직/간접적 경험, 미국인에 대한 평소 감정 등등)에 따라 묘사하는 객체에 대한 이미지의 형성 강도가 달라진다는 것을 의미한다(Greenwald, McGhee, & Schwartz, 1998).

또한 동일 드라마에 노출되는 시청자들이 드라마 내용을 차별적으로 해석한다는 논문 또한 문헌연구에 제시되었다(김선남·장해순·정현욱, 2004; 김양희·민인철, 1998; 김훈순·박동숙, 2002; 나미수, 2003; 송정화, 1996; 양정혜, 2002; 윤선희, 1997). 이 장에서도 거버너의 공명 개념 및 미드에 노출이 되더라도 차별적 해석이 존재한다는 것이 실증적으로 검증되었다. 부연 설명하자면 시청자가 똑같은 미드에 노출이 될지라도 기존의 경험 또는 현재의 개인적 상황에 따라 백인 주인공에 대한 애착도가 달라지는 것을 의미하는데 이때 〈그림 11-5〉에서 보다시피 LISREL의 에러변인(error variance)의 수치는 서베이에 참여한 시청자가 백인에 대한 고정관념에 영향을 주는 미드 변인을 제외한 설명할 수 없는 삼자변인의 할당, 이른바 허치(Hirsch, 1980)가 주장한 개인적 차이를 의미한다. 즉, 허치(Hirsch, 1980)가 주장한 개인적 차이를 이 장에서는 설명할 수 없는 변인들의 할당까지 표면적으로 LISREL을 통해 제시함으로써 공명의 존재를 실증적으로 밝혔다. 또한 공명이 존재할지라도 주류가 발생한다는 것을 〈그림 11-5〉의 구조방정식 결과에서도 알 수 있어 전반적으로 배양이론의 적용성을 검증했다. 따라서 국내에서 방영되는 미드는 결국 백인 전체에 대한 고정관념 형성에 영향을 미칠 수 있는 수많은 요인 중에서 한 가지 변인이라는 것을 밝혔다. 건국 이후 60년 동안 한국에 영향을 미친 주변 국가들 중에서는 미국인에 대한 긍정적 평가가 80.7%[3]로 가장 높았는데, 국내의 미드 열풍이 미국인에 대한 긍정적 평가에 영향을 주는 변인 중에 하나였음을 생각할 수 있다.

마지막으로 미드에 대한 연구를 바탕으로 미래에는 일드(일본 드라마)에 대한 효과를 연구하는 것도 재미있을 것이다. 기존의 일본 이미지와 일본인 주인공의 이미지 또한 국내에 방영되는 일드와 어떠한 상관관계를 지니는지를 연구하는 것은 흥미로운 주제가 될 것이다. 물론 일본인에 대한 고정관념을 연구한 기존의 연구(김재휘·서종희, 2006; 윤경원, 2007)가 있지만 기존 연구의 경우 특정 일본 드라마(일본 고교생들의 일상적인 생활을 묘사)를 이용하여 실험하거나 인터넷을 통한 일드 시청에 대한 것이었다. 즉, 한국과의 역사적 상황을 고려하지 않고 다수의 일드를 시청자에게 보여주어 일본인에 대한 고정관념을 측정하여 대표성이 미약했다. 하지만 미래의 연구에서는 일드를 여러 가지 측면, 즉 역사적 상황과 내용적 구분을 하여 고정관념의 형성에 대한 연구를 실시하는 것이 흥미가 있을 것이다.

---

3 2008년 〈조선일보〉 자체 서베이에 의하면 중국에 대해서도 긍정(56.9%)이 부정(40.4%)을 앞섰지만, 일본에 대해서는 긍정(48.7%)과 부정(49.6%)이 엇갈렸다. 러시아도 긍정(40.3%)과 부정(43.6%)이 비슷했다.

미드의 경우 백인이 주인공이며 최후에는 권선징악적 측면이 강하지만, 일드의 경우 미드에 비하여 내용적 카테고리가 더욱 방대하고 악역을 맡은 배우가 종종 주인공이 되는 경우도 많다. 최근 일드의 경우 범죄/수사물, 로맨스물, 학원물 등 3가지 맥락으로 구분할 수 있는데, 범죄/수사물로는 〈라이어게임〉, 〈백야행〉, 〈언페어〉, 〈갈릴레오〉, 〈퍼즐〉 등의 작품이 많은 사랑을 받는다. 로맨스물로는 기존의 상투적 내용에서 탈피해 상황과 반전이 빠른 또 다른 추리적 반전이 있는 작품으로 〈잠자는 숲〉, 〈소라호시〉, 〈살인과 사랑〉, 〈기억의 오차〉 등과 같은 작품이 많은 주목을 받았으며 주인공이 시간을 거꾸로 돌리는 〈프로포즈 대작전〉, 2008년 2분기 최고의 일드로 평가되는 〈라스트 프렌즈〉 등이 있다. 학원물로는 집단따돌림을 주제로 한 〈라이프〉, 강간, 폭행, 협박, 실험을 묘사하는 〈고교 교사〉, 아빠와 딸이 몸이 뒤바뀐 이야기를 다룬 〈아빠와 딸의 7일간〉 등이 대표적이다. 즉, 이러한 3가지 형태의 일드는 한류를 이끄는 국내 드라마 그리고 미드와 분위기가 다르다는 것을 느낄 수 있고, 3가지 카테고리에 대한 노출이 일본인에 대한 고정관념 형성에 어떠한 영향을 미치는가를 분석하는 것도 의미가 있을 것이다. 물론 이러한 연구는 한국과 일본과의 역사적 상황을 충분히 고려하여 연구해야 할 것이다.

참고문헌

강진숙 · 김도희 · 노창희 · 김지은 · 신선미 (2007), 미국 드라마 시청 선호 현상에 대한 현상학적 연구, 〈한국방송학보〉, 21권 6호, 44~79.
금희조 · 김영경 (2008), 전통적 성 고정관념과 여성 정치인에 대한 평가: 미디어 이용의 역할을 중심으로, 〈한국방송학보〉, 22권 1호, 7~43.

김선남 · 장해순 · 정현욱 (2004), 수용자의 드라마 여성이미지에 대한 수용행태 연구, 〈한국방송학보〉, 18권 1호, 76~115.

김승수 (2008), 문화제국주의 변동에 대한 고찰, 〈한국방송학보〉, 22권 3호, 51~85.

김양희 · 민인철 (1998), 《텔레비전 드라마와 광고의 성전형성 영향 분석》, 서울: 한국여성개발원.

김영찬 (2007), 미국 드라마의 대중화와 한국에서의 새로운 미디어 문화의 형성, 〈커뮤니케이션학보〉, 15권 4호, 139~150.

김재휘 · 서종희 (2006), 일본 TV 드라마 시청이 일본인에 대한 고정관념에 미치는 영향, 〈한국심리학회지〉, 20권 4호, 35~46.

김태희 · 이보라 · 손은영 (2009), 브랜드 이미지와 자아이미지 일치성이 브랜드 태도와 선택의도에 미치는 영향에 관한 연구: 스타벅스를 중심으로, 〈호텔경영학연구〉, 18권 1호, 171~185.

김훈순 · 박동숙 (2002), 현실과 상징세계의 여성의 삶: 여성 TV 수용자의 인식을 토대로, 〈프로그램/텍스트〉, 6권, 159~194.

김혜숙 (1999), 집단범주에 대한 이미지, 감정과 편견, 〈한국심리학회지〉, 13권 1호, 1~33.

나미수 (2003), 미디어 이용과 성: 질적 접근, 한은경 · 이동후 편, 《미디어의 성과상》, 서울: 나남.

뉴시스 (2007. 8. 3), "중국인들이 한국드라마를 좋아하는 이유", http://news.chosun.com/site/data/html_dir/2007/08/03/2007080300673.html

박노일 · 한정호 · 홍기훈 (2007), 여성 정치 후보자의 미디어 프레임에 따른 남녀 수용자 인식 차이 연구, 〈한국언론학보〉, 51권 2호, 256~282.

송정화 (1996), 《수용자의 텔레비전 드라마 해독과 관련한 모성관 유형 연구》, 전남대 석사학위 논문.

안희진 (2011), 《미국드라마를 활용한 학습이 대학생의 영어 듣기 및 어휘 능력에 미치는 영향》, 중앙대 박사학위 논문.

양정원 · 김문주 (2010), 미국 TV 드라마를 통한 영어단어의 이해와 학습, 〈영어교육연구〉, 40권 11호, 31~56.

양정혜 (2002), 성찰적 TV 수용의 한계: 남녀 집단 간의 여인천하 해독에 대한 연구, 〈한국방송학보〉, 16권 1호, 268~299.

연합통신 (2008), "한국, 미국인에 가장 호의적인 국가?", http://www.segye.com/Articles/Issue/Leading/Article.asp?aid=20080703003588&ctg1=07&ctg2=00&subctg1=07&subctg2=00&cid=0102020700000

윤경원 (2007), 일본 드라마 수용자의 인터넷 활용과 문화적 실천, 〈한국방송학보〉, 21권 4호, 141~175.

윤선희 (1997), 자본주의 거울에 비친 나르시즘: 텔레비전 드라마 수용자의 〈애인〉 읽기,

〈언론과 사회〉, 16권, 134～167.

이세나 (2007), 미국 드라마를 보는 당신, 〈마케팅〉, 41권 5호, 55～58.

이종수 (2008), 미국 드라마 수용의 즐거움과 온라인 팬덤: 한국의 〈프리즌 브레이크〉 팬 카페 분석을 중심으로, 〈한국방송학보〉, 22권 3호, 213～254.

임성택 (2003), 세계시민교육 관점에서의 외국인에 대한 한국학생들의 이미지 분석, 〈교육학연구〉, 41권 3호, 275～301.

임양준 (2008), 대학생들의 미국 텔레비전 드라마에 대한 시청동기 및 만족도 연구: 한국 텔레비전 드라마와의 비교를 중심으로, 〈한국언론정보학보〉, 41호, 303～336.

임정수 (2011), 프로그램 친숙도의 분석을 통해 본 미국 드라마의 수용에 대한 연구, 〈한국언론학보〉, 52권 3호, 53～75.

정태연 · 류원정 (2004), 남녀 아동 및 성인에 대한 한국인의 사회적 표상, 〈한국심리학회지〉, 9권 1호, 121～139.

조선일보 (2008), "한국에 긍정적 영향을 미친 국가는 미국, 80.7%", http://news.chosun.com/site/data/html_dir/2008/03/05/2008030500047.html

진명진 (2012), 《영어 실력 향상을 위한 미국드라마의 활용: 영어듣기능력을 중심으로》, 고려대 교육대학원 석사학위 논문.

피용신 (2007), 아직도 미드를 모르신다고요?!, http://blog.naver.com/loveage365/100039960178

최영화 (2007), 미드 속 미국인의 국가냉소주의: 〈프리즌 브레이크〉, 구멍 난 아메리카니즘, 〈문화과학〉, 51호, 275～285.

Ang, I. (1985), *Watching Dallas: Soap Opera and the Melodramatic Imagination*, London: Methuen.

Bandura, A. (2002), Social cognitive theory of mass communication, In J. Bryant & D. Zillmann (eds.), *Media Effects: Advances in Theory and Research* (2nd ed), Hillsdale, NJ: Lawrence Erlbaum.

Browen, M. W. & Cudeck, R. (1993), *Alternative Ways of Assessing Model Fit in Testing Structural Equation Model*, Newbury Park, CA: Sage.

Devine, P. G. (1989), Stereotypes and prejudice: Their automatic and controlled components, *Journal of Personality and Social Psychology*, 56, 5～18.

Fridkin, K. L., Kenny, P. J., & Woodall, G. S. (2008), Bad for men, better for women: The impact of stereotypes during negative campaigns, *Political Behavior*, 31, 53～77.

Fujioka, Y. (1999), Television portrayals and African-American stereotypes: Examination of television effects when direct contact is lacking, *Journalism & Mass Communication Quarterly*, 76(1), 52～75.

_____ (2005), Black media images as a perceived threat to African American ethnic identity: Coping responses, perceived public perception, and attitudes towards affirmative action, *Journal of Broadcasting & Electronic Media*, 49(4), 450~467.

Gerbner, G., Gross, L., Morgan, M. Signorielli, N., & Shanahan, J. (2002), Growing up with television: Cultivation process, In J. Bryant & D. Zillmann (eds.), *Media Effects: Advances in Theory and Research* (2nd ed), Hillsdale, NJ: Lawrence Erlbaum.

Greenwald, A. G., McGhee, D. E., & Schwartz, J. L. K. (1998), Measuring individual differences in implicit cognition: The implicit association test, *Journal of Personality and Social Psychology*, 74, 1464~1480.

Hirsch, P. M. (1980), The scary world of the non-viewer and other anomalies: A reanalysis of finding cultivation analysis, *Communication Research*, 7, 403~456.

Ibelema, M. & Powell, L. (2001), Cable television news viewed as most credible, *Newspaper Research Journal*, 22(1), 41~51.

Joreskog, K. & Sorbom, D. (1996), *LISREL 8: User's Reference Guide*, Chicago: Scientific Software International.

Klapper, J. (1960), *The Effects of Mass Communication*, New York: Free Press.

Kline, R. (1998), *Principles and Practice of Structural Equation Modeling*, New York, N.Y.: Guilford Press.

MacQuail, D. (1969), *Towards a Sociology of Mass Communications*, London: Collier-MacMillan.

Moon, S. & Nelson, M. (2008), Exploring the influence of media exposure and cultural values on Korean immigrants' advertising evaluations, *International Journal of Advertising*, 27, 299~330.

Moon, S. & Park, C. (2007), Media effects on acculturation and biculturalism: A case study of Korean immigrants in Los Angeles' Koreatown, *Mass Communication and Society*, 10(3), 319~343.

Morley, D. (1980), *The Nationwide Audience: Structure and Decoding*, London: British Film Institute.

Rocío, R., Monique, W.,& Maya, G. (2007), Distorted reflections: Media exposure and latino adolescents' conceptions of self, *Media Psychology*, 9(2), 261~290.

Tan, A. (1988), American TV and social stereotypes of Americans in Thailand, *Journalism Quarterly*, 65, 648~654.

Tan, A. & Fujioka, Y. (2000), Television use, stereotypes of African-Americans and opinions on affirmative action, *An Affective Model of Policy Reasoning*. 67(4), 362~372.

Weiss W. (1969), Effects of the mass media of communication, in G. Lindzey, E. Aronson (eds.), *The Handbook of Social Psychology* (pp. 233~241).

Wilhelm, H. & Kevin, D. (2004), The effects of gender-stereotyped radio commercials, *Journal of Applied Social Psychology*, 34(9), 1974~1992.

Wimmer, R. & Dominick, J. (2009), *Mass Media Research*, 유재천 · 김동규 역 (2011), 《매스미디어 조사방법론》, 파주: 나남.

12

문화 간
커뮤니케이션 능력

이두원

1. 커뮤니케이션 능력이란 무엇인가?

1) 커뮤니케이션 능력의 개념

누군가가 당신에게 "커뮤니케이션 능력이 대단하군요!"라고 칭찬할 때
이 말이 의미하는 바는 무엇일까? '커뮤니케이션 능력'(*communicative
competence*)이란 주어진 상황에 적합한 커뮤니케이션 유형(*patterns*)을
알며, 그 지식을 사용할 수 있는 능력을 의미한다(Cooley & Roach,
1984: 25). 즉, 커뮤니케이션 능력은 한 개인이 가진 신체적·심리적 능
력이자 사회적·문화적 지식이라고 할 수 있다. 따라서 당신이 이러한
칭찬을 들었다면 당신은 커뮤니케이션 능력을 구성하는 다음 4가지 개념
적 요소에서 남보다 뛰어난 재능을 가질 것이다.
　첫째, '커뮤니케이션 패턴'에 대한 지식이다. 커뮤니케이션 패턴이란
커뮤니케이션 행위를 구성하는 모든 지식 체계를 말한다. 따라서 단순한
언어적 표현(어휘, 문법, 발음 등)은 물론이고, 말(*speech*)의 함축적·문

385

화적 의미, 준언어 · 비언어적 요소, 대화기법 등에 대한 모든 지식을 포함한다. 즉, 우리가 의사소통을 하는 데 실질적으로 활용하는 '모든 정보 · 지식의 통합체'가 여기서 의미하는 커뮤니케이션 패턴이며, 커뮤니케이션 능력의 필요조건이라고 할 수 있겠다.

둘째, '적합성'(appropriateness)에 대한 구별력이다. '적합'은 정의하기가 매우 난해한 개념이다. 여기서 말하는 '적합성'이란 문화적 측면에서 정의되는 적합성을 의미한다. 각 문화는 주어진 상황에 '적합하면서'(appropriate) '수용 가능한'(acceptable) 다양한 커뮤니케이션 유형을 규범적으로 정의하는 '규칙'을 가진다. 더나가 이 '규칙'은 그 문화의 구성원이 사용할 수 있는 커뮤니케이션 유형을 규정하는 기능을 한다. 이러한 규칙은 '상호 행위의 규범'과 '해석의 규범'으로 나눌 수 있는데(Hymes, 1972: 60), 한 문화권 속에서 전자는 어떤 커뮤니케이션 행위가 적합한가를 규정하며, 후자는 주어진 메시지에 대한 어떤 의미해석이 적합한가를 규정하는 기능을 수행한다. 다시 말하면 커뮤니케이션을 참여자 간의 게임으로 볼 때 게임의 '규칙'이 존재하며 승리자는 '게임의 규칙'에 근거한 '적합한 행위'의 수행을 통하여 탄생되는 것이다.

셋째, 상황에 대한 파악 능력이다. 여기서 '상황'이란 또 다른 상황으로부터 구별이 될 수 있는 물질적, 심리적 그리고 상호 행위적 상태 및 환경을 말함과 동시에 커뮤니케이션 참여자에게 의미적 공간을 부여할 수 있어야 한다. 문화에 따라 동일한 '행위'에 대해서 부여되는 '상황적' 의미도 다를 수 있다. 한 예로 어린이들에게 이야기를 들려주는 '행위'가 한 문화권에서는 '교육적 상황'으로 설명되지만 또 다른 문화권에서는 '오락적 상황'으로 받아들여지기도 한다.

넷째, 사용능력이다. '사용능력'이란 커뮤니케이션 활동의 수행 단계에서 필요한 지능(intelligence), 동기(motivation), 개성(personality), 감정이입(empathy) 등과 같은 심리적 요인이다. 이러한 심리적 요인은 각 개인이 적절한 커뮤니케이션 패턴과 상황을 이끌어 가는 데 바탕이 되는 '사회문화적(social/cultural) 지식'을 활용할 수 있도록 한다.

일반적으로 커뮤니케이션 능력은 '수행'(performance)이란 개념과 함께 이해하는 게 필요하다. 언어학자인 촘스키(Chomsky)나 하임즈(Hymes)와 같은 연구자들은 '수행'을 '실제 상황에서 실제 행위'(actual behavior in actual cases)라고 보는 반면, '능력'이란 이 수행을 생성하는 생성체계라고 구분한다.

따라서 커뮤니케이션 능력은 지식(knowledge)과 이를 사용할 수 있는 활용력(ability to use)으로 세분화될 수 있으며, 커뮤니케이션의 수행을 운영하는 기저구조(deep structure)라고 할 수 있다. 따라서 누군가가 규칙적으로 적합한 커뮤니케이션 행위를 '수행'한다면 우리는 그의 '수행 행위'를 증거로 '커뮤니케이션 능력'이 있다고 말할 수 있다. 반면 누군가가 규칙적으로 부적합한 커뮤니케이션 행위를 '수행'한다면 우리는 그의 '부적합한 수행 행위'를 증거로 그가 '커뮤니케이션 능력'이 없다고 말할 수 있는 것이다.

2) 커뮤니케이션 능력에 대한 두 가지 대표적 오해

앞서 살펴보았지만, '커뮤니케이션 능력'은 개념 자체가 매우 복잡하고 불명확하여 무엇이라 정의를 내리기 매우 힘든 용어다. 따라서 먼저 커뮤니케이션 능력에 대한 잘못된 두 가지 생각을 먼저 검토하는 것도 커뮤니케이션 능력을 이해하는 데 도움이 될 것 같다.

첫째, 커뮤니케이션 능력은 언어적 능력(linguistic competence)이라는 것이다. 21세기의 관문으로 들어오면서 국내의 많은 대학에 개설된 어학

관련 학과의 이름이 바뀌는 현상이 나타났다. 예를 들면 영어영문학과가 미국학과로, 노어노문학과가 러시아학과로, 일어일문학과가 일본학과로, 중어중문학과가 중국학과로 바뀌는 현상이다. 이 배경에는 '언어를 공부하는 것만으로는 충분하지 못하다'는 명제가 깔려 있다. 외국어를 학습하는 궁극적 목적은 외국어 시험을 보기 위한 것이 아니다. 외국어는 그 언어를 사용하는 나라의 사람과 효과적 '커뮤니케이션 활동'을 수행하는 도구로서 그리고 그 언어가 소속된 문화를 이해하는 도구로서 그 가치가 있는 것이다.

토플 성적이 좋다고 반드시 그 사람이 미국인과 커뮤니케이션을 잘한다는 보장은 없다. 아무리 외국어 성적이 좋아도 내성적이면서 소극적인 성격으로 외국인 앞에서 입도 열지 못한다면 의사소통 점수는 0점인 것이다. 반면 외국어 성적이 매우 낮은 사람이 '자신감'을 갖고 제한된 몇 개의 단어로라도 모호하게나마 의사전달을 했다면 우리는 전자의 경우보다 높은 의사소통 점수를 부여할 수 있다. 이것은 언어가 커뮤니케이션의 주된 매개체이기는 하지만 커뮤니케이션 과정에서 요구되는 개인의 사회문화적 가치관, 규범, 풍습, 관행 등에 대한 지식, 개인의 개성, 지능, 감성, 도덕성, 유모, 리더십, 임기응변력, 커뮤니케이션 상황에 대한 개인의 동기, 관여도, 참여도 등이 성공적 커뮤니케이션을 창출하는 데 꼭 필요하기 때문이다. 요약하면 언어적 능력은 커뮤니케이션의 필요조건일 수 있으나 충분조건이 될 수는 없다.

둘째, 커뮤니케이션 능력은 선천적인 것이라는 생각이다. 구조주의 언어학자인 촘스키의 '선천적인 언어적 능력 이론' 이후 많은 언어학자들이 언어적 능력이 선천적인 것이라 합의했다. 그것은 각기 다른 언어에서 공통적으로 발견된 '스피치를 생성하는 기저구조(基底構造)로서의 생성문법'을 밝혀내 상당한 설득력을 가졌다. 필자도 이러한 선천적인 언어적 능력의 존재를 인정해야 한다고 생각한다. 그러나 언어적 능력이 선천적이라 하더라도 그 의미가 언어적 능력을 개발하고 학습하는 훈련 과정이 전혀 필요 없다는 말은 아니다. 이것은 유전적 인자가 환경적 인자를 만나지 않으면 제 모습을 드러내지 않은 이치와 같다.

그러면 커뮤니케이션 능력은 선천적인 것인가? 아직까지 이를 증명할 만한 커뮤니케이션 능력에 대한 구체적이고 체계적인 연구는 없다. 그러나 앞서 보았듯이 언어적 능력이 커뮤니케이션 능력과 같을 수 없듯 '언어적 능력'이 선천적 요소를 가진다 하여 무조건 '커뮤니케이션 능력'을 선천적인 것으로 보는 것은 문제가 있다. 왜냐하면 커뮤니케이션 능력의 많은 부분이 개인이 한 문화권에서 태어나 성장하면서 관찰과 학습을 통하여 습득되기 때문이다. 즉, 가치관, 자세, 태도, 관습 등에 대한 규범적 지식이나 대화 행위를 통제하는 다양한 스피치 문화는 관찰, 학습, 훈련, 실천 등과 같은 과정을 통하여 습득된다.

엄밀히 말해 누구나 커뮤니케이션을 한다. 따라서 커뮤니케이션 능력을 선천적으로 볼 수 있을지 모른다. 그러나 문제는 누구나 커뮤니케이션을 하지만 커뮤니케이션을 잘 하는 사람, 즉 커뮤니케이션 능력이 있는 사람은 드물다는 것이다. 이러한 측면에서 커뮤니케이션 능력을 선천적인 것이라고 생각하고 의사소통 능력의 계발과 훈련이 필요 없다고 생각하는 것은 잘못된 것이다. 실제로 국내외 많은 선진 기업이 효과적인 조직문화와 경영을 달성하기 위해 사원에게 '커뮤니케이션 능력 향상'을 위한 커뮤니케이션 능력 개발 및 훈련교육 과정을 전문 교육기관에 위탁하여 실시한다.

3) 상호 행위적 커뮤니케이션의 관계적 능력

많은 커뮤니케이션 연구자들이 대인(*interpersonal*) 커뮤니케이션 현상을 '정적'(靜的, *static*), '직선적'(*linear*), '객관적'(*objective*), '단면적'(*single-dimensional*) 행위로 접근했다(Seibold et al., 1985: 551). 그 결과 대인 접촉에서 나타나는 진행적(*ongoing*)・다면적(multi-dimensional)・상황적(*situational*), 관계적(*relational*) 측면의 커뮤니케이션 행위가 대부분 간과되었다. 이러한 한계를 극복하기 위한 대안이 '관계적 커뮤니케이션' 시각의 접근이라고 할 수 있다. 즉, 관계적 능력은 커뮤니케이션의 본질인 '상호 행위'를 효과적으로 이끌어 가는 능력이라고 할 수 있다. 화자가 아무리 표현능력이 뛰어나더라도 청자가 이를 이해하지 못한다면 상호적 커뮤니케이션은 일어날 수 없다. 여기서 관계적 능력이란 상대편의 언어로 메시지를 제작하고, 상대의 기분을 파악하고, 인간관계를 바탕으로 커뮤니케이션 활동을 지속적이며 역동적으로 수행하는 능력인 것이다.

따라서 '관계적 커뮤니케이션' 연구는 커뮤니케이션 참여자 간의 연속적이며 동적인 상호 행위와 관계적 구조의 관찰에 역점을 둔다(Burgoon et al., 1987: 307~324; Duran, 1983: 320~326; Hall, 1992: 437~468; Parks, 1985: 205~261). 실제로 한 명의 화자에 의해 전시될 수 있는 언어적 능력과는 달리, 대인 커뮤니케이션 능력은 상호 행위적 상황(*interactive situation*) — 즉, 상호 행위자 간의 '관계적 상황' — 을 떠나서는 설명될 수 없기 때문이다. 따라서 대인 커뮤니케이션 능력은 곧 관계적 능력이라는 명제가 산출된다(Spitzberg & Cupach, 1984; Kim, 1989).

2. 문화 간 커뮤니케이션 능력의 이해

1) 문화 간 커뮤니케이션, 왜 능력이 필요한가?

세계화, 국제화, 개방화라는 용어는 이제 우리 사회의 일상적 용어로 정착되었다. 이러한 물결과 함께 지구촌 공동체 시대에 불가피한 '문화 간 커뮤니케이션'에 대한 관심도 날로 증가한다. 그러나 서로 다른 문화적 배경을 가진 두 사람이 만나 일정한 커뮤니케이션 목표를 달성하기 위해 의사소통하는 일은 생각보다 매우 복잡하고 어려운 일이다. 서로 다른 가치성향을 가진 두 사람이 만날 때 발생하는 휴먼 커뮤니케이션의 문제는 알렉산더(Alexander, 1988: 15~18)의 모델에서 잘 제시되었다. 모델 탐색을 위해 최근 국제협상 커뮤니케이션 문제의 하나로 지적된 '침묵의 의미' 사례를 보자.

협상 과정에서 침묵의 의미는 동양권에선 신중함을 의미하지만, 서양권에선 거부나 반대의 표시로 간주된다(〈문화일보〉, 1998. 2. 26). '문화 X'의 화자가 '침묵'(Sx)을 지켰을 때, 그 사람에게는 '침묵'이 내포하는 '의미소', 즉 '신중함'이란 의미체(Rx)가 있고, '침묵'(표현)과 '신중함'(의미)의 관계에 대한 '자신의 사회적 경험이나 태도'(Ex)가 반영된 '침묵'에 대한 형이상학적 개념(Cx)이 있다. 반면, '문화 Y'의 청자는 상대편의 '침묵'(Sy)을 보면서 '침묵'에 대한 자신의 의미체(Ry), '거부·반대'로 해석하고, 더나가 '침묵'과 '거부'의 관계에 대한 '자신의 사회경험이나 태도(Ey)가 반영된 형이상학적 개념(CCy), 이를테면 '(협상의) 실패·결렬' 등의 개념이 형성될 수 있다. 이를 도표화하면 〈그림 12-1〉과 같다.

즉, '문화 X'와 '문화 Y'가 동질적일수록(문화적 동맹국 간) 물음표 '?'로 남겨진 의미 전달의 문제는 용이해질 것이며, 이질적일수록 의사소통의

그림 12-1 **문화 간 커뮤니케이션의 의미 전달 문제**

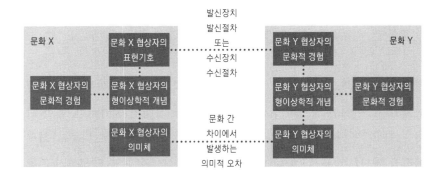

문제가 발생할 확률이 높아진다. 따라서 이문화(異文化) 간 발생하는 대인 접촉의 경우 '문화 간 커뮤니케이션 능력'의 중요성이 더욱 부각된다. '이문화관'(異文化觀)은 '이의사소통관'(異意思疏通觀)을 의미하기 때문인데 즉, 서로 다른 문화적 배경을 지닌 참여자는 서로 다른 커뮤니케이션관을 가질 여지가 높다. 따라서 한 개인이 주어진 상황에 적절하고 효과적인 대인적 행위를 보여주는 '능력'이 있다 할지라도 다른 문화적 배경을 가진 상대방(청자)의 관점에서는 다르게 지각될 수 있고, 결과적으로 대인관계적 상호 행위의 흐름을 방해한다. 문화 간 커뮤니케이션 능력이란 바로 나오는 다른 언어, 다른 문화적 코드, 그리고 다른 의사소통관을 가진 사람과 커뮤니케이션을 잘 할 수 있는 '능력'인 것이다.

2) 문화 간 커뮤니케이션 능력의 개념: 커뮤니케이션의 '게임'과 '규칙'

휴먼 커뮤니케이션은 일종의 역동적인 게임이라고 할 수 있다. 커뮤니케이션의 참여자는 '게임'의 선수가 되어 일정한 '게임의 규칙'에 근거하여 경기를 이끌어가며 자신의 목표점을 향해 노력함으로써 승리를 달성한다. 농구 경기에서 공을 발로 차서는 안 되는 규칙처럼 커뮤니케이션의 게임에는 다양한 '문화적 규칙'이 존재한다. 커뮤니케이션 게임의 참여자는 마치 유능한 농구선수가 농구의 규칙을 숙지하고 규칙이 허용하는 범위 내에서 경기를 잘 풀어 나가듯이, 커뮤니케이션 게임에서도 '유능한 커뮤니케이터'는 '문화적 규칙'을 잘 알고 이를 준수하며 자신의 커뮤니케이션 목표 달성을 위해 상대편과 효율적 의사소통을 구사할 것이다.

한 예로 한국의 스피치 문화를 보자. 먼저 나이가 적은 사람은 윗사람과 대화를 할 때 존대어를 사용해야 한다든지, 윗사람 얼굴을 계속해서 똑바로 바라보아서는 안 된다든지, 윗사람이 말할 때 중간에 끼어들어서는 안 된다는 여러 가지 '문화적 규칙'이 존재한다. 이 규칙을 준수하며 상사와 부하직원 사이의 의사소통 '게임'이 진행된다. 설사 부하직원의 주장이 옳다 하더라도 위 규칙을 위반하면 버릇이 없다는 야단과 함께 본래 커뮤니케이션에서 달성하고자 했던 목표도 이루기 힘들다.

여기서 중요한 사실은 게임에 참여하는 선수는 이 '규칙'의 적용에 대하여 문제를 제기할 수는 있지만 규칙 자체는 논란의 대상이 되지 못한다는 것이다. 즉, 문화적 규칙은 타협의 대상이 아니다. 문화 간 커뮤니케이션이 어려운 점이 바로 이 타협될 수 없는 '커뮤니케이션 게임'에 대한 '규칙'이 서로 다른 사람 간의 의사소통이라는 것이다. 커뮤니케이션 게임의 규칙은 '문화적'인 것인데, 두개의 다른 문화가 다른 규칙을 갖고 접촉할 때 커뮤니케이션 게임의 문제는 숙명적인 것이다. 그래서 국제협상학자인 코헨(Cohen)은 비즈니스는 협상이 될 수 있지만 문화는 협상이 될 수 없다고 지적하면서, 국제협상에서 문화 간 차이의 문제를 부각시켰다.

〈그림 12-1〉에서 보았듯이, 한 문화권의 사람이 메시지를 제작하고, 그것이 다른 문화권의 사람에 의해 해독될 때 오해의 가능성은 항상 존재

한다. 동일한 기호에 대하여 문화권에 따라 서로 다른 의미를 부여하는 경우가 많기 때문이다. 사실 문화는 계속 변하기 때문에 한 문화의 특성과 범위를 고정적이고 명확하게 정의하기가 힘들다. 한 문화권의 형성은 거시적으로 나타나는 인종, 민족, 국가 또는 언어, 정치, 경제, 사회, 역사 등의 변인이 타문화권의 것과 차별화되면서 가능한 것이다. 문화 간 커뮤니케이션의 문제는 참여자가 서로 다른 언어, 정치, 경제, 사회, 역사, 문화적 배경을 가진다는 것과 이러한 요인이 대부분 '효과적인' 의사소통의 방해요인으로 작용한다는 사실에 있다.

따라서 문화 간 커뮤니케이션 능력이 있다는 말은 서로 다른 문화적 배경을 가진 상대편, 즉 나와 다른 '규칙'을 가진 상대편과 '커뮤니케이션 게임'을 풀어나가는 능력이다. 특히, 타협의 대상이 될 수 없는 '문화적 규칙'을 자신의 것은 물론 상대편의 것까지도 숙지해야 하며, 게임의 진행도 두 문화의 규칙을 절충해나가면서 지혜롭게 목표점을 향해 다가가는 능력이다. 이러한 '문화적 규칙'은 매우 다양한 차원에서 행위적 코드와 하위코드 체계를 형성한다. 그 다양한 차원을 살펴보면, 개인적 차원(가치관, 성격, 교육수준, 윤리 등), 사회적 차원(가치, 관행, 관습, 전통, 법 등), 정치적 차원(이데올로기), 경제적 차원(시장, 물물교환, 유통 구조 등), 언어적 차원(문법, 표현과 의미 체계, 의사소통 방식 등), 역사 문화적 차원(전제, 신화, 우화, 가족 체계 등)을 꼽을 수 있다.

특히 문화 간 커뮤니케이션 능력에서 필요한 논리적 방법이 바로 유추(abduction)적 능력이다. 간단히 말해 유추란 아직 확실히 모르는 상황이나 현상에 대하여 자신이 가진 지식이나 경험 세계를 바탕으로 '추측' 또는 '가설'을 세워 먼저 나름대로 그 상황과 현상을 이해하고 실전에 임하면서 자신이 추측·가설을 검증함으로써 '새로운 지식'을 확장하는 방법이다. 이러한 유추적 방법은 익숙하지 않은 타문화를 배우고, 이해하는 데 효과적인 방법론이 될 수 있으며 문화 간 커뮤니케이션 능력의 충분조건이기도 하다.

3) 문화 간 커뮤니케이션의 관계적 능력

문화 간 커뮤니케이션의 주요 이슈인 '커뮤니케이션 능력'에도 '관계적 커뮤니케이션'의 개념이 도입된다. 김(Kim, 1991)은 문화 간 대인 커뮤니케이션에 관한 연구에서, 참여자의 대인 관계적 능력(interpersonal-relational competence)을 강조한다. 그는 문화 간 커뮤니케이션의 대인 관계적 능력이란 다음 3가지 영영의 능력을 통합하는 것이라고 주장한다. ① 이방인과 상호 행위를 할 수 있는 수완(手腕), ② 자신과 타인 사이의 오해(誤解)와 모호성·모순(ambiguity and contradiction)에 대한 대처력, ③ 다른 커뮤니케이션 스타일에 대한 수용을 할 수 있는 능력이다.

문화 간 대인적 능력(interpersonal competence)에 대한 루벤트(Rubent, 1989)와 스피츠베르크와 쿠페치(Spitzberg & Cupach, 1984)의 연구 결과를 보면 가장 이상적인 '문화 간 능력'(intercultural competence)은 커뮤니케이션 참여자의 동등함, 높은 수준의 문화 간 기술, 지식, 동기를 갖출 때 발휘될 수 있다.

즉, 커뮤니케이션은 상호적 행위이기 때문에 어느 한 쪽이 높은 수준의 문화 간 접촉 기술, 지식 그리고 동기를 가진다 해도 상대편이 이에 대한 상호 행위를 할 능력이 없다면 효율적인 관계적 의사소통의 수행은 발생하기 힘들다는 것이다. 문화 간 대인 커뮤니케이션의 많은 주요 연구들이 이러한 '커뮤니케이션 능력'의 3가지 구성 요인(기술, 지식, 동기)에 초점을 맞추어 진행되어왔다(〈표 12-1〉 참조).

이마호리와 라니간(Imahori & Lanigan, 1989)은 문화 간 커뮤니케이

표 12-1 문화 간 대인 커뮤니케이션 능력의 3가지 관계적 차원

커뮤니케이션 기술	커뮤니케이션 동기	커뮤니케이션 지식
상호 행위적 행동	상호 행위적 태도	상호 행위적 인식
연구주제: 존중의 표현, 상호 행위적 자세, 감정이입, 역할-유연성, 모호성에 대한 인내심, 언어적 기술, 스피치 수용 등	연구주제: 이문화(異文化)에 대한 태도- 자기민족중심주의, 열린 마음, 파트너에 대한 태도-사교적 불안, 주장 경청, 매력, 태도 유사성 등	연구주제: 상호 행위 규칙, 문화의 세부적 지식, 문화의 일반적 지식, 언어적 지식 (cf. 언어적 기술)
연구사례: Abe & Wiseman, 1983 Gudykunst & Hammer, 1984 Nishida, 1985 등	연구사례: Gudykunst et al, 1977 Kim, 1991 등	연구사례: Albert, 1983 Collier, 1986 Dinges, 1983 등

션의 '관계적 능력'에 대한 연구에서 내국인과 외국인 간의 관계적 상황에 융합되는 다음 두 가지 요인, 즉 목적과 경험을 설명했다. 이들에 따르면 첫째, 커뮤니케이션 목적이 참여자에게 의식적으로 지각된다면 그 목적은 개인적 능력의 구성 요인(즉, 기술, 동기, 지식)에 부분적 또는 전체적인 영향을 직접 미칠 수 있다. 한편, 자신의 능력에 대한 개인의 인식은 자연스럽게 커뮤니케이션 목적에 영향을 미친다. 둘째, 참여자의 과거 경험은 관계적 결과에 영향을 미치는 또 다른 요인이다. 과거에 긍정적인 문화 간 대인 접촉 경험이 있는 사람은 높은 수준의 행위적 기술과 동기를 얻을 수 있다. 문화 간 커뮤니케이션의 과거 경험과 관련한 유사한 연구에서 김(Kim, 1991)은 과거의 문화 간 접촉 경험은 적합한 또는 부적합한 행위에 대한 지식이 되며, 그러한 과거 경험은 직접적으로 문화 간 대인 능력의 지식적 '유능'(有能)을 형성한다고 주장한다.

문화 간 상호 행위에서 '능력'의 개념이 본질적으로 상호 행위적 특성을 내포한다는 것은 스피츠베르크와 헤흐트(Spitzberg & Hecht, 1984)에 의해서도 지적되었다. 이들은 관계적 능력에 대한 모델 연구에서 상

대의 커뮤니케이션 능력에 대한 자신의 지각이 커뮤니케이션 결과에 대한 지각에 영향을 미친다고 주장했다. 이외의 몇몇 연구자들(Argyris, 1968; Spitzberg & Cupach, 1984; Wiemann & Kelly, 1981)은 문화 간 두 사람의 상호 행위에서, 유능한 참여자는 상호 간의 욕구를 만족시킨다고 주장한다. 이것은 문화 간 상호 행위의 능력이 양쪽 참여자의 목적이 모두 달성될 때 성립되며 상호 행위자 모두에게 '관계적 교환'에 능동적 참여를 할 책임이 있다는 것을 시사한다. 이러한 사례는 ESL(*English as Second Language*: 제 2외국어로서의 영어) 연구 영역에서도 명확히 나타난다. 롱(Long, 1983)은 모국어 화자와 비모국어 화자 사이의 효과적 상호 행위는 모국어 화자가 자신의 스피치 행위를 비모국어 화자에게 맞게 조절하는 적응력(*adaptability*)에 의해 영향을 받는다고 기술한다.

스피츠베르크와 쿠페치(Spitzberg & Cupach, 1984)는 커뮤니케이션이 '목적 지향의 행위'라는 측면을 고려할 때, 문화 간 커뮤니케이션 능력은 적절성과 효과성의 개념과 직결된다는 점을 지적한다. 상호 행위자가 커뮤니케이션 목적을 달성하는 효과를 거두었다 할지라도 상호 행위 과정에서 부적절한 행위를 보였다면 관계적 무능을 의미할 수 있다. 역으로 상호 행위자가 적절한 행위를 보였다 할지라도 결과적으로 커뮤니케이션 목적을 달성하지 못할 수 있다. 따라서 실용적 관점에서 보면 문화 간 커뮤니케이션 능력은 의사소통 진행 과정에서 상호 행위의 적절성과 의사소통 종결 단계에서 상호 행위의 성과(효과성) 요인에 의해 평가될 수 있다.

요약하면 문화 간 대인 커뮤니케이션 연구의 목적은 커뮤니케이션 참여자 간의 상호 행위적 특성(문제의 유형 및 대처/해결 방식)을 이해하는 것이다. 문화 간 대인 접촉에서 적합한 상호 행위를 통하여 커뮤니케이션 목적을 달성할 수 있는 '커뮤니케이션 능력'은 곧 대인적 능력이자 관계적 능력이라고 할 수 있다. 따라서 문화 간 커뮤니케이션 능력에 대한 이해와 연구 문제를 '문화 간 커뮤니케이션'(능력) → '대인적 접촉'(능력) → '관계적 상호 행위'(능력) 방향으로 초점을 맞추는 시도가 필요하다고 할 수 있다.

3. 문화 간 커뮤니케이션 문제 해결 능력의 3가지 차원

'문제'와 '문제 해결'이라는 분석틀에서 보면 개인의 문화 간 커뮤니케이션 능력은 타문화적 배경을 가진 상대편과 의사소통을 하면서 발생하는 다양한 문제를 해결하는 능력이라고 할 수 있다. 실제로 문화 간 대인 커뮤니케이션 현상을 분석하면 크게 3가지 차원에서 문제가 발생하고 이 문제들을 해결하는 과정을 살펴볼 수 있다.

표 12-2 문화 간 커뮤니케이션 능력의 3가지 차원

구분 차원	문화 간 커뮤니케이션	커뮤니케이션 문제의 발생지	커뮤니케이션 문제의 변인	커뮤니케이션 능력	능력 개발 방향
하드웨어	문화 간 차이	문화, 사회적 공유 의 지식과 유산	문화적 지식, 관습, 가치관, 전통의례, 역사, 사고방식, 생활방식	지식적 능력	처방(處方) [公式 中心]
소프트웨어	커뮤니케이션 체계 차이	스피치 공동체의 의사전달 체계	언어, 조음, 제스처, 준언어, 비언어 등의 구조적·의미적· 실용적 체계, 의사소통관 등	표현/지각 능력	준비(準備) [事例 中心]
휴먼웨어	개인적 의사소통 성향	상호 행위자 개인, 상호 행위 현장의 상황 적응과 대처	상호 행위 경험과 준비성, 인내심, 참을성, 이해심, 타협심 등	관계적 능력	훈련(訓練) [現場 中心]

우선 커뮤니케이션 문제의 3가지 유형을 살펴보자. 첫째, 하드웨어 유형의 문제로서 문화적 차이에 기인해 나타나는 문제이다. 즉, 문화 간 지식적, 사고적(思考的), 생활적, 제도적 체계의 이질성에서 발생되는 의사소통의 문제들이다. 이러한 문제의 변인을 보면 문화적 지식, 관습, 제도, 가치관, 전통의례 등을 지적할 수 있다. 둘째, 소프트웨어 단계의 문제로서 커뮤니케이션 스타일의 차이에서 나타나는 문제이다. 즉, 스피치 공동체의 의사소통관과 그 방식의 차이에서 발생하는 문제다. 이러한 문제의 변인으로 언어, 조음, 제스처, 준언어, 비언어 등의 구조적·의미적·화용적 체계를 들 수 있다. 셋째, 휴먼웨어 단계의 문제로서 개인적 성향에서 나타나는 문제이다. 즉, 의사소통자(대화자)가 가진 상호 행위의 능력이 부족함으로써 비롯되는 문제다. 이러한 문제의 변인으로 상호 행위 경험과 준비성, 인내심, 참을성, 이해심, 타협심 등을 들 수 있다.

개인의 '문화 간 커뮤니케이션 능력'의 실체는 위에서 기술한 3가지 유형의 커뮤니케이션 문제에 따라 세분화하여 접근할 수 있을 것이다. 우선, 하드웨어 유형의 문제를 미리 방지하거나 발생했을 때 해결할 수 있는 화자의 능력은 '문화의 지식적 능력'이라고 할 수 있다. 소프트웨어 유형의 커뮤니케이션 문제를 사전에 방지하거나 해결할 수 있는 능력은 '표현과 지각 능력'이라고 할 수 있다. 끝으로, 휴먼웨어 유형의 문제를 방지하거나 해결할 수 있는 능력은 '관계적 능력'이라고 할 수 있다.

문화 간 대인 커뮤니케이션의 상호작용은 대개 3가지 차원이 혼합적으로 발생하는 커뮤니케이션 현상으로 기술할 수 있다. 즉, 문화 간 차원, 의사소통 차원, 대인 관계적 차원에서 동시적으로 발생하는 커뮤니케이션 행위라고 할 수 있다. 따라서 각 차원의 영역에서 발생되는 문제의 유형과 해결 방식은 일정한 패턴을 형성하는 것으로 보인다. 따라서 이 각 단계의 커뮤니케이션 문제를 유형화하고 이를 해결하는 과정을 살펴보

표 12-3 문화 간 대인 커뮤니케이션 문제의 대표적 유형

변인 단계	A 문화 : B 문화	A 의사소통 체계 : B 의사소통 체계	개인(상호 행위자) : 개인
독립(직접) 변인	• A-B 문화적 이질성 • A-B 문화적 고정관념 • A-B 국가적 상호관계	• 각 문화-국한적 의미체계 • 각 문화-국한적 표현체계 • 각 문화-국한적 화용체계	• 상호 행위-관계적 위치 • 수사(修辭)적 힘겨루기 • 문화 대변적 경쟁
매개(간접) 변인	호스트 vs.방문문화 대화 주제(토픽) 문화 간 역사적 관계	커뮤니케이션 목적, 시간, 공간(場), 사용언어 (외국어 능력)	개인의 인성(퍼스널리티) 파트너와의 친밀도
종속(결과) 변인	준거문화 선택적 갈등: 문화적 우월성의 충돌 문화적 편견 표출	메시지 생성/해독의 문제: 애매모호성의 문제 의미적 해석의 오해	대인적 갈등 및 논쟁: 언어적(표면적) 표출 담론적(관계적) 표출
문제의 유형 틀	[유형 1] 하드웨어 문제 (고정장치)	[유형2] 소프트웨어 문제 (사용/응용법)	[유형3] 휴먼웨어 문제 (사용자)

는 일이 '문화 간 커뮤니케이션 능력'을 이해하는 데 매우 중요하다.

1) 하드웨어(문화 간 차이) 문제의 발생과 해결 과정

'문화 간 차원'의 문제는 문화 간 존재하는 일반적·세부적인 문화지식, 사고방식, 생활방식 등의 차이에 기초를 두는 각종 커뮤니케이션 문제를 의미한다. 이러한 커뮤니케이션 문제의 발생지는 사회문화적 공유의 지식과 유산으로 구성된 문화로 볼 수 있으며, 문제의 변인 요소로서 문화적 지식, 관습, 가치관, 전통의례, 커뮤니케이션관 등을 지적할 수 있다.

'문화 간' 차원에서 발생하는 문제의 특성은 '문제의 발생처'가 개인이나 스피치 공동체의 영역을 초월한 '문화'라는 사실이다. 따라서 개인이나 스피치 공동체가 이 문제에 대처할 수 있는 유연성, 탄력성, 적응성, 융통성의 폭이 매우 제한된다. 왜냐하면 '문화'가 규정하는 사회, 정치, 경제, 역사 등에 대한 시각과 가치의 준거틀(*frame*)은 이데올로기적 성

표 12-4 문화 간 의사소통 문제의 해결 형태, 과정, 그리고 체계

단계 구조	하드웨어 문제: 문화적 차이	소프트웨어 문제: 의사소통 스타일	휴먼웨어 문제: 개인적 의사소통 성향
해결 형태	● 대항적 접근 ● 수용적 접근 ● 중립적 접근	● 의미적 타협(협상) ● 표현적 타협(협상) ● 화용적 타협(협상)	● 권력 중심적 처리 ● 관계 중심적 처리 ● 이슈 중심적 처리
해결 과정	● 부정, 거부, 간과 ● 적응, 수락, 융화 ● 침묵, 방어, 전환	● 언어적 수정/교정 ● 메타언어적 수정/교정 ● 상황적 언어 체계 구축	● 도전 vs. 응전 ● 신뢰 vs. 불신 ● 해결 vs. 관리
해결 체계	사회 문화적 규칙, 일반/세부적 문화지식 사고 및 생활방식 인지 등 기타	언어적 체계의 사용법, 커뮤니케이션 규칙, 의사소통 능력 등 기타	대인적 사교력, 이방인과의 접촉 경험, 임기응변력, 순발력 등 기타

격을 띠며, 구성원들에 대하여 순종을 요구하기 때문이다. 이러한 문화적 준거틀이 개인이나 스피치 공동체에게 커뮤니케이션 행위의 반경(radius)으로서 작용할 때, 그 문화에 소속된 구성원은 딱딱한 '문화적 껍질' 속에 갇히며 타문화에 대한 비타협적 입장을 취한다.

문화 간 존재하는 '이질성'은 각 문화에 소속된 개인 의사소통자 간의 '경험 세계의 불친화성'(incompatibility)을 의미한다. 이와 관련하여 대화과정에서 많이 나타나는 현상이 '논쟁적 대화'의 해결을 위한 준거문화의 선택적 갈등이다. 즉, 옳고 그름의 '판단의 틀'을 어느 쪽 문화의 것을 사용할 것인가의 선택 문제이다. 이러한 문화적 갈등은 대화의 전개에 따라 상호 간 '문화적 우월성'의 논쟁으로 이어지기도 한다.

'문화 간' 차원의 하드웨어 문제가 발생했을 때, 의사소통자의 접근방식은 대부분 다음 3가지 해결 형태 중 하나로 나타나는데, ① 대항적 접근, ② 수용적 접근, ③ 중립적 접근이다.

'대항적 접근'은 대화자가 자문화와 타문화 사이에 발생하는 이질성에 대한 부정, 거부, 간과의 방식으로 해결하려는 접근을 지칭한다. 특히,

대항적 접근은 자신이 속한 문화의 우월성을 주장하거나 상대편의 문화에 대한 선입관, 편견, 고정관념 등으로 인해 나타나는 경우가 많다.

'수용적 접근'은 의사소통자가 자문화와 타문화 사이에 발생하는 이질성에 대하여 적응, 수락, 융화의 방식으로 해결하려는 접근을 지칭한다. 개인이 자발적으로 문화 간 차이점에 대하여 가치판단을 지양하고 차이점을 인정하며 이해하려는 모습을 보임으로써 상대편도 자연스럽게 같은 방식으로 대화에 임할 확률이 높아진다.

'중립적 접근'은 대화자가 자문화와 타문화 사이에 발생하는 이질성이나 고정관념 및 편견 등에 대하여 침묵, 방어, 전환의 방식으로 해결하려는 접근을 지칭한다. 각 대화자가 문화 간 차이에 대한 대화 전개에서 자신의 주장을 삼가고 주제를 전환함으로써 상황에서 다소 후퇴하여 대화상대와 대결적 논쟁으로 치닫지 않기 위한 노력을 한다. 특히 이러한 접근을 시도하는 사람은 ① 자신의 의사표현 시간보다 상대의 목소리를 듣는 시간의 비율이 많으며, ② 자신이 속한 문화에 대한 상대편의 고정관념이나 편견에 대해 직선적이며 능동적인 교정 행위를 피하고 완곡한 표현과 수동적 태도로 대화를 진행한다.

2) 소프트웨어(커뮤니케이션 스타일) 문제의 발생과 해결 과정

각 문화는 저마다 개성적 스피치 문화를 가진다. 스피치 문화란 언어습관이며 의사소통 스타일이다. 즉, 한 문화의 '의사소통관'이라고 할 수 있다. 말을 적게 하는 것이 장려되는 침묵의 스피치 문화가 있는 반면 자신의 의사를 정확히 전달하는 것에 높은 가치를 두는 표현적 스피치 문화도 있다. 따라서 소프트웨어 단계의 문제는 표현과 지각 과정에서 발생하는 문제로서 그 요인을 보면 언어, 조음, 제스처, 준언어, 비언어적 표현 등이 있다.

이 단계의 의사소통 문제는 대부분 '언어의 사용'과 연관되며 세부적으로 언어의 의미적·표현적·화용적 단계에서 발생한다. 외국어로 하는 문화 간 접촉 상황에서 의미적 모호성, 표현법/수사법(은유법, 환유법, 역설법 등), 외국어 능력(어휘, 문법, 조음) 등은 의사소통 차원의 문제 발생과 해결 과정에서 주요 변인으로 작용할 수 있다. 특히 문화 간 언어적 스타일의 차이에서 발생하는 문제들은 크게 3가지로 유형화할 수 있는데 ① 문화-국한적 의미체계, ② 문화-국한적 표현체계, ③ 문화-국한적 화용체계이다.

첫째, 한 문화는 다른 문화로부터 차별화된 '의미체계'를 가지며, 이러한 의미체계는 그 문화의 구성원에게 독특한 '의미세계'를 제공한다. 따라서 문화 간 커뮤니케이션에서 대화자가 자신 또는 상대의 문화에 국한된 의미상황에 대하여 의사소통을 시도할 때 애매모호성 및 다의성 문제가 나타날 수 있다. 한 예로 '선물'에 대한 한국 문화의 제한적 의미(즉, 일정 액수 이상의 물건일 것)와 미국 문화의 제한적 의미(즉, 받는 사람에게 필요한 물건) 사이의 의미적 충돌을 들 수 있다.

둘째, 한 문화는 다른 문화로부터 차별화된 '표현체계'를 가지며, 이는 그 구성원에게 독특한 '표현방식'을 제공한다. 의사소통자가 자신 또는 상대의 문화에 국한된 표현방식을 사용하여 의사소통을 시도할 때 메시지의 생성과 해독 과정에서 문제가 나타날 수 있다. 이에 관련해 자주 목격되는 사례가 한국인이 잘못 사용하는 영어식 속어나 감탄사에 대한 미국인의 항의 및 교정이다.

셋째, 한 문화는 다른 문화로부터 차별화된 '화용체계'를 가지며 이러한 화용체계는 구성원들에게 독특한 '스피치 문화'를 제공한다. 익숙하지 못한 타문화의 스피치 문화는 이방인에게 당혹감과 혼란을 줄 수 있다. 이를테면 전달 방식과 관련하여 어법, 화법, 발성법 등의 문제 그리고 대화 방식과 관련하여 대화의 순서, 발화 시간, 발화 양보, 존대어 사용 등과 관련된 문제가 있다.

의사소통 스타일로 인한 문제가 발생했을 때 대화자는 대개 다음의 3가지 형태의 타협적 접근방식을 사용하는데, ① 의미적 타협, ② 표현적 타협, ③ 화용적 타협이 그것이다.

첫째, '의미적 타협'은 대화자가 자신이 속한 문화 또는 타문화에 국한된 의미 상황으로부터 발생한 의미 문제를 인지하고 추론 과정을 통해 절충적 의미 세계를 구축하는 방식이다. 이것은 한 문화 내에 존재하는 의미체가 다른 문화에 존재하지 않기 때문에 결국 은유나 비유의 과정을 통하여 의미적 추론을 함으로써 의사소통을 시도하는 타협 방식이다.

둘째, '표현적 타협'은 대화자가 자문화 또는 타문화에 국한된 표현 상황으로부터 발생한 표현 문제를 인지하고 질문을 통한 수정 및 교정과정을 거치는 '표현체계의 절충 방식'을 말한다. 한국인과 미국인이 영어로 대화를 나눌 때 제 2외국어로서 한국인의 콩글리쉬와 이로 인한 의사소통 문제를 생각할 수 있다. 이러한 문제에 대하여 미국인 화자는 한국인의 표현법을 수정해주거나 한국식 영어 표현을 그대로 수용하는 형태를 취할 수 있다.

셋째, '화용적 타협'은 대화자가 자문화 또는 타문화에 국한된 전달 방식(어법, 화법, 발성법 등) 및 대화 방식(대화순서, 발화시간, 발화양보, 존대어 등) 때문에 발생한 문제를 인지하고, 상황적 대화 체계를 즉흥적으로 마련하여 대화를 전개하는 방식이다. 예를 들면 한국인과 미국인 간의 대화에서 한국인의 잘못된 발음을 미국인이 과거의 경험이나 추론을 통하여 이해하는 행위를 말한다.

3) 휴먼웨어(개인적 의사소통의 성향) 문제의 발생과 해결 과정

문화 간 커뮤니케이션에서 흔히 쉽게 간과되는 부분이 개인적 의사소통 성향이다. 문화 간 접촉 상황을 떠나 개인은 저마다 의사소통의 상호 행위에 대해 일정한 성향을 가진다. 그러나 이러한 '대인적 상호 행위' 차원의 개인적 성향이 문화 간 접촉환경에서 더욱 확대됨으로서 다양한 커뮤니케이션 문제가 발생한다. 문화 간 커뮤니케이션에서 대화자는 연속적·역동적인 상호 행위를 통해 관계를 구축하고 관리한다. 이러한 상호 행위적 문제는 개인이 상호 행위 현장에 대해 상황적 적응과 대처를 하는 과정에서 발생하며, 문제의 변인요소로서 다른 문화 간 상호 행위 경험과 준비성, 인내심, 타협심 등을 지적할 수 있다. 이러한 '인간 대 인간'의 상호작용에서 발생하는 문제를 '휴먼웨어 문제'라고 지칭한다.

개인적 의사소통으로 인한 문제는 '관계적 갈등'과 '언어적 논쟁'으로 발전되기도 하며, 다시 언어 표현을 통하여 표출되는 경우와 담론(의미) 과정을 통하여 관계적으로 표출되는 경우가 있다. 개인적 의사소통의 성향으로 나타나는 대표적 문제의 유형은 다음 3가지, ① 상호 행위-관계적(interactive-relational) 위치, ② 수사적 힘겨루기(rhetorical race), ③ 문화 대변적(代辯)적 경쟁이다.

첫째, '상호 행위-관계적 위치'는 의사소통자가 언어적 상호 행위를 통하여 '호스트-방문객', '권위자-비권위자', '강자-약자', '상급자-하급자' 등의 수직적 관계를 형성하여 자신과 상대편의 관계적 위치를 설정하려는 경우이다.

둘째, '수사적 힘겨루기'는 일종의 '말싸움'이라고 할 수 있는데, 각 개인이 대화 과정에서 대화 내용에 관한 자신의 주장을 펼치고, 대화의 주도권을 얻기 위해 상호 간 스피치 경쟁으로 대화를 전개하는 형태를 의미한다. 이러한 경우 대부분 대화자는 대화 주제를 다양하게 전개해 수사적 경쟁을 함으로써 스피치 주도권을 획득하기 위한 일종의 '말싸움'이 벌어진다. 또한, 은유적 사례 제시의 연속으로 대화가 전개되는 현상도 볼 수 있다.

셋째, '문화 대변적 경쟁'은 각 의사소통자가 자문화(自文化)를 대변하는 입장에서 대화를 전개하는 것이며, 대화 내용도 문화 간 우월성 확신을 위해 전개되는 경우가 많다.

개인 간 상호 행위적 차원에서 커뮤니케이션 문제가 발생했을 때 각 대화자들은 자신의 대인 관계적 수완, 사교적 기술, 이방인과의 접촉 경험, 임기응변력 등을 바탕으로 당면한 의사소통 문제를 해결하려고 하며, 그 대표적인 접근 방식으로는 다음 3가지 해결형태, ① 권력 중심적 처리, ② 관계 중심적 처리, ③ 이슈 중심적 처리가 있다.

첫째, '권력 중심적' 처리는 개인 간 상호 행위적 문제에서 논쟁적 성격의 대화가 진행되면서 상호 행위의 연결 구조가 '수사적 주도권'을 위한 '도전과 응전'의 연속으로 구성되는 것이다. 따라서 권력 중심적 처리는 대화자의 대인적 상호 행위가 대화의 주도권을 얻기 위한 경우에 자주 나타나며 일종의 '갈등적 처리방식'이라고 할 수 있다. 대화자 간 상호작용이 '공격과 방어', '주장에 대한 반론', '반론에 대한 반론'으로 전개되는 경우가 여기에 해당된다. 따라서 지속적 반론을 제기하는 과정에서 대화의 내용 및 본질을 벗어나 '말싸움' 및 '자존심 대결'의 국면으로 전개되는 에피소드를 구성한다.

둘째, '관계 중심적' 처리는 개인 간 상호 행위적 문제에서 의사소통자가 '관계 구축'을 중심으로 대화를 전개하는 방식을 말한다. 즉, '갈등적 상황'을 지양하고, 대인 접촉을 통한 '신뢰적 관계'를 형성하는 데 중점을 둔다. 대화자가 휴먼웨어 차원의 문제에서 관계 중심적 처리로 접근할 때 대화 기법으로 사과, 변명, 유머, 위트 등이 자주 사용된다.

셋째, '이슈 중심적' 처리는 개인 간 상호 행위적 문제에서 대화자가 상대편과의 관계보다는 대화의 이슈를 관리하면서 상호 행위를 전개하는 방식을 말한다. 이슈 중심적 처리는 의사소통자의 상호 행위 과정에 대한 운영(즉, 대화의 주도권과 통솔권)이 중립적이며, 중위(中位)적으로 진행된다. 이러한 대화 진행의 특징을 보면 대개 대화자가 상대편과의 지나친 논쟁적 상황을 회피하는 동시에 지나치게 대인 관계 중심으로 치우치기보다는 대화의 이슈 및 주제에 치중함으로써 결론·결실이 있는 대화를 만드는 것이다. 따라서 일반적으로 대화자는 대화의 주도권이나 상호관계의 설정을 중립적 위치에 두고 대화 내용·토픽에 대해 체계적이고 설득적 예시를 들면서 대화를 전개한다.

4. 문화 간 커뮤니케이션 능력 향상을 위한 가이드라인

1) 문화 간 커뮤니케이션의 불화상승작용과 문화 간 점검표

춘추전국시대 손무(孫武)는 이미 《손자병법》 "모공편"(謀攻篇)에서 다음과 같이 말한다.

적군과 아군의 실정을 잘 비교 검토한 후 승산이 있을 때 싸운다면 백 번을 싸워도 결코 위태롭지 않으며(知彼知己 百戰不殆), 적의 실정은 모른 채 아군의 실정만 알고 싸운다면 승패의 확률은 반반이고, 적의 실정은 물론 아군의 실정까지 모르고 싸운다면 만 번에 한 번도 이길 가망이 없다.

이러한 교훈은 글로벌 시대의 비즈니스맨에게 커다란 의미를 시사한다. 문화 간 의사소통 시각에서 볼 때 자문화에 대한 인식 부족과 타문화에 대한 이해가 없이 국제협상에 임하는 것은, 손무 식으로 이야기하면 백전백패를 의미한다. 또한 어느 한쪽에 대한 인식 부족도 승패의 확률을 반반으로 만든다. 문화 간 비즈니스 협상 과정에서 발생하는 문화적 마찰에 따른 불화 그리고 불화의 축적 및 상승작용을 간단히 살펴보면 〈그림 12-2〉와 같은 흐름도로 볼 수 있다.

문화 간 협상 테이블(1단계)에서 문화적 마찰이 발생했을 때, 한쪽에서 불쾌감이 형성되고 상대가 이 '불쾌감'에 대한 불쾌감을 가지면서 불화의 상승작용이 발생한다(2단계). 문화 간 협상자는 커뮤니케이션의 장벽으로 등장하는 문화 간 마찰과 불화상승 작용을 극복하기 위해 '문화적 점검'(3단계)을 통하여 마찰의 근원을 파악해야 한다. 문화적 차이에서 발생하는 마찰의 원인과 성격을 점검한 후 이를 바탕으로 상대에 대한 이해의 폭을 넓히려는 노력이 필요하다(4단계). 그 다음, 상호 이해를 바탕으로 협상 행위의 수정 및 변경이 필요하며(5단계), 추후 협상을 다시 전개한다.

따라서 문화 간 접촉 상황에서 커뮤니케이션 능력이 있는 비즈니스맨이라면 우선 갈등의 발생 시점에서 문화 간 점검, 즉 문화 간 성향의 차이를 비교·검토하는 일을 수행할 것이다. 각 문화의 성질과 성향은 커뮤니케이션의 의사결정 과정에 큰 영향을 미치기 때문이다. 그러므로 문화 간 비즈니스 협상 같은 경우 자문화의 특성을 인식하는 일과 상대편 문화의 특성을 이해하는 일이 무엇보다 중요하다. 그러나 한 문화의 프로파일을 작성하는 일은 매우 난해한 작업이다. 여기서 문화연구(cultural studies) 문헌을 중심으로 '문화적 성향'을 파악할 수 있는 10가지 대표적 항목과 항목별 문화적 변인을 간략히 고찰한다.

클럭혼과 스트롯벡(Kluckhohn & Strodtbeck, 1961)은 ① 환경, ② 시간, ③ 행위의 3가지 차원에서 문화적 성향의 변인을 다음과 같이 제시한다.

첫째, '환경' 차원의 문화적 변인으로서 '지배', '조화' 그리고 '속박'을 지적한다. 환경 지배 문화는 환경을 지배할 수 있고 인간의 필요에 맞게

그림 12-2 문화 간 비즈니스 회의에서 갈등의 불화상승 작용

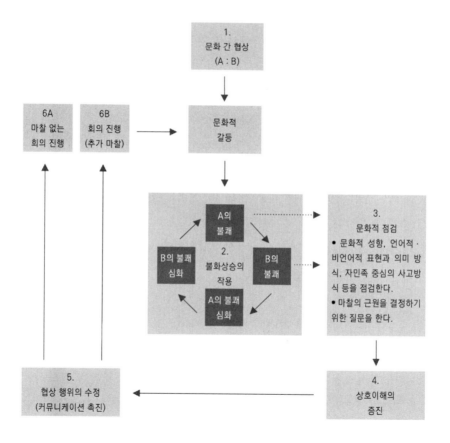

출처: Brake, T., Walker, A. & Walker, 1995: 176~179

변경할 수 있다고 생각한다. 이에 반해 환경 조화 문화는 자신을 둘러싼 세계와 조화를 이루며 살아야 한다고 믿는다. 끝으로 환경 속박 문화는 자신의 주변 세계에 의해 속박된 삶을 영위하며, '운명', '행운', '변화' 등에 민감한 반응을 보인다.

둘째, '시간' 차원의 문화적 변인으로서 '단일-초점 : 중복-초점', '고정적 : 유동적', '과거 : 현재 : 미래'를 제시한다. '단일-초점' 문화는 한 번에 하나의 일에 집중하며 스케줄을 중요시한다. 반면 '중복-초점' 문화는 여러 가지 일을 동시에 추구하며 마감시간에 크게 제한받지 않는다. '고정적' 문화는 시간 엄수가 정확하며 '유동적' 문화는 다소 느슨한 시간 운영을 한다. '과거' 중심 문화는 전통의 답습을 중시하고, '현재' 중심 문화는 짧은 시간 내 빠른 결과를 겨냥하며, '미래' 중심 문화는 단기적 이득을 장기적 결과와 교환할 의지가 높은 것이 특징이다.

셋째, '행위' 차원의 변인은 '수행(doing) : 출현(being)'을 제시한다. '수행' 문화는 작업 중심적이며 목적 달성을 위한 생산적 활동을 중시하는 반면 '출현' 문화는 관계 중심적이며 성취보다는 현재 작업의 경험을 소중히 생각한다.

홀(Hall, 1990)은 ④ 커뮤니케이션, ⑤ 공간의 차원에서 문화적 성향의 변인을 설명하는데 다음과 같다.

첫째, '커뮤니케이션' 차원의 변인으로서 '고맥락(high context) : 저맥락(low context)', '직접 : 간접', '표현적 : 수단적', '형식적 : 비형식적'을 제시한다. '고맥락' 문화에서는 공유된 경험에 근거하여 어떤 일을 이해하는데 명시적인 설명이 필요 없으며 스피치나 행동의 규칙이 암시적이다. 반면 '저맥락' 문화에서는 사실과 정보의 교환이 중시되고 정보는 말로 전달되며 그 의미가 명시화된다. '직접' 문화에서는 갈등의 확인, 진단, 관리를 포함해 명시적 커뮤니케이션을 선호하는 반면 '간접' 문화에

410

서는 암시적 커뮤니케이션과 갈등 회피가 선호된다. '표현적' 문화에서는 고도의 주관성을 띤 감정적이고 개인적 커뮤니케이션 스타일을 가지는 반면 '도구적' 문화는 고도의 객관성을 띤 이성적이고 냉정한 커뮤니케이션 스타일로 일의 성취를 중요시한다. '형식' 문화는 프로토콜과 사회적 관습을 따르는 성향을 띠며 '비형식' 문화'는 의식(儀式)과 경직된 프로토콜을 지양하는 성향을 띤다.

둘째, '공간' 차원의 변인은 '사적 : 공적'을 지적한다. '사적' 공간 문화는 물리적 공간의 용도가 개인적이며 개인 간 거리를 선호한다. 반면, '공적' 공간 문화는 물리적 공간의 용도가 그룹 중심적이고 근접한 공간을 선호한다.

호프스테드와 햄던-튜너, 트롬페나스(Hofstede, Hampden-Tuner, & Trompenaars)는 ⑥ 권력, ⑦ 개인주의, ⑧ 경쟁성, ⑨ 구조의 차원에서 문화적 변인을 제시한다.

첫째, '권력' 차원에서 '계급조직 : 평등조직'을 지적한다. '계급조직' 문화는 개인·그룹 간 권력 차이에 가치를 두며, '평등조직' 문화는 권력 계급 간을 최소화하는 데 가치를 둔다.

둘째, '개인주의' 차원에서 '개인주의 : 집합주의'를 지적한다. '개인주의' 문화는 개인이 공동체보다 앞서며 독립성이 높게 평가되는 반면 '집합주의' 문화는 공동체의 관심이 개인의 관심보다 앞서며 사회적 네트워크에 의해 정체성이 확립되고 공동체에 대한 충성이 요구된다.

셋째, '경쟁성' 차원에서 '경쟁적 : 협조적'을 지적한다. '경쟁적' 문화는 성취, 주장, 물질적 취득을 중시하며 '협조적' 문화는 삶의 질, 상호 의존, 관계를 중시한다.

넷째, '구조' 차원에서 '질서 : 융통'을 지적한다. '질서' 문화는 예측과 규칙에 대한 높은 욕구를 가지며, 갈등을 위협적 요소로 간주하는 반면

'융통' 문화는 예측불허의 상황이나 모호성에 대한 인내력이 강하고 이견 (異見)이 수용된다.

스튜어드와 베넷(Steward & Bennett, 1991)은 ⑩ 사고방식의 차원에서 '연역적 : 귀납적', '단선적 : 체계적' 변인을 제시한다.

첫째, '연역적' 사고 문화는 이론과 논리에 기초를 두고 의사결정을 전개하는 반면 '귀납적' 사고 문화는 경험과 실험에 기초를 두고 의사결정을 전개한다.

둘째, '단선적' 사고 문화는 문제를 작게 조각내 처리하는 분석적 사고방식을 선호하며, '체계적' 사고 문화는 문제의 구성 요소 간 상호관계와 거시적 그림에 중점을 두는 전체적 사고방식을 선호한다.

이상 살펴본 문화 성향의 항목을 정리하면 10가지의 보편적 문화성향 항목과 34가지 문화적 변인이 나타나는데 〈표 12-5〉와 같다. 문화 간 의사소통자는 이 작성안을 가지고 자문화와 타문화의 문화적 변인을 비교해 체크하고, 특히 상대편의 문화적 변인이 가지는 '의사소통 스타일'을 파악하여 커뮤니케이션 전략을 수립하는 것이 필요하다.

표 12-5 자문화 · 타문화의 커뮤니케이션 스타일 비교 작성안

| 문화성향 항목 | 문화적 변인 | 변인체크(✔) | | 커뮤니케이션 전략(세부사항 수립) | |
		A	B	A 문화의 고려사항 (B 문화 변인과의 접촉 환경)	B 문화의 고려사항 (A 문화 변인과의 접촉 환경)
환경	지배	·	·	·	·
	조화	·	·	·	·
	속박	·	·	·	·
시간	단일-초점	·	·	·	·
	중복-초점	·	·	·	·
	고정적	·	·	·	·
	유동적	·	·	·	·
	과거	·	·	·	·
	현재	·	·	·	·
	미래	·	·	·	·
행위	수행	·	·	·	·
	출현	·	·	·	·
의사소통	고맥락	·	·	·	·
	저맥락	·	·	·	·
	직접	·	·	·	·
	간접	·	·	·	·
	표현적	·	·	·	·
	수단적	·	·	·	·
	형식적	·	·	·	·
	비형식적	·	·	·	·
공간	사적	·	·	·	·
	공적	·	·	·	·
권력	계급조직	·	·	·	·
	평등조직	·	·	·	·
개인주의	개인주의	·	·	·	·
	집합주의	·	·	·	·
경쟁성	경쟁적	·	·	·	·
	협조적	·	·	·	·
구조	질서	·	·	·	·
	융통	·	·	·	·
사고방식	연역적	·	·	·	·
	귀납적	·	·	·	·
	단선적	·	·	·	·
	체계적	·	·	·	·

2) 타문화 수용 능력 개발 훈련

문화 간 커뮤니케이션 능력이 일반적 개념의 커뮤니케이션 능력과 차별화되는 부분은 바로 '커뮤니케이션의 상대자가 자신과 다른 문화적 준거틀(frame of references)을 사용'한다는 사실이다. 나와 다른 잣대를 가진 타문화의 사람과 의사소통을 원활히 하기 위해 가장 선행되어야 할 것은 자문화와 타문화를 있는 그대로 인정하고 받아들일 나의 태도와 자세이며, 그것은 곧 나의 문화 간 커뮤니케이션 능력과 직결된다.

즉, 타문화 수용능력은 곧 나의 문화 간 커뮤니케이션 능력의 기반을 형성하는 것이다. 어떻게 타문화에 대한 '나의 수용능력'을 개발할 수 있는가? 다음은 미국의 경영관리교육기관인 TMC(Training Management Corporation)의 워커(Walker, 1995: 33~35)가 제시하는 타문화 학습 모델을 중심으로 재구성한 '타문화 수용능력 개발 모델'과 각 단계별 지침 내용이다.

그림 12-3 **타문화 수용 능력 개발 모델**

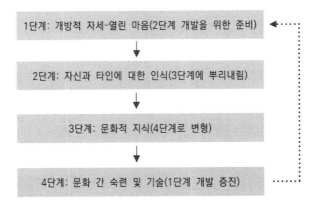

414

(1) 제1단계: 개방적 자세(열린 마음)

목표는 '타문화 수용태도 개발'이다.

- "우리는 모두 같은 사람이다"라는 가정(추측)을 하지 않으며, 타문화의 이질성을 있는 그대로 인정하려는 열린 마음을 가지는가?
- 객관적이고 공정한 방식으로 나 자신의 문화적 성향을 검토하며, 역효과를 초래하는 문화적 습관을 탈피하려는 열린 마음을 가지는가?
- 타문화의 방식이 내가 믿는 현실·사실과 상반될 때, 또한 내가 아는 효율적이고 적합한 방식과 불일치할 때 상대의 방식을 수용하려는 열린 마음을 가지는가?
- 타문화에 대한 성급한 평가를 피하고 고정관념에 얽매이지 않으며, 자민족중심적 행위를 지양하면서 타문화를 경험하려는 열린 마음을 가지는가?
- 안정된 마음과 침착한 행동을 유지하면서 타문화의 다른 관점에서 입장을 바꾸어 사안을 바라볼 수 있는가?

(2) 제2단계: 자신과 타인에 대한 인식

목표는 '자신과 타인 사이의 이질성과 동질성 인식'이다.

① 자신에 대한 인식
- 나 자신의 문화적 오리엔테이션(성향)은 어떠한가? 내가 비즈니스를 하는 데 이러한 성향이 어떤 영향을 미치는가?
- 내가 속한 문화와 기업문화의 대주류로부터 나는 얼마나 이질적 측면을 가지는가?
- 나의 적응력은 어느 정도인가? 문화 간 접촉에서 어떻게 나의 능력

을 증진시킬 수 있는가?

② 타인에 대한 인식

- 그들의 주된 문화적 오리엔테이션은 어떠한가? 그들이 비즈니스를 하는 데 이러한 성향이 어떤 영향을 미치는가?
- 그들이 속한 문화와 기업 문화의 대주류는 어떠한 것인가? 그들 문화의 주요 변인으로 어떤 것들이 있는가?
- 그들의 적응력은 어느 정도인가? 나와 나의 문화에 대해 배우려는 그들의 의지는 어느 정도인가?
- 동질적 · 공통적 측면이 존재하는가? 어떻게 상호 간 공감대를 형성할 수 있는가?

(3) 제3단계: 문화적 지식

목표는 '견실한 문화적 기초지식 쌓기'이다.

- 모든 문화(또는 특정한 문화)에 대하여 내가 반드시 알아야 할 것은 무엇인가?
- 내가 필요한 문화적 지식을 제공할 수 있는 자료로 어떤 게 있는가?
- 어떻게 장기적으로 나에게 도움이 될 수 있는 실천적 문화적 지식을 지속적으로 습득해갈 수 있는가?

(4) 제4단계: 문화 간 숙련 및 기술

목표는 '문화 간 접촉의 효율성을 극대화할 수 있는 행동 및 행위의 개발'이다.

- 문화적 인식과 지식을 어떻게 기능적 기술로 활용할 것인가?
- 어떤 기술이 문화 간 갈등을 최소화하며 생산성과 효율성을 극대화 하는데 도움이 될 수 있는가?
- 어떻게 '문화 간 기술'을 지속적으로 숙련하고, 문화적 수용력을 개 발할 수 있는가?
- 어떻게 '문화 간-기술'을 타문화 학습에 대한 개방적 자세를 강화하 는데 사용할 수 있는가?

3) 결언: 문화 간 커뮤니케이션 능력의 이해를 위한 7가지 체크포인트

지금까지 살펴본 바와 같이 '문화 간 커뮤니케이션 능력'은 논의하기가 매우 복잡하고 어려운 개념이다. 그러나 "21세기의 모든 길은 커뮤니케 이션으로 통한다"는 말처럼 우리는 문화 간 커뮤니케이션의 시대에 살고 있다. 다음은 문화 간 커뮤니케이션 능력에 관련한 7가지 진술문이다. 이 장을 읽는 독자가 각 진술문에 대하여 ○×형식으로 자답함으로써 여 기서 논의한 '문화 간 커뮤니케이션 능력'에 대한 자신의 이해도를 종합 적으로 테스트할 수 있을 것이다.

(1) 누구나 커뮤니케이션을 하지만 모두가 커뮤니케이션 능력이 있는 것은 아니다
인간은 누구나 커뮤니케이션을 한다. 그러나 하는 것과 잘하는 것 사이 에는 큰 차이가 있다. 문화 간 커뮤니케이션 능력은 글로벌 시대의 도래 와 세계 속의 다문화(one world, many cultures) 환경 속에서 준비된 의사 소통 전략과 전술을 바탕으로 효과적 커뮤니케이션을 수행하는 재능이 며 교육과 훈련을 통하여 계발하는 노력이 필요하다. 답은 ○다.

(2) 다른 문화권에서 온 외국인과 의사소통을 하는데, 그 나라의 언어만 완벽히 구
     사한다면 큰 문제는 없다

외국어를 능통하게 구사하는 것은 매우 중요하지만 그 자체가 문화적 능
통을 의미하지는 않는다. 효과적 커뮤니케이션을 위해서는 우선 상대 문
화에 대한 지식(내 문화와 다른 점)이 필요하다. 다행히 언어는 문화를 비
추는 창의 역할을 하기 때문에 외국어를 배우면서 제한적이지만 문화를
함께 습득하기도 한다. 답은 ×다.

(3) 비즈니스를 위해 외국에 나가기 그 나라의 생활풍습 중 할 것과 해서는 안 될
     것의 리스트를 암기하는 것은 그 문화를 이해하는 데 큰 도움이 된다

외국 여행에 앞서 방문국에서 해서는 안 될 행동을 숙지하는 일은 어느
정도 도움이 될 수 있다. 그러나 장기적으로 볼 때 이러한 리스트의 암기
는 실제 현장에서 큰 도움이 되지는 못한다. 오히려 이러한 리스트의 내
용은 해당 문화에 대한 고정관념을 형성해 그 문화를 깊게 그리고 경험적
으로 이해하는 데 방해 요인이 되기도 한다. 답은 ×다.

(4) 타문화를 알면 알수록 의사소통하기가 더욱 복잡하고 혼란스러울 것이다

상대편의 문화에 대한 지식이 많을수록 자신의 문화 간 커뮤니케이션 능
력은 향상된다. 특히 자문화와 타문화 간 차이에 대한 인지도가 높을수
록 상대편의 스피치 행위에 대한 이해가 높아지고 언어적·비언어적 요
인들에 대한 해석도 용이해진다. 답은 ×다.

(5) 타문화권 사람과 의사소통을 할 때는 형식에 얽매이지 말고
     실질적 내용에 중점을 두어야 한다

효과적인 커뮤니케이션을 위해서 각 문화권의 커뮤니케이션의 형식성의
요인을 이해하는 것이 필요하다. 예를 들면 많은 문화권에서 옷차림(예

복, 정복, 평상복, 캐주얼 등), 행위(공손, 예절, 평범 등), 스피치(극존칭, 존칭, 평어, 반말 등) 등이 커뮤니케이션 상황의 '형식적 정도'(*degree of formality*)에 따라 달라지며, 이러한 형식적 관행을 벗어날 때, 커뮤니케이션의 방해요인이 될 수 있다. 답은 ×다.

(6) 강의실에서 배우는 문화 간 차이점은
문화 간 커뮤니케이션 상황에 실질적 도움이 되지 못한다

강의실에서 배우는 문화 간 차이점은 경험적 학습은 아니지만 문화 간 커뮤니케이션의 유추적 능력을 강화시킨다. 즉, 타문화의 메시지에 대하여 의미를 '추정·추측'하고, 스스로 추측의 '진위'를 판단하는 유추적 과정에서 새로운 지식이 생성되는데, 강의실에서 배우는 지식은 이 과정에서 검증자료로 사용될 수 있다. 답은 ×다.

(7) 한 사회의 문화가 다른 사회의 문화와 다르듯이 한 사회 안에서도
각 구성원마다 서로 다른 문화적 성격을 형성한다

거시적 차원에서 문화는 국가별·사회별·지역별로 그 모양이 매우 다르게 나타난다. 그러나 이러한 사실은 미시적 차원의 접근에서도 적용된다. 즉, 한 사회를 구성하는 구성원은 각 개인의 젠더, 나이, 인종, 종교, 사회적 계층 등에 따라 서로 다른 문화적 성격을 띤다. 답은 ○다.

참고문헌

Abe, H. & Wiseman, R. (1983), A cross-cultural confirmation of the dimensions of intercultural effectiveness, *Intercultural Journal of Intercultural Relations*, 7, 53~67.

Albert, R. (1983), The intercultural sensitizer or culture assimilator: A cognitive approach, In D. Landies & Brislin (eds.), *Handbook of Intercultural Training: Issues in Training Methodology* (pp. 186~217), New York: Pergamon.

Alexander, H. (1988), *The Language and Logic of Philosophy*, New York: University Press of America.

Argyris, C. (1968), The nature of competence-acquisition activities and their relationship to therapy, In W. G. Bennis, E. H. Schein, F. I. Steele, & D. E. Berlew (eds.), *Intercultural Dynamics: Essays and Readings on Human Interaction* (pp. 749~766), Homewood, IL: Irwin.

Atkinson, M. (1982), Understanding formality: The categorization and production of 'formal' interaction, *British Journal of Sociology*, 33, 86~117.

Benson, G. (1978), Measuring cross-cultural adjustment: The problem of criteria, *International Journal of Intercultural Relations*, 2, 21~37.

Burgoon, J., Pfau, M. Parrott, R., Birk, T., & Burgoon, M. (1987), Relational communication, satisfaction, compliance-gaining strategies between physicians and patients, *Communication Monographs*, 54. 307~324.

Dinges, N. (1983), Intercultural competence, In D. Landies & R. Brislin (eds.), *Handbook of Intercultural Training: Vol. 1. Issues in Theory and Design* (pp. 176~202), New York: Pergamon.

Duran, L. (1983), Communicative adaptability: A measure of social communicative competence, *Communication Quarterly*, 31, 320~326.

Gudykunst, B. & Hammer, R. (1984), Dimensions of intercultural effectiveness: Cultural specific or culture general?, *International Journal of Intercultural Relations*, 8, 1~10.

Gudykunst, B., Wiseman, R., & Hammer, M. (1977), Determinants of the sojourner's attitudinal satisfaction: A path model, In B. Ruben (ed.), *Communication Yearbook 1*(pp. 415~425), New Brunswick, NJ: Transaction Books.

Hall, T. Edward(1990), *The Silent language*, New York: Doubleday Books.

Hampden-Turner, C. & Trompenaars, A. (1993), *The Seven Cultures of Capitalism*, New York: Doubleday.

Hofstede, G. (1980), *Culture's Consequences: International Differences in Work-Related Values*, Newsbury Park, CA: Sage Publication.

Hymes, D. (1972), On communicative competence, In J. B. Pride & J. Holmes (eds.), *Sociolinguistics, Selected Readings* (pp. 269~293), Harmondsworth: Penguin.

420

Kim, Y. (1991), Intercultural communication competence, In S. Ting-Toomey & Kirrzenny, F. (ed.), *Cross-Cultural Interpersonal Communication*, Newbury Park, CA: Sage Publications Inc.

Kluckhohn, F. & Strodtbeck, F. L. (1961), *Variations in Value Orientations*, Evanston, IL: Row, Peterson.

Long, M. H. (1983), Linguistic and conversational adjustments to non-native speakers, *Studies in Second Language Acquisition*, 5, 177~193.

Nishida, H. (1985), Japanese intercultural communication competence and cross-cultural adjustment, *International Journal of Intercultural Relations*, 9, 247~269.

Stewart, E. & Bennett, M. (1991), *American Cultural Patterns: A Cross-Cultural Perspective*, Yarmouth, Maine: Intercultural Press.

Ting-Toomey, S. (1991), Cross-cultural interpersonal communication, In S. Ting-Tommey & Korrzenny, F. (ed.), *Cross-Cultural Interpersonal Communication*, Newbury Park, CA: Sage Publications Inc.

Training Management Corporation (TMC)(1992), *Doing Business Internationally: The Cross-Cultural Challenges, Seminar and Coursebook*, Princeton, NJ, Revised & recited from Brake, T., Walker, D., & Walker, T. (1995), *Doing Business Internationally: The Guide to Cross-Cultural Success* (pp. 33~35), New York: IRWIN.

Wiemann, J. M. & Kelly, C. W. (1981), Pragmatics of interpersonal competence, In C. Wilder-Mott & J. H. Weakland (eds.), *Rigor and Imagination: Essays from the Legacy of Gregory Bateson* (pp. 283~297), New York: Praeger.

13

초국적 사회운동과
인터넷 네트워크의 역할

김은규

1. 머리말

지구시민사회(*global civil society*) 영역에서는 인터넷을 매개로 하는 새로운 유형의 사회운동 네트워크가 주요한 흐름을 형성한다. 1990년대 중반 이후 '초국적 사회운동'이라 불리는(Tarrow, 2001; Fisher et al., 2005) 전 지구적 범위의 사회운동이 출현했으며, 이러한 사회운동은 주로 인터넷을 매개로 진행되었다. 초국적 사회운동은 신자유주의적 세계화에 저항하면서 '대안적 세계화' 혹은 '지구적 사회정의'를 주장한다. 또한 초국적 사회운동은 단일국가적 차원이 아니라 전 지구적인 사회운동그룹의 연대로 발현되며 이들의 조직화와 동원은 인터넷을 통해 이루어진다는 특징이 있다. 요컨대 초국적 사회운동은 신자유주의적 세계화에 대항하기 위한 전 지구적 수준의 집단적 연대이며 인터넷을 통해 촉진된다.

인터넷을 매개로 하는 초국적 사회운동의 분기점으로 주목되는 것은 1999년 11월 시애틀에서 전개된 WTO 회담 반대투쟁이다. 세계 각지에서 집결한 미디어 활동가 및 사회운동 활동가들은 회담이 시작되기 6개월 전부터 시위의 중심 센터로서 기능할 인터넷 네트워크를 준비했고, '시애틀 독립미디어센터'(*Independent Media Center*, 이하 IMC)라는 인터넷 네트워크를 출범시켰다. 회담 기간 동안 시위 참여자들은 IMC를 통해 자신들의 의견을 개진함과 아울러 각종 시위의 조직화 및 동원을 전개했다. 이후 대안적 세계화를 주장하는 초국적 사회운동은 신자유주의적 국제기구의 회담이 진행될 때마다 회담이 열리는 도시에서 조직되었고, 그 조직화에는 IMC 네트워크가 중심적 역할을 수행했다. 더불어 시애틀 IMC에서 출발했던 IMC 네트워크는 세계 각지에서 전개된 초국적 사회운동과 더불어 그 자체적으로 증식했으며, 현재에는 150여 개가 넘는 지역 IMC의 네트워크 연합체로 성장했다.

2. 초국적 사회운동과 디지털 연대

1) 지구시민사회와 초국적 사회운동

1980년대 '포스트모더니즘'이라는 용어가 시대적 관심을 모았던 주된 용어였다면 1990년대 이후에는 '세계화'라는 개념이 우리의 일상을 지배한다. 특히 WTO가 출범한 1995년은 세계화의 원년으로 인식된다. 세계화는 개별 국가 또는 사회의 삶이 점증하는 국제사회의 상호의존성에 더욱 크게 영향을 받는 상황을 의미한다(Giddens, 1990: 64). 또한 세계화는 사회문화적 차원에서 지리적 속박이 줄어드는 사회적 과정이며, 사람들이 점차적으로 자신이 움츠러듦을 자각하는 사회적 과정이다(Waters, 1995: 3). 요컨대, 세계화란 국가 간 상호작용이 증대하고, 그 결과 개인의 삶이 초국가적 차원의 질서에 더욱 크게 영향받는 상황이며, 이러한 기초 위에서 초국가적인 지구촌 질서가 독자적 실재성을 획득하는 과정이다(조희연, 2001). 한편 세계화의 흐름 속에서 더욱 부각되는 것은 '신자유주의'라는 개념이다. 마르틴과 슈만은 신자유주의의 함의를 "시장은 좋은 것이고 국가는 나쁘다"는 것으로 정의하고, 이의 대표적 정책기조는 탈규제화, 무역과 자본 이동의 자유화, 공공기업의 민영화 등으로 나타난다고 정리한다(Martin & Schumann, 1997: 34). 결국 신자유주의적 세계화란 자본의 질서에 기초하여 사회·문화·정치·경제적 질서를 지구적으로 통합하는 과정인 것이다. 세계화는 그 자신과 함께 행동주의자들에게 기회와 강요를 창출하는 '정치적 기구의 확장'(Smith & Johnston, 2002) 및 '민주적 변화를 위한 투쟁의 가능성'(Hardt & Negri, 2000)을 가져왔다. 즉, 세계화는 한편으로는 신자유주의적 국제기구의 강화를 가져왔지만 다른 한편으로는 이에 저항하는 활동가들의 초국적 연대기구 역시 발전시킨 것이다.

실제로 세계화가 급속히 진행되던 1990년대 중반 이후 신자유주의적 국제기구(WTO, IMF, 세계은행 등)와 다국적 체제에 대항하는 시민 저항이 세계 각 지역에서 진행되었다. 1998년에는 다자간 투자협정(MAI) 반대 투쟁, 1998~1999년에는 G7 정상회담을 겨냥한 개도국 외채탕감 운동이 진행됐다. 또한 1998~1999년에는 ATTAC(외환거래 과세운동 시민연합) 등을 중심으로 신자유주의 반대 국제 회의가 전 세계의 활동가들을 대규모로 결집시켰다. 이런 일련의 국제적 회의와 투쟁은 1999년 11월 30일 뉴라운드 출범을 선포하려던 WTO 각료회의 개회식을 무산시킨 미국의 시애틀 시위에서 절정에 이르렀다. 이른바 '시애틀 전투'(the battle of Seattle)라고도 불리는 1999년 시위에서 전 세계에서 모여든 6만여 명의 활동가들은 도심을 점령하여 거대한 인간사슬을 만들고 WTO의 해체를 외치며 격렬한 시위를 전개했다(참세상, 2002).

시애틀 시위 이후 '대안적 세계화'[1]를 주장하는 국제적 동원은 점점 위력을 더했다. 2000년 4월 미국 워싱턴에서 열린 세계은행 · IMF 춘계회의, 2000년 9월 체코 프라하에서 열린 세계은행 · IMF 연차회의, 2001년 4월 캐나다 퀘벡에서 열린 미주자유무역지대(FTAA) 정상회담, 2001년 6월 스웨덴 예테보리의 EU 정상회담, 2001년 7월 이탈리아 제노바에서 열린 G8[2] 정상회담, 2002년 3월 스페인 바르셀로나의 EU 정상회담, 2003년 9월 멕시코 칸쿤 제5차 WTO 각료회의[3] 등이 모두 국제적으로 모여든 대안적 세계화 운동 활동가들의 격렬한 시위에 맞닥뜨려야 했다(Alest & Walgrave, 2004: 102~103).

신자유주의적 세계화와 더불어 나타나는 새로운 사회운동의 형태는 단일 국가 규모나 지역적 단위가 아니라 초국가적이라는 특징을 나타낸다. 태로(Tarrow, 2001: 11)는 이를 초국적 사회운동(*transnational social movement*)이라고 명명하며, 이는 "권력자들에게 대항하는 지속적 상호작용에 관계되어 있거나, 신자유주의적 국제기구 또는 다국적기업에 대항하는, 적어도 두 개 국가 이상의 구성원들이 사회적으로 결집된 그룹

---

1 이러한 시위는 애초 반세계화 운동으로 명명되었다. 반세계화는 인간의 삶과 환경에 부정적 영향을 미치는 신자유주의적 세계화에 대한 저항을 의미한다(Alest & Walgrave, 2004). 그러나 반세계화라는 명칭은 오해와 혼란의 여지가 존재한다. 즉, 신자유주의적 세계화에 대한 반대라는 의미를 담음에도 불구하고 세계화 자체에 대한 반대라는 오해의 여지가 있다는 것이다. 여기에는 반세계화 운동 자체가 초국적으로 세계화되는 측면이 있기에, 반세계화 운동이라는 표현 자체에 모순을 내포하는 여지도 존재했다. 때문에 보다 적절한 명칭에 대한 논의가 진행되는 가운데 '반신자유주의' 또는 '민주적 세계화'라는 명칭이 사용되기도 했다. 1999년 시애틀 저항 이후부터는 '대안적 세계화 운동'이라는 명칭이 사용되며, 특히 무역 정의와 발전을 강조하는 측에서는 '지구적 사회정의 운동'(*global social justice movement*)이라는 명칭이 사용된다(Kavada, 2005).

2 미국, 캐나다, 영국, 프랑스, 독일, 이탈리아, 일본, 러시아가 속한다.

3 칸쿤 시위의 경우 한국 사회운동 진영에서는 전농/농민연대, 민주노총, WTO 반대국민행동, 민중연대 등 소속단체 회원 2백여 명이 참가했으며, 시위 과정에서 한국농업경영인 집행위원장 이경해 씨가 반세계화를 주장하며 죽음으로써 저항하기도 했다.

들"로 정의된다. 이 같은 그의 정의는 '사회변화 목표'라는 측면에서 사회운동에 대한 정의를 내리는 기존의 논의에 대한 비판에서부터 출발한다. 그는 사회운동에 대한 기존의 정의가 제도화되고 수동적이며 봉사적인 그룹을 포함하는 위험성을 가진다고 지적한다. 때문에 사회운동에 대한 정의는 운동의 목표를 기준으로 파악하기보다는 사회운동이 일상적으로 연계된 저항적 정치활동 속에서 그들의 행동에 의해 파악되어야 한다는 것이다. 이에 그는 권력자에게 대항하는 지속적 상호작용에 관계된 사회적으로 결집된 그룹들이라 사회운동을 재정의하고 초국적 사회운동은 적어도 두 개 국가 이상의 구성원들이 이러한 사회운동에 관여하는 것이라고 정의했다.

초국적 사회운동은 세계화 혹은 전 지구화의 진행과 더불어 형성된 지구시민사회와 지구적 공공영역(*global public sphere*)의 출현 및 확산을 반영한다. 지구시민사회란 국가와 시장 사이에 놓인 일국적 사회·정체·경제를 넘어 존재하는 사회적 영역으로 정의된다(Anheier & Themudo, 2002: 155). 지구시민사회는 국민국가로부터 자유로운 행위자, 지구문화의 전파와 확산에 따른 세계적 정체성의 형성, 초국적 행위에 의한 다차원적 국제연대의 조성을 통해 이루어진다. 나아가 개인, 집단 등이 국가의 경계를 넘어 의사소통을 가능케 하는 초국적 담론 공간, 즉 지구 공공영역을 형성한다(임현진·공석기, 2004: 6). 초국적 행위자들과 그 조직은 이러한 지구 공공영역의 행위 주체 및 행위 공간으로서 기능하며, 전 지구적 가치, 규범, 이념이 공유되고 실천되는 동력으로 작용한다.

초국적 사회운동은 획일성, 폐쇄성, 지역 이기성 등으로부터 벗어나 다양성, 개방성, 탈물질주의, 자율성 등을 활성화할 수 있는 기반을 제공한다는 점에서 주요한 의미를 제공한다(윤민재, 2005: 109). 또한 초국적 사회운동은 자원 동원과 정체성 형성 측면에서 다양한 형태를 통해 초국적 활동과 지역운동 사이의 연계를 강화한다. 이는 첫째, 초국적 사회운동이 사회적으로 합의된 국제 규범을 일탈한 지역정치에 대해 일시적으로 압박을 가하고 교정시키는 역할로 나타난다. 둘째, 초국적 사회운동은 지역정부 또는 개별 국가가 국제 규범에 부합하는 정책을 만들고 실천할 수 있도록 장기간에 걸친 사회화를 촉구하기도 한다. 셋째, 초국적 사회운동과 지역운동은 두 운동 간의 지속적 네트워크를 형성함으로써 국경을 넘는 정체성 형성과 그에 필요한 지적·물적 자원을 제공하는 하부구조를 구축한다(임현진·공석기, 2003: 81~83). 이러한 활동을 통해 초국적 활동은 지구시민사회의 활성화를 위한 토대와 정체성을 제고하는 것이다.

세계화 혹은 전 지구화 과정에서 나타난 초국적 사회운동은 사회운동의 유사성이라는 측면을 나타내기도 한다. 사회운동의 유사성은 전 지구화 모델, 구조적 친화성 모델, 확산모델로 분류된다(Giugni, 2002). 전 지구화 모델은 지구적 차원에서 일어나는 변화에 대해 사회운동이 유사한 대응을 보임으로써 사회운동의 유사성이 증대된다는 설명이다. 구조적 친화성 모델은 전 지구화 속에서 민주적 가치의 공유로 정치적 기회구조의 유사성이 증대됨으로써 단일 국가를 가로지르는 사회운동의 유사성이 증대된다고 강조한다. 확산모델은 직접적 혹은 비직접적인 커뮤니케이션 채널의 발달로 다른 지역의 사회운동 경험과 특성을 차용하는 가능성을 사회운동의 유사성 측면에서 설명한다. 요컨대 세계화는 초국적 기회를 창출하고 각기 다른 나라에서 구조적 친화성을 형성하며, 확산 과정을 촉진한다는 점에서 사회운동의 유사성을 증대시킨다는 것이다.

결국 초국적 사회운동은 개별 국가 단위나 산업 시대에 나타났던 산업사회형 사회운동과는 조직, 행동, 문화 등의 측면에서 구분된다. 예컨대 산업사회형 사회운동모델은 주로 개별 국가 단위에서 통합된 행위자가

표 13-1 산업사회형 사회운동과 초국적 사회운동

	산업사회형 사회운동	초국적 사회운동
범위	개별 국가 단위	전 지구적
의도	국가권력 대상	전 지구적 규범과 가치
조직	통합된 행위자	다차원적, 느슨한 네트워크
행동	지속적 · 장기적 행동	지속적 연대 활동 또는 단기 캠페인적 일시적 동맹
문화	동질적, 배타적	다양성, 통합성

출처: 엠네스티 인터내셔널 (2000), 345쪽 재구성.

동질적 혹은 배타적 구조 속에서 주로 국가권력을 대상으로 하는 지속적·장기적 행동이라는 특성을 보인다. 이에 반해 초국적 사회운동은 일국의 단위를 넘어서 전 지구적 차원에서 진행되며 전 지구적 규범과 가치관의 문제를 초점으로 한다. 또한 행위 주체 역시 초국적 행위자이기에 다차원적이고 느슨한 연계 구조를 유지하며, 지역 문제나 전 지구적 문제에 대한 단기적 캠페인을 위한 일시적 동맹의 행동양식을 나타낸다. 국가 경계를 넘어서는 이슈와 행위자에 의한 연대이기에 초국적 사회운동의 문화 역시 이들을 담아내기 위한 다양성, 통합성의 성격을 나타낸다. 이와 같은 산업형 사회운동모델과 초국적 사회운동모델을 정리하면 〈표 13-1〉과 같다.

2) 초국적 사회운동과 인터넷의 역할

일련의 초국적 사회운동에서 가장 주목받는 사례는 1999년 시애틀에서 이루어진 WTO 반대 시위인 '시애틀 전투'다. 이는 6만여 명의 활동가가 시위에 참가했고 격렬한 시위 속에서 WTO 각료회의의 개막식이 저지되었을 정도로 성공적인 저항이 이루어졌다는 측면에만 의미가 있는 것이 아니다. 초국적 사회운동에 대한 많은 논자들은 1999년의 시애틀 전투가 '인터넷이라는 테크놀로지로 무장'한 가운데 신자유주의적 세계화에 대항한 국제적 사회운동의 분기점이었다는 것에 주목한다(Kidd, 2003; Tarrow, 2001; Atton, 2003; Kahn & Kellner, 2004; Morris, 2004; Fisher et al., 2005; Kavada, 2005). 이는 특히 시애틀 시위 과정에서 설립된 IMC의 역할과 기능이 주목되면서 더욱 부각되는 지점이다. 사회운동에서 새로운 커뮤니케이션 기술, 특히 인터넷 활용은 정보자본주의와 신자유주의에 대한 두 가지 대응으로 조명될 수 있다(Atton, 2003).

첫째, 국제화된 자본에 대한 폭넓은 사회경제적 투쟁에서 인터넷을 통한 실천은 세계화된 자본에 대한 세계화되고 급진적인 민주주의 투쟁으로 고려될 수 있다. 운동의 목적과 실천은 근본적・세계적으로 도달하며, 지역적 투쟁의 중요성이 표출되는 동안 오직 그 지역에 있는 사람뿐만 아니라 그 투쟁으로부터 무엇인가를 배울 수 있는 사람들을 위해 전술과 전략을 재맥락화하고 동시에 그들로부터 도덕적・경제적・정치적 지지를 끌어낸다는 것이다.

둘째, 새로운 커뮤니케이션 기술의 전개는 새로운 사회운동의 조직화에 대한, 특히 기존의 사회운동 미디어에서 나타나지 않았던 수준에서 생산의 급진화를 통해 예시적 운동 형태를 제공한다는 것이다. 이 같은 지적은 초국적 사회운동의 특성과 이들의 조직화에 기능하는 인터넷의 역할을 압축적으로 설명한다. 요컨대 대안적 세계화 운동과 같은 초국적 사회운동은 세계화된 자본의 폭력에 대한 민주주의적 투쟁이며, 인터넷은 그 자체의 테크놀로지적 특성 속에서 이들의 전략전술을 매개함과 더불어 세계적 지지와 연대를 이끌어내는 역할을 수행한다는 것이다.

인터넷이 세계적 저항을 조직화하고 그 참여자에게 조직화를 위한 정보를 제공하는 핵심적 역할을 수행한다는 사실은 사회운동과 인터넷의 관계라는 맥락에서 몇 가지 주요 논점을 제시한다. 첫째, 초국적 사회운동의 참여자가 어떻게 서로 소통하고 정보를 나누는가에 대한 것이다. 이에 대한 대답은 비교적 명료하다. 탈중심적, 개방적, 상호작용적 커뮤니케이션 매체라는 인터넷은 개인 또는 집단의 의사소통을 위한 툴(tools)을 제공한다. 이메일과 디스커션 리스트, 뉴스그룹과 같은 비동기식 회의 시스템, 채팅 시스템, 인스턴트 메신저 시스템 등은 거리와 시간에 구애받지 않고 행위자들의 소통을 가능케 한다. 실제 이러한 논점에 대한 일련의 연구가 이를 뒷받침한다. 예컨대 피셔(Fisher et al., 2005: 116~118)는 초국적 저항에 참가하는 참여자의 대부분은 이메일과 웹사이트를 통해 시위 이벤트에 대한 정보를 얻었으며, 나아가 인터넷을 통해 시위의 이슈, 시위 도시에서의 숙박, 교통수단, 그리고 다른 참가자와의 협조사항을 알았음을 보여주었다. 더불어 초국적 사회운동에 관계된 지역운동조직 역시 인터넷을 통해 초국적 사회운동 연대기구와 그들의 회원을 연결시킴을 보여주었다. 또한 카바다(Kavada, 2005)는 초국적 사회운동에 대한 매개가 면대면과 같은 직접적 커뮤니케이션과 더불어 이메일과 웹사이트 같은 인터넷 애플리케이션 매개 커뮤니케이션에 의해 이루어짐을 보여주었다.

둘째, 인터넷은 동원, 조직화라는 측면에서 초국적 사회운동의 규모와 영역에 영향을 미친다는 것이다. 초국적 사회운동의 동원과 조직화는 전 지구적 규모의 동원이 특정 이슈에 따라 특정한 상황과 장소에서 대규모로 이루어지는 형태를 보여준다. 이 과정에서 인터넷은 서로 다른 국가에 위치한 시위 참여자 간의 연결 메커니즘을 제공함으로써 저항 기간 혹은 사전준비 단계의 국제적 역할 분담과 집결을 촉진시킨다(Aelst & Walgrave, 2004). 참여자는 평소 개별 국가 단위 속에서 개별 조직의 일원으로 존재하지만, 이들은 인터넷 네트워크를 통해 항시적으로 연결되어 있다. 그리고 초국적 시위가 조직화되면 인터넷 네트워크를 매개로 사전준비, 시위 방식 등의 조직화가 체계적으로 진행되는 가운데 지구적 규모의 동원이 이루어진다. 가상공간의 활동이 물리적 공간으로 이어지는 이른바 '사이버 행동주의'가 발현되는 것이다. 사이버 행동주의는 단순히 가상공간에서만 일어나는 행위뿐만 아니라 온라인에서 물리적 공간으로 활동가들을 이끄는 과정 혹은 경로를 일컫는다(Elin, 2003). 요컨대 인터넷이 초국적 사회운동의 행위자가 다차원적이고 느슨한 네트워크를 유지하면서도 전 지구적 동원과 조직화를 가능케 하는 기제로 작용하는 것이다.

셋째, 인터넷이 초국적 사회운동의 공동체적 정체성의 발전 및 조화에 어떻게 기능하는가 하는 문제다. 인터넷은 신뢰와 연대에 대한 개인 간의 관계를 발전시킬 뿐 아니라, 집단의 정체성 차원에서 지리적 규모를 확장함으로써 국제적 연대의 주요한 수단으로 작용한다. 인터넷에 의해 국제적으로 조직된 초국적 사회운동은 공동 목표에 접근하지만 참여자의 동질적 이데올로기에 의존하지 않는다. 그리고 이데올로기적으로 다양한 참여자들의 연대를 증진시키고, 때로는 일시적이지만 수평적인 동맹과 연대를 구성하도록 기능한다(Donk et al., 2004).

또한 초국적 사회운동이 하나의 이데올로기로 구성된 조직이 아닐지라도 이들이 공동 목표를 위한 네트워크로 작용하는 것은 인터넷이 지닌 본질적 속성에 기인한다(Bennett, 2004). 인터넷의 상호작용적, 탈집중적, 시공간의 비동시적 특성은 느슨하고 비권위적인 국제적 연대를 효율적으로 조직할 수 있게 하기 때문이다. 즉, 초국적 사회운동이 다양한 이념적 지형의 참가자들을 토대로 함에도 불구하고 이들을 국제적 규모로 조직화하고 연대를 신장케 하는 것은 느슨한 구조에서 역동적 의사소통을 언제 어디서나 가능토록 하는 인터넷 특성에 기반을 둔다는 것이다.

3. IMC 네트워크의 커뮤니케이션 구조와 실천

1) IMC 네트워크의 역사와 배경

IMC는 탈중심화된 지구적 독립 미디어 네트워크다. 1999년 시애틀에서 첫 출발한 이후, 초국적 사회운동과 결합하면서 그 자체적으로 증식 중이다. 2005년 8월 기준 30여 개 이상의 국가에 156개의 지역 IMC가 있으며, 이들은 상호 연결되어 세계 전 대륙을 포괄하는 네트워크를 구축한다.

최초의 IMC는 1999년 시애틀에서 설립되었다. 당시 시애틀은 WTO 제3차 각료회담의 11월 개최를 예정했다. 이에 WTO에 반대하고 대안적 세계화를 주장하는 활동가들은 6개월 전부터 시애틀에 집결하면서 시위를 조직했다. '자본에 대항하는 축제'(*Carnival Against Capital*) 라는 슬로건 아래 1999년 6월부터 홍보 활동이 전개되었으며, 이는 '시애틀 전투'라 불리는 11월 WTO 정상회담 기간 동안 강렬한 시위로 이어졌다 (Kahn & Kellner, 2004: 87). 이 과정에서 미디어 활동가들은 시위의 조직과 홍보를 위해 시애틀 IMC를 조직했다. 3개월 정도라는 짧은 기간이었지만 미디어 활동가들은 오직 3만 달러의 기부금과 대여된 장비를 가지고 웹이라는 가상공간에 멀티미디어 뉴스룸을 탄생시켰다(Tarleton, 2000). 시애틀 IMC는 WTO 저항에 대한 광범위한 보도를 인쇄물과 웹을 통해 제공하는 가운데 초국가적 사회운동의 분수령을 제시하는 독특한 틀을 제공했다. 또한 인터넷을 통해 인쇄물, 오디오, 비디오, 사진 등 다양한 미디어 양식을 아우르면서 풀뿌리적 미디어 활동과 초국적 사회운동의 유기적 결합을 일구었다.

시애틀 IMC 이후 많은 연구자와 활동가는 IMC 네트워크가 대안적 세계화 운동과 같은 초국적 사회운동에서 동원의 기제를 제공한다는 사실에 주목했다(Fisher et al., 2005; Morris, 2004; Aelst & Walgrave, 2004; Smith, 2001). 요컨대 인터넷은 지구적 저항을 대중화시키는 데 도움을 주었을 뿐 아니라 그 잠재력을 증가시키는 기제라고 평가된다. IMC 네트워크가 구축되었던 직접적 계기는 1999년 WTO 회담에 저항했던 활동가들의 노력과 그 현실화된 실체인 시애틀 IMC가 밑바탕이 된다. 하지만 본질적으로는 적어도 4가지 유형의 사회운동, 즉 풀뿌리 미디어 프로젝트, 자유소프트웨어 운동, 급진적 민주주의, 초국적인 대안적 세계화 운동의 실천적 전략이 결합한다(Kidd, 2003; Moris, 2004).

첫째, IMC는 풀뿌리 미디어 프로젝트의 경험적 실천을 밑바탕으로 한다. 독립 비디오, 커뮤니티 라디오, 소출력 라디오, 퍼블릭 액세스 운동 등 기존의 민주적 미디어 실천들을 결합시키는 것이었고 이들의 실천적 경험을 통해 기획, 자금 조달, 생산 장비 등에 대한 노하우를 배우는 한편, 그 자체를 활용한 것이다.

둘째, IMC 네트워크는 자유 소프트웨어 프로그래밍을 적용하고자 하는 인터넷 프로그래머나 이들의 자원봉사에 의존한다. 자유 소프트웨어 실천가들은 그들의 운동 가치를 IMC 네트워크 문화에 결합시켰고 공동체적 생산코드와 자원코드의 공유 속에서 운영의 토대를 제공했다.

셋째, IMC는 인터넷을 활용하는 급진적 민주주의 실천 사례에서 영감을 받았다(Morris, 2004: 328). 대표적 사례로는 1990년대 중반 멕시코 치아파스(Chiapas) 지역에서 진행된 '사파티스타 운동'이다. 사파티스타에 의한 인터넷 활용의 중요성은 인터넷을 통한 담론적 실천의 증진이라는 것이다(Ford & Gil, 2001). 이들의 인터넷 활동은 담론적 실천을 위한 영역으로서 공공영역의 개념을 반향하는 것이었다. 인터넷 커뮤니티를 통해 사파티스타 그룹은 문화 간 담론을 고무시켰고 세계적인 지지를 이끌었으며, 자신들의 메시지를 주류 미디어에게 명확히 전달했다. 이러한 경험에 고무되어 인터넷을 통한 연대라는 네트워크화된 그룹이 생겨나기 시작했으며, IMC 역시 이러한 사파티스타의 실천을 계승한다는 것이다.

넷째, 시애틀 IMC가 WTO 회담에 저항하기 위한 하나의 실천 양식으로 조직되었듯 IMC 네트워크는 대안적 세계화 운동과 밀접히 결합했다. 이는 세계 민중의 풀뿌리적 보도를 담보한다는 IMC의 운영 원리와 맞닿는 지점이다. 즉, IMC 조직가와 참여자는 대안적 세계화 운동에 그 맥락을 같이하며 IMC 네트워크를 통해 주류 미디어가 담보하지 못하는 지구 정의운동의 가치를 표현한다는 것이다.

이상의 역사적 배경에서 보듯이 IMC 네트워크는 인터넷을 활용한 급진적 사회운동에 고무되어 출발했으며 자유소프트웨어 활동가, 대안적 세계화 운동 활동가, 민주적 미디어 활동가가 결합된 새로운 양식의 미디어 실천이다. IMC 네트워크는 초국적 사회운동을 표현하는 하나의 수단인 한편 그 자체적으로 하나의 초국적 사회운동인 것이다.

2) IMC의 운영 원리와 네트워킹 구조

인디 미디어는 독립 미디어의 공동체적 조직이며 수많은 저널리스트가 풀뿌리적이고 비영리적인 보도를 제공한다. 인디 미디어는 진보적이고 정확하며, 진실에 대해 열정적 보도를 창출하는 민주적 미디어 아울렛이다.

IMC는 웹사이트를 통해 자신들의 성격을 위와 같이 정의한다. 이 같은 정의는 IMC가 단일 미디어가 아닌 공동체 운영 네트워크 조직이며, 풀뿌리적 시각과 비영리적 내용을 추구함을 분명히 밝힌다. IMC의 임무에 대한 언급은 "IMC 네트워크 연합헌장 제안"(*Proposed Charter of the*

Confederate Network of IMC: 이하 Charter) 에 명시되어 있다. Charter는 IMC 단일체의 원리, 멤버십 기준, 네트워크 구조, 의사결정 구조, 편집 정책 등을 담는다.

(1) 다양성과 접근성의 맥락: 공개적 퍼블리싱

인터넷이 연결된 장소에 있다면 누구나 직접 제작한 기사를 문서, 사진, 비디오 등의 다양한 형식을 통해 IMC에 게재할 수 있다. 실제 1999년 시애틀 시위에서는 세계 각지에서 모인 활동가들이 자신의 여건에 따른 시위 정보를 제공했으며, 이에 따라 페이지뷰가 백만에 다다르기도 했다. 또한 2001년 7월 제노바에서 진행된 G8에 대한 저항기간 동안에는 페이지뷰가 천만을 기록하기도 했다(Morris, 2004).

이처럼 누구나 자신의 기사를 실을 수 있는 이유는 IMC 네트워크가 '공개적 퍼블리싱'(*open publishing*) 원리에 입각해 운영되기 때문이다. IMC 네트워크는 자신의 기사나, 분석, 정보를 게재함으로써 그 스스로 미디어가 되는 것을 장려한다. IMC 네트워크의 기술자원 봉사자인 아니손(Arnison, 2001)은 '공개 출판은 독자들을 위해 뉴스의 생산 과정이 투명한 것'을 의미한다고 강조한다. 그리고 다음과 같이 말했다.

> 기사 자원의 공개적 접근 속에서 기사를 위해 공헌할 수 있고 즉각적으로 볼 수 있다. 독자는 타인에 의해 이루어지는 기사 편집 결정의 과정을 볼 수 있다. 그들은 편집 결정이 어떻게 진행되었는지 볼 수 있으며 이에 참여할 수 도 있다.

이는 공개적 퍼블리싱이 자유 소프트웨어 운동과 맥락을 같이 함을 보여준다. 자유 소프트웨어 운동의 기본 정신은 소프트웨어 무료 제공과 이용자는 이를 변경할 수 있다는 것이다. 이처럼 뉴스 역시 공개적으로 생산·분배되어야 하며, 정보와 포럼에 자유로운 접근을 제공하는 무료 소프트웨어여야 한다는 것이다.

(2) 다양성과 접근성의 맥락: 하이브리디티 뉴스 전송과 웹사이트

IMC 네트워크에서는 자신이 원하는 초국적 저항의 정보에 대해 접근할 수 있다. 예컨대 2005년 9월 24일에 전개된 워싱턴, 로스앤젤레스, 런던, 도쿄 등 세계 각지에서 전개된 초국적 반전시위 정보에 접근하고자 한다면 IMC 네트워크는 문서, 사진, 비디오 등 다양한 정보 형식과 지역 IMC의 연결 구조를 통해 세계 각지 반전시위에 대한 정보를 제공한다. 이처럼 전 지구적 범위의 내용을 다양한 정보 형식을 통해 제공할 수 있는 이유는 IMC 네트워크가 하이브리디티(*hybridity*) 기술적 특성에 기반을 두기 때문이다.

IMC 네트워크는 기사 전송, 지역 IMC 및 프로젝트의 조직화, 의사소통 및 정책의 구체화 등 미디어 실천 과정에서 하이브리디티 기술 특성을 십분 활용한다. IMC 웹사이트는 각 지역의 IMC, 프로젝트 IMC 등을 서로 연결하면서 하나의 포털로서 기능을 수행한다. 그 기본적 요소는 전 지구적 뉴스의 전송, IMC 네트워크 간 연결, IMC 네트워크 및 조직화 과정에 대한 정보, 문서DB, 계획된 저항에 대한 공지 등으로 구성된다.

표 13-2 IMC 웹사이트의 주요 링크 구조

링크	내용 및 특성
뉴스 전송	각 지역에서 제공된 뉴스 전송
지역 IMC	• 세계 각 지역에 설립된 IMC: 총 156개 지역 - 미국 지역 58개, 유럽 지역 43개, 남아메리카 지역 17개, 오세아니아 지역 12개, 캐나다 지역 11개, 아시아 지역 10개, 아프리카 지역 5개
지역 IMC	특정 지역 담당 및 지역별 연대 예) 미국 indymedia.us/오세아니아 oceania.indymedia
프로젝트 IMC	매체별 프로젝트: print/radio/satellite/video
토픽 IMC	특정 이슈 집중: biotech.indymedia
프로세스	• 네트워크 운영 및 조직 관련 - discussion: 특정 이슈에 대한 포럼 - indymedia fag: IMC 네트워크에 대한 소개 - mailing lists: IMC 참여자들의 메일 리스트 - process & IMC docs: IMC 조직방법 및 관련문서 - tech: IMC 기술지원에 대한 사항 - volunteer: 자원봉사 안내 및 참여 방법
문서	특집기사, 뉴스 DB
참여	• about: IMC 소개 • link: 세계 주요 대안미디어 네트워크와 연결 • support: 인디미디어 지원 • upcoming event: 예정된 주요 행사나 시위 공지
퍼블리쉬	참여자가 자신의 기사를 게시하는 통로

(3) 다양성과 접근성의 맥락: 탈중심화된 유기체적 네트워크 구조

2005년 7월 스코틀랜드 글렌이글스에서 G8 정상회담이 개최됨에 따라 영국 IMC는 웹사이트에 "World G8 2005"라는 특별 세션을 개설했다. 이를 위해 센트럴 에든버러와 글래스고 지역에 IMC를 한시적으로 운영했으며 이 안에서 다양한 그룹으로 구성된 활동가의 협력을 촉진했다. 또한 영화/비디오팀, 사진팀, 오디오팀 등을 꾸려 다양한 정보를 생산했으며, 모바일미디어센터를 운영하기도 했다. 이를 통해 영국 IMC는 G8 정상회담에 저항하는 각종 자료와 정보들을 전 지구적으로 전달했다

(Indymedia. org. uk). 영국 IMC의 이 같은 활동은 IMC 네트워크가 탈중심화된 유기체적 네트워크 구조로 운영됨을 보여주는 하나의 사례다.

IMC 네트워크는 세계 각 지역에 설립된 지역 IMC의 네트워킹 연합체다. IMC 네트워크는 크게 4가지 영역으로 구분된다. 첫째는 세계 각 지역에 설립되어 해당 지역의 주요 이슈를 담당하는 '지역(local) IMC'다. 지역 IMC는 2005년 8월 기준 미주 지역 58곳, 유럽 지역 43곳, 남아메리카 지역 17곳, 오세아니아 지역 12곳, 캐나다 지역 11곳, 아시아 지역 10곳, 아프리카 지역 5곳으로 총 156곳이다. 둘째는 지역 연대적 활동이나 특정 지역의 이슈를 공유하기 위한 '지역(regional) IMC'다. 예컨대 11곳의 지역 IMC가 있는 오세아니아 지역을 아우르는 오세아니아 IMC (oceania. indymedia. org), 미국 전역을 담당하는 US IMC (indymedia. us) 등이 이에 해당한다. 셋째는 다양한 미디어 양식에 기반을 둔 '프로젝트 IMC'다. 이는 문서, 라디오, 비디오, 위성 등 구체적인 미디어 플랫폼 속에서 지속적으로 특별한 이벤트를 위한 미디어를 창조하기 위한 것이다. 프로젝트 IMC에는 'Print IMC', 'Radio IMC', 'Satellite IMC', 'Video IMC'가 현재 활동한다. 넷째는 특정 이슈에 대한 집중적 조명을 위한 'Topic IMC'다. 예컨대 2001년 9월 11일과 같은 주요 이슈가 발생했을 경우 이에 대한 뉴스 전송과 풀뿌리적 시각을 위한 토픽 IMC가 형성된다. 현재 biotech. indymedia IMC가 운영 중이다.

위와 같은 유기체적 구조에서 무엇보다도 중요한 특징은 IMC 네트워크가 탈중심화된 네트워킹이라는 것이다. 모든 개별 IMC는 평등성과 탈중심성, 자율성에 기초한다. 이들의 강점은 참여자와 자원을 자체적으로 조직하고 그 조직을 자율적으로 운영하는 것으로부터 비롯된다. 그리고 이러한 개별 IMC의 네트워킹은 전 지구적 규모의 정보와 자원을 생산·분배·촉진한다(IMC, 2001b: Principle). 이처럼 탈중심화된 구조는 전 지구적 네트워크 속에서 초국가적 뉴스 생산과 분배를 이루는 한편, 해당 지역 이슈에 집중, 지역 간 연대 등을 원활하게 이룰 수 있도록 하는 IMC의 특징을 지원한다.

이렇게 유기체적 네트워크 구조에서 보이는 또 하나의 장점은 프로젝트 IMC, 토픽 IMC의 운영에서 보듯이 다양한 미디어 실천의 조직화와 이슈 연대를 시의 적절하게 가능토록 한다는 것이다. 프로젝트 IMC는 각 유형별 미디어 실천의 원숙한 경험 속에서 콘텐츠의 생산과 분배를 조직한다. 예컨대 radio. indymedia 프로젝트는 전 지구적인 풀뿌리 독립 라디오의 실천을 묶는 플랫폼으로 기능하며, satellite. indymedia 프로젝트는 오랫동안 민주적 TV 활동을 위해 노력한 Free Speech TV 그룹의 노하우를 IMC 네트워크에 결합한 형식이다. Video 프로젝트 역시 그동안 다양한 그룹의 비디오 활동가에 의해 축적된 콘텐츠를 제공한다. 한편 토픽 IMC는 세계적으로 논쟁을 야기하는 특정 이슈에 대해 집중적이고도 광범위한 정보를 제공하고 이를 전 지구적으로 배포한다.

(4) 평등성의 맥락: 민주적 의사소통구조

지역 IMC가 세계 각 지역에서 설립됨에 따라 IMC 네트워크는 급속도로 확장되었다. 이에 IMC의 운영 원리에 대한 가이드라인이 필요해졌고 IMC 네트워크는 내부적으로 이를 위한 논의를 전개한 바 있다. 18개월의 논의를 걸쳐 작성된 Charter 초안은 2001년 4월 70여 명의 지역 IMC 대표적 참여자가 샌프란시스코에 모여 진행한 '언론자유회의'를 통해 논의되었다. IMC는 Charter 초안은 이러한 논의의 출발점으로 제시된 것이며 완결된 문서를 의도하지 않는다고 명시한다(IMC, 2001b). 이는 IMC 참여자의 다양한 의견을 지속적으로 수렴할 것임을 천명하는 것이며 이 과정은 IMC의 의사소통 구조에 대한 한 단면을 보여준다.

일반적으로 IMC 네트워크의 의사소통 방법은 메일링 리스트, 인터넷 채팅 토론, 전화, 컨퍼런스, 면대면 미팅 등을 통해 진행된다. 이러한 의사소통 과정에서 중추적 역할을 수행하는 것은 메일링 리스트다. 메일링 리스트는 네트워크의 의사소통을 위한 주요 토대로서 주요 정책과 기술적 과정의 논의를 위해 기능한다. 전체 6백여 개가 넘는 메일링 리스트는 34개의 하위 카테고리로 분류되어 지역, 참여자의 성격, 주제에 따라 접근할 수 있다. 그리고 영역, 지역별로 범주화되어 누구든지 손쉽게 접근하여 원하는 상대와 의사소통을 진행할 수 있도록 웹페이지에 공개된다. 이에 따라 메일링 리스트는 협동적인 지역연대나 미디어 설립, 법적·재정적 이슈, 회합 등을 위한 주요한 포럼으로 작동한다. 개별 그룹 혹은 사안별 관련 그룹 간에 논의를 진행할 수 있도록 특성화된 이러한 소통 구조는 IMC 네트워크의 탈중심화된 민주적 구조를 반영한다.

이 같은 민주적 의사소통 구조는 IMC가 평등성의 맥락을 유지함을 보여준다. '누가 결정하는가?'에서 IMC는 참여자의 전체적 합의를 지지한다. IMC가 의사결정 구조로 제안하는 '지구대변인회의'는 개별의 IMC가 파견한 대표자들이 전체적 합의를 이끌어내기 위한 장치다. IMC의 대표적 의사소통 구조인 메일링 리스트는 '참여자들의 소통은 어떻게 이루어지는가?'라는 측면에서 평등성을 보여준다. 기술적 주제, 사회적 이슈 등 관심 사안에 따라 참여자는 언제든지 소통의 범위를 엮어낼 수 있고 참여할 수 있다. 기술적 수단이 평등성을 담보하는 것은 아니지만 IMC 네트워크는 기술적 요소를 통해 소통의 평등성을 일군다.

참고문헌

백욱인 (2001), 네트와 사회운동, 홍성욱 · 백욱인 엮음, 《2001 사이버스페이스 오디세이》 (48~68쪽), 창비.

엠네스티 인터내셔널 (2000), 지구화와 사회운동, 조효제 편역, 《NGO의 시대》(348~369쪽), 창비.

윤민재 (2005), 네트워크 시대의 사회운동, 〈담론 21〉, 8권 2호, 93~129.

윤성이 (2001), 인터넷 혁명과 시민운동의 새로운 전개, 한국정치학회 라운드테이블 발표문.

윤영민 (2000), 《사이버공간의 정치》, 한양대 출판부.

임정수 (2003), 대안매체로서 인터넷에 대한 연구, 〈한국언론학보〉, 47권 4호, 34~59.

임현진 · 공석기 (2003), NGO/NPO 연구의 최근 동향: 초국적 사회운동을 중심으로, 〈NGO 연구〉, 1권 1호, 69~95.

_____ (2004), 지구시민사회의 도전: 국가 간 국제체제와 자본주의 세계경제와의 역학관계, 제2회 한국NGO학회 · 한국NPO학회 공동학술회의 발표문.

정연정 (2001a), 인터넷과 시민운동, 《언론개혁시민연대 토론회 자료집: 인터넷시대, 미디어와 시민사회》(31~46쪽).

_____ (2001b), 미국 시민이익집단 활동과 인터넷 이용, 〈한국정치학회보〉, 34집 4호, 337~358.

조희연 (2001), 신자유주의, 세계화, 대안행동, 조희연 편, 《NGO 가이드: 시민사회운동과 엔지오 활동》(48~69쪽), 한겨레신문사.

참세상 (2002. 5. 2), "신자유주의 세계화를 반대하는 국제연대"(http://www.newscham.net).

황용석 · 김재영 · 정연정 (2000), 《인터넷 시대의 새로운 정치환경》, 서울: 커뮤니케이션북스.

Aelst, P. & Walgrave, S. (2004), New media, new movements?: The role of the internet in shaping the 'anti-globalization' movement, in Donk, W., Loader, B., Nixon, p. & Rucht, D. (eds.), *Cyberprotest: New Media, Citizens and Social Movements* (pp. 97~122), London: Roytledge.

Anheier, H. & Themudo, N. (2002), 지구시민사회의 조직형태, 조효제 · 진영종 편역, 《지구시민사회: 개념과 현실》(153~176쪽), 아르케.

Arnison, M. (2001), "Open publishing is the same as free software"(http://www.cat.org),

Atton, C. (2003), Reshaping social movement media for a new millennium, *Social Movement Studies*, 2(1), 3~15.

Baber, B. (1998), *A Place for U. S.: How to Make Society Civil and Democracy Strong*, New York: Hill & Hughes.

Bennett, W. (2004), Communicating global activism: Strengths and vulner-abilities of networked politics, in Donk, W., Loader, B., Nixon, p. & Rucht, D. (eds.), *Cyberprotest: New media, Citizens and Social Movements* (pp. 124~146), London: Roytledge.

Castells, M. (2001), *The Internet Galaxy: Reflections on the Internet, Business, and Society*, London: Oxford University; 박행웅 역 (2004), 《인터넷 갤럭시》, 한울.

Donk, W., Loader, B., Nixon, P., & Rucht, D. (2004), Social movement and ICTs, in Donk, W., Loader, B., Nixon, P. & Rucht, D. (eds.), *Cyber-Protest: New media, Citizens and Social Movements* (pp. 1~25), London: Roytledge.

Elin, L. (2003), The eadicalization of Zeke Spier, in McCaughey, M. & Ayers, M. (eds), *Cyberactivism: Online Activism in Theory and Practice* (pp. 97~114), New York: Routledge.

Eyerman, R. & Jamison, A. (1991), *Social Movement: A Cognitive Approach*, Cambridge: Polity.

Fisher, D. et al. (2005), How do organization matters? Mobilization and support for participant at five globalization protests, *Social Problems*, 52(1), 102~121.

Ford, V. & Gil, G. (2001), Radical internet use, in Downing, J. (eds.), *Radical Media: Rebellious Communication and Social Movement* (pp. 201~234), Thousand Oaks: Sage.

Giddens, A. (1990), *The Consequences of Modernity*, Cambridge: Polity Press.

Giugni, M. (2002), Explaining cross-national similarities among social move-ment, in Smith, J. & Johnston, H. (eds.), *Globalization and Resistance* (pp. 13~21), Boston: Rowman & Littlefield.

Habermas, J. (1962), *Strukturwandel der Öffentlichkeit*, Frankfurt: Suhrkamp, 한승완 역 (2001), 《공론장의 구조변동》, 나남.

_____ (1984), The theory of communication action, *Vol. 1: Reason and the Rationalization of Society*(T. McCarthy, trans.), Boston: Beacon Press (Original work published 1981).

_____ (1987), The theory of communication action, *Vol. 2: Lifeworld and System*(T. McCarthy, trans.), Boston: Beacon Press(Original work published 1981).

_____ (1992), *Faktizität und Geltung*, Frankfurt: Suhrkamp, 한상진 · 박영도 공역

(2007), 《사실성과 타당성》, 나남.

Hardt, M. & Negri, A. (2000), *Empire*, Cambridge: Harvard University Press.

Hyde, G. (2002), Independent media centers: Cyber subversion and the alternative Press [On-line]. First Monday, 7(4)(http://www.firstmonday. org).

IMC. (2001a), Proposed charter of the confederated network of IMC [On-line] (http://global.indymedia.org).

IMC. (2001b), Principle of unity [On-line](http://global.indymedia.org).

Kavada, A. (2005), Exploring the role of the internet in 'movement for alternative globalization': The case of the paris 2003 European Social Forum, *Westminster papers in Communications and Culture*, 2(1), 72~95.

Khan, R. & Kellner, D. (2004), New media and internet activism: From the 'Battle of Seattle' to blogging, *New Media & Society*, 6(1), 87~95.

Kidd, D. (2003), Indymedia.org: A new communications commons, in McCaughey, M. & Ayers, M. (eds.), *Cyberactivism: Online Activism in Theory and Practice* (pp. 47~69), New York: Routledge.

Martin, H. & Schumann, H. (1997), *Die Globalisierungsfalle*, 강수돌 역(1997), 《세계화의 덫》, 영림카디널.

Morris, D. (2004), Globalization and media democracy: The case of indymedia, in Douglas, S. & Peter, D. (eds.), *Shaping the Network Society* (pp. 325~352), MIT Press.

Poster, M. (2001), *What's the Matter with the Internet*, Minnesota: University of Minnesota Press.

Preston, P. (2001), *Reshaping Communications: Technology, Information and Social Change*, London: Sage.

Resnick, D. (1998), The Normalisation of cyberspace, in Toulouse, C. & Luke, T. (eds.), *The Politics of Cyberspace* (pp. 48~68), London: Routledge.

Salter, L. (2003), Democracy, new social movement, and the internet: A habermasian analysis, in McCaughey, M. & Ayers, M. (eds.), *Cyberactivism: Online Activism in Theory and Practice* (pp. 117~144), New York: Routledge.

Smith, J. (2001), Cyber subversion in the information economy, *Dissent*, 48(2), 48~52.

Smith, J. & Johnston, H. (2002), Globalization and resistance, in Smith, J. & Johnston, H. (eds.), *Globalization and Resistance: Transnational Dimensions of Social Movements* (pp. 1~12), New York: Rowman & Littlefield.

Tarleton, J. (2000), Protesters develop their own global internet news service, *Mark Nieman Report*, 54(4), 53~55.

Tarrow, S. (2001), Transnational politics: Contention and institutions in international politics, *Annual Review of Political Science*, 4, 1~20.

Waters, M. (1995), *Globalization*, London: Routledge.

독립미디어센터(www.indymedia.org)

영국 독립미디어센터(www.indymedia.org.uk)

참세상(www.newscham.net)

14

리비아 사태와 글로벌 정보전쟁

24시간 영어 뉴스채널을 통해 본 미디어 외교의 현장

김성해 · 유용민 · 김재현 · 최혜민

디지털 혁명에 따른 글로벌 공론장의 구조적 변화에도 불구하고 국제사회의 정보 불평등 문제는 여전히 지속 중이다. 국제적 여론 광장을 통한 정보 경쟁이 불가피한 오늘날에 미디어 외교는 국가 간 정보전쟁에서 중요한 수단으로 부상했다. 이 장은 미디어 외교의 중요성에 주목하여 24시간 영어 뉴스채널이 자국 대외 정책에 어떻게 협력하는가를 실증적으로 검토하고자 했다. 이런 배경에서 리비아 사태와 이해관계가 있는 6개국의 대표적 뉴스채널(CNN인터내셔널, BBC월드, 알 자지라, 도이치 웰레, 프랑스24, 러시아투데이)의 관련 보도를 분석했다. 분석 결과 의제설정, 태도, 정보원 활용, 원인과 대안 제시, 프레임 등 전반적 측면에서 각 뉴스채널의 보도는 자국의 리비아 정책과 연동되는 특징을 보였다. 리비아 개입에 우호적인 국가와 비판적인 국가 간의 보도 양상이 뚜렷하게 구분되었고, 우호적인 국가 간에도 정부 정책의 수위에 따른 차이가 나타났다. 일부 채널은 국제사회가 잘 모르는 리비아 사태의 '맥락' 정보 전달에 더 치중하기도 했다.

또한 이 장은 각국의 뉴스채널이 자국의 입장과 관점에 따라 리비아 사태를 '재맥락화'함으로써 국제사회의 여론에 호소하고 나아가 자국의 입장을 옹호하는 현실을 실증적으로 분석했다. 이를 토대로 국제사회에 대한 '수신'과 '발신'의 중요성을 지적하는 한편, 국제사회를 대상으로 한국의 입장과 관점을 효과적으로 전달할 수 있는 'Korea 24'와 같은 전문화된 24시간 영어 뉴스채널의 필요성을 주장한다.

1. 문제 제기 및 연구 목적

'전쟁의 최초 희생자는 진실'이라는 말이 있다. 냉전이 지속되는 동안 많은 약소국은 강대국의 프로파간다에 의해 분열 및 대립되고 부당한 대우를 받았다. 미국을 비롯한 강대국이 은밀하게 집행한 쿠데타에 의해 민주정부가 전복된 경우도 많았고, 주권국가에 대한 강대국의 불법적 침략에도 불구하고 오히려 '침략을 당한' 국가를 비난하는 모순도 반복되었다. 한때 미국의 강력한 지원을 받았던 이라크와 사담 후세인 대통령은 1990년 걸프전쟁을 계기로 '공공의 적'이 되었고, 자유의 투사로 추앙받던 아프가니스탄의 탈레반도 2002년 전쟁 이후 '테러집단'이라는 낙인이 찍혔다. 제국의 지배로부터 벗어나 독립을 꿈꾸던 많은 중동, 남아메리카와 아프리카 국가는 강대국의 프로파간다 공세로부터 자유롭지 않았고 자국의 억울함을 국제사회에 제대로 전달하지도 못했다. 1970년대 말 NIIO 운동에서 제기한 '일방적 정보의 흐름'이라는 문제도 국제사회의 어젠다 선정 및 여론 형성에서 강대국이 누리는 이러한 구조적 특권과 무관하지 않았다(김승수, 2000; 김은규, 2005). 그러나 당시 NIIO에서 제안되었던 개혁 조치는 남미에 몰아닥친 외채 위기와 미국과 영국 등의 방해로 인해 제대로 실현되지 못했다. 뿐만 아니라 1990년 걸프전쟁에

448

서 확인된 것처럼 국제사회를 대상으로 하는 위성방송의 출현으로 미국과 영국의 정보 주도권이 오히려 강화되었다. 1991년 이후 미국의 CNN은 지구촌 전체를 관통하는 진정한 의미의 국제방송이 되었고 1993년 영국의 BBC도 그 뒤를 따랐다.

그러나 1990년대 중반 이후 정보혁명이 가속화되면서 미국과 영국 등 일부 국가가 누리던 정보의 독과점 체제가 변하기 시작했다. 디지털 위성방송이 가능해지면서 보다 저렴한 가격으로 국제방송을 할 수 있는 여건이 마련되었으며, CNN의 성공을 모방한 24시간 뉴스채널이 급증했다. 중동 카타르의 재정적 지원으로 이른바 '중동의 BBC'로 알려진 알자지라와 중국의 영어방송인 CCTV-9이 1999년 각각 출범했다. 2001년 미국의 9·11 사건과 아프가니스탄 전쟁, 2003년 이라크 전쟁 등이 발발하면서 아랍권에서 알 자지라의 영향력이 높아지기 시작했고 이에 대항해 미국, 영국, 사우디아라비아 등에서도 아랍어 방송을 확대했다. 24시간 뉴스채널을 통한 국제사회의 '공감과 동의'(Hearts & Minds)를 확보하기 위한 경쟁이 아랍권을 시작으로 글로벌 전체로 확대되었고, 남미의 '텔레수르', 프랑스의 '프랑스24', 러시아의 '러시아투데이', 카타르의 '알자지라 English' 등이 이런 배경에서 출범했다.

디지털 혁명으로 인해 국제사회의 정보 지형은 크게 변했다. 로이터, AP, AFP 등이 주도하던 국제뉴스 시장에 CNN, BBC, 블룸버그, CNBC, Fox 등의 다양한 경쟁자가 등장했다. 인터넷을 통해 전 세계가 하나의 네트워크로 연결됨에 따라 정부의 정보 독점과 통제는 사실상 불가능해졌다. 트위터, 페이스북과 같은 스마트 미디어의 등장으로 많은 소비자들이 직접 정보를 생산할 수 있고 인터넷을 통해 글로벌 전체로 이를 전달하는 길이 열렸다. 그러나 정보에 접속할 수 있는 채널이 무한대로 늘어나고 과거와는 비교할 수 없을 만큼 다양한 대안 시각이 존재하지만 국제 위성방송과 권위지의 영향력은 여전히 지속된다. 이용 가능한 정보가 많아질수록 신뢰할 수 있는 고품질 정보에 대한 수요가 증가하는 '정보 풍요의 역설'(*dilemma of information plenitude*)도 확산된다. 정보전쟁에서 뒤진 일부 국가는 이에 따라 24시간 영어 뉴스채널을 만들어 막대한 규모의 자금과 인력을 투자해 자국에 유리한 어젠다 설정은 물론 자국의 관점에 대한 국제사회의 지지를 얻고자 노력한다. 2011년 리비아 사태는 이런 상황에서 발발한 것으로, 분열된 국제사회의 여론 속에서 각국은 자국의 대표 매체를 통해 국제사회를 상대로 한 '여론' 경쟁을 하지 않을 수 없는 상황에 있다.

　리비아 사태에 대한 각국의 반응은 다양하다. 러시아, 중국, 인도, 브라질, 독일은 '리비아 문제는 리비아 국민이 직접 풀어야 한다'는 점을 강조하면서 비행금지구역(NFZ) 설정을 포함해 국제사회의 인위적 개입에 대해 비판적이었다. 2000년대 후반 지중해연합 등을 통해 북아프리카에 대한 영향력 확대를 노렸던 프랑스는 이번 개입에 가장 적극적이었으며, 영국과 미국도 이번 기회를 통해 '서방'[1]에 비판적이었던 카다피를 제거하고자 했다. 대부분 왕족이 지배하는 국가로 이루어진 아랍동맹(Arab League) 역시 프랑스와 영국 등과 같이 비행금지구역에 참가하는 한편 리비아 반군에 대한 재정 지원과 군사훈련 지원 등을 담당한다. 그 중에서도 카타르 정부는 리비아의 정권 교체에 가장 앞장섰으며 알 자지라를 적극 활용했다. 게다가 리비아 사태는 24시간 영어 뉴스채널이 본격적인

---

1 서방의 개념은 여러 가지다. 서유럽의 자유주의국가(영국, 프랑스, 네덜란드 등)를 의미하기도 하지만 동유럽 사회국가에 반대되는 의미에서 미국과 유럽의 자유주의국가를 가리키기도 한다. 서방이라는 표현이 다의적인 의미를 갖고 오늘날 그 의미가 모호해졌다는 점 때문에 이 장에서는 '서방'을 유럽과 북미 국가 가운데 미국, 영국, 프랑스, 독일과 같이 국제사회에서 영향력을 행사하는 지위에 있으며 민주주의 체제를 채택한 자유주의 강대국을 집합적으로 지칭하는 의미로 사용하고자 한다.

경쟁에 들어선 시점에 발생한 것으로 전쟁이라는 특수한 상황에서 언론을 통한 '정보전쟁'이 실제 어떻게 진행되는가를 살펴볼 수 있는 좋은 기회를 제공한다. 즉, 2011년 3월 2일 미국의 힐러리 클린턴 국무장관이 상원 청문회를 통해 "우리는 정보전쟁 중이며 그 전쟁에서 패한다"고 했던 주장이 실제 현실에서 어떻게 진행되는가를 살펴볼 수 있다.

이런 배경에서 이 장에서는 리비아 사태의 주요 이해 당사국을 우선 선정한 다음 이들 국가의 대표적인 24시간 영어 뉴스채널의 리비아 사태 보도 분석을 통해 각국의 대표 뉴스채널과 이들이 소속된 국가의 대외 정책 간 상관성을 검토하고 이를 근거로 '정보전쟁'의 실체를 파악하고자 한다.

2. 이론적 논의

1) 언론과 정부의 관계

언론과 정부의 관계에 관한 기존의 연구들은 이에 언론과 정부의 관계를 단순히 대립적이거나 어느 한쪽의 우위를 강조하는 측면에서 파악하기 보다는 복잡하고 역동적인 측면을 강조하는 방식으로 접근한다. 언론과 정부의 복잡하고 역동적인 관계는 상호적 관계(mutual relationship)를 전제하는 모델로 제시된다. 로네버거(Ronneberger)는 상호의존모델을 통해 정치 체계와 언론 체계가 그 존립과 유지를 위해 상호적 기능관계를 형성한다고 말한다(최경진, 2003 재인용). 이와 유사하게 상호공생모델은 언론과 정치가 상호 타협하면서 공존한다고 설명한다(Sarcinelli, 1987). 여기서 말하는 공생은 상호 의존의 범주를 벗어나지는 못하지만 상호 간 독자적 존립 기반을 인정한다. 반대로 상호침투모델은 정치는 언론을, 언론은 정치를 도구화함으로써 자신의 체계를 유지하거나 강화한다는 입장이다(최용주, 1996). 이와 유사하게 오헤퍼넌(O'Heffernan, 1994)이 말하는 상호이용모델(*mutual exploitation model*)은 상호 공생적 관계에 방점을 찍기보다는 상대방을 이용하거나 통제하는 역동적 생태 시스템을 강조한다. 이 점에서 상호이용모델은 상호침투모델과 용어상 다를 뿐 보다 유사한 시각을 제공한다. 이러한 모델은 현대사회에서 정부와 언론의 역동적 관계를 단순하게 설명하기 어렵다는 점을 시사한다. 그렇기 때문에 단순한 언론 우위 혹은 정치권력 우위로 언론과 정부 관계를 단정하는 것에는 한계가 있다. 유재천과 이민웅(1994) 또한 지적하는 것처럼 정부와 언론의 관계는 때로는 적대, 때로는 유착, 때로는 견제, 때로는 공생, 때로는 일체하는 등 다양한 양상을 가질 수 있다.

언론의 자율성 측면에서 보면 언론이 정치엘리트, 정부관료, 자본과 같은 사회적 권력으로부터 독립성을 가지는지의 여부는 언론과 정부 관계를 가늠하는 중요한 잣대가 된다. 언론의 자율성을 강조하는 가장 대표적 입장으로서 언론을 이른바 '제4부'(*fourth estate*)로 바라보는 모델은 언론이 정치권력으로부터 독립됨을 강조하며, 언론은 지배권력에 대한 견제와 감시 기능을 수행한다(김성해, 2006). 그러나 이러한 견제와 감시 기능이 항상 작동하는 것은 아니다. 베넷(Bennett, 1986; 1994)이 지적하는 것처럼 언론의 정부에 대한 비판은 지배엘리트 간의 논쟁과 합의의 정도에 그 범위가 결정되기도 한다. 언론은 지배엘리트 간의 의견 일치가 있을 때, 즉 합의영역(*sphere of consensus*)이 존재할 때에는 합의된 가치를 옹호하거나 지지하는 경향을 가진다. 그러나 그러한 합의가 약하거나 존재하지 않을 때 저널리스트들은 관료와 정부를 비판하고, 대안적 정보를 찾고, 풀뿌리 영역의 정보원들과 접촉한다.

언론을 일종의 중재자로 보는 시각도 있다. 가령, 갠스(Gans, 1979)

452

는 언론을 국가권력의 정보를 공중에게 전달하는 중재자로 말한다. 이러한 관점에서 언론은 국가나 자본에 종속되거나 상대적 자율성의 외피 속에서 지배 이데올로기를 재생산하는 기구가 아니라 국민들로부터 위임받은 자율성을 가진다. 이러한 입장은 또한 매스미디어를 정부 행위를 감시하는 독립적 주체이자 감시견(watchdog)으로 바라본다.

미디어사회학의 관점에서 언론과 정부의 관계는 소스에 대한 의존에 따라서도 구분된다(김영욱, 2005). 언론과 정부 관계는 자유주의적 다원주의 시각과 비판적 혹은 급진적인 미디어사회학 시각에 의해서 구분되는데, 자유주의적 다원주의 시각은 언론이 정부, 정치엘리트와 같은 소스에 의존하지 않으면서 공공의 이익을 위해 힘의 집중을 견제할 수 있다고 보는(Schudson, 1991) 반면, 비판적이고 급진적인 미디어사회학의 시각은 언론이 정부와 같은 소스에 의존하며 사회적 힘을 가진 집단에 의해 필연적으로 영향받는다는 입장을 가진다(Glasgow University Media Group, 1985).

후자의 관점에서 미디어는 국가권력으로부터 자유롭지 않다. 알튀세(Althusser, 1971)가 이미 지적한 바와 같이 미디어는 국가권력을 대신하여 이데올로기의 강화와 재생산을 담당하는 일종의 이데올로기적 국가기구로서 간주되기도 한다. 물론 언론과 정부 관계에서 알튀세의 관점은 이데올로기적 국가기구로서 문화와 커뮤니케이션을 담당하는 미디어의 상대적 자율성을 허용하지만 그럼에도 불구하고 미디어는 지배 이데올로기와 기존 권력관계의 재생산에 기여한다는 점이 강조된다.

허먼과 촘스키의 프로파간다 모델(propaganda model)은 언론과 정부, 언론과 시장의 관계를 설명한다. 프로파간다 모델은 자본가 계급의 미디어 소유로 인해 언론은 국가와 더불어 언론으로부터도 통제를 받고, 이를 통해 공공의 이익을 대변한다기보다 국가와 자본의 이해관계를 도모한다고 말한다. 특히 이들 연구자들은 미국의 주류 미디어가 자국 정부의 대외 정책에 대한 국민의 동의를 지속적으로 생산했다고 비판한다 (Herman & Chomsky, 1989; 2002). 이들의 논의는 대자본에 지배된 주류 미디어가 국가는 물론 자본의 이데올로기적 도구로 기능한다는 점을 폭로한다(김승수, 2000). 일찍이 알철(Altschull, 1984)이 지적한 것처럼, 언론은 권력의 대리인으로서 사회 내 엘리트의 영향력에서 자유롭지 못하다. 때문에 언론은 특정 권력을 지지하려는 성향을 가지며 이를 통해 권력을 대리한다. 그러나 언론과 정부의 관계는 정부의 성향, 언론이 처한 역사적·환경적 맥락, 특수성, 언론 정책 등이 복합적으로 고려되어야 한다(윤영철, 2000). 결론적으로 국가와 언론의 관계는 국가와 언론이 처한 사회역사적 맥락, 언론과 정부의 각각의 성격, 해당 국가의 미디어 정책과 환경 등 다양한 요인을 고려하는 가운데 이해될 필요가 있다.

2) 전쟁보도, 국가, 그리고 언론

특정한 맥락 안에서 정부와 언론 관계는 사회·역사·문화적 환경 차이에도 불구하고 비슷한 경향을 가지기도 한다. 국가의 이익이 걸린 대외 정책의 추진이나 전쟁, 지역분쟁의 발발과 같은 상황이 대표적이다. 언론과 국가 이익의 관계는 특히 군사 분쟁, 인질 사태, 정치적 위기, 국제 협약 등과 같은 이슈에서 두드러진다(이창호, 2004; Diskson, 1994; Dimitrova & Stromback, 2005; Hallin, 1986; Jachobs & Shapiro, 2000). 이러한 상황에서 언론은 관료와 국가를 옹호하고, 국민적 합의를 요청함으로써 국민들을 국가로 결집(*rally round the flag*)시키는 기능을 수행한다. 할린과 기틀린(Hallin & Gitlin, 1993)의 연구는 걸프 전쟁 당시 미국의 네트워크 방송은 물론 지역 뉴스까지 미군의 사기를 진작하고 미국 내

전쟁 지지 여론을 반영하는 데 초점을 두었음을 보여준다. 할린의 연구 (Hallin, 1986)는 미국 주류 미디어가 베트남 전쟁을 서구 민주주의와 공산주의 게릴라의 대립으로 묘사함으로써 베트남의 농민 문제와 민족주의 혁명 문제를 건드리지 않았음을 지적한다. 호킨스(Hoskins, 2004) 또한 두 번의 이라크 전쟁에서 텔레비전 방송이 사건을 단순화하고 왜곡했음을 지적한다. 그 밖의 많은 걸프 전쟁 연구는 미국이나 영국과 같은 전쟁 주도 국가의 미디어가 CNN과 같은 '서방' 미디어에 의존하는 가운데 애국주의에 매몰되었고, 연합군의 전투 활동을 미화했으며 이라크 민간에 대해 소홀했음을 지적한다(Corcoran, 1992; Nain, 1992; Shaw & Carr-Hill, 1992; Sainath, 1992). 미국 주류 미디어는 미국 대외 정책의 취지와 목적, 중장기적 대외 전략의 역사가 문제시되는 것을 막음으로써 미국의 국익과 대외 정책에 깊이 관여하게 되었다(이창호, 2005).

그러나 이러한 논의가 미디어가 국익을 기계적으로 추종한다는 결론으로 일반화하기는 어렵다. 나아가 선전 모델과 같은 설명은 언론이 처한 구조적 환경과 복잡한 맥락을 간과하기 쉽다. 때문에 촘스키의 선전 모델은 복잡한 국제정세를 과도하게 단순화한다는 점에서 비판을 받기도 한다(윤영철, 2002). 전쟁이나 테러 현장에 대한 물리적 접근이 어려운 현실에서 글로벌 미디어조차 때로 취재 현장에 접근하기 어렵거나, 적절한 정보를 수집하는 데 어려움을 겪는다. 공식적 취재원에 대한 의존이 발생할 수밖에 없는 측면도 있다. 때문에 전쟁과 같이 노골적인 대외 정책이 실제 수행되는 현장에서 국익과 언론의 문제, 정부와 언론의 관계는 여기에 개입할 수 있는 다양한 변인과 상황적 맥락에 관한 보다 면밀한 검토가 필요하다.

가령 냉전시대의 반공주의 이데올로기는 미디어가 국제 이슈를 보도할 때 미디어의 자율성을 제약하는 중요한 기제로 작동했지만(Hallin,

1986; Herman & Chomsky, 1988), 오늘날 냉전 이데올로기가 각국 대외 정책에 관한 언론 보도에 가장 영향력 있는 절대적인 결정 요인은 아니다. 그럼에도 국익을 둘러싸고 우리(us)와 적으로서의 그들(them)을 가르는 보도 행태가 존재한다. 이에 미디어는 자국과 적대적인 국가의 희생자에게는 가치를 부여하지만, 그렇지 않은 희생자는 가치 없는 희생자(unworthy victims)로 보도하는 경향이 있다. 리브스(Liebes, 1992)는 자국이 수행하거나 개입하는 전쟁과 타국 간의 전쟁을 다루는 언론의 방식에 차이가 있다고 말한다. 적대국의 지도자는 빈번하게 '악의 신'이나 '히틀러'로 묘사된다. 저널리스트들은 또한 자국이 전쟁과 같은 중요한 시기에 처했을 때 객관성과 중립성보다 오히려 당파성을 수용하는 경향을 갖는다(Carruthers, 2000).

결론적으로 국가 간에 벌어지는 전쟁과 분쟁은 어떤 대외 정책보다 더욱 명백하고 현존하는 '국익'의 실천으로 간주된다. 특히 미국의 경우 오랜 기간 군사정책은 홍보, 심리전과 같은 선전 양식을 수반했다(Louw, 2003). 전쟁보도에서 미디어는 국익을 우선한다. 이러한 행태는 전통적으로 전쟁 수단으로서의 심리전과 같은 하나의 프로파간다 기제로서 다루어졌다. 그러나 선전이 작동하는 형식과 체계는 매우 달라졌다. 그렇다면 오늘날 국가와 미디어의 관계 사이에서 '프로파간다'와 유사하면서도 상이한 새로운 실천 형식은 무엇인가?

3) 선전과 미디어 외교[2]

영국 외무성(Foreign and Commonwealth Affairs)에 따르면 공공외교
(*public diplomacy*)는 '해외의 민간인 및 기관과 대화하고 정보를 전달하
고, 정부의 중장기적 목표와 일치하는 방향으로 영국에 대한 이해와 영
향력을 향상시키고자 하는 활동'을 의미한다. 적국을 대상으로 일방으로
진행되는 프로파간다와 달리 미디어 외교는 상대국 국민의 의견을 듣고,
수용할 수 있는 부분은 수용하되 그렇지 않은 부분은 지속적인 대화와 협
상을 통해 설득하는 것을 포함한다(McDowell, 2008). 나아가 공공외교
는 자국의 장기적 목표에 공감하고 동의할 수 있게 하기 위해 '단기적이
고 직접적인' 국가 이익의 실현보다는 '우호적 환경'을 조성하는 데 더 집
중한다는 특징을 가진다. 전통 외교와 달리 '신뢰하는 동반자' 구축과 국
제사회의 인정을 지향하기 때문에 평화, 인권, 경제 발전과 같은 '보편적
가치'를 실현하기 위해 노력한다는 점도 전통 외교와 구분된다. 요컨대
공공외교는 국제사회 대중의 요구를 이해하고, 자국의 관점을 제시하
고, 자국과 국민에 대한 오해를 교정하고, 국제사회의 공통된 대의에 참
여해 리더십을 키우는 일과 같은 광범위한 영역을 포괄한다(Leonard,
2002).

전통적 외교에서 미디어의 역할은 매우 제한적이었다. 국가 이익을 실
현하기 위한 대외 정책의 우선순위는 주로 정부가 결정했고, 미디어는
정부 정책을 홍보하는 데 머물렀다. 소수의 정책담당자가 국가의 운명에
영향을 미칠 수 있는 군사적 개입이나 무역협상 등을 결정하는 미디어가
개입할 수 있는 부분은 없었다. 또 국가 간 힘의 불균형이 심각한 상황에

---

2 해당 절의 내용은 김성해 · 강국진의 《국가의 품격과 저널리즘 외교》 내용 중 일부를 부분인용 및 재
편집했다.

서 미디어를 통해 외교적 협상이 이루어질 가능성도 적었다. 더구나 정치가와 외교관이 국제 프로파간다를 위해 TV를 사용하고, 결국 이것이 국내 프로파간다로 통합되는 상황에서 미디어에 대한 신뢰도 부족했다. 공공외교가 본격화되기 이전까지 미디어가 외교에 활용된 역사적 경험도 이를 잘 보여준다.

적절한 커뮤니케이션 채널이 없거나, 분쟁 해결에 대한 제안이나 협상 조건에 대해 이해 쌍방이 어떻게 반응할지에 대한 확신이 없을 때 또는 정부기관이 경쟁 국가의 리더 혹은 이해관계자에게 메시지를 전달하고자 할 때 미디어가 활용된다(Burns, 1996). 때때로 심각한 국제 분쟁 시기에도 미디어는 양 경쟁국 주체 사이에 분쟁 해결과 커뮤니케이션을 위한 유일한 채널로 사용된다. 한 예로, 1979~1981년 이란 인질 위기가 발발한 직후 미국은 언론을 통해 대사관에 있는 이란 대학생과 소통했다(Larson, 1986; Newsom, 1988: 56). 1985년 레바논의 베이루트로 가는 미국의 TWA 제트여객기가 납치되었을 때도 미디어 협상이 진행된 적이 있다(O'Heffernan, 1991: 49). 또한 정부 관료들은 메시지를 전달하기 위해 전통 외교 채널 대신 글로벌 매체를 보다 적극적으로 사용하기도 했다. 1990년 걸프 전쟁 당시 미국 정부는 CNN을 통해 미국의 최후통첩을 이라크에 전달했다(Neuman, 1996: 2).

적대 관계에 있는 국가들이 평화 협상을 달성하기 위해 신뢰를 축적하는 단계에서도 미디어의 활용도가 높다. 가령 1994년 9월 시리아의 외무수상 알 사라(Farough al-Shara)는 런던에서 열린 기자회담에서 이스라엘 기자가 한 질문에 처음으로 답했고 이후 이스라엘 TV에도 출연했다(Rabinovich, 1998). 또 다른 형태로 미디어가 외교에 활용된 사례는 1973~1974년간 미국 국무장관 키신저(Henry Kissinger)가 중동에서 했던 '셔틀 외교'(*shuttle diplomacy*)가 있다. 당시 키신저는 중동으로 가는 비행기에 CBS의 카브(Marvin Kalb), ABC의 코펠(Ted Koppel), NBC의 발레리아니(Richard Valeriani)와 같은 유명한 해외 특파원을 동행했다. 이스라엘과 아랍 지도자로부터 양보를 끌어내고 교착 상태를 종식시키기 위해 미디어를 적극 활용한 사례다(Kalb & Kalb, 1974; Valeriani, 1979). 미디어 외교의 최대 성과라 볼 수 있는 것은 미디어 이벤트를 통해 전쟁과 반감을 극복하고 그것을 평화로 바꾸어 놓는 것이라 할 수 있다(Dayan & Katz, 1992).

국가 현안의 우선순위 결정, 우호 여론 획득 및 국제사회의 동참을 얻는 데 미디어의 역할은 1990년 이후 지속적으로 증가했다. 과거와 달리 정부가 특정한 대외 정책을 수립하는 과정에서부터 미디어가 개입하며, 정부는 미디어를 통해 국민 여론을 살피고 미디어가 전달하는 여론의 방향에 따라 정책을 수정한다. 정부가 국민을 상대로 직접 정책의 중요성이나 목적을 홍보할 수 없는 미디어 정치가 일상화된 상황에서 미디어는 정부 정책을 해석하고 평가하는 역할을 담당한다(심훈, 2004; 이창호, 2004). 정부 정책에 대한 국민의 입장이나 인식 그리고 집단적 의견(여론)은 따라서 미디어의 중재에 영향을 받을 수밖에 없다. 미디어는 특히 이 과정에서 많은 영향력을 발휘하며, 미디어가 제시하는 인식 틀과 평가 기준에 따라 국민의 반응도 달라진다.

냉전 시기 동안 평화를 유지하는 가장 확실한 방법은 군사적 동맹관계를 강화하는 데 있었다. 군사력과 경제력의 크기를 통해 국제관계가 좌우되던 시기에 정부의 관심은 경제 발전에 치중될 수밖에 없었다. 또 국민의 정치 참여 수준이 낮고 정부의 지도력이 인정될 때 정부가 미디어의 눈치를 볼 이유도 없었다. 그러나 글로벌 시대를 맞아 국가 이익은 보다 다양해졌고 디지털 커뮤니케이션 기술로 무장한 글로벌 공중의 등장으로 인해 이를 효과적으로 달성하는 데 '강제하는 힘'은 별 효과가 없어졌다. 미국의 이라크 점령이 효과를 거두기 위해서는 이라크 국민은 물론 아랍 세계의 '공감과 이해'를 먼저 얻어야 한다. 뿐만 아니라 글로벌 시대의 도래로 인해 더 이상 국내와 국제사회의 경계는 명확하지 않다. 국내 미디어가 보도한 내용은 외신을 타고 곧바로 국제사회로 전달되고, 국제사회의 반응도 각종 매체를 통해 국민들에게 전달된다. 정부의 외교 정책은 이에 따라 외교관을 통한 정보만이 아닌 국내외 언론을 통해 전해지는 상대국 정부에 관한 정보와 국민의 동향에도 영향을 받는다.

국내 미디어가 크게 다루지 않은 특정 정책이 외국 언론에 의해 부각되고 그것이 다시 국내로 전달되는 경우도 있다. 최근 아프가니스탄 파병 결정에 대한 탈레반의 경고가 여기에 해당하며, 한국 정부는 국내외 언론을 통해 정부의 입장을 변호해야 했다. 즉, 과거에는 정부의 필요에 따라 미디어가 선택적으로 활용된 것과 달리 오늘날에는 국가정책을 집행하는 데 미디어가 가장 중요한 참여자 가운데 하나로 참가한다. 특히 전쟁과 같은 특수한 상황에서 각국 정부는 국제사회의 우호적 여론을 획득하기 위해 적극적으로 노력하며, 최근의 연구가 이를 잘 보여준다(Cherribi, 2009; Esser, 2009; Graber, 2009; Robinson, Goddard, & Parry, 2009).

특정 국가에 대한 인식, 태도 및 정체성 형성에서 미디어의 영향력은 결코 무시할 수 없다(Gitlin, 2003). 프랑스, 중국, 러시아, 일본, 베네수엘라 등이 막대한 돈과 인력을 투자해 24시간 영어 뉴스채널을 출범한 이유가 여기에 있다. BBC와 CNN과 같은 글로벌 방송을 포함해 인터넷에 존재하는 무수한 미디어가 비교적 '자율적'이고 '독립적'으로 참여하는 환경이 만들어졌다는 것도 미디어 외교가 강조되는 이유다. 과거 미디어는 국가의 통제를 벗어나지 못했고 미디어를 설립하기 위해서는 많은 돈과 노력이 필요했다. 그러나 지금은 이미 글로벌 시장을 겨냥한 거대 미디어 그룹이 등장했고, 블로그와 인터넷 일기 등의 1인 미디어도 무수히 생겨났다. 각국 정부는 자신의 의지와 무관하게 이들 미디어를 통해 생산되고 유통되는 담론과 경쟁해야 하며 스스로 미디어가 되거나 기존 미디어와 전략적 협력을 해야 하는 상황에 있다. 알 자지라의 성공을 모방하기 위해 미국 정부는 알 후라(Al Hurra), 사우디아라비아는 알 아라비야(Al Arabiya), 레바논은 레바논방송(The Lebanese Broadcasting Corporation)을 잇달아 설립했다(김남두, 2007; 김성해, 2011).

북한의 핵 문제와 같이 특정 국가의 대외 정책이 비교적 명확한 상황에서 외국 언론의 보도는 주로 자국의 공식 입장을 따라간다. 그러나 국가 이익이 분명히 정해지지 않은 많은 상황에서 외신은 자사의 가치관을 기준으로 보도를 한다. 미국과 영국 정부의 입장과 무관하게 〈월스트리트저널〉과 〈파이낸셜타임스〉 등에서 '자본 자유화'는 당연한 규범으로 받아들여지며, 일부 국가의 자본 통제는 부정적으로 보도된다. 아프가니스탄 파병에 대한 국민적 합의가 부족한 상황에서 〈조선일보〉와 〈한겨레〉의 관점도 정반대가 될 수 있다. 정부는 이에 따라 국내외 미디어에서 쏟아지는 각종 담론을 감시하고 대항담론을 개발하며 이를 효과적으로 내보내야 하는 새로운 게임을 한다. 한 예로 영국 블레어 정부는 공보수석인 캠벨(Alastair Campbell)의 주도로 총리 직속 공보실을 마련하는 한편, 로비 브리핑 문건을 각 부처에 회람시켜 중앙의 정치노선을 명확히 인지시키고 정부가 발표하는 보도자료의 형태와 시기를 공보실이 직접 관리했다. 영국 정부가 운영하는 정보종합홍보실(GICS)이나 미국의 'Office of Global Communication-s'는 모두 이와 같은 상황에 대응하기 위해 마련된 것으로 볼 수 있다.

국제사회의 '공감과 동의'를 얻기 위해 미디어를 적극 활용한다는 점에서 미디어 외교와 프로파간다는 닮은 점이 있다. 프로파간다라는 단어가 갖는 부정적 의미 때문에 미디어 외교라는 색다른 용어를 사용한다는 비판도 있다. 미디어 외교를 정부의 세금으로 이루어지는 'PR 로비, 진실 프로파간다, 또는 은밀한 프로파간다'라고 부르는 이유가 여기에 있다. 미국 터프츠대학 내 플레처 스쿨(Fletcher School)을 설립했던 에드먼드 걸리온(Edmond Gullion)은 다음과 같이 주장했다.

> 최고의 프로파간다는 진실이고 최악은 거짓이다. 남들을 설득하기 위해 우리는 먼저 상대가 우리를 믿도록 해야 하며, 믿음을 얻기 위해서는 우리의 진정성이 전제되어야 한다. 남들이 우리의 진심을 알아주기 위해서는 우리가 전하는 메시지는 반드시 진실해야 한다(McDowell, 2008: 50).

그러나 의도적으로 정보를 왜곡하거나, 허위정보 또는 윤색정보(*disinformation*)를 적극 활용하는 프로파간다와 진실성과 공정성을 통해 합리적 설득에 주력하는 미디어 외교를 구분할 필요가 있다(Leonard, 2002). 디지털 혁명으로 인해 모든 정보에 대한 공개적 검증이 가능하고 다양한 채널이 존재하는 상황에서 특정한 사실을 은폐하거나, 일방적 관점이나 생각을 강요하거나 대안적인 시각을 차단함으로써 작동하는 프로파간다의 효과도 크게 줄었다. 국제사회는 이에 따라 프로파간다를 대신해 미디어 외교에 주력하며, 최근 24시간 위성방송이나 영어에 특화된 뉴스채널 등이 이를 배경으로 등장했다.

4) 24시간 뉴스채널

이상의 배경에서 미디어 선진국들은 뉴스채널의 육성 및 지원을 국가 미디어 정책 과제 중 하나로 다뤄왔다. 뉴스 생산능력의 제고와 국제 경쟁력 강화는 텔레비전 뉴스채널의 정책 목표 가운데 하나였다(Syvertsen,

2004; Salomon, 2006; Ofcom, 2006, FCC, 2006). 한국 또한 연합뉴스와 같은 국가 대표 통신사를 육성·지원하는 정책적 노력이 있었으며, YTN이나 MBN과 같은 방송 뉴스채널 또한 종합 뉴스채널 및 전문 뉴스채널로 각각 방송 시장에 진입함으로써 뉴스 전문채널로서 기능한다. 이러한 뉴스채널은 국가별로 상이한 모델로 자리 잡는다.

프랑스와 미국의 경우 자유시장 모델이 강하다. 뉴스채널 또한 CNN, FOX 뉴스, MSNBC 등 민영 24시간 뉴스채널들이 있고, 여기에 지역 로컬방송 채널 또한 존재한다. BFMTV와 Canal+가 개국한 뉴스채널은 민영 뉴스채널로 운영되며, 반면 공영자본과 민영자본이 함께 투자한 프랑스24는 24시간 국제 뉴스채널로 운영된다. 이에 반해 영국, 독일, 일본 등에서는 공민영 방식의 모델로 24시간 뉴스채널이 편재된다. 이러한 흐름에 발맞추어 한국의 뉴스채널 정책 또한 지역 뉴스채널만이 아니라 글로벌 뉴스채널 시장으로 확장될 필요가 있다는 주장 또한 제기된 바 있다(최영재, 2008).

물론 24시간 뉴스채널 육성이 무조건 바람직하다고만 볼 수 없다는 주장도 있다. 미디어 외교와 이를 통한 국익의 실천이라는 문제의식은 필연적으로 '국익'에 관한 추가적 논의를 필요로 한다. 저널리즘 측면에서 24시간 뉴스채널의 부정적 측면도 야기될 수 있다. 가령 24시간 뉴스채널의 도래는 24시간을 방송으로 채우기 위해 때로 루머와 같은 정확하지 않거나 의심쩍은 정보의 유통 공간이 확보되었다는 측면에서 비판받기도 한다(Lewis, Cushion, & Thomas, 2005). 글로벌 뉴스채널은 또한 확인되지 않은 사실과 '서방' 측의 일방적 입장과 관점을 24시간 세계 어디로 무차별적으로 확산시키는 기제로 기능한다는 점에서 비판받을 수도 있다. 정책적 목적과 여기에 보태진 미디어 시장 규모의 확장을 위해 종종 뉴스채널 정책이 추진되기도 하지만, 미국의 Fox뉴스 사례에서 보이는 것처럼 편향적 의견만을 확대·재생산하는 저널리즘으로 인해 여론의 품격은 더욱 낮아질 수도 있다. 기실 24시간 뉴스채널이 끊임없는 미디어 뉴스 사이클의 수요에 대응하기 위해 나온 것이라는 점(White, 2004)이 고려되어야 한다. 일반적으로 뉴스채널은 단순한 사실을 빠르고 정확하게 그러기 위해서 또한 가능한 객관적으로 보도한다는 지령에 충실할 수밖에 없다. 그러나 이러한 맥락은 또한 뉴스채널 혹은 통신사가 수행하는 저널리즘의 한계를 낳는 요인이 되기도 한다.

그럼에도 불구하고 이 장은 한국이 글로벌 시대를 맞아 국제사회의 일원으로 그 역할과 책임을 점점 더 강화하는 현실에 주목해 과거와 같은 노골적이고 단기적인 국익 추구를 위한 '프로파간다' 매체로서가 아닌 '미디어 외교'로서의 글로벌 뉴스채널에 주목하고자 한다.

3. 연구 문제

전쟁과 같은 특수한 상황에서 언론의 주된 역할은 자국의 대외 정책을 옹호하고 우호적 여론을 형성하도록 노력하는 한편, 적군의 사기를 낮추고 동조세력이 형성되지 못하도록 하는 데 있다. 그리고 이를 위해 특정한 사건은 보도하면서 다른 사건은 보도하지 않거나 특정한 관점을 강조하고 대안적 관점은 축소하거나, 특정한 정보원에겐 권위를 부여하면서 다른 정보원의 신뢰도는 폄하하는 등 다양한 형태의 전략을 활용한다.

이런 배경에서 이 장에서는 다음과 같은 연구 문제를 제기함으로써 각국 뉴스채널이 '리비아 사태'를 다루는 방식이 자국의 대 리비아 정책과 어떤 연관을 가지는지를 살펴보고, 이를 통해 언론이 정보전쟁에 개입하는 양상을 확인하고자 했다.

- 연구 문제 1: 뉴스채널이 주목하는 주제는 자국의 대외 정책을 얼마나 잘 반영하는가?

- 연구 문제 2: 뉴스채널이 권위를 부여하는 정보원은 누구이며, 자국의 대외 정책과 어떤 관계에 있는가?

- 연구 문제 3: 관련 주제에 대한 뉴스채널의 보도 태도는 자국의 대외 정책에 얼마나 부합하는가?

- 연구 문제 4: 리비아 사태의 1차 책임자 및 해결책 제시에서 뉴스채널은 자국의 대외 정책을 적극 홍보하는가?

- 연구 문제 5: 자국의 공식적인 대외 정책은 뉴스채널이 채택하는 프레임에 얼마나 반영되는가?

4. 분석 사례, 연구 방법 및 자료 수집

1) 분석 사례: 2011년 리비아 사태와 각 국가별 입장

2011년 3월 17일 UN 안보리 결의안 1973호가 통과되었다. UN 안보리에서 비토권이 있는 러시아와 중국은 기권했고, 미국, 영국, 프랑스는 찬성했다. 비토권이 없는 10개의 안보리 회원국 중 독일, 브라질, 인도 역시 기권했다. 리비아 시민을 보호하기 위해 비행금지구역 설정을 포함해 '모든 필요한 조치'(all the necessary means)를 허용한 이 결의안 직후 프랑스를 시작으로 미국과 영국 등이 리비아의 군사시설 및 정부군에 대한 공습을 실시했다. 그러나 이번 비행금지구역은 이라크와 보스니아/헤르체고비나에 이어 역사상 3번째로 그 효과는 물론 향후 리비아에 미래에 대한 많은 의문 속에 진행되었다.

이집트와 튀니지에서 불기 시작한 아랍 민주화 바람이 리비아로 확산된 것은 2011년 1월 무렵이었다. 리비아 반정부 시위는 2월 15일 벵가지(Benghazi)에서 시작되었으며, 인권운동가 파티 터빌(Fathi Terbil) 체포에 항의하던 약 40명의 시민들이 경찰의 무력진압으로 병원으로 후송되었다. 이틀 후 2월 17일 리비아 반정부 국가회의는 '혁명의 날'(*Day of Revolt*)을 선언했고, 곧 이어 대량의 사망자가 발생하는 내전이 발발했다. 무장봉기가 시작된 직후 일군의 리비아 고위 관료가 카다피 정부에 등을 돌렸고, 전직 법무장관이었던 모하메드 제레일(Mohamed Jeleil) 등은 국제사회의 지원에 힘입어 2월 27일 벵가지에서 '국가과도위원회'(National Transitional Council)를 구성했다. 그러나 한때 카다피 정부의 심장부인 수도 트리폴리(Tripoli)까지 위협했던 반군의 위세는 리비아 정부군의 반격으로 급속히 위축되었고 프랑스, 영국, 미국, 아랍 리그 등은 '인본주의적 위기'를 막는다는 명분으로 리비아에 대한 무력행사에 나섰다.

공습이 시작된 지 한 달이 지나 서방 국가는 카다피의 퇴진을 압박하는 한편, '리비아 연락그룹'(Libya Contact Group)을 구성해 반군에 대한 재정지원 등 추가 수단을 찾았다. 공습에도 불구하고 리비아 사태는 보다 장기화되어 4월 19일 영국과 프랑스 등은 소수의 군사 전문가를 반군 지역으로 파견해 군사훈련을 담당할 것이라고 밝혔다. 그러나 "국민에 대한 책임"(*Responsibility to People*) 독트린에 근거한 국제사회의 이번 개입은 지난 1999년 코소보 사태에 이어 두 번째 이루어진 것으로 주권 불가침의 원칙을 밝힌 UN헌장과도 배치됨은 물론 강대국의 자의적 판단에 따라 개입이 결정될 수 있다는 점에서 많은 우려를 낳았다. 러시아, 중국과 브라질 등은 NATO의 트리폴리 사회간접시설에 대한 공습은 이미

UN 결의안의 범위를 넘어섰고 군사 고문관 및 지상군의 파견은 명백한 국제법 위반이라고 비판했다. 뿐만 아니라 리비아에 대한 서방의 신속한 개입은 평화시위를 무력으로 진압한 예멘과 바레인과 뚜렷이 대비되는 것으로 석유를 노린 전형적인 제국주의적 침략이라는 비판도 지속된다. 리비아 과도정부를 가장 먼저 승인한 카타르를 포함해, 바레인, 예멘과 사우디아라비아 등은 장기 집권을 하는 왕정으로 공통적으로 미국의 군사기지를 유치한다는 것도 흥미로운 부분이다. 2011년 8월 리비아 사태는 반군이 리비아 수도 트리폴리까지 진격함으로써 반군의 승리가 확실시되었다.

리비아 사태에 대한 각국별 입장은 달랐다. 초기에 가장 강력한 반대를 표명한 국가는 바로 러시아였다. 러시아 메드베데프 당시 대통령은 3월 21일 언론을 통해 "러시아는 어떤 조건에서도 군사작전에 참여하지 않을 것이고, 중재 노력이 필요하다면 러시아가 기꺼이 그 역할을 맡을 것"이라고 말해 리비아 사태에 대한 '서방'의 군사적 개입을 명백히 반대했다. 그러나 러시아는 WTO 가입 조건하에 반군을 지원하는 입장으로 돌아섰던 것으로 알려졌다. 러시아와 달리 중국은 리비아 사태에 대해 지속적으로 비판적인 입장을 취했다. 중국은 '인권보다 주권'이라는 입장을 표명하면서 서방과 서방의 리비아 재제를 묵인하는 국제 여론을 비판했다(〈환구시보〉, 2011. 3. 23). 중국은 러시아의 입장 변화에 대해서도 비판한 바 있다. 리비아 사태가 반군의 승리로 마무리된 이후에도 중국은 리비아 사태의 본질은 '서방의 흉계에 의한 주권국의 붕괴'라는 입장을 밝혔으며 리비아 반군에 대한 서방 국가의 지원과 석유 이권에 대한 음모론을 제기했다(〈환구시보〉, 2011. 8. 23). 독일은 카다피 정권에 대해 비판적 태도를 취하면서도 동시에 군사 개입에 대해 부정적이었다. 베스터벨레 독일 외무장관은 EU 외무회의를 통해 "군사 개입을 주저한 이유는 충분하다. 벌써 아랍연맹이 비난에 나선다"고 말함으로써 군사 개입을 반대하는 입장을 취했다.

전통적으로 중동에 대한 강한 개입주의 정책을 유지했던 미국은 리비아 사태에서 정책적 변화를 보였다. 러시아, 독일과 달리 영국, 프랑스, 미국은 무력 개입을 수행하는 연합군을 주도했다. 그러나 그 사이에도 입장 차이는 있었다. 버락 오바마 미국 대통령은 군사 개입을 지지했으나 리비아 주민 보호라는 원칙에 보다 충실하고자 했다. 즉, 리비아 군사 개입을 지원하지만 미국이 아닌 NATO가 지휘권을 행사하도록 했고, 리비아 반군을 공식적인 국가기구로 인정하는 데도 서둘지 않았다. 그러나 미국이 NATO의 지휘권을 가진다는 점과 CIA 등을 통해 리비아 반군을 적극적으로 지원했다는 점이 자국 언론을 통해 폭로된 바 있다(〈뉴욕 타임스〉, 2011. 3. 31).

프랑스는 사태 초기부터 카다피 축출을 위해 연합군 구성 및 군사작전 수행에 적극적으로 참여했다. 연합군의 리비아 미사일 공격 또한 프랑스 공군 전투기의 리비아 영공 진입 후 시작됐다. 카타르의 경우 중동권 국가임에도 불구하고 리비아에 대한 제재에 적극적인 관심을 보였다. 프랑스가 이러한 '적극적 개입' 정책을 채택한 이유는 우선 그간 프랑스가 유럽과 북아프리카 등 유럽·아프리카 지역의 연합 구축에 적극적이고 주도적 역할을 하려고 했던 대외 정책 노선의 연장선상으로 평가된다. 카타르의 경우 1969년 왕정이 폐지되고 공화국이 시행된 뒤부터 줄곧 카다피를 반대했다. 카타르 왕실 소유의 알 자지라 또한 연합군의 군사작전의 명분과 정당성을 적극 보도함으로써 카타르 왕정의 의도를 간접적으로 내비쳤다. 반 자셈 카타르 총리는 알 자지라를 통해 "이번 임무에 아랍국의 역할이 있어야 한다"고 밝혔다(Al Jazeera, 2011. 3. 19).

이번 사태를 유럽과 아프리카/중동의 지역 정세와 원유 문제로 해석하는 입장도 있다. 〈뉴욕타임스〉는 리비아 원유를 둘러싸기 위한 각축전이라는 표현을 통해 리비아 사태 배후에 에너지 전쟁의 이면을 강조했다(〈뉴욕타임스〉, 2011. 8. 22). 실제 프랑스, 영국 등은 리비아 사태가 반군의 승리가 점쳐지는 가운데 리비아 과도정부와 에너지 관련 협의에 들어갔다고 알려진 반면 리비아 반군을 적극적으로 지지하지 않았던 러시아와 중국은 난처한 입장에 처한 것으로 알려졌다(〈조선일보〉, 2011. 8. 24).

리비아 사태에서 또한 주목할 부분은 여타 중동의 분쟁과 달리 리비아 사태가 초기에 이른바 '서방' 국가들이 미리 예측하고 인지하지 못했던 급작스러운 사태였다는 점에 있다. 이는 걸프 전쟁, 아프가니스탄 분쟁과 같은 서구 주도형의 이벤트와는 성격을 달리한다. 이 장은 이러한 측면에서도 리비아 사태 보도에서 글로벌 뉴스채널과 언론 보도의 관계가 어떤 양상을 보였고 어떤 의미로 해석될 수 있는지에 대해서도 주목할 필요성을 제기한다.

2) 연구 방법 및 자료 수집

(1) 연구 방법 및 자료 수집

리비아 사태를 둘러싼 정보전쟁은 다양한 형태로 진행되었다. 특정한 관점에 부합하는 주제를 집중적으로 보도하고 우호적인 정보원을 전략적으로 인용하고, 과거로부터 형성된 선입관에 부합하는 사건을 부각함으로써 여론을 특정한 방향으로 몰고 갈 수도 있다. 이러한 행위는 리비아 사태에 대한 직접적 이해관계를 공유하는 국가와 그 국가의 주요 매체에서 확인할 수 있다. 보도와 대외 정책의 상관관계를 확인하고자 이들 국가의 24시간 주요 뉴스채널이 영문으로 서비스하는 리비아 관련 뉴스에 대한 내용분석을 시행하고자 했다. 이에 따라 분석대상은 미국, 영국, 러시아, 독일, 프랑스, 카타르에서 영어로 24시간 뉴스 서비스를 전담하는 뉴스채널을 포함시켰다.

분석 대상 뉴스채널 선정을 위해 미국과 영국은 국제사회에서 강한 영향력을 행사하는 '서방' 국가라는 점을 고려했다. 프랑스는 아프리카와 지정학적으로나 외교적으로 중요한 이해관계를 형성해 유럽 내에서 리비아 사태 개입에 가장 적극적 의지를 보이는 국가라는 점을 고려했다. 독일 및 러시아는 리비아 개입에 부정적이고 소극적인 국가라는 점, 카타르는 같은 아랍권이면서도 '서방'의 리비아 개입을 지지하는 국가라는 차별성을 고려했다.

자료 수집의 경우, 2011년 2월부터 촉발된 리비아 사태가 언론의 집중적 조명을 받았기 때문에 관련 기사를 모두 분석하는 것에 어려움이 있었다. 이에 따라 리비아 사태가 발생한 2월 15일부터 공습이 진행된 후 1주일이 지난 3월 26일까지 각 뉴스채널이 보도한 기사만을 분석 대상으로 삼았다. 기사는 각 뉴스채널의 웹사이트 상에서 수집했으며 벵가지 시위 이후 몇 번의 중요한 전환점이 있었다는 점에 주목해 이 기간을 다시 다섯 시기로 구분했다. 각 시기별로 최대 20개의 기사를 할당표집 방식으로 표본 추출했다. 시기별 표본의 대표성 및 개별 기사가 표본에 포함되는 적절성을 확보하기 위해 해당 매체의 기자 또는 특파원이 직접 쓴 기사, 분석 및 해설기사, 사설 및 칼럼 그리고 리비아 사태와 상관성이 높은 기사를 우선해서 표본을 확정했다.[3] 제 1기(2. 15~2. 21)는 반정부 시위가 발생하고 리비아 정부가 무력진압에 나선 기간이며, 제 2기(2. 22~3. 1)는

---

3 가령 리비아 사태를 언급하면서 다른 국가의 중동 혁명을 기사의 주된 토픽으로 삼는 기사라든가, 해당 뉴스채널에 게재되기는 했으나 다른 매체의 기사인 경우 등은 제외했다.

표 14-1 표본 구성

(단위: 건)

매체/시기	1기	2기	3기	4기	5기	합계
알 자지라	20	19	19	10	18	86
BBC월드	20	20	20	20	20	100
CNN인터내셔널	20	20	20	20	20	100
도이치 웰레	4	16	20	8	20	68
프랑스24	20	20	20	20	20	100
러시아투데이	5	20	20	11	20	76
합계	89	115	119	89	118	530

카다피 정부가 궁지에 몰리면서 반군이 리비아 전역을 장악했던 시기다. 제 3기(3. 2~3. 16)는 리비아 정부가 반격에 나서 반군이 벵가지로 후퇴한 시기였고, 제 4기(3. 17~3. 18)는 벵가지 시민을 보호하기 위한 UN 안보리 논의가 시작되고 비행금지구역 설정이 확정된 시점이었다. 마지막으로, NATO의 공습이 시작되고 리비아 사태가 장기국면에 돌입한 3월19일부터 같은 달 26일까지를 제 5기로 선정했다. 코딩은 신문방송학 전공생(석사) 3명이 했으며, 플레이스(Fleiss)의 카파(*Kappa*) 계수[4]로 확인한 코더 간 신뢰도(*inter-coder reliability*)는 0. 8 이상으로 신뢰도에 큰 무리가 없었다. 〈표 14-1〉은 최종 분석된 표본 구성이다. [5]

---

4 두 명 이상의 코더 간 신뢰도를 측정하는 방법이다. 코헨의 카파(*Cohen's Kappa*)와 달리 두 명 이상의 코더 간 신뢰도 측정이 가능하다(Fleiss, 1971).

5 알 자지라의 경우 기사 수가 적었다. 영문판 사이트에서 '리비아'를 검색한 1차 결과는 1천 건이 넘었지만, 분석기간 내 보도되고 관련성 있는 내용을 보도한 기사는 1백 건이 되지 않았다. 도이치 웰레 및 러시아투데이도 비슷한 문제로 인해 표본 수가 적었다.

(2) 측정 항목의 정의

① 보도 주제

보도 주제는 리비아 사태와 관련해 보도된 사건, 이슈, 현상을 다루면서 어떤 행위자에 특히 주목했는지를 중심으로 측정했다. 측정 유목은 리비아 정부 및 카다피 측, 리비아 반군, 리비아 정부군과 반군의 교전, NATO 관련, 각국 정부〔미국, 프랑스, 영국, 러시아, 독일, BRICs (브릭스), EU, 아랍국가, 이라크/아프가니스탄〕 관련, 리비아와 영국/프랑스의 관계, 리비아와 미국의 관계, 비행금지 구역에 관한 뉴스 및 기타 등으로 구성했다.

② 정보원

언론이 특정 이슈를 보도할 때 일상적으로 활용하는 주된 정보원은 해당 이슈에 관계된 이해당사자는 물론 자국의 관료(정보)나 정부기관을 포함한다. 이들은 공식 정보원에 해당하는데, 시걸(Sigal, 1973)에 따르면 이러한 정보원에는 자국 관료(정부기관), 외국 관료(정부), 다른 뉴스 조직 등을 포함한다. 이 장에서는 리비아 사태를 둘러싼 리비아 내 주요 행위자 그리고 이번 사태에 직간접적으로 개입한 주요 국가의 정부와 언론 그리고 국제기구로 구성했다. 구체적으로, 정보원은 뉴스에 제시된 권위 있는 의견 제공자로 정의하여 측정했다.

기사에 정보원이 지나치게 많이 인용된 경우에는 기사의 주제에 직결되는 중요한 정보를 제공하는 정보원을 최대 3명까지 기록하도록 했다. 코딩을 위한 조작적 정의를 위해 권위 있는 의견 제공자는 뉴스의 제목, 리드문 등을 통해 기사가 전달하고자 하는 사실 정보 혹은 분석 및 해석을 통해 전달하고자 하는 의견이나 입장에 가장 관련성이 높은 정보를 제공함으로써 인용된 정보원으로 삼았다. 단순 사실 보도 중에서 여러 정보원들과 그들의 발언을 나열한 기사의 경우 중요한 정보원들의 판별이 어려운 경우가 있었다. 그 경우 기사의 제목, 발문(*lead*) 혹은 기사의 문두에 먼저 노출된 정보원을 우선하기로 했다.

③ 보도 태도

각국의 뉴스채널 보도가 전쟁 이슈와 같이 자국의 이익과 직접적으로 연관된 경우 해당 뉴스채널의 보도는 특정한 논조나 태도를 드러내기 쉽다. 일반적으로 이슈에 대한 기사의 태도는 사안을 긍정적으로 바라보는지, 중립적으로 바라보는지 아니면 부정적으로 바라보는지로 측정할 수 있다.

분석 사례인 리비아 사태의 경우 리비아와 서방의 관계, 리비아와 중동 각국들의 관계, 서방 국가 내부의 알력과 이해관계가 복잡하게 얽혀 있다. 가령, 카다피에 대해서는 부정적이면서도 국제기구를 통한 서방의 개입에도 부정적인 세력도 있다. 때문에 보도 태도 측정은 주요 보도 대상(행위자)별로 개별적으로 측정해 보다 세부적으로 들여다보고자 했다. 구체적으로 카다피에 대한 태도, 리비아 반군(시민군)에 대한 태도, NATO 및 미국·영국·프랑스 등 '서방' 국가에 대한 태도, '서방'의 리비아 개입에 비판적인 진영이었던 독일·중국·러시아·인도·브라질에 대한 태도, 비행금지구역에 대한 태도, UN 결의안 이후 실제 집행된 공습에 대한 태도로 각각 구분했다.

④ 1차적 책임 및 해결책

1차적 책임은 이번 사태의 주된 책임 소재가 어디에 있는지, 즉 원인 제공을 누가 했는지를 말한다. 측정 유목은 카다피와 그 가족(독재, 테러, 무자비한 학살을 자행한 카다피와 그 일가), 반군(알카에다와 연계되었거나,

중동 민주화 혁명과 달리 무력을 곧바로 앞세운 공세를 폈다는 점), 제국주의 강대국(이라크에서와 같이 석유 이권을 노리는 제국주의 국가의 무리한 개입), 무책임한 국제사회(리비아 독재와 학살을 방관), 아랍 연맹(자국에서는 권위주의와 독재 정치를 펴는 왕정 체제이면서 대외적으로는 리비아를 희생양으로 삼고자 하는 아랍권 국가의 이중잣대), 독일·러시아·중국 등 중립적 국가(UN 결의에서 중립표를 행사하는 기회주의적 태도), 언론(이번 사태를 악용해 프로파간다에 주력하는 '서방' 및 일부 중동 언론), 알카에다(리비아 젊은이를 호도) 및 기타로 구성했다.

해결책은 리비아 사태를 마무리하기 위해 필요하다고 제안된 여러 주장을 의미한다. 측정 유목은 카다피의 망명, 리비아 정부군의 붕괴 및 이를 위해 필요한 조치, 비행금지구역의 효과적 집행(외국 군대의 진입을 고려하지 않은 조건 속에서), 정치·외교적 방안 모색과 국제사회의 노력, 분단국가화(반군과 정부군 간의 국가 분리 방안), 단기적 해결책이 없음(NATO와 미국도 물러나기 어렵고 리비아도 물러나기 어려운 불투명한 상황) 및 기타로 구성했다.

⑤ **프레임**

뉴스보도는 인지된 현실에 관해 서로 경쟁하는 입장 가운데 특정 관점을 선택하고 다른 관점은 배제한다. 프레임은 뉴스 텍스트 속에서 특정 관점과 입장을 강조하거나 축소함으로써 논리적 연관성을 가진 '관점'(*perspective*)을 만든다. 각국의 뉴스채널이 특정한 프레임을 채택했다면 리비아 사태를 정의하고 인과관계를 따지며 사태에 대한 평가와 해법 또한 서로 다르게 구성된다. 이러한 프레임 속성은 하나의 '리비아 담론'으로 구성될 수 있다. 리비아 사태에 관한 프레임 분석은 글로벌 뉴스채널이 제공하는 '리비아 담론'이 어떤 행위자나 이익의 주체성에 우위를 부여하는지를 드러낸다(Entman, 1991; 1993). 이를 통해 뉴스채널의 프레임 구성이 자국의 대외 정책 및 이익과 어떠한 연관을 가지는지를 살펴볼 수 있을 것으로 기대한다.

프레임 측정을 위해서 표본의 일부를 분석해 귀납적으로 프레임을 구성했다. 이렇게 구성된 프레임을 5개의 유목으로 구성했다. 프레임 측정은 기사의 제목, 리드문, 중요한 정보원 인용 등에서 현저하게 드러나는 프레임을 해당 기사의 지배적 프레임으로 측정했다. 혹은 기사에서 드러나는 전반적 논조나 태도가 있다고 판단될 경우 그러한 논조나 태도를 뒷받침하는 프레임을 코딩했으며, 단순 사실 보도에서 일부 개별 입장과 관점을 나열하는 식으로 스토리텔링이 이루어졌을 경우에는 기사 제목과 리드문에서 우선적으로 드러나는 것을 현저한 프레임으로 간주했다. 각각의 프레임은 인도주의적 개입, 주권침해, 침략전쟁, 자업자득, 정치적 목적이며 각 프레임의 특징은 다음과 같다.

첫째, 인도주의적 개입(humanitarian Intervention) 프레임은 이번 사태의 핵심이 리비아 정부군에 의한 민간인 대량학살에 있기 때문에 국제사회의 인도주의적 개입과 이를 수행하기 위한 군사적 개입(NFZ, 공습)이 필요하며 사태의 해결은 카다피의 망명 혹은 정권 교체에 있다고 본다. 이 프레임에 따르면 미국과 NATO는 정당한 행위자로서 올바른 일을 하는 것이며 북한과 같은 국가에도 이러한 원칙이 적용되어야 한다.

둘째, 주권침해(infringement of sovereignty) 프레임은 리비아 사태의 본질이 내전이며 반군의 정체성이 민주화 세력으로서 정체성이 명확했던 이집트 시위대와는 다르다는 인식하에 리비아 국민 스스로가 리비아 문제를 풀어야 함을 강조한다. 이 프레임에 따르면 NATO군의 공습은 민간인 보호에 한정되어야 하고 이를 넘어설 경우 NATO군 공습의 의미는 모호하다. 따라서 문제의 해결책을 공습과 같은 무력 개입이 아닌 정치

표 14-2 프레임 진술문

프레임 명칭	주된 프레임 진술문
인도주의 개입	시민들을 공격하는 정권에 대해 우리('서방')는 공격을 멈출 수 있게 하기 위한 모든 것을 해야 한다
주권침해	리비아 문제는 리비아인 스스로 해결해야 하고 리비아의 주권을 침해해서는 안 된다.
침략전쟁	리비아에 대한 공습은 서방 식민주의자의 십자군 침략전쟁과 같은 …
자업자득	이번 사태는 (카다피의) 자업자득이다
정치적 목적	(리비아 사태는) 사르코지가 정치적 위기를 돌파할 수 있게 해줄 좋은 기회 …

· 외교적 노력에서 구한다.

셋째, 침략전쟁(*aggressive war*) 프레임은 사태의 본질을 리비아의 석유자원에 대한 서방의 개입에 있다고 본다. 따라서 동일하게 유혈진압을 한 바레인이나 예멘 등에는 간섭하지 않는 서방이 리비아에 개입하는 것은 명백한 불법 침략전쟁이 된다. 리비아 사태는 본질상 이라크 및 아프가니스탄과 다를 바 없으며, UN 결의에 따른 공습은 처음부터 카다피 정권을 교체하고 친서방 정권수립을 수립함으로써 석유자원을 강탈하기 위한 부당한 전쟁이 된다.

넷째, 자업자득(*Libya's own misfortunes*) 프레임은 리비아 정부에도 잘못이 있고 정치적 노림수를 가지고 이번 사태에 개입한 '국제사회와 서구 선진국'도 잘못이라는 양비론적 시각을 담는다. 그러나 내부 통치에 실패하고 민주화 시위를 무리하게 진압한 리비아 정부에 더 큰 책임을 묻는 의미가 있다.

마지막으로, 정치적 목적(*political motivation*) 프레임은 서방 각국이 리비아 사태의 본질이나 해결에 중점을 둔다기보다 오히려 이를 자국의 정치적 이해관계에 이용하려고 한다는 시각이다. 예컨대 프랑스가 가장 적극적으로 공습에 참가하는 이유를 사르코지 대통령에 대한 여론의 악화를 되돌리려는 자국 내의 정치적 계산 때문이라고 보는 것이다.

5. 분석 결과 및 해석

1) 뉴스채널의 의제 설정과 자국 대외 정책의 관계

언론은 특정한 사건과 주제를 의제로 부각시키는 한편, 2차 의제설정을 통해 해당 주제와 관련된 다양한 사건, 논란거리, 주장에 대해서도 차별적 대우를 한다. 국가 이익으로부터 자유롭기 어려운 각국 뉴스채널도 리비아 사태 이슈 안에서 상이한 주제에 주목함으로써 리비아 사태의 특정 측면을 부각 또는 배제할 수 있다. 뉴스채널이 미디어 외교의 역할을 떠맡는다면 의제설정은 자국 대외 정책과의 상관성을 보일 것이다. 〈표 14-3〉은 분석 대상인 뉴스채널이 어떤 주제에 주목했는지를 보여준다.

분석 결과를 보면, 우선 미국 매체는 자국 정부에 주목했다. 영국 매체 또한 자국에 관한 이슈를 우선시하면서 동시에 대외 정책상 이해관계를 긴밀히 공유하는 미국에 주목하는 한편, 다른 국가에는 거의 주목하지 않았다. 동일한 맥락에서 러시아와 독일은 자국의 입장과 대립하는 미국을 낮게 다루고 영국에 관해서는 아예 주목하지 않았다. 프랑스24와 알 자지라는 미국에 두 자리 수 이상을 주목한 반면, 독일 및 러시아와 여타 BRICs권에 대한 주제는 철저히 외면함으로써 자국의 대외 정책에 우호적인 국가가 등장하는 이슈에 주목했다.

리비아 반군에 어느 정도 주목하는지는 각국의 대외 정책상 입장과도 관련이 있다. 이를 살펴본 결과 리비아 반군에 주목하는 정도는 알 자지

라(20. 7%), CNN(14. 1%), 프랑스24(14. 0%)에서 높았던 반면 러시아
와 독일에서는 각각 5%도 채 되지 않았다. 이러한 경향은 정부군과 반
군의 교전 이슈에서도 유사하게 나타났다. 즉, 리비아 개입에 적극 혹은
우호적인 국가들과 리비아 개입에 비판 혹은 부정적인 국가의 뉴스채널
간에 유의미한 차이가 있음을 알 수 있다.

표 14-3 주목 주제

(단위: %, 괄호 안은 건)

	CNN	BBC	러시아 투데이	도이치 웰레	프랑스 24	알 자지라	전체
리비아 정부(국가)	15.2	18.2	8.6	8.1	1.1	1.2	9.1
리비아 반군 관련	14.1	4.0	1.4	4.8	14.0	20.7	10.3
정부군과 반군 교전	10.1	9.1	8.7	9.7	16.1	22.0	12.7
NATO 관련	31.3	33.3	21.7	33.9	31.2	23.2	29.4
미국 정부	20.2	13.1	5.8	3.2	10.8	11.0	11.5
프랑스 정부	0.0	3.0	0.0	1.6	7.5	3.7	2.8
영국 정부	0.0	13.1	0.0	0.0	0.0	1.2	2.8
러시아 정부	0.0	0.0	20.3	0.0	0.0	0.0	2.8
독일 정부	0.0	0.0	0.0	4.8	0.0	0.0	0.6
BRICs 각국 정부	0.0	0.0	0.0	0.0	0.0	0.0	0.0
EU	0.0	0.0	1.4	4.8	8.6	11.0	4.2
아랍국가 관련	4.0	0.0	8.7	6.5	5.4	3.7	4.4
이라크 · 아프간 관련	0.0	0.0	0.0	0.0	0.0	0.0	0.0
리비아와 영 · 프 관계	0.0	3.0	0.0	3.2	0.0	0.0	1.0
리비아와 미국 관계	2.0	1.0	2.9	0.0	0.0	0.0	1.0
비행금지구역 문제점	0.0	0.0	11.6	8.1	0.0	1.2	2.8
기타	3.0	2.0	8.7	11.3	5.4	1.2	4.8
전체	100.0 (99)	100.0 (99)	100.0 (69)	100.0 (62)	100.0 (93)	100.0 (82)	100.0 (504)

χ^2 = 344.011, df = 75, p < .001

대부분의 뉴스채널은 리비아와 서방 국가 간의 관계를 검토하거나, 이번 사태를 이라크나 아프가니스탄 사례와 연결해 살펴보려는 노력은 거의 기울이지 않았다. 하지만 러시아투데이(11.6%)와 도이치 웰레(8.1%)는 비행금지구역의 문제점을 상대적으로 비중 있게 다루었고, 다른 4개 매체보다는 여러 주제에 고르게 주목을 보였다. 또한 러시아투데이와 독일에서 '기타' 항목이 많이 나온 것은, 네덜란드/오스트리아 등 주변국 정부를 다룬 기사들이 상대적으로 많았기 때문이었다. 결론적으로, 미국·영국·프랑스·카타르의 뉴스채널과 러시아·독일의 뉴스채널은 서로 다른 의제설정 전략의 차이를 집단적으로 보여줌으로써 리비아 사태라는 상징적 공간 안에서 자국의 대외 정책에 입각한 상이한 의제설정 전략을 펼친다.

2) 정보원 활용과 자국 대외 정책의 관계

자국의 입장을 대변하기 위해서라면 당연히 뉴스채널은 자국의 권위자를 우선 채택할 가능성이 높다. 〈표 14-4〉는 리비아 사태에 대해서 각국 뉴스채널이 어떤 정보원들을 전략적으로 동원했는지를 보여준다.

미국 정보원은 단일 항목으로 가장 높은 비중(18.3%)을 차지했다. 개별 국가 정보원만 놓고 볼 때 전체적으로 영국(8.5%), 프랑스(7.1%)도 높았다. 실제 분석 결과 '캐머런 영국 총리', '영국 외무부장관', '오바마 미 대통령', '힐러리 미 국무부장관' 등이 정보원으로 빈번하게 등장했다. 전체적인 분석 결과에서 미국, 영국 등 '서방' 국가의 정보가 더욱 우대받는 국제뉴스의 기존 관행이 재확인된다. 하지만 이와 함께 국가별 분석 결과는 뉴스채널이 자국 정보원을 적극 활용함으로써 국가의 대외 정책과 밀접한 연관을 가짐을 보여준다.

표 14-4 정보원

(단위: %, 괄호 안은 건)

	CNN	BBC	러시아투데이	도이치웰레	프랑스24	알자지라	전체
카다피와 그 가족	6.5	9.5	9.6	1.3	6.1	10.3	7.5
리비아 정부	2.9	9.5	1.8	7.0	6.6	7.0	6.0
리비아 반군	9.5	7.4	3.6	9.6	7.9	18.8	9.5
UN	7.3	6.8	9.0	10.2	7.9	10.3	8.3
NATO	2.9	2.7	6.0	7.0	4.4	3.8	4.1
프랑스	0.7	4.1	5.4	11.5	17.9	6.1	7.1
영국	10.2	18.6	3.0	3.2	3.9	5.6	8.5
미국	26.9	12.8	18.1	10.2	25.8	12.7	18.3
AL(아랍리그)	1.8	0.3	3.0	2.5	2.6	2.3	1.9
AU(아프리카연합)	0.0	0.0	1.2	1.3	0.0	0.5	0.4
미국 언론	15.3	6.8	0.6	0.6	0.0	1.4	5.0
영국 언론	4.4	17.2	3.6	3.2	0.0	3.3	6.1
프랑스 언론	0.7	1.0	0.0	1.9	2.2	0.5	1.0
중동 언론	1.5	0.7	0.6	0.6	0.0	0.0	0.6
알 자지라	0.4	0.0	3.6	1.9	1.3	16.0	3.5
러시아 언론	0.0	0.0	3.0	0.0	0.0	0.0	0.4
중국 언론	0.0	0.0	0.0	0.6	0.0	0.0	0.1
독일 언론	0.0	0.0	0.0	3.2	0.4	0.0	0.4
리비아 국영방송	0.7	0.0	3.0	0.6	1.3	1.4	1.0
기타	6.2	2.0	9.0	7.6	9.6	0.0	5.4
러시아 정부	0.0	0.0	11.4	0.0	0.4	0.0	1.5
독일 정부	0.0	0.0	0.0	6.4	1.3	0.0	1.0
국제형사재판소(ICC)	2.2	0.7	4.2	9.6	0.4	0.0	2.3
전체	100 (275)	100 (296)	100 (166)	100 (157)	100 (229)	100 (213)	100 (1,336)
자국 정부 + 자국 언론[6]	42.2	35.8	14.4	9.6	20.1	18.3	25.9

자국 정보원의 활용 비중을 자국 정부와 언론의 활용 빈도 합(*sum*)으로 보았을 때, 전체 자국 정보원의 비중은 25.9%로 다른 항목들 가운데 가장 높다. 국가별로 보면 자국 정보원 비중은 CNN(42.2%), BBC(35.8%), 프랑스24(20.1%), 알 자지라(18.3%) 순으로 높았다. 특히 CNN과 BBC는 자국 정부 및 언론을 적극적으로 인용하는 것 외에도 상대국(미국은 영국, 영국은 미국) 정부와 언론의 인용에도 적극적이었다. 이 두 국가의 전략적 동맹 관계가 정보원 활용 차원에서도 확인된다.

　　프랑스24의 경우는 자국 정보원(20.1%)과 미국 정보원(25.8%)에 크게 의존했다. 프랑스가 리비아 개입에 가장 강한 의지를 보였다는 점을 감안하면 이 결과는 뉴스채널의 보도와 국익의 강한 상관성을 보여준다. 알 자지라는 프랑스와는 다른 방식으로 정보원을 구성했다. 알 자지라는 스스로를 많이 인용하기도 했지만 이보다 리비아 관련 정보원을 더 많이 인용했다. 특히 리비아 반군이 18.8%로 정보원 항목에서 가장 높았다. 그러나 미국, 영국, 프랑스 각 정부 정보원에 대한 인용 비중은 전체 평균보다 높지 않았다. 알 자지라의 정보원 구성은 반군을 공식적으로 승인하고, UN 결의를 지지한 카타르의 대 리비아 정책과 부합했다.

　　러시아투데이와 도이치 웰레 또한 뉴스채널 보도와 자국 정책과의 상관성을 보여준다. 러시아투데이의 경우 미국 정부를 인용하는 비중은 18.1%로 높았으나, 자국 정보원 인용 비중은 14.4%에 불과했다. 미국 정부에 대한 인용 다음으로 자국 정부를 10% 이상 다룬 것이 결코 작은 비중은 아니었다. 러시아의 정보원 구성에서 의미 있는 특징은 구성이

---

6 카타르는 이번 사태에 관한 언론 보도에 중요하게 다루어질 만큼 국제사회에서 비중 있는 국가가 아니라는 점에서 분석 유목에 포함하는 것이 적절치 않았다. 때문에 알 자지라의 경우 '자국 정부 + 자국 언론'에서 정부를 아랍 리그로 간접적으로 연결해 제시했다.

전반적으로 고르게 흩어졌다는 점에서도 찾아볼 수 있다. 상대적인 정보원 다양성은 리비아 사태에 대한 러시아 정부의 '이중적' 대처와도 일정한 연관을 보여준다. 러시아에서 '기타'가 많았던 것은 실제 분석 내용에 근거하면 이라크, 이집트, 네덜란드 등 주변 정부의 정상을 정보원으로 다루는 경우도 많았기 때문이었다. 요컨대 러시아 뉴스채널 또한 정보원 활용은 물론 앞선 의제설정 면에서도 러시아 정부의 태도에 부합한다.

독일은 이번 사태에서 군사적 해결을 줄곧 반대하면서 유럽 내 전통적 라이벌 관계인 프랑스와도 마찰을 빚었다. 도이치 웰레에서 프랑스 비중이 높은 것은 프랑스에 대한 대응 차원인 것으로 풀이된다. UN(10.2%)과 NATO(7.0%)의 인용 비중은 다른 뉴스채널과 비교했을 때 가장 높은 수준이다. 독일이 군사 개입을 비판하고 외교적 해법을 강조함을 감안하면 도이치 웰레가 국제기구에 주목하는 것은 당연하다. 도이치 웰레에서 국제형사재판소의 인용 비중이 9.6%나 나온 점도 독일의 대외 정책이라는 맥락으로 풀이된다. 역으로 도이치 웰레의 미국 정부 및 영국 정부 인용 비중은 매체들 가운데 가장 낮았다.

분석 결과를 보면 결론적으로 뉴스채널의 정보원 구성이 상당 부분 자국의 대외 정책으로 설명될 수 있음을 뒷받침한다. CNN과 BBC는 영미권 입장을 전달하는 데 충실했다. 프랑스24는 미국과 자국의 정보원 활용에 적극적이었다. 알 자지라는 미국·UN·리비아 반군의 목소리에 권위를 부여했다. 러시아투데이와 도이치 웰레는 상대적으로 영국과 미국에 대해 의존하지 않으면서 UN과 NATO 정보원도 적극 채택했으며 아랍과 아프리카 정보원을 다루었다. 또한 그 절대적 비중은 낮았지만, 국제사법재판소를 정보원으로 채택하는 등 상대적 다양성을 보여주었다. 러시아와 독일의 뉴스채널 또한 자국의 대외 정책과 보조를 맞췄다고 볼 수 있다.

3) 보도 태도와 자국 대외 정책의 관계

자국과의 이해관계에 따라서 국외의 특정한 보도 대상은 자국 미디어에 의해서 우호적 혹은 부정적 존재로 재현될 수 있다. 이런 맥락에서 카다피, 리비아 반군, 리비아 개입을 주도한 미국·영국·프랑스, 그리고 리비아 개입에 반대한 러시아·독일 및 그 밖의 BRICs 국가, UN이 설정한 비행금지구역 및 공습에 대한 각국 언론의 태도 규정은 자국 대외 정책의 맥락 안에서 구성될 가능성이 높다. 이는 〈표 14-5〉부터 〈표 14-9〉를 통해서 뉴스채널별 태도를 리비아 사태에 관계된 행위자별로 구분해서 분석했다.

카다피에 대한 태도 분석 결과, 모든 뉴스채널에서 '비판적 태도' 비중이 높았다. 그러나 각국 뉴스채널의 입장과 관점, 나아가 이들이 보도를 통해 재현하는 '국가의 태도'가 카다피에 대해 동일한 입장과 관점을 공유하는 것은 아니었다. 국가별로 이러한 차이가 드러났다. 이번 사태에 '적극적 개입 국가'로 분류될 수 있는 카타르와 프랑스의 두 뉴스채널인 알 자지라와 프랑스24에서 카다피에 대한 비판적 태도가 80% 이상으로 압도적이었다. CNN과 BBC도 비판적인 태도 전달에 치중했다. 그러나 알 자지라와 프랑스24에 비해 CNN과 BBC에서 '중립 태도'의 비중이 훨씬 높았다는 점에서 차이가 있다. 리비아 개입에 대한 가담 정도와 카다피 비판의 수위에 일정한 상관성을 보여주는 대목이다.

그러나 또한 이러한 결과는 초기 리비아 사태를 둘러싼 '서방'과 국제 사회의 혼란스러운 시선의 반영일 가능성도 배제할 순 없다. 반면 러시아투데이와 도이치 웰레는 카다피에 대해 명확한 태도 규정을 유보하는 태도를 보였다. 이 두 매체는 중립적 태도가 40% 내외로 다른 매체에 비해 가장 높게 채택했다. 또 러시아투데이는 미약하나마 카다피에 대한

표 14-5 카다피에 대한 태도

(단위: %, 괄호 안은 건)

	CNN	BBC	러시아투데이	도이치웰레	프랑스24	알자지라	전체
우호적	5.0	2.0	6.6	2.9	2.1	0.0	3.0
중립적	30.0	35.0	46.1	38.2	12.5	7.0	27.4
비판적	65.0	63.0	47.4	58.8	85.4	93.0	69.6
전체	100.0 (100)	100.0 (100)	100.0 (76)	100.0 (68)	100.0 (96)	100.0 (86)	100.0 (526)

$\chi^2 = 61.167$, df = 10, p < .001

우호적 태도를 6.6%로 가장 많이 채택했다.

반군에 대한 태도 분석 결과, 전반적으로 반군에 대한 중립적 태도 (50.6%)와 우호적 태도(47.3%)가 매우 높았던 반면에 비판적 태도는 미미했다(2.1%). 이러한 까닭은 반군이 리비아 민주화를 명분으로 삼는 저항 세력으로서의 도덕적 정당성을 국제사회로부터 획득했기 때문으로 추측할 수 있지만 자국의 대외 정책에 따라 각국 언론이 실천하는 미디어 외교의 결과로도 해석할 수 있다.

가령 러시아투데이(67.1%)와 도이치 웰레(72.1%)는 반군에 대한 중립적 태도를 명확히 하면서 동시에 우호적 태도의 형성은 회피했다. 리비아 반군과 시민에게 정당성을 부여함으로써 리비아 개입의 명분을 확보해야 하는 입장은 당연히 리비아 반군에 대한 우호적 묘사와 부합한다. 가령 알 자지라는 프랑스와 함께 리비아 반군위원회를 승인한 카타르 정부의 입장과 마찬가지로 반군에 대한 강한 우호적 시선(77.9%)을 보였다. 알 자지라는 실제 보도에서 카다피 정부에 의해 희생된 사람을 '순교자'로 다루고, 리비아 사태를 반복적으로 '혁명'이라는 표현과 연결시켰다. 물론 프랑스가 중립적 태도(65.2%)를 가장 높게 취한 점은 그 의미가 모호한 부분이다. 그러나 CNN과 BBC 또한 반군에 대한 우호적

표 14-6 반군(반정부세력, 시민군)에 대한 태도

(단위: %, 괄호 안은 건)

	CNN	BBC	러시아 투데이	도이치 웰레	프랑스 24	알 자지라	전체
우호적	57.0	56.0	26.3	25.0	32.6	77.9	47.3
중립적	41.0	44.0	67.1	72.1	65.2	22.1	50.6
비판적	2.0	0.0	6.6	2.9	2.2	0.0	2.1
전체	100.0 (100)	100.0 (100)	100.0 (76)	100.0 (68)	100.0 (92)	100.0 (86)	100.0 (522)

χ^2 = 81.067, df = 10, p < .001

태도를 50% 이상씩 취함으로써 반정부 시민을 보호할 명분을 내세운 자국 정부의 리비아 개입 전략과의 보조를 맞추었음을 보여준다.

리비아 개입과 공습을 주도한 'NATO 및 미국, 영국, 프랑스'에 대한 뉴스채널의 보도 태도를 분석한 결과는 자국의 대외 정책과 주류 미디어 보도 간의 밀접한 연관을 재확인시켜준다. 프랑스24와 알 자지라에서 우호적 태도의 비중은 각각 78.2%, 68%로 높았고, CNN과 BBC의 우호적 태도는 앞선 두 매체보다는 낮았지만 50%대를 넘어 가장 높았다. 요컨대 이들 4개 매체는 NATO 및 자국을 향한 '비판적 태도'는 전적으로 다루지 않았다. 이는 뉴스채널 보도가 국익을 둘러싸고 냉정하게 경쟁하는 미디어 외교의 공간임을 짐작케 한다. 이와 대조적으로 러시아투데이에서는 비판적 태도가 66.7%로 높았다. 무력 개입을 앞세운 서방 국가를 비판한 러시아의 입장이 보도 태도에도 고스란히 투영되었음이 확인된다.

반면 도이치 웰레에서는 중립적 태도가 66.2%로 가장 높았던 반면 NATO 및 '서방' 국가들에 대한 비판적 태도는 32.4%로 낮았다. 이러한 보도 태도는 비행금지구역 승인을 반대하면서도 거부권을 행사하지 않고 기권에 그침으로써 전통적인 '서방' 우방국가가 아닌 러시아, 중국,

표 14-7 NATO, 미국, 영국, 프랑스에 대한 태도

(단위: %, 괄호 안은 건)

	CNN	BBC	러시아 투데이	도이치 웰레	프랑스 24	알 자지라	전체
우호적	58.0	58.0	0.0	1.5	78.2	68.0	41.8
중립적	41.0	42.0	33.3	66.2	20.0	28.0	40.4
비판적	1.0	0.0	66.7	32.4	1.8	4.0	17.7
전체	100.0 (100)	100.0 (100)	100.0 (75)	100.0 (68)	100.0 (55)	100.0 (25)	100.0 (423)

χ^2 = 264.107, df = 10, p < .001

브라질 등과 의견을 같이한 독일의 '기회주의'적 혹은 '대안적' 태도와도 일정하게 연관된다.

비행금지구역에 대한 각국의 입장은 명확했다. 프랑스, 영국, 미국은 UN 결의안에 찬성한 반면 러시아와 독일은 기권했다. 비행금지구역에 대한 뉴스채널의 보도 태도는 자국의 대외 정책을 그대로 따를 가능성이 높다. 〈표 14-7〉은 비행금지구역에 대한 태도를 분석한 결과를 보여준다. 프랑스24와 알 자지라는 비행금지구역에 대해 명확히 '우호적' 태도를 취했다(프랑스24: 81.4%, 알 자지라: 70.8%). CNN(67.0%)과 BBC(70.0%)는 중립적 태도를 가장 강하게 취했다. 반면 러시아투데이와 도이치 웰레는 우호적 태도를 거의 다루지 않았다. 특히 러시아투데이의 비판적 태도가 57.9%로 다른 채널에 비해 가장 높았다. 이와 반면 도이치 웰레는 중립적 태도가 60.3%로 가장 많이 다루어졌다(비판적 태도는 36.8%). 전반적으로 뉴스채널은 비행금지구역에 대한 자국의 입장을 따라감으로써 보도 태도와 자국 대외 정책 간의 연관성을 재확인시켜준다.

리비아 공습에 대한 태도는 비행금지구역에 대한 태도와 상당 부분 일치할 수밖에 없다. 그러나 리비아 공습이 가져올 여파는 개입에 관한 논의 국면보다 더욱 직접적이고 가시적일 수 있다는 점에서 뉴스채널이 공

습을 바라보는 태도는 이전과는 또 다르게 구성되었을 가능성이 있다.

〈표 14-9〉는 그러한 변화가 반영된 결과를 보여준다. 미국, 영국, 프랑스, 카타르 등 개입 진영에 속한 국가들의 뉴스채널에서 리비아 공습에 대한 우호적 태도는 비행금지구역에 대한 우호적 태도의 수준보다 모두 완화되는 변화를 보였다. 중립적 태도 또한 모두 증가했다. 리비아 공습에 대한 아랍과 국제사회의 우려와 비판 여론이 작용한 탓으로 풀이된다. 러시아투데이는 앞선 비행금지구역에 대한 태도에서는 물론 공습에 대한 태도에서도 일관되게 비판적 자세를 유지해 자국 대외 노선에 충

표 14-8 비행금지구역에 대한 태도

(단위: %, 괄호 안은 건)

	CNN	BBC	러시아투데이	도이치웰레	프랑스24	알자지라	전체
우호적	33.0	30.0	0.0	2.9	81.4	70.8	28.5
중립적	67.0	70.0	42.1	60.3	18.6	29.2	54.7
비판적	0.0	0.0	57.9	36.8	0.0	0.0	16.8
전체	100.0 (100)	100.0 (100)	100.0 (76)	100.0 (68)	100.0(43)	100.0 (24)	100.0 (411)

χ^2 = 255.656, df = 10, p < .001

표 14-9 리비아 공습에 대한 태도

(단위: %, 괄호 안은 건)

	CNN	BBC	러시아투데이	도이치웰레	프랑스24	알자지라	전체
우호적	29.0	24.0	0.0	1.5	41.2	52.9	18.5
중립적	69.0	76.0	44.7	73.5	58.8	41.2	65.1
비판적	2.0	0.0	55.3	25.0	0.0	5.9	16.4
전체	100.0 (100)	100.0 (100)	100.0 (76)	100.0 (68)	100.0 (17)	100.0 (17)	100.0 (378)

χ^2 = 163.157, df = 10, p < .001

실한 양상을 보였다. 도이치 웰레의 경우 공습에 대해 강한 중립적 태도 (73.5%)를 보인 반면, 우호적 태도는 러시아투데이와 유사하게 1.5% 로 거의 반영하지 않았다. 물론 여기서도 역시 뉴스채널 보도와 자국 정부의 상관성은 확인되었다고 말할 수 있다. 가령, 알 자지라의 경우 리비아 공습을 강하게 지지하면서 이번 공습이 '국제 동맹에 의한 합법적이고 정당한' 군사작전임을 강조했다.

4) 원인 및 해결책 제시와 자국 대외 정책의 관계

언론이 자국의 대외 정책을 적극 대변한다면 언론은 사안의 책임을 어떤 행위자에게 돌려야 하는지, 해결책(대안)은 무엇이고 누가 주도해야 하는지에 관해 자국 정부의 관점에서 평가한다. 이는 〈표 14-10〉을 통해 분석했다. 분석 결과는 각국 뉴스채널이 자국의 대외 정책의 집행 및 이를 통한 국가 이익의 실현이라는 관점에서 '가해자'를 지목하고, 사태 해결을 위한 '대안'을 제시함을 보여준다. 대표적으로 프랑스24(96.7%)와 알 자지라(96.3%)는 이번 사태의 책임 소재를 전적으로 카다피에게 떠넘긴다. CNN도 94.4%로 카다피의 책임을 전적으로 물었다. BBC에서 카다피의 책임은 78.4%로 상대적으로 낮았지만 가장 우선시하는 입장은 동일했다. 카다피를 유일한 가해자로 지목하는 동시에 이들 매체는 반군, 국제사회, 제국주의 강대국 등의 문제는 거의 거론하지 않았다. 특히 알 자지라와 프랑스24에서 국제사회의 '무책임성'을 질문하는 시도는 전혀 없었다. 상대적으로 미국과 영국의 뉴스채널에서는 이에 관해 미미하게나마 다루었다.

러시아투데이에서도 물론 카다피와 그 가족의 비중은 46.5%로 다른 항목에 비해 가장 높았다. 그러나 러시아투데이는 '제국주의 강대국'의 책임(38.0%) 또한 강하게 따짐으로써 카다피와 '서방' 양쪽을 비판하는 양비론적 전략을 보였다. 또한 '언론이 리비아 사태를 과장해서 보도한다'는 점을 지적함으로써 '서방'과 중동 언론의 문제도 지적하는 차이를 보였다. 도이치 웰레 또한 러시아투데이와 유사하게 카다피와 그 가족에게 주된 책임(60.9%)을 돌리면서도 제국주의 강대국(21.9%)의 책임도 같이 질문했다. 특히 다른 뉴스채널들과 비교했을 때 절대적 수치는 높지 않았지만 '무책임한 국제사회'(4.7%)의 책임도 강하게 제기했다.

이상에서 살펴본 분석 결과는 뉴스채널의 의제설정, 정보원 활용, 보도 태도 등이 자국의 대외 정책과 밀접한 연관을 가지고 실천되었음을 입증한다. 리비아 사태 개입에 우호적이고, 여기에 적극적이든 소극적이든 가담하는 국가 진영의 뉴스채널과 그렇지 않은 비판적 국가의 뉴스채

표 14-10 1차적 책임 소재

(단위: %, 괄호 안은 건)

	CNN	BBC	러시아 투데이	도이치 웰레	프랑스 24	알 자지라	전체
카다피와 그 가족	94.4	78.4	46.5	60.9	96.7	96.3	80.7
반군	2.2	0.0	1.4	0.0	0.0	0.0	0.6
제국주의 강대국	2.2	4.1	38.0	21.9	1.1	0.0	9.7
무책임한 국제사회	1.1	1.0	0.0	4.7	0.0	0.0	1.0
아랍리그	0.0	9.3	0.0	4.7	0.0	0.0	2.4
독일, 중국, 러시아 등 기회주의 국가들	0.0	0.0	0.0	1.6	0.0	1.2	0.4
언론(서방 및 중동)	0.0	3.1	4.2	0.0	0.0	0.0	1.2
알카에다	0.0	0.0	2.8	0.0	0.0	0.0	0.4
기타	0.0	4.1	7.0	6.3	2.2	2.5	3.4
전체	100.0 (90)	100.0 (97)	100.0 (71)	100.0 (64)	100.0 (90)	100.0 (81)	100.0 (493)

χ^2 = 194.494, df = 40, p < .001

널 간에 리비아 사태를 보도하는 방식은 명확히 달랐다.

또한 같은 입장에 속하더라도 개입 의지와 가담 정도에 따른 보도의 차이도 일부 발견됐다. 이러한 분석의 연장선상에서 자국 언론이 리비아 사태의 해법을 무엇으로 바라보는지는 뉴스채널 보도와 자국 정책의 연관성을 보여주는 또 하나의 지표가 된다. 〈표 14-11〉은 뉴스채널별 해결책에 관한 분석 결과이다. 전반적으로 가장 강조된 해법은 정치외교적 방안 모색(전체 34.6%)이다. 정치외교적 해법의 비중은 군사 개입에 비판적인 러시아투데이(43.3%) 및 도이치 웰레(35.5%)는 물론 알 자지라(27.7%)와 프랑스24(42.9%)에서도 고르게 높았다. 물론 프랑스24는 비행금지구역의 효과적 집행을 강하게 지지했으며(42.9%), CNN은 리비아 정부군의 붕괴(45.0%)를, BBC는 카다피 망명(26.9%)과 리비아 정부군 붕괴(25.8%)를 지지했다. 그러나 한편으로 BBC는 정치외교적 해법(25.8%)도 동시에 강조했으며, 알 자지라 또한 비행금지구역의 효과적 집행(27.7%)을 배제하지 않으면서도 주된 해법으로 정치외교적 방안(56.9%)을 내세웠다.

러시아와 독일의 뉴스채널은 모두 정치외교적 해법을 가장 주된 해결책으로 강조했다. 해법을 리비아 내부 요인과 외부 요인으로 구분하면 '리비아 정부군 붕괴'나 '카다피 망명'과 같은 리비아 내부 행위자에 관계된 요인(33.3% = 23.0 + 11.3)보다는 오히려 국제사회의 개입에 관계된 '비행금지구역 집행'과 '정치외교적 해법 모색'이라는 외부적 요인에 대한 강조(55.3% = 20.7 + 34.6)가 더 부각됐다. 이러한 보도 지형은 결국 사태 해결에서 국제사회와 서방 선진국의 주도권이 우월한 지위를 누리는 한편, 상대적으로 '리비아인 스스로에 의한 해결'이라는 주권국가의 원칙은 선진국 뉴스채널의 '리비아 담론' 안에서 배제됨을 말해주기도 한다. 물론 러시아와 같이 서방의 개입은 인도주의적 차원에 국한되

표 14-11 리비아 사태 해결책

(단위: %, 괄호 안은 건)

	CNN	BBC	러시아 투데이	도이치 웰레	프랑스 24	알 자지라	전체
카다피 망명	13.0	26.9	10.0	4.8	0.0	7.7	11.3
리비아 정부군 붕괴	45.0	25.8	26.7	35.5	0.0	1.5	23.0
비행금지구역의 효과적 집행	12.0	8.6	10.0	21.0	42.9	27.7	20.7
정치 · 외교 방안 모색	22.0	25.8	43.3	35.5	38.1	56.9	34.6
분단국가화	0.0	0.0	0.0	0.0	1.2	0.0	0.2
단기해결책 없음(장기전 등)	1.0	5.4	6.7	3.2	17.9	4.6	6.5
기타	7.0	7.5	3.3	0.0	0.0	1.5	3.7
전체	100.0 (100)	100.0 (93)	100.0 (30)	100.0 (62)	100.0 (84)	100.0 (65)	100.0 (434)

χ^2 = 181.245, df = 30, p < .001

어야 하고, 그 나머지는 리비아 국민들이 할 일이라는 시각도 러시아투데이를 통해 국제사회로 전파될 수 있었다.

결론적으로 각국의 뉴스채널은 자국 대외 정책을 추구하는 보도 관행을 보임으로써 국제적 이슈 안에서 자국의 입장과 관점을 자유롭게 발신하는 동시에 그러한 관행의 실천은 '서방' 선진국이 공유하는 지배적 프레임으로부터 일정하게 제약을 받는다고 볼 수 있다.

5) 리비아 사태 프레임과 자국 대외 정책의 관계

국가 이익을 둘러싼 담론 경쟁 혹은 정보전쟁의 조건하에서 언론은 국가 이익에 부합하는 프레임을 확장시켜야 하는 현실적 압력을 요청받는다. 프레임은 특정한 행위자 혹은 이익의 주체성을 의미한다(Entman, 1991; 1993). 자국의 이익을 우선시하는 미디어 보도 프레임은 자국의 이익을 주체로 하는 담론을 통해 경쟁 담론과 맞선다. 이런 맥락에서 각국 뉴스

표 14-12 **리비아 사태에 대한 프레임**

(단위: %, 괄호 안은 건)

	CNN	BBC	러시아 투데이	도이치 웰레	프랑스 24	알 자지라	전체
인도주의 개입	88.8	83.5	2.6	43.8	95.8	94.0	71.7
(서방의) 주권침해	0.0	0.0	46.1	42.2	1.0	2.4	12.6
침략전쟁	1.0	1.0	50.0	7.8	1.0	1.2	9.1
자업자득	5.1	7.2	0.0	3.1	0.0	1.2	2.9
(자국의) 정치적 목적	2.0	4.1	1.3	0.0	2.1	1.2	1.9
기타	3.1	4.1	0.0	3.1	0.0	0.0	1.7
전체	100.0 (98)	100.0 (97)	100.0 (76)	100.0 (64)	100.0 (96)	100.0 (84)	100.0 (515)

χ^2 = 423.429, df = 25, p < .001

채널이 자국의 입장과 경쟁하고 대립하는 프레임을 보도에 반영할 것이
란 기대는 설득력이 없다. 가령 '서방의 개입'을 반대하는 또 다른 '서방'
의 언론이 제3세계 개입을 위해 서방이 흔하게 내세우는 명분인 '인도주
의적 개입' 프레임과 연대할 가능성은 적다.

그러나 한편으로 민주주의와 인권은 '서방'이 오랫동안 강조한 가치라
는 점에서 이른바 '서방' 국가의 일원이 설사 리비아 개입에 반대하더라
도 '인도주의 개입'의 명분을 전적으로 거부하기 어려운 측면도 동시에
존재한다. 자국의 대외 정책이 표방했던 가치와 관점은 미디어 외교에서
활용되는 담론을 제약하는 요인이 될 수 있다. 〈표 14-12〉은 리비아 사
태 보도에서 뉴스채널이 어떤 프레임을 배치했는지를 보여준다.

분석 결과, 리비아 개입에 가담한 국가의 뉴스채널은 '인도주의적 개
입' 프레임을 압도적 비중으로 다루었다. 그 비중은 프랑스24(95.8%),
알 자지라(94.0%), CNN(88.8%), BBC(83.5%)였다. 실제 이들 매체
에서 인도주의적 개입 프레임은 "그들(카다피)의 공격을 막기 위해 할 수

있는 모든 것을 해야 한다"거나 "리비아 시민을 보호하기 위해 모든 필요한 조치를 취하는 것에 관한 논의", "리비아 혁명 시민들에게 보호 우산을 제공하는 국제 공동체"와 같은 표현으로 전달됐다. 이들 4개국 뉴스 채널과 다른 보도 행태를 보였던 러시아투데이는 침략전쟁 프레임(50%)과 서방의 주권침해 프레임(48. 1%)을 채택함으로써 자국 정책을 대변하는 프레임 전략을 보였다. 독일의 경우는 인도주의적 개입(43. 8%)을 인정하면서도 서방의 주권침해 프레임(42. 2%)을 비슷한 수준에서 채택함으로써 이중적인 프레임 전략을 보였다. 독일의 '정책'과 도이치 웰레의 '보도'는 리비아에 대한 군사적 개입에는 반대하면서도 동시에 인도주의적 개입이라는 명분 앞에서 모호한 전략을 취했다.

결론적으로 리비아 사태의 언론 프레임 전략 또한 자국의 대외 정책과의 관계 속에서 설명될 수 있음이 확인됐다. 또한 미디어 외교에 동원되는 미디어 프레임 혹은 담론은 자국의 대외 정책은 물론 자국과 타국의 관계, 그리고 자국이 표방하는 가치와 같은 요인에 의해서도 일정한 제약을 받음을 알 수 있다.

6. 결론 및 함의

2011년 8월 현재 리비아 사태는 반군의 승리로 굳어졌다. 그러나 그 실체가 불분명하고 외세의 영향력이 우려되는 상황에서 리비아가 모범적인 민주국가로 탈바꿈할 수 있을지, 아니면 제 2의 이라크와 같은 혼란으로 귀결될지는 여전히 불투명하다. 현재 반군의 유력한 지도자 가운데 과거 카다피에 협조했던 인사도 상당수임을 국제 언론들은 지적한다. 리비아 재건에 대한 국제사회의 책임 있는 노력이 뒷받침될지도 미지수다.

어떤 경우든 리비아 사태의 비용은 리비아 국민이 짊어지고 그에 따른 이익은 국제사회의 일부가 차지하는 상황은 불가피하다. 국제사회의 여론이 분열된 상황에서 섣불리 한쪽 편을 들기도 어려운 상황이다. 석유 이권을 둘러싼 탐욕을 비난할 수 있지만 한편으로 자국민의 불신을 받는 카다피 정권도 문제다. 이러한 복잡한 상황과 관련해서 이 장은 미디어 외교와 자국 언론 보도의 관계에 주목하여 24시간 뉴스채널의 리비아 관련 보도를 평면적으로 분석했다.

리비아 사태에 대한 국가별 입장 차이가 뚜렷한 상황에서 뉴스채널의 보도 양상에서 차이는 분명했다. 어떤 행위자에 주목할 것인지에서부터 관심이 달랐다. 인용하는 정보원도 달랐고 채택한 관점은 물론 이해당사자와 현안에 대한 보도 태도 역시 뚜렷한 차이가 있었다. 리비아 사태에 대한 이해와 문제 해결을 위한 대안 제시에서도 매체별 차이는 뚜렷했다. 리비아 사태에 적극 개입한 국가와 그렇지 않은 국가 간 차이는 물론 리비아 사태에 대한 자국 정부의 개입의 강도 혹은 수준에 따라 보도 양상도 의미 있게 차별화됐다.

미국, 영국, 프랑스, 카타르에 속한 뉴스채널과 뚜렷한 차이를 보였던 러시아투데이와 도이치 웰레 또한 리비아 개입에 비판적인 자국 정부의 대외 정책에 철저히 입각하여 리비아 보도를 구성하는 것은 마찬가지였다. 요컨대, 언론의 국적을 구분하기 어려운 글로벌 시대에도 불구하고 각 매체가 뿌리를 두는 국가의 대외 정책이 언론을 통해 정확하게 반영되는 셈이다. 다시 말해 국제사회의 '공감과 동의'를 얻기 위해 등장한 24시간 영어 뉴스채널을 통한 미디어 외교가 확인되었으며, 러시아투데이는 제3세계 또는 비동맹국가에, 알 자지라는 아랍 지역에 특별한 관심을 둔다는 것도 드러났다. 이들 뉴스채널의 보도는 리비아 사태를 자국의 입장과 관점 안에서 충실하게 재평가하고 재해석함으로써 국제사회에 자국의 입장과 관점을 전달했다. 이러한 과정은 뉴스채널의 보도를 통한 미디어 외교의 현장을 적실하게 보여준다. 한편 이러한 미디어 외교의 현장에서도 미국과 같은 강대국의 정보가 우월하게 다뤄진다는 점이 이번 연구를 통해 확인되었다. 이와 함께 제3세계나 비동맹국가의 입장 또한 러시아와 같은 또 다른 '강대국'의 이해관계에 따라 취사선택된다는 점 또한 미디어 외교 현장의 단면을 보여주었다.

그렇다면 미디어 외교 현장을 통해 얻을 수 있는 함의는 무엇일까? 연구 결과를 통해 한국의 국제보도 영역이 고민할 지점은 크게 수신(受信)과 발신(發信) 두 가지로 구분할 수 있다. 먼저 한국 사회의 국제뉴스 '수신' 방식에 대한 반성이 필요하다. 분석을 통해 밝혀진 것처럼 동일한 사건도 국가별 입장에 따라 다르게 구성된다. 그러나 한국은 '서방언론'만 맹목적으로 바라보며 이번 리비아 사태에서도 크게 다르지 않았다. 그로 인해 한국에서 리비아 사태를 바라보는 시각은 편협했고, 러시아와 독일 언론에서 지적하는 문제점이 제대로 논의되지 못했다. 리비아 정부의 딜레마를 충분히 고려하지 못함에 따라 한반도 평화에 대한 이들 국가의 미디어 외교를 인지하지 못하는 오류도 반복된다. 국제사회에 대한 이해수준이 우려할 만큼 낮은 상태에서 '서방'에만 의존하는 국제보도로 인해 한국 사회가 '성숙하고 건전한' 판단을 하지 못할 가능성은 여전히 높다. 보다 다양한 채널을 통해 국제뉴스를 수신하고 수신된 정보를 보다 비판적으로 맥락화하려는 노력이 필요하다.

다음으로 국제사회의 신뢰를 획득하는 한편, 한국의 관심사항과 관점을 국제사회로 제대로 발신할 수 있는 미디어 전략 혹은 커뮤니케이션 전략에 대한 고민이 필요하다. 과거 프로파간다가 영화, 드라마, 대중문화 등을 통해 자국의 선전 메시지를 무의식적으로 전달하고 축적시키는 특성을 가졌다면 미디어 외교는 보다 의식적이고 공개적이고 논리적인 특성을 갖는다. 특정한 정보를 통제하거나 다른 관점을 의도적으로 배제함으로써 우호세력을 확보할 수 없는 디지털 정보 환경이 잘 반영된다는 말이다.

유튜브와 페이스북 등과 같은 스마트 미디어를 통해 자극적인 영상이 범람하는 현실에서 '생산과 유통'에서 일부 강대국과 특정 집단이 과거보다 훨씬 더 유리한 위치에 있다는 점도 주목해야 한다. 리비아의 국영 TV가 여전히 자국의 영토를 벗어나지 못하는 상황에서 국제사회 대부분은 리비아 정부에 대한 정보를 대부분 '서방' 언론을 통해 얻는다. UN 결의를 위해 리비아가 러시아와 중국의 협력을 요청하는 현실과 마찬가지로 정보전쟁에서도 리비아는 이들 국가에 도움을 청한다. 그러나 어제의 우방이 오늘의 적군이 될 수 있는 냉혹한 국제 현실에서 '정보주권'을 지키지 못한 결과는 참혹하다. 경제적으로 선진국이라 자부하면서도 여전히 자국의 입장을 국제사회로 제대로 전달할 수 있는 채널이 없는 한국의 현실도 이런 맥락에서 문제가 된다. 이런 맥락에서 뉴스 정보의 '수신'과 '발신'의 문제에 대한 실천적 중요성에 대한 재인식과 성찰이 요청된다.

이상의 함의에도 불구하고 이 장에는 몇 가지 한계가 있다. 우선 리비아 사태는 걸프 전쟁이나 아프가니스탄과 같이 미국 등 '서방' 강대국이 주도한 국제분쟁과 달리 중동 '재스민' 혁명의 과정에서 급작스럽게 발발했다는 점에서 달랐다. 이를 고려한다면 초기 '서방' 국가와 글로벌 언론보도의 관계가 어떻게 전개되며, 그 양상이 기존 국제분쟁 연구, 대외정책과 언론 관계 연구 등에서 확인된 결과들과 어떻게 다르고, 다르다면 그 차이가 어떻게 해석되어야 하는지 또한 검토했어야 했다.

그럼에도 불구하고 이 장은 24시간 뉴스채널, 국가, 대외 정책 간 관계를 평면적으로 제시하는 데 초점을 두었다는 점에서 아쉬움을 남긴다. 분석 대상과 관련하여 중국이나 다른 아랍권 언론매체를 함께 살펴볼 여

496

지도 있었고, 한국의 뉴스채널과 미디어의 보도도 함께 점검할 필요도 있었다. 24시간 영어 뉴스채널을 분석한다 했지만 인터넷에 올라온 기사만을 분석 대상으로 삼았기 때문에 뉴스채널이 제공하는 영상뉴스를 분석하지 못했다는 점에서 뉴스채널 보도 분석의 대표성에 한계가 있다. 대외 정책과 언론 보도의 양상을 살펴봄에서 태도, 정보원, 프레임, 원인과 해법의 제시라는 다양한 측면에서 검토를 할 수 있었지만 각각 측면에 대한 보다 세밀한 측정이나 분석이 이루어지지 못한 점도 한계로 남는다. 미디어 외교의 현장을 보다 구체적으로 보여주기 위해서는 계량적 분석 외에도 구체적 표현, 단어, 진술문 등을 분석함으로써 미디어 외교와 언론 보도의 관계를 질적으로 보다 풍부하게 드러낼 필요가 있다.

추가 연구에서는 담론분석과 같은 질적 연구방법을 병행해 이 부분을 보완할 필요도 있으며, 국제정치와 같은 거시적 현실과 맞물린 이슈라는 점에서 비판적 담론분석(CDA) 방법에 의한 접근도 시도될 필요가 있다.

참고문헌

김기정 (2009), 한국 공공외교의 현황과 과제, 《한국의 공공외교 활성화 방안》(11~38쪽), 제 10차 한국학술연구원 코리아포럼.
김남두 (2007), 9/11 이후 영미 신문의 알자지라 인용보도 및 아랍방송 관련 취재원 사용 패턴의 비교분석, 〈한국언론학보〉, 51권 4호, 155~180.
김성해 (2008), 국가 이익과 언론: 미국 엘리트 언론의 국제통화체제 위기 보도를 중심으로, 〈한국언론정보학보〉, 42호, 205~248.
_____ (2011), 글로벌 시대, 국가 이익 그리고 미디어외교: 24시간 영어 뉴스채널의 현장과 시사점, 한국언론학회·연합뉴스 공동 세미나 발제문, 서울: 프레스센터.
김성해·강국진 (2009), 《국가의 품격과 저널리즘 외교》, 서울: 한국언론진흥재단.
김성해·심영섭 (2010), 《국제뉴스의 빈곤과 국가의 위기》, 서울: 한국언론진흥재단.

김영욱 외 (2006), 《미디어에 나타난 이웃: 한중일 언론의 상호국가보도》, 서울: 한국언론 재단.

김은규 (2005), 21세기 국제정보질서의 새로운 패러다임?, 〈한국언론정보학보〉, 34호, 34~62.

심 훈 (2004), 1995년 북한 기아에 대한 뉴욕타임스와 워싱턴포스트의 보도 분석, 〈한국 언론학보〉, 57~83.

유현석 (2009), 《한국의 공공외교 강화를 위한 소프트파워 전략》, 한국학술연구원.

윤영철 (2002), 반테러 전쟁과 미국 언론의 역할, 〈계간사상〉, 봄호, 206~225.

이창호 (2004), 뉴욕타임스, 아랍뉴스, 중동타임스의 이라크 전쟁보도 비교, 〈한국언론학 보, 48권 6호, 84~109.

최경진 (2003), 한국의 정부와 언론의 갈등적 관계에 관한 일 고찰: 참여정부의 언론정책 적 행위를 중심으로, 〈언론과학연구〉, 3권 3호, 95~132.

최영재 (2008), 새 정부의 미디어정책과 뉴스전문 채널의 위상 변화, 한국언론정보학회 세 미나 〈다매체 시대 뉴스전문 채널의 새로운 위상과 역할〉 발표문.

최용주 (1996), 정치 커뮤니케이션 과정에서의 언론과 정치의 상호침투, 〈언론과 사회〉, 11권 1호, 6~33.

Burns, N. (1996), Talking to the world about American foreign policy, *The Harvard International Journal of Press/Politics*, 1, 10~14.

Cherribi, S. (2009), U. S. public diplomacy in the Arab world: Responses to Al-Jazeera's interview with Karen Hughes, *American Behavioral Scientist*, 52, 755~771.

Dayan, D. & Katz, E. (1992), *Media Events: The Live Broadcasting of History*, Cambridge, Mass: Harvard University Press.

Dinh, T. V. (1987), *Communication and Diplomacy in a Changing World*, Norwood, NJ: Ablex.

Entman, R. (1991), Framing U. S. coverage of international news: Contrasts in narratives of the KAL and Iran Air incidents, *Journal of Communication*, 41, 6~27.

_____ (1993) Framing toward clarification of a fractured paradigm, *Journal of Communication*, 43(4), 51~58.

Esser, F. (2009), Metacoverage of mediated wars: How the press framed the role of the news media and of military news management in the Iraq wars of 1991 and 2003, *American Behavioral Scientist*, 52, 709~734.

Fleiss, J. L. (1971), Measuring nominal scale agreement among many raters, *Psychological Bulletin*, 76(5), 378~382.

Gans, H. J. (1979), *Deciding What's News: A Study of CBS · Evening News, NBC Nightly News, Newsweek, and Time*, New York: Pantheon Books.

Gilboa, E. (1990), Effects of televised presidential addresses on public opinion: President Reagan and terrorism in the Middle East, *Presidential Studies Quarterly*, 20, 43~53.

Gitlin, T. (2003), *The Whole World is Watching: Mass Media in the Making & Unmaking of the New Left*, University of California Press.

Graber, D. (2009), Looking at the United States through distorted lenses: Entertainment television versus public diplomacy themes, *American Behavioral Scientist*, 52, 735~754.

Herman, E. S. & Chomsky, N. (1989), *Manufacturing Consent: The Political Economy of the Mass Media*, NY: Pantheon Books.

Kalb, M. & Kalb, B. (1974), *Kissinger*, Boston: Little Brown.

Larson, J. F. (1986), Television and U. S. foreign policy: The case of the Iran hostage Crisis, *Journal of Communication*, 36(4), 108~130.

Leonard, M. (2002), *Public Diplomacy*, London: Foreign Policy Centre, 유재웅 외 역 (2008), 《이미지 외교》, 서울: 한나래.

Leonard, M. & Small, A. (2003), *Norwegian Public Diplomacy*, London: Foreign Policy Centre.

Lewis, J., Cushion, S., & Thomas, J. (2005), Immediacy, convenience or Engagement?: An analysis of 24-hour news channels in the UK, *Journalism Studies*, 6(4), 461~477.

McDowell, M. (2008), Public diplomacy at the crossroads: Definitions and challenges in an 'open source' era, *Fletcher Forum of World Affairs*, 32(3), 7~15.

Melissen, J. (2007), *The New Public Diplomacy*, Hampshire: Palgrave Macmillan.

Nacos, B., Shapiro, R. & Isernia (2000), *Decision Making in a Glass House: Mass Media, Public Opinion, and American and European Foreign Policy in the 21st Century*, Lanham, NY: Rowman & Littlefield.

Neuman, J. (1996), *Lights, Camera, War: Is Media Technology Driving International Politics?*, New York: St. Martin's Press.

Newsom, D. (1988), *Diplomacy and the American Democracy*, Bloomington: Indiana University Press.

Nye, J. (2004), *Soft power: The Means to Success in World Politics*, New York: Public Affairs Press.

O'Heffernan, P. (1991), *Mass Media and American Foreign Policy: Insider Perspec-*

tives on *Global Journalism and the Foreign Policy Process*, Norwood, NJ: Ablex.

Rabinovich, I. (1998), *The Brink of Peach: The Isaeli-Syrian Negotiations*, NJ: Prinston University Press.

Robinson, P., Goddard, P. & Parry, K. (2009), U.K media and media management during the 2003 invasion of Iraq, *American Behavioral Scientist*, 52, 678~688.

Semetko, H. & Kolmer, C. (2009), Framing the Iraq war: Perspectives from American, U. K., Czech, German, South African, and Al-Jazeera News, *American Behavioral Scientist*, 52, 643~656.

Sigal, Leon. V. (1973), *Reporters and Officials: The Organization and Politics of Newsmaking*, Lexington, MA: D. C. Heath.

Tomlinson, J. (1999), *Globalization and Culture*, Chicago: University of Chicago Press.

Valeriani, R. (1979), *Travels with Henry*, Houghton-Mifflin, Boston, MA.

Volkmer, I. (2003), The global network society and the global public sphere, *Development*, 46(1), 9~16

Walt, S. M. (2005), *Taming American Power: The Global Response to U.S. Primacy*. Norton Books.

15

이집트 민주화 혁명에서
SNS와 소셜 저널리즘
페이스북의 사례분석을 중심으로

설진아

소셜 미디어가 뉴스 정보를 생성·유포시키면서 부상한 소셜 저널리즘 (*social journalism*)은 시민 저널리즘(*civic journalism*)의 일환으로서 시민들이 SNS를 통해 뉴스 정보를 생성하는 새로운 유형의 정보 수집과 보도 방식을 의미한다. 이 장은 "우리는 모두 할레드 사이드이다"라는 특정 페이스북 페이지가 이집트 민주화 혁명 과정에서 특정한 시위 기간 중에 구체적으로 어떠한 뉴스 정보를 얼마나 생산하고 공중과 상호작용했으며, 소셜 저널리즘 양식을 통해 뉴스를 전달했는지를 분석했다.

연구 결과 "우리는 모두 할레드 사이드이다" 페이지는 일주일간 총 331건의 포스트를 통해 시위 관련 스트레이트 뉴스를 가장 많이 생산했으며, 동영상, 사진, 만평보도가 텍스트 기사만큼 비중 있게 다뤄졌다. 특히 동영상은 대부분 URL을 소개해 소셜 저널리즘의 특성을 잘 반영한다. 네트워크 저널리즘을 반영하는 외신보도 인용은 대부분 스트레이트 뉴스에 해당되었는데 알 자지라와 영국의 〈가디언〉이 주로 인용되었다. 이를 통해 정치적 격동기에 처한 사회에서 제도권 언론이 통제받을 때 SNS는 현실을 반영하는 뉴스나 정보를 생성·확산시키는 저널리즘 미디어로서의 역할을 수행할 수 있음을 추론할 수 있었다.

1. 문제 제기

소셜 미디어가 저널리즘을 변화시키고 있다. 길모어(Gilmore, 2005)가 일찍이 역설한 것처럼, 새로운 미디어 생태계에서 시민은 기자에게서 일 방적 이야기를 듣기보다는 서로 간의 대화를 원하며 더 대안적인 정보원 을 인터넷 언론에서 추구하는 경향이 있다. 그동안 적자에 허덕이는 많 은 신문사는 인쇄신문을 접고 온라인만으로 뉴스 전달을 통해 더 많은 독 자를 확보하려는 노력을 기울였다. 권위지로 알려진 〈크리스천사이언 스모니터〉가 2만 6천 명의 엘리트 독자를 유지할 수 없어 2009년 3월 27 일자로 웹으로만 서비스를 제공한 이후 예상을 초월하는 독자층과 그들 로부터 좋은 반응을 얻었다. 또한 발행부수 110만 부의 〈뉴욕타임스〉가 연 웹사이트(nytimes.com)는 1억 건 이상의 히트 수와 2천 5백만 명이나 되는 고유 독자를 확보함으로써 국제지로 승격되었으며, 〈워싱턴포스 트〉도 온라인 서비스(washingtonpost.com) 이후 전국지이자 국제지가 되었다(오택섭 외, 2009: 120~121).

　인터넷 보급이 포화 상태에 이르면서 언론사들은 인터넷으로의 확장 을 진행했다. 이제는 온라인 신문으로만 존재하면서 저널리즘 활동을 벌 이는 언론사도 증가한다. 네트워크 수단을 통해 가상공간에서 언론의 지 형을 넓히고 뿌리내리려는 온라인 저널리즘(*online journalism*)은 속보성, 현장성, 상호작용성, 비선형 구조, 충분한 정보 저장능력, 멀티미디어 정보제공 차원에서 기존의 전통 저널리즘과 구별되는 장점을 갖는다. 온 라인 신문만으로서 성공한 미국의 허핑턴포스트(*The Huffington Post*)는 이러한 장점을 활용해 블로그[1]를 웹사이트에 포함시키고 저비용·고효율 구조로 뉴스를 생산하는 차별화 전략을 감행했다(조영신, 2011). 허핑턴포스트는 블로그를 뉴스화시켰을 뿐만 아니라 허핑턴포스트 소셜뉴스(*Huffington Post Social News*)를 신설함으로써 소셜 미디어와 연계되는 저널리즘의 새로운 모델을 창출했다.

국내 미디어 생태계 역시 포털사이트와 소셜 미디어를 통한 뉴스의 소비와 유통이 가속화되면서 인터넷 뉴스 시장은 신문사, 방송사, 통신사 등의 제휴와 경쟁으로 급격히 성장했다. 이제 웹은 오프라인 신문을 발행할 능력이 없는 언론사가 뉴스를 전달할 유일한 유통 채널이 되었으며, 소셜 네트워킹이 활성화되는 사이버 공간에서 전통 매스미디어가 자사의 브랜드 제고를 위해 각축을 벌이는 장이 되었다.

이러한 환경에서 매스미디어의 게이트키퍼(*gate-keeper*) 역할은 점차 위축된다. 그동안 일방적 뉴스에 익숙했던 공중이 단순히 뉴스 정보를 수용하기보다는 포털사이트에 실시간으로 올라오는 다양한 뉴스 정보를 선택·비교하고, 더 나아가 소셜 미디어를 통한 뉴스 기사 생산에 직접 참여하기까지 한다. 신문사의 온라인 사이트보다 대형 포털사이트의 뉴스 이용자가 많은 이유도 포털이 제공하는 다양한 뉴스 서비스와 이에 대한 수용자의 피드백 등이 자연스럽게 연동되기 때문이다. 여기에 다양한 인터넷 카페와 블로그, 온라인 뉴스 커뮤니티는 페이스북과 트위터 같은 SNS와의 연동으로 뉴스의 폭발적 팽창을 가져왔다.

소셜 미디어가 뉴스 정보를 생성·유포시키면서 부상한 소셜 저널리즘은 이러한 맥락에서 탄생했다. 소셜 저널리즘은 시민 저널리즘의 일환

---

[1] 블로그는 이라크 전쟁 등을 통해 언론으로서의 가능성을 타진하고 2004년부터 주류 매체로 부상했다고 평가받는다(최민재·양승찬, 2009).

으로 소셜 미디어를 활용해 시민들이 뉴스 정보를 생성하는 새로운 유형의 정보 수집과 보도 방식을 의미한다. 소셜 저널리즘은 시민 저널리스트의 활약에서 시작되었다. 그들은 시위 현장이나 재난·재해사고 현장에서 생생한 정보와 사진을 소셜 미디어상에 게재하고 전통적인 언론매체와는 다른 시각에서 뉴스 기사들을 전달한다. 소셜 저널리스트를 규정하는 특징은 무엇보다 감시의 역할이나 이슈에 대한 지지 역할이다. 그동안 사회의 '감시견' 역할을 하던 저널리스트가 오히려 수용자로부터 감시를 당한 것이다. 공중은 더 이상 미디어를 경외하지 않으며, 저널리스트들은 점점 더 단순 정보제공자가 된다(Nell, Ward, & Rawlinson, 2009). 이처럼 시민들의 뉴스를 이용하는 행태가 변화하면서 앞으로 소셜 미디어의 장점을 살리지 못하는 매스미디어는 사이버공간에서 그 브랜드가 약화될 수밖에 없을 것이다.

소셜 저널리즘의 또 다른 요소는 네트워크 효과로 소셜 미디어를 이용하는 사람들이 상호 소통하고 협력적으로 뉴스 콘텐츠를 생산한다는 점이다. 정보와 그에 대한 분석을 제공한다는 차원에서 편집자는 여전히 중요하지만 소셜 저널리즘은 민중의 역동성과 정보의 속도에 의해 뉴스 기사를 온라인상에서 계속해서 생산한다(Lewis, 2009).

북아프리카 지역의 대표적인 민주화 시민혁명인 튀니지의 '재스민 혁명'과 이집트의 '페이스북 혁명' 등은 소셜 저널리즘이 어떻게 정치혁명에 도화선이 되었으며, 소셜 네트워크 효과를 발휘했는지를 잘 보여준다. 기존의 미디어가 검열과 통제로 시위를 테러리즘으로 몰고 갈 때 시민들은 사건과 관련된 사진이나 의견, 영상을 페이스북에 올려 정부의 검열을 우회할 수 있었다. 페이스북은 매일 일어나는 정치 시위에 관한 자료나 블로그 기사, 선언과 영상정보, 항의시위의 경로 등을 실시간으로 전달·기록해 업로드함으로써 뉴스 매체로 널리 알려지고 공유되었던 것이다(존 김, 2011: 115).

정부의 부패나 시민들의 항의시위에 관련된 모든 정보가 소셜 네트워크를 통해서만 입수될 수 있었던 점은 페이스북이 미디어로서 시민의 신뢰를 얻는 계기가 되었다. 그러나 페이스북이 실제로 튀니지와 이집트의 시민혁명을 성공시키는데 어느 정도의 역할을 기여했는지에 대해서는 아직 충분히 검증된 연구가 없다. 하지만 두 국가의 젊은 층이 독재정권 붕괴에 적극 나설 수 있었던 근저에는 트위터나 페이스북 등 각종 소셜 미디어와 모바일 인스턴트 메시징(mobile instant messaging)과 같은 실시간 미디어를 통한 시위 정보의 공개와 투명화 영향이 컸으며, 궁극적으로 시민들이 상호 연대하고 동원되는 데 SNS가 뉴스 정보를 제공했다는 점은 분명하다.

이러한 맥락에서 이 장은 이집트 민주화 과정에서 시민 저널리즘이 SNS를 통해 어떻게 뉴스 정보를 생산하고, '소셜 저널리즘'이라는 새로운 언론보도 양식을 창출하는지를 구체적 사례분석을 통해 탐색하고자 한다. 이를 위해 먼저 SNS 가운데 '페이스북 혁명'이라 일컫는 이집트 민주화 과정에 기여한 페이스북 페이지 사례를 분석할 것이다. 보다 구체적으로 이집트 민주화 혁명 과정에서 2011년 1월 25일 대규모 반정부시위 이후, 시위 정보를 이집트뿐만 아니라 전 세계로 확산시키는 데 기여한 페이스북 페이지인 "우리는 모두 할레드 사이드이다"라는 페이지를 중심으로 소셜 저널리즘의 사례를 분석하고자 한다.

2. 이론적 논의

1) 시민 저널리즘과 SNS의 미디어 역할

시민 저널리즘 혹은 참여 저널리즘(*participatory journalism*)은 시민이 뉴스나 정보를 수집·보도·분석·전송하는 과정에 적극적으로 참여하는 행위를 말한다. 이런 참여의 의도는 민주주의가 필요로 하는 독립적이고 신뢰성 있고 정확하고 폭넓은 관련 정보를 제공하기 위함이다(Bowman & Willis, 2003). 시민 저널리즘의 대표적 특징은 뉴스의 생산·전파뿐만 아니라 다양한 형태의 의제설정 기능도 일반 시민에 의해 이루어진다는 것이다. 언론의 글쓰기 권력이 뉴스 소비자에게 이동되는 이러한 현상은 일부 주류 언론의 정형화되고 편향된 보도 행태를 바로잡고자 하는 시민의 욕구가 인터넷 환경에서 소셜 미디어를 통해 표출되는 것으로 해석할 수 있다.

시민 저널리즘이 뉴미디어의 새로운 기술로 더욱 활성화된 데는 개방, 참여, 공유, 소통 등의 웹 2.0 기술을 기반으로 한 네트워크 효과를 무시할 수 없다. 특히 개인 간 관계망에 기반을 두는 SNS는 이용자가 그들의 생각과 관심사, 일상적 활동, 사건을 공유하게 한다(Newson, Houghton, & Patten, 2009). 또한 사적 공간에서 이용자가 공적인 뉴스와 정보를 공유·소통하게 함으로써 사회적 관계망을 더욱 확장시키게 한다. 무엇보다 SNS 이용자는 정보를 신속하고 광범위하게 확산하는 주체로서 활동하는데, 예를 들어 개별 페이스북과 트위터 이용자가 생성·전달한 정보는 피라미드 형태의 정보망을 타고 순식간에 확산될 수 있다.

튀니지와 이집트의 민주화 혁명을 촉발시킨 위키리크스(WikiLeaks)와 페이스북, 트위터 등의 역할은 시민의 결의나 행동에 관해 생생한 뉴스 정보를 전 지구적으로 확산시켰으며 AP, BBC, 〈가디언〉이나 알 자지라와 같은 전통 매체와도 정보를 공유하면서 정치혁명을 성공적으로 이끄는 데 기여했다. 튀니지와 이집트의 시민혁명 과정에서 위키리크스와 페이스북은 사회적 관계망을 통해 정보의 투명성을 높이고 정부에 대한 시민의 영향력을 강화하는 역할을 수행한 것으로 알려졌다(*The Telegraph*, 2011. 2. 11; *Financial Times*, 2011. 2. 9; 존 김, 2011).

튀니지와 이집트에서 발생한 시민혁명에서 SNS의 정치 매개 역할을 연구한 조희정(2011)은 중동혁명에서의 SNS는 소셜 네트워크화와 융합 네트워크, 집합적 여론 형성이라는 측면에서 정보행위자이자 의제 매개 역할을 수행함으로써 시민들의 강한 유대감을 증폭시켰다고 주장한다. 또한 SNS는 혁명의 조건이 아니라 혁명의 가속화 조건이므로 SNS의 정치 매개적 사용에 보다 주목할 필요가 있다고 강조한다. 그리고 SNS의 다차원적 특성에 따라 페이스북과 트위터는 각기 정보를 생산·전달하는 방식이 크게 다르지만[2] 둘 다 스스로 정보를 생산·유통할 수 있는 능동성과 모바일 연동을 통한 속보 경쟁이 가능하여 기존의 웹 환경과는 차별되는 쌍방향 소통의 주체로 부상했다(조희정, 2011).

시민 저널리즘의 주요 특성 중 하나는 지식과 정보의 공유를 통한 '정보의 투명화와 민주화' 가치를 중요시하는 것이다. 전통 미디어와 소셜 미디어의 관계를 탐구한 국내의 연구에서 언론사는 트위터를 비롯한 SNS가 몇몇 국외에서 발생한 혁명 등에서 정보 확산에 크게 기여함으로써 시민들의 사회 참여를 동원했다는 점과 민주화를 촉진시키는 역할을 수행했음을 높이 평가했다(황유선·이연경, 2011; 185~186). 트위터와

---

2 페이스북은 장문의 메시지를 전달할 수 있어 맥락 형성과 의제 논의가 용이한 반면, 트위터는 140자 이내로 메시지를 신속하게 전달할 수 있다. 트위터는 신속성을 기반으로 다량의 정보를 제공하며 리트윗이나 해시태그를 통한 정보 확산에 강점이 있다.

페이스북이 소셜 저널리즘의 가능성을 보여준 여러 국제 사건은 많지만 특히 모든 방송과 인터넷을 차단당한 이란 사태[3]의 경우나 튀니지 혁명과 이집트 혁명이 대표적 사례들이라고 할 수 있다.

실제로 튀니지의 '재스민 혁명'이 이웃나라로 확산되기까지는 기존의 신문과 방송과 같은 대중매체가 아니라 블로그와 페이스북, 위키리크스, 트위터 등이 대안언론으로서 경성뉴스를 제공하는 역할을 수행했다. 특히 SNS는 시위 현장의 생생한 정보와 동영상을 게재함으로써 정보 확산과 민주화에 기여했고 세계 언론의 관심과 주목을 받았다. 튀니지 혁명은 다시 이집트 시위의 도화선이 되었는데 이러한 시위는 젊은 세대[4]의 부상을 통해 그들의 페이스북 이용이 시위에 생기를 불어넣고 시위자들을 서로 연결할 수 있게 했다(Stengel, 2011).

정보 확산 영역에서 SNS는 확산의 효율성으로 인해 전통 미디어 이상의 사회적 영향력을 행사할 수 있다(Jansen, Zhang, Sobel, & Chowdury, 2009). 특히 전통 언론에 대한 신뢰가 낮고 언론 통제가 심한 사회일수록 SNS가 전달하는 뉴스 정보는 공공매체로서 뉴스 이용자에게 수용될 개연성이 높다. 가상의 공론장이 소셜 미디어를 통해 형성되고 SNS 이용자는 정보 생산자로서 그들의 분산된 네트워크를 통해 정보의 투명화·민주화에 기여할 수 있기 때문이다.

이집트 혁명 과정 중 페이스북상에 오른 시위 관련 글이나 동영상은 일반인을 시위에 동참하게 만든 원동력이 되었으며, 기존 신문과 방송의 무능력, 무기력함을 들추어내는 계기가 되었다. 특히 와엘 고님(Wael

---

3 2009년 이란 선거 이후, 트위터발 뉴스는 부정선거에 대한 반정부시위와 무력진압 과정을 보도했으며, 시위대의 사망자 수를 외부 세계로 신속하게 알렸다(황수현, 2009).

4 이집트에서는 인구의 60%가 25살 이하이다(*TIME*, 2011).

Ghonim)[5]이 운영했던 페이스북 페이지인 "우리는 모두 할레드 사이드이다"는 이집트 혁명을 촉발시키는 데 기여했으며(*The Telegraph*, 2011. 2. 11), 이집트 시위에 관한 정보를 전 세계에 실시간으로 제공함으로써 소셜 저널리즘을 수행했다고 볼 수 있다. 이러한 배경에서 먼저 이 장에서는 다음과 같은 연구 문제를 수립했다.

- 연구 문제 1: 주류 언론이 통제된 이집트 민주화 혁명 과정에서 페이스북 페이지인 "우리는 모두 할레드 사이드이다"는 어떻게 민주화 시위 관련 정보를 생산하고 확산시킴으로써 저널리즘 기능을 수행했는가?

2) 네트워크 저널리즘과 SNS의 연계 효과

네트워크 저널리즘은 뉴미디어와 새로운 관련 기술의 발전으로 뉴스의 생산이 웹 2.0 환경에 맞게 시민과 언론인 간의 협업을 바탕으로 이뤄지는 뉴스 생산양식을 의미한다. 제프 자비스(Jeff Jarvis)는 이제까지 '시민 저널리즘'이라고 명명된 것을 '네트워크 저널리즘'으로 변경해 불러야 한다고 주장한다. 네트워크 저널리즘은 이제 저널리즘의 협업적 특성을 강조하는 개념으로 전문 언론인과 아마추어 시민이 실제 기사를 취재하고 언론사 브랜드를 넘나들면서 상호 연계하는 협업형 저널리즘을 뜻한다. 네트워크 저널리즘은 뉴스의 생산 과정에 중점을 두는 저널리즘 양식으로서 SNS를 바탕으로 한 소셜 저널리즘 양식도 포괄한다. 즉, 네트워크 저널리즘은 과거 언론사 간의 경계를 벗어나 사실을 공유하고, 의문이나

---

5 시민운동가이자 구글의 중동 및 북아프리카 지역 마케팅 매니저이다. 그는 이집트 민주화 혁명의 도화선이 된 "우리는 모두 할레드 사이드"라는 페이스북 페이지를 통해 전국적 시위를 확산시키는 데 기여한 인물로 국제적 주목을 받았다(*TIME*, 2011).

해설, 사상, 견해를 시민과 공유함으로써 뉴스를 만드는 복잡한 관계를 인정하는 것이다(Jarvis, 2006).

SNS 시대의 '시민 저널리즘'이란 용어는 뉴스의 생산 주체를 '시민'만으로 한정짓기 때문에 누구나 저널리즘을 할 수 있는 시대에는 적합하지 않다. 또한 이러한 행위자 중심의 용어가 프로페셔널 저널리즘의 문제점인 공중으로부터 저널리즘이 분리되는 현상을 오히려 지연시키는 반면, 저널리스트가 시민으로서 행동하지 않음을 함축한다. 네트워크 저널리즘에서 공중은 보도되기 이전의 뉴스 기사를 생성하는 데 관여할 수가 있고 사실, 의문, 제안을 언론에 제공함으로써 언론인이 기사를 보도하도록 도울 수 있다.

실제로 언론인이 시민과 정보 자료를 공유하고 협력하여 기사를 만들 수 있으며, 기사가 보도된 이후에도 공중은 수정사항이나 의문점, 다른 사실과 대안적 관점 등을 제시할 수 있다. 이러한 현상은 SNS 시대 네트워크 저널리즘의 특성으로서 이제 저널리즘은 뉴스의 생산 주체가 '시민이나 아마추어 : 전문 언론인'으로 구분되는 것이 아니라 상호 협력하는 벤처, 소셜 네트워크 자체로써 새로운 저널리즘 양식이 만들어진다.

네트워크 저널리즘은 최근 전통 미디어가 소셜 미디어를 적극 활용함으로써 보다 활발해지는 경향이 있다. 네트워크 저널리즘은 단순히 미디어 공진화의 관점에서 소셜 미디어가 기존 미디어의 이용을 촉진·보완하는 것이 아니라 정보의 투명화·민주화 차원에서 파급효과가 클 수 있음을 시사한다. 실제 소셜 미디어의 신속한 정보 확산 기능은 네트워크 저널리즘에서 그 자체로 언론의 기능으로 수행된 사례가 많다.[6] 특히

---

6 2008년 5월, 중국 쓰촨성 지진, 11월 뭄바이 폭탄 테러, 2009년 이란 선거 이후 반정부시위 무력 진압 과정 등과 2009년 1월 미국 뉴욕 주 허드슨 강 항공기 추락사건 역시 트위터의 위력을 세상에

SNS의 정보 확산 효율성은 트위터와 페이스북 같은 소셜 미디어가 공공 매체로서의 영향력을 발휘하게 한다(Jansen, Zjang, Sobel, & Chowdury, 2009).

SNS에 대한 사회적 관심이 높아진 이유는 전통 미디어를 거치지 않은 가공되지 않은 정보가 '소셜 뉴스'의 형태로 개인과 개인 사이에 직접 전달되고 공중에게 유통된다는 점이다. SNS의 정보 확산 속도는 그야말로 '전광석화'(電光石火)에 비유되고 정보에 대한 통제는 거의 불가능할 정도다(설진아, 2009). 중국의 위구르 사태나 이란 대선 직후 벌어진 시위, 튀니지와 이집트의 민주화 시위가 전 세계에 알려진 것도 SNS 덕분이었다. 이러한 소셜 미디어와 유기적 관계를 맺음으로써 미디어 환경 변화에 적응한 뉴스 취재와 보도 관행의 변화는 전통 언론을 살리는 원동력으로 인식되기도 했다.

SNS는 특히 네트워크 저널리즘에서 취재와 제보의 목적으로 광범위하게 사용되며 주류 미디어를 보완할 뿐만 아니라 대체하는 역할을 수행한다. 미디어로서의 트위터 특성을 분석한 한 연구는 트위터의 속보성 이외에도 관계의 비익명성, 메시지의 공개성, 매스커뮤니케이션과 대인 커뮤니케이션의 혼종성 같은 내재적 특성을 강조한다(이은주, 2011: 35 ~40). SNS는 인터넷 통제 시에도 시시각각 변화하는 상황을 즉시에 전 세계로 알리며 비익명적 관계를 바탕으로 다양한 정보원을 주류 미디어와 공유할 수 있다. 또 주류 미디어에서 보도된 내용은 다시 페이스북, 트위터, 유튜브 등 다양한 소셜 미디어 서비스를 통해 전 세계로 확산되기도 한다.

알린 계기가 되었다. 당시 승객이 아이폰을 이용해 추락사고 소식을 처음 트위터에 올렸으며, 이는 기존의 CNN과 같은 대형 언론사가 경쟁할 수 없는 트위터의 속보성과 전파력을 보여준 사건이었다 (이광수 외, 2009).

이와 같이 시민과 언론인의 협업 체제를 구체화·체계화시킨 네트워크 저널리즘은 현장감 있는 정보를 일반 시민이 SNS를 통해 신속히 전달함으로써 보다 활성화될 수 있다. 또 시민이 제공한 뉴스 정보를 바탕으로 전문기자가 기사의 흐름을 종합하고 조절하는 게이트키핑 역할을 보다 효율적으로 수행할 수도 있다. 중동의 민주화 혁명 소식을 전 세계에 알린 알 자지라[7]의 스트리밍 속보에는 SNS를 통한 시민의 제보가 큰 역할을 수행한 것으로 판단된다. 역으로 알 자지라의 정제된 뉴스가 다시 SNS를 통해 확산됨으로써 뉴스의 영향력과 파급효과가 더욱 커질 수 있는 것이다. 이처럼 네트워크 저널리즘은 SNS와 연계되면서 기존의 시민 저널리즘과 상당히 융합되는 양상을 보인다.

한편, SNS는 시민들이 의견을 표현하고 매스미디어가 생산한 뉴스 정보를 유통시키며 공유할 수 있는 공간으로서 여론을 수렴하는 공론장 기능도 가진다. 실제로 트위터에서 사회적 이슈를 둘러싼 이용자의 커뮤니케이션 네트워크를 분석한 연구 결과, 일반 이용자는 소셜 미디어 공론장에서 주체적인 역할을 수행한다(Hue, Park, & Park, 2010). 더 나아가 SNS는 정부를 상대로 시민들이 반대 의견을 표출하고 시위대를 결성하여 그 결집력을 강화시키는 수단으로써 정치적 영향력이 더욱 커진다(김성태 외, 2011). 물론 말콤 글래드웰(Malcolm Gladwell)이 주장한 것처럼 관계고리가 약한 SNS만으로 이집트 혁명이 이뤄진 것은 아니며, 시민의 강한 정치적 연대는 무엇보다 독재와 부패에 대한 분노, 중산층의 좌절과 빈민의 절망 등 좀더 보편적 요인에 의해 형성되는 것이다(Gladwell, 2010). 그럼에도 불구하고, SNS의 약한 유대를 통해서 오랜

---

7 알 자지라는 전 세계에서 6천만 명의 시청자를 확보하며, 인터넷 사이트를 통해 스트리밍 속보로 다양한 플랫폼에 여러 형태의 콘텐츠를 유통시켰다(조희정, 2011: 325).

기간 평판과 신뢰를 누적한 이용자가 뉴스 정보를 확산시키고 정치적 연대를 위한 매개 역할을 수행했다는 점은 인정하지 않을 수 없을 것이다. 일찍이 사회학자 마크 그라노베터는 새로운 정보와 관점에 개인이 노출될 가능성은 가까운 가족과 친구로 이루어진 '강한 연대'(strong ties) 보다는 평소에 그냥 알고 지내는 '약한 연대'(weak ties) 를 통한 경우가 더 많음을 발견한 바 있다(Granovetter, 1973). 따라서 페이스북과 트위터를 비롯한 SNS는 주류 언론이 심각하게 통제되는 상황에서 바로 이러한 시민 사이의 약한 연대를 기반으로 새로운 정보를 급속히 전파하는 데 기여한다고 할 수 있다.

SNS는 특히 온라인상에서 개인 간 사회 연결망을 실현하고 확장시켜 사회 이슈의 전파와 담론 형성에 보다 효과적 미디어 역할을 수행한다. 이집트의 민주화 혁명 과정에서 페이스북은 시위 관련 정보와 해외 주류 미디어에서 다룬 뉴스를 평범한 사람에게까지 이동시키면서 자신이 신뢰하는 다른 소셜 네트워크상의 친구에게 정보, 의견, 생각을 전달하는 데 도움을 주었다. 그리고 그 정보는 SNS의 촘촘한 연결망을 타고 전국의 다른 이집트 국민에게까지 확산될 수 있었다. 이러한 배경에서 이집트 민주화 시위에 관한 정보를 전 세계에 제공한 페이스북 페이지 "우리는 모두 할레드 사이드이다"는 어떤 주류 미디어와 연계되었으며 저널리즘 기능을 어떻게 수행했는지를 구체적으로 살펴볼 필요가 있다. 따라서 다음과 같은 연구 문제를 도출했다.

- 연구 문제 2: 페이스북 페이지인 "우리는 모두 할레드 사이드이다"는 이집트 민주화 시위 정보를 어떤 다른 미디어와 연계하여 부분적 네트워크 저널리즘을 구현했는가?

3. 연구 방법

1) 분석 대상 및 분석 기간

이 장은 소셜 미디어가 저널리즘[8]에 어떠한 영향을 미치는지 알아보기 위해 시민 저널리즘과 네트워크 저널리즘 관점에서 페이스북 페이지의 뉴스 정보 유형과 내용을 분석하고자 한다. 이집트 혁명 과정에서 페이스북은 기존 언론이 심하게 통제받는 상황에서 시위와 관련한 구체적 경성뉴스를 전달했을 뿐만 아니라 사용자 결집과 토론을 통해 의제를 생산했고 실제 집회 일시나 장소, 시위 규모, 방법 등을 실시간으로 전달하기도 했다. 따라서 이 장은 특정 페이스북 페이지가 이집트 민주화 시위 기간 중에 구체적으로 어떤 유형의 뉴스 정보를 생산하고 전달했는지, 또 다른 해외 언론매체와는 어떤 방식으로 연계해 국제뉴스를 이집트 내외로 확산시켰는지를 내용분석 방법을 통해 규명할 것이다.

연구 대상으로는 이집트 민주화 혁명 과정에서 집합적 여론 형성과 의제 폭발이라는 정치 매개 역할을 수행한 것으로 알려진 페이스북 페이지 "우리는 모두 할레드 사이드이다"를 채택했다.[9] 내용분석의 단위와 기간은 이집트에서 2011년 대규모 전국시위가 있었던 1월 25일 직후 해당 페이스북 페이지상에 올라온 개별 포스트를 분석 단위로 삼았으며, 1월 27일부터 2월 2일까지의 일주일을 분석 기간으로 선정했다.

---

8 저널리즘이란 어떤 형태의 뉴스든 사건과 이슈의 범위, 뉴스의 해석과 분석, 맥락의 측면에서 뉴스가 제시되는 방식에 관한 이슈를 모두 포함한다(Anderson & Ward, 2007/2008).

9 이집트 혁명 과정에서 SNS의 정치적 영향력은 구체적인 시위 참여자 수 증가로 연결되었다. "우리는 모두 할레드 사이드이다"가 제안한 1월 25일 집회에 8만 5천 명이 참여 의사를 밝혔으며, 이집트 당국의 인터넷 재개 이후 이집트의 페이스북 이용자는 5백만 명으로 급증했다(조희정, 2011: 321~322).

분석 기간을 1월 27일부터 2월 2일까지 선정한 이유는 전국적인 대규모 시위가 있었던 1월 25일 이전과 직후인 26일에는 거의 포스트가 올라오지 않았으며, 27일부터 본격적으로 시위 관련 정보와 뉴스가 포스트로 게재되었기 때문이다. 또 이 시기는 이집트 민주화 혁명 초기로서 1월 27일부터 이집트 정부 당국이 인터넷과 휴대전화를 일부 차단했으며, 1월 28일에 휴대전화, 2월 2일에 인터넷 사용이 정상화됨으로써 미디어 통제가 가장 심했던 시기라고 볼 수 있다. 이 기간 동안 올라온 시위 관련 정보와 뉴스는 2월 2일 인터넷 재개 후 페이스북 이용자가 5백만 명으로 급증함에 따라 이집트 국내외로 더욱 확산되었을 것으로 간주하고 이 시기를 분석 기간으로 삼았다.

　아울러 연구 초기에는 분석 기간을 튀니지 혁명이 성공한 직후 이집트에서 3명의 분신자살이 발생한 1월 17~18일부터 2월 11일 무바라크 대통령이 퇴진한 날까지의 약 3주 동안의 페이스북 포스트를 전수조사해 내용분석을 시도하고자 했으나 포스트 당 수십 개에서 백여 개가 넘는 댓글이 포함되어 포스트만을 별도로 데이터로써 수집하는 데 상당한 어려움이 있었다. 실제 1주일 동안의 포스트를 다운로드받기 위해서 두 명의 보조연구원을 활용해도 나흘 이상이 소요되었다. 개별 포스트를 일일이 캡처·편집 후 저장해 출력했는데 평균 하루치 포스트 및 댓글의 분량이 A4용지 기준 2백여 페이지에 달했으므로 일주일 동안의 포스트 분량은 약 1천 페이지가 넘었다. 따라서 3주간의 포스트를 모두 캡처·출력하기까지는 데이터 수집 기간이 상당 기간 소요될 뿐만 아니라 자료가 방대하여 기한 내에 연구 대상을 심도 있게 분석할 수 없었다.

　이에 따라 분석 기간을 1주일로 제한했으며 자료 수집을 위해 먼저 "우리는 모두 할레드 사이드이다" 페이지를 검색해 분석 기간에 해당되는 자료화면을 모두 캡처해 개별 포스트를 분석할 수 있도록 편집을 거쳐 파일로 저장했다. 보다 구체적으로 내용분석과 코딩을 위해 1주일 분량의 텍스트, 동영상, 사진, URL 등 다양한 자료로 구성된 데이터 파일에 개별 포스트의 번호를 입력해 편집했으며, 이를 출력하여 개별 포스트의 내용 분석을 시도했다. 코딩은 연구자 단독으로 수행했으며, 총 포스트 수는 331개, 한 포스트 내에 여러 유형과 내용이 포함된 경우 중복코딩을 허용했다.

2) 분석 방법과 분석 유목

분석 방법은 신문 기사의 유형을 분류하는 패터슨(Patterson, 2000)의 기사 분석 코드에서 경성뉴스를 구분하는 항목들을 일부 추출했으며 시소모스(Sysomos)가 조사한 이집트 혁명 당시의 특정 주제에 대한 해시태그(hash tag) 연구에서 주제어[10]를 참조하여 분석 유목을 선정했다. 경성뉴스와 연성뉴스를 분류하는 기준은 김예란(2003)의 연구에서 기사의 유형과 맥락적 프레임 분석 코드를 참조했다. 분석 유목으로는 포스트의 기사 유형과 내용, 맥락적 프레임과 이용자의 상호작용으로 그 구체적 항목은 다음과 같다.

(1) 포스트의 기사 유형
① 해설기사[11]
② 주로 해설이고 스트레이트 뉴스가 부분적으로 혼합된 기사

---

10 시소모스의 연구에서 해시태그 분포를 보면 주로 시위 일시, 지역 및 위치, 인물, 매체 등이 주를 이룬다(www.sysomos.com).
11 해설기사는 벌어진 사건, 즉 스트레이트 기사의 내용이 되는 사건에 대한 맥락과 타인의 의견, 사회 여론 등을 기자가 수집·혼합하여 재구성하는 기사이다(김예란, 2003: 53).

③ 해설적 요소와 스트레이트 뉴스가 균형적으로 혼합된 기사

④ 주로 스트레이트 뉴스이고 부분적으로 해설적 요소가 포함된 기사

⑤ 스트레이트 뉴스

⑥ 인간적 관심과 기타 신변잡기 내용

⑦ 외신보도 인용 전문

⑧ 사진, 만평보도(포토기사)

⑨ 동영상

⑩ 기타

(2) 포스트의 기사 내용

① 시위 정보(장소, 규모, 내용 등)

② 시위 예고 및 참여 촉구

③ 경찰의 무력진압, 군대 동정

④ 무바라크(정부) 비난 및 풍자

⑤ 커뮤니케이션 네트워크(인터넷과 휴대전화 사용 여부에 관련된 내용)

⑥ 국제 지지 호소

⑦ 국제 언론 인용(〈가디언〉, AP, BBC 등)

⑧ 알 자지라

⑨ 페이스북(할레드 사이드) 운영 방식 및 설명

⑩ 미국 및 다른 국가 관련

⑪ 기타

(3) 포스트의 맥락적 프레임

① 주제적(*thematic*) 프레임: 주로 이집트 시위와 관련된 사회적 의미나 함의를 지니는 광범위한 사안을 다루거나, 단일성 사건·사고를 넘

어선 사회적 추세를 다루는 포스트, 또는 공공이슈를 광범위하고 추
상적 맥락에서 다룬 포스트
② 복합/양립적/중립적 프레임
③ 일화적(*episodic*) 프레임: 주로 특정한 시위 사건 및 사고 맥락 안에 위
치하는 포스트, 또는 특정 사건의 범위를 넘어서지 않는 포스트

(4) 페이스북 이용자의 반응

한 사용자가 올린 포스트에 대해 다른 이용자는 그 포스트를 "좋아요" 하
거나 댓글(코멘트)을 다는 형식으로 반응할 수 있다. 이 장의 분석 대상
페이지에서 나타나는 공중의 반응 정도는 개별 포스트에 달린 이러한 "좋
아요"와 댓글 숫자를 바탕으로 분석되었다.

총 331개 포스트의 기사 유형과 내용, 프레임과 이용자 반응 정도에
대한 코딩을 마친 후 자료를 통계분석 프로그램(SPSS 19)에 입력하여 변
인 간 상관관계에 대한 추가분석을 시도했다. 특히 개별 포스트의 기사
유형과 이용자 반응의 빈도가 어떠한 상관관계가 있는지 분석하고자 했
다. 기사 유형은 총 10가지 형태로 분류되었지만, 이 중 1번부터 5번에
해당하는 유형에 대해 해당 포스트가 해설적 요소를 포함하는 정도에 따
라 이용자의 호응도와 댓글의 수가 다르게 나타나는지를 알아보았다. 이
는 분석 결과에 따라 어떤 종류의 포스트가 공중의 상호작용을 더 촉진시
키는지 가늠할 수 있을 것으로 예상되었기 때문이다. 포스트에 달린 모
든 댓글에 대한 질적 내용분석이 상호작용의 흐름을 연구하는 데 가장 이
상적일 수 있지만 이 장에서는 먼저 실험적으로 양적 분석을 실시하고 거
기서 유의미한 관계가 나타날 때 추후 좀더 심도 있는 질적 분석이 요구
된다고 판단했다.

4. 연구 결과

연구 문제 1은 이집트 민주화 혁명 과정 중 "우리는 모두 할레드 사이드이다"가 시위 관련 정보를 어떻게 생산·확산시키며 소셜 뉴스를 통한 저널리즘 기능을 수행했는지를 알아보는 것이다. 이를 위해 첫 포스트가 올라온 1월 27일 오후 6:56분부터 2월 2일 밤 11:53분까지 총 331개의 포스트에 대해 기사의 유형과 내용, 프레임과 반응 정도 유목을 분류하고, 페이지 이용자의 "좋아요"와 '댓글'의 정도가 기사의 유형에 따라 달라지는지 알아보기 위해 추가적으로 통계분석을 시도했다. 연구 결과는 다음과 같이 정리할 수 있다.

1) 포스트의 기사 유형

분석 결과 "우리는 모두 할레드 사이드이다" 페이지에 일주일 동안 올라온 포스트는 사실 위주의 스트레이트 뉴스가 전체 포스트의 23.4%로 가장 많았고, 동영상(13%), 해설(논평) 기사(10.6%), 사진 및 만평보도(10.4%) 외신보도 인용(10%), 해설과 스트레이트 균형(7.3%), 스트레이트 위주에 해설 일부(7.3%), 기타(7.1%), 해설 위주에 스트레이트 일부(6.2%), 인간적 관심(4.7%) 순으로 나타났다. 그러나 해설과 스트레이트 기사가 혼합된 항목을 모두 합하면(〈표 15-1〉 ②+③+④) 총 20.8%로 스트레이트 뉴스 다음으로 많았다. 이러한 결과는 페이스북 페이지가 시위 관련 정보를 스트레이트 뉴스 형식으로 전달하는 데 가장 중점을 둔 것으로 보인다.

다음으로 주목할 만한 결과는 동영상과 사진 및 만평보도가 합쳐서 23.4%로 텍스트 기사만큼 비중 있게 다뤄졌다는 것이다. 기존의 신문저널리즘과 비교하여 특히 동영상을 포함한 포스트의 경우는 대부분 URL

표 15-1 "우리는 모두 할레드 사이드이다"의 기사 유형 빈도와 백분율

(단위: %)

기사 유형	1/27	1/28	1/29	1/30	1/31	2/1	2/2	주 합계
해설(논평) 기사	5	16	11	6	7	4	5	54(10.6%)
해설/스트레이트 일부	5	8	10	3	2	1	3	32(6.2%)
해설과 스트레이트 균형	2	12	9	5	2	2	5	37(7.3%)
스트레이트/해설 일부	5	9	7	6	4	2	4	37(7.3%)
스트레이트 뉴스	9	40	25	12	11	13	9	119(23.4%)
인간적 관심	0	4	7	8	3	2	0	24(4.7%)
외신보도 인용 전문	1	17	11	5	2	8	7	51(10%)
사진, 만평보도	7	20	9	5	8	3	1	53(10.4%)
동영상	4	15	14	11	8	7	7	66(13%)
기타	1	9	10	5	2	6	3	36(7.1%)
합계(포스트 수)	39	150	113	66	49	48	44	509(100%)

을 소개해 SNS로서의 특성을 잘 반영했다. 포스트 기사 중에는 시민이 제공한 동영상과 만평 등이 일부 소개되었으며, 스마트폰을 통해 텍스트와 동영상, 사진 등이 제보 형식으로 올라오기도 했다. '외신보도 인용 전문'에 해당하는 포스트는 대부분 스트레이트 뉴스에 해당되었는데 알자지라와 영국의 〈가디언〉이 주로 인용되었다. 사진은 시위 장면이 대부분인데 비해, 만평은 무바라크를 풍자하는 것들이 주를 이루었다.

2) 포스트의 기사 내용

개별 포스트의 내용을 분석한 결과 1월 25일 이후 전국적인 시위 관련 정보가 모두 35. 1%로 가장 많았다. 구체적으로 시위의 장소와 규모, 시위 참여자, 시위 방법 등에 대한 내용이 30. 8%로 가장 많았고, 시위 예고

와 참여를 촉구한 내용이 4.3%였다. 다음으로 경찰의 무력시위 진압, 고문, 약탈, 군대의 움직임 등을 비난하는 내용이 18%를 차지했으며, 무바라크 전 대통령과 독재정권(정부)를 비난하고 풍자하는 포스트가 14.6%로 3번째를 차지했다. 다음은 시위 관련 보도와 지지를 국내외로 호소하는 내용(9.8%)과 알 자지라(5.1%), 국제 언론을 인용(4.5%), 커뮤니케이션 네트워크(3.4%) 순으로 나타났다. 커뮤니케이션 네트워크에 관련된 포스트는 정부의 인터넷 및 휴대전화 단절 등에 관한 스트레이트성 뉴스가 대부분이었다. 기타(5.1%)에 해당되는 기사 내용으로는 '축구 경기 취소', '과도기 정부 주요 인물', '국영TV 오보', '시위 이후 동정', '감사 표시', '저널리스트 추방', '디도스 공격 반대' 등 다양한 내용

표 15-2 "우리는 모두 할레드 사이드이다"의 기사 내용 빈도와 백분율

기사 내용	1/27	1/28	1/29	1/30	1/31	2/1	2/2	주 합계
시위정보 (장소, 규모, 내용)	13	58	39	17	15	14	8	164(30.8%)
시위 예고 및 참여 촉구	2	8	5	1	3	1	3	23(4.3%)
경찰 비난 (무력 진압, 고문, 군대 동정)	8	46	17	8	5	1	11	96(18.0%)
무바라크(정부) 비난, 풍자	1	13	21	8	14	8	13	78(14.6%)
커뮤니케이션 네트워크 관련	2	6	3	1	1	5	0	18(3.4%)
보도 및 지지호소 (이집트 & 국제)	2	12	17	11	5	4	1	52(9.8%)
국제 언론 인용 (가디언, AP, BBC등)	2	11	4	0	3	4	0	24(4.5%)
알 자지라	2	9	6	1	3	4	2	27(5.1%)
페이지 목적 및 운영 방식	1	3	1	4	2	2	0	13(2.4%)
미국 및 다른 국가 관련	1	2	2	0	2	4	0	11(2.1%)
기타	3	2	2	10	4	3	3	27(5.1%)
합계(포스트 수)	37	170	117	61	57	50	41	533(100%)

이 있었다.

일주일의 기간 중 포스트가 가장 많이 올라온 날은 1월 28일과 29일로 각각 170건과 117건이었으며, 시위 정보와 경찰을 비난하는 내용이 이틀 동안 각각 97건과 63건에 달했다. 포스트가 올라온 시간대를 보면 1월 28일의 경우 하루 약 18시간 동안 무려 170건의 포스트 기사가 올라옴으로써 평균 10분에 한 건씩 기사를 실시간으로 전달하는 소셜 저널리즘의 새로운 보도 양식을 보여주었다. 〈표 15-2〉는 날짜별 포스트의 기사 내용 빈도를 보여준다.

3) 포스트의 맥락적 프레임

"우리는 모두 할레드 사이드이다" 페이지의 포스트가 전달하는 뉴스의 맥락적 프레임을 분석한 결과, 시위 현장의 상황을 직접적으로 전달하거나 특정한 시위, 진압 사건을 주로 다루는 일화적 프레임이 총 202개로 전체 포스트의 61.4%를 차지했다. 이와는 대조적으로 주로 광범위하고 추상적 맥락에서 기사를 다룬 주제적 프레임은 21.6%로 주로 시위와 관련된 광범위한 사안과 자유 쟁취의 필요성, 전반적인 국제 지지 호소, 이집트 독재 정권의 30년 역사 등 단일성 사건을 넘어선 전반적 추세를 다루었다. 또한 일회적 사건을 다루면서도 그것의 배경이나 맥락을 복합

표 15-3 "우리는 할레드 사이드이다"의 맥락적 프레임 유형 빈도와 백분율

맥락적 프레임	1/27	1/28	1/29	1/30	1/31	2/1	2/2	주 합계
주제적	2	22	10	13	12	8	4	71(21.6%)
복합/양립적/중립적	5	16	13	8	6	2	6	56(17.0%)
일화적	19	62	51	19	15	18	18	202(61.4%)
합계(포스트 수)	26	100	74	40	33	28	28	329(100%)

주: 총 포스트 수가 329개인 것은 두 포스트가 프레임을 구별하기에 부적절한 내용으로 제외되었기 때문이다.

적으로 다루거나, 특별히 어느 한 쪽의 프레임으로 구분되지 않는 포스트의 경우도 전체의 17% 정도였다.

이 같은 결과는 앞선 포스트의 기사 유형을 분석한 결과 해당 페이지에서 단순 경성뉴스(스트레이트)의 형태가 가장 많이 나타난 데서도 추론할 수 있다. 스트레이트 뉴스의 경우 주제적 프레임보다는 일화적 프레임을 사용할 가능성이 더 높기 때문이다. 〈표 15-3〉은 분석 기간과 날짜별로 포스트의 맥락적 프레임 빈도를 보여준다.

4) 페이스북 이용자의 반응

페이스북상에서 소셜 저널리즘의 특징을 가장 잘 대변하는 부분은 이용자가 개별 포스트에 대해 일종의 동의와 호응을 표현하는 "좋아요"와 올라온 포스트에 자신의 생각과 느낌, 의견을 덧붙이는 댓글을 다는 이른바 '코멘트'(comments) 라고 할 수 있다. 온라인 신문에서 독자 이상의 역할을 수행하는 페이스북 페이지의 친구(이용자)는 각 포스트에 대해 선호도를 남기고 적극적인 논평을 통해 상호작용을 한다.

이 장에서는 자료의 방대함으로 인해 각 포스트에 달린 코멘트를 모두 열어 내용분석을 할 수는 없었지만, 일주일 동안 모든 포스트에 대한 호응도와 코멘트 수만 고려한다 해도 해당 페이지를 통한 시민운동이 어느 정도의 지지를 받았는지와 이용자의 상호작용 규모를 추론할 수 있을 것이다. 또한 개별 포스트의 기사 유형에 따라 ─ 해설이 어느 정도 포함되었

표 15-4 "우리는 모두 할레드 사이드이다"의 날짜별 "좋아요" 및 코멘트 총 수

	1/27	1/28	1/29	1/30	1/31	2/1	2/2	주 합계
"좋아요"	1,760	6,470	8,355	5,559	6,112	4,644	3,906	36,806
코멘트	467	2,780	4,024	2,478	2,384	1,781	2,387	16,301

그림 15-1 "우리는 모두 할레드 사이드이다" 페이지의 날짜별 "좋아요"와 코멘트 추이

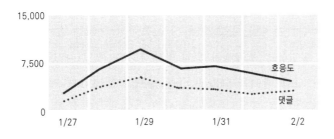

는지에 따라 이용자들의 상호작용의 빈도가 달라지는지도 알아보았다.

먼저 "좋아요"는 총 3만 6천 8백 6명이 기록을 남겼고, 각 포스트에 남긴 코멘트의 숫자는 총 1만 6천 3백 1건으로 하루 평균 233건의 코멘트가 남겨졌다. 1월 27일부터 2월 2일까지 매일 최대 "좋아요" 수/코멘트 수를 분석한 결과, 27일(185/65건), 28일(220/105건), 29일(632/152건), 30일(431/379건), 31일(400/188건), 2월 1일(471/162건), 2일(274/285건)으로 나타났으며, 최고의 "좋아요"를 받은 기사는 632건, 가장 많은 코멘트를 받은 기사는 30일의 한 포스트로 총 379개의 코멘트를 받았다. 〈표 15-4〉는 해당 페이지의 날짜별 총 "좋아요" 및 코멘트의 숫자를 보여준다.

〈그림 15-1〉은 "좋아요"와 코멘트의 수를 그래프로 나타낸 것으로 날짜별 추이를 보는 데 도움을 준다. 전반적으로 "좋아요"의 숫자가 코멘트 수보다는 두 배 이상 많은 것으로 나타났지만(호응을 표시하는 "좋아요"는 단순 클릭으로 가능하지만 코멘트를 다는 데는 실제 이용자가 글을 입력해야 하는 추가적 노력이 요구됨), 그 둘의 날짜별 추이는 상당히 유사한 것으로 드러났다.

포스트의 구체적 기사 내용을 살펴보면, 최고의 "좋아요"를 받은 포스트는 2011년 1월 29일 새벽 4시 55분에 올라온 기사로 "경찰이 철수한 이

후, 이집트 박물관이 강도를 당할 것이라는 소문이 퍼지고 모든 TV채널들이 박물관 침탈에 대해 이야기한다. 그런데 소문이 퍼지자 수천 명의 이집트 시민이 박물관 주변에 인간띠를 만들어 아무도 들어가지 못하게 했다. 나는 이집트인이 아주 자랑스럽다"라는 내용이었다. 시민들의 승리에 대해 스트레이트 기사에 간단한 논평을 한 혼합형 기사였다.

이에 비해 일주일의 포스트 중 코멘트를 가장 많이 받은 포스트는 2월 2일 오전 6시 7분에 올라온 기사로 무바라크 전 이집트 대통령이 연설을 하고 난 직후 그를 힐난하는 기사였다. 그 구체적인 내용은 "무바라크: 나 호스니 무바라크는 지난 30년 동안의 나의 행적에 대해서 매우 자랑스럽게 여긴다! 업적이란 게 도대체 얼마나 많은 사람의 죽음을 말하는가? 또 그와 그의 가족 은행 계좌에 몇 조 원이나 있단 말인가? 그의 정부 관료들은 또 어떤가?"였다. 이와 같은 유형의 포스트 논조는 일주일 동안 아주 드문 경우에 해당되며 대부분의 포스트는 정부나 군대를 비난하는 내용의 경우에도 논조가 그렇게 강하지 않은 편이었다. 따라서 이 포스트의 경우는 무바라크 연설 이후 시민의 분노를 대변한 논평으로써 높은 호응과 코멘트를 받은 것으로 추론할 수 있다. 이와 같은 내용분석의 결과를 바탕으로 연구자는 개별 포스트의 기사 유형과 시민들의 "좋아요"/코멘트 정도에 유의미한 상관관계가 있는지 관심을 가졌다. 즉, 각 포스트에 이용자의 해설/의견이 많이 포함되어 그 논조가 강할수록 그에 대한 시민들의 "좋아요"와 코멘트가 더 활성화되는지 추가분석을 통해 알아보았다.

포스트의 기사 유형과 호응도의 상관관계를 분석한 결과, 해설의 비중이 높은 기사일수록 페이스북 사용자들의 "좋아요" 수가 높은 것으로 나타났다($r = .234$, $p < .001$). 이 분석은 기사의 유형을 해설의 비중에 따라 재분류하여 단순 스트레이트 뉴스(1점: 해설 비중 0%), 스트레이트 뉴스가 대부분이고 해설이 25% 정도인 경우(2점), 해설과 스트레이트

뉴스가 50% 정도씩 균형적인 경우(3점), 해설이 75% 정도이고 스트레이트 뉴스가 25% 정도인 경우(4점), 그리고 순수 해설기사(5점: 100%)의 5점 척도로 분리하여 이용자가 포스트별로 표시한 "좋아요" 수와의 상관관계를 분석한 것이다.

포스트의 기사 유형과 그에 대한 코멘트 숫자도 이와 비슷한 결과를 나타내어(r = .183, p = .002), 해설의 비중이 높은 기사일수록 이용자가 더 많은 댓글을 단 것으로 보인다. 이 분석에서 해설과 스트레이트 뉴스 이외의 유형에 해당하는 기사들(예: 신변잡기, 외신보도 인용 전문 등)은 제외되어 총 331개 중 278개(전체의 약 84%)의 기사만 분석에 사용되었다.

5) 네트워크 저널리즘과 페이스북의 관계

연구 문제 2는 이집트의 시위 정보를 생산하는 데 "우리는 모두 할레드사이다" 페이지가 해외 주류 미디어와 어떻게 연계함으로써 네트워크 저널리즘을 실현했는지를 살펴보는 것이다. 네트워크 저널리즘은 프로페셔널과 아마추어가 함께 작업해 보다 진실에 가까운 기사를 얻는 협업적 저널리즘의 특성을 고려한 것이다. 사실과 의문, 답변, 아이디어를 공유하는 과정에서 공중은 뉴스가 보도되기 이전에 기사 생산에 관여할 수 있고, 또 보도된 기사를 계속해서 하이퍼링크(hyperlink)로 연결하여 다른 장소와 사람에게 퍼뜨릴 수도 있다. 페이스북의 경우는 기존 주류 미디어의 이집트 시위 관련 보도를 링크로 연계시키거나 그 보도 내용을 직접 인용해 포스팅함으로써 시민들이 계속해서 자국의 시위 정보를 접하고, 해외 주류 언론의 기사 내용에 코멘트를 남기거나 정보에 대한 수정사항 및 의견을 제시할 수 있도록 했다.

먼저 "우리는 모두 할레드 사이드이다" 페이지가 주류 미디어와 어떻

표 15-5 "우리는 모두 할레드 사이드이다"의 네트워크된 기사 내용과 유형

네트워크 저널리즘	1/27	1/28	1/29	1/30	1/31	2/1	2/2	주 합계
외신보도 인용 전문	1	17	11	5	2	8	7	51
국제언론(가디언, AP, BBC 등)	2	11	4	0	2	4	0	23
알 자지라	2	9	6	1	3	4	2	27
사진, 만평보도	7	20	9	5	8	3	1	53
동영상	4	15	14	11	8	7	7	66
합계	16	72	44	22	23	26	17	220

게 연결되었는지를 알아보기 위해 5종류의 기사 유형을 중심으로 분석했다. 그 기사 유형을 살펴보면 동영상이 총 66개로 가장 많았고, 그 다음으로는 사진 및 만평보도(53개)였으며, 국제 언론사와 알 자지라가 언급된 경우가 각각 23개와 27개를 차지했다. 포스트의 기사 유형과 네트워크 저널리즘(국제 언론 인용/알 자지라)의 관계를 보고자 기사 유형별 기사 내용의 빈도를 조사했다. 분석에서는 기사 내용의 형태를 중복 코딩했기 때문에 한 기사의 경우 최대 5가지의 내용을 담은 사례도 있었다.

〈표 15-5〉에 나타나듯이, 포스트의 기사 유형별 내용의 빈도표가 총 5가지[12] 생성되었는데 이 모두를 종합한 결과 국제 언론과 알 자지라를 기사에 인용한 경우는 대체로 스트레이트 뉴스의 경우가 압도적으로 많은 것으로 나타났다. 알 자지라를 인용하거나 언급한 경우 간혹 해설이 조금 들어가거나 해설과 단순 뉴스가 혼합된 기사의 형태도 있었지만, 순수한 해설기사는 거의 없는 것으로 나타났다. 따라서 "우리는 모두 할레드 사이드이다"에서 구현된 네트워크 저널리즘은 주로 국제 언론과 알 자지라의 스트레이트 뉴스를 재인용하는 방식으로 행해진 것으로 보인다.

---

12 총 5가지의 내용을 담은 기사의 경우는 그 빈도가 극히 적어 유형별 빈도가 무의미했다.

그림 15-2 국제 언론 인용과 알 자지라 뉴스의 기사 유형

(N = 50)

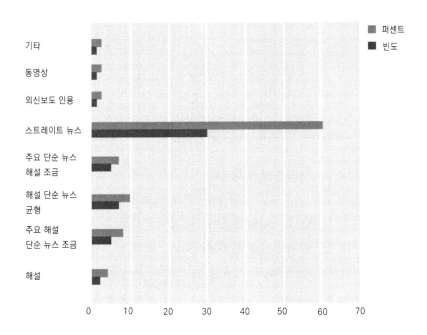

그림 15-3 사진/만평 및 동영상 사용 빈도

(N = 331)

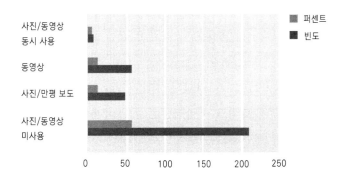

528

다음으로 "우리는 모두 할레드 사이드이다"에서 구현된 네트워크 저널리즘의 일부로 포스트에 〈가디언〉이나 AP, BBC, CBS 등의 국제 언론을 인용하거나 알 자지라를 언급한 경우는 총 50건 중에 30건(60%)이 스트레이트 뉴스인 것으로 나타났다. 해설기사와 스트레이트 뉴스가 균형적으로 섞인 경우가 총 5건(10%)으로 그 다음이었으며, 해설이 주요하고 단순뉴스가 가미된 경우, 주로 단순뉴스인데 해설이 가미된 경우가 각 4건(8%)이었다.

네트워크 저널리즘의 또 다른 형태로 판단되는 사진/만평 및 동영상 사용의 빈도를 살펴본 결과, 전체 331개 포스트 가운데 사진이나 만평이 사용된 경우는 총 49건(14.8%)으로 나타났고, 동영상을 소개한 경우는 64건(19.3%), 사진과 동영상을 동시에 사용한 경우도 4건 있었다.

〈그림 15-4〉에서 제시된 사진처럼 "우리는 모두 할레드 사이드이다" 페이지는 일반 시민이 AP의 온라인 비디오 네트워크나 유튜브에서 시위 장면을 보낸 것을 포스팅함으로써 네트워크 저널리즘을 실현했다. 이처럼 사진이나 동영상이 사용된 포스트의 기사 내용을 분석한 결과 시위에 관련된 정보가 67건(29.9%)으로 가장 많았고, 여기에 시위를 예고하고 참여를 촉구하는 내용까지 합치면 81건(36.2%)가량이었다. 이집트 상황에 대한 보도 및 지지를 호소하는 내용이 34건(15.2%), 경찰과 정부를 비판하는 내용이 각각 33건(14.7%)과 25건(11.2%)이었다. 사진/만평 및 동영상이 사용된 포스트는 117건이었으나 중복 코딩을 허용했기 때문에 총 경우의 수는 224건으로 집계되었다. 〈그림 15-5〉는 사진/만평 및 동영상 기사의 내용 항목별 빈도를 보여준다.

하이퍼링크로 제시된 사진/만평, 동영상 기사 중에 동영상은 유튜브 출처(gdata.youtube.com)를 밝힌 포스트 건수가 39건으로 가장 많았으며, 알 자지라는 생방송 자료를 제공하기도 했다. 네트워크 저널리즘에 인용된 해외 주류 언론사로는 AP(video. ap. org), BBC(bbc. co. uk), CBS(cbsnews. com), 〈뉴욕타임스〉(nytimes. com), 〈더 텔레그라프〉(telegraph. co. uk), 〈런던포스트〉, 〈더 선〉(thesun. co. uk), 알 자지라(blogs. aljazeera. net), 아라비스트(arabist. net) 등이 포함되었다. 그 밖에도 위키리크스(wikileaks. ch), 트위트픽(twitpic. com), Rassd(rassd. com), 플리커(flickr. com), 블로그포스트(blogpost. com), Saynow(saynow. com) 등 다양한 소셜 미디어의 출처가 고르게 사용된 것으로 나타났다.

그림 15-4 "우리는 모두 할레드사이다"에 올라온 사진의 예

출처: Associated Press Online Video Network video.ap.org

출처: Egyptians are NOT Afraid.m4v(gdata.youtube.com)

그림 15-5 사진/만평 및 동영상 기사의 내용 빈도

(N = 224)

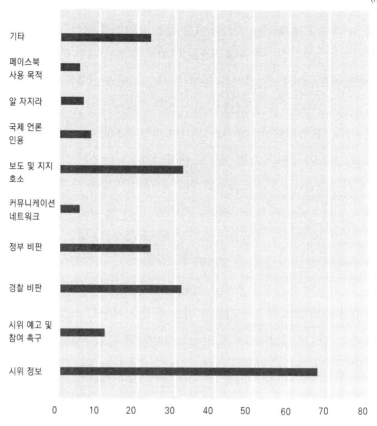

5. 결론 및 논의

이 장은 "우리는 모두 할레드 사이드이다"라는 페이스북 페이지가 이집트 민주화 혁명 초기의 시위 중 구체적으로 어떠한 뉴스 정보를 얼마나 생산하고, 네트워크 저널리즘 양식을 통해 뉴스를 전달했는지를 분석했다. 내용분석 결과 "우리는 모두 할레드 사이드이다"에는 일주일 동안 총 331건의 포스트가 올라왔으며, 이 가운데 시위 관련 스트레이트 뉴스가 포스트 내용의 절반 이상을 차지한 것으로 나타났다.

상당수의 포스트는 이집트 자유를 위한 민주화 혁명을 지지하며 대규모 시위에 동참을 촉구하거나 스웨즈, 맨시아, 알렉산드리아, 카이로 등지에서 발발한 시위에 구체적인 장소와 참여 규모, 시위 장면, 경찰과의 충돌 및 폭력적 진압 상황 등을 상세하게 스트레이트 뉴스 형식으로 전달했다. 주류 언론이 심각하게 통제된 상황에서 이 페이지는 시간이 지날수록 시위가 확산되고 격해지는 경찰의 진압 현상을 사진과 스트레이트 기사를 통해 생생하게 전달함으로써 언론으로서의 역할을 수행했다고 평가할 수 있다.

아울러 페이스북은 이용자에게 시위 지역에 대한 상세한 정보를 SNS를 통해 확인 요청하는 포스트를 올림으로써 소셜 뉴스 생산에 정보원으로서 페이스북 이용자의 참여를 촉구하기도 했다. 그리고 이집트의 시위가 전국에서 자발적으로 발생한 것이며 페이스북이나 트위터에 의해 조직된 것이 아님을 분명하게 밝혔다. 비록 1주일이라는 짧은 분석 기간이었지만 SNS로서 페이스북은 민주화 시위를 이슬람 극단주의자의 소행으로 호도하는 이집트 정부의 거짓 선전을 폭로했고, 30년 동안 이집트를 통치했던 '비상계엄령'법의 결과로 인한 고문 희생자의 비디오와 노래를 올림으로써 이집트 민주화 시위를 더욱 촉발시키는 계기를 제공한 것으로 보인다.

실제로 전국적 대규모 시위가 있었던 1월 28일과 29일 포스트에는 이집트 경찰에 의해 희생당한 8명의 희생자 명단과 시나이 지역에서 사망한 시위자의 이름을 공개했으며, 수백 명이 체포되고 스웨즈를 비롯한 곳곳에서 무고한 시위자들에게 경찰이 발포하는 대량 학살이 진행됨을 보도했다. 아울러 희생자들을 애도하는 포스트를 통해 시나이와 스웨즈의 시위가 이집트 역사에서 중요한 역할을 수행했다고 평가했으며, 시위자의 생명과 죽음을 기릴 것이라고 논평하기도 했다. 이러한 스트레이트 기사와 해설을 담은 논평 포스트는 사진이나 동영상과 함께 제시되기도 함으로써 이용자의 높은 호응과 반응을 이끌어내기도 했다.

네트워크 저널리즘 관점에서 "우리는 모두 할레드 사이드이다" 페이지는 영어 페이지를 통해 전 세계에 메시지를 보내 국제적 지지를 얻고자 했으며, 이용자가 각국 미디어에 시위 관련 뉴스와 동영상을 공유하도록 촉구했다. 특히 런던, 파리, 스위스, 미국 등 해외 대사관 앞에서 행해진 시위를 국내로 전달하고 참여를 촉구하며, 페이스북을 통해 해외 거주 이집트인과 민주화 혁명을 지지하는 페이스북 이용자에게 지지를 호소하기도 했다.

또한 〈가디언〉이나 BBC, AP, 알 자지라와 같은 국제 주류 미디어의 보도를 인용함으로써 해외 언론이 전달하는 뉴스에 사실을 추가하거나 논평을 하기도 했다. 가령 미국 정부의 입장을 전달한 〈가디언〉 기사에 논평을 달거나 스웨즈에서 5명이 살해되었다는 스트레이트 뉴스를 그대로 인용 보도했고, CBS가 전달하는 SNS를 통한 이집트 시위 상황을 보도하기도 했다. 또한 이집트 경찰에 의한 시위자 저격 장면을 담은 AP의 동영상을 온라인 비디오 네트워크상에 올린 직후 10분 동안 이집트 정부가 인터넷을 차단시켰다는 속보를 터뜨리면서 이용자로부터 들어온 확인 뉴스를 포스팅함으로써 네트워크 저널리즘의 전형을 보여주기도 했다. 아울러 출처를 밝히지 않은 이집트 국내 보도를 인용해 시위자 간의 소통을 막기 위해 인터넷과 모바일 네트워크가 중단될 것이라는 사실을 전달하기도 했다.

이러한 분석 결과는 기존 SNS가 사적 네트워크로서 특정한 상황에 대한 개인적 의견 개진이 주를 이루고 이에 대한 공중의 호응을 보여주는 것과는 대조적이었다. 즉, 분석 대상이 된 페이스북 페이지는 이집트 민주화 시위 과정에서 공적 네트워크로서 뉴스와 정보를 전달하는 새로운 소셜 저널리즘의 보도 양식을 보여주었다고 할 수 있다. 페이스북 페이지가 저널리즘 기능을 수행할 수 있었던 배경에는 무엇보다 이집트의 제도권 언론(신문, 방송)이 극심하게 통제되었기 때문이라 여겨진다. 즉, 이집트의 주류 언론은 1월 25일 이후 전국적 시위 상황과 정부의 극렬한 무력진압에 대한 시위 관련 현실을 시민들에게 객관적이고 정확하게 전달하지 못했기 때문에 페이스북 페이지가 이러한 뉴스를 스트레이트 기사 형식으로 게재함으로써 시민의 신뢰를 얻을 수 있었던 것이다.

다음으로 주목할 만한 연구 결과는 포스트 유형에서 동영상과 사진, 만평보도의 비중이 높았다는 점이다. 이는 페이스북을 기반으로 한 소셜 저널리즘이 기존 언론과는 차별화되는 멀티미디어적 뉴스 생산요소를 많이 활용함을 반증한다. 뉴스 정보의 신속성과 함께 멀티미디어를 통한 정보의 전달방식도 기존 언론과 차별화되는 부분이었다. 포스트가 가장 많이 올라온 1월 28일의 경우 약 18시간 동안 평균 10분 간격으로 170여 건에 해당되는 텍스트, 동영상, 사진이 올라왔다. "자유, 변화와 정의"를 상징하는 대규모 평화시위에 대한 포스터에서부터 전국 곳곳에서 벌어진 대규모 시위현장 및 경찰의 과잉 진압장면, 화재와 평화시위 사진 등이 짧은 기사와 함께 생성, 탑재됨으로써 보다 구체적인 시위정보를 일화적 프레임 방식의 보도로 확산시킬 수 있었다.

이에 따라 "우리는 모두 할레드 사이드이다" 이용자는 자신이 신뢰하는 SNS상의 친구에게 이집트 시위 정보와 의견, 동영상, 사진을 전국적·전 세계적으로 전달할 수 있었다. 이집트 당국이 인터넷을 중단했다가 재개한 이후 이집트의 페이스북 이용자가 5백만 명으로 급증했다는 사실은 이러한 현상을 부분적으로 반영한다고 볼 수 있다. 주류 언론이 통제된 상황에서 페이스북이 어떻게 시민에게 실시간으로 저널리즘 역할을 수행했는지, 또 멀티미디어적인 포스트 유형과 뉴스 정보의 신속한 확산이 민주화 운동에 어떻게 영향을 주었는지를 추론할 수 있는 부분이다. 비록 자료의 방대함으로 각 포스트에 달린 코멘트를 모두 분석할 수 없었지만, 일주일 동안 모든 포스트에 대한 "좋아요"(36, 806건)와 코멘트(16, 301건)만 고려해도 페이스북 페이지가 시민운동 과정에서 매개한 공중의 지지와 상호작용의 규모를 추론할 수 있었다.

기사 유형과 공중의 호응 정도의 상관성을 살펴본 결과, 무바라크에 대한 비난이나 해설의 비중이 높은 기사일수록 호응도가 높은 것으로 나타남으로써 의견과 논평이 담긴 포스트가 더 선호되는 경향이 있었다. 이러한 연구 결과는 SNS상의 뉴스 정보가 이용자에게 신뢰받음을 시사한다. 미주리대 시민 저널리즘 연구팀의 한 조사에서도 페이스북 이용자는 그들의 친구가 올린 뉴스 콘텐츠를 전통적인 뉴스 언론사의 콘텐츠보다 더 신뢰하는 것으로 나타났다(Bentley, 2008).

한편, 이집트 민주화 혁명에서 페이스북의 역할에 대해 와엘 고님은 소셜 네트워크가 정보유통의 혁명을 이끌었고, 이는 곧 시민의 집단화된 의식 공유와 행동으로 이어져 이집트 혁명이라는 거대한 물결을 만들어냈다고 주장했다(www.tedxcairo.com). 또한 페이스북 포스트를 통해 무엇보다 다양한 정보(텍스트, 사진, 동영상 등)의 공유를 강조했으며,

이집트 민주화 혁명은 위키피디아처럼 무명의 시민들이 뉴스생산에 기여함으로써 가능할 수 있었다고 주장했다. 즉, 국영방송 및 주류 이집트 언론이 왜곡보도를 하는 동안 다수의 시민이 현장에서 시위 장소와 규모, 시위대의 움직임, 경찰의 탄압 및 진압 방식 등 작은 조각의 정보를 제공함으로써 사실 중심의 뉴스 생산과 소셜 저널리즘 확산에 기여할 수 있었던 것이다. 특히 동영상의 경우는 대부분 URL를 소개해 유튜브와 알 자지라, BBC, AP 등 해외 언론사와 연계되는 소셜 네트워크 저널리즘의 특성을 잘 반영했다. 네트워크 저널리즘을 반영하는 외신보도 인용은 대부분 스트레이트 뉴스에 해당되었는데 알 자지라와 〈가디언〉, BBC 등이 주로 인용되었다.

이상의 연구 결과를 토대로 정치적 격동기에 처한 사회에서 제도권 언론이 통제를 받아 제대로 역할을 수행하지 못할 때 공적 네트워크 공간으로서 SNS가 현실에 대한 뉴스나 정보를 생성·확산시키는 저널리즘 미디어로서 기여할 수 있음을 추론할 수 있었다. 또한 소셜 저널리즘은 페이스북 포스트에 하이퍼링크로 기존 해외 주류 미디어의 보도 내용을 직접 인용해 포스팅함으로써 시민들이 계속해 자국의 시위정보를 접하고, 해외 주류 언론의 보도에도 코멘트를 남기거나 정보에 대한 다양한 의견들을 제시할 수 있도록 했다. 특히 페이스북 페이지에서 보여준 해외 주류 언론과의 네트워크 저널리즘은 전문 언론인과 일반 시민이 함께 기사를 생산하는 협업적 네트워크 저널리즘의 발전 가능성을 시사한다.

2009년 이란 혁명에서부터 부각되기 시작한 SNS의 미디어 역할은 2011년 중동 지역의 시민혁명에서 더욱 적극적으로 활용됨으로써 소셜 저널리즘 매체로서의 역할이 드러난 셈이다. 그러나 누가 어떻게 구체적으로 SNS를 이용했고, 소셜 미디어가 언론으로써 어떤 기능을 수행했는지에 대한 보다 심도 있는 연구는 이제부터 시작이라 여겨진다. 특히

SNS가 혁명의 조건이 아니라 '가속화' 조건이라는 연구 결과를 보더라도 (조희정, 2011), 구체적인 정치적 매개 과정이 소셜 저널리즘을 통해 어떻게 구현되었는지에 대한 심층적인 질적 분석이 요구된다. 이러한 점에서 이 장은 몇 가지 한계를 가지며 향후 연구를 위하여 다음과 같은 제언을 하고자 한다.

첫째, 이 장은 소셜 저널리즘과 네트워크 저널리즘 차원에서 페이스북 페이지가 어떻게 뉴스 기사를 생산하고 확산시켰는지 기사 유형, 기사 내용, 맥락적 프레임, 이용자의 반응 차원에서 살펴보았지만 포스트 중심으로만 분석함으로써 다른 이용자가 올린 정보가 어떻게 "소셜화"되어 새로운 스토리가 발전해 민주화 운동 국면에 영향을 주었는지에 대한 질적 분석을 시도하지 못했다. 따라서 향후 연구는 전체 포스팅의 기사 유형과 내용 차원을 넘어 어떻게 시민과 함께 뉴스 기사(story)를 만드는지의 과정을 댓글 분석을 통해 보다 심도 있게 접근할 필요가 있다.

다음으로 SNS의 네트워크 저널리즘 특성을 규명하기 위해 페이스북 페이지가 시민이 제보한 다양한 텍스트와 동영상, 사진 등을 어떻게 취사선택하여 구성하는지를 입체적으로 분석하는 것도 요구된다. 즉, SNS 이용자가 기존 언론의 뉴스를 어떻게 가공하고 엮어 새로운 이야기를 만드는지, 네트워크상에서 시민과 전문가, 언론인이 뉴스 생산 과정에서 어떻게 상호작용하는지를 분석할 필요가 있다.

마지막으로 이 장은 페이스북 페이지의 포스트를 뉴스 기사로 간주해 맥락적 프레임을 분석했는데 향후 연구에서는 이집트 민주화 운동 당시의 주제적 프레임을 보다 세분화시켜 시위 사건 프레임이나 풍자 프레임, 국제 지지 프레임과 같은 프레임 분석을 시도하는 것도 바람직할 것이다. 이집트 혁명 과정에서 페이스북을 비롯한 다양한 소셜 미디어는 소셜 뉴스를 통해 시위에 생기를 불어넣고 시위자를 서로 연결할 수 있었으며, 동시에 기존 언론의 무기력과 무책임함을 표출시켰다. 또 대안언론으로서 소셜 미디어가 제공한 시위 정보나 동영상은 아랍 주변 국가의 시민이 민주화 시위에 동참하게 만든 원동력이 되었던 것이다. 특히 페이스북은 이집트 민주화 혁명 과정에서 전국적 시위의 발단이 되었으며, 무바라크 정권이 붕괴되기까지 정보의 공유와 투명화에 기여했다고 볼 수 있다.

앞으로 소셜 저널리즘의 확산은 전통적 저널리즘의 역할을 변화시킬 것으로 예상된다. 이제 시민들은 매체 수가 증가함에 따라 더욱 정보 분류에 더 많은 시간을 들이기보다 무엇이 진실하고 중요한가를 가르쳐주는 취재원을 필요로 할 것이다(Kovach & Rosenstiel, 2001). 물론 대부분의 사람은 여전히 주류 언론에 의존하지만 점차 뉴스의 신뢰도 차원에서 소셜 미디어에 대한 의존도가 높아질 것이며 시민은 믿을 만한 취재원을 점차 소셜 미디어를 통해 찾게 될지도 모른다. 특히 SNS는 사적 공간에서 공적인 뉴스와 정보를 공유, 소통하게 함으로써 주류 언론의 영향력을 더욱 보강·강화시킬 수도 있다. SNS 이용자는 무엇보다 정보를 신속하고 광범위하게 확산하는 주체로서 활동하므로 페이스북과 트위터 이용자가 전달하는 언론의 뉴스 기사는 피라미드 형태의 정보망을 타고 순식간에 확산될 가능성이 크다. 이러한 측면에서 전통적 언론과 SNS가 결합되는 소셜 네트워크 저널리즘 양식은 향후 새로운 보도 양식으로 더욱 진화될 것으로 기대된다.

참고문헌

김성태·김여진·최홍규·김형지 (2011), 뉴스미디어를 통한 소통 채널의 확장과 정치참
여변화 연구, 〈평화연구〉, 19권 1호, 5~38.

김예란 (2003), 《경성뉴스와 연성뉴스, 그 효용의 실제》, 미디어연구소.

존 김 지음, 한석주·이단아 역 (2011), 《공개와 연대: 위키리크스와 페이스북의 정치학》,
서울: 커뮤니케이션북스.

설진아 (2009), 소셜미디어의 진화양상과 사회적 영향, 2009 한국언론정보학회 가을철 정
기학술대회 특별세션 "Social Communication Media의 의미와 영향" 발표문.

오택섭·강현두·최정호·안재현 (2009), 《뉴미디어와 정보사회》, 서울: 나남.

이광수·조연아·김성일 (2009), 〈무선 인터넷 시장 견인의 기대주〉, KT경제경영연구소.

이은주 (2011), 컴퓨터 매개 커뮤니케이션으로서의 트위터 향후 연구의 방향과 과제, 〈언
론정보연구〉, 48권 1호, 29~58.

최민재·양승찬 (2009), 《인터넷 소셜 미디어와 저널리즘》(한국언론재단 연구서(2009-
01), 서울: 한국언론재단.

조영신 (2011), 〈허핑턴포스트 되짚어보기: 뉴스 미디어의 미래〉, SK경영경제연구소.

조희정 (2011), 2011년 중동의 시민혁명과 SNS의 정치적 매개 역할, 〈한국정치연구〉,
20집 2호, 309~338.

황수현 (2009. 7. 14), "'트위터 열풍' 그것이 궁금하다. 또 다른 차원의 소통 '트위터'",
〈주간한국〉, 2281호.

황유선·이연경 (2011), 전통미디어와 소셜 미디어의 관계에 대한 탐구: 공진화와 혁신 확
산 이론의 관점에서, 〈방송문화연구〉, 23권, 171~206.

Anderson, P. J. & Ward, G. (2007), *Future of Journalism in the Advanced
Democracies*, 반 현·노보경 역 (2008), 《저널리즘과 선진 민주주의》, 서울: 커뮤
니케이션북스.

Benkler, Y. (2006), *The Wealth of Networks: How Social Production Transforms
Markets and Freedom*, New Haven, CT: Yale University Press.

Bowman, S. & Willis, C. (2003), *We Media: How Audiences are Shaping the
Future of News and Information*, The Media Center at the American Press
Institute.

Gillmor, D. (2005), "The end of objectivity(ver. 0.91), Dan Gillmor on grassroots
journalism", etc. http://dangillmor.typepad.com/dangillmorongrassroots/
2005/01

Gladwell, M. (2010), "Small change: Why the revolution will not be tweeted",
The Newyorker Retrieved August 11, 2011 from http://www.newyorker.

com/reporting/2010/10/04/101004fa_fact_gladwell

Granovetter, M. (1973), The strength of weak ties, *American Journal of Sociology*, 78(6), 1360~1380.

Hue, C. L, Park, S. J., & Park, H. W. (2010), *Political Discourse by Key Twitterer Political Discourse Sejong City in South Korea*, Complexity Research Network, Seoul.

Jarvis, J. (2006), "Networked journalism", http://www.buzzmachine.com/2006/6/buzzmachine.com/2006

Jansen, B. J., Zhang, M., Sobel, K., & Chowdury, A. (2009), Twitter power: Tweets as electronic word of mouth, *Journal of the American Society for Information Science*, 60(11), 2169~2188.

Kovach B. & Rosenstiel, T. (2001), *The Elements of Journalism*, Three Rivers Press, New York.

Nel, F., Ward, M., & Rawlinson, A. (2009), "Gatekeeping and the phenomenon of news content non-journalist Is gatekeeping relevant in online media?", www.theopennewsroom.com

Newson, A., Houghton, D. & Patten, J. (2009), *Blogging and Other Social Media: Exploiting the Technology and Protecting the Enterprise*, farnham; Gower.

Patterson, T. (2000), "Doing well and doing good: How soft news and critical journalism are shrinking the news audience and weakening democracy and what news outlets can do about It", http://www.hks.harvard.edu/presspol/publications/reports/softnews and critical journalism 2000.pdf

Stengel, R. (2011), "Person of the year", *Time*.

The Telegraph (2011. 2. 11), http://www.telegraph.revolutionarworldnews Egypt crisis: The young revolutionaries who sparked the protests, http://www.telegraph.co.uk/news/worldnews/africaandindianocean/egypt/8317055/Egypt-crisis-the-young-revolutionaries-who-sparked-the-protests.html

Financial Times (2011. 2. 9), "Google worker is Egypt's Facebook hero", http://ft.com/cms/s/0/e41c5faa-3475-11e0-9ebc-00144feabdc0.html#axzz1DfvBdbyf

Time (2011. 4. 21), "Wael Ghonim: Spokesman for a revolution".

http://www.time.com/time/specials/packages/article
www.sysomos.com
ww.tedxcario.com

www.facebook.com(〈We are all Khaled Said〉)
http://www.elshaheeed.co.uk

16

국가 이미지와 한류

황상재

1. 국가 이미지의 중요성

기존 산업사회에서 경제력·군사력 등의 물리적 힘이 중요했다면, 정보화사회에서는 정보, 미래사회에서는 이미지를 비롯한 소프트파워가 더욱 중시된다. 국가 이미지가 국가 경쟁력과 직결된다는 인식이 높아지면서 많은 나라가 앞 다퉈 국가 이미지를 높이기 위한 노력을 경주한다. 식민지 경험이 많은 강대국은 이미 오래전부터 국가 이미지가 피식민지국의 국민에게 미치는 영향이 지대함을 알고 국가 이미지를 체계적으로 관리하기 위한 많은 노력을 기울였다.

국가 이미지는 단순한 이미지로 끝나는 것이 아니다. 국가 이미지가 상표나 기업에 대한 이미지와 연계되어 소비자의 제품 구매에 적지 않은 영향을 주는 '보이지 않는 손'의 역할을 수행한다는 많은 연구 결과에서 알 수 있듯이 국가 이미지는 국가 브랜드를 형성하는 중요한 요소다.

국가 이미지는 개인이나 기업의 이미지와는 달리 정치, 경제, 사회, 문화 등 여러 분야의 요인이 복합적으로 작용하여 형성된다. 다양한 요인이 복합적으로 작용하여 형성된 국가 이미지는 한 번 형성되면 쉽게 변화하지 않는 속성을 지닌다. 국제사회에서 한국의 국가 이미지는 급속한 경제·사회 발전에도 불구하고 20세기 말까지는 부정적 이미지에서 크게 벗어나지 못했다. 한국전쟁의 비참함, 독재정권 시절에 폭력으로 얼룩진 정치·사회 제도, 남북 대치상황으로 인한 불안한 사회 등이 한국하면 떠오르는 이미지였다. 하지만 21세기 들어서면서 부정적 이미지 일변도였던 한국의 국가 이미지는 2002년 월드컵 개최와 한류에 힘입어 점차 긍정적 방향으로 전환되었다. 이 장에서는 국가 이미지와 한류에 관한 내용을 주로 살펴볼 것이다.

2. 국가 이미지의 정의와 국가 이미지 형성에 미치는 요인

월터 리프만(Walter Lippman)은 이미지를 '인간이 어떤 대상에 대해 머릿속에 가지는 영상'이라고 규정하면서 그 안에는 선입견과 편견이 내재된다고 했다. 반면 볼딩(Boulding, 1959)은 '대상에 대해 갖는 마음속의 그림이고 또 대상에 대해 자신이 맞는다고 믿는 모든 것, 즉 주관적 지식'이라고 이미지를 정의한다.

특정 국가에 투영된 이미지, 즉 국가 이미지에 대한 관심은 다양한 학문 분야에서 제기되었다. 그 중 가장 많은 관심을 가진 분야는 마케팅으로 특정 국가에 대한 이미지가 그 나라 상품 구매에 미치는 영향에 관한 연구에서 시작되었다. 국가 이미지를 마케팅 관점에서 본 나가시마(Nagashima, 1970)는 국가 이미지의 정의를 '특정 국가의 제품에 대하여 기업인이나 소비자가 부여하는 심상, 명성과 전형성'이라고 정의한다. 그는 이러한 관점에서 국가 이미지는 대표상품, 국가 특성, 경제, 정치적 환경, 역사와 전통 등 여러 변인에 의해 형성된다고 했다. 국가 이미지를 특정 국가의 제품에 대한 선입견과 마케팅의 강·약점에 대한 토대 위에 소비자가 특정 국가 제품으로부터 형성하는 총체적 인식(Roth & Romeo, 1992)이라고 보는 것도 마케팅 관점의 정의라고 할 수 있다.

한편 홀(Hall, 1986)과 같은 커뮤니케이션 학자들은 국가 이미지를 '어떤 국가 혹은 그 나라 국민에 대해 지니는 일반적 묘사 혹은 어떤 국가 또는 그 나라 국민에 대해 일반적으로 사실이라고 믿는 것'이라 정의한다. 마틴과 에로글루(Martin & Eroglu, 1993)는 심리학, 정치학, 사회학, 마케팅 문헌에 근거해 국가 이미지를 정의했는데, 본문에서는 이들의 정의를 받아들여 국가 이미지를 '사람이 특정 국가에 대해 가지는 기술적·추론적·정보적 차원 신념의 총합'으로 규정했다.

특정 국가에게 지니는 기술적·추론적·정보적 차원 신념의 총합인 국가 이미지는 어떻게 형성되는가? 많은 연구에서 국가 이미지는 국가의 경제적 발전, 정치적 분위기, 문화적 발전, 국가의 크기, 인구밀도, 인종과 같은 요소뿐만 아니라 여행과 상품 구매를 통한 직접적 경험 또는 매스미디어 접촉을 통한 간접적 경험 등 여러 요인에 의해서도 영향을 받는다고 밝힌다. 국가의 크기, 인구밀도 또는 인종과 같은 객관적 요소는 시간의 변화에 따라 거의 변화하지 않기 때문에 국가의 이미지를 구성하는 상수인 반면 여행과 상품 구매 경험 또는 매스미디어를 통한 간접적 경험은 대상 국가와 이미지 형성자에 따라 달라지는 변수라 할 수 있다. 인도라는 동일한 국가를 여행해도 어떤 여행자는 성자의 나라라는 이미지를 품는 반면 어떤 여행자는 무질서하고 혼돈스러운 나라라는 이미지만 갖고 온다. 이처럼 국가 이미지란 객관적인 것과 주관적인 요소가 혼재되어 있다. 개인의 경험에 기초하는 주관적 요소를 보면 여행과 같은 대인 접촉, 미디어 접촉, 그리고 상품 접촉을 통해 주로 형성된다.

먼저 대인적 접촉을 통한 국가 이미지 형성은 개인이 타국을 방문하거나 또는 그 나라 사람 또는 조직 등과 접촉함으로써 타국에 대한 이미지를 형성하는 경우다. 개인의 직접적 경험은 다른 어떤 요인보다 그 사람으로 하여금 접촉한 국가에 대한 기술적·추론적·정보적 차원 신념의 총합인 국가 이미지에 중요한 영향을 미친다.

또한 개별 국가에 대한 서적이나 뉴스, 영화와 같은 미디어를 통한 간접적 경험을 통해서도 국가 이미지 형성에 많은 영향을 받는다. 특히 대중매체를 통해 전달되는 국가 이미지는 현실을 왜곡하고 과장하는 대중매체의 속성을 지닌다. 더불어 대중매체를 통한 국가 이미지는 지구촌의 대중매체를 지배하는 소수 국가의 이해를 반영하기 때문에 대중매체를 통해서 형성된 국가 이미지는 현실을 반영하지 못하는 경우가 많다.

끝으로 상품과 서비스에 대한 접촉을 통한 이미지 형성은 특정 국가의 제품과 서비스를 경험함으로써 그 국가에 대한 이미지를 형성하는 것이라고 할 수 있다. 평소 중국에 대한 호의적 이미지를 가졌어도 중국제 상품의 질이 기대에 미치지 못할 때 중국에 대한 호의적 이미지는 감소될 수밖에 없다.

국가 이미지는 이처럼 매우 복잡한 요소에 의해 형성되지만, 한 번 형성된 국가 이미지는 고정적이지 않고 유동적이며 좋은 이미지를 만들기 위해서는 많은 시간과 노력이 필요한 특성을 가진다(김휘석, 2002; 이규완, 2001). 국가 이미지를 새롭게 형성하는 데는 많은 노력, 비용, 시간을 필요로 하지만 어렵게 형성된 이미지도 순식간에 망가질 수 있다는 것도 국가 이미지의 특성이다.

3. 국가 이미지의 영향

전술한 것처럼 국가 이미지가 국제 경쟁력에 중요한 영향을 미치기 때문에 각국 정부는 국가 차원에서 자국의 국가 이미지를 제고시키기 위해 많은 노력을 경주했다. 긍정적 국가 이미지가 국가 경쟁력 제고에 미치는 영향을 보면, 경제적 측면에서 자국 상품과 서비스의 국제 경쟁력에 기여한다는 점이다. 긍정적 이미지가 상품과 서비스에 투영됨으로써 상품에 대한 가치를 높이는 것이다. 삼성과 LG의 가전제품은 이미 세계 최정상의 제품으로 인식되어 국제 시장에서 높은 가격으로 판매되나 이를 한국 제품으로 아는 소비자보다는 일본 제품으로 인식하는 소비자가 많다고 한다. 코트라와 산업정책연구원의 '2007 국가브랜드 맵' 조사를 보면 동일한 품질에서 한국산이 100이라면 미국·일본산은 149, 독일산은 155를 받는 것으로 조사되었다. 삼성, LG가 한국 회사임을 모르는 미국인은 24%였으며 캐나다인은 66%, 인도·필리핀인은 44%나 됐다.

브랜드 조사기관인 안홀트 지엠아이 (Anholt-GMI) 가 2006년에 발표한 한국의 브랜드 파워는 조사대상 35개국 중 25위로 러시아, 헝가리, 브라질, 아르헨티나 등에도 뒤졌다. 국가 이미지의 저평가는 우리 국민이 제대로 대접받지 못하고 우리 제품이 제값을 받지 못함을 의미한다.

긍정적인 국가 이미지는 21세기 굴뚝 없는 최첨단 산업이라는 관광업 활성화에 기여한다. 관광업은 부가가치 높은 환경친화 산업이라고 일컬어진다. 특히 21세기 세계화 시대에 운송 수단의 발달로 인해 관광업은 다른 어떤 사업보다 빠른 속도로 성장하는데, 국가의 긍정적 이미지는 세계 각국으로부터 관광객을 모으는 데 크게 기여한다. 관광지에 대한 이미지 형성에는 여러 가지 요소가 작용하지만 이 중 미디어 또는 영화를 통한 뉴스와 대중문화가 한 지역의 이미지를 단기간 내에 극적으로 변화시킬 수 있다. 이러한 사례로는 동아시아 국가에서 한류에 힘입어 한국 드라마의 주요 촬영지에 동아시아 관광객들이 급증한 것을 들 수 있다.

끝으로 국제사회로부터 호의적 이미지를 지닌 국가는 그렇지 못한 국가보다 특정한 외교 정책에 대한 국제사회의 지지를 받을 가능성이 높다. 또한 다수 국가가 협상을 벌일 때 국제사회에서 좋은 이미지를 지닌 국가는 그렇지 못한 국가보다 많은 국가로부터 지지를 받을 가능성이 높다고 하겠다.

4. 한국의 국가 이미지

세계 미디어 시장의 최강자인 미국은 영화, 드라마, 잡지, 뉴스 매체 등을 통해 미국에 대한 긍정적 이미지를 확대 재생산하는 반면 한국은 전세계 주류 미디어에서는 물론 미국에서조차도 거의 주목을 받지 못하거나 설령 주목을 받아도 과거의 정형화된 이미지에서 크게 벗어나지 못하는 실정이다.

미국인들에게 비친 한국 또는 한국인에 관한 이미지를 연구·조사한 결과를 보면 미국인은 한국에 대하여 잘 알지 못할 뿐만 아니라 긍정적면보다 부정적 면이 더 많은 나라로 인식했다(한국갤럽조사연구소, 1995; 한국방송광고공사, 1996; 신호창, 1999; Coleman, 1997). 미국인에게 한국과 관련하여 연상되는 것으로는 전쟁, 군사적 위협, 빈곤, 비민주, 사회적 불안정 측면이 높게 나타났다. 미국을 포함한 외국 미디어에 투영된 한국 이미지를 보면 조사 대상이 된 국가의 미디어 특성에 따라 어느 정도 차이는 있지만 한국에 대한 공통된 이미지가 반영됨을 알 수 있다.

첫째, 국제사회에서 인지도가 낮을 뿐만 아니라 낮은 인지도도 긍정적

면보다 부정적 면에 많았다. 하지만 2000년도에 들어서면서 한국에 대한 인지도도 높아졌을 뿐만 아니라 과거에 부정적 이미지 일변도에서 긍정적 이미지가 상존하는 방향으로 변화했다.

둘째, 한국과 북한에 대한 이미지가 분리되지 않고 중첩되어 나타났다. 남한과 북한을 구분하여 인식하기보다는 한국이라는 단일 개념으로 인식의 틀을 형성함을 보여주는 것으로 이해할 수 있다. 남한과 북한이라고 구분하여 명시하는 경우는 북핵사건과 같은 특수한 상황에서만 나타났다.

셋째, 가장 관심이 많은 기사 주제는 전쟁 및 안보와 관련된 내용이었으나 근래에 들어오면서 경제와 문화의 비중이 상대적으로 높아졌다 (MacDonald, 1986; Moon, 1993; Coleman, 1997).

넷째, 한국의 이미지를 연상시키는 단어를 보면 한국전쟁, 분단국가, 월드컵, 인터넷 등이었다. 이는 한국전쟁이 끝난 지 50년이 지났음에도 불구하고 국제사회에서 전쟁의 이미지가 투영되었음을 알 수 있다. 군사 안보와 관련된 주제를 언급한 경우는 물론이고 정치, 사회, 문화 등 전쟁과 직접적으로 연관되지 않는 주제를 다루는 경우에서도 한국전쟁이 연상되는 내용을 언급하는 경향이 있다.

다섯째, 선진국에 비해 동아시아 국가에서 한국 이미지는 빠른 속도로 긍정적인 방향으로 바뀌는 중이다.

영화 속에 투영된 한국 또는 한국인의 이미지는 신문·방송과 같은 뉴스 매체에 투영된 이미지보다 더 부정적이다. 한국전쟁이 한국에 대한 부정적 이미지를 심는 데 큰 역할을 했음을 알 수 있다. 그 후에도 한국에 대한 부정적인 이미지는 크게 변화하지 않았다. 주인공인 한국 교포가 운영하는 상점을 난장판으로 만들고 한국인을 비하하는 듯한 대사로 일관하는 조엘 슈마허 감독의 〈폴링다운〉이 대한민국, 한국인에 대한

부정적 이미지를 반영한 대표적인 영화라 할 수 있다. 더 나아가 1990년
대 이후부터는 영화 속에서 북한이 핵무기를 보유한 테러국가라는 정형
화된 이미지가 고착되었다. 2000년 들어서면서부터는 저가지만 그럭저
럭 쓸 만한 상품을 만드는 나라라는 이미지가 추가된다. 이는 할리우드
영화 시장에서 한국의 비중이 늘어나고 삼성과 같은 세계적 대기업의 노
력으로 영화 속에서 한국의 이미지가 개선되는 추세를 반영하는 것이라
해석할 수 있다.

5. 한류와 국가 이미지

'한류'의 개념에 대한 정의는 매우 다양하다. 한류 자체가 의도되지 않은
국제 간 문화유통이라는 측면도 있지만 가변적이고 현재진행형의 문화
현상이라는 점에서 비롯된 면이 크다. 그러나 그간 제시된 한류의 정의
를 보면 확산 지역이나 보급된 문화 콘텐츠를 기준으로 정의하는 경우가
많다. 한류에 대한 초기 정의는 중국을 비롯한 중화문화권에서 한류가
활발한 관계로 중화문화권을 중심으로 한 동아시아에서 유행하는 문화
현상으로서 지역적 수준의 문화 현상(정상철, 2001), 중국 대륙에서 대
중가요, TV 드라마, 영화 등 한국의 대중문화가 큰 인기를 끄는 현상(이
치한·허진, 2002)으로 정의되는 경우가 많았다.

그러나 한류가 중국에 국한되지 않고 동아시아 각국으로 확산되면서
동아시아 지역에서의 한국 대중문화 붐(Jeon & Yoon, 2005), 중국을 비
롯하여 대만, 베트남, 홍콩 등 동아시아 지역에서 한국의 대중문화가 선
풍적인 인기를 끄는 현상(김정수, 2002), 중국과 동남아, 일본 등 중화권
및 아시아 지역에서 일고 있는 한국 대중문화 열기(조혜영·손미정·최금

해, 2002), 중국, 홍콩, 대만, 일본, 베트남 등지의 대학생을 중심으로 한국의 음악, 드라마, 패션, 게임, 음식, 헤어스타일 등 대중문화와 한국의 연예인을 동경하고 추종하며 배우려는 문화 현상(김설화, 2002; 한은경, 2005) 등으로 정의하기도 한다.

이들 정의를 종합하면 한류는 대상 지역이 중국에 머물지 않고 아시아에서 세계로 점차 확산되고 분야 역시 드라마, 영화, 음악 등 대중문화에서 음악, 패션 등 여러 분야로 확대되며, 대학생에 국한되지 않고 타계층으로 넓어짐을 알 수 있다. 따라서 한류란 해외에서 한국의 드라마, 영화, 음악 등의 한국 대중문화가 보급되고 이에 대한 관심과 호감을 불러일으키는 문화 현상이라고 정의할 수 있겠다(유재웅, 2007).

한류의 확산 정도와 관련해 2005년 문화관광부 보고서에 의하면 한류가 중국, 일본, 대만에서 동남아, 멕시코, 러시아 등으로 지역이 확산되고, 선호 계층도 20~30대 젊은 여성층에서 40~50대 남녀 중년층까지 확산된다고 분석했다(문화관광부, 2005).[1] 고정민(2005)은 나라마다 각기 다른 한류의 확산 현황을 〈그림 16-1〉에서 보듯이 단계별로 구분한다. 그의 한류확산 4단계론을 적용하면 중국, 베트남 등이 한국 상품 구매 단계에 이르러 한류의 확산이 가장 심화된 지역이며 일본, 대만, 홍콩 등은 파생상품 구매 단계, 멕시코, 이집트, 러시아 등은 대중문화 유행 단계이다(한은경, 2005).

다양한 영역에서 한류는 한국의 국가 이미지 형성에 영향을 미치는데, 한류의 대표 분야는 드라마이다. 한국 드라마는 미국과 일본의 상업적

---

1 문화관광부가 국무회의(2006.1.17)에 보고한 자료에 의하면, 촬영지 방문 등 한류의 직접적 수요에 의한 연간 외래 관광객이 약 60만 명(2005년 추정 외래 관광객은 6백만 명), 관광수입 약 6천억 원에 달했다고 한다.

그림 16-1 **국가별 한류 확산의 단계**

대중문화 유행	파생상품 구매	한국 상품 구매	'한국' 선호
드라마, 음악, 영화 등 한국의 대중문화와 한국 스타에 매료되어 열광하는 단계	드라마, 관광, DVD, 캐릭터 상품 등 대중문화 및 스타와 직접적으로 연계된 상품을 구매하는 단계	전자제품, 생활용품 등 일반적 한국 상품을 구매하는 단계	한국의 문화, 생활양식, 한국인 등 '한국' 전반에 대해 선호 및 동경을 하는 단계

자료: 고정민(2005).

요소를 세련되게 표현하면서도 동양적 사고와 정서, 친근한 인물 형상을 통해 공감대를 형성했으며, 동양적 도덕률에 근거한 재구성으로 동체서용(東体西用)의 실천 모델을 제시함으로써 아시아에서 한류 열풍을 주도한다.

그동안 한국 이미지 형성에서 문화가 차지하는 비중이 매우 낮았지만 한류의 빠른 확산과 인기에 힘입어 한국 이미지 형성에 문화가 차지하는 비중이 늘어나는 추세다. 성균관대 국가브랜드 경영연구소가 발표한 한국의 국가 이미지에 대한 조사 결과를 보면 조사 대상의 절반이 넘는 52.4%가 "한국 하면 문화가 떠오른다"고 대답했다. 문화 관련 항목 중에서는 음식(51.8%), 월드컵(17.8%), 영화·드라마(10.9%) 순으로 이미지가 강한 것으로 나타났다. 또한 높아지는 한국의 이미지에 걸맞게 한국 상품의 경쟁력도 좋은 평가를 받는 것으로 조사됐다. 한류에 대한 이 같은 반응을 반영해서인지 한류가 한국에 대한 국가 이미지에 긍정적 영향을 미친다는 것이 일반적 분석이다(이준웅, 2003; 유재웅, 2007).

참고문헌

강경태 (2003), 《뉴욕타임스 기사에 나타난 한국 국가 이미지 변화》, 동아시아국제정치학회(구 영남국제정치학회).

고정민 (2005), 한류 지속과 기업의 활용 방안, *CEO Information*, 503호, 삼성경제연구소.

김상민 (2003), 할리우드 영화에 나타난 한국: 이미지의 왜곡과 변화, 〈미국사연구〉, 18호, 241~268.

김설화 (2002), 《중국의 '한류' 현상과 그 수용에 관한 연구》, 서울대 석사학위 논문.

김정수 (2002), 한류현상의 문화산업정책적 함의: 우리나라 문화산업의 해외진출과 정부의 정책지원, 〈한국정책학회보〉, 11권 4호.

김휘석 (1998), 《국가 브랜드 이미지 제고 방안》, 산업연구원.

산업자원부 (2007), 《2007 국가브랜드 맵》.

신호창 (1999), 해외홍보 및 광고전략 수립을 위한 1995~1997 미국 언론에 나타난 국가 이미지에 관한 고찰, 〈광고연구〉, 44호.

염성원 (2003), 한국의 국가 이미지 연구동향에 관한 연구, 〈광고학연구〉, 14권 3호.

유재웅 (2007), 《한국 드라마 시청이 국가 이미지 형성에 미치는 영향: 중국 및 일본 시청자 조사를 중심으로》, 한양대 박사학위 논문.

이규완 (2001), 미국, 일본, 스위스, 독일, 프랑스의 국가 이미지와 상품이미지의 변화에 관한 연구: 1984년과 2001년의 비교, 〈광고학연구〉, 12권 4호.

이준웅 (2003), 한류의 커뮤니케이션 효과: 중국인의 한국 문화상품 이용이 한국에 대한 인식과 태도에 미치는 영향, 〈한국언론학보〉, 47권 5호.

이치한·허 진 (2002), 한류(韓流)현상과 한·중 문화교류, 〈중국연구〉, 30호.

정상철 (2001), 《한국 대중문화산업의 해외진출을 위한 지원방안 연구: 한류(韓流)의 지속화 방안을 중심으로》, 한국문화정책개발원.

조혜영·손미정·최금해 (2002), 《중국 청소년들의 한류 인식 실태에 관한 연구》, 한국청소년개발원.

채예병 (2006), 한류가 한국관광 이미지에 미치는 영향 연구: 일본인 관광자들을 대상으로, 〈관광정책학연구〉, 12권 1호, 63~78.

한은경 (2005), 한류의 소비자 지각상 경제적 파급효과: 한류 파생 문화산업 및 한국 소비재산업에 대한 영향력을 중심으로, 〈한국방송학보〉, 19권 3호, 325~360.

Anholt-GMI (2006), *Nation Brand Index*.

Boulding, K. E. (1959), National image and international system, *Journal of Conflict Resolution*, June, 120~131.

Hall, C. P. (1986), National images: A conceptual assessment, Paper presented to the International Communication Association, Boston.

Jeon, G. C. & Yoon, T. J. (2005), Realizing the Korean Wave into an asiatic cultural flow, 〈한국방송학보〉, 19-3S.

Martin, I. M. & Eroglu, S. (1993), Measuring a multi-dimensional construct: Country Image, *Journal of Business Research*, 28, 191~210.

Nagashima, A. (1970), A comparison of Japanese and U.S. attitudes toward foreign products, *Journal of Marketing*, 34(1), 68~74.

Roth, M. S. & Romeo, J. B. (1992), Matching product category and country image perceptions: A framework for managing country-of-origin effects, *Journal of International Business Studies*, 23(3), 477~498.

17

미디어와 공자학원을 통해 본
중국 소프트파워 확대 전략과 그 한계

황상재

1. 소프트파워의 강대국으로 부상하고자 하는 중국

G2 국가이자 빠른 속도로 국제무대에서 영향력을 확대하고 있는 중국이 경제력과 군사력에 이어 이제는 자국의 오래된 문화적 자산을 바탕으로 소프트파워의 확장에 나서는 현실을 각 국가의 우려와 기대가 교차되는 시선으로 바라보고 있다. 이른바 '소프트파워' 연구의 대가인 조지프 나이(Joseph S. Nye, Jr.) 교수가 〈월스트리트저널〉 기고문에서 전 세계적으로 확산되는 중국의 소프트파워에 미국이 전략적으로 대응해야 한다고 경고하는 것까지 감안하면, 중국의 경제적 성장과 확대되는 소프트파워가 현 국제질서에 가져올 수 있는 파장이 적지 않음을 알 수 있다(김애경, 2008).

소프트파워란 1990년 나이에 의해 제기된 개념으로 군사력이나 경제제재 등 물리적으로 표현되는 힘인 하드파워에 대응하는 개념이다. 나이는 타인(타국)의 행동에 영향을 미치는 방법을 기준으로 파워를 '하드'와 '소프트'로 구분했다. 군사력이나 경제력과 같은 하드파워를 통해 타국에 영향을 미칠 수 있지만 제도, 가치, 문화 등과 같은 소프트파워를 통해서도 원하는 결과를 얻을 수 있다는 것이 나이의 주장이다(김동하, 2011 재인용).

소프트파워를 지닌 국가는 국제 정치 무대에서 의제를 설정하는 능력을 행사할 수 있으며 국제사회에서 자국 행위의 정당성과 도덕성을 확보하는 데 유리하다. 나이는 미국이 쇠퇴하고 있다는 주장을 반박하면서 미국은 하드파워에 속하는 군사력과 경제력뿐만 아니라 제도, 가치, 문화 등과 같은 소프트파워 역시 세계 최강이라고 주장했다. 그는 또한 파워의 특징이 변화한다는 사실도 강조했다. 과거에는 국가의 파워에서 군사력, 경제력과 같은 하드파워 자원의 비중이 절대적이었지만, 정보화 시대에 들어서면서 소프트파워 자원과 이것이 창출하는 중요성이 점점 더하다는 것이다.

나이에 의해 주창된 소프트파워의 개념은 역사적으로 강대국 경험이 있는 중국에게 매우 신선하게 받아들여져 1990년대부터 중국 내 관련 학계에서 활발히 논의되었다. 그리고 2007년 중국 공산당 제 17차 전국대표대회에서 후진타오(胡錦濤) 총서기가 발표한 정치보고 문건에 소프트파워가 포함되어 국가 최고 정책결정 라인의 승인을 얻은 후 소프트파워 경쟁력 증진이 중국 정부의 중요한 정책 과제가 되었다. 이후 중국 정부는 국제무대에서 중국의 소프트파워를 증대시키기기 위한 국가 차원의 다양한 정책을 펼쳤다(이영학, 2010; 변창구, 2014).

후진타오에 이어 등장한 시진핑 국가주석은 2012년 국가주석에 취임한 이래 크고 작은 공식 행사에서 소프트파워의 중요성을 역설하면서 경제적 면에서는 미국과 더불어 '주요 2개국'(G2)으로 위상을 확보한 중국이 이제는 문화의 주도권까지 쥐겠다는 의도를 숨기지 않고 있다.[1]

2. 왜 소프트파워인가?

소프트파워는 나이가 1990년에 《미국이 나갈 의무》(*Bound to Lead*)를 발행하면서 처음 제기한 이후 2004년 발행한 《소프트파워》(*Soft Power*)라는 단행본에서 그 개념이 구체적으로 제시되었다(김동하, 2011). 그에 의하면 하드파워는 군사력과 경제력이다. 하드파워를 통해 다른 나라를 변화시킬 수 있지만 이를 동원하지 않고도 원하는 것을 얻을 수 있는데, 그것을 가능케 하는 것이 소프트파워다. 소프트파워는 군사적 강압 (*coercion*)이나 경제적 보상(*payment*)이 아니라 매력(*attraction*)을 통해 타국의 선호(*preference*)에 영향을 미쳐서 자국이 원하는 것을 얻을 수 있는 능력을 말한다.

앞에서도 언급했듯 《미국이 나갈 의무》라는 책에서 나이는 미국의 패권 쇠퇴론에 반론을 피력하면서 미국의 패권, 군사력, 경제력을 지표로 본다면 상대적으로 쇠퇴하는 것이 사실이지만, 소프트파워라는 개념으로 보면 여전히 미국이 세계를 주도할 역량이 있다고 주장했는데 그의 주장은 학계는 물론이고 국제무대에서 많은 관심을 불러일으켰다. 나이의 주장에 따르면 미국의 소프트파워는 미국의 문화, 정치적 가치관, 대외정책이라는 3가지 자원에 의해 만들어진다. 즉, 문화자원으로 미국의 고급문화와 대중문화, 미국의 정치적 가치관으로는 민주주의와 인권 그리고 미국의 대외정책 내용과 스타일이 일부 국가나 지역에서 반감을 불러일으키기도 하지만 전반적으로 전 세계적 차원에서 매력을 느낀다는 것이다.

프랑스의 외무장관을 역임한 어느 인사는 미국이 강력한 힘을 가진다

---

1 http://www.hankyung.com/news/app/newsview.php?aid=2014010123541

는 것은 미국인들이 "영화와 TV를 통해 글로벌 이미지를 좌지우지하는 식으로 다른 나라 사람들에게 꿈과 희망을 심어줄 수 있고, 또한 같은 이유로 수많은 외국 학생들이 연구와 학업을 성취하기 위해 미국으로 몰려들기 때문"이라고 밝혔다(김동하, 2011).

그리고 나이는 파워의 특징이 변화함을 강조했다. 과거에는 한 국가의 파워에서 군사력, 경제력과 같은 하드파워 자원이 차지하는 비중이 절대적이었지만 정보화시대에 들어서면서 소프트파워 자원과 이것이 창출하는 매력적인 파워의 중요성이 점점 더해진다는 것이다. 인터넷과 모바일과 같은 정보통신 기술의 발전과 확산으로 소프트파워 자산이 국경을 가로질러 확산이 용이해지고 이용도 편리해져 소프트파워의 확대로 나타난다는 것이다.

21세기에 들어서서 소프트파워가 부각되는 또 다른 배경에는 2009년 1월 출범한 미국 오바마 정부의 달라진 대외정책에서 찾을 수 있다. 오바마 정부는 그 이전의 부시 정부가 추진했던 정책에 대한 반성에서 다른 대외정책 기조를 채택했는데 이는 하드파워와 소프트파워를 결합한 스마트파워 추구 정책이다. 나이와 리처드 아미티지 등이 주도한 '스마트파워위원회'가 내놓은 스마트파워란 개념에는 2001년 9·11 테러 이후 미국이 세계 최강의 군사력의 위력을 전 세계에 보여줬으나 국제사회에서 미국에 대한 반감을 크게 불러일으켜 미국의 리더십이 위협받는 수준에 이르렀다는 인식이 깔려 있다. 또한 걸프 전쟁과 이라크 전쟁 등에서 미국은 압도적인 군사력 우위로 전쟁에서 일방적 승리를 거두었으나 미국의 패권주의적 행태와 오만함으로 인해 우방국에서조차 반미주의가 고조되고 테러가 심화되는 현실로 인해 소프트파워 개념이 다시 주목을 받기 시작하게 된 배경이 있었다.

즉, 스마트파워란 군사력과 경제력에 의존하는 하드파워만으로는 국제사회에서 리더 자리를 유지하기 어렵다는 판단에서 하드파워와 미국의 매력, 문화, 외교력 등이 포함한 소프트파워를 적절히 결합해 미국의 리더십을 효율적으로 사용하겠다는 구상을 의미한다(김상배, 2009).

3. 중국에서의 스마트파워 출현 배경

중국의 소프트파워 대외전략 목표는 '중국 위협론'(*China threat theory*)과 같은 반(反) 중국 여론을 불식시키고 국제사회에서 '책임지는 대국'으로서의 국가 이미지 제고다. 중국의 강대국화를 위해서는 미국, 일본을 비롯한 국제사회의 '중국 위협론'과 같은 반(反) 중국 여론을 잠재우고, '중국 기회론'(*China opportunity theory*)과 같은 친(親) 중국 분위기를 이끌어낼 필요성이 있다(이영학, 2010). 중국이 국제사회로부터 인정받으면서 우호적인 국제환경 속에서 강대국화의 국가발전 목표를 실현하기 위해 적극적으로 추진하는 전략적 수단이 바로 소프트파워다. 중국의 소프트파워에 대한 보다 적극적인 관심은 나이의 인식에서도 잘 보인다.

2005년 말 말레이시아와 중국의 주도로 성사된 '동아시아정상회의'(EAS)는 이태까지 중국의 소프트파워에 특별히 주의를 기울이지 않았던 나이로 하여금 중국의 소프트파워가 긴급히 다뤄져야 할 사안이라는 인식을 갖게 했다. 2005년 12월 14일 말레이시아의 쿠알라룸푸르에서 아세안 10개국과 한·중·일 및 인도·호주·뉴질랜드의 16개국 정상이 모여 역사적인 제1차 동아시아정상회의를 개최했다. 세계 유일의 초강대국 미국을 배제한 채 동아시아 공동체 건설을 위한 발걸음을 내디딘 동아시아정상회의에서 제외된 미국은 소외감을 느낄 수밖에 없었다.

동아시아정상회의를 주목했던 나이는 중국과 인도의 소프트파워가 미국과 일본 그리고 EU의 파워를 대체할 가능성이 있다고 진단한 바 있다. 〈월스트리트저널〉 아시아판에 게재한 글에서 나이는 지난 한 세기 동안의 급속한 GDP 성장에 힘입은 중국의 정치·경제적 성공이 많은 개도국들로 하여금 매력을 갖게 만들었으며 새로운 가치인 '베이징 컨센서스'를 확산시켰다고 주장했다. 그리고 그는 경제 원조와 점증하는 시장 접근을 통해 중국이 이러한 매력을 강화했다고 평가했다(〈조선일보〉, 2005. 12. 30).

중국의 소프트파워 전략은 관련 학계에서 활발히 논의된 후 2007년 중국 공산당 제 17차 전국대표대회에서 지도부가 공식적으로 소프트파워의 중요성을 확인했다. 이후 중국 정부는 다양한 정책을 통해 중국의 소프트파워 강화 정책을 추진하는데 이 장에서는 주로 미디어와 공자학원을 중심으로 이루어지는 중국의 소프트파워(전가림, 2010) 현황 및 한계를 중심으로 살피고자 한다.

1) 미디어

소프트파워를 전파하는 가장 강력한 무기는 미디어다. 2009년 세계 최초로 미디어 정상회의(WMS: *World Media Summit*)가 전통적인 미디어 강국인 서방 국가가 아닌 중국의 베이징에서 개최되는 것은 중국 정부가 경제뿐만이 아닌 미디어 분야에서도 중심국으로 성장하려는 중국 정부의 의지를 보여주는 국제적 사건이었다. 제 1회 미디어 정상회의에는 69개국의 170여 개 방송·통신·신문·인터넷 매체의 4백여 명의 대표들이 참석했는데 이 자리에는 루퍼트 머독 뉴스코퍼레이션그룹 회장, 토머스 컬리 AP 사장, 리충쥔 중국 신화통신 사장, 마크 톰슨 영국 BBC 사장 등 세계 거대 미디어 기업 대표들도 대거 참여했다.

그동안 중국 정부는 세계적인 헤게모니를 장악한 서방 미디어들이 뉴스나 영화와 같은 문화 콘텐츠를 통해 중국에 불리한 보도를 하고 중국의 이미지를 훼손시켰다는 불만을 숨기지 않았다. 중국 정부는 앞으로 미디어를 통해 국제무대에서 서방의 시각이 아닌 중국의 시각에서 중국과 세계의 뉴스를 전 세계 시청자들에게 전달함으로써 자국의 이미지를 개선하고 소프트파워를 확대시키겠다는 구상을 하나 둘씩 실천하고 있다.

2008년 9월 후진타오 주석은 〈인민일보〉(人民日報)를 방문한 자리에서 "중국의 국가 위상에 걸맞게 언론 매체의 세계화 역량을 강화하라"고 지시한 바 있다. 이에 신화통신, CCTV(China Central Television), 〈인민일보〉 등 3대 메이저 언론의 해외 취재망 확충에 무려 450억 위안(9조 원)의 예산이 배정되었는데 이후 매년 5백억 위안(약 8조 5천억 원)이 투자되었다(전가림, 2009).

중국의 영향력이 커짐에 따라 세계적으로 번지는 반(反) 중국 정서와 중국 위협론에 맞서 친중국적인 국제 여론을 만들기 위해서도 세계적인 서방 미디어에 준하는 미디어 기업을 키워 국제무대에서 중국의 영향력, 즉 소프트파워를 강화하자는 핵심 전략의 일환이다. 중국 미디어의 세계화는 ① 신화통신(新華社), ② CCTV, ③ 〈인민일보〉를 중심으로 이루어지고 있다.

(1) 신화통신

중국 관영통신인 신화통신의 글로벌화 목적은 국제뉴스의 헤게모니를 장악한 AP, 로이터, AFP와 경쟁할 수 있는 국제 통신사로 발전하는 것이다. 이를 위해 신화통신은 정부의 지원에 힘입어 세계 각국에 지국과 전문인력을 확대하고, 관련 기술과 같은 하드웨어에 대한 투자를 비약적으로 확대했다.

80년 역사의 신화통신은 2009년도 뉴욕타임스 광장의 한 고층건물에 본부를 둔 24시간 영어 뉴스 방송국을 개국했다. 또 해외지국을 120개에서 200개로 늘리고, 해외 특파원을 6천 명으로 증원한다는 계획을 발표했다. 또 서양 언론기관에 뒤질세라 자사의 뉴스와 만화, 경제 정보, 오락 프로그램을 24시간 제공하는 iOS용 애플리케이션도 내놓았다.[2]

또한 정부의 적극적 지원에 힘입어 2010년 1월 1일에는 '중국판 CNN'을 표방하며 중국 신화뉴스 TV 네트워크인 CNC(China Xinhua News Network Corporation)를 탄생시켰다. CNC는 24시간 뉴스채널로 "전 세계 시청자들에게 중국적 시각을 갖춘 국제뉴스와 국제적 시각을 갖춘 중국 뉴스의 전달"을 목표로 만들어졌다. CNC는 기본적으로 아시아, 태평양, 북미, 유럽 지역에서 송출되는 위성방송의 형태지만 최근 인터넷이나 휴대전화 등 다양한 미디어를 통해 중국의 관점으로 재구성된 뉴스를 세계인에게 전파한다(주춘렬, 2012). 2011년 12월에는 CNC를 홍콩 증시에 우회상장을 하면서 해외 사업에 속도를 내고 있다.

신화통신의 세계 시장 확대 노력에 힘입어 세계 많은 국가의 미디어들이 신화통신 뉴스를 이용하는데, 가장 큰 이유는 우선 비용이 저렴하다는 것이다. 현재 대다수 국가의 언론사가 재정난에 봉착해 지국을 폐쇄하고 기자를 감원하는 현실에 직면했다. 세계 통신사 중 가장 영향력이 큰 AP조차도 직원을 감축하고 해외지국을 축소하는 등 구조조정에서 예외가 아니지만 이익 창출의 부담이 없는 신화통신은 계속 규모를 키우고 있다. 따라서 신화통신은 중국의 공장들이 저가 상품 부문에서 했던 역

---

2 그동안 중국 관영 통신사는 잦은 왜곡 보도로 이미지가 썩 좋지 않았지만 신화통신의 새로운 실험을 통해 '싼 뉴스'라는 측면에서 언론의 새로운 미래를 제시한다(《중앙일보》, 2010년 9월 7일 기사에서 인용).

할을 언론에서 할 가능성이 있다. 일상에 꼭 필요한 상품을 누구보다도 싼 값으로 세계 시장에 내놓는 일이다. 스탠더드 앤 푸어스의 미디어 분석가 튜나 아모비는 "그건 대단한 경쟁력"이라고 말했다.[3]

　AP, 로이터, AFP 등 세계적인 통신사는 보통 한 언론기관에 자사의 모든 기사를 이용할 수 있는 권한을 제공할 때 수십만 달러의 이용료를 받는 반면 신화통신은 그 가격이 수만 달러에 불과하다. 게다가 신화통신은 이용료를 지불할 형편이 못 되는 언론기관엔 콘텐츠와 장비, 기술 지원 등 모든 것을 무료로 제공하는 지원 프로그램을 운영한다.

　신화통신이 제공하는 국제뉴스를 이용하는 미디어들이 늘어나는 또 다른 이유는 다변화된 지구촌 시대에 기존의 전통적 국제뉴스 통신사 외에 다른 뉴스 출처원을 필요로 한다는 이유도 작용한다. 현재 신문 판매는 증가 추세일 뿐 아니라 비(非) 서양적 시각의 뉴스를 필요로 하는 중동과 아프리카 등 개도국의 언론기관들로서는 신화통신이 대안으로 떠올랐다. 최근 신화통신은 쿠바와 몽골, 말레이시아, 베트남, 터키, 나이지리아, 짐바브웨 등지의 국영 언론기관과 뉴스 공급 계약을 맺는 등 아프리카와 아시아 다수 국가의 주요 뉴스원으로 떠올랐다.[4]

　하지만 신화통신의 보도가 공정하고 균형 잡혔는가에 대한 논란이 끊임 없이 제기된다(Zhang Xiaoling, 2012). 특히 대만이나 티베트 같은 민감한 이슈나 중국 정권의 내정에 관한 뉴스는 공산당 정부의 공식 입장과 크게 다르지 않다. 하지만 알 자지라나 폭스 뉴스, MSNBC가 각각의 뉴스 가치에 따라 서로 다른 입장의 뉴스를 전달하는 것처럼 신화통신의 뉴스 가치도 하나의 서로 다른 뉴스 판단 기준일 뿐이라는 견해도 있다.

3　http://money.joins.com/news/article/article.asp?total_id=4439676&ctg=1101
4　http://money.joins.com/news/article/article.asp?total_id=4439676&ctg=1101

(2) CCTV

중국의 국가주도형 소프트파워 전파 노력은 이미 무시하지 못할 성과를 거두었는데 가장 주도적 역할은 국영방송국인 CCTV의 몫이다.

1992년 CCTV는 해외에 거주하는 화교를 대상으로 중국어 위성방송을 시작했으며 2000년에는 외국의 시청자들을 직접 대상으로 하는 24시간 영어 전용방송을 시작한 이래 점차 외국어 채널을 늘려 스페인과 프랑스, 아랍, 러시아 그리고 포르투갈에 이르기까지 다양한 언어로 국제방송을 한다. 2012년에 CCTV는 미국의 심장부인 워싱턴에 북미뉴스센터를 출범시켜 미국의 긴급 뉴스를 주로 보도하는 등 자체 생산 콘텐츠를 제작 및 방송한다. 같은 해에 중국과의 전략적 이해관계가 큰 아프리카에는 나이지리아, 케냐에 CCTV-아프리카를 설립하여 중국의 이미지 제고에 앞장선다. 2015년 말까지는 유럽과 아시아·태평양 지역에도 뉴스제작센터를 설립할 계획이다. 특히 CCTV-아메리카의 목적은 미국을 비롯한 서방 시청자들에게 서방 미디어가 제공하는 시각이 아닌 중국 시각에서 바라보는 국제적 사건, 특히 북미와 남미에서 발생하는 사건에 대한 대안적 시각을 제공하려는 것이다. CCTV의 해외 확장 전략은 3단계를 걸쳐 이루어진다.

① 해외 거주 화교를 대상으로 한 중국어 위성채널
② 주요 서방국의 시청자를 직접 대상으로 하는 영어채널
③ 지구촌 시청자들을 대상으로 한 영어채널에서 다양한 언어를 사용하는 채널로 확대(Lee Claire Seungeun, 2013)

현재 3단계 전략인 CCTV는 인력 구성에서부터 프로그램 제작에 이르기까지 종래의 CCTV와는 확연히 차이가 난다. CCTV-아메리카는 해외

지국 중 가장 큰 지국으로 2013년 130명에서 출발해 2014년에는 300명으로 증원되었는데, 그 중 2/3가 비중국인들로 대부분 CCTV-아메리카로 옮기기 전에 CNN, 로이터, AP, BBC 등 서방 엘리트 미디어에 근무한 경력이 있다. 다른 특이점으로는 현장 특파원들 대부분이 비백인들이며 뉴스 호스트들도 다양한 아프리카 출신 미국인, 아시아 및 중동 출신 미국인 등 다양한 인종으로 구성되어 있다는 점이다. 이러한 인적 구성은 전통적인 미국 미디어 종사자들과 호스트들 다수가 백인들이라는 점에서 차별성이 있다(*The guardian*, 2011. 12. 8).

최근 CCTV 유럽본부 발표 자료에 따르면 CCTV 국제방송은 2013년 말 현재 70개 해외지사에 직원 446명을 두고 있다. 이는 2010년 49명에서 10배 가까이 증가해 빠른 속도로 인원이 증가했음을 알 수 있다. CCTV 국제방송은 반서구 성향이 뚜렷한 알 자지라나 러시아 해외 방송인 러시아투데이에 비해 가치중립적이라는 평가를 받는다. 그 중에서도 CCTV-아프리카는 중국 소프트파워 전파의 성공 모델로 손꼽히는데 아프리카 국가에 방송 인프라와 콘텐츠를 공급하며 자원외교를 위한 교두보로 활용된다. 〈뉴욕타임스〉의 최근 보도에 따르면 중국은 아프리카에서 적극적으로 TV 연예 프로그램이나 드라마 등을 전파하고 CCTV를 개국하는 등 미디어 공세를 퍼붓는데 예를 들면 2011년 아프리카 최대 방송 콘텐츠 전시회인 '디스콥 아프리카'(DISCOP Africa)에 참가한 중국 기업은 2개 사에 불과했지만 1년 만인 2012년에 10개 사로 늘어났다.[5]

---

5 http://www.munhwa.com/news/view.html?no=2015012301033330126001

(3) 〈인민일보〉

1948년에 창간된 〈인민일보〉는 중국 공산당의 이론 및 방침, 중국 정부의 정책과 중대한 의사 결정을 언제나 최초로 대외에 알리는 해외에서 가장 많이 구독되는 중국 신문이다. 〈인민일보〉는 사회주의 정권 수립을 코앞에 둔 1949년 8월 공산당의 공식 기관지로 승격됐었는데 1985년에 들어와서는 중국어뿐만 아니라 영어·일본어·프랑스어·러시아어 등 6개 외국어판도 발행해 해외 구독자를 겨냥하는 글로벌 매체로 성장할 수 있는 토대를 갖추었다. 2011년 11월 현재 〈인민일보〉 본지(국내판), 〈인민일보〉 해외판, 인민망(人民網, 인터넷 뉴스) 3개로 나뉜다. 자매지로는 〈환구시보〉(環球時報), 〈환구인물〉(環球人物), 〈전자신문〉(電子報), 〈생명시보〉(生命時報), 〈건강시보〉(健康時報), 〈국제금융신문〉(국제금융보) 등 20개에 이른다. 해외에 32개의 지사를 운영하며 1백여 개 국에서 신문이 발행된다.

1997년 1월 1일에 창설된 '인민망'(people.com.cn)은 뉴스를 중심으로 구축된 〈인민일보〉의 대형 온라인 정보교환 플랫폼이자 세계 최대의 온라인 포털이다. 그동안 인민망은 중국어·몽골어·티베트어·위구르어·카자흐어·조선어·이족어·장족어·영어·일본어·프랑스어·스페인어·러시아어·아랍어 등 14가지 언어로 정보를 제공했다. 한국어는 외국어 서비스 중 7번째로 추가되었다. 인민망은 2012년 4월 중국 매체로는 처음으로 상하이 증시에 상장되었다. 상장 첫 날에는 주가가 74%나 뛰어올라 〈뉴욕타임스〉의 시가총액을 초월할 정도로 미래의 성장 가능성을 인정받고 있다.[6]

---

6 http://kr.people.com.cn/7597983.html

2) 공자학원

소프트파워에서 문화가 차지하는 비중은 매우 큰데 그 중에서도 언어의 힘이 대표적이다. 아직 한글도 모르는 유치원생에서부터 초·중·고등학생, 취업을 준비하는 대학생, 승진을 목표로 하는 직장인들에 이르기까지 국민들의 절대 다수가 영어 점수를 높이기 위해 혈안인 우리 사회의 현실을 보면 언어가 가지는 소프트파워의 위력을 실감할 수 있다.

영어 다음으로 전 세계적으로 위상이 높아진 언어는 중국어다. 국제무대에서 경제적 파워가 높아진 중국을 알고자 하는 움직임이 중국어 열풍으로 이어지고 있는데 이러한 열풍의 중심에는 중국 정부가 주도적으로 추진하는 공자학원 확대 정책이 있다. 공자학원은 중국어 세계화 정책의 일환으로 전 세계 주요 국가에 설립되는 중국어 및 중국 문화 교육기관으로 중국의 소프트파워 전략의 상징적 존재다.

중국 정부는 공자학원의 보급 정책을 수립하여 각국에 중국어와 문화를 전파하기 위한 많은 투자를 아끼지 않는다. 2004년 11월 21일 서울에 첫 공자학원이 개소한 이래 2014년 현재까지 전 세계 123개 국가에 465곳의 공자학원과 그보다 규모가 작은 공자학당 713곳이 개설되었다. 설립된 지 불과 10년 만에 이처럼 빠르게 공자학원이 확산될 수 있었던 것은 중국의 체계적인 소프트파워 정책과 대규모 재정 지원이 있었기 때문이다. 〈인민일보〉 보도에 의하면 시진핑 주석은 "공자학원이 지난 10년간 국가 간 우의 증진에 크게 기여했고, 세계에 기쁨을 선물했으며, 앞으로도 더 넓은 범위에서 문명여행을 선사할 것"이라고 하면서 공자학원을 활용한 소프트파워 외교정책을 강력히 추진하겠다는 의지를 분명히 밝혔다. 또한 공자학원의 실무 책임자인 국가한판(國家漢辦)의 마젠페이(馬箭飛)는 "2015년까지 공자학원은 5백 곳, 공자학당은 1천 곳을 확대하여 설립할 것"이라고 발표했다(변창구, 2014. 10. 10 재인용).

중국어의 소프트파워가 극명하게 드러난 것은 2008년 베이징올림픽이었다. 당시 개막식의 입장 순서는 중국 간체자(簡體字) 획수에 따라 정해졌다. 과거 올림픽 개최국이 참가국 선수단의 입장 순서를 현지 발음의 알파벳순으로 정했던 관행과는 완전히 다른 것이었다. 한자와 중국어를 알파벳이나 영어에 버금가는 세계 표준 언어로 내세우려는 욕심을 숨기지 않았다(이장훈, 2009. 1. 1 재인용). 최근 유럽과 미국에서는 중국어 배우기 열풍이라고 할 정도로 대학교 교육뿐만 아니라 초등학교 단위까지 중국어 열풍이 분다고 한다(Financial Times, 2011. 10. 20 재인용).

외국인 유학생 숫자는 한 나라의 소프트파워를 보여주는 지표 가운데 하나다. 중국 정부가 안으로는 외국인 유학생들을 적극 지원하고 밖으로는 중국 대학의 해외 진출을 장려하는 방식으로 교육을 통한 소프트파워 확대에 공을 들인다. 2011년 말 기준 중국 내 전체 외국인 유학생 수는 총 29만 명으로 1년 전보다 10% 증가했다. 2001년에는 6만 명이었던 중국 내 유학생 수가 2011년에는 전년 대비 140% 증가한 29만 명에 달했다.[7] 중국 내 유학생들을 출신 국가별로 보면 한국과 미국이 가장 많고 일본, 러시아, 인도네시아, 인도 등이 그 뒤를 이었다. 전문가들은 "해외 유학생 유치는 중국 정부가 공을 들이는 전략"이라며 "장학금과 교육 시설에 대한 투자를 늘려 중국 문화와 중국어에 대한 외국인들의 이해를 높임으로써 중국의 소프트파워 확대를 꾀하고 있다"고 주장한다. 중국정부는 국내 대학에서 공부하는 유학생 수를 2020년까지 50만 명으로 늘리는 계획을 세우고 있다(변창구, 2014).

특히 중국이 유학생 유치에 적극적인 지역은 아프리카다. 중국의《아

---

7 http://www.asiae.co.kr/news/view.htm?idxno=2013053111181131945

프리카 백서》에 따르면 중국은 아프리카 각 국가와 협력을 모색할 때 정치적 동등, 경제적 상호협력, 신뢰 구축 등 3대 정신을 강조한다. 백서에는 아프리카의 군사인재 육성, 유학생 교환, 중국어 교육 지원, 중국 기업의 투자 장려, 채무 경감 등의 내용이 있다. 이에 따라 중국은 매년 3천여 명의 아프리카 학생과 전문직, 공무원을 국비유학생으로 초청했고, 앞으로 이 숫자를 10배로 늘릴 계획이다. [8]

4. 중국 소프트파워 확대 전략의 성과와 한계

후진타오 체제 이래 국가적 차원에서 수행된 중국 소프트파워 전략의 성과는 어떠한가? 중국의 소프트파워 확산 전략에 최초로 주목을 한 나이는 중국이 국제무대를 중심으로 소프트파워를 높이기 위한 많은 노력을 기울이지만 기대만큼의 성과는 내지 못하리라 예측한 바 있다. 하지만 지금까지 전반적 평가는 엇갈린다.

한 국가의 소프트파워에 핵심적인 역할을 수행하는 것이 할리우드 영화와 같은 문화산업인데 중국의 문화산업 경쟁력은 매우 취약하다. 물론 중국 정부도 영화나 방송과 같은 문화 콘텐츠의 중요성에 주목해 많은 정책적 지원과 투자를 늘리지만 콘텐츠에 대한 검열과 사상적 통제가 심한 중국의 정치 · 사회적 시스템을 고려할 때 중국의 영화나 방송과 같은 문

---

8 재중 유학생을 통해 소프트파워를 키우는 중국 (2013. 6. 12), http://hwaryu.com/ 2013/
06/12/%EC%9E%AC%EC%A4%91-%EC%9C%A0%ED%95%99%EC%83%9D%EC
%9D%84-%ED%86%B5%ED%95%B4-%EC%86%8C%ED%94%84%ED%8A%B8%
ED%8C%8C%EC%9B%8C%EB%A5%BC-%ED%82%A4%EC%9A%B0%EB%8A%9
4-%EC%A4%91%EA%B5%AD

화적 콘텐츠가 세계적 경쟁력을 갖기에는 한계가 있을 수밖에 없다.

앞서 공자학원에 대한 언급에서 알 수 있듯이 중국 경제의 고도성장에 힘입어 중국어를 배우고 중국 대학에 유학을 오는 외국인이 빠른 속도로 늘고 있다. 하지만 국제무대에서 공자학원을 중심으로 한 중국어 확산 전략은 벌써부터 곳곳에서 암초에 부딪치고 있다.

공자학원을 받아들인 미국 대학 중 시카고대학은 2014년도 들어서면서 최초로 공자학원 퇴출운동을 주도했다. 퇴출운동을 주도한 교수들은 "캠퍼스 내에 공자학원을 받아들임으로써 기존의 학문적 가치에 반하는 정치적·계몽적 프로젝트에 휘말리게 되었다"고 주장했다. 시카고대학 역사·종교학과의 브루스 링컨 교수는 "공자학원은 중국 정부의 지원금과 감독을 받기 때문에 표현과 신념의 자유를 제한하는 중국 정부의 통치방식이 프로그램의 학문적 영역에까지 영향을 미친다"면서 "중국 정부가 직접 고용한 공자학원 교수진은 정치적으로 금기시되는 문제들, 즉 대만이나 톈안먼 사태, 민주화 운동, 티베트 문제 등을 외면하도록 훈련됐다"고 말했다(연합뉴스, 2014. 5. 6).

4만 7천 명의 회원을 둔 미국 대학교수 평의회도 2014년 6월 미국 1백 개 대학에 공자학원 퇴출을 요구하는 성명을 발표했다. 당시 이를 보도한 〈뉴욕타임스〉와 〈인민일보〉는 공개 비난전을 벌이기도 했다. 즉, 〈뉴욕타임스〉 기사가 정치적 편견으로 공자학원을 음해한다는 것이었다(연합뉴스, 2014. 6. 19). 하지만 미국에 이어 캐나다와 유럽 대학들도 잇따라 공자학원을 퇴출시키는 결정을 내렸다. 캐나다 최대 학군을 관할하는 토론토 교육청도 공자학원과의 계약을 취소하고, 북유럽에서도 공자학원을 2005년도에 최초로 유치한 스웨덴 스톡홀름대학이 2015년도 6월 30일에 공자학원을 폐쇄하기로 결정했다고 한다.

세계 미디어 경쟁에서 우위를 점하기 위해 막대한 투자를 아끼지 않는 미디어 분야에서의 성과를 아직 평가하기는 이르지만 남미, 동남아시아, 아프리카 지역에서 점차 중국의 영향력이 늘어나는 것은 사실이다. 특히 이들 중 미국 주도의 시장주의의 워싱턴 컨센서스에 따른 경제발전 모델이 자국에 경제적 낙후와 혼란, 경제종속을 가져왔다는 인식하에서 국가 주도의 중국식 발전모델에 주목을 하는데 그로 인해 중국 글로벌 미디어 영향력이 확대되고 있다(Lee Claire Seungeun, 2013).

하지만 중국 공산당 정부의 직접적인 통제와 검열에서 자유롭지 못한 중국 글로벌 미디어의 뉴스와 콘텐츠가 아프리카, 남미 및 동남아시아 등 일부 국가의 한계를 벗어나 전 세계적으로 중국의 소프트파워를 끌어올리는 데 기여할 것인가에 대해서는 회의적인 목소리가 많다. 나이도 지적했듯이 소프트파워의 강국인 미국을 비롯한 서방 국가의 소프트파워의 주체는 민간 영역에서 이루어진다. 반면 중국의 소프트파워 주체는 중국 정부의 하부기관이라는 점에서 그들이 제공하는 콘텐츠에 대한 불신을 극복하는 데는 한계가 있기 때문이다. 중국의 국가 이미지를 보면 1990년대 중국의 위협론에서부터 많이 나아지고 있다. 하지만 객관적 자료를 보면 지역마다 많은 차이가 있어도 전반적으로 높은 평가를 받고 있지 못하고 있는 것도 사실이다.

이영학(2010)의 연구는 중국을 포함해 2005년부터 2009년 동안의 세계 주요 국가의 이미지를 시계열적으로 조사 비교해 분석했는데, 이에 따르면 중국의 국가 이미지는 점차 긍정적 이미지로 나아가는 것을 알 수 있었다. 하지만 여전히 미국을 포함한 서유럽 선진국에서는 미국, 독일, 프랑스, 일본 등과 비교하면 큰 격차로 부정적인 이미지가 강하다. 그러나 부정적 평가만 있는 것은 아니다. 동남아시아, 아프리카, 중동 지역에서 중국에 대한 평가는 매우 긍정적이어서 비교 대상 5개국 중 대부분 1위나 2위를 차지한다는 사실에 비추어 볼 때 중국의 소프트파워 확대

전략은 적어도 동남아시아, 아프리카, 중동에서는 그 성과를 내고 있다고 평가할 수 있다.

참고문헌

김동하 (2011),《차이나소프트파워》, 무한.

김상배 (2009), 스마트파워 개념적 이해와 비판적 검토,〈국제정치논총〉, 49집 4호, 7~33.

김애경 (2008), 중국의 부상과 소프트파워 전략,〈국가전략〉, 14권 2호, 143~167.

변창구 (2014), 중국의 동남아 외교와 '소프트파워전략',〈한국 동북아 논총〉, 16권 4호, 5~29.

_____ (2014. 10. 10), "중국의 소프트파워와 공자학원",〈매일신문〉.

연합뉴스 (2014. 5. 6), "美 시카고대 교수진. 공자학원 퇴출하라 청원", http://www.yonhapnews.co.kr/politics/2014/05/06/0503000000AKR20140506051100009.HTML

_____ (2014. 6. 19), "中 공자학원, 해외진출 10년 만에 미국서 철수하나", http://www.yonhapnews.co.kr/society/2014/06/19/0702000000AKR20140619051400009.HTML

이영학 (2010), 중국의 소프트파워에 대한 평가 및 함의,〈아태연구〉, 17권 2호, 199~219.

이장훈 (2009. 1. 1), "세계 금융위기에 주목받는 '베이징 컨센서스', 21세기 국제질서의 새 트렌드인가, '문제 국가'들의 면죄부인가",〈신동아〉.

전가림 (2009), "확대되고 있는 중국의 공공외교", http://www.kalim.org/xe/?mid=cnw&category=40546&page=6&sort_index=readed_count&order_type=desc&document_srl=25177

_____ (2010. 11), 중국의 소프트파워 발전전략과 그 영향력: 공자학원과 방송 미디어 매체를 중심으로,〈중국연구〉, 50권, 509~530.

주춘렬 (2012. 2), 중, 글로벌 미디어 시장 "방송굴기",〈신문과 방송〉.

Financial Times (2011. 10. 20), "Netherlands Institute of International Relations 'Clingendael', KIEP(대외경제정책연구원) CSF(중국전문가포럼).

Lee Claire Seungeun (2013), China's international broadcasting as a soft power ma(r)ker: Its market formation and audience making, ERCCT Online Paper Series, November 2013, http://www.ercct.uni-tuebingen.de/Files/ERCCT%20Online%20Paper%20Series/Young%20Scholar%20Workshop%202013/EOPS27,%20Lee%20Claire%20Seungeun,%20China's%20International%20Broadcasting%20as%20a%20Soft%20Power%20Ma(r)ker%20Its%20Market%20Formation%20and%20Audience%20Making.pdf

The guardian (2011. 12. 8), Chinese state TV unveils global expansion plan, http://www.theguardian.com/world/2011/dec/08/china-state-television-global-expansion

Zhang Xiaoling (2012), Chinese state media going global, east Asian policy, http://www.eai.nus.edu.sg/Vol2No1_ZhangXiaoling.pdf

찾아보기

필자소개(가나다 순)

김범수(서울대 자유전공학부 교수)

김성해(대구대 신문방송학과 교수)

김은규(우석대 미디어영상학과 교수)

김재현(연세대 커뮤니케이션대학원 석사)

나미수(전북대 신문방송학과 교수)

문성준(인하대 언론정보학과 교수)

박선이(이화여대 커뮤니케이션·미디어학부 대학원 박사 수료)

설진아(한국방송통신대 미디어영상학과 교수)

심 훈(한림대 미디어커뮤니케이션학부 교수)

안민호(숙명여대 미디어학부 교수)

오대영(가천대 언론영상광고학과 교수)

유세경(이화여대 커뮤니케이션·미디어학부 교수)

유용민(연세대 커뮤니케이션대학원 박사 과정)

윤경원(브리티시컬럼비아 오카나간대 문화연구 전공 교수)

이경숙(고려사이버대 융합경영학과 교수)

이두원(청주대 신문방송학과 교수)

최혜민(연세대 커뮤니케이션대학원 석사)

황상재(한양대 미디어커뮤니케이션학과 교수)

황인성(서강대 커뮤니케이션학부 교수)